DICIONÁRIO DA ESCRAVIDÃO E LIBERDADE

50 textos críticos

Lilia Moritz Schwarcz
e Flávio dos Santos Gomes
ORGANIZADORES

DICIONÁRIO DA ESCRAVIDÃO E LIBERDADE

50 textos críticos

4ª reimpressão

Companhia Das Letras

Grafia atualizada segundo o Acordo Ortográfico da Língua Portuguesa de 1990, que entrou em vigor no Brasil em 2009.

CAPA E PROJETO GRÁFICO
Victor Burton

IMAGEM DE SOBRECAPA
Escravidão e liberdade, Jaime Lauriano, 2018. Desenho feito com pemba branca (giz utilizado em rituais de umbanda) e lápis dermatográfico sobre algodão preto. Obra especialmente realizada para esta edição.

PREPARAÇÃO
Márcia Copola

CHECAGEM
Érico Melo

ÍNDICE REMISSIVO
Luciano Marchiori

REVISÃO
Huendel Viana
Isabel Cury

Dados Internacionais de Catalogação na Publicação (CIP)
(Câmara Brasileira do Livro, SP, Brasil)

Dicionário da escravidão e liberdade : 50 textos críticos / Lilia Moritz Schwarcz e Flávio dos Santos Gomes (Orgs.). — 1ª ed. — São Paulo : Companhia das Letras, 2018.

Vários autores.
Bibliografia.
ISBN 978-85-359-3094-8

1. Brasil – História – Abolição da escravidão 2. Brasil – História – Dicionários 3. Escravidão – Brasil 4. Escravos – Brasil – História 5. Índios da América do Sul – Brasil – Condições sociais 6. Negros – Brasil – Condições sociais I. Schwarcz, Lilia Moritz, II. Gomes, Flávio dos Santos.

18-13462 CDD-306.3620981

Índice para catálogo sistemático:
1. Brasil : Escravidão indígena e africana : História social 306.3620981

EDITORA SCHWARCZ S.A.
Rua Bandeira Paulista, 702, cj. 32
04532-002 — São Paulo — SP
Telefone: (11) 3707-3500
www.companhiadasletras.com.br
www.blogdacompanhia.com.br
facebook.com/companhiadasletras
instagram.com/companhiadasletras
twitter.com/cialetras

SUMÁRIO

A IMAGEM DA SOBRECAPA

A obra que o leitor tem em mãos, e que quando desdobrada se transforma num pôster, foi especialmente criada pelo artista Jaime Lauriano para figurar neste *Dicionário*. Ela tem tal importância que a consideramos como um dos verbetes do livro. Jaime é autor de uma vasta e expressiva obra voltada com coerente frequência para a questão racial no Brasil, para os problemas de exclusão social e, entre outros, para o tema da escravidão e das diferentes nações que foram compulsoriamente retiradas da África, nesta que foi a maior diáspora humana depois daquela de Roma. Quando procuramos o Jaime, lembramos logo de seus "mapas" feitos com uma técnica especial que consiste em realizar um desenho com pemba branca (giz utilizado em rituais de umbanda) e lápis dermatográfico sobre algodão preto. Eles são vários — de 2016, *Accuratissima brasilia tabula: invasão, etnocídio, democracia racial e apropriação cultural; América invasión etnocídio invención; Brasil: invasão, etnocídio, democracia racial e apropriação cultural; Hyspanus; Meridionalis americae: invasão, etnocídio, democracia racial e apropriação cultural;* e de 2017, *Amazônia atlântica; Invasão;* e *São Paulo imperial: escravidão, cativeiros, monumentos e apagamentos históricos* — e mostram com agudeza, no seu conjunto, como o artista sente a dor que constitui a nossa própria história. A dor da escravidão, mas igualmente a força da luta pela liberdade que sempre esteve presente entre as populações afrodescendentes que são parte integral do país em que vivemos. A capa é o resultado do nosso amplo diálogo com Jaime Lauriano — que opinou, ouviu, testou e fez novamente, sempre com o mesmo espírito aberto, generoso e animado. Um pouco mais sobre esse verdadeiro debate intelectual que travamos — nós, autores, editores, Victor Burton, o pessoal da produção e da arte da Companhia das Letras, com o artista — está registrado na página 462 dos nossos agradecimentos.

Alberto da Costa e Silva

PREFÁCIO
ESCRAVIDÃO E LIBERDADE

POUCAS ÁREAS DO CONHECIMENTO HISTÓRICO EXPERIMENTARAM, nos últimos cinquenta anos, avanços tão expressivos quanto as dedicadas à escravidão nas Américas e ao tráfico transatlântico de escravizados. Atualmente, somos capazes de riscar nos mapas os principais espaços de captação dos cativos, isto é, não ignoramos de onde muitos deles vieram, e as rotas que seguiram do interior até os embarcadouros litorâneos; conhecemos os processos de escravização prevalecentes em diferentes regiões e povos africanos, assim como os sistemas de crédito que alimentavam o comércio inter-regional e transoceânico; identificamos quase 36 mil viagens de navios negreiros, com seus portos de partida, escala e chegada, os nomes de seus proprietários e comandantes, e as baixas durante a travessia do oceano; não ignoramos como se construíam esses barcos e como funcionavam, e temos ideia de como viviam e sofriam, nos longos dias no mar, os seus tripulantes e a carga humana sob os seus cuidados; conhecemos as enfermidades que se contraíam nos demorados e sofridos percursos entre o sertão e o mar e nos porões abafados dos tumbeiros; não nos escapam os pormenores ignominiosos dos leilões de gente; estudamos os processos de aceitação e recusa do cativeiro, de acomodação e rebeldia, de resistência velada ou aberta, de sabotagem, de luta armada, de fuga e formação de quilombos; temos ciência de como se difundiram as técnicas, as crenças, os valores e os modos de vida que os africanos escravizados trouxeram para as Américas e de como aqui misturaram suas culturas com as dos europeus e ameríndios, se crioulizaram e deram origem a novas identidades: angolas, cabindas, benguelas, minas, nagôs, jejes etc.; convivemos cada vez mais com as famílias escravas, compreendemos melhor os meios que levavam às alforrias, e aprendemos como era o dia a dia dos libertos.

Essa enumeração está longe de fazer justiça ao que os arquivos nos foram e vão revelando. E à própria riqueza dos arquivos. Cada vez que se puxa uma gaveta de um móvel de sacristia, por exemplo, para examinar casamentos de escravos numa paróquia, é como se encontrássemos outras gavetas dentro dela, cada qual a se abrir para novas surpresas.

Apesar disso, estamos longe de saber tudo o que queremos sobre a escravidão e as liberdades refeitas — e provavelmente não saberemos jamais. Avançamos, porém, o bastante para tentar compor até mesmo as biografias de alguns escravizados que deixaram pegadas mais nítidas. São histórias incompletas, mas com gosto de vida. E resta-nos o consolo de saber que não há biografias ou autobiografias que não sejam incompletas. A biografia completa seria como aquele mapa, imaginado por Jorge Luis Borges, que era do tamanho exato de todos os acidentes e pormenores do espaço que retratava, podendo sobre ele se ajustar com precisão. A imitar esse mapa, a biografia perfeita seria aquela que repetisse todos os dias, horas, minutos e segundos de quem se conta a vida. Sem saltar um só respiro.

Lemos comovidos esses enredos da vida em cativeiro. Não se estuda o escravismo sem emoção e sem um sentimento de vergonha e remorso. Embora a escravidão seja quase tão antiga quanto o homem na história e esteja presente no desenrolar de quase todas as culturas, é com extrema dificuldade que conseguimos estudá-la como algo que ficou no passado e lhe pertence completamente. A ela se aplicaria a afirmação de que não há história que não seja contemporânea, pois com a régua dos sonhos do presente medimos os sucessos que narramos.

A escravidão que atou, durante cerca de quatro séculos, a África à América, mostrou-se especialmente perversa porque os seus efeitos se prolongaram nos descendentes dos que lhe sofreram a violência. Se em quase todas as sociedades se discrimina e socialmente se exclui, humilha ou rebaixa quem tem antepassado escravo, este podia em muitas delas — em Roma, por exemplo, ou em Axante, ou no Mali — conseguir esconder sua origem, porque cativo e homem livre não diferiam na aparência. No caso americano, isso não era possível, porque escravo era sinônimo de negro. E, por isso, nas Américas, os negros herdaram o retrato impiedosamente falso que do escravo, quase sempre branco, se fazia na Antiguidade Clássica. O ateniense, que, para poder dedicar o melhor de seus dias aos debates na ágora, dependia do escravo, acoimava-o de indolente, mentiroso, estúpido, ingrato e dissimulado.

Sabemos pouco sobre as formas que tomou o escravismo na Grécia Antiga. Podemos, contudo, intuir que não coincidiriam com as prevalecentes nos cafezais brasileiros do século XIX. Embora em todos os lugares e épocas a escravidão seja facilmente reconhecida como o regime mais eficiente e feroz de arregimentar, conservar e explorar trabalho, tendo por fundamento o direito de um ser humano ser proprietário de outro e deste dispor como mercadoria, ela se mostra distinta no espaço, no tempo e, principalmente, nos modos de usar o escravo. Por vê-la com diferentes vestes e jeitos — nas minas de sal-gema do Saara e no Marrocos do sultão Mulai Ismail, para ficar em dois exemplos de aparência quase oposta —, já houve quem, ao tratar do tema, ousasse empregar "escravidões", em vez de "escravidão", no singular.

Na mesma geografia, o regime escravista soube mudar de formas e adaptou-se a novas circunstâncias econômicas. E, num mesmo espaço e momento, apresentou-se com múltiplas feições, pois podiam ser diferentes os trabalhos, as condições de vida e as aflições dos que, escravizados, serviam na fazenda de café e na casa da cidade do senhor. E podia haver o caso de este ampliar suas rendas urbanas com escravos de ganho. Lembre-se ainda que ser cozinheira ou babá na casa de uma baronesa era diferente de pertencer a uma doceira cujas guloseimas ela vendia no mercado. Uma coisa era ser escravo de rico; outra, ser escravo de pobre.

Na corte dos tapas ou nupes, havia um grande número de escravos a serviço dos cavalos do rei. Cada animal tinha para cuidá-lo pelo menos dois escravos, que só faziam isso. Nos acessos ao palácio, como os que levavam a vários outros recintos onde davam audiência reis africanos, podiam ser vistos escravos deitados ou recostados uns nos outros, a conversar ou dormitar. Pois manter um bom número de escravos ociosos era, em grande parte da África, uma afirmação de riqueza e poder. E ostentar escravos — vesti-los, por exemplo, com bonitos uniformes — parece ter sido uma característica comum às sociedades escravocratas. No Rio de Janeiro oitocentista, o mesmo cativo que, na casa do senhor, labutava em farrapos, quando o acompanhava à missa, trajava de modo a nem de longe envergonhá-lo e, se possível, a deixar claro que o seu dono era um homem de posses ou de qualidade.

Embora prefiram "escravidão" a "escravidões", a meia centena de ensaios concisos que Lilia Moritz Schwarcz e Flávio dos Santos Gomes reuniram neste volume, com título e intenção de ser um dicionário temático, mostra a grande quantidade de faces que compõem o que é um poliedro em movimento. Cada um desses textos convida a novos textos, a novas pesquisas, a aprofundamentos, a novas comparações e a contestações. E, porque do que é bom sempre se quer mais, alguém cobrará ensaios sobre o escravo e o filho de escravo como soldado, e como marinheiro, e como músico, e como mestre de obras ou arquiteto, e como escultor, e como joalheiro, e como pintor. E outros sobre as vestes das negras e dos negros, escravizados ou livres, e sobre os turbantes, as blusas rendadas e as saias amplas das baianas. E sobre os seres míticos que, como o curupira e o saci, possivelmente atravessaram o oceano. E sobre mezinhas, emplastros, rezas e ervas para curar doenças, endireitar quebrados e fechar feridas. E sobre os fornos nos quais os escravos fundiram o ferro no Brasil. E não deixará de haver quem tenha a vontade de mudar de lado e, em vez de leitor, se imagine autor de um ensaio sobre os dias seguintes à abolição, tendo por ponto de partida aquele belo conto de Coelho Neto, "Banzo", escrito antes de 1913, no qual um velho ex-escravo, expulso da fazenda para a mendicância, vê os colonos brancos ocuparem as terras que ele ajudou a desbravar.

Não faltam neste livro parágrafos sobre a espera, a busca e a obtenção da liberdade. Sobre a liberdade como antônimo de escravidão, mas que com ela coexiste para a ela se opor. Se estes ensaios nos dizem que o passado é sem esperança de conserto, eles não nos deixam esquecer que não há sombra sem luz.

Flávio dos Santos Gomes
e Lilia Moritz Schwarcz

APRESENTAÇÃO

NA DATA EM QUE PUBLICAMOS A PRIMEIRA EDIÇÃO DESTE *Dicionário*, 2018, completam-se 130 anos da extinção da escravatura no Brasil. É muito tempo, mas as marcas do passado escravista ainda atormentam o país. No momento presente, as desigualdades raciais continuam fortes, seja em termos institucionais, seja em termos pessoais, enquanto cidadãos brasileiros e sobretudo para a população negra. Vale a pena lembrar que já em inícios do século XX as elites intelectuais — científicas e literárias — jogavam a escravidão para uma época longínqua. Tal sistema convertia-se então em traço de um passado atávico, obsoleto, próprio dos mundos rurais e, por isso, distante de uma sociedade que agora se pretendia moderna e urbana. A verdade, porém, era bem outra, as paisagens camponesas ou mesmo as cidades e suas fábricas estavam, nesse contexto, repletas de trabalhadores não necessariamente "brancos", miscigenados ou imigrantes europeus, e sim de homens e mulheres negros, recém-saídos da escravidão, ou de filhos e netos deles. A falta de letramento era problema nacional, mas ainda mais agudo no caso das populações afrodescendentes, que permaneceram por tanto tempo apartadas desse tipo de educação.

O certo é que, projetando um futuro moderno, se inventava um passado distante daquela história recente, como se a Lei Áurea tivesse, com uma canetada e com um texto tão breve, abolido de vez um tipo de trabalho forçado e coercitivo que já fincara raízes na nossa realidade e imaginação. A lei por si só, e conservadora como foi, não prevendo nenhum projeto de inclusão social, não tinha o poder de redimir desigualdades assentadas, apagar hierarquias naturalizadas.

Em dezembro de 2017 — exatamente no momento em que fechávamos a edição deste *Dicionário* —, uma notícia nos surpreendeu. No dia 21 do mesmo mês faleceu José Aguinelo dos Santos em Bauru, município no interior de São Paulo. A matéria deu destaque à idade avançada desse senhor, que morreu com 129 anos. Também sublinhou o fato de ele não ter registros oficiais, o que não poderia distingui-lo como "o homem mais velho do mundo". A idade de José Aguinelo funcionava, pois, como um anátema. Teria ele 129 anos mesmo? Sabia-se que nascera em 1888, no Ceará. Mas em Bauru era apenas um velho negro que vivia num asilo.* Mais do que contar com a sorte de descobrir vários outros Aguinelos — com 129 anos, ou dez, vinte, trinta anos mais novos —, nos animava a possibilidade de diminuir (mais do que comemorar) distâncias temporais e encontrar personagens das primeiras décadas do pós-emancipação.

Este *Dicionário* trata, justamente, de histórias, eventos, temas, processos e personagens que o sr. Aguinelo pode ter conhecido. Ele que viveu nas décadas iniciais do período pós-emancipação, quando se sonhou tanto com a liberdade mas se inventaram novas hierarquias e diferenças. Não mais aquelas jurídicas, e sim teorias baseadas na biologia da época, na cor, na raça, na identidade e nas origens de cada brasileiro.

A chance de encontrar outros Aguinelos ainda vivos é pequena. Também temos poucas informações sobre seus filhos e sobrinhos; pessoas que teriam atualmente de 85 a noventa anos. Não obstante, seus netos e bisnetos continuam por aqui, quem sabe silenciosos e apartados de uma história incessante de luta pela liberdade, de cujos "começos" conhecemos algo mas de cujo fim quase nada sabemos.

Os atuais índices de desigualdade, discriminação e exclusão tornam nítida a contínua e teimosa invisibilidade dessas gerações. A abolição ocorreu "ontem", se pensarmos em termos geracionais. No entanto, com os associativismos e a imprensa negra de inícios do XX, com o crescimento dos movimentos contra o racismo, e com a retomada de

* | Cf. <https://g1.globo.com/sp/bauru-marilia/noticia/corpo-de-homem-que-teria-129-anos-e-enterrado-em-cemiterio-de-bauru.ghtml>.

uma produção acadêmica robusta — voltada para o período da escravidão e do pós-emancipação — e das políticas públicas mais contemporâneas, tal quadro indica novas — embora ainda morosas — mudanças. Resta saber como o presente será inventado nas narrativas sobre o passado, e como os projetos de futuro poderão delinear uma nação mais igual e cidadã. Aguinelo não conheceu essa utopia, e talvez nem tenha imaginado um Brasil diferente, mais inclusivo e plural. Lembrar é, por isso mesmo, exercício de rebeldia; de não deixar passar e de ficar para contar.

INTRODUÇÃO

A ESCRAVIDÃO MERCANTIL AFRICANA DO PERÍODO MODERNO É UM sistema que se enraizou cruelmente na história brasileira, e que guarda marcas profundas no nosso cotidiano. O país não só foi o último a abolir essa forma perversa de mão de obra nas Américas, como aquele que mais recebeu africanos saídos de seu continente de maneira compulsória, além de ter contado com escravos em todo o território. Com as primeiras levas chegando em 1550 e as últimas na década de 1860, já que existem registros de envio ilegal de africanos entre 1858 e 1862, estima-se que 4,8 milhões de africanos tenham desembarcado no Brasil.

Tais dados fizeram do Brasil colonial e pós-colonial uma sociedade mestiçada mas também profundamente marcada pela presença africana. No entanto, e mesmo levando-se em conta o enraizamento desse sistema no país, é importante escapar de uma armadilha recorrente, que implica entender a escravidão no Brasil como um modelo de trabalho quase a-histórico, espécie de evolução natural, que desconsidera contextos, especificidades ou variações. A escravidão — indígena e africana — esteve presente, de modo combinado e diverso, em várias partes do Brasil, e apresentou diferentes feições econômicas, culturais e demográficas.

Como se conectaram as várias margens africanas com as sociedades que se inventavam nas Américas e no Brasil desde o século XV? A resposta, que nada tem de imediata, leva a revolver as muitas e complexas margens africanas do tráfico atlântico; a organização dos reinos, impérios e microssociedades africanas desde esse século, bem como sua ligação com as Europas e as Américas. Significa, ainda, reencontrar algumas sociedades africanas, descobrir suas lógicas organizacionais e desvendar meandros do comércio atlântico. A tarefa nos força a vasculhar não só a África Central (com concentração em Angola e nos dois Congos), mas também a África Oriental (sempre pouco analisada nos diferentes estudos sobre o tema), além das diversas dimensões da África Ocidental, incluindo-se as terras da Alta Guiné e, com destaque, o golfo da Guiné (Gana, Togo, República do Benim e Nigéria). Tomando-se em conta o banco de dados presente no formidável site The Trans-Atlantic Slave Trade Database, de David Eltis e David Richardson, as dinâmicas do tráfico para as Américas, e pesquisas sobre africanos levados para a Europa, provenientes de distintas áreas do continente, vai ficando clara a existência de um amplo contingente populacional a circular pelo eixo afro-atlântico. Quando e onde começa e como se desenvolve o "tráfico de almas"; quais são suas relações com as sociedades africanas; como se dá sua organização (e a ecologia social de várias sociedades na África); quais seriam as semelhanças e as diferenças dos africanos que chegaram às Américas: esses temas serão contemplados em alguns dos verbetes deste *Dicionário*.

Também procuramos saber quem foram os primeiros africanos a entrar no Brasil quinhentista. Sistematicamente esquecida pela historiografia, a saga desses homens é repleta de narrativas e lances que quase parecem teatrais. Afinal, de onde eles vieram, em que quantidade, quais eram seus costumes? Que tipo de dificuldade conheceram na sua acomodação ao território a partir de 1560, quando começam a florescer os engenhos e as grandes plantações?

Buscando registros dos primeiros cronistas e tratadistas coloniais, exploramos aqui as primeiras gerações de africanos que chegaram à América portuguesa no século XVI e na metade inicial do XVII, e que não só se dirigiram para Pernambuco e Bahia, como alcançaram outras áreas do território. Em vez de tomar apenas o modelo de uma sociedade escravista já consolidado, a partir da experiência do século XVII da cana-de-açúcar e de suas casas-grandes, ou, mesmo, do XIX do café e de seus barões, novos estudos apontam para as especificidades da produção e da montagem da sociedade escravista no país, quando essa mão de obra compulsória se misturou e conviveu com a escravidão indígena.

Desenvolveram-se diferentes formas de sociabilidade durante as primeiras décadas de colonização no Brasil, articulando-se trabalho escravo de populações africanas e indígenas, com uma ainda diminuta população livre e predominantemente europeia. Distante do senso comum, o qual afirma não serem os indígenas "bons para a escravidão" — afinal, nenhum povo é "bom para a escravidão" —, o *Dicionário* apresenta como essa convivência inesperada se desenvolveu; de que maneira se deu a formação de quilombos coletivos e até razias entre os dois grupos. Além disso, e também opondo-se a uma visão popularizada, é preciso reconhecer que os nativos foram sempre sujeitos ao cativeiro, a despeito de fugirem e se insubordinarem. Não existiu, pois, primeiro o cativeiro indígena e só depois a escravidão africana, como se tais sistemas correspondessem a uma transição paulatina, ou seja, um grupo desaparecendo com a chegada de outro. Na verdade, na montagem dessa sociedade escravista, coexistiram o trabalho compulsório de indígenas, africanos e dos filhos destes.

Com o desenvolvimento da cultura da cana-de-açúcar, sobretudo nas capitanias de Pernambuco e da Bahia, se enraizaram padrões escravocratas. Primeiro indígenas e africanos trabalharam juntos. Com o tempo, porém, e com os altos ganhos que o tráfico de almas conferia, a escravidão africana prevaleceu. Verbetes sobre esse período mostram a sanha ininterrupta do trabalho da cana e da moagem no engenho. Revelam também a montagem de uma sociedade patriarcal, baseada na monocultura e na violência vigiada. Criou-se, com efeito, uma sociedade agridoce: a doçura do açúcar misturou-se com o ardor do trabalho compulsório e escravizado.

No século XVIII, a notícia da descoberta de minas de ouro levou a uma verdadeira corrida rumo à região central do Brasil. Era o começo da sociedade mineradora, que gerou uma sociedade complexa, aumentou sensivelmente o número de alforrias, mas também correspondeu a uma nova forma de distribuição de escravizados no território. O leitor terá oportunidade de comparar as Minas Gerais com outras áreas coloniais de exploração de minérios, e que utilizaram mão de obra escrava africana, como a América espanhola nos séculos XVII e XVIII. No caso brasileiro, além de adentrar as Minas Gerais (a partir de 1691), é necessário chegar até regiões como Goiás, Bahia e Mato Grosso. Em outras partes das Américas, a exploração aurífera se desenvolveu de maneira associada ao trabalho compulsório de indígenas e africanos — como a mita/encomienda. Já por aqui escravos procuravam ouro nos rios — o ouro de aluvião — ou ficaram presos a minas insalubres e perigosas.

A escravidão também se espalhou pelo Brasil, formando diversos modelos de sociedade. Por exemplo, entender a relação entre escravidão e pecuária, traçando um espectro geográfico mais amplo, e que tome desde a região do Nordeste colonial seiscentista até o Rio Grande do Sul, no último quartel do século XVIII, é objetivo de vários dos nossos verbetes. Perceber como se estrutura essa dimensão escravista, articulando a criação de gado, a organização social em torno dela, e seus ritmos demográficos específicos, tem sido tarefa de novos estudos historiográficos, que chamam a atenção para abordagens que invadem os sertões, visando ao entendimento das técnicas de pastoreio trazidas por africanos. Assim, avançar para o interior do Piauí e do Ceará, conhecer mais de perto o sertão, o gado e a escravidão africana em tais paragens isoladas, nos dará o retrato de uma paisagem mais larga e profunda sobre esse tipo de mão de obra. Na charqueada no Rio Grande do Sul, trabalho escravo, pastoreio e técnicas industriais fomentaram uma pujante economia interna do Brasil escravista, ainda na passagem do século XVIII para o XIX.

E o que dizer da Amazônia ou daquilo que foi inventado sobre ela? Ali o sistema se espalhou de forma particular — vinculado aos ciclos de arroz, anil e às drogas do sertão — e foi feito à base de transporte em canoas. O recorte regional de alguns verbetes também nos levará até os limites do país (especialmente com as Guianas), onde novas articulações atlânticas se realizaram. Na fronteira da Amazônia aconteceu uma aventura tão espetacular como singular na história da escravidão no Brasil. Nesse local, colonos europeus — espanhóis, franceses, ingleses, holandeses — entraram em contato com várias populações indígenas e ameríndias. Existiram tanto aquelas que foram escravizadas, quanto grupos guerreiros que atuaram auxiliando as tropas de resgate, apresamento e mesmo escravização e venda. Juntos, tais grupos conviveram com cativos africanos, num movimento intenso de migração, comércio, trabalho compulsório, recrutamento e formação de fortalezas militares. Esse foi um dos principais capítulos de uma história transnacional, que uniu experiências coloniais, fundamentalmente escravistas. Havia uma passagem permanente para Caiena (Guiana Francesa), Suriname, Essequibo, Berbice e Demerara (Guiana Inglesa). Existiam trocas constantes de produtos, cultura material e também de teorias. Há indicações de que as ideias sobre a Revolução Francesa (1789) e sobre a revolta dos escravos em São Domingos (1791-94) entraram no Brasil através dessas fronteiras e de soldados desertores, cativos foragidos ou mesmo espiões que lá tentavam obter informações sobre o movimento de tropas e a construção de fortins.

Não só na Amazônia, mas em todo o Brasil se deram encontros étnicos originais. Estudos recentes vêm mostrando as relações imprevistas que se estabeleceram entre as diversas comunidades indígenas e as populações africanas nos mundos coloniais. Há diferentes indicações acerca das conexões de microssociedades indígenas, e inclusive das populações de índios aldeados, com regiões escravistas, sobretudo em áreas de fronteira como Sergipe, Goiás e Mato Grosso. Nas Guianas, os índios waianas, waiampis e tiriós se encontraram com populações escravas de origem africana, com quilombolas e mesmo comunidades de escravizados fugidos de outras colônias, como Suriname e Guiana Francesa. No Mato Grosso, índios guaicurus se misturaram com as populações de origem africana. Em Goiás e no Tocantins, os índios xavantes chegaram a comprar e revender escravos de origem africana. Ao contrário do que ocorreu em outras regiões escravistas — principalmente México, América Central e até EUA —, no Brasil aconteceram experiências aceleradas de miscigenação de grupos indígenas com africanos; um processo de etnogênese de comunidades indígenas atuais que tiveram a sua origem no movimento de migração, fuga e mistura de indígenas e africanos. Entre Goiás e Mato Grosso foram os antigos fugitivos africanos que ensinaram aos índios a "doutrina cristã", e, paradoxalmente, a "escola" se localizava no Quilombo da Carlota.

A partir do século XIX se implantou uma economia exportadora cafeeira no Brasil, e de amplas proporções. Tal guinada afetará também a própria ideia de escravidão e do uso do trabalho escravo. Tecnologias, capitais, máquinas e escravos, em lugar de serem incompatíveis com os recentes modelos socioeconômicos, conectaram-se e criaram novos formatos, com destaque para as sociedades cubana e brasileira. O Sudeste passaria a ser o coração econômico, cultural e social do Brasil oitocentista, e se manteve umbilicalmente ligado à lógica escravista cafeeira. O novo produto de exportação gerou riquezas, uma cultura opulenta dos barões do café, e ajudou a criar uma sociedade patriarcal tardia, violenta e perdulária. Nas senzalas dessas fazendas cafeeiras, é possível entender os mundos dos últimos africanos aqui chegados — por meio do tráfico ilegal que se estabeleceu de 1830 a 1860.

Os manuais didáticos insistiram numa escravidão africana que começava com o açúcar, passava pelo ouro e terminava no café. Talvez por isso as áreas de plantation de algodão (especialmente o Maranhão), além daquelas onde se cultivavam arroz, fumo e outros produtos agrícolas com mão de obra escrava, foram pouco estudadas no Brasil. Estas eram sociedades escravistas que apresentavam padrões distintos do modelo da produção de açúcar (no Nordeste colonial) e de café (no Sudeste escravista oitocentista). É possível, porém, descortinar o cotidiano, a realidade sociodemográfica e produtiva de regiões inteiras dedicadas ao arroz, algodão e cacau. Havia em todo o país outras searas paralelas, mas igualmente condicionadas pelo trabalho escravo.

A escravidão urbana representou no Brasil um capítulo à parte. A colônia foi criando suas diferentes capitais, muito distintas em termos de realidade populacional, econômica e mesmo escrava. Por aqui se instalaram as principais cidades escravistas atlânticas. Salvador (que foi capital até 1763) mas também Recife, São Luís, Belém, Porto Alegre e Rio de Janeiro conheceram o impacto urbano da escravidão, entre as décadas finais do século XVIII e a primeira metade do XIX, século este que ficou caracterizado por uma escravidão urbana. Não são poucas as investigações que têm sublinhado a importância da cultura urbana escrava: os setores de serviços que contavam com mão de obra escrava, os números de escravos de ganho, os cativos alugados, os escravos domésticos, bem como os desdobramentos no que se refere às práticas públicas, à vigilância e à política de rumores e boatos. Estamos nos referindo, pois, não só ao medo constante de revoltas, como à especificidade da escravidão urbana em termos da cultura material e social.

Aliás, as cidades escravistas talvez sejam as formatações mais originais do Brasil. Elas ajudaram a gerar cenários urbanos singulares, nos quais línguas, vestimentas, cheiros, odores, sabores e símbolos étnicos foram sendo importados, criados e recriados. Houve experiências completamente originais, e destacamos nesta introdução duas delas. Em São Luís, africanos da Alta Guiné (chamados de balantas, mandingas, bijagós), que foram levados para o Maranhão, Parnaíba (no Piauí) e Belém, constituíram uma cultura urbana muito particular, em sua alimentação e formas de religiosidade, ressaltando-se o tambor da mina e o tambor de crioula. Naquele local, uma africana — Nã Agontimé —, rainha no Daomé e mãe do rei Guezo, que fora escravizada e vendida, acabou ajudando a gestar uma cultura religiosa única no Brasil: a Casa das Minas, com os cultos dos vodunsi. No Sul, outras novidades. Grupos de africanos ocidentais se sobressaíram numa Porto Alegre urbana, sem falar em áreas como Pelotas e Rio Grande. Pouca gente sabe, mas a diáspora africana na capital do Rio Grande do Sul era bastante semelhante — em termos de representação demográfica — àquela de Salvador, contando com a presença de africanos ocidentais chamados minas, nagôs e jejes.

No Rio de Janeiro foram criadas grandes e pequenas Áfricas ao longo do século XIX, e até mesmo nas primeiras décadas republicanas. Não havia apenas a chamada Pequena África (denominação mais tardia introduzida por Heitor dos Prazeres) em torno da Gamboa, Santo Cristo e Saúde com inúmeros africanos (parte dos quais migrantes vindos da Bahia). Toda a periferia de Campo Grande, Madureira e São Cristóvão, os sertões cariocas, era dominada por negros escravizados, mestiços livres e libertos. Enfim, não existia nenhuma cidade no Brasil somente constituída por colonos europeus e brancos. Havia sempre uma considerável incidência de população negra de muitas origens — basicamente africanos —, que vincaram o espaço urbano com suas identidades, linguajar, roupas e costumes. Escravos eram mensageiros, carregadores, cozinheiros, quituteiros, barbeiros, ferreiros, catadores de piolho, curandeiros, e executavam todo tipo de trabalho que se possa imaginar.

Outro aspecto importante deste *Dicionário* é a atenção às revoltas, sublevações e reações de escravizados. Por sinal, optamos por incluir este último termo porque tal regime não tem nada a ver com uma origem ou opção de imigrar. Ninguém foi escravo no passado e, sendo assim, é forçoso destacar que todas essas populações foram mesmo escravizadas, pois introduzidas no país de maneira compulsória. Além do mais, diferentemente do que se acredita, se os escravizados foram vítimas, sim, também trataram de fazer muito mais que "sobreviver". Trouxeram, traduziram e modificaram culturas africanas, já em territórios tropicais. São muitas as nações, como eram diferentes as realidades que os africanos encontraram por aqui. Vamos tratar dos calundus, dos jongos, das capoeiras, dos batuques, bem como das perseguições religiosas inquisitoriais e sociais que sofreram. É certo que as fontes revelam muita repressão nas cidades — denúncias de invasões a candomblés e casas de santo, prisão de líderes religiosos e curandeiros. No entanto, por meio dos jornais é possível perceber também como em áreas rurais vicejavam práticas, crenças e visões de mundo expressas nos maracatus, congadas, jongos, caxambus.

Já mais no final do século XIX, emergiu uma expressão cultural popular essencialmente urbana conhecida como Entrudo. Com efeito, o Carnaval, a musicalidade, os batuques, o jongo e os ritmos negros fizeram parte fundamental da diáspora africana nas Américas. Nesse emaranhado de nações e grupos étnicos, é possível pensar num legado diaspórico de filosofias, religiões, sons e cosmologias africanas importadas e recriadas no Brasil. O Brasil negro, dos afrodescendentes de hoje, é construído e informado por esses corações, mentes e corpos africanos do passado escravista. Formações culturais, técnicas artísticas, mitos partilhados, visões de mundo sobre o sagrado, o profano, a família, o poder e a magia constituíram parte substantiva de costumes ainda presentes e compartidos na sociedade brasileira.

Como veremos, as paisagens da escravidão não eram só compostas por ricos e opulentos fazendeiros, com suas casas-grandes, sobrados e extensões de terra indefinidas dos cenários do açúcar e do café. A escravidão também floresceria à margem da economia voltada para o mercado externo. A própria paisagem humana ficou tomada por pequenos lavradores, com um a cinco escravos; gente empobrecida, produzindo alimentos em terras devolutas, ou mesmo agregados dos grandes fazendeiros. Foi sobretudo em áreas do Sul do Brasil (nomeadamente, Paraná e Santa Catarina), e mesmo em outras regiões espalhadas por Rio de Janeiro, São Paulo, Recife e Salvador, que apareceram propriedades escravistas de pequenas lavouras, voltadas para o mercado interno. Se existiam muitas realidades socioeconômicas onde a escravidão criaria raízes, já o domínio e o poder permaneciam concentrados. Africanos chegavam, eram vendidos, aprendiam a falar e também iam sendo socializados nos vários ofícios que passariam a exercer. A geração seguinte — a dos crioulos — igualmente conhecia seus próprios mundos, e se distinguia da anterior por ser nascida sob o jugo da escravidão. O fato é que um aprendizado constante, marcado pelo controle e domínio, mas também por muita resistência, um cotidiano feito de fugas e protestos, foi se impondo. Ao mesmo tempo, tais atos de revolta conviviam com políticas diversas que incluíam paternalismo, prêmios, castigos, ameaças, sevícias, mas também resignação. Esse sistema que pressupunha a posse de um homem por outro só podia construir um mundo de rotina que se misturava com muita violência e explosão social. O conflito se dava por toda parte; não só entre senhores, escravos e o poder público, mas também entre os próprios escravos. Vários estudos — baseados em processos-crimes — têm analisado o cotidiano (e o que se convencionou chamar de "criminalidade") dessa sociedade, seja nos cenários rurais, seja naqueles urbanos.

Dentre as negociações possíveis destacam-se as assim chamadas "roças dos escravos" — que alguns estudos denominaram de "brecha camponesa" —, quando fazendeiros destinavam lotes de terras e permitiam que escravos produzissem alimentos, nos fins de semana, para seu próprio consumo. Cativos transformaram tais "concessões" em "direitos costumeiros", e com isso produziram um dos alicerces da sua emancipação como comunidades camponesas, que se formaram durante a escravidão e explodiram demograficamente nas últimas décadas do século XIX e no alvorecer do XX. Escravos podiam ser premiados individualmente, por comunidades de senzalas, com doações senhoriais que ofereciam bois e porcos. Com eles podiam preparar alimentos, festas e rituais (em especial os batizados de seus filhos), batuques, e conseguiam pequenas mudanças na sua rotina incansável de trabalho. Tais manifestações conviveram com variadas políticas de domínio e formas de governo do mundo do trabalho. Por exemplo, em 1854 surgiriam rumores de rebeliões escravas em Pau d'Alho (PE) e Taubaté (SP). Dizia-se que os escravos estavam insatisfeitos com a diminuição dos feriados religiosos (efeito de uma bula papal editada em 1852, em Roma, com claros impactos nas sociedades ocidentais e aquelas coloniais católicas) e das festas que realizavam em torno de santos católicos e das congadas.

Legislação e direitos costumeiros conviviam e conformavam os mundos da escravidão, suas relações de poder e de trabalho, em diálogo com as culturas e visões do mundo dos diferentes grupos. Mesmo o compadrio e as alianças de escravos com setores livres faziam parte das dinâmicas desse cotidiano politizado, que acomodava hierarquia com opressão, controle com conflito. No entanto, uma minoria não controla uma maioria populacional se não contar com uma estrutura complexa de castigos, sevícias, punições exemplares e maus-tratos, amparados nos códigos *Manuelino*, *Afonsino* e *Filipino* e seus legados. Foram estabelecidos, pois, dispositivos que naturalizavam e legalizavam o castigo físico, bem como a sujeição das populações escravizadas e "formas de governo", institucionalizadas pelas leis e pela circulação de ideias como aquelas presentes em manuais especialmente elaborados para o uso dos senhores.

Mas tal estrutura também permitia brechas, como a alforria, a qual, apesar de diminuta, representou uma especificidade no sistema escravocrata brasileiro. A despeito de vigorar uma espécie de bastardia jurídica no que se refere à condição legal das populações escravas, estão presentes neste *Dicionário* as várias formas de alforria existentes no Brasil, além da decorrente formação de uma população negra livre em diversos momentos e locais da sociedade colonial e pós-colonial.

Assim como as sociedades escravistas nas Américas inventavam um determinado africano — imaginando-o como uma grande categoria homogênea e compacta —, elas criavam hierarquias próprias para classificar a população livre, parte dela composta por ex-escravos e/ou pelos filhos deles. Essas complexas taxonomias sociorraciais foram formuladas a partir do enraizamento da escravidão no cotidiano brasileiro; inscritas na literatura, tomadas como objeto de pinturas oficiais e reguladas no seu mundo jurídico e em suas instituições. Foram, ademais, objeto privilegiado no imaginário do passado e do presente, que viram nelas uma certa suavização do sistema, a qual de todo não ocorreu.

Uma face também muito recorrente nas produções recentes sobre a escravidão é a história dos corpos seviciados. Não há como negar que se enraizaram no Brasil modelos baseados no castigo físico, nas marcas corporais, na tortura. Numa sociedade escravista, o sistema penal se pauta fundamentalmente nesse tipo de castigo, e não naquele moral, punitivo ou numa dimensão prisional, conforme o modelo mais contemporâneo. A própria história e o aprofundamento do sistema escravista explicam a formulação futura de um modelo prisional complexo (que comporta cadeias, mas também o cerceamento da liberdade e a falta de direitos) e de técnicas complexas de tortura presentes em vários momentos de nossa história.

O que as imagens deixam de contar, porém, é como não foram corpos dóceis que se sujeitaram ao sistema. Ao contrário do que revela a iconografia, marcou o sistema um verdadeiro toma lá dá cá, em que a escalada da violência da escravidão foi acompanhada pela mesma proporção na reação. Revoltas e insurreições sempre existiram, sendo algumas individuais — como os assassinatos, envenenamentos, suicídios e até abortos; outras mais coletivas. Uma das modalidades mais temidas foi a revolta aberta; movimentos em que escravos planejavam ações de invasão de vilas, cadeias; ataque aos engenhos e/ou forças coloniais e imperiais. Como se fosse o exemplo clássico "da exceção que confirma a regra", sabemos muita coisa sobre a Revolta dos Malês (1835), no coração urbano de Salvador, que mobilizou fundamentalmente africanos islamizados. Considerada a maior no Brasil, essa revolta escrava assustou sobremaneira a elite política imperial, determinando a promulgação da Lei Eusébio de Queirós, que proibiu, em 1850, e mais uma vez, o tráfico negreiro e a contínua entrada de africanos no Brasil.

Há mais de duas dúzias de outras importantes insurreições desde o século XVII, como aquelas ocorridas nos engenhos baianos e pernambucanos. Temos revoltas em Porto Calvo em 1575, e mesmo levantes de vários engenhos baianos nos anos 1660. Ainda na Bahia seiscentista, dá-se a eclosão das chamadas "santidades", que seriam ações de fugas coletivas, rebeliões de indígenas e africanos em parte informadas por dimensões messiânicas e milenaristas, produtos das visões sincretizadas das religiões coloniais e da ação da Igreja católica. Em Minas Gerais, entre 1711 e 1756 quase uma dúzia de planos de revoltas foram descobertos, inclusive denunciados devido às divergências que estouraram entre africanos ocidentais (os minas) e africanos centrais (os angolas). Na primeira metade do século XIX, revoltas escravas apareceram por toda parte; desde as que assolaram Salvador de 1801 a 1844, como as revoltas de Carrancas (MG, 1833), São Carlos (Campinas, 1832), Manuel Congo (Vassouras, província do Rio de Janeiro, 1838). Contando com conexões internacionais, muitos rumores e denúncias, se destaca a revolta de Queimado (ES, 1849), quando cativos acreditaram que seriam alforriados por conta de uma intervenção da Inglaterra. Há também a revolta do Serro (em Minas Gerais, no ano de 1864) e a de Viana, que estourou no Maranhão em 1867. Estes foram movimentos articulados, respectivamente, com os debates acerca do fim do tráfico e a pressão da Inglaterra; a Guerra do Paraguai e a guerra civil norte-americana.

Conexões internacionais também surgiriam quando se comentavam os rumores sobre um certo "haitianismo no Brasil". Ou seja, denúncias que supunham que, tal qual na colônia de São Domingos, os escravos se sublevariam e enforcariam todos os brancos, tomando o poder. No contexto da independência (de 1822 a 1831), vários boatos sobre rebeliões desse tipo estouraram no Rio de Janeiro, Salvador e em Cametá — vila próxima a Belém, na província do Grão-Pará —, contando com a participação escrava. Escravizados também tomariam parte — com atuações muito próprias — de diversas revoltas de setores livres, muitas vezes pobres, urbanos e camponeses. Os maiores exemplos ocorreram no período das revoltas regenciais. No Maranhão, o liberto Cosme comandaria junto com milhares de escravizados a maior revolta camponesa, conhecida como a Balaiada. No Grão-Pará o perigo das insurreições escravas aumentou com a participação de marinheiros ingleses que entravam nos portos locais em navios de guerra britânicos. No Rio Grande do Sul, a Farroupilha — uma revolta das elites charqueadoras contra as imposições imperiais — coincidiria com um incrível aumento das fugas escravas. Muitos passariam para a região fronteiriça do Uruguai.

Ainda que escravos fugissem e cerrassem fileiras com os setores livres, em muitas situações eles acabariam traídos. Esse foi o caso da Batalha dos Porongos, quando um batalhão de lanceiros negros foi atraiçoado pelas tropas de Canabarro. Esse conflito aconteceu em 1844, próximo ao cerro dos Porongos, atual município de Pinheiro Machado, no Rio Grande do Sul. Vários movimentos sociais gaúchos têm utilizado a evocação da memória dessa batalha como símbolo da denúncia contra a discriminação racial no Brasil.

O mesmo silêncio que grassou sobre a agência dos africanos se abateu sobre a noção de família escrava. Na visão popular, os cativos não tinham, ou não queriam constituir e manter, estruturas familiares no Brasil. No entanto, uma série de pesquisas vem recuperando as diferentes experiências dos escravos, no que se refere às formas de moradia, compadrio, casamento e maternidade. Nesse aspecto também, os costumes familiares vindos da África e desenvolvidos no Brasil se misturaram. De um lado, famílias negras extensas tiveram que conviver com uma ilegitimidade católica, que se opôs, sempre que pôde, às uniões não consensuais. De outro, romances e iconografias mais oficiais legaram imagens de mucamas, "mulatas", quitandeiras, amas de leite sempre sensualizadas, quando não consideradas perigosas.

Nesse tipo de representação, os estereótipos tiveram e têm papel fundamental. Mulheres podiam ser amas de leite dadivosas, nas leituras feitas dos *cartes de visite*, que apresentavam as escravizadas, anônimas, junto a seus pequenos amos brancos, cuja identidade está sempre presente. Mas eram também apresentadas a partir de sua corporalidade em tudo "excessiva". Tal tipo de política de invisibilidade em demasia e de visibilidade inflacionada aparece igualmente em obras clássicas nacionais, como *Casa-grande & senzala* de Gilberto Freyre (1932), que trata, entre outros temas, da sexualidade exercida pelos senhores na intimidade da alcova escravista. Para além da sedutora moldura narrativa, e do manifesto "equilíbrio de antagonismos", o que de fato sobra é o "desequilíbrio" e o autoritarismo dos senhores. Nada havia de "passividade" na atitude da mulher escravizada; o que se revelava era antes uma rendição aterrorizada. Somos ainda incapazes de perceber a obscuridade em que foram mantidas tais protagonistas. Temos nos mostrado também incapazes de entender que mestiçagem pode ser feita da mistura, mas que ela é sempre combinada com muita diferença, hierarquia e violência.

Uma série de verbetes explora questões de gênero e sexualidade, assim como analisa formas de maternidade e de aleitamento, e até mesmo a experiência e exploração de crianças escravas. Também poderemos conhecer mais sobre o impacto da lei de 28 de setembro de 1871 — conhecida como Lei do Ventre Livre —, quando milhares de crianças, filhas de mães que continuavam escravas, passaram a ser consideradas livres em termos jurídicos, embora ficassem ainda sob tutela senhorial. Senhores — e com eles a sociedade escravista — produziram um mundo moral, econômico e cultural próprio para tratar escravos. Religiosidade, consciência cristã e paternalismo se misturaram com intolerância, truculência e cálculos econômicos frios e racionais. Noções de propriedade, poder, autoridade e controle eram concebidas num cotidiano de exploração, ao mesmo tempo consensual e explosivo. Havia senhores da roça, senhores rurais, senhores das cidades — elegantes, aristocráticos e educados à inglesa. Romances, manuais, cartas, artigos, álbuns de retratos revelam como os Brasis que os senhores criaram foram igualmente mundos de adaptação, diante da resistência constante da parte dos escravos.

Outra área que muito se desenvolveu mais recentemente foi a arqueologia da escravidão, com escavações em senzalas e nas cidades. Têm sido descobertos e analisados utensílios, objetos de culto, vasos, cachimbos, ornamentos e tantos outros vestígios enterrados por escravizados e que hoje chegam à nossa superfície. Além disso, há sólida bibliografia sobre o tema nos EUA e no Caribe. Seu conjunto vem ajudando a entender regimes de trabalho, vestuário, formas de alimentação e até doenças mais presentes nessas populações. Hoje sabemos, por exemplo, que teorias populares que cercam a proibição da associação de alimentos (manga com leite, entre outras) tiveram origem nas diversas nações africanas que participaram da diáspora afro-atlântica.

Essas diversas nações trouxeram consigo as tradições do arroz, que foram transformadas no Brasil com a utilização da farinha de mandioca, apreendida da tradição indígena. Já o milho e a mandioca foram levados do Brasil (ou das Américas de uma forma geral) para a África e revolucionaram os padrões alimentícios por lá. Regimes alimentares em áreas urbanas e rurais eram diferentes, assim como divergiam os costumes dietéticos que seguiam variantes relacionadas ao clima, ao tipo de lavoura — de cana, café, algodão, arroz —, ou ainda nas unidades de exploração de ouro e metais preciosos. Por outro lado, a alimentação e as condições de trabalho tinham impacto direto nos padrões de doença dos escravos. São muitas, pois, as questões em torno da temática. O que conhecemos hoje em dia é como a cólera, em meados do século XIX, matou tanto indígenas quanto africanos. Informações acerca de causa mortis em registros eclesiásticos de óbitos de escravos ou mesmo naqueles dos livros da Santa Casa de Misericórdia (Porto Alegre, Rio de Janeiro e outras partes do Brasil) oferecem indicações sobre como médicos, padres, fiscais e até os escravos classificavam — e nomeavam — doenças e enfermidades. Periódicos médicos existentes no Rio de Janeiro e na Bahia também denunciavam feiticeiros e charlatões, acusando-os de serem negros libertos ou escravizados. Órgãos como a Fisicatura-Mor tentavam fiscalizar as atividades de boticários, enquanto curandeiros eram em geral africanos que atendiam a população escrava. Nas senzalas, médicos contratados pelos senhores para tratar de enfermos (e que constam de registros, recibos e das contas presentes nos inventários) se deparavam constantemente com as comunidades escravas e suas práticas de cura. Manuais de medicina forneciam indicações sobre as principais enfermidades escravas, que também apareceriam nas teses da Faculdade de Medicina. Rituais fúnebres e práticas mortuárias impactaram da mesma maneira a vida e a morte dessas populações escravizadas. Em 1836, por exemplo, chegou a ocorrer uma revolta em Salvador — conhecida como Cemiterada — na qual os africanos, crioulos e suas irmandades afirmavam não admitir a intromissão do poder público, determinando os locais de enterramento — em geral cemitérios públicos — de seus mortos. Por sinal, tais cemitérios costumavam ficar bem nas cercanias dos mercados, e não por obra do acaso.

Não por coincidência os cativos apareciam nos inventários de senhores e traficantes como "bens" — bens semoventes — que podiam ser vendidos, comprados e alugados. O local onde se exercia tal comércio era o mercado de escravos, onde se acumulavam e se expunham os africanos recém-chegados. Desde homens e mulheres abastados até pequenos proprietários possuíam escravos. Há exemplos raros de escravos adquirindo escravos, e muitos casos de libertos que compravam cativos. Enquanto nas cidades a paisagem típica era aquela que trazia homens livres bem-vestidos que saíam às ruas acompanhados de um cativo para carregar embrulhos ou até mesmo um singelo guarda-chuva, no mundo rural situações em tudo diversas podem ser descritas. O senhor de cana e de café chegava a ter duas centenas de escravos, enquanto lavradores ou agregados de grandes fazendeiros podiam ter apenas cinco, ou até menos, e trabalhavam junto com eles em pequenas roças. Outros proprietários penhoravam escravos, deixavam cativos como herança para familiares, doavam africanos como presentes para afilhados. A escravidão era assim reconhecida e legitimada. O regime ficou tão encravado na lógica econômica, social e cultural brasileira, que ser homem livre já era um diferencial em si, assim como o termo "liberdade" adquiriu muitos e valiosos significados nessa terra do trabalho forçado. O fato é que "não se escapava da escravidão" no território chamado Brasil. Formas de cultivo, técnicas, sociabilidade, regimes de trabalho, tudo era semelhante, sendo basicamente distinto em escala e em importância, sobretudo quando se pensa no Brasil como uma sociedade de economia exportadora.

Já os escravizados, sempre que puderam, fugiram, se amotinaram e negaram sua condição de cativos. Nas cidades as evasões foram abundantemente noticiadas por meio de anúncios, cotidianamente publicados nos jornais. Os escravizados escondiam-se sozinhos ou em pequenos grupos nas periferias urbanas e nos pequenos núcleos suburbanos. Outros escravos procuraram fugir para locais mais distantes, formando vilas e microssociedades de fugitivos, que ficaram conhecidas no Brasil como quilombos ou mocambos, palavras de origem africana (bantu). Desde o século XVI há notícias de fugitivos dos engenhos e da formação dessas comunidades.

Bastante conhecido foi o Quilombo dos Palmares — com seus líderes Ganga-Zumba e Zumbi —, que durou bem mais de cem anos. Notícias começam a aparecer em 1575 e perduram até 1743 (quando se solicitou o acampamento de índios nas regiões onde haviam se instalado os quilombos). O importante é que esses não foram fenômenos isolados ou únicos. Eles floresceram desde o século XVI e continuaram vigentes até os derradeiros anos da escravidão. Pequenos, médios e grandes quilombos, por vezes duradouros, por vezes passageiros, existiram no Brasil, e em toda parte do seu extenso território. No Mato Grosso surgiria o Quilombo do Quariterê, tendo à frente a valente Teresa de Benguela. Nas Minas Gerais há notícias de mais de cem quilombos durante o período colonial, com destaque para os quilombos do Ambrósio e do Bateeiro. Autoridades coloniais chegaram a produzir plantas e mapas para melhor atacar algumas dessas comunidades, os quais constituem hoje fontes originais de descrição etnográfica sobre sua estrutura interna, como foi o caso da planta do mocambo do Buraco do Tatu, em Salvador, em 1763, e o dos mapas para a invasão de seis quilombos em Minas Gerais, em 1769. Regiões como a Bahia e principalmente o Maranhão transformaram-se em verdadeiros empórios de quilombos no século XIX. Na Amazônia, os quilombolas produziram um capítulo único na nossa história ao atravessarem fronteiras da Guiana e se encontrarem com fugitivos de colonos franceses, ingleses e holandeses. Na segunda metade desse século, com a perspectiva de desmontagem do sistema, os quilombos se multiplicaram, ainda mais, de norte a sul do Brasil. Estes seriam formados por grupos menores, comunidades móveis resultantes do movimento acelerado de migração intensa.

Também foram tomando forma mais consistente as críticas ao sistema escravocrata. Entre 1810 e 1850 os debates acalorados giraram em torno do fim do tráfico, da sua legislação, da sua repressão, num impressionante vaivém, ou na famosa expressão "para inglês ver". Até que o comércio de almas fosse extinto em 1850, e na verdade alguns anos depois, muita pressão internacional foi necessária. Como o fim do tráfico não significou a abolição da escravidão, que ainda permaneceria forte por quase quarenta anos, formaram-se grupos de africanos livres, e dos "retornados" africanos. Milhares de "africanos" escravizados e trazidos para o Brasil, a partir da primeira metade do século XIX — com a proibição ao comércio de almas e sua repressão —, foram resgatados de navios negreiros, capturados e tornados ilegais, sendo enviados posteriormente para outras formas de trabalho compulsório. Muitos cumpririam longos períodos desse tipo de trabalho em instituições públicas, e/ou foram consignados à propriedade privada. Vários deles, ainda, anos depois, ganhariam a liberdade — de fato e de direito —, retornando para a África.

Sabe-se também que levas de africanos que conquistaram a alforria (por compra ou concessão senhorial) fretariam navios, especialmente destinados para essas viagens — formando novas comunidades étnicas no seu retorno. Seriam estrangeiros no Brasil, mas, por vezes, "brasileiros" na África: estrangeiros em todos os lugares. Acompanharemos as migrações de libertos africanos (e seus escravos), que saíram — na condição de deportados, mas também com os seus projetos de retorno — principalmente de Salvador, Rio de Janeiro e Recife, e instalaram-se em Gana e Benim no século XIX. Seguindo de perto algumas dessas trajetórias, será possível anotar as várias formatações culturais e religiosas dos africanos que chegam como escravos ao Brasil, conquistam a sua liberdade e retornam para diversas partes da África.

O debate sobre emancipação no Brasil começou, de fato, no final do século XVIII, ganhando força no pós-independência. José Bonifácio já introduzira a espinhosa questão na década de 1820. Mas foi sobretudo após os anos 1850, e até 1888, que se deu uma ampla negociação no âmbito parlamentar e legislativo sobre a emancipação no país. O debate não ocorreu, porém, de forma isolada no Brasil. Veremos como se desenvolveu a questão no Caribe inglês; de que maneira se desenrolaram as discussões durante a guerra civil americana; analisaremos a legislação que vai sendo introduzida na ex-América espanhola (os ventre-livres e mesmo a libertação de escravos com sessenta anos); as tensões que estouraram durante a Guerra do Paraguai e com atenção especial a Cuba. Brasil e Cuba (após a abolição nos EUA) se converteram na rabeira do processo de libertação, fato amplamente noticiado na imprensa internacional.

Teremos oportunidade de abordar, ainda, a ambiguidade da política imperial, no que se refere à questão, assim como perseguir diversos setores e personagens que tomaram parte dessa disputa. Políticos imperiais como Bernardo Vasconcelos, Antônio Pereira Rebouças, Tavares Bastos e tantos outros travaram uma acirrada discussão na imprensa, e por meio de livretos. Grupos e movimentos abolicionistas foram sendo criados pelo Brasil afora, variando os modelos a partir do debate parlamentar, das encenações públicas, chegando aos enfrentamentos violentos. Havia uma intensa e permanente circulação de ideias, incluindo EUA, Caribe e mesmo partes da Europa (como a Rússia), que ainda mantinham modelos de servidão. Mas não pretendemos nos restringir a um debate abolicionista parlamentar e/ou jurídico, exclusivamente controlado por políticos e literatos. Muitos estudos têm mostrado a força popular — a partir da vigência de comícios, romances, propaganda — do abolicionismo nas últimas décadas da escravidão, passando das redações dos jornais para os salões dos tribunais e alcançando as ruas, as tabernas, os casebres e as praças. Surgiriam inúmeras associações (muitas das quais sociedades dançantes, carnavalescas, bandas de música e aquelas mutualistas de operários) abolicionistas em cidades grandes e pequenas das províncias de Pernambuco, Grão-Pará, Maranhão, Bahia e Rio Grande. O movimento também teve o protagonismo de intelectuais negros, como Luís Gama, André Rebouças e José do Patrocínio, e do associativismo de uma série de grupos afro-brasileiros que enfrentaram a escravidão e auxiliaram nas fugas cada vez mais maciças de forma a mostrar que, quando finalmente a escravidão foi abolida, em maio de 1888, já existiam poucos trabalhadores e trabalhadoras sujeitos a esse tipo perverso de sistema. Também atuou uma série de personagens, hoje ainda anônimos e que aparecem nas fontes sem que seus nomes sejam revelados. Quem sabe, novas pesquisas podem tirá-los dessa invisibilidade social que esteve sempre presente no mundo da escravidão.

A partir da segunda metade do século XIX, o Brasil receberá levas de imigrantes que entrarão, à sua maneira, em contato com o sistema escravocrata vigente no país. Chineses, portugueses, italianos, suíços, alemães, norte-americanos (pós-guerra civil nos EUA), irlandeses, japoneses, entre outros, quando chegaram, foram acomodados em áreas rurais, e depois nas urbanas. Diferentemente do que se pensa, não só esse primeiro modelo se aproximava ao da escravidão — e dos trabalhos forçados —, como as rebeliões e fugas de imigrantes ajudaram a incutir pânico e engrossar o caldo num território já tomado pelo medo. Além do mais, a historiografia tem dado importância muito maior aos imigrantes italianos (que chegaram, de fato, em grandes levas nos anos 1870 e 1880), deixando subestimados milhares e milhares de imigrantes portugueses, espanhóis, alemães, franceses, poloneses, suíços, japoneses que se dirigiram para cidades como Belém, Salvador, Recife e Rio de Janeiro, e para áreas agrárias bem distantes do café. É fundamental identificar e descrever a dinâmica dessas experiências não como modalidades separadas, mas sempre em relação com o restante da sociedade escravista brasileira, onde se misturaram europeus e orientais com escravos, livres pobres, libertos, africanos e crioulos. Mesmo na região do Oeste Paulista, os fazendeiros do café que investiram numa política privada de contratação de imigrantes europeus não abriram mão dos escravos, e não só daqueles que já tinham, como de outros que passaram a comprar através do tráfico interprovincial, até o início da década de 1860. Numa região cafeeira tradicional como Rio Claro, imigrantes portugueses e depois suíços e alemães conviveriam com escravos, dividindo postos de trabalho e mesmo morando, sobretudo a primeira geração, em antigas senzalas. Há ainda casos de imigrantes que adquiriram escravos (como é o exemplo de alemães que se dirigiram para Canoas, na Região Sul, em torno de 1845-60) ou de norte-americanos sulistas que imigraram após a guerra civil dos EUA e acabaram instalando-se nas imediações de cidades como Americana e Santa Bárbara do Oeste. No Vale do Paraíba paulista há indicações de que fazendeiros temiam as influências de escravos e libertos sobre os imigrantes, no sentido de fomentarem fugas e até revoltas, como aquelas que aconteceram em 1857 na região de Rio Claro.

Não existiam, portanto, espaços reservados para a liberdade. Por sinal, toda a legislação sobre o trabalho (leis de locação de serviços) foi feita sob o signo da escravidão. Estudos recentes chegam a sugerir que seria anacrônico o conceito de "trabalho livre" naquela sociedade. Há trabalho, trabalhadores e escravos que podiam ser vendidos e comprados, mas, em contrapartida, não existia o trabalho livre como uma categoria socioeconômica separada e distinta.

Gostaríamos de destacar, ainda, como, ao mesmo tempo em que ia se aproximando o momento da abolição definitiva da escravidão, tomavam força teorias do darwinismo racial. Ou seja, na década de 1880, modelos como o determinismo racial viraram uma verdadeira voga no Brasil. Raça tornava-se uma essência, e os homens não escapavam de seus estigmas biológicos hereditários, que determinavam como a humanidade se dividia entre grupos superiores e inferiores. Mais ainda, o cruzamento extremado, tal qual encontrado no país, tendia a produzir indivíduos degenerados. O Brasil ia se transformando, assim, num laboratório de raças mistas e degeneradas, com os negros sendo discriminados não só por conta do que era considerada a sua história pregressa, como agora pela biologia: um critério ainda mais definitivo e radical. É por isso que na época se dizia que a liberdade podia ser negra mas a igualdade era apenas branca. Nos estertores do sistema escravocrata ganhavam corpo, pois, teorias raciais que condenavam a mestiçagem e estabeleciam hierarquias ainda mais rígidas entre negros e brancos; na verdade, condenavam radicalmente qualquer mistura.

De todo modo, a partir dos anos 1880 a questão se tornou quase supranacional, com a luta parlamentar, as fugas das fazendas, os meetings abolicionistas, o movimento operário, o abolicionismo radical, as passeatas, os teatros e a dimensão internacionalista do movimento. A essas alturas o Brasil era, vergonhosamente, o último país a admitir o sistema, e sofria pressões de todos os lados. Neste *Dicionário* estão presentes as muitas histórias da abolição — vários quilombos, exemplos de fugas, assassinatos, manifestações, debates parlamentares e muitos personagens —, até chegar à assinatura da Lei Áurea, em 1888. Essa foi a mais popular, mas também a última lei do Império. Uma lei breve, que não incluiu temas que estavam em pauta nas inúmeras propostas de abolição. O texto era curto, direto, e ainda imaginava que a liberdade vinha como forma de "presente", de dádiva, e previa, pois, fidelidade por parte do liberto a seu antigo senhor.

Essas eram maneiras diletas de reproduzir e perpetuar o sistema, mesmo no pós-abolição, com novas formas de serventia e padrões de paternalismo e dependência. Em todo caso, de tão enraizada, a escravidão parecia mesmo amarrada ao Império. Depois da promulgação da lei, das festas e das celebrações, a realeza tinha seus dias contados no Brasil, e cairia um ano e meio depois.

São também várias as histórias do pós-abolição: famílias negras que haviam logrado a libertação muito antes da Lei Áurea e que procuravam se distinguir das demais; ex-escravos que deixavam as fazendas para simplesmente vagar pelas ruas; trabalhadores que permaneciam nas mesmas propriedades como assalariados ou apenas por regimes costumeiros e "de favor"; libertos que levavam uma vida nômade e não tinham intenção de se assentar, depois de tantos anos de labuta forçada; grupos armados e prontos para se insurgir, e assim vamos. Senhores, se sentindo lesados, também passaram a lutar por sua indenização num mundo que não tinha mais como voltar atrás. As reações aos regimes políticos oscilaram, igualmente, entre o apoio à República e a nostalgia de uma monarquia mitificada.

Muitos livros que tratam da escravidão se encerram com o Treze de Maio. A escravidão é descrita, nesse sentido, como um "definhamento social", quase que obsoleto, diante de uma sociedade com projetos modernizantes e pronta para o "alvorecer republicano". Mas a realidade era bem mais complexa, e nesse contexto apenas começava outro capítulo para os libertos, libertas, trabalhadores e trabalhadoras negros, pardos, mestiços dos campos e das cidades. O período que se abriu vinha cheio de expectativas, críticas, impasses, embates, novas culturas políticas e relações de poder. Para além da concepção da modernidade, que procura se definir a partir da ideia da quebra com o passado, esse momento ia construindo de forma tensa e combinada um novo Brasil, agora sem escravos.

Um dos legados da pós-emancipação foi a gestação de um associativismo negro, que procurava congregar tais populações a partir de temas e problemas comuns. Outro legado foram as inúmeras comunidades camponesas em todo o Brasil. Essa seria uma nova face do campesinato negro, originado de antigos quilombos e mocambos que atravessaram o fim da escravidão. Seria também a história da permanente migração de população negra rural, desde as últimas décadas da escravidão até meados do século XX. Iriam se estabelecer, nesse momento, bairros rurais, povoados e vilas de camponeses negros, com uma história, de algum modo, comum, já que seus antepassados guardariam vínculos diretos com a escravidão. Eram quilombolas, grupos formados por meio de uniões por parentesco ou por conta de uma cultura material e imaterial de base étnica.

Atualmente as comunidades de remanescentes somam mais de 5 mil grupos, espalhados por todo o Brasil. São abundantes as pesquisas que têm reconstituído a história da luta dessas comunidades, chegando até o período atual, explorando a maneira como visam garantir os seus territórios, como acionam a legislação constitucional e como reivindicam seus direitos e novas formas de cidadania.

Depois de 130 anos da extinção da escravidão, existem, porém, permanências fortes e teimosas na sociedade brasileira. O racismo continua estrutural no país, e continua inscrito no presente, de forma que não é possível apenas culpar a história ou o passado. A violência e a desigualdade têm na raça um fator a mais, com as pesquisas mais contemporâneas mostrando como negros morrem antes, estudam menos, têm menos acesso ao mercado de trabalho, contam com menos anos de educação, sofrem com mais atos de sexismo, possuem acesso mais restrito a sistemas de moradia e acompanhamento médico. Por fim, o trabalho escravo, mesmo que informal, está longe de se encontrar extinto no país. Não se escapa ao fato de ter sido a última nação a abolir a escravidão mercantil sem guardar marcas fortes e consolidadas, observadas facilmente nos dias de hoje.

Os cinquenta verbetes que compõem o *Dicionário* podem ser lidos juntos ou separados, e foram escritos por muitos especialistas que ajudaram a fazer desta obra um verdadeiro trabalho coletivo, mas cada um, a seu modo, carrega o estilo de seu autor. Seja lá a forma que se escolher, eles comporão um panorama abrangente, temporal e geograficamente falando; animarão novas pesquisas e mostrarão de que maneira a escravidão se enraizou perversamente em nosso cotidiano.

Rio de Janeiro e São Paulo, dezembro de 2017

Lilia Moritz Schwarcz

SOBRE AS IMAGENS: ENTRE A CONVENÇÃO E A ORDEM

OS CADERNOS DE IMAGENS QUE INTEGRAM ESTE *DICIONÁRIO*, além de acompanharem de perto os temas dos cinquenta verbetes, propõem uma leitura crítica da iconografia que cercou a escravidão. Sabemos que tais representações, em particular no caso brasileiro, foram feitas por brancos, mais especificamente por viajantes estrangeiros de passagem pelo país. Por isso, elas guardam uma mirada colonial e muito europeizada.

Além do mais, como os portugueses não possuíam a tradição de realizar pinturas de gênero (de cenas cotidianas), paisagens ou telas históricas, boa parte da iconografia que restou foi elaborada por intermédio do olhar de "fora"; daqueles que não convivem longamente com a realidade da terra, e trazem na mala de viagem as concepções e modelos em que foram socializados artística e filosoficamente, nos seus países de origem.

Portanto, é preciso confiar nesta iconografia e, ao mesmo tempo, dela desconfiar. De um lado, e nomeadamente a partir dos detalhes, é possível flagrar roupas, costumes, arquiteturas, formas de governo e de lazer, hierarquias, práticas religiosas e culturais. De outro, todavia, não é razoável tomar estas imagens apenas como "ilustrações". Isto é, como adornos ou até retratos fiéis do que acontecia no Brasil naquele contexto. Representações visuais têm a capacidade de copiar a realidade mas também de produzi-la. Dito de outra maneira, elas não funcionam somente como espelhos do cotidiano que afirmam presenciar; qualquer artista embute imaginação, intenção e engenho no produto que entrega à sua clientela.

É importante, pois, que o leitor atente não apenas para os títulos deixados originalmente por seus autores e que aparecem como legenda técnica junto das diferentes gravuras, telas e fotografias, mas também para os comentários que elaboramos, buscando "ler as imagens". Muitas vezes, procuramos observar as situações não diretamente destacadas pelo artista; inquirir sobre pequenos sinais que são antes sintomas da escravidão: olhares trocados, insinuações de violência, bem como práticas que o senhor e o artista nem sempre conheciam ou compreendiam.

Além disso, buscamos problematizar a autoria, o contexto e o tipo de encomenda que estão por detrás das iconografias. Não por coincidência, boa parte das nossas gravuras, óleos, litografias e fotografias são em geral enaltecedores. O Brasil, visto a partir desses documentos, mais se parece com trópicos plácidos e calmos, "pitorescos" — conforme consta do título dos livros de vários viajantes —, no sentido de exóticos e "pintorescos": pintados para agradar os clientes.

Incluídas nos livros didáticos como se não tivessem tempo, autoria ou lugar, essas obras de arte acabaram por fixar representações acerca de uma "boa escravidão"; como se fosse possível, a qualquer sistema do tipo, não se pautar na violência. Elas são, assim, obras que sempre contam com a imaginação de seus criadores e também com um punhado de intenção.

Artistas como Frans Post, Debret, Rugendas, Elder, Chamberlain, Maria Graham e tantos outros não pretendiam pintar de maneira "verdadeira" ou etnográfica as paisagens que retratavam. Tinham seus próprios objetivos e razões para estar nesta colônia, e depois império, sendo que uma das ideias centrais era mostrar como, no futuro, o Brasil (ainda) seria uma "civilização". Também não queriam desagradar a seus possíveis clientes, reproduzindo ambientes devastadores ou marcados pela violência. E é por isso que o conjunto se revela bastante coeso, autorreferido e sempre engrandecedor.

Fiquemos apenas com os exemplos dos dois pintores mais introduzidos nos livros, artigos e jornais brasileiros. Jean-Baptiste Debret vinha de uma família de artistas, sendo de um lado primo de José Bouchet (o mestre do rococó), e de outro do famoso Jacques-Louis David, o pintor da

Revolução Francesa. Ele era tão próximo de David que chegou a trabalhar em seu ateliê. Porém, como muitas vezes a história apronta, Debret se viu, em 1815, não só desempregado, após a deposição de Napoleão Bonaparte, como entristecido com a morte de seu filho na guerra. Por isso ele resolve tentar a sorte nesta colônia dos portugueses, a única nas Américas a contar com a presença de um monarca. Pretendia, também, conseguir um lugar na Academia Francesa de Belas-Artes; não por acaso, sua obra *Viagem pitoresca e histórica ao Brasil* representou um tíquete de entrada futura na instituição. E, se esse foi o motivo que fez Debret voltar à França, em 1831, suas aquarelas continuaram a repercutir por aqui, sobretudo nos tempos da República. A partir de então, os desenhos do pintor francês, capazes de "ilustrar" qualquer tema, local ou contexto, viraram uma espécie de carteira de identidade nacional. Diante da imensa falta de imagens, o melhor era usar Debret "para o que desse e viesse". A consequência foi suspender, durante muito tempo, qualquer crítica, ou melhor, deixar de analisar os vínculos da obra com seu autor, com o momento específico que viveu, e igualmente as razões por detrás da obra.

Johann Moritz Rugendas, do reino da Baviera, também foi criado numa família de artistas. Após as Guerras Napoleônicas, ele deixou temporariamente seu país e integrou, na qualidade de naturalista e pintor desenhista, a missão do barão Georg Heinrich von Langsdorff. Ficou no Brasil apenas três anos, mas produziu um livro que hoje faz parte da imagem que os brasileiros têm desse contexto de inícios do XIX. E ainda mais: da imagem que "guardaram" da escravidão.

Entender as convenções das quais participavam esses dois artistas e também seus objetivos — um chegava ao Brasil para conseguir um posto de pintor da corte e o outro para atuar como naturalista desenhador — ajuda a problematizar as gravuras que eles produziram, bem como avaliar seus interesses e metas. Ajuda inclusive a entender o contexto em que eles as produziram. Afinal, tais personagens vieram trabalhar numa corte europeia que fugira da Europa e havia se instalado, provisoriamente, num distante domínio português nas Américas.

Mais ainda, numa época em que não existia o conceito de autoria, estas imagens circularam e foram relidas ou serviram para diferentes contextos. Elas guardavam semelhanças com as representações de Cuba, do Caribe de uma forma geral, e também com aquelas criadas para representar o regime escravocrata de plantation do Sul dos Estados Unidos. Outro detalhe importante a anotar: boa parte das imagens que temos foram feitas no século XIX e se concentram no Rio de Janeiro e um pouco menos em São Paulo. A despeito disso, muitas vezes tais desenhos e fotografias são utilizados indiscriminadamente, como se o que valesse para essas províncias valesse para todas as outras.

Qualquer iconografia tem, portanto, e vale a pena repetir, data, intenção e autoria. Por isso elas nunca são ingênuas. O mesmo pode ser dito das fotografias. O Brasil conheceu uma situação "paradoxal" no que se refere a essa técnica: as fotografias entraram muito cedo aqui, com as primeiras experiências de Hercule Florence ocorrendo em 1834, ao mesmo tempo que fomos o último país a abolir a escravidão. Com isso, logramos formar um acervo vasto e variado de fotos da escravidão.

Por vezes, cativos aparecem em primeiro plano, como nas fotografias de "tipos", em que o profissional pretende criar, artificialmente, ambientes de trabalho com os escravizados exercendo, no ateliê, as mais diversas atividades. Mas essas não são obras "naturais", digamos, e sim obras expressamente inventadas para serem vendidas no Brasil e no exterior, e para aguçar a curiosidade dos clientes. Se olharmos com cuidado para esses documentos visuais, será possível não apenas notar as hastes de ferro que passam por trás das roupas dos escravizados, para evitar que eles se mexessem e borrassem as imagens, como perceber que as vestimentas e instrumentos são detidamente selecionados pelos fotógrafos. É possível ver mais: o constrangimento das pessoas submetidas a tais situações.

Há também fotos de grupos de escravos, que objetivam comportar-se como exemplos das atividades realizadas. Os conjuntos, mais uma vez, procuram transmitir a sensação de ordem, paz e tranquilidade; o que certamente não ocorria no dia a dia da escravidão. Por fim, escravizados são apreendidos quase que "sem querer". Nos cantos das calçadas, nas ruas, nas esquinas das fotos onde, pretensamente, não deveriam estar. Isso porque eles viviam, mesmo, por toda parte: nas cidades, nos campos, nas minas.

Existe ainda uma série de fotos de "mães pretas", como eram chamados tais conjuntos iconográficos. De tão frequentes, eles viraram convenção, uma forma de retratar uma "boa e maternal escravidão". Porém, e novamente, olhadas de perto, essas imagens denotam um mundo de tensões e de contradições presentes nas fotos e na realidade que as circunda. As roupas emprestadas, o cuidado para que a criança não se mexa (e assim estrague o trabalho do fotógrafo), a expressão tensa de quem está sendo observado não só pelo profissional mas também pelo patrão que encomendou a foto, são apenas alguns dos constrangimentos enfrentados por essas escravizadas.

Vale a pena destacar, por fim, a existência de uma política de anonimato e de invisibilidade presente no conjunto destas imagens. Na imensa maioria das vezes não sabemos (ou não nos é dado conhecer) a identidade dos "modelos"; trata-se somente, na visão desses artistas, de escravos em suas funções. Por exemplo, nas fotos das amas, conhece-se quase sempre o nome dos senhores brancos que, miúdos, sentam-se no colo das escravizadas, ou se apoiam em seus ombros. Se o gesto é de carinho ou pertence à lógica da técnica — que não é capaz de fixar movimento algum —, não há como saber. O que, sim, sabemos é que às "mães pretas" nunca se concede identidade. Só invisibilidade.

Esse jogo de ver e não olhar, de identificar ou deixar no anonimato, de nomear ou construir tipos faz parte de uma arquitetura bem urdida pelo conjunto de imagens da escravidão. Infelizmente, até o momento quase não temos registros de escravos pintando escravos. Aliás, a própria crueldade desse sistema, legalizado até 1888, explica tal ausência, que é, antes, um silêncio ruidoso.

No entanto, e como veremos, apesar da crueldade que as imagens da escravidão revelam, não poucas vezes é possível notar pequenos atos de rebeldia, uma certa agência dos "modelos", que, sobretudo no caso da fotografia, usam o intervalo do clique — a breve interrupção entre o momento em que o profissional dá a ordem e o instante em que a luz fixa a imagem — para de alguma forma reagir: mexem o corpo, tiram o chapéu, deixam de se curvar, encaram o fotógrafo. São, sem dúvida, detalhes. Mas sinais cheios de significados.

Imagens não se deixam simplesmente ver. Elas camuflam "padrões de intenção", como explica Baxhandal; rasuram a origem das encomendas, como mostra Carlos Ginzburg; disfarçam o cotidiano de sua produção, conforme analisa Clarck.

Imagens são documentos de imensa potência, circulação e reflexibilidade; tanto que, por vezes, pensamos conhecer um evento a partir da iconografia que o cercou e que nos foi legada. Somos pessoas que pensam por imagens e com imagens. É hora de atentar, pois, para os meandros da produção e, no limite, para os processos imaginativos que são por definição infindos.

Fica aqui o convite para que todos "leiam imagens" da mesma maneira que analisam, cuidadosamente, documentos, registros, textos e obras escritas de um modo geral. Obras pictóricas guardam regimes de visibilidade e de extrema invisibilidade. Imagens são discursos influentes que se fixam na memória como tatuagens.

* As imagens que aparecem nos dois cadernos vão acompanhadas do seu título original, local de produção, ano e acervo. As demais referências técnicas encontram-se no final do livro.

A

Roquinaldo Ferreira

ÁFRICA DURANTE O COMÉRCIO NEGREIRO

ANTES DO TRÁFICO ATLÂNTICO DE ESCRAVOS, O CONTINENTE africano já tinha sido afetado por várias migrações forçadas. Desde tempos imemoriais, muitos africanos foram vitimados por fluxos migratórios compulsórios que conectaram a África com diversas partes do mundo — o Oriente Médio, o Mediterrâneo e o oceano Índico. No entanto, nenhum teve um custo humano tão alto quanto o tráfico atlântico, que vitimou cerca de 12 milhões de pessoas entre os séculos XVI e XIX, e disseminou violência e escravização no continente africano.

Deve-se sublinhar que o impacto do tráfico sobre as sociedades africanas foi desigual. Nem todas as regiões da África Atlântica se viram forçadas a vender africanos escravizados para negociantes europeus. Na Costa do Marfim, por exemplo, as relações comerciais tinham como base produtos têxteis e o marfim. Da mesma forma, o tráfico de cativos não teve peso significativo no Gabão. No reino do Benim (Nigéria), serviu de base para relações comerciais até os anos 1530, mas depois perdeu força e só readquiriu ímpeto no século XVIII, em larga medida em função de uma guerra civil que conflagrou o reino entre 1716 e 1732.

É igualmente importante destacar que, sem a resistência africana, o número de vítimas teria sido ainda mais devastador. Desde o início, africanos escravizados se voltaram contra o tráfico de maneira sistemática, através da fuga ou de revoltas. Durante a travessia marítima, as revoltas se davam no momento em que os navios ainda estavam próximos da costa, quando havia esperança de retornar às comunidades de origem. Em regiões sob influência portuguesa, como Angola, muitos africanos se valeram de mecanismos judiciais que derivavam da fusão do regime costumeiro africano com o aparato jurídico europeu. No século XIX, revoltas e fugas de escravos, assim como a colaboração de africanos escravizados, na forma de denúncias sobre iminentes embarques de cativos, contribuíram para o fim do tráfico atlântico em Benguela.

Do ponto de vista acadêmico, os estudos do tráfico ocupam menos espaço do que a produção historiográfica sobre a escravidão nas Américas. No caso da escravidão, várias gerações de historiadores se debruçaram sobre os mais diversos aspectos dessa instituição, com obras e debates variados explorando desde as bases econômicas e sociais do sistema até o protagonismo dos escravizados nos diferentes regimes escravistas nas Américas. No caso do tráfico, o quadro é diferente. Além de relativamente recente, o enfoque maior reside no lado quantitativo — uma preocupação mais que justificada dadas as imprecisões das estimativas iniciais sobre o número de vítimas africanas. Por trás dos números do tráfico, no entanto, estão seres humanos cujas histórias de vida e trajetórias precisam ser resgatadas para que haja uma compreensão adequada da devastação causada pelo tráfico atlântico de cativos.

A migração forçada de africanos através do Atlântico ganhou contornos expressivos com o início da colonização das Américas no século XVI. Na sua base, esteve a necessidade do colonialismo europeu de alavancar a mineração e a agricultura comercial nas colônias espanholas e portuguesas. Não há, portanto, como dissociar o tráfico atlântico da demanda por mão de obra, sobretudo depois do declínio demográfico dos povos indígenas americanos. Na primeira metade do século XVI, quando populações indígenas eram escravizadas ou submetidas a trabalhos forçados, cativos africanos já eram transportados para a região. Contudo, seria com o brutal declínio das populações indígenas, vítimas das violências coloniais, que a África se tornaria uma fonte de mão de obra escrava para as Américas.

No início, os europeus desempenharam o papel de fornecedores de mão de obra escrava dentro da própria África, sobretudo para regiões (Gana) onde havia produção aurífera em larga escala, bem como para Portugal e Espanha, locais em que a escravidão tinha caráter urbano e vicejava na produção de açúcar. Por conta disso, tanto Lisboa quanto Sevilha tinham populações substanciais de origem africana, já no século XVI. Nas redes comerciais desse incipiente tráfico, os pioneiros foram os portugueses, se valendo de contatos estabelecidos na África desde o século XIV. Tal proeminência só seria ameaçada na segunda metade do XVII, com a colonização do Caribe pela Inglaterra, Holanda e França. Assim como Portugal, essas nações dependiam da escravização de africanos para produção de matérias-primas agrícolas para o mercado europeu. Para obter mão de obra escrava, primeiro obteriam cativos através de negociantes portugueses e depois se lançariam no tráfico atlântico em regiões até então sob influência lusitana.

Na África, o tráfico atlântico produziu efeitos múltiplos e deletérios. No curto prazo, gerou centralização política, sobretudo em reinos africanos que dominaram o fornecimento de cativos para mercadores europeus na costa africana, assim como inevitável fragmentação política. À medida que poderes locais se fortaleciam, novos grupos se insurgiam contra as lideranças centrais. Ao estimular guerras e a expansão territorial entre reinos rivais, o tráfico gerou um quadro de instabilidade sistêmica nas sociedades africanas. Ao expor os africanos a redes de comércio responsáveis pela introdução de armas, têxteis e álcool, alimentou a escravização por débito. Através de guerras, sequestros ou métodos judiciais, produziu escravização crônica e difusa.

Nesse quadro, mudanças importantes se operaram no direito costumeiro africano, alterando a noção do que constituía transgressão e/ou crimes passíveis de escravização, que se ampliou de forma a satisfazer a necessidade de produzir mais e mais cativos para o Atlântico. Antes punidos com penas de multa ou prisão, crimes como roubo e adultério lastrearam a escravização de um número incalculável de africanos. Igualmente importante foi o desvirtuamento de múltiplas formas de dependência social tipicamente praticadas nas sociedades africanas. Em geral reversíveis, ou então porta de entrada para a integração social, acabaram se tornando veículos para produção de cativos para o tráfico. Esses processos eram, sobretudo, alimentados pelo débito estrutural gerado pelo consumo de mercadorias importadas através do Atlântico.

As regiões da África mais afetadas pelo tráfico de escravos foram a África Ocidental, conhecida nas fontes portuguesas como Costa da Mina, que se estendia entre Gana e Nigéria, e a África Central, que se estende do Gabão até o sul de Angola. No total, essas duas regiões responderam por quase 80% das vítimas do tráfico atlântico. Mas há claras distinções regionais. Na Costa da Mina, os embarques de cativos se concentraram primeiro na chamada Costa do Ouro, atual Gana, inicialmente como atividade econômica secundária em relação ao comércio de ouro, que estava na base da economia e produzia substancial demanda por mão de obra escrava. No final do século XVII, porém, dois fatores transformariam o tráfico de cativos na atividade mais importante: o declínio da produção aurífera e o aumento exponencial da demanda por mão de obra escrava no Caribe.

Na Costa da Mina, a presença portuguesa foi hegemônica até meados do século XVII, quando a tomada do castelo de Elmina por forças holandesas marcou o início de um intenso processo de internacionalização do comércio atlântico. Em duas décadas, várias nações europeias (ingleses, dinamarqueses, prussianos, holandeses e suecos) se implantaram ao longo da costa, construindo uma série de fortes e fortalezas para gerir o comércio costeiro de cativos. No interior, a presença europeia era nula. Ali, o poder estava nas mãos de reinos africanos cuja riqueza dependia do controle do fluxo de cativos para a costa.

No início do século XVIII, a já crescente demanda por mão de obra escrava nas Américas ganhou ímpeto ainda maior devido ao surto aurífero no Brasil. O tráfico se alastrou para o golfo do Benim, onde vários reinos africanos (Ajudá, Aladá e Daomé, apenas para citar alguns) assumiram papel destacado no fornecimento de cativos para mercadores europeus. Assim como na Costa do Ouro, diversas nações europeias participaram do tráfico na região, às vezes se valendo de bases comerciais já implantadas na Costa do Ouro para se lançarem na chamada Costa dos Escravos. Ao contrário do que ocorria na Costa do Ouro, onde alguns dos fortes europeus eram quase inexpugnáveis, os fortes do golfo do Benim eram muito mais vulneráveis a ataques de forças africanas. Essa distinção reflete uma operação costeira do tráfico bem mais dependente da nobreza africana do que na Costa do Ouro. Nos dois casos, no entanto, a presença europeia se limitava à costa.

A África Central foi a única região onde os europeus conseguiram se embrenhar de forma sistemática pelo interior, estabelecendo bases comerciais que facilitaram o comércio interno de cativos. Aqui, o tráfico foi elemento importante desde o início da presença europeia, ainda no século XIV. Supriu de mão de obra escrava a colônia portuguesa de São Tomé e Príncipe, maior produtora de açúcar mundial na época, e sorvedouro de cativos provenientes do Congo. Muitos africanos escravizados eram enviados para a América espanhola, que inicialmente foi o destino principal do tráfico nas Américas. Seria, contudo, com o aumento da demanda por mão de obra escrava no Brasil, a partir da segunda metade do século XVII, que o tráfico assumiria proporções avassaladoras. Daí em diante, o destino principal dos cativos embarcados seria o Brasil.

Na costa, a cidade de Luanda, fundada em 1576, cumpriria papel fundamental como centro de formulação e execução de operações militares contra reinos africanos, e como base de intensa diplomacia entre europeus e africanos. No século XVII, junto com vitórias militares contra Matamba e Ndongo, a criação do reino de Cassange afirmaria a presença portuguesa na região tanto no plano comercial quanto no militar. De um lado, ao consolidar a aliança portuguesa com reinos mbundus, ofereceria proteção militar ao enclave português de Luanda e seu entorno. De outro, daria acesso a um dos maiores mercados de escravos da África Central — a feira de Cassange —, onde negociantes nativos enviados de Luanda iriam comprar cativos para enviá-los ao Brasil.

Mas mesmo na África Central existiam nítidas distinções regionais entre Angola, onde a influência portuguesa era marcante, e Loango, Cabinda e Ambriz, onde a presença portuguesa era rarefeita e o tráfico prosperava enquanto atividade eminentemente internacional. Aí, desde o século XVII, negociantes holandeses, ingleses e franceses tiveram êxito na formação de vários nichos comerciais ao longo da costa. Ao contrário do que ocorria em Angola, esses mercadores não adentravam o interior, nem muito menos havia a formação de entrepostos comerciais interioranos. Na costa, elites africanas entretinham laços comerciais estreitos com negociantes europeus, muitas vezes em detrimento do poder centralizado dos reinos do Congo e Ngoyo — este último era proibido de se aproximar do mar e de se engajar no trato comercial com negociantes brancos.

Tanto na Costa da Mina quanto na África Central, os embarques de escravos eram direcionados sobretudo ao Brasil, que recebeu um número de africanos cativos quase dez vezes maior do que as colônias inglesas da América do Norte e apenas comparável àquele recebido pelo Caribe. Para explicar o porquê da proeminência brasileira, é preciso considerar diversos fatores. Em primeiro lugar, as duas regiões tinham óbvia proximidade geográfica com o Brasil, e os contatos marítimos eram favorecidos por correntes e regime de ventos no Atlântico. Em segundo lugar, a Costa da Mina e sobretudo a África Central gravitavam na órbita de influência luso-brasileira, algo que se tornou ainda mais acentuado à medida que várias nações europeias se retiraram do tráfico atlântico, a partir de fins do século XVIII.

Nos dois casos, boa parte do tráfico dependia de redes comerciais e logísticas que, se prosperavam no interior do Império português, eram na verdade em grande medida controladas a partir do Brasil. Essa característica distinguiu o tráfico luso-brasileiro do comércio de cativos organizado por outras nações europeias, nas quais a participação de negociantes metropolitanos — no contexto do chamado comércio triangular — foi mais acentuada do que no caso português. Aqui reside também a explicação para os números estratosféricos do embarque de cativos para o Brasil. Em outras palavras, a interação direta entre duas colônias portuguesas — com o envio de mercadorias produzidas no Brasil para Angola — estimulou a economia do tráfico atlântico e o impacto sobre as sociedades africanas.

No século XIX, o processo de abolição do tráfico lançou as bases para o colonialismo europeu na África. Tal processo ganhou impulso com a militarização das operações navais antitráfico, antes da metade desse século. Sob a bandeira abolicionista, forças inglesas bombardearam e depois ocuparam a cidade de Lagos, na Nigéria, criando um enclave colonial que depois sustentaria a presença europeia na região. Na África Central, vários países — Portugal, Inglaterra e França — participaram de operações navais antitráfico que redundaram na expansão dos limites territoriais da colônia portuguesa de Angola, assim como na criação de zonas de influência comercial e enclaves coloniais.

Paradoxalmente, o fim do tráfico atlântico não significou o término das migrações forçadas através do oceano. Para suprirem a demanda por mão de obra nas colônias britânicas e francesas do Caribe, milhares de africanos "livres" foram forçados a cruzar o Atlântico. No caso inglês, africanos "libertos" (aqueles libertados de navios negreiros apreendidos por navios de guerra ingleses) acabaram enviados para colônias caribenhas tais como Jamaica e Barbados. No caso francês, o esquema envolvia o "resgate" de escravos na África, os quais recebiam a "liberdade" e depois eram "contratados" para emigrarem para o Caribe francês, onde ficavam submetidos ao trabalho forçado na agricultura comercial.

Luiz Felipe de Alencastro

ÁFRICA, NÚMEROS DO TRÁFICO ATLÂNTICO

O TRÁFICO TRANSATLÂNTICO DE ESCRAVOS AFRICANOS TOMOU NO Brasil uma dimensão inédita no Novo Mundo. Do século XVI até 1850, no período colonial e no imperial, o país foi o maior importador de escravos africanos das Américas. Foi ainda a única nação independente que praticou maciçamente o tráfico negreiro, transformando o território nacional no maior agregado político escravista americano. Consubstancial à organização do Império do Brasil, a intensificação da importação de escravos africanos após 1822 explica a longevidade do escravismo até sua abolição, em 1888.

O primeiro ponto a ser delimitado é o período em que perdurou o comércio de africanos para o Brasil, ou seja, os anos 1550-1850. Os dados disponíveis assinalam que os primeiros desembarques de cativos africanos ocorreram nos anos 1560 em Pernambuco. Contudo, a data geralmente considerada como início do tráfico é o ano de 1550. Da mesma forma, o fim do tráfico clandestino para o Brasil é fixado em 1850, embora 6900 africanos escravizados ainda tenham sido desembarcados no país entre 1851 e 1856.

O segundo ponto importante, e bem mais complexo, se refere ao número de africanos legal e ilegalmente introduzidos no Brasil. Tema que é objeto de controvérsias iniciadas no século XIX. Tal debate também ocorre em outros países americanos, europeus e africanos envolvidos no comércio de escravos. Philip D. Curtin, em sua obra pioneira, *The Atlantic Slave Trade: A Census* (1969), na qual sistematiza as estatísticas de obras impressas sobre a deportação de africanos, redigiu um capítulo intitulado "The Slave Trade and the Numbers Game". Nele, Curtin aponta a grande variação das cifras atribuídas por diversos autores ao tráfico atlântico, e desautoriza a maior parte das estimativas. Porém, relativamente ao Brasil, ele conclui que o livro de Maurício Goulart, *A escravidão africana no Brasil* (1949), oferecia a descrição e os números mais exatos sobre o tráfico no país. Advogado sem vínculos universitários, Goulart trabalhou com os dados do arquivo do Instituto Histórico do Rio de Janeiro e da historiografia para corrigir "delirantes conjeturas" sobre os números do tráfico elaboradas por, entre outros, Calógeras e Rocha Pombo. Incluindo pistas ainda inexploradas, o livro de Goulart não recebeu a consideração que merece. Pierre Verger retoma os estudos da tradição historiográfica baiana e os amplia, com a documentação inglesa e portuguesa, para enfatizar o caráter bilateral do tráfico negreiro. Publicado em 1968, o livro de Verger se concentra nas trocas entre a Bahia e a baía de Benim nos séculos XVIII e XIX, fazendo pouca referência ao Rio de Janeiro e a Angola, tornados os maiores polos negreiros do Atlântico.

Outra vertente da temática envolve os aspectos legais e diplomáticos do contencioso anglo-brasileiro sobre comércio ilegal de africanos (1831-50), que sempre interessou especialistas do direito internacional e do Itamaraty. Assim, em 1916, João Luiz Alves, futuro ministro da Justiça e do STF, publica na *Revista do Instituto Histórico e Geográfico Brasileiro* um estudo detalhado, e até hoje citado, sobre o assunto. O livro *The Abolition of the Brazilian Slave Trade* (1970), de Leslie Bethell, amplia tal abordagem, situando pela primeira vez o tráfico brasileiro no contexto da Pax Britannica. Comparando o Brasil com Cuba e com outras zonas de tráfico, e explorando mais intensamente os registros britânicos, David Eltis (*Economic Growth and the Ending of the Transatlantic Slave Trade*, 1987) retomou dados de Bethell e corrigiu para cima as cifras de Goulart e Curtin sobre o tráfico brasileiro da primeira metade do século XIX.

Cifras abrangentes consolidadas no site do Trans-Atlantic Slave Trade Database (TSTD 2006, atualizado em 2012), organizado principalmente por David Eltis e David Richardson mas que contou com a colaboração de pesquisadores brasileiros, e notadamente de Manolo Florentino e Daniel Domingues, oferecem um panorama amplo e, em boa medida, definitivo do tráfico e do transporte transatlântico de africanos. Na circunstância, cerca de 36 mil viagens, correspondendo a 70% do volume estimado de viagens negreiras para as Américas, iniciadas em 1502 nas Antilhas e concluídas em 1866 em Cuba, estão registradas no TSTD. O monumental *Atlas do tráfico transatlântico* (2010) de D. Eltis e D. Richardson completa o TSTD. Salvo outra referência, as análises que seguem se baseiam no TSTD e no *Atlas*.

Os números do Database têm uma reconhecida precisão. A razão é simples. Empreitado por governos e companhias mercantis, o comércio transatlântico de africanos deixou numerosos registros navais, portuários, fiscais e contábeis. No período do tráfico clandestino brasileiro (1831-56), informações dos cônsules e espiões ingleses (o mais célebre dos quais foi um carioca cujo codinome era Alcoforado), agregados às CPIs sobre o tráfico instauradas pelo Parlamento britânico nos anos 1840, fornecem um quadro bastante completo desse contrabando que gerou fortunas no Brasil e em Portugal. Graças ao trabalho acumulado por gerações de especialistas, tais dados puderam ser cotejados e apresentados nos quadros interativos do site do TSTD.

Isso posto, convém examinar mais de perto as cifras e a historiografia recente. Observe-se que o Database não inclui as rotas indiretas de tráfico e que os números relativos aos séculos XVI e XVII são esparsos. Além disso, os registros escondem certas fraudes. Assim, na época filipina (1580-1640), para pagarem um imposto de exportação mais baixo, negreiros saídos de Bissau ou de Luanda declaravam os portos brasileiros como destino mas rumavam para as Antilhas ou Buenos Aires, onde os preços dos escravos eram mais altos e havia contrabando de prata espanhola. Desse modo, os registros do TSTD sobre as importações brasileiras podem estar sobre-estimados, indicando uma utilização mais intensa do trabalho compulsório indígena na primeira metade do século XVII. No auge do ouro, no século XVIII, aconteceu o inverso. Africanos foram contrabandeados das Antilhas para as regiões mineiras do Mato Grosso e Minas Gerais, através da Bacia Amazônica e do Maranhão. Também é provável que o número de moçambicanos introduzidos no século XVIII seja um pouco superior aos 8339 indivíduos registrados no TSTD. Na primeira metade do século XIX, incluindo os anos do tráfico clandestino (1831-50), as estatísticas são mais precisas pelas razões apontadas acima. Note-se, entretanto, que nos anos 1848-50, quando os preços no Brasil caíram por causa do grande afluxo de negreiros, houve reexportação de africanos para o Caribe. Tomando em conta essas considerações, calculo que o total de africanos desembarcados no Brasil, em cerca de 14910 viagens transcorridas nos três séculos, atinja 4,8 milhões, pouco menos que os 4,86 constantes no Database. Globalmente, as importações brasileiras representam 46% do total dos escravizados desembarcados. Pelos motivos indicados acima, o número de embarques nos portos africanos destinados ao Brasil — 5,5 milhões, 45% do total dos deportados da África — está provavelmente sobre-estimado no TSTD.

Dessa maneira, a cifra de africanos introduzidos no Brasil entre 1500 e 1850 (4,8 milhões) é conhecida com maior precisão do que o número de colonos (até 1822) e de imigrantes portugueses vindos no mesmo período. Quanto à população indígena, os cálculos são obviamente aleatórios. A cifra computada por John Hemming no livro *Red Gold* (1978), que tem no cálculo da população indígena a mesma significação que o livro de Goulart teve nas estimativas sobre o tráfico negreiro, é de 2,43 milhões de índios presentes no século XVI nos territórios posteriormente incorporados às fronteiras atuais do Brasil. No que concerne aos portugueses, meus próprios cálculos indicam a cifra de 750 mil indivíduos entrados entre 1500 e 1850. Ou seja, em cada cem pessoas desembarcadas no Brasil durante esse período, 86 eram escravos africanos e catorze eram colonos e imigrantes portugueses.

Para entender essas cifras, convém examinar melhor as redes de trocas ligando os portos brasileiros aos africanos. Basicamente, os africanos chegados ao Brasil vieram de duas áreas principais. A primeira, formada pela baía de Benim e pelo golfo do Biafra, origem de 999600 indivíduos desembarcados, e a segunda, situada no Centro-Oeste africano, e sobretudo em Angola, de onde saíram 3,656 milhões de indivíduos (75% do total dos desembarques).

Deve ser ainda destacada a entrada de 188400 escravos da Senegâmbia e de áreas do golfo de Guiné. A grande maioria (95%) dos escravos oriundos da África Oriental, sobretudo de Moçambique, chegou ao Brasil, e principalmente ao Rio de Janeiro (82%), na primeira metade do século XIX. É preciso sublinhar que os grandes portos negreiros se situavam na proximidade de bacias hidrográficas extensas, como a do rio Senegal, do Gâmbia (Senegâmbia), dos rios Níger e Volta (golfo de Guiné), do rio Congo e do Cuanza (Congo-Angola), do Zambeze e do Limpopo (Moçambique), permitindo o transporte fluvial de cativos para os portos marítimos e ampliando o impacto do tráfico no interior da África subsaariana. Assim, escravizados embarcados num determinado porto podiam ter sido trazidos de comunidades situadas em regiões muito distantes do litoral.

Uma particularidade marcante nas redes sul-atlânticas é seu percurso bilateral: 95% das viagens que desembarcaram africanos nos portos brasileiros foram iniciadas nesses mesmos portos, sobretudo no Rio de Janeiro, na Bahia e em Recife (nessa ordem). Em razão de correntes e ventos favoráveis no Atlântico Sul, a viagem de ida e volta Brasil-África era, em média, 40% mais curta do que as viagens similares dos portos antilhanos e norte-americanos até a África. A relativa segurança e facilidade com que se navegava da costa brasileira ao golfo de Guiné ou Angola permitiam que navios de pequeno porte, como as escunas de dois mastros que navegavam no rio São Francisco, empreitassem viagens negreiras. Além do mais, enfrentando ventos adversos, os negreiros rivais europeus geralmente buscavam portos mais ao norte de Angola, na área do estuário do Congo e acima dela. Circunstância que também protegeu a predominância luso-brasileira na navegação bilateral sul-atlântica.

Mais instruídos pelo conhecimento empírico do que pela cartografia marítima, negreiros oriundos dos portos brasileiros descentralizaram e informalizaram o tráfico no Atlântico Sul. Efetivamente, a primeira descrição com as regras da marinharia portuguesa de uma rota transatlântica Sul-Sul, a rota da Bahia ao golfo de Guiné, foi elaborada em 1759 pelo engenheiro e cartógrafo baiano José Antônio Caldas. Bem depois do mapeamento do Atlântico Norte. Aliás, o mapa completo das correntes do Atlântico Sul só aparece em 1832, traçado pelo oceanógrafo inglês James Rennell. Como observaram Eltis e Richardson, as trocas sul-atlânticas, que compõem as maiores redes negreiras oceânicas, são as menos conhecidas pelos historiadores do Atlântico.

Nesse contexto, emergiram quatro eixos principais e um eixo derivado unindo os portos brasileiros à África. Em ordem crescente, o primeiro eixo é o mais tardio e o que teve menor duração. Trata-se do circuito unindo a Amazônia à Guiné-Bissau, na Senegâmbia. Essa rede dependia da Companhia Geral de Comércio do Grão-Pará e Maranhão (CGGPM, 1755-78), criada pelo marquês de Pombal para administrar os territórios das duas pontas do circuito marítimo, a Guiné-Bissau e a Amazônia. Distintas do sistema náutico sul-atlântico, as rotas da CGGPM, integradas no Atlântico Norte, configuravam um comércio triangular, no qual a viagem iniciada em Portugal seguia para a Senegâmbia, embarcava cativos e rumava para São Luís ou Belém, de onde o navio voltava para Lisboa com produtos da Amazônia.

O segundo eixo unia Pernambuco a Angola e, secundariamente, ao golfo de Guiné. O terceiro ligava a Bahia ao golfo de Guiné e, em particular, à baía de Benim. Aqui, o tabaco baiano, e às vezes pernambucano, aparecia como uma mercadoria de exportação privilegiada, garantindo aos produtores escravistas regionais frete para os portos do Benim. Cabe observar que Pombal também tentou enquadrar o tráfico pernambucano e baiano em companhias negreiras onde predominava o capital metropolitano. Teve sucesso no primeiro caso, criando a Companhia Geral de Pernambuco e Paraíba (1759-80). Mas fracassou no segundo, deixando assim os negreiros baianos — e fluminenses —, os mais importantes da América portuguesa, fora das companhias semiestatais que passaram a controlar os portos de tráfico situados ao norte do rio São Francisco.

Enfim, o quarto eixo conectava o Rio de Janeiro e seus portos subsidiários a Angola e, mais tarde, depois da chegada da corte, a Moçambique e, por vezes, a outros portos negreiros da África Ocidental. Da Guanabara, derivava uma rede vinculando o tráfico fluminense ao Rio da Prata. Crescendo com as exportações para Buenos Aires na época do contrabando da prata de Potosí, e para Minas Gerais na época do ouro e do diamante, o negócio negreiro do Rio de Janeiro passa a depender menos da demanda dos produtores açucareiros fluminenses e se avoluma com o deslanche da produção cafeeira no Centro-Sul. Ampliando suas redes na costa africana, tanto em Angola, e em particular em Benguela, como em Moçambique, o polo mercantil do Rio de Janeiro transforma a cidade no maior porto negreiro das Américas. Note-se que a cachaça fluminense servia regularmente de frete e de escambo nos portos angolanos. Depois da Abertura dos Portos, em 1808, o Rio também passa a reexportar mercadorias europeias de escambo para os portos africanos. A intensificação do tráfico fluminense decorre ainda da retirada dos negreiros ingleses e americanos dos portos africanos, depois da abolição do comércio transatlântico de africanos nos dois países, em 1807. Com novas e volumosas mercadorias de escambo, os tumbeiros fluminenses captam a oferta negreira em diversos portos africanos abandonados pelos americanos e ingleses. O gráfico ao lado mostra que é nesse período que o Brasil se consolida como o maior importador de escravos do Novo Mundo. Mais amplamente, o gráfico ilustra a grande sincronia no fluxo do tráfico atlântico de africanos. Em outras palavras, desde 1550 até 1850 todos os "ciclos" econômicos brasileiros — o do açúcar, o do ouro e o do café — derivam do ciclo multissecular de trabalho escravo trazido pelos traficantes.

No total, a rede de tráfico baseada no Rio de Janeiro tem maior preeminência econômica e política no país, embora o eixo Bahia-Benim tenha grande destaque cultural no passado e no presente das relações entre a África e o Brasil.

De fato, a hegemonia econômica e política do Rio de Janeiro foi fundamental para a afirmação da soberania do governo central sobre o território da América portuguesa e para a construção do Estado Nacional. Tal hegemonia foi articulada pela classe dirigente luso-brasileira agregada à Coroa e financiada pela expansão cafeeira no Centro-Sul. Tudo isso só foi possível por causa do extraordinário crescimento do tráfico negreiro no século XIX. Por causa da pilhagem das populações subsaarianas.

CRESCIMENTO ECONÔMICO, CRISES GEOPOLÍTICAS E ESCRAVOS AFRICANOS DESEMBARCADOS NO BRASIL 1550-1850

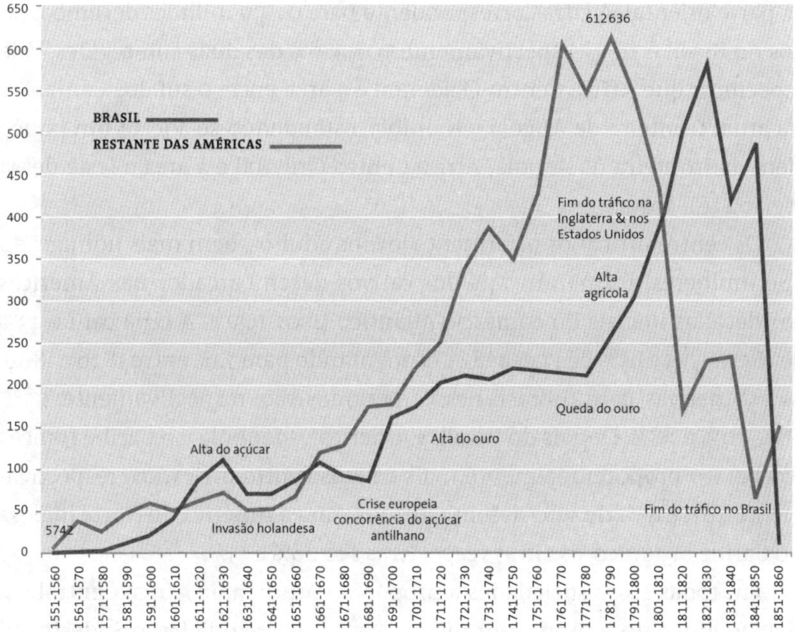

Fonte: Trans-Atlantic Slave Trade Database (TSTD).

Robert W. Slenes

AFRICANOS CENTRAIS

APROXIMADAMENTE 51% DOS 10,5 MILHÕES DE AFRICANOS escravizados que chegaram vivos às Américas entre 1501 e o fim do tráfico em 1866 eram da África Central: 47% da parte ocidental dessa região e 4% da parte oriental. A cifra correspondente para os 4,9 milhões desembarcados no Brasil é 76%, respectivamente 70% e 6% das duas sub-regiões. Vale especificar que África Centro-Ocidental é a área entre o sul dos Camarões e a atual fronteira de Angola e Namíbia, estendendo-se a leste um pouco além da fronteira de Angola; África Centro-Oriental é a área a leste dessa região até a costa.

Os centro-africanos (mormente jovens adultos, bem mais homens do que mulheres) formaram 74% dos cativos desembarcados nas Américas nas décadas iniciais do comércio atlântico (1501-1650). A cifra caiu a 43% de 1651 a 1725 e 45% de 1726 a 1825, aumentando para 72% entre 1826 e 1866. As estimativas para o Brasil nesses períodos são, respectivamente, 95%, 68%, 70% e 88%. Depois do Brasil, a América espanhola e o Caribe francês receberam proporcionalmente mais cativos centro-africanos: respectivamente 46% e 43% de seus desembarcados. Para a América do Norte inglesa e o Caribe britânico, as cifras respectivas são 26% e 15%.

Em todas essas sociedades a proporção oriunda da África Central variou ao longo do tempo e por região. Dentro desse quadro, o Sudeste-Sul do Brasil entre 1811 e o último desembarque oficial no país (1856) é um caso excepcional: 93% dos traficados aí chegados (a grande maioria permanecendo no Sudeste) vieram da África Central, sendo 75% centro-ocidentais e 18% centro-orientais. Levam-se em conta em tais cifras os cativos da África Ocidental desembarcados no Nordeste e transportados para o Sudeste-Sul por cabotagem.

Esses dados indicam a grande diversidade de africanos que os africanos centrais podiam encontrar nas senzalas. O peso populacional dos demais habitantes do Novo Mundo — escravos e libertos "crioulos" (os nascidos na América), indígenas, europeus e mestiços de diversos tipos — também variava muito. Novamente, o Sudeste brasileiro no século XIX é um caso sui generis; área em geral relativamente pouco povoada até o final do século XVIII, recebeu um afluxo bem maior de cativos centro-africanos com o desvio do comércio de gente após a revolução escrava em São Domingos na década de 1790 e a abolição do tráfico para o Caribe britânico (1808). Essa "segunda escravidão", como tem sido chamada, resultou na maior presença de grandes propriedades escravistas (produtores sobretudo de açúcar, depois café), marcadas por vigilância redobrada sobre os escravos, trabalho mais extenuante e taxas de alforria muito baixas, mais ainda para africanos. Nas plantations entre 1811 e 1850, comumente quatro quintos dos homens e dois terços das mulheres, acima de quinze anos, haviam nascido na África, mormente na África Central. Nas áreas de grande lavoura, às vezes os africanos correspondiam à maioria da população.

Para entender como os africanos centrais lidaram com essa diversidade de gente e condições, vale examinar seus recursos culturais. Falavam, quase todos, línguas bantu. Eram descendentes de migrantes que saíram dos Camarões cerca de 5 mil anos atrás, espalhando-se ao sul e a leste, com o tempo absorvendo a maioria dos povos autóctones esparsos. Além desse parentesco linguístico, a África Centro-Ocidental é reconhecida na bibliografia especializada como uma área cultural *una*: uma região em que as diversidades culturais refletiam adaptações criativas às contingências históricas, a partir dos mesmos princípios cosmológicos e visões do bem social.

A conclusão fica mais forte se olharmos apenas os povos mais duramente atingidos pelo comércio de escravos: os do grupo linguístico que inclui kikongo (falado pelos kongo, nos dois lados do baixo rio Zaire) e os da família de línguas da savana ocidental, área mais ou menos correspondente à atual Angola, que inclui kimbundu e umbundu (falados pelos mbundu e ovimbundu, respectivamente nas hinterlândias de Luanda e

Benguela). Os dois grupos se originaram numa corrente de expansão migratória e de integração com autóctones que atravessou a floresta tropical ao sul dos Camarões. Estima-se que tenham divergido de uma língua ancestral comum entre 2 mil e 3 mil anos atrás.

Soma-se a isso a confirmação de que a família de línguas da savana oriental, além da fronteira leste de Angola, tem a mesma origem; não provém de expansões bantu mais antigas que entraram nessa savana vindas do nordeste. Enfim, parte significativa dos cativos embarcados pela costa leste (sobretudo dos portos de Moçambique) falavam línguas — e tinham culturas — bem mais próximas historicamente às de outros grupos aqui mencionados.

Outro consenso diz respeito à área de impacto do comércio atlântico de gente na África Centro-Ocidental. Aceitava-se até há pouco que a "fronteira de escravização" adentrava a região cada vez mais até chegar ao centro do continente, fazendo com que os cativos deportados entre 1830 e 1866 viessem principalmente de além-"zona atlântica", a região de influência portuguesa. Comprovou-se, porém, que a grande maioria continuava a vir da mesma região. Estima-se que 72% das pessoas traficadas após 1830 falavam dialetos de kikongo, kimbundu ou umbundu. Ou seja, faziam parte dos grupos antes impactados. E mais de 80% vinham de uma zona atlântica pouco expandida. O substancial aumento da deportação de cativos centro-ocidentais entre 1750 e 1850 sugere que a escravização de pessoas na antiga zona atlântica — por guerras, razias, sequestros e venda de dependentes para saldar dívidas — ficou mais intensa. Ao mesmo tempo, muitos dos traficados oriundos da zona atlântica haviam nascido de mulheres escravizadas no comércio interno, tornando-se, com isso, possíveis intermediários culturais entre centro-africanos de origens diferentes. Trata-se de uma nova fase do intercâmbio cultural antigo na zona atlântica. Muito relevante aqui foi a interpenetração das línguas e cosmologias dos kongo e mbundu desde o reencontro desses grupos (*c.* 1000 d. C.), quando seus caminhos de expansão bantu convergiram.

Quais teriam sido os princípios culturais comuns aos cativos da zona atlântica e seus congêneres mais interioranos? Em primeiro lugar, em praticamente toda a África bantu existiam dois tipos básicos de espíritos: os dos ancestrais "nomeados" — cuja memória ainda se guardava e que eram ciosos do bem-estar dos vivos de seu clã — e os espíritos tutelares da Terra, organizados em hierarquia, preocupados com os diversos grupos de parentesco de uma determinada área. Em geral, os ancestrais mais antigos eram incorporados ao topo desse grupo de espíritos tutelares. Tal configuração, que permitia aos ancestrais ainda lembrados acompanhar os migrantes, ao passo que os entes tutelares zelavam pelas gentes em certos espaços, foi de suma importância para as estratégias na milenar expansão bantu. Uma série de pesquisas sobre as fases iniciais dessa expansão deduz que a primeira pergunta que um grupo de migrantes fazia aos autóctones ao entrar em novo território era: "Quem são os donos da terra?". Isto é, os espíritos tutelares, particularmente as sombras dos "primeiros [seres humanos] a chegar". A segunda pergunta era: "Quais são os rituais próprios para contatar esses espíritos?".

A relevância para a última e mais dolorosa expansão bantu é evidente. Em muitos cultos afro-brasileiros, especialmente os associados à influência "congo-angolana", os espíritos dos "caboclos" — na acepção mais antiga, "índios bravos da floresta" — são muito poderosos. Há quem avalie os caboclos como elementos estranhos numa religião "africana", o resultado de sincretismo impuro. Ora, não poderia haver nada mais (centro-)africano do que se aproximar dos donos da terra, tomando emprestados a seus descendentes os rituais.

Um segundo ponto crucial é que os centro-africanos acreditavam na revelação contínua dos espíritos do outro mundo para os seres humanos, em sonhos ou transes de possessão. Também pressupunham que certos homens e mulheres tinham o poder de fazer essa travessia (e mobilizar os poderes dos espíritos) no sentido inverso: de um lado, grandes chefes e sacerdotes com boas intenções para suas comunidades; de outro, feiticeiros atendendo a interesses egoístas e antissociais. Como se vê, os santos (Cristo também) e os espíritos tutelares assemelhavam-se tanto em seus poderes milagrosos e de revelação que era fácil, como mostra Fromont, para muitos centro-africanos perceber uma "correlação contingente" entre eles. De 1509 em diante, o cristianismo foi abraçado e difundido pelo rei desse reino, sem que a religião autóctone fosse renegada. Formou-se um "clero" congolês (não reconhecido pela Igreja), treinado para traduzir seletivamente as pregações dos missionários e os ensinamentos cristãos, suavizando assim possíveis arestas entre as duas tradições. O resultado foi uma nova religião, enraizada no povo porém fundamentada em preceitos e categorias nativos — com Santo Antônio, o Ntoni Malau reconhecido como grande sacerdote em vida e, já espírito, como um poderoso tutelar da Terra.

Na área de influência portuguesa ao sul (nas regiões de Luanda e Benguela), onde havia igrejas, irmandades negras do Rosário e culto a Santo Antônio, a população também teve contato com o cristianismo. Mas lá a religião era mais fortemente associada a Portugal, não a um Estado autóctone, e ao comércio de escravos, inclusive àquele feito por clérigos seculares. Portanto, ela dificilmente teria alcançado o grau de imbricação com a matriz nativa que teve no Congo. Ainda assim, muitos escravizados da zona atlântica em Angola, como aqueles do Congo, teriam chegado ao Brasil com certa familiaridade com os santos, o que lhes poderia servir, dependendo do contexto, tanto para uma (aparente) aproximação com a religião popular cristã (ingressando em irmandades, por exemplo), quanto para reforçar seu apego aos preceitos religiosos nativos, fazendo pedidos ao poderoso Antônio.

Outro princípio cultural, que era também reflexo da necessidade milenar de travar relações com novos grupos para ter "ventura", consistia na valorização de alianças sociais. Havia os conhecidos cuidados na manutenção das linhagens e seus clãs, bem como dos grupos de parentes afins. Mas, além disso, construíam-se amizades fortes, marcadas por rituais evocando o parentesco, para fundamentar obrigações recíprocas. Pessoas com certas profissões, sobretudo aquelas ligadas a poderes de mediação espiritual — sacerdotes, ferreiros, caçadores —, mantinham relações estreitas que cruzavam as fronteiras do parentesco. Finalmente, eram comuns associações terapêuticas: de um lado, pequenos cultos de cura, em geral voltados para membros do mesmo clã e dirigidos aos ancestrais recentes mas que em determinadas circunstâncias podiam se abrir para pessoas não aparentadas, formando assim novas "famílias". De outro, cultos comunitários de aflição-fruição, que procuravam a ajuda dos espíritos tutelares para curar males sociais (como fome ou crises de escravização). Estes últimos atravessavam as fronteiras de parentesco. Podiam adquirir feições políticas, se houvesse consenso de que o mal provinha de gente feiticeira; agentes coloniais belgas no início do século XX receavam que isso acontecesse em reação à política de mão de obra forçada. Nos rituais, os participantes-iniciandos passavam por uma morte simbólica para o renascimento para a vida, marcada pela tomada de um espírito tutelar da Terra. Com isso, esperavam vencer a aflição e instaurar novo estado de fruição. A experiência criava laços sociais estreitos e duradouros.

No Brasil da época colonial, os *calundus* eram cultos aparentados em sua morfologia e nome aos *quilundu* entre os kimbundu. São típicos dos pequenos cultos terapêuticos de toda a zona atlântica. O culto liderado por Juca Rosa no Rio de Janeiro nas décadas de 1860 e 1870, embora de ritual aparentemente mais elaborado, parece ser do mesmo tipo. Em ambos os casos, no entanto, eles devem ter passado pela transformação que, no século XX, seria sofrida por seus congêneres em contextos urbanos na África Central. Acontece que a migração na África, surgida no bojo do colonialismo e da "modernização" forçada, também separou parentes, dando origem a sacerdotes em vilas e cidades que atendiam uma clientela diversificada, não mais do mesmo clã, sendo que ao mesmo tempo buscavam construir novas "famílias de culto". De forma semelhante, a escravização no Brasil fez com que Juca Rosa e os calunduzeiros antes dele ampliassem seu raio de ação, satisfazendo o anseio dos clientes por novas solidariedades. Clientes brancos e até senhores tomavam parte, já que os pressupostos da revelação contínua e da permeabilidade da cortina entre este e o outro mundo tinham pontos de correlação com o catolicismo popular português.

Havia, contudo, associações no Brasil semelhantes em morfologia e rituais às associações comunitárias de aflição-fruição documentadas entre os kongo, inclusive com iniciandos passando pela morte, depois revivendo e recebendo espíritos poderosos. Três foram encontrados até agora; todos no Sudeste. A cabula, descrita no norte do Espírito Santo em 1900, era caracterizada como culto de escravos antes da abolição. Os outros dois foram documentados em regiões de plantation em meados dos Oitocentos: em Vassouras, RJ (1848), e em São Roque, SP (1854). Seu vocabulário extenso (de kimbundu e kikongo), seus apetrechos rituais e o espaço ritual da cabula (um "cosmograma kongo", círculo com dois eixos cruzando-se no centro), não deixam dúvida de que eram cultos da África Centro-Ocidental. Também os títulos de seus sacerdotes e o próprio nome do culto de 1848 (*ubanda* [sic]) confirmam que se tratava de antecessores diretos da macumba e da umbanda do século XX. Não parece acaso, ainda, que os cultos de 1848 e 1854 tivessem devoção a Santo Antônio.

Tais cultos nada devem em termos de complexidade a seus congêneres da África Ocidental, e apresentam várias semelhanças com estes. Tudo leva a pensar, portanto, que os centro-africanos possam ter contribuído para a formação dos cultos de candomblé nagô-ketu na Bahia, da mesma forma como fizeram os jeje (da África Ocidental, como os nagô). A presença bantu na Bahia foi minoritária nos séculos XVIII e XIX. Mas tratava-se de minoria significativa em região de grande lavoura e trabalho duro, contexto propício para cultos de aflição. Será que os candomblés kongo-angola, que dizem ter surgido na década de 1880, mostrando um claro diálogo entre o culto aos orixás e aquele dos espíritos tutelares kongo-mbundu, não teriam uma história mais longa a contar?

No caso das associações do Sudeste, o culto de 1848 estava no centro de um importante plano de rebelião escrava, desmontado antes de estourar. O de 1854, reunindo escravos e livres, também revelou considerável hostilidade aos senhores. O surgimento desses dois cultos, justamente no auge da segunda escravidão, da grande propriedade escravista e da escalada inglesa contra o tráfico, é sugestivo. Não teríamos aqui a identificação do mal com o atroz escravismo imposto aos cativos por fazendeiros-feiticeiros, que não exibiam as características de um Grande Chefe, cioso do bem-estar de seu "povo"? Em propriedades menores desde a época colonial, quando tais posses escravistas predominavam — com senhores mais precários, mais propensos a "entregar anéis" (alforrias, por exemplo) para não perder os dedos —, as estratégias políticas, culturais e identitárias dos cativos centro-africanos provavelmente eram diferentes, ou mais variadas. Em todo caso, se no reino do Congo se percebeu uma "correlação contingente" entre os cultos de aflição e as irmandades católicas, como sugere Fromont, é provável que no Brasil também o imaginário centro-africano tenha sabido mostrar a mesma ginga na procura de solidariedades.

Beatriz Gallotti Mamigonian

AFRICANOS LIVRES

O PROCESSO DE ABOLIÇÃO DO TRÁFICO DE ESCRAVOS NO SÉCULO XIX gerou uma categoria especial de pessoas que viveram entre a escravidão e a liberdade em diferentes territórios do Atlântico e do Índico. Africanos livres tinham em comum com os *liberated Africans*, do Império britânico, e os *emancipados*, do Império espanhol, o fato de terem sido resgatados de navios condenados por tráfico ilegal. Eles conviveram com pessoas livres, libertas e escravizadas nas cidades e vilas, nas instituições religiosas e públicas e em demais locais de trabalho, mas tinham um estatuto distinto: cumpriam um período de trabalho compulsório sob administração estatal até alcançarem a "plena liberdade". No Brasil, a experiência dos africanos livres esteve marcada pela expansão do contrabando e pela escravização ilegal de centenas de milhares de pessoas que teriam direito ao estatuto mas foram mantidas no cativeiro. Entre 1819 e 1865, 11 mil homens, mulheres e crianças viveram como "africanos livres" no Brasil, enquanto o tráfico ilegal trouxe, só entre 1830 e 1856, 800 mil pessoas.

Foi no contexto da proibição do tráfico de escravos pela Inglaterra que o estatuto das pessoas "resgatadas" do tráfico ilegal foi associado aos esforços abolicionistas. Com a entrada em vigor das medidas repressivas, em 1808, o Conselho da Coroa determinou que aqueles encontrados a bordo dos navios negreiros capturados fossem emancipados e ficassem sob um regime de aprendizado. A colônia de Serra Leoa, na costa ocidental da

África, uma das sedes dos tribunais do Almirantado onde os navios eram julgados, receberia os africanos "resgatados" do tráfico. Lá eles eram tão numerosos que foram distribuídos em comunidades rurais, seguindo-se suas origens.

Quando a campanha abolicionista britânica estendeu-se para os outros países, os tratados bilaterais previam direito de visita e busca das embarcações, a criação de comissões mistas para julgamento dos navios apreendidos e a emancipação dos africanos cujos navios violassem os termos dos tratados. O Tratado Anglo-Português de 1815 proibia qualquer comércio fora dos domínios portugueses e acima da linha do equador. O funcionamento das comissões mistas estabelecidas em Freetown (Serra Leoa) e no Rio de Janeiro foi regulamentado pela Convenção Adicional de 1817. O acordo previa que os africanos emancipados ficariam a cargo do governo de onde a comissão estivesse sediada, que lhes garantiria a liberdade e os empregaria como "criados ou trabalhadores livres". O estatuto dos africanos no Império português foi definido pelo alvará de 26 de janeiro de 1818, que tratou-os por "libertos" e fixou o tempo de catorze anos de trabalho compulsório para que pudessem gozar "do pleno direito da sua liberdade". Reiterava-se, assim, o princípio de que os africanos precisavam se preparar, não estariam aptos à liberdade.

Os primeiros africanos emancipados no contexto do tráfico ilegal no Brasil provinham do tráfico ao norte do equador, e viveram em Fortaleza, no Ceará (a apreensão se deu em 1819), e no Rio de Janeiro (provindos da escuna *Emília*, apreendida em 1821) em meio à escravidão e aos embates políticos pela emancipação do país. Existem poucos registros acerca dos sobreviventes desses dois grupos; depreende-se que trabalharam nas mesmas ocupações e arranjos que as pessoas escravizadas e, no fim do período prescrito, confundiam-se com a população geral. Um grupo de africanos mina da escuna *Emília*, o primeiro navio julgado pela comissão mista do Rio, empreendeu a volta à África em 1836, fretando um navio para Onim (hoje Lagos). O contexto político havia mudado e a margem de autonomia dos libertos africanos no Brasil se estreitara muito.

O Tratado Anglo-Brasileiro de 1826 proibiu todo o comércio de escravos para o Brasil e restabeleceu as comissões mistas quando entrou em vigor, em março de 1830. O patrulhamento da costa brasileira pela Royal Navy britânica se traduziu em muitas apreensões de navios, que foram julgados pela comissão mista do Rio de Janeiro e, quando condenados, resultaram na emancipação dos homens, mulheres e crianças encontrados a bordo. Após uma longa e penosa travessia, era preciso esperar ainda no navio pelo julgamento da apreensão, prolongando-se assim o sofrimento e a mortalidade. A cerimônia de emancipação constava da atribuição de novos nomes cristãos e do registro das nações de cada um dos africanos. Tudo era feito pelo escrivão da comissão mista, que depois preenchia cartas de emancipação impressas. Cada africano ou africana livre teria um número associado ao carregamento de onde provinha. Nesse momento, o governo brasileiro passava a se responsabilizar por eles.

A lei de 7 de novembro de 1831 criou um procedimento paralelo e orientações contraditórias com relação às do tratado. Destinava-se a regulamentar a repressão ao tráfico pelas autoridades brasileiras, e detalhou os procedimentos de vistoria dos navios que entrassem ou saíssem dos portos brasileiros e de inquérito sobre o estatuto dos africanos desembarcados. A medida conferiu aos juízes de paz a atribuição de interrogar africanos novos e, com base nas informações sobre o momento em que haviam chegado, de emancipá-los. Dessa forma, autoridades judiciais brasileiras também foram responsáveis pela emancipação e emissão de cartas para africanos livres. Entretanto, como a lei de 1831 previa que fossem enviados de volta para a África, houve o entendimento de que cumpririam a obrigação de trabalho compulsório apenas enquanto o traslado não ocorresse.

Em 1834, as negociações para a reexportação não avançavam e o tráfico voltava a crescer. O ministro da Justiça, Aureliano Coutinho, determinou a arrematação (e mais tarde a concessão) dos serviços dos africanos e africanas livres para instituições e pessoas "de reconhecida probidade e inteireza". Trabalhariam em troca de alojamento, alimentação, vestuário e cuidados de saúde, além do pagamento de um "aluguel anual" que nunca foi revertido para eles. A Casa de Correção, instituição prisional moderna baseada no princípio da reabilitação por trabalho, centralizaria, a partir de então, o recebimento dos africanos novos e sua distribuição. Muitos africanos trabalhariam nas obras da própria Casa de Correção, que ficava numa chácara nos subúrbios da corte.

Alguns grupos de africanos livres viveram em capitais de província e outras cidades litorâneas. Os africanos livres apreendidos atrás da armação baleeira em Bertioga (SP), no ano de 1831, foram emancipados em Santos (SP) e, de lá, alguns seguiram para São Paulo. Também em Salvador e Recife houve africanos livres desde o início da década de 1830. Um grupo grande foi designado para a Fábrica de Ferro de Ipanema, em Sorocaba (SP). A maioria deles, no entanto, viveu no Rio de Janeiro. Uma parte dessas pessoas prestou serviço em instituições públicas, como os Arsenais de Guerra e de Marinha; religiosas como o Hospital da Ordem Terceira do Carmo e a Ordem Terceira de São Francisco da Penitência; ou ainda em obras públicas, como a abertura de estradas, canalização de rios, ou construções nas cidades. Outro grupo, muito numeroso nessa fase, trabalhou para particulares. A concessão dos serviços dos africanos livres seguiu os moldes clientelistas e serviu de moeda de troca política na fase de fortalecimento do poder central. Muitos funcionários públicos receberam africanos e africanas livres, assim como vários estadistas do Império. Foi o caso de Luís Alves de Lima e Silva (o marquês de Caxias), Honório Hermeto Carneiro Leão (o marquês do Paraná) e Aureliano Coutinho (visconde de Sepetiba).

Os africanos e africanas livres trabalharam em arranjos que eram muito próximos daqueles das pessoas escravizadas; isto é, dedicavam-se ao serviço doméstico sem receber remuneração alguma; "ao ganho", pagando um jornal semanal para os concessionários; ou ainda alugados a terceiros, como amas de leite, por exemplo. Assim geravam renda para os concessionários. Nas instituições públicas e religiosas também trabalhavam só pelo sustento, ou em troca de algum pagamento simbólico que não se comparava àquele dos demais trabalhadores livres; mesmo os que estavam em degraus baixos da escala social, como os colonos recém-chegados. Africanos e africanas livres resistiram como puderam: reclamaram tratamento digno, denunciaram maus-tratos, recusaram-se a acatar ordens, fugiram. Uma africana livre chegou a chamar o concessionário de "ladrão de seus serviços". Mas eles estavam presos às condições impostas pelo estatuto, de cumprir o tempo de serviço obrigatório, e entendiam aquele momento de "cativeiro" como uma fase temporária. Afinal, caso fugissem da órbita das autoridades e instituições que detinham os registros daquele estatuto especial, podiam ser reescravizados.

A Lei Eusébio de Queirós, de 1850, reiterou a determinação para que os africanos apreendidos fossem deportados, mas, novamente, o governo não conseguiu viabilizar tal ação. A partir dali, não houve mais distribuição a particulares. Foram as instituições públicas e sobretudo as obras e os projetos de modernização que receberam milhares de pessoas apreendidas, entre as quais uma alta proporção de crianças. Nessa fase, os que sobreviveram à forte mortalidade foram empregados pela Sociedade de

Mineração do Mato Grosso na região do Alto Paraguai-Diamantino; nos aldeamentos indígenas do Paraná na região de Jataí; na Colônia Militar de Itapura, no rio Tietê; na Santa Casa de Misericórdia de Porto Alegre; na abertura de estradas como a de Cubatão para São Paulo; na canalização de rios e obras urbanas na Bahia; e também na Companhia de Navegação a Vapor e Comércio do Amazonas, do barão de Mauá.

A exploração do trabalho dos africanos livres e a falta de cumprimento da promessa de emancipação foram objeto de críticas sistemáticas dos representantes da Coroa britânica no Brasil e também, em poucas ocasiões, objeto de discussão no Parlamento brasileiro. Esse era um tema delicadíssimo, pois vinha associado ao tráfico e ao direito à liberdade dos africanos mantidos em cativeiro ilegal. O pacto de silêncio sobre o tráfico ilegal, selado entre o governo e os senhores de escravos em 1837, foi renovado em 1850, quando o governo passou a reprimi-lo. Eusébio de Queirós prometeu "esquecer o passado", isto é, ignorar o crime cometido pelos detentores de africanos importados depois de 1831. Manter controle sobre os africanos livres fazia parte dessa política. Mas ela se tornava insustentável, visto que os que foram emancipados na década de 1830 estavam cada vez mais insubmissos e reclamavam a emancipação definitiva.

Um decreto datado de 1853 estabeleceu os procedimentos para que os africanos e africanas livres que tivessem trabalhado para particulares por catorze anos solicitassem a emancipação. As petições se multiplicaram no Ministério da Justiça, mas a burocracia emperrava; o governo imperial só emancipou os africanos livres, de fato, depois do rompimento das relações diplomáticas com a Inglaterra em 1863. A Questão Christie deu grande publicidade à política do governo imperial de protelar e estender a exploração dos africanos livres, e ameaçou expor o problema dos africanos ilegalmente escravizados. Um segundo decreto, datado de setembro de 1864, determinou a emancipação definitiva de todos os africanos livres do Império, o que mobilizou autoridades em todas as províncias que passaram a chamá-los por meio dos editais. Esse esforço se traduziu na elaboração de uma matrícula dos africanos livres, que conseguiu rastrear 11 mil deles. O balanço final foi que cerca de um terço dos africanos livres faleceu antes de alcançar a plena liberdade e um terço foi emancipado, tendo trabalhado geralmente entre vinte e 25 anos. Os restantes não foram localizados, o que sugere que muitos podem ter sido reescravizados. Dali em diante, africanos e africanas "emancipados" sumiram das vistas das autoridades, o que significa que desapareceram dos registros oficiais mais sistemáticos. Eles tinham filhos e até netos, mas continuavam marginalizados na sociedade escravista. Muitos continuaram a viver em comunidades. Descendentes dos africanos enviados para trabalhar na Companhia de Navegação a Vapor, do barão de Mauá, hoje formam a comunidade quilombola do Sagrado Coração de Jesus do Lago de Serpa, no Amazonas.

A análise da experiência de trabalho dos africanos e africanas livres demonstra que a política de mão de obra do governo imperial não favorecia o trabalho livre, visto que raramente puderam aprender ofícios ou exercer ocupações que lhes dessem autonomia. Como eles, os indígenas aldeados, os recrutas e os prisioneiros condenados também viviam em regime de trabalho forçado sob os auspícios do Estado. Eram pessoas juridicamente livres mas que a sociedade imperial não considerava dignas de exercer a liberdade com autonomia.

Luis Nicolau Parés

AFRICANOS OCIDENTAIS

COM A EXPRESSÃO GENÉRICA "AFRICANOS OCIDENTAIS" DESIGNAM--se aqueles indivíduos originários da região da África Ocidental, cujo litoral se estende do rio Senegal (no atual Senegal) até o cabo Lopez, na linha do equador (no atual Gabão). Na longa história do tráfico atlântico de escravos para o Brasil, que durou de 1550 a 1850, os cativos trazidos dessa extensa região constituíram aproximadamente 25% do total desembarcado no país. Os três quartos restantes (75%) vieram da África Centro-Ocidental (Congo-Angola) e da costa leste (Moçambique). Estudos históricos recentes estimam que chegaram ao Brasil em torno de 1,2 milhão de africanos ocidentais, entre homens, mulheres e crianças. Contudo, o número real foi bem maior, pois, além das viagens de navios negreiros não documentadas, houve muitos escravizados, sobretudo no período do tráfico ilegal, no século XIX, que, para escapar ao controle das autoridades, foram declarados pelos traficantes como procedentes da África Centro-Ocidental, embora sua real origem fosse acima do equador.

Os "africanos ocidentais" eram originários de sociedades política e culturalmente muito variadas, situadas com frequência perto do litoral, mas algumas vezes localizadas em terras interioranas a centenas de quilômetros do mar. Trazidos em caravanas através de longas rotas, esses cativos terminavam embarcados em diferentes locais. A primeira área que teve incidência significativa no tráfico destinado ao Brasil foi a Alta Guiné, que do rio Senegal se estende até o cabo Monte (na atual Libéria). A diversidade cultural dessa região é notória na sua riqueza linguística, destacando-se, no litoral, a heterogênea família das línguas do Atlântico Ocidental (wolof, serer, balanta, fula, temne etc.) e, no interior, a mais homogênea família das línguas mandê (mandinga, soninke, bambara etc.). Além das ilhas de Cabo Verde, os principais enclaves do tráfico português nessa zona foram os portos de Cacheu e Bissau (na atual Guiné-Bissau). Calcula-se que os cativos da Alta Guiné perfizeram quase 10% do total dos "africanos ocidentais" transferidos para o Brasil, em particular para o Maranhão.

No entanto, o lugar onde o tráfico lusitano mostrou-se mais intenso foi a Costa da Mina, conforme era chamado pelos portugueses o litoral que se estende a leste do castelo de São Jorge da Mina (no atual Gana) até a faixa do rio Lagos (na atual Nigéria). Trata-se de uma área linguisticamente mais homogênea que a Alta Guiné e nela se falam as línguas da família kwa, a despeito de uma língua do extremo ocidental, como o akan, ser ininteligível para os falantes de uma língua do extremo oriental, como o yorubá. Durante o período do tráfico, as nações europeias (Portugal, Inglaterra, Países Baixos, França, Alemanha, Dinamarca) instalaram diversas feitorias e fortalezas, ao longo dos mais de seiscentos quilômetros da Costa da Mina. O tráfico destinado ao Brasil se concentrou, porém, na Costa dos Escravos, como era chamada a parte oriental da Costa da Mina, que ia do rio Volta até o rio Lagos. Nos séculos XVIII e XIX, as principais potências hegemônicas nessa região foram os reinos do Daomé (no atual Benim) e o reino de Oyó (na Nigéria). No seu litoral, diversos portos, com variável fortuna política, estiveram envolvidos no tráfico, sendo os mais ativos, de oeste a leste: Popo Pequeno, Popo Grande, Uidá, Jaquin, Epe, Porto Novo, Apa, Badagri e Lagos (Onim). Calcula-se que quase três quartos (74%) dos "africanos ocidentais" desembarcados no Brasil provinham da Costa da Mina.

Os portos a leste de Lagos, na área do delta do rio Níger, como Velho Calabar, Novo Calabar, Bonny etc., adquiriram importância no século XIX, e os africanos embarcados nessa região da baía de Biafra chegaram a perfazer pouco mais de 10% dos "africanos ocidentais" do Brasil. Na mesma baía, estavam as ilhas de São Tomé e Príncipe, por onde deviam passar os navios que retornavam ao Brasil depois do resgate de escravizados na Costa da Mina. Essas ilhas tiveram um papel estratégico no controle alfandegário que a Coroa lusitana exercia sobre os negreiros portugueses e brasileiros, em especial os da praça da Bahia. A distribuição dos "africanos ocidentais" no território brasileiro foi desigual, tanto no tempo como no espaço. Em termos absolutos, a grande maioria concentrou-se na Bahia (75,6%) e, em menor grau, em Pernambuco (11,4%) e no Maranhão (8,2%). Contudo, no início do século XVIII, com a descoberta do ouro nas Minas Gerais, boa parte dos desembarcados na Bahia foi deslocada para as minas no interior. O Sudeste do país foi a região que concentrou o menor número deles (4,2%), embora, ao longo do século XIX, uma parte dos que estavam na Bahia tenha sido vendida para as plantações de café do Rio de Janeiro e de São Paulo.

Por volta de 1600, os portugueses já estavam comprando "muitos escravos" de Aladá — então o principal reino na Costa da Mina — para os engenhos de açúcar do Brasil. Em meados do século XVII, no Regimento dos Homens Pretos, que lutou contra a ocupação holandesa em Pernambuco, foi registrada a presença de negros das nações mina e arda. Os nomes das nações africanas no Brasil, marcas com que os traficantes e os senhores classificavam seus cativos, não se referiam necessariamente às origens étnicas destes, mas aos portos, reinos, ilhas ou à área geográfica em que haviam sido embarcados. Por exemplo, os africanos de nação "arda", variante fonética de Aladá ou Ardres, não eram os nativos desse reino, e sim os escravos vendidos nesse reino ou pelos seus mercadores.

No início, "mina" foi um termo utilizado para designar os africanos embarcados no castelo de São Jorge da Mina (fundado pelos portugueses entre 1482 e 1488). Em seguida tornou-se, porém, uma expressão genérica para designar qualquer escravo importado da Costa da Mina. "Mina" virou, pois, a categoria mais popular para identificar os "africanos ocidentais" no Brasil. Mas os nomes de nação adquiriam conteúdos distintos segundo as diferentes épocas e regiões. Na Bahia oitocentista, por exemplo, "mina" podia ter também um significado mais restrito, referindo-se a africanos embarcados em Popo Pequeno. Os processos de identificação dos "africanos ocidentais" eram assim plurais e dinâmicos e, se no começo os nomes de nação foram classificações impostas pelos negreiros para controlar sua mercadoria humana, aos poucos os africanos deles se apropriaram como novas formas de pertencimento coletivo que lhes ajudavam a se reorganizar e a enfrentar a adversidade na sociedade escravocrata.

Com o incremento e a diversificação das rotas do tráfico intercontinental no século XVIII, a vinda de "africanos ocidentais" para o Brasil aumentou, sendo a Bahia o principal porto de entrada. Além da relativa proximidade geográfica, os comerciantes dessa praça contavam com o tabaco produzido nas terras férteis do Recôncavo, o qual era requisitado pelos mercadores da Costa da Mina para o resgate de cativos. A disponibilidade do tabaco — junto com a aguardente de cana-de-açúcar e o contrabando do ouro nas Minas Gerais — favoreceu uma relação comercial cada vez mais estreita entre a Bahia e a Costa da Mina. Em especial com o porto de Uidá, onde, em 1721, foi erguido o forte português de São João Batista de Ajudá, enclave estratégico a serviço dos interesses baianos.

Na década de 1720, os reinos de Aladá e Uidá foram conquistados pelo militarizado reino do Daomé, que dominou a região. Seus comerciantes compravam cativos trazidos pelos mercadores das terras do Norte, mas a cada ano o rei iniciava uma nova guerra, contra os povos vizinhos, em busca de prisioneiros para vender aos europeus. Desse modo, foram embarcados muitos africanos falantes de línguas gbe (um subgrupo da família kwa), como os hulas, huedas, eves, adjas, aizos, ouemenus, savalus, agonlis, mahis etc. Também embarcaram-se falantes de línguas yorubá, como os egbas, egbados, saves, anagos etc., povos sob a influência do poderoso reino de Oyó.

Na Bahia, os povos falantes de gbe foram chamados de jejes (a primeira evidência de uma escrava "geige" aparece em 1711), enquanto os falantes de yorubá foram denominados de nagôs (o primeiro registro aparece em 1718, em Minas Gerais). As nações jeje e nagô constituem um bom exemplo de como um conjunto de povos, que na África eram política e culturalmente heterogêneos, passaram a ser organizados, na diáspora, sob um mesmo rótulo. Nesse caso, o processo foi favorecido, para além do reconhecimento de afinidades culturais entre seus membros, pela capacidade mútua de compreensão linguística.

Os mercadores do Rio de Janeiro também estabeleceram comércio direto com a Costa da Mina, nas primeiras décadas do século XVIII, mas em menor escala, pois sua principal rota do tráfico seguia sendo Angola. Como na Bahia, parte significativa dos cativos que chegavam ao Rio de Janeiro era conduzida às Minas Gerais, onde florescia a atividade mineradora. Na disputa pela oferta de mão de obra, os negociantes lisboetas do Rio e os baianos acabaram por criar uma oposição estereotipada entre angolas e minas. Estes, para além da sua força física, e a despeito de sua reputação de insurgentes, eram apreciados como "os melhores mineiros das minas de ouro do Brasil", ou, como afirma uma correspondência de 1726: "não há mineiro que possa viver sem nem uma negra mina, dizendo que só com elas tem fortuna".

Estereótipos como esses explicariam, em parte, por que nas décadas de 1710 e 1720, nos centros de mineração mais importantes (Vila Rica e Vila do Carmo), os "ocidentais" perfaziam 57% dos africanos escravizados, contra 28% de centro-ocidentais. Grosso modo, havia dois minas para cada angola, uma proporção parecida à encontrada na Bahia no século XVIII. Embora, nas Minas Gerais, a esmagadora maioria dos "africanos ocidentais" fosse identificada como "mina" (88%), aparecem registros de outras nações, entre as quais cobus, couras ou couranas, ardas, fons, xambás, nagôs ou anagôs, carabaris, São Tomé, Cabo Verde, tibus, fulas e mandingas. A importância dos minas era tal que, em 1741, o português Antônio da Costa Peixoto publicou um vocabulário da "língua geral de Mina", para que os senhores compreendessem a fala de seus cativos e, assim, os controlassem. A base léxica e gramatical dessa língua geral corresponderia às línguas gbe, sugerindo que a maioria dos minas das Minas Gerais (como provavelmente da Bahia e de outras regiões do Brasil) seria originária do Daomé e dos povos do seu entorno.

Na segunda metade do século XVIII se produziram importantes mudanças no tráfico português na África Ocidental. Entre elas, a criação, pelo marquês de Pombal, da Companhia Geral de Comércio do Grão-Pará e Maranhão, que tinha o monopólio no suprimento de mão de obra escrava ao Estado do Grão-Pará e Maranhão. Os "africanos ocidentais" nessa região, apesar de sua chegada tardia e de constituírem apenas 8,2% do total dos desembarcados, no seu auge perfizeram até 59% da população africana local. Algo menos de um quarto deles procedia da Costa da Mina (jejes, nagôs, bornos etc.), contudo a grande maioria provinha dos portos de Cacheu e Bissau na Alta Guiné, às vezes subsumidos sob o genérico "cacheus", mas também referidos como angicos, balantas, bayunas, bijagós, papels, fulas ou fulupos, brames, bambaras e, em especial, mandingas. Já no século XIX, a proporção relativa dos crioulos, os angolas e os minas, aumentou.

Também a partir de 1750, os portos mais orientais da Costa da Mina, como Porto Novo, Badagri e, sobretudo, Lagos, sob a influência do reino de Oyó, passam a atrair os negreiros luso-brasileiros, oferecendo vantagens comerciais e segurança. Preocupados, os reis do Daomé enviaram embaixadas à corte portuguesa solicitando, sem sucesso, a exclusividade comercial para o seu porto de Uidá. O deslocamento do tráfico para leste se acentuou na virada do século XIX, quando o reino de Oyó começou a colapsar politicamente. A guerra santa ou jihad lançada pelos fulanis do califado de Sokoto em 1804 mergulhou a região em sucessivas guerras civis, provocando uma crescente oferta de cativos de língua yorubá, ou da nação nagô (oyós, egbás, ijebus, ijexás, ketus, saves), mas também de outros povos islamizados do interior, como haussás, fulanis, baribas, nupes (tapas), bornos. Esse novo influxo mudou o perfil étnico dos "africanos ocidentais", em particular na Bahia. Assim, a partir de 1820, os nagôs se tornaram a nação africana majoritária, superando os jejes, mais numerosos no século XVIII. Os nagôs e os haussás lideraram uma série de rebeliões escravas, nas primeiras décadas do XIX, que culminaram na famosa Revolta dos Malês, na cidade de Salvador, em 1835. Em virtude dessa participação, nagôs e haussás ganharam fama de corajosos e perigosos guerreiros, replicando a reputação que os minas já desfrutavam no século anterior.

O tráfico atlântico de escravos foi proibido ao norte do equador, de forma parcial em 1810, e de forma total em 1815, mas isso não impediu a continuidade da importação de "africanos ocidentais", que se prolongou até 1850. A perspectiva da iminente interrupção desse comércio estimulou a demanda e aumentou o preço dos cativos, que passaram a ser procurados, além da Costa da Mina, na baía de Biafra, promovendo, assim, a presença de escravizados benis, calabaris e camarões. Por outro lado, a perseguição antiafricana que sucedeu à Revolta dos Malês provocou um movimento de retorno à Costa da Mina de muitos libertos nagôs, jejes, haussás, bornos. Tal êxodo, que durou até o final do século, manteve uma circulação continuada de pessoas, ideias e mercadorias entre a África Ocidental e o Brasil, bem após o fim do tráfico atlântico. Outro deslocamento de africanos minas aconteceu com o tráfico interno, quando muitos escravizados da Bahia foram vendidos para as plantações de café do Vale do Paraíba e de São Paulo. Esse movimento foi acompanhado pela migração de muitos libertos minas da Bahia para a corte no Rio de Janeiro, contribuindo para a formação de uma comunidade mina, conhecida como a Pequena África.

Para além do aporte fundamental da sua força de trabalho e conhecimento técnico ao desenvolvimento da economia mineradora e da plantation colonial, os "africanos ocidentais" tiveram um protagonismo decisivo na formação e institucionalização da cultura afro-brasileira. Escravizados e libertos, interagindo, a partir de seus saberes e costumes, com as outras nações africanas, inclusive com as culturas ameríndias, caboclas e ibéricas, foram agentes criativos de novas formas de sociabilidade e pertencimento. Os vários povos subsumidos na nação mina participaram e se organizaram nas irmandades católicas, com suas folias e batuques, de onde emergiram reisados, maracatus, bumbas meu boi e tantas outras manifestações da cultura popular negro-brasileira. Os "africanos ocidentais", jejes e nagôs, forneceram o modelo organizacional de formas rituais e de associativismo religioso que resultaram no candomblé da Bahia, no xangô de Pernambuco e no tambor de mina do Maranhão. Eles contribuíram também na culinária regional, com o azeite de dendê, por exemplo, e influenciaram as formas rítmicas da musicalidade nacional. Essa herança cultural, plural e complexa teve ainda desdobramentos na história intelectual do país, centrando debates sobre identidades negras, patrimônio e políticas públicas que atravessam a academia, os movimentos negros e as instituições do Estado. Todavia, dinâmicas transnacionais em volta da cultura yorubá continuam a interligar o Brasil com o continente africano e sua diáspora atlântica.

Edward A. Alpers

AFRICANOS ORIENTAIS

A DESCOBERTA NOS ANOS 2010 DO NAVIO NEGREIRO PORTUGUÊS *São José — Paquete de África*, naufragado durante uma tempestade na costa atlântica da Cidade do Cabo, no distrito suburbano de Clifton, chamou a atenção mundial para a existência de migração forçada de africanos orientais para o Brasil, até então pouco conhecida. À cuidadosa arqueologia submarina somou-se uma meticulosa pesquisa documental, revelando que aquele desventurado navio saíra da ilha de Moçambique em 3 de dezembro de 1794, com mais de quatrocentos africanos cativos a bordo, com destino ao Maranhão, a mais de 11 mil quilômetros de distância. Metade dos cativos africanos morreu no naufrágio, ao passo que os sobreviventes que conseguiram chegar à costa foram vendidos como escravos no Cabo Ocidental. Em pouco tempo esqueceu-se o episódio, mas, na verdade, ele marcou o começo de uma nova trajetória importante no tráfico escravo nos oceanos Índico e Atlântico, ligando intimamente esses dois sistemas, como nunca ocorrera.

Segundo as estimativas do Trans-Atlantic Slave Trade Database (Base de Dados sobre o Tráfico Escravo Transatlântico), existira previamente uma migração forçada de africanos para o Brasil antes do século XIX, de caráter esporádico e limitado. De 1651 a 1800, um total de 17459 indivíduos foi embarcado no Sudeste da África e nas ilhas do oceano Índico (Madagascar, Ilhas Comores e Ilhas Maurício e Reunião), e 14692 desembarcaram no Brasil, indicando uma taxa de mortalidade de quase 16% durante a viagem. Praticamente todo esse tráfico era feito por mercadores portugueses em navios portugueses. Nunca passou de pálida sombra do tráfico dominante que partia dos vários portos da África Ocidental, quando menos porque o índice de mortalidade era muito maior entre os que zarpavam dos portos africanos do Índico. Por exemplo, as certidões de óbito da Santa Casa de Misericórdia mostram que apenas 270 "moçambiques", isto é, 1,4% de todas as mortes registradas de africanos (num total de 19280) em Salvador da Bahia, tiveram registro entre 1741 e 1799. A maioria dos sobreviventes provavelmente foi incluída nas populações muito maiores de africanos ocidentais e centro-ocidentais que foram escravizados no Brasil antes de 1800.

No fim do século XVIII, uma soma de fatores contribuiu para o desenvolvimento do tráfico negreiro do Sudeste da África para o Brasil durante a primeira metade do XIX. Em primeiro lugar, em reação ao rápido aumento da demanda de mão de obra escrava no Brasil, um acentuado aumento no preço dos escravos na África Centro-Ocidental levou os mercadores portugueses a explorarem outras fontes de cativos. Devido ao baixo preço de africanos escravizados de Moçambique, eles foram atraídos para aquele mercado. Em segundo lugar, a autorização legal do tráfico negreiro para o Rio da Prata em 1791 incentivou o tráfico vindo do Sudeste da África, principalmente pela ilha de Moçambique. Em terceiro lugar, a abolição britânica do tráfico negreiro em 1807 e, com isso, o agressivo esforço diplomático britânico em restringir a escravização pelas outras potências europeias, inclusive Portugal, serviram para limitar o tráfico legal ao hemisfério abaixo da linha do equador, em tratado assinado em 1815. Tal restrição eliminou as fontes legais de mão de obra escrava da África Ocidental acima do equador, enquanto a demanda de mão de obra nas minas e fazendas do Sul do Brasil não cessava de aumentar. Além disso, a transferência da corte real portuguesa de Lisboa para o Rio de Janeiro em 1808, escapando à invasão napoleônica da península Ibérica, levou em 1811 à anulação das restrições prévias da Coroa ao tráfico direto entre Moçambique e o Brasil. Antes desse decreto, todos os embarques de cativos nos portos portugueses no Sudeste da África eram obrigados por lei a passar pela alfândega na ilha de Moçambique. A partir de então, ainda que a ilha de Moçambique continuasse como importante fornecedora de mão de obra forçada para o Brasil, o tráfico brasileiro direto em Ibo, Quelimane, Inhambane e baía da

Lagoa se tornou possível e rentável. Em decorrência disso, os traficantes portugueses de escravos em Moçambique foram em larga medida substituídos por mercadores brasileiros do Rio de Janeiro. O incentivo final ao tráfico negreiro do Sudeste africano foi a Declaração de Independência do Brasil, em 1822.

Entre 1800 e 1860, contrastando com décadas anteriores, 319 823 indivíduos foram embarcados na mesma região do Sudeste africano, enquanto apenas 264 808 desembarcaram com vida, num índice médio geral de mortalidade de 17,2%. Embora os índices de mortalidade variassem imensamente de acordo com o porto de embarque, a época e a viagem individual, o índice médio transatlântico da África Centro-Ocidental no século XIX ficava abaixo de 9% em navios de bandeira portuguesa. Todavia, o tráfico teve um grande aumento, passando de 14 736 embarcados no Sudeste africano na primeira década do século para 54 758 na década de 1810; então, impulsionado pela independência do Brasil, em 1822, alcançou um pico de 99 064 entre 1821 e os anos 1830, passando para 61 549 na década seguinte, então caindo pela metade com 32 408 nos anos 1840 e se encerrando com apenas 2028 nos anos 1850, quando houve a abolição do tráfico no país.

Na primeira metade do século XIX, os africanos orientais correspondiam a um quinto de todos os africanos escravizados que desembarcaram no Rio entre 1811 e 1830, com uma ligeira diminuição para quase 18% no período de 1830 a 1852. Eram, em sua maioria, conhecidos como "moçambiques", termo que não revela absolutamente nada sobre suas etnias e identidades. Embora o Rio de Janeiro fosse, sem dúvida, o principal porto de desembarque no Brasil dos africanos orientais escravizados, os estudiosos não se detiveram muito em sua distribuição regional no país. Os únicos dados quantitativos significativos que existem são de Pernambuco, pelos quais se vê que os "moçambiques" passaram do pico de baixa de 1% de todos os escravos pernambucanos na década de 1811-20 para um pico de alta de 3,2% em 1851-60, e de Minas Gerais, onde os "moçambiques" constituíam 2,5% de todos os escravos de origem conhecida entre 1715 e 1888. No entanto, há indicações históricas, etnográficas e linguísticas que sugerem que os "moçambiques" estavam mais espalhados no Brasil do que apontam tais dados, e também que representam uma "nação" mais complexa do que aparentam à primeira vista.

A designação arbitrária de diferentes povos africanos — neste caso, todos eles de língua bantu, provenientes da África Oriental — pelos europeus envolvidos no tráfico negreiro e na sociedade escravista colonial do Brasil, para quem o termo também representava um etnônimo inventado que se adaptava ao agrupamento brasileiro dos africanos escravizados em "nações", era intrinsecamente racista. Essas designações logo se cristalizaram como estereótipos étnicos que permitiam aos europeus no Brasil classificar os africanos por suas alegadas características. Assim, os "moçambiques" eram tipicamente definidos como feios e apáticos. Mas continuavam a ser trazidos do Sudeste da África para o Brasil. No processo de migração forçada, criavam-se novas identidades a partir da experiência em comum da escravização — fosse por incursões, sequestros ou subterfúgios legais — e do embarque, dando origem à identidade corrente de "malungos". Além de terem de aprender um pouco de português e talvez alguns rituais católicos, os africanos orientais no país agora tinham de se adaptar à vida de trabalhadores escravos. Esse processo final incluía a obrigação de se acostumarem à divisão dos africanos em "nações", com designações que lhes eram impostas pelos donos de escravos, e então escolher a que "nação" pertenceriam, entre as possibilidades que lhes eram oferecidas. O ato de abraçarem a ideia de pertencer a uma "nação" africana brasileira era um claro exemplo de reinvenção cultural. Assim, embora possam ser rastreadas certas práticas culturais e linguísticas específicas da África no Brasil, é evidente que os "moçambiques" no Brasil haviam percorrido uma distância considerável desde suas identidades culturais originais no Sudeste da África.

Para os "moçambiques", o fato é que, sob a escravidão, essa designação, como as de outras "nações" brasileiras, passou a ser uma categoria de identificação pessoal que adquiriu vida própria, independente da originalmente imposta aos africanos pelos traficantes e donos de escravos, e criou fronteiras entre tais "nações", na tentativa de controlar a população escrava aplicando o método de dividir para reinar. Os materiais documentais de viajantes da época, percorrendo o Brasil, assinalam que alguns integrantes dessas "nações" mostravam grande orgulho por suas novas identidades, tanto como forma de indicar suas origens africanas quanto para expressar seu pertencimento ao Brasil. Ao mesmo tempo, a separação dos africanos escravizados em "nações" rivais gerava divisões no conjunto de escravizados que dificultavam uma ação conjunta contra a opressão por eles sofrida como escravos. Tais identidades eram amiúde reforçadas por apresentações públicas, como concursos de dança e algumas cerimônias do ciclo vital, entre elas os funerais, e pela possibilidade de ingresso em diferentes irmandades religiosas. Mas às vezes essas fronteiras eram permeáveis, e os "moçambiques" se uniam a membros de distintas comunidades afro-brasileiras.

Nem todos os africanos orientais escravizados eram chamados de "moçambiques" no Brasil. Segundo uma compilação de dados a partir das notícias de escravos fugitivos em jornais brasileiros, havia catorze designados como "moçambiques"; outros dois identificados como "quilimanes" ou "quilhimanes", indicando que tinham embarcado no segundo porto escravista português mais importante da África Oriental, na foz norte do rio Zambeze; um como "inhambane", nome do porto mais importante do tráfico negreiro no sul de Moçambique; e outro ainda como "mombaça", designação do principal porto da costa swahili ao norte, no atual Quênia. Além de outras notícias avulsas sobre essas "nações", outros nomes para africanos de origem africana oriental eram "quiloa", sendo que Kilwa era o porto escravista mais importante na parte continental da costa swahili, que hoje corresponde ao sul da Tanzânia no continente; "Lourenço Marques" (agora Maputo), o porto mais ao sul controlado pelos portugueses na África Oriental; e "mougão", que provavelmente indica o povoado swahili de Mongalo, um pequeno porto entre Kilwa e a foz do rio Ruvuma, que igualmente localizava-se ao sul da Tanzânia na região do continente. Como "moçambique", todas essas designações provêm dos nomes de portos africanos orientais, e a aquisição de tal identidade no Brasil refletiria o mesmo processo de crioulização que se deu com os "moçambiques".

Certas fontes impressas, de fato, permitem um acesso mais preciso às origens africanas orientais específicas desses brasileiros escravos. Há os macuas (makua), o maior grupo étnico do norte de Moçambique; os mucenas (sena), um agrupamento de povos do vale do Zambeze, díspares mas aparentados, cujo nome deriva da cidade de Sena (ou da designação regional mais ampla dada pelos portugueses aos Rios de Sena, isto é, o Zambeze); e os yaos, uma importante comunidade de tráfico de escravos da África Centro-Oriental que abastecia portos entre a ilha de Moçambique e Kilwa. Essas identificações refletem identidades étnicas modernas em Moçambique e podem ter sido especialmente relevantes no século XIX, como designações "nacionais" temporárias, antes que os indivíduos adotassem a designação mais ampla de "moçambique" ou procurassem se tornar brasileiros e, por consequência, "negros" ou "pretos".

A nomenclatura é limitada pelo fato de que reflete, em geral, identificações atribuídas externamente; um indicador melhor da etnicidade são as chamadas "marcas tribais", estilos de cicatrização que eram característicos de comunidades africanas específicas da África Oriental. Várias narrativas oitocentistas descrevem um padrão de saliências do tamanho de uma ervilha na testa ou da testa até a curva inicial do nariz para os "moçambiques" de ambos os sexos escravizados no Brasil. Esses indivíduos brasileiros eram, sem margem de dúvida, tsongas da região interior de Inhambane, que os africâneres no norte da África do Sul chamavam pelo termo pejorativo *knobneusen* (nariz redondo). Outros observadores de então identificaram corretamente as tatuagens em meia-lua na testa típicas dos macuas, enquanto outros mais observaram que havia africanos orientais com incisões pontilhadas. As ilustrações de diversos artistas da época confirmam esses importantes realces culturais. Encontram-se outras indicações específicas das origens étnicas de escravos da África Oriental, definidas em termos amplos, nas listagens impressas dos escravos libertados quando os navios negreiros capturados eram trazidos até o Brasil.

O português do Brasil, que tem de quarenta a cinquenta palavras de possível origem africana oriental, guarda indicações lexicais que permitem identificar as origens dos "moçambiques" no país. Algumas dessas palavras também são amplamente empregadas por falantes de línguas bantus centro-ocidentais, mas algumas são especificamente africanas orientais. Uma delas é "aringa", termo de origem zambeziana que significa "paliçada" e aparece em manganja (falado no vale do rio Tchiri a jusante), em yao e numa variante em makua, tendo sido ainda incorporado ao português usual falado em Moçambique no século XIX. Outra palavra designa uma espécie de pequeno chocalho usado para distrair os bebês, o "caracaxá", cuja origem é atribuída ao subgrupo chirima dos makuas. O dialeto regional de Minas Gerais oferece mais provas da presença deles no termo "moçambique" utilizado para nomear um tipo especial de cinto feito de vidro. O que essas poucas palavras sugerem é que os africanos orientais escravizados, quando desembarcaram no Brasil, não perderam a língua materna, mesmo que tivessem poucas oportunidades de usá-la ao aprenderem o português ou adotarem uma língua bantu mais usual como o kimbundu. Eventuais ações judiciais exigiam falantes nativos de línguas africanas orientais, como o makua, para servirem de intérpretes a indivíduos que falavam pouco ou nada de português.

Embora o Rio de Janeiro fosse o principal porto de entrada para os escravos vindos de Moçambique, nem todos permaneciam ali. O tráfico interno do Brasil redistribuiu a mão de obra escrava em volumes significativos durante todo o século XIX. Sobretudo a demanda de mão de obra em fazendas de café no interior do Rio e de São Paulo e nas minas de Minas Gerais levou muitos escravos da capital. Essa dispersão interna explica a presença de uma dança folclórica chamada "moçambique", intimamente associada ao Dia de São Benedito (1524-89, beatificado em 1763), em São Paulo, onde parece ter surgido, depois se difundindo para Goiás, Minas Gerais, Rio de Janeiro, Mato Grosso e Rio Grande do Sul.

Uma última fonte que confirma a presença de africanos orientais no Brasil provém de perícias arqueológicas realizadas no Cemitério dos Pretos Novos, onde eram enterrados os africanos cativos que morriam ao chegar ao Rio, antes de serem vendidos. Os registros dos enterros no período de 1824 a 1830 indicam que 11% eram de Moçambique, 9% de Quelimane e 0,4% de Inhambane, total que reflete fielmente o que se sabe sobre a proporção de todas as chegadas de africanos cativos ao Rio de Janeiro nos anos 1820. A análise física dos dentes nos restos mortais de cinquenta jovens sepultados revela que muitos apresentavam modificações que sugerem origem macua.

Como os falantes de bantu do Sudeste africano se adaptaram à vida de escravos no Brasil? O trabalho que lhes era exigido não se distinguia do de seus irmãos e irmãs da África Ocidental e Centro-Ocidental. Labutavam nos cafezais e nas minas, trabalhavam como domésticos e faziam serviços urbanos no Rio e em outras cidades. Socialmente, organizavam-se em irmandades religiosas, como outros afro-brasileiros; culturalmente, tentavam atingir um equilíbrio dotado de sentido entre a rememoração de sua cultura na terra natal e a conversão em brasileiros. Junto com outros africanos e afro-brasileiros de espírito independente, alguns africanos orientais certamente se isolaram e formaram quilombos, ou se juntaram a estes. À medida que chegavam novos desembarques da África Oriental, a população brasileira de ascendência africana incluía pessoas que falavam línguas africanas como línguas maternas e traziam suas marcas tribais, mas, conforme os indivíduos aprendiam a falar o dialeto brasileiro em evolução, perdiam a facilidade em suas línguas africanas, ainda que, na maioria dos casos, com quase toda a certeza não iriam querer que seus filhos nascidos no Brasil recebessem marcas tribais como identificação.

Assim, embora depois da abolição da escravatura, em 1888, e ao longo de grande parte do século XX os africanos orientais tenham se tornado gradualmente invisíveis na população afro-brasileira, o renovado interesse por seus antepassados africanos e as relações com Moçambique independente, dentro do contexto da cooperação Sul-Sul, levaram à conscientização sobre esse importante aspecto da história brasileira do tráfico de escravos e da escravidão.

Eduardo França Paiva

ALFORRIAS

A HISTÓRIA DAS ALFORRIAS É QUASE TÃO ANTIGA COMO A HISTÓRIA da escravidão. Aliás, as alforrias são componentes da escravidão. Pode até ter existido escravidão sem elas, mas, dificilmente, elas existiram sem escravidão, ou sem algum regime de privação da liberdade ou autonomia, e já no Mundo Antigo ambas foram praticadas com frequência.

"Alforria" é termo de origem árabe e equivale a "libertar", ato relativamente comum na península Arábica antes mesmo do Islã, que, implantado no século VII, acabou reformulando e fomentando formas de libertação de escravos. Antes, porém, no extenso mundo romano, as libertações de escravos já ocorriam regularmente. Eram as "manumissões", palavra que na época moderna foi pouco empregada no cotidiano, ficando mais restrita a textos forenses. A categoria mais evocada desde o século XV, sobretudo na península Ibérica, foi mesmo "alforria", não obstante a forte influência do direito romano nessa região. Entretanto, os vários séculos de presença muçulmana e a incorporação de costumes e linguagem árabes pelos moradores explicam tal escolha, o que é indicativo do quanto o recurso foi usual.

Esse panorama foi reproduzido no Novo Mundo, desde os anos iniciais de conquista ibérica. Era natural que espanhóis e portugueses aplicassem no continente recém-conquistado suas referências culturais. Não demoraram, portanto, a submeter os nativos à escravidão, e logo em seguida, nos documentos produzidos na América, apareceram as primeiras referências a "resgatados" e a "forros".

O "resgate" era prática antiga e corriqueira entre os ibéricos, que se esforçaram na tarefa de libertar cristãos cativos dos muçulmanos no Norte da África. Nas Ordenações Afonsinas, que vigoraram no mundo português até 1512, especificava-se o resgate de cativos, e só a partir das Ordenações Manuelinas, em vigor até 1595-1603, e, mais tarde, das Ordenações Filipinas, efetivamente impostas a partir de 1603, é que a referência foi substituída por "alforria de escravos".

"Resgate de índios" e "índios forros" foram expressões empregadas principalmente por autoridades até, pelo menos, a segunda metade do século XVII. Isso significava libertar os gentios (como eram designados) da barbárie em que viviam — na perspectiva católica ibérica —, conduzindo-os a aldeamentos dirigidos por religiosos, sobretudo por jesuítas, onde poderiam ser evangelizados. Esses índios também eram entregues a particulares, que passavam a "administrá-los" e a instruí-los, o que, na prática, acabou muitas vezes em trabalho compulsório e até no comércio deles. Significava, ainda, salvá-los do cativeiro imposto por outros gentios inimigos ou do risco de serem mortos e terem o corpo comido em rituais antropofágicos. Por fim, chamava-se "forro" o índio libertado de escravidão e o "descido do sertão" voluntariamente, em companhia de um administrador branco, sob cuja tutela permaneceria durante dez anos. Tais "forros", que nem sempre tinham efetivamente sido escravos, se diferenciavam dos demais inimigos dos portugueses e da fé católica, capturados sob "guerra justa" e submetidos, por isso, à escravidão perpétua.

"Forros", "resgatados", seus descendentes índios e mamelucos ou mamalucos (sinônimos de "mestiço" e "bastardo") e índios escravizados formaram o grosso da mão de obra nas plantações, criação de animais, comércio, transporte, tarefas urbanas e domésticas até meados do século XVII. Sua presença foi muito comum nos engenhos de açúcar de Pernambuco, Bahia, Espírito Santo e São Vicente, para os quais há referências a "mamalucos" forros. Foram empregados no Maranhão, Grão-Pará e outras áreas do litoral norte, e apresados ao sul de São Paulo e, ao longo do século XVIII, nos sertões do Mato Grosso, Goiás e Minas Gerais.

Mas novos personagens foram introduzidos na história da escravidão e das alforrias na América portuguesa desde o século XVI: os negros africanos. Sua chegada, inicialmente discreta, se intensificou entre 1580 e 1640, durante a União Ibérica.

Já nas décadas finais do século XVI, milhares de escravos africanos moravam na Cidade da Bahia (Salvador), em Olinda e em Recife. E há indícios documentais sobre a presença, nessa época, de forros e forras provenientes da África que se envolveram em atividades como produção de alimentos, comércio ambulante, pesca, transporte, serviços domésticos e prostituição.

Somente a partir do século XVII é que deu-se a "africanização" do mundo do trabalho no Brasil. Resultou daí uma banalização do emprego dos escravos africanos e de seus descendentes crioulos, mulatos, pardos, cabras, caboclos, cafuzos etc., em especial nas áreas litorâneas. Quase que naturalmente, a quantidade de alforrias aumentou, estendendo-se por áreas urbanas e rurais.

O século XVII "africanizado" conheceu, também, a diversificação das formas de alforria, que ocorreu em paralelo à ampliação urbana e à intensificação do processo de misturas biológicas e culturais da população. Isso produziu famílias mistas pobres e remediadas, que atuaram diretamente no fomento das atividades econômicas urbanas e das formas de sociabilidade, possibilitando a formação de pecúlio por parte dos escravos, com o qual compravam suas alforrias.

Em todas as regiões, as mulheres africanas e crioulas se destacaram quantitativamente entre os forros. Uma certa "matrifocalidade" (organização familiar em torno da mãe) já se esboçava então, e tal fenômeno acabou por modificar o perfil social urbano, cada vez mais mestiço e feminino, surgindo espaços dominados pelos forros e seus descendentes nascidos livres. As alforrias, obviamente, seguiam se intensificando. Portanto, como numa engrenagem, tudo estava ligado e em franco desenvolvimento.

Para além das liberdades compradas, houve aquelas conseguidas de outras maneiras: dadas gratuitamente, legadas em testamentos e prometidas sob condições. Não obstante serem concedidas, as alforrias foram em boa parte inicialmente negociadas entre escravo e senhor, no dia a dia da relação. Bons serviços prestados, obediência e fidelidade, submissão, mas também sedução, afeto e confiança mútua foram aspectos valorizados no cotidiano escravista urbano e resultaram em "concessões". O formato reduzido dos "plantéis" urbanos facilitava o contato direto entre as partes, mais um aspecto que explica o aumento das alforrias no Brasil dos Seiscentos.

Nesse contexto surgiu algo novo: vários ex-escravos se tornaram senhores de escravos depois de se libertarem, fruto da mobilidade social que se dinamizava. Embora os números absolutos e os proporcionais não fossem extraordinários, o que se via acontecer com os africanos e seus descendentes era precoce e impactante.

Os espaços comuns e privados nas áreas urbanas refletiam as mudanças: mais gente caminhando e trabalhando, mais e mais escravos "boçais" (novos) e "ladinos" (social e culturalmente adaptados), mais crianças nascidas cativas ou livres, maior diversidade fisionômica, pluralidade cultural e mais alforrias. Era o que se via, mais ou menos intensamente, em localidades como Belém do Pará, São Luís do Maranhão, Itamaracá, Cidade da Paraíba, Sergipe del Rei, freguesias do Recôncavo da Bahia, São Jorge dos Ilhéus, Porto Seguro, Vitória e Rio de Janeiro, além das sempre referidas Salvador, Olinda e Recife, mesmo durante o período de domínio holandês.

De forma ainda embrionária, os forros, incluindo os índios e seus descendentes, junto com os não brancos nascidos livres deram aos mercados locais perfil novo. Parcelas desses grupos sociais produziam e negociavam nas ruas, vendas e lojas, e prestavam todo tipo de serviço também. Assim, constituíam algum cabedal e adquiriam bens. Isso significou aforamentos de terras, construções de "moradas de casas", consumo de alimentos, bebidas e remédios; compra de tecidos, aviamentos, utensílios, ferramentas e até mesmo de escravos.

Houve uma clara dinamização cultural. Surgiram novas formas de organização familiar; ocorreram adaptações linguísticas, integração a milícias e agrupamentos de trabalho, desenvolvimento musical e diversificada inserção religiosa. As alforrias ajudaram a dotar a sociedade escravista do Brasil com a mesma mobilidade social existente na América espanhola do século anterior. A realidade brasileira, no que se refere às formas de libertação e aos grupos sociais que delas se beneficiaram, tornava-se mais parecida com as realidades "vizinhas", igualmente escravistas, biológica e culturalmente mescladas.

Mas o que parecia cópia suplantou o modelo. Ainda no fim do século XVII, a descoberta de grandes jazimentos auríferos no sertão se reverteria em dinamização social mais intensa. A nova realidade demandou, desde o início, enorme volume de mão de obra, o que levou à intensificação imediata da importação de escravos africanos. Os tráficos atlântico e interno de escravos se reorganizaram para abastecer as áreas mineradoras. De território ocupado por grupos indígenas, o extenso interior do Brasil foi rapidamente povoado por aventureiros e escravos de variada origem. Muitos forros e não brancos nascidos livres também se deslocaram para essas áreas, que abrangeram o interior da Bahia e o território que conformaria as capitanias de Minas Gerais, Goiás e Mato Grosso.

As Minas Gerais foram o centro dessa nova realidade brasileira. E tudo que se falou anteriormente sobre dinamização social ocorrida na América portuguesa do século XVII foi potencializado aí. Três décadas depois, havia vilas e arraiais que contavam, em vários casos, milhares de habitantes, majoritariamente escravos, forros e não brancos nascidos livres.

Precocemente, as alforrias fizeram parte do dia a dia dos moradores. Afinal, o ouro em pó extraído transformou-se em moeda corrente e os escravos, de uma forma ou de outra, acabaram utilizando-o na compra das liberdades. Muitos escravos extraíam-no legal e/ou ilegalmente junto a rios e morros, pois, com as enxurradas, o pó escorria até o leito e o fundo dos rios. Então, a riqueza se podia realizar em poucos dias e, para tanto, era preciso dominar as técnicas de mineração. A exploração dos diamantes e de outras pedras preciosas seguia a mesma lógica.

O número de escravos africanos que entraram no Brasil setecentista foi mais que o dobro dos que chegaram nos dois séculos anteriores. Estima-se que 2 milhões de homens e mulheres tenham sido traficados pelo Atlântico. Em grande medida, esse número resultou da demanda mineradora, o que fez com que parte significativa dos escravos fosse conduzida dos portos de entrada ao "sertão". Outros muitos milhares de escravos crioulos, mulatos, pardos, cabras etc. nasceram no mesmo período. Junte-se a isso a diversificada economia fervilhando e as dinâmicas sociais, e será possível entender como as alforrias aumentaram exponencialmente naquele momento.

Já na década de 1780, a capitania de Minas Gerais era a mais populosa, com cerca de 394 mil habitantes, dos quais 174 mil eram escravos. Das restantes 220 mil pessoas, dois terços eram forros e descendentes nascidos livres. Tomados conjuntamente, consistiam, ao que tudo indica, na maior concentração de libertos e de descendentes de primeira geração que já se havia conformado no mundo moderno.

Mas como se pôde chegar a essas dimensões extraordinárias? A explicação reside justamente na dinamização da economia e na complexidade social urbana aí vivenciadas. Somente em condições como essas é que outras possibilidades de alforria lograram vingar. Uma delas foi a forte presença de escravas e escravos trabalhando nas ruas, prestando serviços e vendendo comidas e bebidas. Eram os chamados escravos de ganho, negras de tabuleiro e jornaleiros. Eles experimentaram autonomia relativa, acumularam pecúlio, e muitos, assim, conseguiram comprar suas alforrias e as de seus familiares.

As mesmas condições sociais levariam à prática de outra modalidade de libertação ainda hoje pouco conhecida: a coartação, um antigo costume com força de lei, que já vigorava na América espanhola desde o século XVI. A partir de acordo negociado diretamente entre o escravo e seu senhor, acertava-se o valor da alforria, que seria pago em parcelas semestrais ou anuais, durante três ou quatro anos em média. Nesse período o senhor se comprometia a não vendê-lo, alugá-lo ou reduzi-lo ao cativeiro, permitindo-lhe andar pela região procurando trabalho e sendo remunerado por isso, como se fosse forro ou livre, embora permanecesse juridicamente escravo. O acerto poderia ser oral, baseado na confiança; poderia também constar em testamento ou ainda ser descrito detalhadamente numa "carta de corte" assinada pelo senhor. As coartações resultaram num grande número de alforrias, embora não se conheçam com precisão essas cifras.

Nas áreas de mineração houve ainda alforrias concedidas como recompensa. Achados significativos de ouro e pedras preciosas foram agraciados com a libertação. Outros a receberam depois de delatar contrabandistas ou sonegadores de tributos.

No fim do século XVIII, o perfil das alforrias na América portuguesa era acentuadamente urbano/suburbano e feminino. Havia mais mulheres que homens entre os forros (ao contrário do que ocorria com os escravos) e, entre elas, é possível inferir que as africanas e as crioulas eram as que mais utilizavam esse expediente, enquanto as mestiças, pardas, mulatas e cabras configuravam o grupo que mais recebia alforrias gratuitamente ou sob condições. Assim, parte significativa do contingente de libertos urbanos tornou-se senhora de escravos, os quais, muitas vezes, se libertaram por meio das mesmas estratégias escolhidas por seus senhores forros. Tal cenário é indicativo de como as alforrias estavam arraigadas no cotidiano do escravismo brasileiro.

O passado de cativeiro desses senhores forros que ascenderam econômica e socialmente não podia ser, no entanto, apagado. Naquela sociedade escravista, mestiça e desigual, marcavam-se trajetórias, origens e distinções. Uma das formas de estigmatizá-los foi impor-lhes a fórmula de identificação nome + "qualidade" + "condição" jurídica. Assim, na documentação aparecem exemplos como "Josefa, preta forra" e "Custódio, mulato forro".

Não obstante as dificuldades encontradas para alcançarem a alforria e para viverem como libertos em sociedade escravista, os forros setecentistas se multiplicaram e formaram famílias, inclusive mistas. Muitos, principalmente entre mulatos e pardos, até foram deixando de ser identificados dessa maneira.

O que se verificou no século XVIII continuou ocorrendo durante o XIX, mesmo depois de 1822. No pós-independência, as práticas já haviam se disseminado até em localidades pequenas e no meio rural. Mas é necessário associar a esse quadro a rápida ascensão das ideias e práticas abolicionistas, que logo ganharam a simpatia da nascente opinião pública e mesmo de alguns fazendeiros.

Durante a primeira metade do século XIX, a entrada de escravos africanos foi intensificada, apesar da ilegalidade do comércio decretada em 1831: ao menos 2 milhões de homens e mulheres. Assim, o Rio de Janeiro tornou-se no período a grande cidade escravista do Brasil, ao mesmo tempo em que acolheu grande contingente de libertos (algo como 5% dos 266 mil moradores, em 1849) e de seus descendentes.

Mesmo após a proibição definitiva do tráfico, em 1850, as alforrias seguiram numerosas em todo o Brasil, principalmente nas maiores concentrações urbanas, tais como Rio de Janeiro, Salvador, Recife, nas vilas e cidades de Minas Gerais e de São Paulo, e inclusive no Sul. A partir daí, práticas já existentes tornaram-se ainda mais corriqueiras: alforrias coletivas promovidas por abolicionistas ou bancadas por fundos de emancipação e por leis específicas, como a do Ventre Livre, de 1871, e a dos Sexagenários, de 1885. Escravos que se alistaram para combater na Guerra do Paraguai também foram libertados pelo governo imperial. Algumas municipalidades e governos provinciais, como o do Ceará e o do Amazonas, em 1884, decretaram o fim da escravidão em seus territórios.

Todavia, a escravidão já não tinha a mesma importância no país. Em revanche, a velha, eficaz e diversificada prática das alforrias criara possibilidades concretas de libertação no cotidiano do regime. A história das alforrias no Brasil terminou em 1888 como havia começado: junto com a da escravidão, então abolida.

Lorena Féres da Silva Telles

AMAS DE LEITE

REFLETIR ACERCA DA ESCRAVIDÃO E DAS RELAÇÕES DE GÊNERO NA história do Brasil requer considerar as experiências de mulheres africanas e suas descendentes nos mundos do trabalho, em particular o local da escravidão doméstica. Apesar de minoritárias no tráfico africano e nas grandes fazendas, mulheres africanas e crioulas atuaram no interior das casas-grandes e sobrados urbanos desde a implantação da escravidão nas Américas. Os esforços necessários à subsistência — limpeza da casa, lavagem de roupas, provimento de água, artesanato doméstico, processamento de alimentos — destacaram-se como o principal modo de inserção das mulheres escravas, mas também libertas, livres e brancas empobrecidas, no mundo do trabalho urbano enquanto durou esse regime. Dentre as funções desempenhadas exclusivamente pelas mulheres no ambiente doméstico emerge a figura icônica da ama de leite.

Personagens recorrentes em pinturas, na literatura de ficção e de memórias, as amas de leite foram representadas como símbolos do carinho e devoção a seus senhores no interior de uma escravidão doméstica, idealmente doce e benevolente. No âmbito das vivências cotidianas, a ocupação de ama de leite impactou de maneira singular as experiências da maternidade e as formas de exploração dos corpos dessas mulheres.

Diversamente das escravas quitandeiras e lavadeiras, que circulavam pelas imediações urbanas carregando pesados fardos, escravas domésticas, em particular mucamas e amas de leite, incumbiam-se da prestação dos serviços mais íntimos e pessoais à família senhorial. Vivenciada nos espaços internos das casas, a ocupação de ama de leite inseriu mulheres escravizadas numa teia complexa de relações sociais, geradas em meio ao cotidiano tenso envolvendo trabalho supervisionado e práticas de domínio paternalista. Caprichos, humilhações e ataques violentos de raiva, por parte de suas donas e donos, conviviam com a concessão de privilégios: melhor alimentação, fornecimento de vestuário e a possibilidade da alforria. A condição de gênero das cativas domésticas, em particular amas de leite e mucamas designadas "escravas de portas adentro", as expôs a práticas específicas de dominação e violência, envolvendo ataques sexuais, formas de vigilância e, para as amas de leite, restrições ao exercício da maternidade.

Transplantando para as Américas os padrões de criação de filhos entre as aristocracias europeias, que empregavam mulheres empobrecidas como amas de leite, as mulheres brancas das elites delegaram o aleitamento de seus bebês a suas cativas, prática comum a todas as sociedades escravistas do Atlântico. A crença na fragilidade das mães brancas e de seu leite, considerado fraco em oposição ao mito da robustez e da abundância de leite entre as mulheres negras e africanas, concorreu para a adoção da prática que se tornou disseminada nas fazendas e centros urbanos da Colônia e do Império.

Nos cenários rurais em que havia grande número de escravizadas, como engenhos do Nordeste colonial ou fazendas cafeeiras do Sudeste oitocentista, as senhoras escolhiam como ama de leite uma dentre as parturientes cativas. Segundo o estudo do médico alemão Reinhold Teuscher, numa fazenda de Cantagalo, distrito cafeeiro fluminense, 106 mulheres deram à luz em média quinze crianças em um ano, no início da década de 1850. Assim, sempre que um bebê branco nascesse, uma mãe escrava adentraria a sede da fazenda. Afastada a maior parte do tempo de suas comunidades e famílias, à ama de leite era conferida a delicada e cansativa função de cuidar dos membros mais jovens da família senhorial. As mamadas tomavam-lhe o dia e a noite, e a rotina era cadenciada por banhos e trocas de fralda. Durante o dia, enquanto os bebês dormiam, ou mesmo tendo-os acordados no colo, é provável que suas senhoras solicitassem a execução de outros serviços. Durante a noite, há registros de que a ama dividia o quarto com o bebê. Não foram raros os casos, registrados por médicos, de bebês que morreram sufocados quando a ama adormecia, às vezes enquanto aleitava. A despeito dos privilégios conquistados por conta da proximidade física com os senhores, as amas de leite não estavam livres da prática de castigos físicos, os quais, segundo os médicos, poderiam até danificar a qualidade do leite das mulheres seviciadas.

A principal questão que se colocava para as mulheres obrigadas a trabalhar como ama era a sorte de seus próprios bebês. Nas fazendas médias e grandes, onde se desenvolveram comunidades de senzala, elas sofriam com a distância de suas famílias e comunidades. As dificuldades e restrições impostas a elas impossibilitavam que destinassem os cuidados desejados a seus filhos, os quais estavam sujeitos ao desmame precoce, a separações temporárias e por vezes à morte. Privadas do leite materno, ou obtendo-o em menor quantidade, as "crias", como eram chamados pelos senhores, não raro passavam fome, contando com uma alimentação imprópria e de difícil digestão — como papinhas feitas com farinha de mandioca, ou o leite animal não esterilizado. Para que o bebê branco monopolizasse as atenções e o suprimento de leite, os bebês negros poderiam ser entregues aos cuidados de outra escrava, particularmente meninas ou mulheres velhas, que se ocupavam das crianças nas senzalas ou enfermarias. Mães escravas que puderam manter seus bebês junto a si experimentaram um cotidiano de tensões e muito cansaço, ao terem que dar conta das necessidades de dois bebês, devendo priorizar a criança branca sempre que a vigilância dos senhores se fizesse presente.

Há registros, entre famílias ricas e donas de muitas cativas em distritos cafeeiros como Campinas e Vassouras, de mulheres cativas puérperas que foram emprestadas para amamentar os bebês de parentes da família senhorial, ou que acompanharam suas donas e donos em viagens.

Os longos anos de convivência entre famílias escravistas e amas ensejaram relações complexas de intimidade e afeto, sempre atravessadas pelas tensões e violências inerentes à escravidão. Conforme os relatos de memorialistas das aristocracias rurais do Nordeste açucareiro e do Sudeste cafeeiro, muitas cativas viveram e morreram escravizadas pela mesma família. A alforria era um horizonte possível, e a escravização de suas filhas e filhos, o cotidiano mais concreto.

Em cidades como Belém do Pará, Recife, Salvador e destacadamente o Rio de Janeiro, mulheres escravas que davam à luz integraram um mercado lucrativo de aluguel de seu leite e de seus serviços. A cidade do Rio de

Janeiro dos Oitocentos tem recebido destaque da historiografia, em parte devido à amplitude dos anúncios de aluguel. Os censos oficiais apontaram a presença ostensiva de mulheres escravas na capital imperial no fim da primeira metade do século XIX: 22971 africanas e 22140 crioulas constituíam aproximadamente 40% da população escrava da cidade e seus arredores em 1849. A partir de 1850, quando o tráfico africano foi abolido, a diminuição do número de escravas urbanas provocou o surgimento de uma verdadeira especulação sobre o leite e os serviços das cativas envolvendo senhoras(es) e locatárias(os) destituídas(os) de escravas, atividade vultosa até a abolição formal, em 1888. Em 1872, o censo registrou que mais da metade das 24 mil mulheres cativas, de maioria crioula, eram ocupadas em serviços domésticos. Muitas dessas mulheres, durante a gravidez e após o parto, integraram o mercado de aluguel que incluiu até mesmo intermediários, como os donos das casas de comissão que se espalharam pelas freguesias centrais da cidade, lucrando com as taxas sobre as operações comerciais. Na década de 1880, há registros de que cativas grávidas ou mães com bebês de colo foram compradas por traficantes nas províncias do Nordeste do país — como Paraíba do Norte, Ceará e Pernambuco — rumo à exploração urbana como amas. Outras foram forçadas a deixar seus filhos e famílias, e migrar temporariamente de fazendas do Rio de Janeiro e províncias vizinhas rumo à capital do Império.

A procura por uma cativa para servir como ama iniciava-se desde os últimos meses de gravidez ou logo que nascesse o bebê branco. Quando as famílias não dispunham de uma escrava nutriz, era comum que recorressem aos numerosos anúncios publicados nos jornais da cidade. As relações sociais no mercado urbano de locação tinham especificidades: o convívio entre ama cativa, bebê e família locatária costumava ocorrer enquanto durasse a amamentação, geralmente antes de a criança completar um ano ou mesmo antes. A cativa poderia ser dispensada devido à falta de leite; em caso de doença ou fuga; ou se seus serviços não agradassem.

A mais traumática das adversidades era o desaparecimento de seus próprios bebês. Pesquisas baseadas em anúncios publicados em jornais cariocas ao longo do século XIX revelam que 90% deles não faziam nenhuma menção à existência do bebê da escrava, sendo comuns as expressões "sem cria", "e também se vende a cria", "aluga-se com o filho ou sem ele". A separação das mães e bebês constituía uma estratégia dos senhores interessados em aumentar seus ganhos, pois as famílias locatárias estiveram dispostas a pagar o triplo pelos serviços temporários e exclusivos da ama sem o bebê. A ganância dos senhores levava-os a aproveitar o período de lactação das cativas para alugá-las sucessivamente a mais de uma família.

Quanto aos destinos possíveis dos seus recém-nascidos, estes poderiam permanecer na casa dos senhores, ser vendidos ou entregues a amas de criação — mulheres livres pobres que cuidavam das crianças em seu próprio domicílio em troca de um ganho mensal —, doados a familiares, ou ser deixados nas ruas, praças e escadarias das igrejas. O mais comum era deixar os bebês das amas na roda dos expostos, instituição da Igreja católica baseada na tradição de assistência portuguesa aos pobres para enfermos e crianças abandonadas. As donas e donos da parturiente pagavam a uma parteira de sua confiança para que providenciasse o desaparecimento dos recém-nascidos, que eram depositados, muitas vezes com o cordão umbilical recém-cortado, na roda. Ali, mulheres cativas eram também alugadas, encarregando-se de amamentar em condições insalubres vários bebês, embrulhando-os até mesmo em jornais. Em todos esses casos, as chances de sobrevivência do bebê da escrava eram muito escassas.

Nas décadas de 1870 e 1880, documentos produzidos pela Santa Casa de Misericórdia indicaram que um dos efeitos da Lei do Ventre Livre, que determinava a libertação das filhas e filhos das escravas, foi o aumento do abandono de bebês negros na roda dos expostos. Ao limitar o direito de escravização sobre a prole das cativas, a lei teria causado o desinteresse dos senhores no dispêndio de cuidados com os bebês, uma vez que as mães poderiam ser alugadas como amas, e por um valor mais elevado; isso, se fossem contratadas sem seus próprios filhos.

Os conflitos que permearam as relações entre cativas alugadas e a família locatária podem ser acompanhados num processo datado de 1803, analisado por Sandra Koustsoukos. Joaquina, escrava de nação mina, era alugada no Rio de Janeiro para servir sucessivamente como ama a duas filhas de um casal, que quis comprá-la. Sua proprietária aceitava vendê-la sob a condição infalível de que, passados três anos da venda, Joaquina seria libertada. Ciente desse fato, a africana mudou de atitude e começou a desobedecer a seus senhores, o que resultou em brigas, agressões físicas e xingamentos entre a escravizada e sua nova dona, e numa mordida no bebê que tinha seis meses. Nenhuma menção era feita às crianças da africana. Mulheres escravas que puderam manter sua prole junto a si, mesmo quando alugadas, experimentaram outra sorte de tensões, conforme demonstrou a historiadora Maria Helena Machado. Em 1886, Ambrosina, alugada como ama, era acusada de assassinar por sufocamento o bebê da família locatária, de dois meses de vida, no município paulista de Taubaté. Lendo-se os depoimentos da cativa e até mesmo das testemunhas, chama atenção a angústia enfrentada pela ama, uma vez que seu leite era foco de uma disputa desigual entre o bebê senhorial e seu próprio filho; sempre preterido por conta da pressão da família que a alugava.

Alguns médicos levantaram-se contra a prática do aluguel, mas sem muitos resultados. Ao longo da segunda metade do século XIX, com a emergência dos discursos higienistas, cidades como Rio de Janeiro e Salvador, sede das primeiras faculdades de medicina do Brasil, presenciaram a entrada de discursos contrários à prática de as mulheres abastadas delegarem a amamentação às amas, visando incentivar o aleitamento a partir de uma nova imagem da função materna enquanto dever sagrado. Em manuais de medicina doméstica, conferências públicas e textos publicados em jornais, médicos reportavam-se às amas de leite como responsáveis pela transmissão de todo tipo de doença. A origem africana das mulheres era agora representada como metáfora para os perigos e males sociais que poderiam atingir as crianças brancas, as famílias abastadas, e como um perigo para o futuro da nação, a qual, nesse contexto, era imaginada a partir dos padrões europeus de civilização. As ressonâncias dos discursos sanitaristas, que alcançavam inicialmente setores entre as elites de cidades como Rio de Janeiro, Salvador e Recife, pouco significaram em termos práticos, ao menos a curto prazo. Para as mulheres brancas das elites urbanas, dispor de uma ama de leite escrava equivalia a status social e fonte de renda, o que manteve a prática disseminada ao longo de todo o século. Na década de 1880, textos médicos sinalizaram os avanços de uma maior preocupação entre as famílias de elite quanto à saúde das amas, que foram submetidas, não sem resistência, a exames médicos invasivos antes de serem alugadas.

As amas de leite resistiram como puderam. Anúncios de jornais registraram a fuga de escravas das casas de locatários; outras abandonaram o domicílio senhorial nos últimos meses de gravidez, com o provável objetivo de escapar ao seu destino como ama e assim evitar a morte ou o sumiço dos filhos. A farta documentação médica, enfim, referiu-se a essas mulheres como amas de péssima qualidade: mulheres tristes, coléricas, embriagadas e negligentes, que dirigiram aos bebês brancos o peso de sua raiva, de sua dor e da sua impotência: recusando-lhes o seio, demorando para trocar suas fraldas, ignorando os choros, desferindo beliscões, sacudindo-os com violência, untando o bico do peito com pimenta, embriagando-os com cachaça.

Apesar da condenação feita pelos médicos às amas de leite, ao longo da segunda metade do século XIX algumas delas foram levadas por seus senhores aos estúdios fotográficos que iam sendo fundados no Rio de Janeiro, São Paulo, Salvador e Recife. Fotografias de crianças brancas no colo de amas negras, ornamentadas com turbantes, colares e xales da costa nos ombros, vieram compor os álbuns de retrato e as memórias das famílias senhoriais. Em 1861, na Bahia, o pequeno Antônio da Costa Pinto era fotografado no colo de sua ama de leite anônima. Ela o sustenta com um braço, mantendo-o a certa distância. Seu olhar nos desafia.

Flávio dos Santos Gomes
e Lilia Moritz Schwarcz

AMAZÔNIA ESCRAVISTA

Uma das principais peculiaridades da escravidão no Brasil foi a sua disseminação por todo o território desde o alvorecer da colonização. Ao contrário do que ocorreu nas demais áreas coloniais nas Américas, onde ela foi rarefeita em algumas partes ou quase inexistiu em outras, no Brasil o trabalho escravo esteve sempre presente, mesmo em áreas não necessariamente articuladas com a economia voltada para o mercado externo. Ainda que em número reduzido, escravos — africanos e crioulos — estariam em todos os lugares.

A Amazônia é sem dúvida a área escravista menos conhecida no Brasil. Como contamos com mais imagens provenientes do trabalho escravo no Nordeste açucareiro e/ou no ouro das Minas Gerais, muitas vezes temos a impressão de que ela nunca existiu naquela região. Porém, os registros são abundantes e já há uma historiografia consolidada, sobretudo em programas de pós-graduação em História nas cidades de Belém, São Luís, Manaus, Macapá e outras.

Vicente Salles realizou, em meados da década de 1960, investigações pioneiras sobre a escravidão no Grão-Pará desde o século XVII até as vésperas da abolição. Já se sabia alguma coisa sobre a dimensão escravista do trabalho compulsório indígena em tais regiões, mas muito menos acerca da presença africana e negra no local.

Vale a pena destacar, também, que a nomenclatura referente a essa região geográfica é muito imprecisa nos primeiros séculos de colonização. Para se ter uma noção, até meados do XVII o Estado do Maranhão e Grão-Pará compreendia Ceará, Piauí, Maranhão, indo até os estados atuais do Amazonas e Acre, e ainda passava por áreas de fronteira como Roraima, Rondônia e Amapá. Segundo Salles, a incorporação definitiva da Amazônia ao espaço geográfico português na América acontece em 1616, com a fundação da cidade de Belém. É Artur César Ferreira Reis quem ressalta que colonos lusitanos — incluindo frades carmelitas e franciscanos — ali se estabeleceram com "pequena lavoura de espécies alimentícias e de algodão e de cana, esta para o fabrico de açúcar", e que já contavam "muitos escravos" numa população de apenas duzentos moradores no ano de 1637.

As tensões entre colonos e religiosos — destacadamente os jesuítas — pelo controle do trabalho indígena acabaram por impulsionar o processo de introdução da escravidão africana na Amazônia seiscentista. Os argumentos iniciais não eram econômicos, pois lavouras de cana-de-açúcar e mineração não se desenvolveram na região, e as culturas de extrativismo de cacau e cravo ainda não apresentavam uma demanda escravista significativa. A motivação era, sobretudo, política, com os argumentos religiosos e dos agentes metropolitanos ganhando o centro do debate. Para suprir as expectativas dos colonos, a Coroa portuguesa deveria dar suporte para a entrada de africanos, embora tivesse que coibir excessos na escravização e resgate de indígenas. Estes deveriam ficar em missões, sob a guarda e utilização dos religiosos. Tais disputas na Amazônia durariam ainda um século, e seriam marcadas pela convivência dos africanos, ali paulatinamente introduzidos, com as populações indígenas — escravizados e livres — que viviam nos aldeamentos.

Na virada do século XVII encontramos referências sobre a entrada de africanos na Amazônia por meio de provisões régias. As primeiras datam de 18 de março de 1662 e de 1º de abril de 1680, determinando que anualmente deveriam ser conduzidos "negros da Costa da Guiné para o Maranhão e Pará por conta da Fazenda Real". Já em 1682 seria organizada a Companhia de Comércio do Estado do Maranhão, que ao longo de vinte anos pretendia introduzir pelo menos 10 mil africanos na Amazônia, em particular nas áreas em torno de Belém e de São Luís. A medida era tão forte que levou colonos da praça do Maranhão, contrariados em seus interesses, a provocarem a conhecida Revolta de Beckman, em 1684.

Ainda assim, a partir de 1670, lavouras se espalhariam no local com notícias dos primeiros africanos chegando para povoar plantações em Pindaré, Mearim e Itapicu, no Maranhão. Para a introdução de africanos na Amazônia também teria contribuído a Companhia do Estanco do Maranhão e a Companhia de Comércio do Maranhão e Pará (1676-85) e a Companhia de Cacheu e Cabo Verde (1690-1706). A montagem agrícola atomizada, pois contava com vários produtos, demandaria mais mão de obra para diversas áreas amazônicas. O arroz seria cultivado especialmente na zona guajarina; o algodão, nas cercanias de Belém; o cacau, na calha do Tocantins; o tabaco, na bacia do Acará; e a cana-de-açúcar, em quase todo o círculo do golfão marajoara. Além do mais, incentivou-se a construção de fortes e fortalezas e a criação de gado na ilha de Marajó.

Alguns núcleos agrícolas seriam também formados com a vinda de pequenos grupos de colonos portugueses, como aqueles trazidos da praça africana de Mazagão, que seriam instalados numa vila acima de Macapá, na direção das áreas de fronteira com as Guianas. Porém, a baixa capitalização desses colonos e os obstáculos encontrados na atividade extrativista continuavam a dificultar a chegada sistemática de africanos à Amazônia.

Ou seja, embora em minoria, ainda no último quartel seiscentista, eles se misturaram aos indígenas em vilas, feitorias e fortificações. Por outro lado, a presença africana na Amazônia não esteve limitada à ocupação portuguesa. Nas áreas de fronteira, colonos ingleses, irlandeses, franceses e holandeses — especialmente estes dois últimos — utilizavam cativos africanos em suas plantações e entrepostos.

De qualquer modo, os primórdios da ocupação portuguesa na Amazônia prosperaram com o chamado "tráfico vermelho", com a escravização de indígenas, com as políticas indigenistas de descimentos e tropas de resgate. A demanda de mão de obra, as epidemias, a mortalidade, a própria resistência indígena, sem falar das motivações políticas e econômicas, ajudam, contudo, a explicar o significativo aumento da importância do trabalho escravo africano na Amazônia setecentista.

Em 1665, as autoridades de São Luís já se preocupavam com as "muitas moléstias" dos africanos que ali desembarcavam. Em 1673, uma indústria de anil seria instalada no Maranhão, depois transferida para o Pará, sendo introduzidos "negros de Angola". O cronista Bettendorf anunciava a chegada a São Luís de uma "nau holandesa, arribada com novecentos negros de Angola, todos de saúde e vigorosa idade", e que "queria o seu capitão vendê-los todos para lhe não morrerem em mar, de enfadados, e para lhos não tomarem seus inimigos". Na avaliação da época, a notícia pareceu ser um "negócio mui bom" para "a câmara e a todos os homens do Maranhão", uma vez que faltava mão de obra para seus engenhos e lavouras.

As evidências sugerem que os africanos chegados no século XVII foram utilizados mais no Maranhão do que no Pará; o que virou motivo de disputa no local. Tanto que, em 21 de dezembro de 1692, numa carta do rei estipulava-se a "igual repartição" entre o Maranhão e o Pará "tanto na escolha como no número", ou na qualidade dos escravos. Dizia-se, por exemplo, que no Maranhão "os mais abonados" escolhiam sempre "os melhores [...] ficando os piores para se levar para o Pará". Pouco a pouco, porém, o Grão-Pará foi ganhando força como o destino dos africanos que entravam na Amazônia seiscentista. Mas as brigas não cessavam. Em 1701, um navio negreiro vindo da Costa da Mina não fez a repartição provisionada, e causou novas reclamações dos moradores do Pará. Foi necessária outra ordem régia, datada de 13 de junho de 1709, que reafirmava a necessidade da partilha igualitária e aumentava a cota para o Pará de 150 pretos para duzentos.

Até por conta das contínuas disputas, na segunda metade dos Setecentos surgiria outra companhia de comércio. Organizada pela própria metrópole, a Companhia Geral do Comércio do Grão-Pará e Maranhão (1755-78) atuaria por 23 anos, apresentando, entretanto, índices comerciais limitados. A iniciativa veio de Francisco Xavier de Mendonça Furtado, o qual, em carta datada de 1756 e enviada ao capitão barão de Schomberg, afirmava que "a nova companhia há de ser redenção deste Estado; principalmente quando os seus fins são tão interessantes, como o de trazer grande cópia de escravos, de regular o comércio". A constituição da Companhia Geral do Comércio do Grão-Pará e Maranhão, no ano anterior, alinha-se, por sua vez, a outras políticas de fomento na Amazônia, e que reagiam à proibição da escravidão indígena.

Embora não se possa pensar na substituição dos indígenas pelos africanos, uma vez que o trabalho compulsório dos primeiros continuou a vigorar, o certo é que, a partir da segunda metade do século XVIII, a escravidão africana se impõe demograficamente na Amazônia. Nos primórdios, os africanos de Bissau e Cacheu — portos da África Ocidental — pareciam ser os preferidos. Ao relatar a chegada de um negreiro proveniente de Cacheu em 1760, o governador Manuel Bernardo de Melo e Castro anotaria o alvoroço dos mercadores.

Quem hoje visita as Docas do Ver-o-Peso quase não consegue imaginar que ali se instalou um importante entreposto do mercado negreiro da Amazônia colonial. Esta teria sido uma determinação do governador Fernando da Costa de Ataíde e Teive, que mandara desativar e sanear em 1771 o antigo "desaguadouro do Piri" e autorizara o estabelecimento de várias casas de comércio de escravos.

A escravidão africana também alcançaria a capitania do Rio Negro, na segunda metade do século XVIII. Inclusive às vilas longínquas de Barcelos, Poiares, Moreira, Moura e São Gabriel chegavam cativos africanos. Menos conhecido é o comércio interno de escravos para a Amazônia via Bahia e Pernambuco. O que se sabe é que, mesmo depois da extinção da Companhia Geral do Comércio do Grão-Pará e Maranhão, em 1778, teriam sido introduzidos 7606 africanos pela praça de Belém, isso até o ano de 1792. Não temos números detalhados para a segunda metade do XVIII. No entanto, já de 1810 a 1816, há indicações da entrada de 2934 africanos em Belém. Considerando-se que as companhias de comércio conheceriam seu ocaso em 1820, é impressionante que tenham entrado no Pará, até esse contexto, mais de 53 mil africanos. Pesquisas mais recentes arriscam chamar a atenção para a dimensão triangular do tráfico negreiro realizado no local. Numa primeira fase, de 1662 a 1755, os comerciantes uniam Lisboa com entrepostos africanos e a Amazônia. Essa seria uma estrutura negreira original no Brasil colonial e próxima daquelas que articulavam o tráfico para o Caribe. Em outras regiões brasileiras, ainda se operava com o sistema bilateral: os navios partiam do Rio de Janeiro e de Salvador em direção aos entrepostos africanos. O importante é que o tráfico negreiro para a Amazônia abriria outro circuito atlântico: aquele do Norte. Tal dimensão terá reflexos nas origens dos africanos que entrariam na Amazônia, com parte substantiva deles sendo ocidentais da Alta Guiné (Senegâmbia) e da Costa da Mina, e também africanos centrais — vindos de Angola e do Congo.

De qualquer maneira, não se pode exagerar nos cálculos sobre a entrada de africanos na Amazônia no século XVII. Como temos visto, o número continuava reduzido e a maior parte era direcionada para o Maranhão. Para se ter uma ideia mais geral, até 1830 teriam entrado mais 20 514 africanos no Grão-Pará. Porém, o baixo volume não deve esconder o impacto que esse tipo de mão de obra teve no mundo do trabalho e na produção de riquezas, em várias partes da floresta. Nas sesmarias doadas desde meados do XVII, foram montadas unidades produtivas de açúcar e de criação de gado, além de lavouras de arroz, tabaco, algodão e cacau.

Os rios definiriam os trajetos da ocupação da área, obrigando sesmeiros e animando a produção econômica. Na bacia do Guajará, nos rios Guamá, Acará e Capim, seriam montados os engenhos de açúcar coloniais setecentistas do Grão-Pará. Nada comparável à estrutura de Pernambuco e Bahia no século XVII. De todo modo, as águas que banhavam a cidade de Belém tinham em suas margens pequenas vilas com lavouras, engenhos e cativos africanos. Em áreas distantes como Barcelos, Santarém, Óbidos e Alenquer, colonos se instalariam montando lavouras, dedicando-se ao extrativismo, utilizando trabalhadores livres indígenas e também cativos africanos. Na direção oriental — hoje Amapá —, além de trabalharem nas lavouras de alimentos, os africanos seriam incorporados na construção de fortalezas, com destaque para aquela de São José de Macapá, cujo propósito era conter o avanço dos invasores franceses pela fronteira dos rios Oiapoque e Maguari. Na ilha de Marajó se desenvolveria uma original criação de gado — búfalos — em áreas alagadas.

No último quartel do século XVIII, a cidade de Santa Maria de Belém do Grão-Pará já constituía um interessante núcleo urbano com escravos africanos. Em 1787, a sua freguesia central da Sé contava com 2733 cativos, quase 52% da população. Em 1793, as freguesias urbanas de Belém concentravam 3051 — entre crioulos e africanos —, além de 1099 "pretos, índios e mestiços livres". Em 1822, nas principais freguesias da Sé e Campina havia 5719.

Também na parte mais extrema da Amazônia, a escravidão ainda se fazia presente nos últimos quartéis oitocentistas. Tais áreas tinham poucos vínculos com o mercado e contavam com a predominância de pequenas propriedades camponesas. Na cidade de Manaus e arredores, até 1860 a concentração dos cativos declarados nos inventários indica como a produção econômica de base familiar era complementada com o trabalho escravo. Ali predominariam escravarias de um a quatro cativos, utilizados tanto por agricultores como por comerciantes. Em 1840, os agricultores em Manaus possuíam 68,2% da mão de obra escrava e controlavam 44,8% das fortunas da região. Já o setor dos comerciantes representava 32,8% das fortunas, mas tinha controle de apenas 8,7% de escravos. Trinta anos depois veríamos a inversão desses índices, com os comerciantes controlando 48,8% dos escravos, enquanto os agricultores controlavam apenas 13%. O dado mais interessante sobre a escravidão e as fortunas em Manaus, no fim do século XIX, é que os setores econômicos ligados aos extrativistas/

seringueiros concentravam, em 1880, 56,2% de escravos. Assim, mesmo numa sociedade pobre e desigual, comprar um escravo significava uma forma de obtenção de renda e de investimento em capital.

Uma paisagem esquecida da economia escravista da Amazônia foi a rizicultura. No Grão-Pará, mais especificamente a partir de meados do século XVIII, interesses políticos e econômicos se desdobraram na montagem de projetos de colonização para Macapá e Mazagão. Eles envolviam disputas pelas fronteiras: o quebra-cabeça da ocupação e o trânsito de colonos franceses e mercadores holandeses nas Guianas. O chamado fomento da Era Pombalina articularia a colonização sob o formato de unidades produtivas de alimentos, com ênfase para o arroz. A área escolhida foi a costa setentrional do Pará, constituída por várias ilhas, rios, igarapés e lagos, numa extensa planície litorânea, destacando-se a bacia formada pelos rios Araguari e Amapari. Nessas regiões de várzea e com solo exposto à inundação floresceu uma importante economia colonial de arroz.

Cronistas como La Condamine sublinhavam as possibilidades econômicas da região. Segundo o padre João Daniel, ali as plantações de algodão, arroz, mandioca, milho e feijão "não deviam ser acanhadas". Também se deveriam aproveitar as campinas para a criação de gado e sobretudo para o cultivo do arroz. Vários tipos produtivos deveriam ser ali testados, desde o arroz natural, até aquele "manso" e o "arroz-bravo", e trabalhados com mão de obra escrava. As áreas de Macapá e Mazagão foram consideradas excelentes para o cultivo, sendo introduzidos *casais de colonos* — cerca de "seiscentas pessoas brancas". Guardadas as suas diferenças, as duas regiões escolhidas ofereceriam ainda algumas vantagens, uma vez que eram áreas de militarização — com fortins, fortalezas e postos militares — e contavam com a presença de colonos-soldados.

Enfim, para onde quer que se olhasse, a escravidão africana andava por perto. Segundo Acevedo, as "terras do Cabo do Norte receberam, com a entrada de colonos embarcados em Portugal, com os escravos introduzidos da África e com indígenas mobilizados de locais diversos do vale amazônico, um sopro de povoamento".

Petrônio Domingues

ASSOCIATIVISMO NEGRO

Os negros desenvolveram, desde o período colonial, uma intensa vida associativa. Mesmo quando escravizados, encontraram diversas maneiras de se reunir com seus pares. Algumas formas organizacionais — como as maltas de capoeira e os terreiros de candomblé — foram perseguidas; outras, como as irmandades religiosas sob a égide da Igreja católica e as agremiações de ajuda mútua, eram toleradas pela sociedade em geral. Todas tinham como objetivo satisfazer necessidades sociais, econômicas, culturais, religiosas e humanas de um segmento populacional que vivia em condições adversas. A abolição da escravidão, em 13 de maio de 1888, não resolveu todas essas necessidades. No entanto, abriu aos negros a possibilidade de se organizar sob condições diferentes daquelas do regime de cativeiro, com mais margens de liberdade.

Logo após a abolição, há referências a associações civis formadas por negros (como a Sociedade Beneficente Estrela da Redenção, no Rio de Janeiro; a Sociedade Beneficente Luiz Gama, em Campinas, SP; e o Club Beneficente 13 de Maio, em Curitiba). Algumas tinham uma atuação destacada, tendo em vista o número de acontecimentos em que se envolviam ou que promoviam, ou a quantidade de vezes que apareciam nos noticiários. Esse foi o caso da Guarda Negra da Redentora, uma organização de libertos, muitos dos quais capoeiras, instituída na corte no segundo semestre de 1888. Seu intuito era proteger a monarquia, especialmente a figura de Isabel, dos ataques republicanos. Na visão desses libertos, defender a realeza e a princesa significava abraçar a abolição. A Guarda Negra chegou a ser chamada de "partido", já que lutava por assegurar ao "homem de cor" o direito de intervir nos "negócios públicos". No seu auge, chegava a São Paulo, Rio Grande do Sul, Minas Gerais, Espírito Santo, Bahia, Sergipe, Pernambuco, Natal, Maranhão, Belém, entre outras províncias do Império. Acredita-se que a Guarda Negra tenha sido a primeira instituição que utilizou o termo "negro" no sentido positivo e político da palavra.

Se para muitos negros a monarquia era a única forma de governo capaz de equacionar os impasses da "raça estigmatizada pela escravidão", proporcionando-lhes oportunidades econômicas e sociais, para outros, como os do Club Republicano dos Homens de Cor, a solução residia no projeto republicano, com o fim dos privilégios pessoais, a valorização da democracia e da "redenção da pátria". O Club Republicano dos Homens de Cor foi fundado no Rio de Janeiro em junho de 1889, por "55 cidadãos de cor". Seu intuito era fazer propaganda das ideias republicanas especialmente "com a raça preta e fazer crer a essa mesma raça que estão sendo vítimas do Trono". Informados por noções de raça, liberdade e cidadania, os sujeitos — ou sob a rubrica de "libertos" ou "homens de cor" — articularam diferentes associações por meio das quais atuaram na vida nacional, unidos, afastados ou até em campos opostos.

A República — implantada em 15 de novembro de 1889 e referendada pela Constituição de 1891 — prometia garantir a cidadania mediante a universalização dos direitos civis, o que despertou expectativas de expansão dos direitos políticos e de novos direitos sociais. Grupos negros aproveitaram a aurora republicana para criar outras associações, ampliando suas ações coletivas. Essas associações variavam consideravelmente. Algumas buscavam proporcionar amparo social, prestando serviços de cunho previdenciário: assistência médica, farmacêutica e jurídica, pensão por invalidez do associado ou de seus dependentes em caso de morte, auxílio-funeral. Essas eram, pois, associações beneficentes ou de auxílio mútuo, como bem mostram os exemplos da Sociedade Cooperativa dos Homens Pretos (1902), da Sociedade Beneficente dos Homens de Cor (1906), da Associação Beneficente Amigos da Pátria (1908), em São Paulo; da Sociedade Cooperativa Filhos do Trabalho (1890), no Rio Grande (RS); e da Sociedade Progresso da Raça Africana (1891), em Pelotas (RS).

Outras associações concentravam atividades no campo cultural e educacional, investindo na formação de grêmios literários, corpos cênicos, grupos musicais e escolas. Esse foi o caso do Club 13 de Maio dos Homens Pretos (1902), do Centro Literário dos Homens de Cor (1903), do Grêmio Dramático e Recreativo Kosmos (1908), em São Paulo; da Sociedade Musical Lira Oriental (1907), da Sociedade Dramática Euterpe Club (1917), em Porto Alegre; do Centro Cívico e Recreativo José Boiteux (1920), em Florianópolis; e do Centro Patriótico Treze de Maio (1929), no Rio de Janeiro.

Proporcionar o lazer era um dos objetivos centrais de boa parte dessas associações. Eram as sociedades recreativas e dançantes, como o Club Beneficente, Cultural e Recreativo 28 de setembro (1897), em Jundiaí (SP); o Club 15 de Novembro (1907), em São Paulo; o Centro Recreativo (1900), a Associação Satélite (1902), em Porto Alegre; e o Club Recreativo 28 de Setembro (1904), em Pouso Alegre (MG). Outras se dedicavam especialmente a uma modalidade de lazer: o Carnaval. Eram as sociedades carnavalescas, como a Embaixada Africana (1892), os Pândegos d'África (1895), em Salvador; o Club Carnavalesco Bahianas (1908), em Pelotas (RS); a Sociedade Carnavalesca Prontidão (1925), em Porto Alegre; o Grupo Carnavalesco Barra Funda (1914) e o Campos Elíseos (1919), em São Paulo.

A prática do esporte também foi incentivada por algumas associações negras; umas mantinham times de futebol, enquanto outras eram eminentemente desportivas, como o Sport Club Cruzeiro do Sul (1922), em Novo Hamburgo (RS); o Club Cravos Vermelhos (1916) e a Associação Atlética São Geraldo (1917), em São Paulo. Havia ainda aquelas mistas, que se propunham a realizar objetivos mais amplos, exercendo outros tipos de atividade ou se envolvendo em acontecimentos do cenário político-institucional. Exemplos são o Centro Cívico Monteiro Lopes (1910), a Associação dos Homens de Cor (1921), no Rio de Janeiro; a Federação Paulista dos Homens de Cor (1902), em Campinas (SP); o Centro da Federação dos Homens de Cor (1914) e o Centro Cívico Palmares (1926), em São Paulo.

Ao longo da Primeira República, as associações negras se multiplicaram. Estima-se que, somente na cidade de Porto Alegre, surgiram 72 delas, entre 1889 e 1920; já em São Paulo foram 123, entre 1907 e 1937. Em linhas gerais, eram regidas por um estatuto e tinham um quadro administrativo eleito, incluindo cargos como os de presidente, secretário, tesoureiro, fiscal, diretor. Algumas possuíam uma sede social. Outras alugavam salões para o seu funcionamento e para a realização de eventos. Sua principal fonte de recursos eram as mensalidades pagas pelos sócios. Para desenvolverem laços de identidade, as sociedades criavam símbolos, como hino, estandarte e cartão de identificação. Suas atividades variavam bastante: assembleias de associados; palestras; apresentações literárias, teatrais e musicais; bailes; excursões; concursos (como os dos blocos carnavalescos); homenagens aos ícones negros (como Luís Gama e José do Patrocínio); competições desportivas; convescotes; cursos de alfabetização. Uma série de datas cívicas, sobretudo as efemérides que diziam respeito ao negro — como a de 13 de maio —, eram solenemente comemoradas. As associações labutavam por constituir espaços autônomos de sociabilidade, política, cultura e lazer, e, como denominador comum, guardavam a preocupação com o progresso moral, intelectual, cultural e social do negro.

No primeiro ano da década de 1930, o chamado "movimento associativo dos homens de cor" ganhou visibilidade nacional com a fundação da Frente Negra Brasileira (FNB) na cidade de São Paulo. A FNB destacou-se dentre as demais associações por suas realizações, pelo tempo que permaneceu ativa e, ainda mais, pelas atividades político-sociais desenvolvidas. A agremiação contava com um salão de beleza, bar, local para jogos e divertimentos, gabinete dentário e um posto de alistamento eleitoral. Mantinha escola, biblioteca, grupo musical, corpo cênico, time de futebol, além de oferecer uma Caixa Beneficente, serviços médicos, de assistência jurídica, cursos de artes e ofícios, e de publicar um jornal: *A Voz da Raça*.

Essas atividades, e a mensagem da FNB, de ascensão moral e progresso material da "gente negra", atraíram muitos membros. Em seu apogeu, a Frente abriu mais de sessenta sucursais, espalhadas na capital e no interior paulista e em outros estados (Rio de Janeiro, Minas Gerais e Espírito Santo). Influenciou também o aparecimento de organizações homônimas nas cidades de Salvador, Recife e Pelotas (RS). A FNB conquistou algumas vitórias no campo dos direitos civis. Conseguiu eliminar as interdições que impediam o ingresso de negros na Guarda Civil de São Paulo e em certos locais públicos de lazer. Refletindo seu crescimento como força institucional, a agremiação obteve, em 1936, permissão para se registrar como um partido político. Não teve, no entanto, oportunidade de passar pelo teste das urnas, já que a instauração da ditadura do Estado Novo, em 1937, implicou a proibição de todas as organizações políticas.

Outras sociedades negras também surgiram na década de 1930: União Recreativa 25 de Dezembro (1933), em Florianópolis; Clube das Margaridas

(1933), em Caxias do Sul (RS); Centro de Cultura Afro-Brasileiro (1936), em Recife; Sociedade Henrique Dias (1937), em Salvador; Legião Negra (1934), em Uberlândia (MG); Clube Negro de Cultura Social (1932), Sindicato do Operariado Negro (1932), Federação dos Negros do Brasil (1935) e Aliança Cooperativa dos Homens Pretos do Brasil (1937), em São Paulo.

O Estado Novo não conseguiu amordaçar tais associações; fez, porém, com que se retraíssem e perdessem parte do potencial reivindicativo. As que sobreviveram — como os clubes e as escolas de samba — tinham um caráter mais recreativo ou carnavalesco. Com a derrubada do regime, em 1945, o país restabeleceu a democracia e a sociedade civil pôde se rearticular, o que permitiu a ascensão do "movimento associativo" do negro brasileiro.

Durante a Segunda República, destacou-se a trajetória da União dos Homens de Cor (UHC), que nasceu na cidade de Porto Alegre em 1943. Já no primeiro artigo do estatuto, a UHC anunciava sua finalidade central: "elevar o nível econômico e intelectual das pessoas de cor em todo o território nacional, para torná-las aptas a ingressarem na vida social e administrativa do país". Ao longo da década de 1940 a agremiação expandiu-se. Abriu sucursais, e possuía representantes em vários estados (Rio Grande do Sul, Santa Catarina, Paraná, São Paulo, Rio de Janeiro, Minas Gerais, Espírito Santo, Bahia, Ceará e Maranhão), estando presente em mais de cinquenta municípios. Sua atuação foi marcada pela promoção de palestras, cursos de alfabetização, serviços de assistência jurídica e médica, ações beneficentes, publicação de jornais e participação em campanhas político-eleitorais.

No início da década de 1950, representantes da UHC foram recebidos em audiência pelo presidente Vargas, ocasião em que lhe apresentaram uma série de reivindicações a favor da "população de cor". No Rio de Janeiro, os dirigentes da agremiação se destacaram na vida pública. Foi o caso de José Bernardo Silva, eleito deputado estadual, em 1954, e reeleito para dois mandatos consecutivos.

Outro agrupamento importante do período foi o Teatro Experimental do Negro (TEN), criado por Abdias Nascimento no Rio de Janeiro, em 1944. A proposta original era formar um grupo teatral composto apenas por atores negros, mas aos poucos o TEN adquiriu sentido mais amplo, como grupo de pressão. Publicou o jornal *Quilombo*, chegou a oferecer curso de alfabetização, organizou o I Congresso do Negro Brasileiro, realizou a eleição da Rainha das Mulatas e da Boneca de Piche e, mais tarde, o concurso de artes plásticas com o tema Cristo Negro.

Afora a UHC e o TEN, floresceram então os grupos: Associação Cultural, Beneficente e Recreativa José do Patrocínio (1952), em Belo Horizonte; Chico Rei Clube (1963), em Poços de Caldas (MG); Clube Náutico Marcílio Dias (1949), Sociedade Cultural Beneficente Satélite Prontidão (1956), em Porto Alegre; União Catarinense dos Homens de Cor (1962), em Blumenau (SC); Associação Recreativa Operária de Londrina (1957), em Londrina (PR); Centro Cultural José do Patrocínio (1949), em Duque de Caxias (RJ); União Cultural dos Homens de Cor (1950), no Rio de Janeiro; Associação do Negro Brasileiro (1945), Ala Negra Progressista (1948) e Associação Cultural do Negro (1954), em São Paulo.

O golpe civil-militar que instalou a ditadura no Brasil em 1964 silenciou boa parte da discussão pública acerca do problema racial. O clima de autoritarismo provocou um refluxo no "movimento associativo". As entidades — mesmo aquelas de cunho recreativo (como o Renascença Clube, no Rio de Janeiro, e o Aristocrata Clube, em São Paulo) ou carnavalesco (como a Associação Cultural Ilê Aiyê, em Salvador) — ficaram na mira dos órgãos de repressão. Algumas delas suspenderam atividades, quando não se reinventaram.

Foi na década de 1970, com os ventos da *abertura* soprando, que o "movimento negro" — expressão então utilizada para fazer referência ao "movimento associativo" do negro brasileiro — se recompôs em patamares diferentes. Outra geração de afro-brasileiros, alguns estudantes universitários, entrou em cena, protagonizando uma articulação que culminou na formação do Movimento Negro Unificado contra a Discriminação Racial (nome posteriormente encurtado para Movimento Negro Unificado, o MNU), em São Paulo, em 1978. Encontros realizados no Rio de Janeiro, Minas Gerais e Bahia contribuíram para estruturar a nova organização. O MNU se caracterizou pela contestação da ordem vigente e pela denúncia do racismo, colocando em pauta as situações de desigualdade e violência que atingiam a população negra. A entidade rechaçou as comemorações do Treze de Maio, chamando a abolição da escravidão de "falsa liberdade". Em seu lugar, elegeu o Vinte de Novembro — data presumível da morte de Zumbi, líder de Palmares, que foi apropriado como símbolo da resistência à opressão — como Dia Nacional da Consciência Negra.

O MNU inaugurou a fase contemporânea do "movimento negro". Apesar das dificuldades de mobilização das cerca de 1300 entidades que existiam em todo o país na década de 1990, esse movimento logrou conquistas importantes desde a Constituição Cidadã (1988) — como a regulamentação do crime de racismo, o reconhecimento das comunidades remanescentes de quilombos, as políticas de ações afirmativas, a lei n. 10 639, que tornou obrigatório o ensino de história e cultura afro-brasileira e africana nas escolas —, provocando mais respostas do Estado em questões de *raça* do que em qualquer outro momento desde 1888.

Conhecer a história das associações negras é importante para entender as condições em que os negros levaram adiante a sua luta e as dificuldades que encontraram pelo caminho. Esses grupos impulsionaram o sentimento de pertencimento, construíram e preservaram laços de solidariedade racial. Contribuíram para a percepção das desigualdades e discriminações raciais em nossa sociedade, animando assim os movimentos de reivindicação por direitos e cidadania. Ainda mais, colaboraram para manter viva uma experiência de resistência e ação coletiva, que remonta à época da escravidão.

As associações negras não se limitaram a denunciar problemas, mas tentaram apontar caminhos para superá-los. Diversas foram as soluções preconizadas: o soerguimento moral, a melhora do nível educacional e cultural, a valorização da subjetividade, relacionada à construção de identidades; a necessidade de protestar diante das injustiças e de atuar politicamente. Contudo, a principal solução advogada foi a união, considerada pré-requisito para os negros se fortalecerem, conquistarem espaço na sociedade e, assim, superarem problemas comuns que enfrentavam.

C

Ricardo Salles

CAFÉ E ESCRAVIDÃO

O CAFÉ FOI O CARRO-CHEFE DAS EXPORTAÇÕES E DA ECONOMIA brasileira ao longo do século XIX. Na década de 1820, ele representava 18,6% das exportações do país, ficando atrás do açúcar e do algodão. Na década seguinte, atingia o primeiro lugar, com 43,8%, e, nos anos 1880, sua participação nas exportações nacionais chegou à casa de 61,7%. A principal zona produtora neste período era a economia escravista do Vale do Paraíba fluminense e paulista e suas áreas adjacentes do chamado Oeste Velho paulista, em torno de Campinas, da Zona da Mata mineira, do norte da província do Rio de Janeiro e do sul do Espírito Santo. Nessas últimas regiões, mesmo perdendo espaço para as novas zonas produtoras, o café sobreviveu à escravidão, e ainda era produzido em larga escala nas primeiras décadas do século XX.

No que tange ao Vale do Paraíba, a abolição da escravidão, em 1888, foi um golpe de morte para seus municípios mais antigos e pioneiros, como Bananal, Resende, Barra Mansa, São João do Príncipe, Piraí, Valença, Vassouras e Paraíba do Sul, que haviam sido os grandes produtores de café na época do Império. Nessas localidades, em que a cultura extensiva do café esgotara o solo desde fins da década de 1860, os plantéis de escravos, em sua maioria comprometidos como garantia de crescentes e impagáveis empréstimos junto a casas bancárias, eram o principal ativo de grandes fazendeiros. Poucos tinham conseguido converter parte da riqueza oriunda do café em outras formas não dependentes diretamente da propriedade escravista, sobretudo financeiras. Arruinados com a abolição, abandonaram seu apoio à monarquia, que cedera a abolição imediata e sem indenização diante da pressão do movimento abolicionista e das crescentes fugas, individuais e coletivas, rebeliões, atos de desobediência e mesmo de agressão, e assassinatos de senhores e seus prepostos por escravos.

A economia escravista cafeeira no Brasil iniciou-se com o cultivo da rubiácea nas imediações da cidade do Rio de Janeiro, na segunda metade do século XVIII. Daí, expandiu-se pela província do Rio, notadamente pelo Vale do Paraíba, incluída sua parte paulista, nas três primeiras décadas do XIX. Tal expansão não se deu pelo avanço linear e progressivo de uma fronteira agrícola, mas por adensamento. Isto é, ocorreu a partir de determinados polos, em diferentes localidades do Vale, que começaram o cultivo nesse período e foram crescendo de forma mais ou menos simultânea: Bananal, Areias, Queluz, em São Paulo; Barra Mansa, Resende, Piraí, São João do Príncipe, Valença, Paraíba do Sul, Cantagalo, Paty do Alferes e, um pouco mais tarde, Vassouras, no Rio de Janeiro. Uma série de fatores contribuiu para essa expansão. Do ponto de vista externo, houve o aumento da procura pelo produto para consumo de massas, no mercado internacional, provocado pela dinamização do mercado consumidor de bebidas estimulantes acarretada pela industrialização e pela urbanização das sociedades europeias e dos Estados Unidos.

Outros fatores internos de ordem socioeconômica e mesmo política, além das condições favoráveis de solo e clima, catapultaram a economia escravista do Vale do Paraíba. Em primeiro lugar, a existência de uma infraestrutura de caminhos que atravessavam a região, ligando o interior das Minas Gerais ao porto do Rio de Janeiro e facilitando o escoamento da produção. A área, antes vedada à ocupação colonial, por causa da proibição do contrabando por parte da Coroa lusa, com o declínio da mineração foi sendo ocupada com doações de sesmarias e abertura de fazendas. Tais fazendas dedicavam-se à produção de gêneros alimentícios destinados à cidade do Rio, açúcar e aguardente (este último produto usado como contrapartida no comércio de escravos na costa ocidental da África). A vinda da corte portuguesa para o Rio, em 1808, com sua política de buscar novos produtos para exportação, entre eles o café, e de enraizamento social e territorial, intensificou a ocupação e a dinamização econômica do Vale do Paraíba. Nesse sentido, foram abertas mais duas vias ligando a cidade do Rio de Janeiro a Minas Gerais — as estradas da Polícia e do Comércio.

A produção do café constituía um processo complexo, assim como demandava a inversão de grandes capitais. Cultura perene, o cafeeiro demorava cerca de cinco anos para dar os primeiros frutos, continuando a produzir por mais quinze ou vinte anos. O estabelecimento de um cafezal implicava o desmatamento do terreno, o plantio e a manutenção dos pés de café. Uma vez colhidos, era preciso separar os grãos bons daqueles imprestáveis. Em seguida, os grãos eram limpos, secos, descascados, despolpados, polidos e ensacados. As tecnologias empregadas nesse processo eram sofisticadas, e variaram ao longo do tempo: tanques de separação; terreiros de chão batido, pedra ou macadame para o secamento; pilões hidráulicos para o descascamento, alguns substituídos, na década de 1860, por engenhos a vapor e máquinas hidráulicas que realizavam todo o processo até o polimento. Uma vez ensacado, o café era transportado em tropas de mulas, pertencentes a terceiros ou aos próprios fazendeiros, para portos fluviais da Baixada Fluminense, de onde seguia em embarcações que tinham como destino o porto do Rio de Janeiro. Lá era vendido para casas comerciais que o estocavam e exportavam. A partir de 1858, uma parcela crescente do transporte passou a ser feita por ferrovias que avançavam pela região do Vale, barateando os custos. Ferramentas, materiais diversos, bens de consumo e demais serviços necessários e não disponíveis nas fazendas ou em suas imediações, bem como outras questões comerciais e até de ordem pessoal, eram fornecidos e encaminhados por casas comissárias situadas no Rio, que se correspondiam com os fazendeiros. No caso de alguns grandes complexos cafeeiros, tais casas faziam parte dos negócios dos próprios fazendeiros ou de parentes próximos.

Todo esse processo, bancado pelo grande fazendeiro, exigia considerável investimento de capitais, tanto na implantação quanto na operação posterior. Tais capitais eram obtidos junto à praça do Rio de Janeiro, na região de São João del-Rei, e mesmo em fazendas do próprio Vale. Alguns comerciantes e capitalistas adquiriram fazendas para ampliar seus investimentos, outros migraram integralmente para o negócio do café. Mas a maior parte desses capitais dizia respeito à aquisição da mão de obra necessária para movimentar toda a engrenagem: o trabalhador escravizado, principal fator que impulsionou a expansão do café pelo Vale do Paraíba. O Brasil tinha uma longa tradição na utilização da mão de obra escrava de origem africana, cujo emprego era generalizado, ainda que em escala diferenciada por todo o território. Com a exploração do ouro e dos diamantes nas Minas Gerais no século XVIII, o Rio de Janeiro se tornou um grande porto importador e centro do comércio de escravos africanos. O volume do tráfico para o Sudeste brasileiro, área que orbitava economicamente em torno das minas, não cessou de subir, nem sequer nas décadas finais do século, quando a mineração entrou em declínio. Entre 1751 e 1760, foram desembarcados 81 391 escravos africanos no Sudeste. Esse número saltou para 115 872 no quinquênio de 1816 a 1820, quando a economia escravista do café já despontava. Nos trinta anos seguintes, 911 911 africanos escravizados desembarcaram no Sudeste, em sua maioria destinados às plantações de café do Vale do Paraíba e zonas limítrofes.

A abolição efetiva do tráfico não trouxe o declínio da economia escravista no Vale do Paraíba e adjacências. O tráfico inter e intraprovincial e a reprodução natural garantiram o crescimento da população escrava na província do Rio de Janeiro. Esta, que perfazia um total de 263 302 indivíduos em 1856, passou a contar 292 187 em 1872, pouco depois de aprovada a Lei do Ventre Livre. Em 1884, quando os efeitos dessa lei, a qual decretara que não mais nasceriam escravos, eram evidentes, a população cativa da província ainda totalizava 258 238. Os "ingênuos" — aqueles nascidos livres e que, por força da lei, poderiam permanecer sob tutela de seus senhores até os 21 anos, se estes assim o desejassem, como ocorreu em 95% dos casos — somavam 82 787 na mesma data. Tal número significava um contingente de trabalhadores escravizados, ou em condições similares, de 341 mil indivíduos. Por outro lado, a população escrava da província, no período, concentrou-se geograficamente nos municípios de grande produção cafeeira. Estes detinham 49,68% dos escravos da província em 1856. Em 1884, o percentual passara para 65,35%, sem contar o vasto número de cativos de Campos dos Goytacazes, tradicional área produtora de açúcar e detentora da maior população cativa da província, que crescentemente se deslocava para as zonas produtoras de café no norte do município.

A propriedade escravista era concentrada socialmente, ainda que disseminada. Pesquisas em inventários post mortem para municípios como Vassouras e, de modo mais parcial, Cantagalo, Piraí e Bananal sustentam essa afirmação e permitem supor que o quadro se assemelhava no restante do Vale do Paraíba. Quase metade dos donos de escravos eram miniproprietários, com até quatro cativos, ou pequenos proprietários, com até dezenove. Havia poucos proprietários urbanos, alguns — comerciantes, financistas, funcionários graduados etc. — abonados. A maioria compunha-se de lavradores, alguns trabalhando lado a lado com seus cativos. Boa parte era formada de posseiros, estabelecidos em latifúndios ou grandes propriedades agrícolas. Alguns eram até ex-escravos que haviam obtido sua alforria e agora possuíam seus próprios cativos. Tal parcela de mini e pequenos proprietários, apesar de numerosa, tinha apenas entre 10% e 15% de todos os escravos da região. Os médios proprietários, donos de até cinquenta escravos, possuíam, em geral, uma fazenda de médio porte e detinham cerca de 20% do total de cativos. Grandes proprietários, donos de uma extensa fazenda e, por vezes, de mais de uma propriedade, acumulavam até 99 escravos. Coletivamente possuíam em torno de 20% dos cativos. Já os megaproprietários, com mais de cem escravos, alguns atingindo a casa de quinhentos, oitocentos, até mil, eram donos de mais de um latifúndio, e representavam só cerca de 10% do total de proprietários. Contudo, concentravam quase a metade dos escravos da região. Mesmo com variações, essa situação não se modificou de forma substancial ao longo do século.

Pode-se dizer, portanto, que as condições de vida e trabalho presentes nas grandes propriedades eram aquelas que afetavam diretamente, mas também indiretamente, por seu peso e poder de atração, as condições de vida e trabalho da imensa maioria da população escravizada na economia cafeeira. Até a década de 1860, o fator mais importante consistia na presença majoritária de africanos, muitas vezes ultrapassando a casa de 70%. A maioria deles, jovens e adultos do sexo masculino, boa parte dos quais recém-chegados aos plantéis. Em concomitância com esse fato, e em ritmo mais vagaroso, até 1850, quando se deu a extinção do tráfico internacional de cativos, houve o crescimento de uma população crioula, isto é, nascida no Brasil. Entre eles, o número de crianças era maior, formando-se, aos poucos, uma população jovem, em que a proporção entre homens e mulheres era mais equilibrada. Assim, até meados da década de 1860, havia dois processos distintos mas interligados, na dinâmica demográfica escrava: um africano e outro crioulo. O primeiro, prevalecente e determinante, o segundo subordinado. A dinâmica africana era predominantemente masculina, adulta e dependente da alimentação do tráfico para sua reprodução. A crioula mostrava-se mais equilibrada do ponto de vista sexual e etário, e, a longo prazo, apresentava condições potenciais de reprodução natural positiva. Não fosse a Lei do Ventre Livre, que interrompeu seu crescimento vegetativo, este poderia vir a se tornar um fato relevante, a exemplo do que ocorrera nas regiões escravistas dos Estados Unidos logo após a extinção do tráfico naquele país.

A violência cotidiana, ou a ameaça dela, significava a principal marca da rotina da vida dos escravos. A rotina numa grande propriedade girava em torno de uma jornada de trabalho de cerca de quinze horas por dia. Ela se iniciava antes do nascer do sol, com café e rapadura, inspeção e a distribuição de tarefas. O trabalho na roça era coletivo, fiscalizado e vigiado pelo feitor. Na época da colheita, a cada trabalhador se designava uma meta. Estimulavam-no a superá-la, quando, então, seria recompensado com fichas — equivalentes a moedas — próprias a cada fazenda que poderiam ser trocadas por determinados produtos para seu uso. O não cumprimento da tarefa de forma continuada acarretava castigos físicos. A jornada costumava ser interrompida por uma ou duas refeições de meia hora, almoço às dez da manhã e, nem sempre, jantar às quatro da tarde. O trabalho prosseguia até o escurecer, quando se voltava para a sede da fazenda, ou para senzalas de campo, nos casos em que os cafezais ficavam muito afastados. Na sequência fazia-se uma nova inspeção, e as atividades, no terreiro, no engenho, no paiol ou na preparação das refeições do dia seguinte, eram retomadas, indo até as nove ou dez horas da noite. Após uma ceia rápida, havia um pequeno período de conversas, danças e reuniões.

Os escravos eram, então, recolhidos às senzalas coletivas, grandes construções térreas em linha ou em quadra, normalmente sem janelas, dotadas de aberturas gradeadas perto do teto para ventilação. Junto com outras edificações, elas formavam alas do terreiro de secagem do café onde se realizavam mais tarefas. As senzalas eram divididas em cubículos — lanços — de nove a doze metros quadrados. Cada lanço tinha uma porta que abria para o terreiro. Nas mais bem construídas, o piso podia ser assoalhado e a cobertura de telhas. Em algumas, uma varanda corria pela extensão da edificação para proteger os escravos contra o mau tempo e quando se locomovessem entre os lanços. Em cada cubículo habitava um reduzido grupo do mesmo sexo. As famílias tinham seus próprios cubículos, ou, excepcionalmente, habitavam choupanas separadas. Nos domingos e dias santos, os cativos podiam cuidar de suas roças familiares ou individuais, onde cultivavam verduras, mantimentos, e criavam pequenos animais para uso próprio. Eventualmente, o senhor adquiria parte da produção. Nesses dias, dedicavam-se também a seus cantos, danças, missas e encontros. Podiam deslocar-se pela fazenda ou por fazendas contíguas, em especial se estas pertencessem ao mesmo dono, frequentando pequenas vendas. Mais raramente, e com permissão de seus senhores, quase sempre para realizar alguma tarefa, podiam ir às vilas, cidades ou fazendas e estabelecimentos mais distantes.

No Vale do Paraíba, a abolição, imediata e sem indenizações, caiu sobre um mundo e uma economia em declínio, mas não moribundos. Aliás, a economia ainda não andava tão conturbada pela agitação abolicionista e pelas fugas e revoltas escravas, que ocorriam no interior de São Paulo ou no município de Campos dos Goytacazes, na província do Rio de Janeiro. Essa economia e esse mundo ainda resistiriam, mas o certo é que não sobreviveram ao 13 de maio de 1888.

Martha Abreu

CANÇÕES ESCRAVAS

EM 1903, UMA DAS MAIORES LIDERANÇAS POLÍTICAS NEGRAS NOS Estados Unidos e no mundo atlântico, W. E. B. Du Bois, declarava que "as canções do povo negro — o grito rítmico do escravo" — erguiam-se "não só como a única música americana mas como a mais bela expressão da experiência humana nascida deste lado dos mares". Na sua avaliação, essa música, mesmo desprezada, mal compreendida e esquecida, continuava sendo "a excepcional herança espiritual da nação e a maior dádiva do povo negro".

Quarenta anos depois do fim da escravidão nos Estados Unidos, num momento em que as teorias raciais e racistas dominavam os prognósticos sobre a população negra, Du Bois fazia questão de defender o valor do legado musical dos descendentes de escravizados. Certamente, teria avaliação semelhante sobre "as canções do povo negro" espalhadas pela diáspora africana nas Américas.

Durante a escravidão, as canções dos africanos e seus descendentes eram constantes nas senzalas, nos locais de trabalho, nas fazendas, em pontos de encontro nas cidades, nas festas religiosas e nos eventos sociais, até mesmo aqueles organizados pelos senhores. Geralmente eram identificadas pela variada marcação do ritmo (com tambores e palmas), pelos estilos performáticos em dança de roda e pela poesia em forma de desafio (pergunta e resposta), de paródia e de humor.

As "canções do povo negro" condicionaram a história dos conflitos e dos diálogos culturais nas sociedades escravistas nas Américas. Por um lado, fizeram parte das políticas de controle e repressão dos senhores, das autoridades policiais e religiosas; por outro, das estratégias de resistência, negociação e ação política dos escravizados pelo direito à afirmação de suas formas de diversão e devoção. A realização de festas, conforme seus próprios sons, versos e costumes, ao lado das lutas pela alforria, acesso à terra e organização familiar foram importantes pautas dos escravizados na busca pela ampliação da autonomia e da liberdade.

No Brasil, como em outras partes do Atlântico negro, entre variadas denominações, como "bailes do congo", fandangos, lundus e chulas, as canções e danças mais identificadas com a população escravizada e africana, de caráter religioso ou não, eram os batuques. Sem nunca terem sido descritos com muitos detalhes, eles podem ser encontrados, em diferentes períodos, nos registros de viajantes, de literatos e de autoridades religiosas ou governamentais; também podem ser localizados em jornais, em registros policiais e em códigos de postura de diversas cidades do Brasil, ao longo do século XIX. Revelando histórias mais específicas de conflito e negociação, denominações locais dos batuques — como os maracatus no Recife, os sambas em Salvador, o bumba meu boi e o tambor de crioula em São Luís do Maranhão, os jongos no Rio de Janeiro e os caxambus em Vassouras — por vezes escapavam nas anotações de autoridades policiais e municipais, preocupadas com a repressão e com o cumprimento dos códigos de postura.

No entanto, tais testemunhos demonstravam sempre estranheza e preconceito em relação aos sons e movimentos dos corpos provocados por tambores, atabaques, pandeiros e "vozerias". Na Assembleia Provincial da Bahia, em 1855, deputados expressavam suas preocupações com a ordem pública, a moralidade e a vigilância sobre o trabalho. Batuque "é uma dança africana, acompanhada de uma instrumentação infernal de tabaques, que atroam os ares, com cantos barbarescos, em grandes gritos e vozerias"; "quarenta ou cinquenta indivíduos, e mais talvez, que reunidos de instrumentos, cuja música é assaz incômoda, reúnem-se, e em danças as mais bárbaras e imorais, com vozes descompassadas e atroadoras, se entregam à mais completa bacanal". As reuniões com batuques eram vistas como escandalosas e propensas ao crime, pondo em perigo a pretendida civilização do Império do Brasil.

Não foram pequenos os investimentos das autoridades municipais, provinciais e imperiais, ao longo do século XIX, para proibir ou limitar os batuques em lugares públicos, especialmente em conjunturas ameaçadas por revoltas escravas, como na década de 1830. Ainda mais dificuldades tiveram para restringir o funcionamento de batuques em casas particulares, quando os batuqueiros obtinham a proteção de senhores ou a cumplicidade de vizinhos, geralmente em locais mais afastados dos centros urbanos. De qualquer forma, em torno dessas "reuniões de pretos" e a partir delas, como afirma o historiador João José Reis, foi possível fugir um pouco do trabalho, tecer relações de solidariedade entre escravizados e libertos, entre africanos e crioulos, celebrar identidades étnicas específicas e até mesmo ensaiar levantes.

Batuques associados a jongos, no final do século XIX, foram frequentemente documentados em jornais do Rio de Janeiro, bem como nas plantações de café das províncias fluminense, paulista e mineira. Notícias de jongos ganharam destaque na época da assinatura da Lei Áurea (em 1888) e nos aniversários da abolição em anos posteriores. Embora as referências revelem a alegria das comemorações, os versos de jongo, poderosos instrumentos de comunicação e discussão, também poderiam evidenciar denúncias de uma liberdade que estava longe de estar completa.

Pela descrição do musicólogo Luciano Gallet, ao visitar uma fazenda de café no Vale do Paraíba fluminense no final da década de 1920, aproximadamente, o jongo permanecia importante para descendentes de escravizados da região — e assim continuaria até os dias de hoje. Mesmo apostando no desaparecimento, Gallet registrou grandes rodas de homens e mulheres, que cantavam em coro, batiam as mãos em tempo e dançavam com o corpo. No centro da roda, dançarinos evoluíam em danças saracoteadas, de muita agilidade e execução difícil. O cantador, por vezes mais de um, podia carregar chocalhos. Ele improvisava as estrofes e o coro respondia. Ao lado estavam os músicos com os característicos tambores do jongo e uma puíta (também conhecida como "cuíca", instrumento de uso obrigatório nas escolas de samba).

O historiador Robert Slenes demonstrou o quanto a força do jongo no Sudeste relacionou-se com a presença marcante de escravizados provenientes da região centro-africana, área dos povos bantus. Trazidos para trabalhar no café no século XIX, eles criaram elementos de solidariedade a partir do compartilhamento de paradigmas culturais, linguísticos e religiosos. Vários são os diálogos encontrados por Slenes entre o jongo e as canções/danças centro-africanas: a presença de casais no centro da roda, das puítas e dos tambores (o caxambu/ngoma e seu companheiro menor, o candongueiro); as fogueiras e o fogo, que remetiam a cultos ancestrais; e a prática do canto e dos versos em desafio nos momentos de trabalho e diversão. Cantados com palavras africanas ou em português cifrado, os significados do jongo não eram entendidos pelos não iniciados, facilitando a irreverência, a crítica e a construção identitária entre os escravizados.

O próprio termo "jongo" é um ótimo exemplo. Poderia ser reconhecido e partilhado por diversos povos da África Central com o significado de "flecha" ou "bala". Segundo Slenes, jongo ("nzongo", em kikongo, e "songo" em kimbundu) designava a palavra que era dirigida para ferir, criticar ou ironizar. Em línguas dos povos bantus há expressões e provérbios que relacionam "jongo" com "a bala da boca". O poder da palavra em verso é um aspecto fundamental do jongo, conhecido em alguns lugares como "caxambu", até os dias de hoje.

A partir da abolição da escravidão, muitos jongueiros permaneceram nas áreas rurais do Vale do Paraíba ou deslocaram-se para cidades próximas, mas não esqueceram os jongos de seus antepassados, nem outras expressões musicais, como os calangos e os cantos das folias de reis, que também envolviam versos em desafio com violas, sanfonas e pandeiros. Mesmo quando migraram para as cidades maiores e mais distantes, como Rio de Janeiro e São Paulo, levaram na bagagem o patrimônio cultural construído por seus antepassados, transformando o perfil musical desses locais nas primeiras décadas do século XX. Foi muito significativa a presença de migrantes do Vale do Paraíba, paulista, fluminense ou mineiro, na fundação da mais moderna instituição cultural da cidade do Rio de Janeiro na década de 1920, as escolas de samba. Ao lado dos também migrantes baianos, versados nos desafios do partido-alto, os descendentes dos escravizados do Vale converteram "os batuques de pretos" no que hoje conhecemos como "samba moderno", aquele que, nas ondas do rádio, foi elevado a símbolo musical do Brasil pelas políticas culturais ao longo do século passado.

No século XXI, os jongos, ao lado de outras expressões musicais e festivas, herdeiras dos batuques do XIX, como os sambas de roda, o bumba meu boi, os tambores de crioula, os cavalos-marinhos, os maracatus, os congados e o partido-alto, em sentido contrário às previsões dos pessimistas folcloristas, ganharam novas dimensões e significados. A partir de um novo contexto de lutas políticas por direitos no campo cultural, vitoriosos na Constituição de 1988 e no decreto 3551 de 2000, seus detentores buscaram reconhecimento oficial de suas expressões como patrimônios culturais imateriais do Brasil, títulos conferidos pelo IPHAN a partir de então. Garantiram, assim, o direito de celebração dos "sons do cativeiro" e da memória musical de antepassados africanos.

Vale ainda destacar outros caminhos trilhados pelas canções dos escravizados, ao menos desde o século XIX. A despeito das frequentes perseguições em todo o Brasil, batuques e jongos tornaram-se atrações de espetáculos voltados para públicos muito variados, como os das barracas de diversões em praças públicas, os dos circos e os dos teatros musicados. Outras músicas e danças também identificadas com a população negra, como lundus e tangos, fizeram sucesso no mercado de partituras para piano e, no início do século XX, com maxixes e sambas, na nascente indústria fonográfica. Entretanto, dificilmente esses gêneros eram acompanhados por seus protagonistas negros. A música negra atraía plateias interessadas em gêneros associados ao que se considerava exótico, sensual e moderno. Alcançaram, porém, popularidade internacional e o gosto das vanguardas artísticas. Ao lado das novidades norte-americanas, como o ragtime, o cake-walk e o jazz, que faziam sucesso nas primeiras décadas do século passado, as "canções do povo negro" do Brasil também invadiram os circuitos culturais atlânticos e a moderna Paris.

Se o interesse comercial pela herança musical da escravidão manteve-se expressivo no campo cultural após a abolição, novos significados se acoplaram às suas canções, como tão bem percebeu Du Bois para os Estados Unidos. Em meio à ascensão das teorias raciais e racistas, quando as discussões sobre o futuro dos libertos e sobre seus direitos à cidadania e à igualdade estavam na ordem do dia, batuques, jongos, lundus, tangos, maxixes e sambas nos teatros e nas partituras ilustradas reforçavam as representações infantilizadas e animalizadas acerca da população negra. Danças requebradas e canções ambientadas nas fazendas e em cortiços produziam cenas grotescas que inferiorizavam e estigmatizavam comportamentos e costumes dos descendentes de escravizados.

Também a partir do fim da escravidão, em diálogo com a preocupação de intelectuais e políticos com as novas representações sobre a nação, entrou em discussão a contribuição musical dos africanos e seus descendentes para a cultura brasileira. Assim, não foi mera coincidência a publicação de trabalhos, como os de Melo Morais Filho, Sílvio Romero, Francisco Pereira da Costa, Olavo Bilac, Guilherme Mello, Afonso Arinos, Júlia Brito Mendes e Mário de Andrade, entre o final do século XIX e o começo do XX, com interpretações variadas sobre a influência dos africanos na formação de uma "música popular brasileira" — sempre mestiça. Sem descartarem essa influência, apostaram no esquecimento das tradições musicais africanas e na originalidade da mestiçagem musical no Brasil. Para decepção de muitos desses intelectuais, "os sons da escravidão" e as "canções do povo negro" não desapareceram, nem mesmo muito tempo depois da abolição.

Ironicamente ou em contrapartida, o mundo musical propiciava uma das poucas possibilidades de ascensão para músicos e artistas negros. As novas músicas e danças herdeiras das canções escravas, assim como as associações musicais e dançantes fundadas pelas populações negras no início do século XX, projetavam os descendentes de africanos no moderno mercado cultural atlântico, com seus gostos e ritmos, sua capacidade de inovação cultural e subversão das hierarquias raciais.

Em 1917, o registro e a gravação fonográfica do "samba carnavalesco" "Pelo telefone", pelo músico negro Ernesto dos Santos, mais conhecido como Donga (1889-1974), a despeito das controvérsias sobre autoria e acerca da primazia do título do "primeiro samba" gravado, são uma ótima oportunidade para acompanharmos as possíveis negociações entre as ações dos músicos negros, os interesses comerciais e a herança musical da escravidão. O samba, uma modalidade musical de divertimento, identificado com tradições da população negra, que incluíam coreografia, ritmo e improvisação poética, fazia seu ingresso no promissor negócio da indústria fonográfica e nas festas de Carnaval, das mais populares às mais elitizadas.

A projeção de artistas negros, como Donga, João da Baiana (1887-1974), Pixinguinha (1897-1973), Sinhô (1888-1930), Mano Elói (1888-1971), entre outros, não era tão recente assim. Outras músicas identificadas com a população negra, como os lundus, já tinham sido gravadas pelo cançonetista negro Eduardo das Neves (1874-1919) na primeira década do século XX. Artistas negros como Francisco Correia Vasques (1839-92) e Benjamim de Oliveira (1870-1954) haviam recebido, a essas alturas, aplausos nos palcos dos teatros e dos circos, desde o final do século XIX. Músicos negros como Henrique Alves de Mesquita (1830-1906), Antônio Callado (1848-80), Viriato Figueira da Silva (1851-83), Anacleto de Medeiros (1866-1907), Patápio Silva (1880-1907) destacavam-se no piano, na flauta, no violão, nas direções artísticas, nos teatros e nos conservatórios eruditos desde a década de 1870.

Para além de batuques, jongos, lundus, maxixes e sambas, os descendentes de africanos circularam por variados gêneros de música e dança, como modinhas, polcas, choros, tangos e valsas. Não é possível restringir esses artistas a um único gênero ou estilo de música e dança. Escravos músicos acompanhavam eventos sociais ou religiosos organizados pelos senhores, atuavam nas bandas das fazendas e em grupos musicais das cidades, conhecidos como "barbeiros". Os grupos de "barbeiros", por sua vez, exibiam-se em igrejas, festas públicas e circos, apresentando valsas e polcas, dobrados e choros.

A visibilidade de músicos negros nas Américas — e a forma como se projetaram no mundo artístico — não pode ser pensada apenas a partir do interesse de empresários do campo cultural, das plateias sedentas por novidades ou do apoio de intelectuais modernos e modernistas. Há de ser entendida a partir das ações que empreenderam na luta por sua visibilidade, pela subversão do racismo e pelo reconhecimento de sua cor, de seus gostos e estilos, em todos os espaços públicos.

Antônio Liberac Cardoso Simões Pires e
Carlos Eugênio Líbano Soares

CAPOEIRA NA ESCRAVIDÃO E NO PÓS-ABOLIÇÃO

As primeiras informações sobre a capoeira como atividade lúdica e combativa de escravos, africanos e crioulos, no Brasil remetem à virada dos séculos XVIII e XIX. No Rio de Janeiro essa prática aponta para a formação de grupos de escravos (maltas) e para o domínio de parcelas do espaço urbano (territorialização). O termo "capoeira" tem outros significados: "cesto grande de palha" e "espécie de trincheira, ou clareira, na floresta".

Nos primórdios do século XIX, com a chegada da família real portuguesa, a Guarda Real de Polícia, criada então, testemunha em seus registros um certo "jogo do capoeira" que remete a uma prática lúdica (dança) de um personagem (o capoeira). Tal conceito confirma a tese do escritor Adolfo Morales de los Rios Filho, o qual, em artigos de 1926, sustenta que capoeira era a dança marcial dos negros carregadores de cesto; na etimologia tupi-guarani: *caá* (mato) + *pó* (círculo), círculo de palha (de mato). Assim, capoeira era o carregador (radical "eira") do cesto chamado "caápó"; capoeiro, capoeira. Esses escravos, ainda de acordo com o escritor, eram fortemente presentes na antiga estiva do Rio, na beira do morro do Castelo, hoje largo da Misericórdia. A tese de Morales corrobora afirmativa do visconde de Beaurepaire-Rohan, um estudioso do final do Império, em seu *Dicionário de vocábulos brasileiros*, de 1889, que renega a visão de que o nome da luta derive de "clareira na floresta", interpretação amplamente defendida hoje, asseverando que provém do nome do cesto, "capoeira", carregado pelos escravos urbanos. De qualquer maneira, o cesto capoeira convive naquele momento e ambiente com a luta de mesmo nome. Atualmente, em Portugal e nos países lusófonos, o termo "capoeira" se refere a cesto de galinhas.

Tudo indica que a capoeira surgiu da combinação de diferentes ritos corporais africanos que alcançaram a América pelo tráfico atlântico e se condensaram no ambiente urbano escravista, fundamental para a sua formação complexa. Como prática cultural de escravos negros nas cidades do Rio de Janeiro, Salvador e Recife, tal luta caracterizava-se por determinados golpes de perna e cabeça, mas também pelo uso generalizado de instrumentos cortantes (navalha, faca, porrete, canivete, sovela). Algumas maltas da primeira metade do século XIX usavam fitas de cores vermelha e amarela para se distinguirem. Os conflitos se davam sobretudo entre maltas rivais, mas aos poucos o poder público passou a intervir nos confrontos, até que na metade desse século aconteceu uma verdadeira guerra do poder policial contra as maltas.

As praças que continham fontes de água eram as mais disputadas e, não por coincidência, as mais frequentadas por escravos. Aqueles nativos da África Centro-Ocidental (das "nações" angola, benguela, congo, cabinda, entre outras), falantes de línguas bantu, eram maioria nas maltas. Mas os nascidos no Brasil (chamados crioulos) gradualmente se destacaram.

Os conflitos entre maltas costumavam ocorrer à noite, quando a vigilância policial era menor. A partir da independência, a capoeira se tornou um grave problema de segurança pública. Inúmeros documentos oficiais testemunham sua prática na cidade do Rio, relatando o uso de assobios para identificar grupos; o hábito de esconder facas no cabo de pequenos chicotes; a subida nas torres das igrejas para tocar os sinos com o corpo, como prova de coragem e destemor; a utilização de tambores nas atividades lúdicas. Aliás, Rugendas registrou a capoeira como prática festiva entre cativos, com o uso de tambor e toque de palmas, no Rio e na Bahia.

Os castigos para escravos presos em exercícios de capoeira (ou capoeiragem) eram os mais duros. No calabouço chegavam a trezentos açoites. A escalada repressiva culminou com a transferência de grande parte desses escravos para a *Presiganga*, nau ancorada na baía de Guanabara que servia como navio-prisão. Tais escravos — e presos políticos, como Cipriano Barata — eram condenados a trabalhos forçados na construção do Dique Imperial, primeiro dique seco do Brasil, na ilha das Cobras. Apesar disso, a capoeira não aparece no Código Criminal do Império. Os capoeiras podiam ser processados por ofensa física, ameaça, desordem. Mesmo assim, o Estado Nacional teve dificuldade de lidar com os senhores dos escravos detidos, que ficavam privados da renda de seus cativos. Não era incomum a atuação de escravos capoeiras como capangas; um exemplo é Inácio Corta-Orelha, o guarda-costas de José Bonifácio de Andrada e Silva.

A chegada de cada vez mais escravos africanos ao Rio de Janeiro na primeira metade do século XIX fez o problema da capoeira crescer sensivelmente até 1850. Entre as "nações" africanas, eram os cabinda (da margem sul da foz do rio Zaire) que mais se destacavam na prática. No antigo reino do Congo, o padre Cavazzi da Montecuccolo, capuchinho italiano, no final do século XVII registrou a Dança da Guerra, que servia como treinamento para escapar de flechas e lanças. Na ilha de Luanda, a tradição fala da bássula, dança de pescadores da etnia muxiluanda; luta marcial realizada na areia que consistia em derrubar o adversário com golpes de perna. Em Angola se pratica até hoje a cuissamba, disputa atlética de jovens.

Por volta de 1850, a pacificação dos confrontos políticos intraelite (mais conhecida como o período da Conciliação) propiciou o aperfeiçoamento da repressão policial. Esse momento coincidiu também com o fim do tráfico atlântico de escravos africanos. O Império assistiu desde então ao processo de *crioulização*, ou hegemonia gradual de escravos nascidos no Brasil na população cativa. Era o início da transição do que chamamos capoeira africana (escravos) para a capoeira crioula (libertos, livres, estrangeiros brancos).

Nesse mesmo contexto, a Grande Imigração de europeus (principalmente portugueses) tornou mais mesclado e complexo o mundo do crime no Rio de Janeiro. A toponímia católica se disseminou na nomenclatura dos grupos; os padrões de ocupação refletiram a preponderância do trabalho livre e assalariado. Mas o catalisador das mudanças foi a Guerra do Paraguai. A participação de jovens negros e mestiços (capoeiras) no conflito, cristalizada no 31º Batalhão de Voluntários da Pátria (Corpo Militar de Polícia da Corte) e no Batalhão de Zuavos da Bahia e Pernambuco, unidade composta exclusivamente por negros, criou uma legenda. O retorno dos ex-combatentes coincidiu com mudanças brutais na cultura da capoeira no Rio. Data daí o costume de acompanhar as bandas e marchas militares pelas ruas, as maltas à frente dos batalhões, fazendo gingas e meneios de capoeiragem como num desafio à ordem dominante.

A característica mais importante do pós-guerra, porém, foi a atuação das maltas de capoeira como capangas político-eleitorais dos partidos monárquicos, notadamente o Partido Conservador. Os vinte anos entre 1870 e 1890 são fartos de informações: grupos, redutos, ritos, tradições, nomes, lendas, costumes, folclore, milhares de dados aparecem nos jornais e nas fontes policiais. Entretanto, uma lenda desses tempos persiste na treva: a aglutinação das maltas em dois grandes conglomerados, os Nagoas e os Guaiamuns. Suas origens obscuras permitem apenas vislumbrar que eram o eco de duas tradições na capoeira escrava: uma africana e a outra crioula. Uma ocupava a periferia imediata da área central da corte (Nagoas); a outra, o núcleo mais antigo da cidade colonial, a Cidade Velha (Guaiamuns). Uma deveria provir da antiga capoeira africana, inventada por escravos vindos de além-mar; a outra derivava dos nascidos na terra, pardos e pretos crioulos, portadores de uma identidade protonacional. Uma evocava a tradição rebelde dos africanos ocidentais da Bahia, imortalizada na Revolta dos Malês de 1835; a outra buscava longínquas origens indígenas tupis-guaranis.

Nagoas e Guaiamuns dividiram a cidade em duas áreas de influência, e parece que a política partidária da elite branca era uma emulação disso. Ficou célebre então o nome de Manduca da Praia, "dono" das urnas eleitorais da freguesia de São José, protegido dos políticos conservadores e fiel da balança na disputa eleitoral local. Mas nada supera a Flor da Gente, grupo que dominava a freguesia da Glória, chefiado pelo deputado conservador Duque Estrada Teixeira, filho de tradicional família política, membro da poderosa oligarquia cafeeira, bacharel em direito pela Faculdade do Largo de São Francisco, em São Paulo, liderança do Partido Conservador na corte e, ao mesmo tempo, praticante de capoeira adorado pelos pretos e pardos da cidade.

Todo esse aparato se desmontou no momento em que o regime monárquico entrou em colapso. Em 1890, a República, sob o tacão do primeiro chefe de polícia do Distrito Federal, João Batista Sampaio Ferraz, desmantelou a golpes e prisões os cenários criados pela coalizão de negros, brancos pobres, capoeiras e ilustres representantes do povo. A *morte da capoeira* tornou-se símbolo dessa época.

O grande marco histórico da prática da capoeira no período republicano foi sua entrada no Código Penal de 1890. O artigo 402 proibia que se fizessem nas ruas e praças públicas exercícios de agilidade e destreza corporal conhecidos pela denominação de "capoeiragem", e ainda incluía agravantes no caso de os praticantes portarem armas, ou andarem em correria promovendo tumulto ou desordem. O artigo visava aniquilar as maltas de capoeira, e teve efeitos terríveis. Entre 1890 e 1938 foram encontrados cerca de 560 processos-crimes no artigo 402, no Rio, além de registros em fontes jornalísticas, policiais, literárias, iconográficas, e da farta documentação judiciária. Para outras partes do Brasil republicano, como Bahia, Pernambuco, Maranhão e Belém do Pará, a aplicação do artigo aparece de forma insignificante, ou nem aparece. Nesses locais a capoeira foi registrada, principalmente, nos jornais da época e na produção literária.

O processo repressivo mais intenso ocorreu na capoeira carioca, onde as maltas surgiram em sua forma mais expressiva. Na cidade do Rio de Janeiro, a maioria dos processados eram homens (a presença feminina era pequena) na faixa etária entre quinze e quarenta anos, artesãos, domésticos, funcionários públicos, do comércio e, em grande parte, trabalhadores nas ruas. Podemos encontrar açougueiros, barbeiros, carpinteiros, carroceiros, marceneiros, cigarreiros, cocheiros, jornaleiros, remador, pescador, e muitos estivadores do cais do porto, local de prática da capoeira, do samba, do jongo e de outras atividades relacionadas à cultura negra.

Brasileiros prevaleciam entre os processados pela prática da capoeira, mas entre estes também havia muitos portugueses, além de ingleses, poloneses, argentinos, italianos, austríacos, paraguaios e sírios. Os nascidos no país vinham de Minas Gerais, Bahia, Pará, Paraíba, Ceará, Rio Grande do Sul, Santa Catarina, São Paulo e, em sua maioria, do Rio de Janeiro. Grande parte dos presos em flagrante portavam facas e navalhas, e mesmo armas de fogo. Aparecem entre os principais cultores da capoeira carioca da época, além de Manduca da Praia, já citado, os cognomes Peixe Frito, Bexiga, Camisa Preta e Antônio Gato. As causas que levaram à prisão dos praticantes estavam com frequência ligadas à questão dos conflitos locais, por moradia ou de trabalho. As áreas de maior concentração de capoeiristas na cidade do Rio de Janeiro foram em torno da praça da República, rua Marechal Floriano, morro da Favela, morro da Providência e a freguesia suburbana de Inhaúma. A maioria dos processados no artigo 402 foram absolvidos por exercerem atividades produtivas e apresentarem moradia fixa. A prática da capoeira foi associada, por boa parte das instituições sociais, aos vadios, criminosos e à negritude. Entretanto, alguns trabalhos historiográficos e os dados acima mostram a inserção da prática da capoeira na cultura das classes trabalhadoras em geral.

Em relação a outros estados do Brasil, existem estudos sobre a capoeira, com foco no período de repressão republicana, referentes à Bahia, Belém do Pará, Pernambuco e Maranhão, demonstrando a presença da prática desde meados do século XIX, mas em menor intensidade que na cidade do Rio. Os praticantes nesses estados costumavam seguir o padrão carioca, com peculiaridades locais importantíssimas para a manutenção da capoeira enquanto prática cultural no Brasil republicano.

De forma concomitante ao processo de repressão, desde o final do século XIX alguns praticantes, em sua maioria pertencentes às classes hegemônicas da sociedade carioca, já vinham inventando uma nova tradição para a capoeira. Num primeiro momento, esse movimento foi dirigido para um modelo desportivo, o qual integrasse a capoeira no rol das lutas marciais que começavam a chegar ao Brasil. Os exercícios nos ringues e a organização de academias foram procedimentos que se tornaram nacionais, com destaque para a capital baiana e a carioca. Houve muitos confrontos, campeonatos e lutas contra outras modalidades marciais, como luta livre, boxe etc.

Foi no Nordeste, porém, que os baianos inventaram duas escolas, denominadas "capoeira regional" e "capoeira angola", que se tornaram os estilos nacionais dominantes, incluindo a capoeira enquanto expressão cultural desportiva e artística, e abrangendo o campo da música, da dança, do teatro e da educação física. Simbolizaram esse movimento dois grandes nomes da primeira metade do século XX: Mestre Bimba, da capoeira regional, e Mestre Pastinha, da capoeira angola. Os estilos apresentam diferenças numa mesma estrutura organizativa. As principais estão em suas formas lúdicas e nos movimentos de agilidade. Na capoeira angola, a organização da bateria é composta por três berimbaus, pandeiro, atabaque, reco-reco e agogô; na capoeira regional, a bateria compõe-se apenas de um berimbau e dois pandeiros. A capoeira angola apresenta vários outros mestres, antigos praticantes na Bahia: Mestre Waldemar, Mestre Noronha, Mestre Caiçara, Mestre Canjiquinha, Mestre João Pequeno. A capoeira regional apresenta apenas um pequeno grupo que a pratica em sua forma ortodoxa, e é maioria nas academias de capoeiristas da segunda metade do século XX. Eles reinventaram a capoeira numa proposta cultural mesclada em suas tradições, incorporando aspectos necessários ao funcionamento, marcial, desportivo, teatral, espetacular em suas letras, cantigas e ritmos, uma adequação ao universo artístico e desportivo contemporâneo.

Diversas variações aconteceram no decorrer do século XX. A capoeira foi introduzida nas Forças Armadas e nas escolas de ensino básico; apareceu no teatro, no cinema e na televisão de forma positiva, proliferando em quase todos os municípios do Brasil e em vários países do mundo; venceu as barreiras do preconceito produzido pelos estereótipos criados durante o século XIX e grande parte do XX para seus praticantes: negros, marginais, vagabundos etc. Na atualidade, sua simbologia alcança a questão da nacionalidade e de sua formação afro-brasileira. A capoeira em sua produção total (movimentos de agilidade, golpes, cantos, baterias etc.), historicamente, influencia diferentes manifestações culturais, como o samba em seus estilos, maculelê, bumba meu boi, samba de caboclo, frevo, batuque; e se deixa influenciar numa simbiose com todos eles, tornando-se uma cultura híbrida, com a manutenção de uma estrutura própria.

Keila Grinberg

CASTIGOS FÍSICOS E LEGISLAÇÃO

Quando pensamos em escravidão no Brasil, imaginamos logo cenas de violência. As imagens mais conhecidas da escravidão são justamente aquelas relativas aos castigos e sevícias a que africanos e seus descendentes escravizados eram submetidos. Instrumentos de tortura como a máscara de folha de flandres — máscara de zinco trancada a cadeado que cobria todo o rosto, com minúsculos orifícios na boca e nariz —, os anjinhos, anéis de ferro aparafusados a uma tábua para prender os polegares, ou os colares de ferro e madeira impressionaram artistas e viajantes tanto pelo grau de atrocidade quanto pela regularidade com que eram utilizados.

De fato, embora os castigos físicos exemplares, entre os quais a imobilização em troncos ou os açoites em pelourinhos, que frequentemente culminavam na morte dos castigados, fossem aplicados em situações extremas como a fuga ou a rebeldia, o castigo, assim como o controle sobre as ações dos escravos, fazia parte do cotidiano da escravidão no Brasil. Com ele os senhores propagavam o temor entre seus escravos, na esperança de produzir "obediência e sujeição". O jesuíta italiano Jorge Benci, em fins do século XVII, chegou a advertir os senhores de que "o escravo calejado com o castigo já não o teme; e, porque não o teme, não lhe aproveita". Para ele, para ser eficaz, o castigo deveria ser "moderado": "Haja açoites, haja correntes e grilhões, tudo a seu tempo e com regra e moderação devida, e vereis como em breve tempo fica domada a rebeldia dos servos".

Durante todo o período colonial, os castigos infligidos aos escravos eram prerrogativa dos senhores, praticamente uma obrigação, reconhecida e corroborada pelos costumes e pelas leis. Assim, o castigo deveria ser "justo", só executado quando houvesse motivos e de maneira corretiva, para evitar a reincidência. Se o domínio mais amplo sobre a ordem escravista era mantido pelas autoridades coloniais, que reprimiam as fugas e a formação de quilombos, a continuidade da dominação dos senhores sobre seus escravos cabia aos próprios senhores. A ação do poder real se dava fora da unidade produtiva, fora da casa do senhor. Fosse executado pelas autoridades ou pelo senhor, o controle dos comportamentos seguia a mesma lógica: a punição deveria ser pública, exemplar, reafirmando o poder do senhor ou do soberano.

Ao contrário da Espanha e da França, que tinham códigos específicos para legislar sobre os escravos habitantes de suas colônias, a legislação portuguesa não dispunha de uma norma específica para tratar da escravidão. Em vez disso, os crimes e suas penas eram definidos pelo livro V das Ordenações Filipinas, publicadas em 1603, o mais duradouro código legal português — e, por extensão, também brasileiro.

Em 143 capítulos, o livro V das Ordenações regulava as ações consideradas criminosas, as penas e castigos passíveis de aplicação, além das regras processuais penais. Entre as condenações à morte, por exemplo, havia muitas variações, como a pena de "morrer por isso morte natural" (morte por veneno, instrumentos de ferro ou fogo), "morte natural na forca ou no pelourinho" ou "morte natural na forca para sempre", que se distinguia da anterior pelo fato de a forca ser montada fora da cidade e, depois do enforcamento ou suplício, o cadáver permanecer exposto até o dia 1º de novembro, Dia de Todos os Santos. Só após essa data procedia-se ao sepultamento. Havia ainda outras variações, como a "morte cruel", com suplícios, e a "morte atroz", com confisco de bens, queima do cadáver etc.

Na época, as penas eram decididas com base no juízo que se fazia sobre a condição do criminoso, a natureza de seu crime e a condição da vítima. Assim, crimes cometidos por escravos eram punidos de maneira diferente dos crimes cometidos por pessoas livres. Apesar disso, muito espaço era concedido à decisão senhorial. Por exemplo, o título 95 do livro V estabelecia que os senhores poderiam prender, castigar e emendar seus escravos, porém não discriminava a pena específica, deixando a eles o poder de decidir quantos e como seus escravos seriam açoitados. Da mesma forma, a

Coroa preocupava-se com os castigos então considerados excessivos, recomendando que fossem vendidos os escravos desumanamente humilhados. Tais castigos exagerados geraram demandas de escravos contra sevícias especialmente cruéis. Não era incomum que, nessas situações, os reclamantes questionassem não o castigo em si, e sim sua severidade, demandando que fossem vendidos mas nem sempre libertados. Como mostrou o antropólogo Luiz Mott, foi isso que aconteceu com a cozinheira Esperança Garcia, que em 1770 enviou uma petição a Gonçalo Lourenço Botelho de Castro, da capitania de São José do Piauí, por sua vez subordinado ao capitão-general do Estado do Maranhão, denunciando seu senhor, Antônio Vieira de Couto, inspetor de Nazaré (hoje, o município de Nazaré, no Piauí), por fazer dela um "colchão de pancadas". Sem confessar havia três anos, ela pediu para batizar sua filha e retornar à Fazenda dos Algodões, onde antes vivia seu marido.

Mais que humanidade, medidas como essa revelavam preocupação com as "perturbações" que os castigos excessivos pudessem provocar na sociedade colonial. Assim, por exemplo, em 1698 o rei recomendou ao governador do Rio de Janeiro que os senhores não prendessem seus escravos com algemas e argolas de ferro, e que utilizassem formas "mais prudentes e eficazes, procurando que estes não causem alvoroço nos povos, e que se consiga o fim que se pretende sem ruído ou alteração dos mesmos escravos". Regulando o excesso nos castigos e a rebeldia que causavam, a Coroa demonstrava estar preocupada tanto com a estabilidade social quanto com o controle da escravidão, revelando aos senhores que a autoridade deles era limitada pelo exercício do poder real.

Em vigor durante todo o período colonial e no início do Império, o livro V das Ordenações Filipinas foi revogado em 1830, com a promulgação do Código Criminal e sua complementação pelo Código do Processo Criminal, em 1832. O Código Criminal brasileiro foi visto, na época, como um passo importante para a modernização do direito penal, iniciativa compatível com o posto que o país recém-independente pretendia ocupar junto às chamadas nações civilizadas. Ele resultou do trabalho de um grupo de deputados e senadores que analisaram dois projetos preparados por José Clemente Pereira e Bernardo Pereira de Vasconcelos, e incorporaram elementos de códigos e estatutos estrangeiros, além dos debates ocorridos em 1830.

A princípio, o novo código despertou a admiração de juristas e criminalistas europeus e latino-americanos, em função das suas tentativas de formar um conjunto de princípios coerentes que justificasse e limitasse a autoridade do novo Estado que então se fundava. Assim, se buscava eliminar resquícios do chamado regime colonial absolutista, com suas punições excessivas e o poder arbitrário do Estado sobre os indivíduos, antes fundamentado no princípio de que o rei era a encarnação da vontade divina.

Com o novo código foram introduzidas algumas mudanças significativas. Primeiro, em relação aos tipos de crime, que passaram a ser três: crimes públicos, "contra a ordem pública instituída, o Império e o imperador" (revoltas, rebeliões ou insurreições, dependendo da abrangência); crimes particulares, "contra a propriedade ou contra o indivíduo"; e crimes policiais, "contra a civilidade e os bons costumes" (incluindo vadios, capoeiras, sociedades secretas, prostituição, crime de imprensa). Ao contrário do período colonial, em que as penas eram definidas com base no crime em si e na condição da vítima e do criminoso, no caso do Código de 1830 as penas eram definidas de acordo com a gravidade do crime perpetrado e variavam de prisão temporária à pena de morte. Nesta ordem, a gradação das penas no Código Criminal de 1830 era a seguinte: prisão temporária, prisão temporária com trabalhos forçados, prisão perpétua, prisão perpétua com trabalhos forçados, banimento e condenação à morte.

Infelizmente, esse suposto "espírito liberal", ao não distinguir as pessoas de acordo com a sua condição mas a partir dos crimes que cometeram, não passava de ilusão. O Código Criminal de 1830 consolidou punições exclusivas para escravos, como a de açoites e ferros, além das penas de galés e morte. Os açoites, principal punição exemplar, eram recomendados em número de no máximo cinquenta ao dia, para que não causassem morte ou invalidez. Ainda assim, não era incomum a imposição de penas com trezentas chibatadas ou mais, mesmo que, na prática, elas significassem sentenças de morte. O historiador Luiz Carlos Soares relata o caso do escravo Tibério, condenado em 1850 a sofrer setecentos açoites e usar ferros em seu pescoço durante dez anos por ter assassinado um homem no Rio de Janeiro. A pena de morte obrigatória era prevista em crimes de insurreição e contra a vida de senhores, seus familiares e feitores, tendo sido regulamentada pela lei de 10 de junho de 1835.

Muitos juristas, políticos e senhores defendiam a manutenção de penalidades específicas para escravos, argumentando serem o "nível cultural" e a "evolução social" do país incompatíveis com os princípios clássicos da igualdade entre seres humanos. Justificavam desse modo o direito de os senhores continuarem aplicando castigos corporais em seus cativos, bem como contrariavam as modificações feitas em relação ao direito anterior, que justamente havia eliminado os castigos corporais. Para estes, a modernização das regras do direito, estabelecendo as situações nas quais o escravo tornava-se réu na Justiça, era uma intromissão indevida do Estado no poder privado dos senhores. Os conflitos que antes eram resolvidos por senhores, seus feitores e administradores, eram agora normatizados pelo Estado, o que gerava divergências e discussões entre estes, principalmente pelo fato de os senhores terem que arcar com as despesas relativas às defesas dos seus escravos.

A lei de 1835 manteve-se vigente até a abolição, quando, inclusive, a pena de morte já se encontrava na prática extinta para os demais habitantes do país. De certa maneira, ela tornara-se símbolo da própria escravidão no Brasil. Afinal, ao contrário do que estabeleciam o Código Criminal e o Código do Processo Criminal, que salvaguardavam os direitos básicos de todos os réus, incluindo os escravos, para os crimes nela enquadrados não havia atenuante nem direito algum a recurso: era "uma verdadeira arma senhorial contra a senzala insurgente", segundo Robert Slenes.

É preciso pensar se os crimes cometidos por escravos eram sempre atos de resistência contra a escravidão, como defendem algumas interpretações. Provavelmente não. Embora nem todo crime significasse luta consciente pela conquista da liberdade, ataques individuais e coletivos contra senhores, feitores e autoridades por quebras de acordo, castigos exagerados e humilhações ocorreram em diversas regiões do país. Ao longo do século XIX, à medida que a escravidão perdia sua legitimidade, crimes cometidos por escravos começaram a ganhar crescente conotação política. Eles traduziam um sentimento geral de insatisfação, que se tornou incontrolável na década de 1880, contribuindo para a abolição final da escravidão.

A legislação criminal específica para os escravos só deixou de vigorar com a abolição e a proclamação da República. O Código Penal de 1890 e a Constituição de 1891 introduziram muitas mudanças na lei e na prática processual. As mais importantes foram o fim das penas de galés, o banimento e morte (esta, com as exceções para a legislação militar em tempo de guerra). Infelizmente, as distinções existentes entre os habitantes do Brasil daquela época não acabaram em 1888. Para ficar só em um exemplo, a pena de açoites foi oficialmente revogada em 1886. No entanto, ela ainda sobreviveria por décadas, com as chibatadas aplicadas aos marinheiros, não por acaso, em sua maioria descendentes de africanos. Apenas em 1910, amotinados, eles lograram extingui-la.

Jonas Moreira Vargas e
Paulo Roberto Staudt Moreira

CHARQUEADA ESCRAVISTA

AO LONGO DE QUASE TODO O SÉCULO XIX, O CHARQUE (CARNE-SECA) e os couros foram os principais produtos da pauta de exportação da província do Rio Grande do Sul. Bastante estimado entre as populações pobres das grandes cidades litorâneas (devido ao seu baixo preço), o charque era consumido sobretudo pelos trabalhadores cativos das plantations localizadas nos territórios que correspondem aos atuais Sudeste e Nordeste do Brasil. No Rio Grande do Sul, as primeiras charqueadas instaladas nos fins do século XVIII surgiram da necessidade de suprir a crescente demanda por alimentos que caracterizou o período colonial tardio. Elas foram fruto de investimentos de comerciantes que viram uma oportunidade de preencher um espaço aberto com a crise da produção de charque nas capitanias do Piauí e do Ceará, ocasionada pelas duras secas que afetaram aquelas regiões no início dos anos 1790.

Desde o período colonial tardio, no qual se deu a montagem dos complexos charqueadores no Rio Grande do Sul, a escravidão africana esteve presente. Os ritmos de exportação de carne-seca e de entrada de cativos cresceram conjuntamente. Em 1787, na fase inicial das charqueadas, as remessas rio-grandenses de charque totalizaram 117 mil arrobas. Contudo, dez anos depois, esse índice já havia saltado para 500 mil e, na década de 1800, a capitania exportou uma média anual de 820 mil arrobas, chegando a 1,1 milhão na década posterior. Foi após o ano de 1808 que o tráfico atlântico se intensificou, atingindo uma média de 1300 cativos por ano — quase três vezes maior que no período de 1790 a 1808. Tratava-se de um notável desenvolvimento econômico regional, no qual as charqueadas geraram grande demanda por gado bovino, impulsionando a incorporação de mais terras dedicadas à pecuária e provocando profundas transformações na paisagem agrária da fronteira com o Uruguai.

Apesar de a escravidão estar disseminada por todos os setores econômicos do Rio Grande do Sul, tanto nas áreas urbanas quanto nas rurais, as regiões charqueadoras e as zonas de pecuária próximas delas reuniram quantidade expressiva de cativos. Durante a primeira metade do XIX, pelo menos dois polos dedicaram-se à produção de charque no interior da província, favorecendo a criação de gado vacum nas suas fronteiras. Mais perto de Porto Alegre, nas margens do rio Jacuí, um conjunto de charqueadas foi sendo erguido, dinamizando a economia local, com destaque para os municípios de Triunfo, São Jerônimo e a própria zona rural da capital. No extremo sul, aproveitando a proximidade com o porto marítimo da cidade de Rio Grande, constituiu-se o complexo charqueador de maior sucesso econômico. Foi o município de Pelotas que se destacou como principal núcleo fabril, a despeito de existirem estabelecimentos em Jaguarão, Santa Vitória do Palmar e Rio Grande. Se antes da Guerra dos Farrapos (1835-45) ambos os polos rivalizavam em termos de produção, com vantagem para o primeiro, a partir do meado do século Pelotas já era responsável por mais de 80% do charque exportado pelo Rio Grande do Sul.

O sucesso de Pelotas no ramo charqueador deu-se tanto pela sua privilegiada localização, a poucos quilômetros do porto marítimo de Rio Grande, quanto pela sua proximidade com as pastagens da fronteira com o Uruguai — onde o gado bovino engordava nas entressafras, chegando a baixos custos nas charqueadas. Ao longo do século XIX, o número de charqueadas que funcionaram em Pelotas, não ao mesmo tempo, foi de 43 estabelecimentos. Se em 1822 havia 22 charqueadas no município, em 1850 esse número atingia a casa dos trinta; em 1873, chegava a 35; e, em 1880, a 38. As onze charqueadas de 1890 indicam que o declínio do setor coincidiu com a crise e o fim da escravidão. O auge econômico, quando se abatiam mais de 400 mil bovinos por safra, se deu entre 1860 e início dos anos 1870, quando Pelotas possuía pouco mais de 25 mil habitantes, sendo 8300 deles cativos.

Como não existem listas nominativas nem mapas populacionais dessas unidades produtivas, os inventários post mortem ainda são as melhores fontes para termos acesso ao perfil dos escravos que trabalhavam nesses locais. As maiores escravarias ficavam entre 150 e 180 cativos, mas poucos charqueadores as atingiram. Dos mais de setenta inventários encontrados, podemos perceber que a média das escravarias tendeu a diminuir ao longo do tempo. Nos anos 1840, por exemplo, essa média era de 65 escravos. Na década de 1850, chegava a 51 cativos. E, já entre 1881 e 1885, a média apresentada foi de 42 escravos — a menor de todo o período.

Nas charqueadas, as safras iniciavam-se em novembro e estendiam-se até maio ou junho do ano seguinte. As tarefas executadas pelos cativos apresentavam uma clara divisão do trabalho. Os escravos "campeiros" eram encarregados de levar os animais até um primeiro curral, local cercado onde os encaminhavam até a mangueira de matança. Nesse espaço coberto, o animal percorria um brete e no fim do percurso recebia uma punhalada na nuca, dada por um capataz. Ainda com vida, o novilho abatido caía sobre um vagão estacionado ao lado de uma portinhola móvel. Escravos "serventes" puxavam-no, levando o animal até a cancha. Aí, outros cativos, os "descarnadores", desmembravam o bovino, entregando os couros aos escravos "chimangos". As postas de carne eram levadas até um galpão, onde os "carneadores", os escravos mais habilidosos e os mais caros do plantel, as aguardavam. Os carneadores transformavam os grandes pedaços de carne em finas mantas que eram entregues em outro setor, no qual os "salgadores" impregnavam-nas com sal. Já os "tripeiros" cuidavam das partes internas dos animais, enquanto os "sebeiros" e os "graxeiros" fabricavam o sebo e a graxa — produtos que rendiam muitos ganhos ao charqueador.

Os escravos eram também empregados nas grandes fazendas no interior e nas casas na cidade, onde trabalhavam como domésticos. O mesmo ocorria nas embarcações marítimas ou até em pequenos iates, estando os inventários repletos de escravos marinheiros. Nas entressafras, os charqueadores alocavam seus escravos para diferentes atividades, além de estes realizarem a manutenção dos estabelecimentos. Alguns trabalhavam nas olarias, outros lavravam a terra e plantavam nos sítios e chácaras de seus proprietários ou eram alugados para vários serviços na cidade. Isso funcionava principalmente para os escravos ferreiros, carpinteiros e pedreiros, presentes em diversos inventários. Entre as mulheres, destacavam-se as cozinheiras, mucamas, costureiras e de serviço doméstico — sempre presentes nos plantéis dos charqueadores.

É importante mencionar que a propriedade de cativos estava concentrada nas mãos dos mais afortunados. Os dez charqueadores mais ricos, inventariados entre 1845 e 1885, detinham, em média, 115 cativos; o dobro de escravos dos demais empresários do ramo. Os mais ricos não possuíam apenas fábricas de charque; eram também donos de grandes fazendas de criação na fronteira, embarcações marítimas, sítios e roças, além de possuírem casarões na cidade. Um charqueador rico como o barão do Butuí, que legou 142 escravos em 1877, tinha os mesmos distribuídos em suas propriedades. Destes, 79 (56%) ficavam na charqueada, dezoito (13%) na grande fazenda de criação no município de Bagé (fronteira com o Uruguai), três (2%) na chácara em Pelotas, quinze (10%) nas embarcações, tanto marítimas quanto de pequeno porte, e 27 (19%) na cidade. Apesar dessa distribuição, é provável que no auge das safras parte dos demais escravos fosse posta para trabalhar na charqueada.

A divisão sexual e etária dos cativos do barão do Butuí pode servir como amostra do perfil das escravarias no local. Do total de 142 escravos, 115 eram homens adultos e somente dez eram mulheres adultas. O grupo ainda somava dezessete crianças. Esse percentual de crianças (com catorze anos ou menos) estava acima da média das demais escravarias de charqueadores. Tal índice pode ser explicado a partir da pouca presença de mulheres cativas nas senzalas dos charqueadores. Se entre 1831 e 1850 o percentual de escravas com idade produtiva (quinze a quarenta anos) foi de 17%, nas décadas posteriores ficou entre 10% e 11%. A charqueada era uma unidade produtiva com mão de obra cativa basicamente masculina, cabendo às mulheres trabalhar como cozinheiras ou domésticas. Na escravaria do barão do Butuí havia duas mulheres na charqueada, enquanto outras três ficavam na fazenda e cinco na cidade. Algumas crianças cativas que moravam por lá, e desde os oito anos trabalhavam como aprendizes, eram filhas de escravas domésticas que residiam no sobrado do barão na cidade. Podemos vislumbrar igualmente o envelhecimento e a crioulização da escravaria ao longo das décadas. Com a Lei Eusébio de Queirós, o número de escravos africanos diminuiu. Se entre 1831 e 1850 existiam 67% de africanos entre os cativos dos charqueadores, no período de 1851 a 1865 esse índice caiu para 62%, atingindo os 45% entre 1866 e 1885. Se entre 1831 e 1850 os escravos acima de quarenta anos compunham 26% das escravarias, entre 1866 e 1885 esse índice aumentou para 48%. Carneadores com mais de cinquenta anos passaram a ser cada vez mais comuns nas senzalas das charqueadas.

A década de 1870 marca o início de uma grande crise na charqueada escravista, que, embora mostrasse vitalidade em determinados anos, entraria em decadência nos anos 1880. Ela vinha sofrendo com a concorrência do charque uruguaio e argentino, o preço dos fretes, a alta do preço do gado, a baixa do valor do charque, a falta de crédito na praça e o problema de reposição da mão de obra. Além disso, o preço dos escravos em idade produtiva mais que dobrou entre 1850 e 1865. Muitos charqueadores faliram entre as décadas de 1860 e 1870, e, para vencer tais obstáculos, o estímulo ao aumento da produção tornou-se comum nos núcleos que resistiam aos reveses. A análise de contratos de arrendamento e relatos da época mostram que alguns desses proprietários passaram a pagar prêmios em dinheiro para os escravos que abatessem e carneassem animais acima da cota diária. Já os escravos passaram a acumular pecúlio de forma mais rápida, e, não por coincidência, as cartas de alforria pagas em Pelotas eram as que apresentavam os maiores valores quando comparadas às do resto da província.

O pagamento de bônus aos escravos carneadores foi apenas uma das ações realizadas pelos charqueadores para superar a crise de braços que afetava o setor. No comércio interno de cativos, esses empresários drenaram a escravaria de pequenos proprietários. Era possível verificar nos leilões de proprietários decadentes que seus algozes eram os próprios charqueadores mais ricos do grupo.

Demonstrando que possuíam um montante de capital suficiente para resistir à crise, os mais ricos atuavam inclusive no tráfico interprovincial, incorporando cativos vindos das províncias do Norte. Dentre os 142 escravos do plantel do barão do Butuí, em 1877, dezoito eram naturais dessas províncias. Destes, dezesseis cativos eram baianos, um sergipano e um cearense. Do plantel de 120 escravos do coronel Aníbal Antunes Maciel, sete eram do Norte, sendo quatro baianos e três pernambucanos. Domingos Soares Barbosa tinha 83 escravos, contando com nove cearenses, três baianos, três pernambucanos e um paraibano. Portanto, quase um quinto do seu plantel havia sido comprado de senhores do Norte.

O trabalho nas charqueadas era considerado pesado e cansativo, ainda mais quando comparado às tarefas daqueles cativos que cuidavam do gado no campo. Alguns senhores do interior ameaçavam enviar seus escravos desordeiros para esses estabelecimentos como forma de intimidá-los. As charqueadas eram bastante insalubres, reunindo grande quantidade de sangue, vísceras e carcaças bovinas nos seus terrenos. Relatos da época descrevem nuvens de urubus pairando sobre os locais. A manipulação e a inalação constante do sal também causavam danos à saúde dos cativos, e a exigência de um ritmo acelerado nos galpões provocava desavenças com os capatazes. Tomando em consideração a crise enfrentada pelo setor nas últimas décadas do período monárquico, é possível crer que o trabalho nas charqueadas tenha ficado bastante tenso. Isso é o que indica o aumento do número de processos-crimes envolvendo brigas entre os escravos das charqueadas e destes com os capatazes. Em alguns casos, as fatalidades eram fruto de acidentes de trabalho — consequência do grau acelerado na rotina de abate.

Rebeliões e fugas estiveram presentes no horizonte dos cativos que atuavam nas charqueadas. Aliás, a concentração de população negra (escravizada, forra e livre) transformou Pelotas numa cidade instável em termos de controle social. Segundo o censo organizado em 1833, Pelotas tinha um total de 10 040 habitantes, sendo 1136 libertos e 5169 escravizados, ou seja, 62,8% da população tinha (ou teve) ligação direta com o cativeiro.

Foi justamente no ano em que as autoridades imperiais outorgaram a Pelotas o título de cidade (1835), e na véspera da guerra civil que assolou a província sulina por dez anos, que um estopim de revolta iniciado nas cercanias das charqueadas ameaçou a tranquilidade provincial. Nem bem a Câmara Municipal havia sido instalada, um coletivo de escravizados, organizados com consistente hierarquia interna, empreendeu uma série de ataques. Conhecido até a atualidade como Quilombo do Manuel Padeiro, tal grupo representou um campo negro, constituído pelos próprios escravizados (tanto pelos revoltosos quanto pelos habitantes de senzalas que a eles prestavam apoio), vendeiros e pequenos proprietários rurais.

Essa experiência quilombola contava com a liderança do general Manuel Padeiro, do juiz de paz João, e dos pais Mateus, Francisco e Simão. Era mesmo complexo o campo negro que vicejou na serra dos Tapes. O Pai Simão era um africano já forro, que num dos depoimentos disse ser da Costa da África e em outro de Angola e Congo. Simão Vergara era casado com outra africana já liberta, Teresa Vieira da Cunha, e os dois administravam uma tasca (taberna) havia pelo menos doze anos, no bairro Boa Vista, nas proximidades de algumas das maiores charqueadas locais.

As charqueadas não resumem as experiências laborais dos escravizados no Rio Grande do Sul. Na pecuária, no serviço doméstico, no artesanato, na roça e na lavoura, na cura e no transporte terrestre, fluvial e marítimo, encontramos trabalhadores e trabalhadoras escravizados. Até mesmo nos frequentes embates belicosos que marcaram a história meridional estavam presentes guerreiros negros. Se tomarmos como exemplo a cidade de Pelotas, centro saladeiril gaúcho, veremos que ali se formaram, logo no primeiro ano da Guerra Civil Farroupilha (1835-45), os primeiros batalhões de Lanceiros Negros, grupo militar que se ampliou ao longo do conflito e permitiu a manutenção da resistência ao governo imperial por dez anos.

Marcus J. M. de Carvalho

CIDADES ESCRAVISTAS

No passado, a escravidão urbana era interpretada como uma extensão, quase um apêndice, da escravidão rural. Estudos recentes mostram, porém, que a urbanização brasileira é indissociável da escravidão e do trabalho compulsório em geral. Nossas maiores cidades atlânticas africanizaram-se muito cedo, pois foi nelas que desembarcou a imensa maioria dos navios negreiros até a proibição do comércio atlântico de escravos, em 1831. Foi ao Recife (o porto de Olinda) e a Salvador que chegaram as primeiras levas de cativos para a América portuguesa, ainda no século XVI. Com a descoberta das minas, na década de 1690, a vinda da corte (em 1808) e a ascensão do café, o Rio de Janeiro tornou-se o maior porto do tráfico atlântico e a maior cidade escravista das Américas. As cidades foram, assim, o principal nexo com a África e tinham no comércio de gente escravizada seu negócio mais rentável.

A presença escrava é clara nos censos, apesar da subcontagem dos cativos, pois os proprietários evitavam revelar suas posses, temendo ser taxados. Na época da independência, dos 112 mil habitantes do Rio de Janeiro, praticamente metade, 55 mil, era de cativos. Em 1849, a população livre havia triplicado, chegando a 144 mil pessoas, mas o número de cativos dobrara. Eram mais de 110 mil, mesmo levando-se em conta que, depois que o tráfico tornou-se ilegal, em 1831, a subcontagem agravou-se; ninguém queria revelar a posse de africanos contrabandeados. Dos 65 500 habitantes de

Salvador em 1842, 27500, ou seja, 42%, eram cativos. Mesmo um decadente Recife, por volta de 1828, possuía 7935 cativos em seus bairros centrais: 31% dos 25678 habitantes da sua parte mais urbanizada. Até Porto Alegre, quase à margem do tráfico atlântico de escravos mas enriquecida com o charque, em 1856 contava com o mesmo percentual de cativos do Recife de 1828: 30%. No auge do ouro, nos anos 1720, entre metade e dois terços da população de Vila Rica era cativa.

O comércio transatlântico de gente marcou os espaços contíguos aos portos, transformados em grandes mercados de cativos. Marcou também a arquitetura urbana, pois os sobrados mais abastados dispunham de senzalas em seus quintais, expandidas para abrigar agregados, muitos deles ex-escravos e seus descendentes. A onipresença africana foi notada por praticamente todos os viajantes que estiveram no Rio de Janeiro, Salvador e Recife — para eles, pequenas Áfricas. Embora tenham vindo africanos das mais diversas procedências, os do Congo e Angola predominavam no Rio de Janeiro e Recife e os da Costa da Mina em Salvador. A rapidez da viagem desde a África, em comparação com o mesmo trajeto até o Caribe, facilitava e barateava o trânsito de cativos e mercadorias, e diminuía a mortalidade na travessia atlântica, tornando relativamente simples trazer "negros novos" para o Brasil.

O resultado foi uma permanente reafricanização da população urbana. O Rio de Janeiro, Salvador e Recife eram ambientes multiculturais africanos. Esse vínculo com o comércio atlântico de escravizados redundou num paradoxo, pois os imigrantes portugueses preferiam se estabelecer nas cidades, onde havia mais oportunidades que no campo. Todavia, devido ao permanente influxo de africanos de baixo custo, acessíveis a pequenos proprietários de escravizados, a população cativa das principais cidades do litoral costumava ter taxas de africanidade mais altas que as áreas de plantation mais antigas, onde havia comunidades escravas estáveis. Na época da independência, ao menos 63% da população cativa de Salvador era africana. No Rio de Janeiro dos anos 1830, a proporção passava de 66%, podendo ter chegado a 80%. Na comarca do Recife, em 1842 os africanos somavam mais de 51% dos cativos, mesmo considerando-se, como vimos, a subnotificação.

Entre as atividades mais comuns dos cativos estava a carga e descarga de mercadorias nos portos e nas ruas. Uma multidão deles também trabalhava nas obras públicas, nos serviços urbanos, no comércio a retalho, no artesanato, nos espaços domésticos e em estabelecimentos comerciais. Muitos circulavam com bastante autonomia, ganhando por serviços prestados. Os "negros de ganho" (ou "ao ganho") mais rentáveis e da confiança do senhor por vezes moravam fora da residência senhorial, pagando o que lhes era exigido em prazos determinados, geralmente de uma semana. Havia proprietários que viviam dos seus negros de ganho e/ou de alugar seus cativos. Até as crianças eram aproveitadas em tarefas menos qualificadas, servindo de brinquedo para meninos da classe senhorial, como "moleque de recado" ou pajem. Mesmo os setores ditos mais modernos empregavam cativos, o que contribuía para comprimir os salários dos trabalhadores livres. A forja do inglês Starr no Recife, por exemplo, ao ser visitada por Pedro II, em 1859, tinha dez cativos entre seus sessenta e tantos funcionários. A Fábrica Imperial de Pólvora e a Fábrica de Ferro de Ipanema, no Rio de Janeiro, operavam com mais de cem escravizados cada nos anos 1840. Nas muitas chapelarias, tecelagens, charutarias, matadouros, fábricas de sabão, e em tantos outros casos, os cativos eram onipresentes.

A classe senhorial urbana também recriou hábitos próprios às sociedades escravistas, onde as residências abastadas possuíam muitos serviçais. O viajante Tollenare, que esteve no Recife e em Salvador no começo do XIX, observou que uma casa "decente" empregava de dez a doze escravos. Posturas urbanas costumavam isentar de taxas um cativo por proprietário individual, quatro para um casal e até seis para uma família grande. Entre os hábitos suntuosos destacavam-se as "cadeirinhas de arruar", cujo luxo, inclusive no traje dos carregadores, simbolizava o status da pessoa que era levada. Aliás, carregar qualquer coisa era atividade escrava; na cultura senhorial urbana, quem era livre só levava nas mãos objetos de estrito uso pessoal, como um lenço ou uma bengala. Os cativos acompanhavam as sinhás e senhores à missa, procissões e festividades. Seus trajes e adereços refletiam a posição social dos proprietários. O trabalho escravo também predominava no comércio a retalho e na pequena indústria doméstica, pois era mais rentável treinar os cativos e usá-los do que contratar gente livre. Até quando eram presas, ou recolhidas, as pessoas de posses levavam seus cativos para servi-las no cárcere ou no convento.

Em todos os contextos, os cativos nascidos no Brasil eram mais valiosos que os africanos. Todavia, os trabalhadores urbanos especializados, inclusive mulheres, costumavam valer mais que os escravos da roça, pois eram muito rentáveis. Diferentemente do que ocorria no campo, outros atributos, além da robustez, incidiam sobre o preço deles nas cidades. A beleza física, a clareza da pele, uma criação "recolhida" (ou seja, reclusa), entravam na composição do preço das cativas domésticas.

Como no Brasil não havia nenhum interdito para que alguém livre ou liberto fosse dono de cativos, todos que podiam adquiriam algum, inclusive os libertos bem-sucedidos. O resultado foi uma grande pulverização da propriedade escrava, desde o período colonial, uma vez que havia cativos trabalhando para pequenos e grandes proprietários, e desenvolvendo desde atividades domésticas até o comércio a retalho e o artesanato. Esse processo contribuiu para a onipresença de escravizados mesmo nos bairros pobres e periféricos, onde em geral habitavam libertos e despossuídos.

Outra marca da demografia escrava urbana foi um equilíbrio maior entre os sexos, quando comparado ao do meio rural. Em áreas de plantation mais antigas, a presença de comunidades escravas estáveis contribuiu para uma maior paridade entre os sexos. Mas, via de regra, sempre houve um predomínio masculino, principalmente em engenhos e fazendas onde a presença africana era mais forte. Já nas cidades, a demanda relativa por mulheres foi sempre mais alta, na medida em que havia uma grande procura por cativas para trabalhar nas residências, no comércio a retalho e na produção para o mercado local de doces, roupas e outros produtos artesanais. Cativas vendiam nas ruas, "quitandando", como se dizia na época. Também costuravam, bordavam, engomavam, cozinhavam, serviam de amas de leite, ou prostituíam-se a mando do(a) senhor(a).

A escravidão urbana caracterizou-se, ainda, por uma maior mobilidade geográfica e ocupacional dos cativos. Alguns serviços demandavam muitas horas ou grandes percursos longe das vistas dos senhores, como era o caso dos canoeiros e barqueiros do Recife, Salvador e Rio de Janeiro. A mobilidade ocupacional dos escravizados também era mais comum do que no campo e, eventualmente, podia trazer vantagens para o cativo. De uma maneira geral, nas Américas, os envolvidos no ganho ou no trabalho doméstico tinham mais chances de juntar recursos para comprar a alforria. As mulheres representavam dois terços dos alforriados do Rio de Janeiro e Salvador no XIX, sendo que, no Rio, pelo menos metade era africana. As "negras minas" dominavam o comércio a retalho urbano desde o período colonial e, eventualmente, enriqueciam. No auge da mineração, no XVIII, entre os maiores proprietários de cativos das vilas mineiras estava um pequeno grupo de negras minas libertas. Nas povoações mineiras, a escravidão também teve um relevante papel no abastecimento da capitania e na cultura local.

A circulação dos cativos pelas ruas e o permanente influxo de africanos no Rio de Janeiro, em Salvador e no Recife geravam problemas para a ordem senhorial. Desde o período colonial, posturas municipais regulamentavam a presença escrava nas ruas, buscando coibir a nudez dos recém-chegados, a venda sem passar por quarentena, a mendicância dos desvalidos, a circulação noturna ou a presença em tabernas e espaços públicos sem expressa autorização senhorial. Houve sempre um certo atrito entre os interesses da administração — preocupada com a arrecadação, a higiene pública e os "bons costumes" — e os dos negociantes que queriam vender logo seus africanos sem pagar as taxas correspondentes, ou a matrícula dos escravos urbanos, a meia sisa (5%) pela compra e venda de gente, e outras tantas regulamentações menores.

A administração colonial e imperial, por outro lado, percebia a necessidade de assimilar negros livres e libertos nos aparelhos repressivos, criando milícias negras e pardas, para manter a ordem. As municipalidades colaboravam com a captura de fugitivos por meio dos inspetores de quarteirão e outras autoridades policiais. Em 1828, foi criada a justiça de paz, cujos titulares eram encarregados de conter o protesto escravo nas freguesias sob sua jurisdição. A construção de mais cadeias no XIX e a expansão urbana permitiram à classe senhorial enviar fujões e rebeldes para "correção", e aplicar açoites e/ou trabalhos forçados, como quebrar e esculpir pedras para calçar as ruas. Como a administração colonial e depois a imperial eram essencialmente urbanas, as repartições ou alugavam cativos para atividades menos especializadas ou empregavam "cativos da nação", de propriedade estatal, categoria só extinta com a Lei do Ventre Livre (1871).

Apesar da repressão e da vigilância, os cativos urbanos elaboraram estratégias de resistência adequadas às circunstâncias, organizando-se em torno de seus grupos étnicos, associados a irmandades específicas. Essas irmandades procuravam proteger seus irmãos e intermediar as relações com as autoridades. As várias igrejas voltadas para santos vinculados à população negra condicionaram a arquitetura e a paisagem urbana. As coroações dos reis do Congo eram igualmente eventos importantes nos calendários festivos das cidades, que foram adaptados para conter as manifestações culturais dos cativos, nem sempre reprimidas mas sempre observadas com desconfiança, no máximo tolerância vigilante.

As divisões da população escrava em diferentes grupos étnicos e irmandades não impediu, porém, os inúmeros episódios de resistência e fuga, por vezes envolvendo gente de procedência e raízes culturais distintas, cujo único laço era a própria escravidão. A maioria das rebeliões coletivas nas cidades era perpetrada, todavia, por pessoas com algum vínculo étnico e/ou religioso mais profundo. Foi assim, por exemplo, na Revolta dos Malês, a mais conhecida rebelião de escravos urbanos no Brasil. Nunca faltaram, não obstante, fugas individuais e em grupo, inclusive dentro da própria cidade, de um bairro para outro, em busca de proteção entre outros cativos e libertos aparentados ou da mesma origem étnica. A expansão urbana no XIX invadiu o interior imediato, ampliando os espaços internos e externos de fuga. As principais cidades cercaram-se de quilombos, que viviam de furtos nas estradas e nos bairros periféricos, ou mesmo de comerciar seus roubos e produção própria, como os quilombolas do entorno do Rio de Janeiro que conquistaram um ativo papel no abastecimento de lenha da cidade.

Mesmo no interior, o surgimento de vilas e povoações também esteve vinculado ao trabalho compulsório, embora não necessariamente africano. A futura São Paulo nasceu como acampamento e foco de transações mercantis de bandeirantes; isto é, colonos especializados no apresamento e escravização de índios para trabalhar nas lavouras. Do século XVII em diante, com a ameaça das invasões holandesa e francesa, a Coroa decidiu fundar povoações, inclusive na Amazônia, a partir de aldeamentos indígenas preexistentes, ou constituídos para esse fim. A função de tais núcleos, no entanto, não era apenas militar. Serviam igualmente para centralizar a alocação do trabalho indígena, já que era essa a alternativa senhorial nos locais onde faltavam africanos escravizados. Apesar do status de livres, os índios, administrados pelos capitães-mores e diretores de índios (no período pombalino) ou pelas ordens religiosas, prestavam inúmeros serviços pesados e forçados, mesmo como força militar para combater quilombolas. Os muitos nomes de origem indígena de povoações pelo interior afora atestam esse processo de urbanização a partir de aldeias e missões, nas quais as ordens religiosas forneciam alguma proteção contra a escravização mas também se beneficiavam do trabalho compulsório e semicompulsório dos aldeados. Tal como nas grandes cidades, o trabalho doméstico feminino, no caso indígena, marcou a cultura e a sociedade das povoações do interior. Com o tempo, as populações aldeadas foram sendo assimiladas à população "parda" dos censos coloniais, perdendo a putativa proteção da Coroa, proletarizando-se num processo de mestiçagem com a população livre e liberta pobre. Não obstante, sempre que as vilas enriqueciam, a população enegrecia, pois o influxo de cativos acompanhava o crescimento econômico.

No final do século XIX, as grandes cidades foram palco do abolicionismo, o primeiro movimento de massa do Brasil, que mobilizou a população urbana nos anos 1880, quando já diminuíra o número de pequenos proprietários de cativos e se expandira a população liberta e livre afrodescendente. O fim do tráfico atlântico, na década de 1850, valorizou os cativos remanescentes, provocando uma paulatina concentração da propriedade escrava e a transferência de cativos urbanos para atividades agrícolas, principalmente nos cafezais. Esse processo não foi linear, porém: os setores mais dinâmicos da periferia mantiveram boa parte dos seus escravizados, de tal forma que os maiores engenhos do Nordeste empregaram cativos até a abolição. O mesmo se pode dizer dos sobrados das camadas urbanas mais ricas, que, com mórbido orgulho, continuaram a ostentar suas velhas amas de leite e idosos cativos domésticos até a abolição, ou ainda depois.

Hebe Mattos e Keila Grinberg

CÓDIGO PENAL ESCRAVISTA E ESTADO

NÃO HÁ UMA LEI ÚNICA QUE TENHA ESTABELECIDO A ESCRAVIDÃO no Brasil. Com o início do tráfico atlântico de africanos escravizados para o país, muitos fatores contribuíram para construir o direito escravista brasileiro, entre eles a tradição jurídica e os costumes ibéricos. Os processos de legalização da escravização e codificação da escravidão foram acontecendo à medida que os impérios atlânticos estabeleceram as fronteiras jurídicas entre escravização legítima e escravização ilegítima, tentando definir a extensão do poder dos senhores sobre seus escravos e as condições nas quais escravos poderiam legitimamente mudar seu status jurídico, conseguindo sua liberdade.

Embora várias leis e atitudes europeias relativas à escravidão tenham sido semelhantes, é possível diferenciar as tradições jurídicas ibéricas, por um lado, e as tradições francesas e anglo-saxãs, por outro. Ambos os impérios, português e espanhol, possuíam códigos legais unificados, baseados no direito romano, que tanto regulavam a escravidão como favoreciam a alforria. Durante o período islâmico e medieval, os espanhóis e os portugueses mantiveram um pequeno número de escravos em suas populações. Consequentemente, o corpo de direito regulava os escravos tanto como propriedade quanto como pessoas. Essas leis foram transplantadas — muitas vezes também adaptadas para os contextos específicos — para as colônias portuguesas e espanholas nas Américas.

O direito escravista ibérico baseou-se largamente no direito romano. Seu fundamento, no caso espanhol, era a obra *Las siete partidas*, finalizada em 1265 pelo rei Alfonso X, resultado da tentativa de implementar no reino de Castela (que liderou, juntamente com o de Aragão, o processo de unificação do Estado espanhol no século XV) um novo sistema jurídico em substituição às regras locais e aos foros municipais. Em Portugal, seu fundamento moderno são as Ordenações, codificação geral das leis iniciada no século XV com o objetivo de unificar o direito do reino, estabelecendo quais leis, entre as romanas e as canônicas, estavam em vigor. As primeiras Ordenações, ou Ordenações Afonsinas, promulgadas durante o reinado de d. Afonso V (1438-81), definiam as leis civis, fiscais, administrativas, militares e penais. Essa compilação foi reformada duas vezes: em 1521, durante o reinado de d. Manuel (1495-1521), tendo recebido o nome de Ordenações Manuelinas; e em 1603, quando, no reinado de Filipe II (1598-1621), foi rebatizada de Ordenações Filipinas.

A legislação portuguesa era válida em toda a extensão do Império português, englobando regiões tão díspares como São Tomé e Príncipe, Madeira, Angola e Moçambique, na África; Goa, na Índia; Macau, na China; além, evidentemente, do Brasil. Embora muitas de suas disposições tenham caído em desuso ao longo dos séculos, quando foram aos poucos sendo substituídas por uma legislação mais moderna, pode-se dizer que os princípios estabelecidos pelas Ordenações Filipinas regularam as relações entre senhores e escravos pelo menos até a independência do Brasil. Depois disso, mesmo com a substituição paulatina da legislação colonial portuguesa por novas leis, muitas das regras básicas acerca da escravidão, que estavam anteriormente em vigor, continuaram a valer na sociedade brasileira até 1888.

O paradoxo de os escravos serem, juridicamente, coisa e pessoa ao mesmo tempo persistiu durante toda a vigência da escravidão brasileira. De fato, segundo o direito colonial português, o escravo era considerado um bem semovente, definido em termos jurídicos como uma coisa, privado de direitos, impedido de possuir propriedade e incapaz de manter qualquer obrigação. No entanto, o mesmo corpus legislativo que permitia a um homem a posse e propriedade por outro, negava aos senhores o direito de vida e morte sobre seus escravos, punia aqueles que os castigavam em demasia, e considerava que o escravo devia responder pessoalmente pelos crimes que porventura viesse a cometer. Assim, no que se refere à lei penal, o escravo era uma pessoa, que tinha responsabilidades por seus atos. Por eles, podia ser levado à Justiça, ser julgado e condenado, bem como sofrer sanções diretas. Além disso, de acordo com o parágrafo "em favor da liberdade são muitas coisas outorgadas contra as regras gerais" (Ordenações Filipinas, livro 4, título 11, parágrafo 4), aqueles que se julgavam impropriamente mantidos em cativeiro tinham o direito de questionar sua condição de escravo na Justiça. Que ninguém se engane, porém: as "regras gerais" do direito escravista brasileiro que fundamentavam as relações entre senhores e escravos estabeleciam o domínio dos primeiros sobre os segundos.

Diferentemente do que ocorria nas Ordenações Afonsinas e Manuelinas, que as precederam, nas Ordenações Filipinas a escravidão era sobretudo considerada uma prática comercial sobre a qual havia necessidade de controle. É nesse corpus legislativo que se fazem as primeiras referências à escravidão propriamente africana, com as menções às propriedades, aos bens eclesiásticos, ao comércio e, em especial, à legalidade do processo de escravização.

Ao longo do período medieval, Portugal não só continuou a ter contato intenso com as sociedades islâmicas do Mediterrâneo, que, por sua vez, mantinham um ativo comércio de escravos africanos, como continuou escravizando indivíduos, sobretudo aqueles apreendidos em batalhas contra os mouros. Até então, a legislação sobre escravização referia-se aos mouros. Mas, desde meados do século XV, com a expansão portuguesa em direção ao Norte da África e a promulgação da bula papal *Romanus pontifex* (1455), a Igreja passou a reconhecer ao reino de Portugal o direito de conquistar a região e evangelizar sua população, justificando, assim, pelas conversões ao catolicismo o tráfico de africanos escravizados. A bula concedia aos reis de Portugal o direito de invadir e conquistar qualquer reino governado por não cristãos e escravizar seus habitantes.

A partir daí, o cativeiro se converteu na forma por excelência como o Império português incorporou indivíduos "salvos" do paganismo. A origem do cativeiro poderia ser tanto tráfico de escravos quanto a "guerra justa", tal qual determinada pelo rei. Assim, no fim do século XV a escravização de africanos tidos como "bárbaros" era legitimada pelas guerras justas. O uso do conceito de "guerra justa" acabou tornando possível a legalização da escravização de africanos considerados bárbaros, particularmente em territórios onde a população africana ainda não havia tido contato com os impérios cristãos europeus.

As noções de "cativeiro justo" e "guerra justa" desempenharam, portanto, papel central no pensamento jurídico-teológico dos impérios ibéricos, e foram evidentemente estendidas ao Novo Mundo. No Brasil, a orientação favorável à liberdade natural dos indígenas não os livrou da escravização, que também foi legitimada pelo mesmo conceito. Ao longo do século XVII, quando a importância dos escravos africanos crescia na sociedade colonial brasileira, o trabalho escravo indígena, embora ainda usado em larga escala, passou a ser paulatinamente substituído pelo africano. Datam desse período as primeiras disposições a respeito da ilegalidade da escravização de indígenas, baseadas na premissa de que eles estariam abertos à evangelização. Com o apoio da Igreja católica, a Coroa portuguesa promulgou em 1609 e 1680 leis que defendiam a liberdade dos indígenas, independentemente das circunstâncias em que haviam sido apresados. Essas leis foram reforçadas em 1755, quando a chamada Lei da Liberdade, como era popularmente conhecida, destacou a liberdade integral dos índios, considerando-os vassalos do rei de Portugal como quaisquer outros. Ainda assim, continuou sendo possível declarar guerra justa a grupos indígenas específicos, que eram então legalmente escravizados. A última guerra justa foi declarada por d. João VI contra os botocudos, em 13 de maio de 1808.

A legalidade do regime escravista brasileiro foi construída a partir de princípios religiosos e belicosos, em vez de ser erguida sobre uma base explicitamente racial. De toda forma, estigmas e distinções jurídicas foram determinados a partir de critérios raciais. Em Portugal, as Ordenações Afonsinas consolidaram estatutos anteriores relacionados à pureza de sangue, restringindo acesso aos cargos públicos e a títulos honoríficos a cristãos-velhos e excluindo descendentes de mouros e judeus. As Ordenações Manuelinas estenderam as mesmas restrições a ciganos e indígenas, e as Ordenações Filipinas adicionaram negros e mulatos à lista. As reformas pombalinas do século XVIII explicitamente revogaram as restrições para judeus, mouros e indígenas, mas as mantiveram para os africanos e seus descendentes.

Esses estigmas raciais tiveram importantes implicações para os africanos e seus descendentes livres. A alforria foi um fenômeno relativamente frequente no mundo luso-brasileiro, resultado tanto das tradições jurídicas romanas quanto de complexos mecanismos de disciplina e legitimação que sustentavam o sistema escravista. Mas a alforria não significava liberdade completa. Ex-escravos permaneciam conectados a seus senhores, já que a alforria poderia ser revogada por ingratidão dos libertos para com seus antigos proprietários. Só aqueles que nunca haviam sido escravizados poderiam ser considerados plenamente livres, ao menos em teoria, pois a reescravização e a escravização ilegal eram práticas recorrentes até o fim do período escravista. Foi só a partir da promulgação do Código Criminal de 1830 — que proibia a redução de pessoas livres à escravidão — e da lei de 7 de novembro de 1831 — que proibiu a entrada de escravos no Brasil — que toda escravização, não gerada pelo nascimento de ventre escravo, passou a ser definitivamente ilegal.

Formas ilegais de escravização e manutenção de indivíduos livres em cativeiro, bem como negociações malsucedidas pela alforria, geraram casos na Justiça, nos quais escravos processaram seus senhores. Existem indícios de que essas práticas tenham sido vigentes pelo menos desde o século XVII, se não antes. Foi a partir de fins do XVIII, no entanto, que as ações de liberdade transformaram-se num importante recurso jurídico. Os motivos mais comuns das ações de liberdade eram as promessas de liberdade feitas por senhores a seus escravos; as cartas de alforria dadas a estes, e depois retiradas pelo senhor ou por seus herdeiros; a chegada ao Brasil após a proibição do tráfico; a acusação de maus-tratos; e, principalmente, a tentativa de compra da liberdade, nos casos em que o senhor não aceitava vender seu escravo ou não concordava com o valor proposto por ele. Embora tais conflitos e negociações fossem essencialmente desiguais — os senhores tinham probabilidade muito maior de saírem vencedores nessas disputas —, é importante ressaltar que muitas vezes os escravos conseguiam provar seus direitos nos tribunais.

Após a independência e o intenso debate na Assembleia Constituinte de 1823, a Constituição de 1824 negou direitos de nacionalidade e cidadania a todos aqueles nascidos na África, mas reconheceu direitos civis básicos aos descendentes de africanos livres e libertos nascidos no Brasil. Também fez do mérito o único critério válido de distinção para os cargos civis, militares e políticos, garantindo formalmente igual acesso a todos os cidadãos e enfim abolindo as já frágeis distinções coloniais para negros e mulatos. Assim, ao menos no âmbito da retórica jurídica, o período imperial foi marcado pela inclusão paulatina dos brasileiros descendentes de africanos, ao mesmo tempo em que negava direitos de cidadania e de naturalização aos próprios africanos.

De igual maneira, com a necessidade de estabelecimento de uma legislação civil nacional em substituição às Ordenações Filipinas — o que só veio a acontecer plenamente com a promulgação do Código Civil em 1916 —, o problema da regulação das relações civis entre senhores e escravos e das possibilidades jurídicas de obtenção da alforria permaneceu vigente.

Não só era impossível existir um código civil em que os escravos só figurassem na parte referente aos bens, como era impensável que se regulamentasse por completo a alforria e a libertação dos africanos ilegalmente escravizados depois de 1831. Regularizar a passagem da condição jurídica de escravo para a de livre no Brasil do século XIX implicava que o Estado encarasse o problema dos milhares de africanos e seus descendentes ilegalmente mantidos em cativeiro no país. Como isso jamais foi feito, os juristas do Império não conseguiram elaborar o código civil liberal e moderno com o qual sonhavam. Por mais que quisessem, não havia como contornar o fato de que o direito brasileiro era profundamente marcado pelos costumes escravistas, patriarcais e católicos que formavam a sociedade do país.

A restrição formal aos direitos de cidadania de africanos e seus descendentes no Brasil só terminou com a proclamação da República e a promulgação da Constituição de 1891. Mas, como disse em 1823 o então deputado conservador Pedro de Araújo Lima, futuro marquês de Olinda, "a palavra cidadão não induz igualdade de direitos". A real igualdade de direitos entre os cidadãos brasileiros ainda se faz esperar.

Marília B. A. Ariza

CRIANÇAS/VENTRE LIVRE

OS FILHOS DAS ESCRAVAS SÃO PERSONAGENS FUGIDIOS DA HISTÓRIA da escravidão brasileira. Embora tenham sempre feito parte da população da Colônia e do Império, sua presença nos documentos de época é muitas vezes elusiva. Não são vistos com facilidade nos processos criminais ou notícias de rebeldias que iluminam os conflitos mais evidentes da escravidão. Nos autos cíveis, inventários, contratos de compra e venda, são figuras discretas: pouco se diz sobre sua idade, sua família, atividades que desempenhavam ou locais de onde provinham.

Especialmente a partir de 1871, contudo, sua presença nos documentos tornou-se mais explícita. Foi nesse ano, no dia 28 de setembro, que, em resposta às crescentes pressões pela abolição, vindas de dentro e de fora do Império, a famosa Lei do Ventre Livre entrou em vigor. Eliminando a doutrina legal do *partus sequitur ventrem* (o princípio de que o filho segue o ventre da mãe), tornava formalmente livres os "ingênuos", filhos e filhas das mulheres escravas nascidos a partir daquela data. Daí em diante, crianças que até então ficavam de escanteio nas páginas dos registros oficiais passaram a ocupar lugar de destaque na agenda política. No centro do debate sobre a emancipação gradual, a infância escrava ganhou espaço nos jornais, nos debates legislativos e nas ações cíveis.

A entrada tardia no rol das grandes preocupações nacionais não espelhava a intensa participação desses meninos e meninas nas dinâmicas sociais e econômicas da escravidão colonial e imperial. Nas áreas de grande lavoura e nas regiões de produção de gêneros de abastecimento interno, nas grandes e pequenas cidades e nas chácaras em seu entorno, lá estavam eles. Sua presença é notada por historiadores em contextos tão variados como as áreas exportadoras de café e açúcar do Rio de Janeiro na passagem do século XVIII ao XIX e as ruas da cidade de Salvador nas décadas que antecederam a abolição.

A ocupação desses pequenos trabalhadores numa miríade de tarefas foi notada por viajantes europeus aqui chegados. Embora a maior parte de seus relatos tenha sido produzida no século XIX, suas observações sobre crianças escravas são válidas para momentos anteriores, guardadas as proporções de cada contexto. Nas cidades, as crianças estavam no interior das casas de famílias abastadas, das meramente remediadas, e por vezes nos lares pobres, nos quais eram mão de obra mais acessível, por ser mais barata que a de escravos adultos. No espaço doméstico, meninos e sobretudo meninas desempenhavam toda sorte de tarefas: servir a mesa, varrer, costurar, recolher cinzas do fogão, carregar água, limpar urinóis, banhar senhores e seus filhos, ajudá-los a se vestir, espantar as moscas que os atormentavam, embalá-los no vaivém das redes, tudo aquilo, enfim, que seus braços de força ainda modesta pudessem suportar — e, não raro, até mais do que isso. Nos armazéns em que as famílias citadinas se abasteciam, os meninos eram às vezes empregados como caixeiros, ocupando-se da venda das mercadorias no balcão e da limpeza do lugar. Com menos frequência, também aprendiam ofícios especializados: pequenos sapateiros, ferreiros e marceneiros eram treinados às custas de muito trabalho e castigos nos saberes de uma profissão futura. Nas ruas, carregavam embrulhos, trouxas de roupa, levavam e traziam recados, vendiam frutas e doces de tabuleiro, às vezes ajudando suas mães ou escravas mais velhas.

Nas áreas de lavoura, nas grandes e pequenas propriedades, seus serviços não eram menos úteis. Se não possuíam ainda força suficiente para a capina com enxadas pesadas, suas mãos pequeninas tinham o tamanho exato para recolher o café que caía ao chão e arrancar ervas daninhas. Tanger o gado, cuidar dos animais de pequeno porte, como porcos e galinhas, beneficiar os produtos cultivados na roça, constituíam, entre tantas outras, atividades que ocupavam seus dias. Mesmo os bebês, quando tinham a sorte de não os separarem das mães, eram de imediato simbolicamente apresentados à labuta — elas os conduziam carregados em panos que amarravam ao corpo quando, logo após o parto, retornavam ao trabalho.

Cedo, a meninice acabava. Por volta dos doze anos de idade, a criança cativa passava a acompanhar os mais velhos em tarefas mais pesadas; aos catorze a maturidade dos jovens trabalhadores era considerada completa. Por isso, o valor de compra e venda dos moleques e molecas — termos de época que designavam os cativos de pouca idade — aumentava substancialmente. Isso não significa que antes disso a vida só lhes reservasse descanso e brincadeiras; documentos históricos mostram meninos e meninas de apenas quatro ou cinco anos engajados nos serviços domésticos. Ser criança na Colônia e no Império era, de modo geral, uma condição imprecisa, sobre a qual pesavam leis portuguesas de origem medieval e ideias religiosas, e a concepção da infância como momento particular da vida, merecedor de atenções especiais, somente se afirmaria ao longo do século XIX, ainda assim de forma lenta e incompleta. Para as crianças escravas, contudo, o tempo da infância consistia num intervalo breve entre os primeiros anos de vida e o ingresso precoce no mundo do trabalho.

Apesar de sua presença recorrente nos cenários variados da escravidão, altíssimos índices de mortalidade infantil que assolavam a população como um todo, e os escravizados em especial, sedimentavam entre proprietários a ideia de que a criança escrava era um bem de menor valor. Notadamente até a década de 1850, as taxas de mortalidade da população cativa inviabilizavam seu crescimento, e a continuidade da escravidão devia-se sobretudo à reposição de braços proporcionada pelo tráfico. Nessas circunstâncias, excesso de trabalho, alimentação ruim e doenças não tratadas durante a gestação faziam com que mulheres escravas trouxessem ao mundo bebês demasiado frágeis. Nas fazendas, arrancados precocemente da companhia de suas mães — que, tão logo davam à luz, tinham os rebentos tomados de seus braços para que não atravancassem o trabalho —, os bebês escravos eram privados da amamentação e entregues aos cuidados de escravas mais velhas ou de crianças cativas um pouco maiores. Estas alimentavam-nos como podiam, amiúde com papas feitas de água e farinha, de digestão difícil — por vezes, com consequências fatais — para organismos ainda tão delicados. A isso, somavam-se doenças variadas que reinavam entre as crianças mais velhas, fomentadas pela insalubridade generalizada durante a Colônia e o Império, acima de tudo nas cidades.

Disenterias, lombrigas e outros parasitas, febres e infecções diversas vitimavam mortalmente incontáveis delas.

O fim da vida, porém, não era o único tipo de morte que espreitava as crianças e suas famílias. Sob a escravidão, o fenecimento do corpo encontrava seu duplo na morte social, o rompimento dos laços familiares provocado pelo afastamento forçado. Não era incomum que senhores regalassem com cativos muito novos pessoas que eles desejassem presentear, e somente em 1869 a venda separada de pais e filhos menores de quinze anos foi proibida por um decreto que, na prática, era com frequência ignorado. Cruel contradição, a separação de mães e filhos dava-se, muitas vezes, para que elas servissem como amas de leite a outros bebês famintos — especialmente nas cidades onde florescia um mercado de venda e aluguel de amas no fim do século XIX. Também por essa razão, muitos recém-nascidos enfrentavam o abandono nas rodas dos expostos. Herança portuguesa disseminada na Colônia e sobretudo no Império, as rodas eram cilindros de madeira instalados em muros de hospitais de caridade, dentro dos quais se depositavam as crianças indesejadas para que fossem criadas nos asilos religiosos. Apropriando-se das finalidades cristãs dessa invenção, senhores livraram-se dos filhos de escravas puérperas entregando-os ao triste fim dos vínculos familiares e da própria vida, uma vez que a morte dos bebês era a regra em tais instituições.

A despeito das circunstâncias que consumiam a vida dos pequenos, a presença de crianças entre plantéis de escravos não era desprezível. Pequenas escravarias muitas vezes contavam com número significativo de crianças, especialmente nas cidades empobrecidas e nas áreas de produção de gêneros de subsistência, afastadas dos grandes centros da economia de plantation. O crescimento da população crioula — descendentes de africanos nascidos no Brasil — ao longo dos Oitocentos é um indício claro de que, malgrado as muitas asperezas do início da vida, crianças escravas vingavam e chegavam à vida adulta.

Não apenas de crioulos, no entanto, se fez a população de crianças escravas na Colônia e no Império. Embora meninos e meninas de pouca idade não compusessem a maior parte dos embarcados na África pelo tráfico atlântico — que dava prioridade à captura e comercialização de jovens adultos —, sua presença era comum nos portos brasileiros. Desde o século XVIII, normas da Coroa portuguesa que regulavam o tráfico para o Brasil estabeleciam que impostos cobrados sobre as "crias de peito" e "de pé"

— crianças de colo e crianças que já andavam, respectivamente — eram nulos no primeiro caso e menores do que aqueles cobrados sobre adultos no segundo. Comerciantes de escravos, assim, podiam atulhar de crianças africanas suas embarcações, completando com elas o espaço não ocupado por adultos e ampliando seus ganhos, mesmo que com "carga" de menor valor. Nas décadas iniciais do século XIX, o desembarque de crianças cresceu no Brasil, acompanhando uma tendência comum a outras áreas escravistas nas Américas. As interpretações de estudiosos sobre a origem de tal aumento não são consensuais, mas de modo geral indicam que o combate ao tráfico estimulou a reinvenção das estratégias comerciais dos negociantes e das demandas dos compradores.

Embora diga-se que entre as crianças africanas a adaptação às novas realidades culturais era menos penosa do que entre adultos, é certo que a experiência do tráfico atlântico marcava suas vítimas. Todavia, uma vez no Brasil, todas as crianças escravizadas, africanas ou crioulas, viviam a infância como uma miragem passageira. O trabalho era constante, o afastamento familiar também. Educação não constituía item que lhes atendesse — ao menos não a educação escolar, mesmo que precária, nos cálculos e primeiras letras. O tema da instrução pública, é fato, somente integrou-se à agenda política na metade do século XIX. Vagarosa, a preocupação com a instrução das crianças jamais incluiu os pequenos escravos, para quem educação era sinônimo de disciplinamento violento, aprendizado do trabalho e lições de como sobreviver à escravidão recebidas de pais, parentes, e nos círculos de solidariedade entre cativos nos quais se criavam.

Dos castigos, aliás — surras de vara, bolos de palmatória, purgantes amargos, e outras variedades de pancadas reais e simbólicas —, não eram poupados, nem sequer pelas crianças brancas que na mais tenra infância os recebiam de presente, e para quem serviam de pajem, brinquedo e alvo de precoces tiranias. Mesmo assim, por longo tempo foi comum dizer-se que meninas e meninos pequenos eram agraciados com mimos e regalias de seus senhores e, sobretudo, senhoras. Andando livremente nos espaços domésticos, escravinhos que ainda mal se punham de pé distraíam proprietários de suas rotinas maçantes. Já ficou claro, contudo, que sob a aparência da afeição escondiam-se relações desiguais e violentas.

As contradições desses laços afetivos foram sintetizadas numa famosa imagem incluída no livro de Jean-Baptiste Debret a respeito de sua estada no Brasil entre 1816 e 1831 (ver imagem 54 do caderno). Nela, sentados à mesa de uma sala despojada de grandes luxos, senhor e senhora são observados por escravos domésticos que, postados à espera de novas ordens, lhes dirigem olhares pouco amistosos. Em primeiro plano, alheias à animosidade, estão duas pequeninas, barrigudas e nuas crianças negras, com quem a senhora se entretém, dando-lhes algo de comer. Uma delas, em pé, recebe um pedaço de comida das mãos da sinhá; a outra, no chão, saboreia o pedaço que recebeu. Concentrado em seu prato, o senhor não presta atenção nelas; a senhora que as alimenta, o faz sem grande envolvimento.

O quadro da infância escrava é realmente desolador. De volta ao ponto de partida, resta a pergunta: algo mudou na vida desses meninos e meninas com a aprovação da Lei do Ventre Livre? Na prática, apesar de assinalar o fim inescapável da escravidão que perdia definitivamente seus meios de reprodução, a lei teve o efeito de prolongá-la até o limite das possibilidades. Os senhores das mães dos "ingênuos" procuravam a todo custo fraudar os registros obrigatórios de nascimento que comprovavam sua condição de pessoas livres, omitindo ou falseando datas. Além disso, a liberdade prometida era, no mínimo, duvidosa: até os oito anos de idade, eles deveriam permanecer sob a tutela dos proprietários de suas mães; estes poderiam, então, optar por oferecê-los a asilos públicos em troca de indenizações de 600 mil-réis, ou por mantê-los consigo e usufruir de seus serviços até os 21 anos. Raros foram aqueles que escolheram as indenizações e entregaram os pequenos ao Estado — a maioria preferiu conservar a mão de obra de crianças que em poucos anos desempenhariam serviços de adultos. Nas décadas de 1870 e 1880, momento em que os índices de alforria cresciam, a lei criava novos obstáculos para a emancipação das famílias dos "ingênuos", especialmente para suas mães. Mesmo que pudessem comprar suas cartas de liberdade, essas mulheres viam-se forçadas a permanecer sob o domínio de seus senhores caso quisessem continuar perto dos filhos.

Após a abolição, em 1888, antigos senhores tentaram avidamente manter o controle sobre os "ingênuos", engajando-os, com a ajuda das autoridades judiciais, em contratos de trabalho e vínculos de tutela que tinham sempre a mesma falsa justificativa: zelar pelas pobres crianças e seu futuro, ensinando-lhes ofícios e acolhendo-as em lares adequados, protegendo-as das nocivas influências que receberiam de suas mães, pais ou semelhantes. Era necessário instruir meninos e meninas na disciplina do trabalho e fomentar entre eles o respeito às hierarquias sociais que substituíam a escravidão, para conservar, tanto quanto possível, as velhas desigualdades. Rotinas de trabalho extenuantes, violências variadas e fracionamentos familiares continuaram a fazer parte da vida dessas crianças por anos a fio no período pós-abolição.

Muitas tornaram-se contumazes rebeldes, perturbando contratantes, tutores e autoridades públicas. Buscavam retornar ao convívio familiar ou mesmo arranjar melhores condições de trabalho para si em companhia de novos empregadores. Os escravos e seus descendentes sempre souberam, é verdade, atribuir significados próprios à dura realidade que viviam. Criando vínculos entre si, fazendo poupanças para comprar a alforria, fugindo, revoltando-se, seu mundo foi muito maior do que os senhores desejavam. As crianças, por certo, também transpuseram os limites estreitos de sua infância, vivendo-a da melhor maneira possível. Ninguém poderá dizer, entretanto, que a tarefa tenha sido fácil e que sua vida tenha sido uma tradução fiel da doçura e despreocupação infantis que frequentam nossa imaginação.

Luís Cláudio Pereira Symanski

CULTURA MATERIAL/ ARQUEOLOGIA DA ESCRAVIDÃO

A ARQUEOLOGIA DA ESCRAVIDÃO EMERGIU NOS ESTADOS UNIDOS no final da década de 1960, com pesquisas em comunidades de negros libertos e em senzalas de plantations. Esses primeiros estudos, como nota Theresa Singleton, tinham uma missão moral, a de contar a história daqueles grupos desconsiderados nos registros escritos por serem pobres e subordinados, o que era particularmente aplicável à experiência dos afro-americanos escravizados. Buscava-se interpretar a vida de tais grupos através do estudo das suas habitações, costumes alimentares e itens materiais. O propósito das pesquisas consistia em investigar a formação da cultura afro-americana, considerada um produto direto da herança africana, conforme exemplificado pelos trabalhos pioneiros de Charles Fairbanks em plantations da Geórgia e da Flórida. Fairbanks adotou o modelo formulado por Melville Herskovits para abordar o processo de aculturação africana nas Américas, e verificar que o grau de sobrevivência de traços culturais africanos — denominados "africanismos" — era indicativo do nível de assimilação à cultura euro-americana dominante. Suas pesquisas revelaram, contudo, o predomínio massivo da cultura material euro-americana nas senzalas, interpretada como indício do alto grau de aculturação desses grupos devido à repressão dos proprietários.

Há uma série de problemas nesse tipo de interpretação, pois as comunidades afro-americanas são vistas como remanescentes insulares de sociedades africanas, nos quais a dinâmica cultural está atrelada à influência da cultura hegemônica. Tal perspectiva desconsidera a complexidade do processo de formação de identidades nesses cenários coloniais que foram marcados pela multiculturalidade. Outro problema diz respeito à equalização de artefatos com culturas, de modo que a adoção de bens materiais forâneos implicaria a perda de referenciais culturais tradicionais, e não levaria a formas criativas de apropriação de acordo com a lógica cultural do grupo receptor.

Ao longo dos anos 1970, as pesquisas voltaram-se para a caracterização das condições materiais de vida dos grupos escravizados, com base numa abordagem funcionalista cujo intuito era descobrir padrões arqueológicos que remetessem a padrões de comportamento considerados típicos das populações afro-americanas, e relacionados a variáveis econômicas e culturais. Buscavam-se esses padrões na qualidade e morfologia das cerâmicas, na morfologia das habitações e nos restos ósseos de fauna. Os trabalhos visavam descobrir, por meio de análises quantitativas, regularidades nos vestígios materiais desses grupos, de maneira que a presença de tais padrões num sítio arqueológico bastasse para inferir a filiação étnico-racial de seus ocupantes. É bastante clara a visão mecanicista aí embutida, com os grupos humanos enquadrados em modelos comportamentais congelados, de modo que, se um indivíduo pertence a um determinado grupo, ele invariavelmente deverá manter o comportamento material desse grupo. Porém, os recorrentes "desvios da norma" demonstraram a fragilidade da abordagem, levando a discussões estéreis sobre as razões pelas quais os vestígios analisados não se enquadravam nos padrões esperados.

Do fim da década de 1980 em diante, os arqueólogos começaram a dar mais atenção às relações de poder e aos modos como a cultura material era empregada como um mecanismo de dominação no espaço das plantations. Tais preocupações abriram caminho, a partir da década de 1990, para o estudo da dinâmica interna das comunidades afro-americanas e dos modos como a cultura material euro-americana poderia ter sido utilizada por aqueles grupos com base em lógicas culturais próprias. Essas abordagens focalizaram a capacidade de agir dos grupos escravizados, nas formas como negociaram sua posição e identidades, e como mantiveram valores e sistemas de crenças que lhes eram característicos. O modelo de aculturação deu lugar, assim, ao modelo de crioulização, o qual busca contemplar as interações e trocas multiculturais entre todos os grupos que participaram dos cenários coloniais, levando à emergência de identidades crioulas que são produto de tais trocas. Um trabalho particularmente relevante dentro dessa perspectiva foi o livro *Uncommon Ground*, de Ferguson, que explora uma diversidade de temas relacionados à vida dos grupos escravizados das plantations da Carolina do Sul nos séculos XVII e XVIII, como a manutenção de uma tradição ceramista própria, habitações e modos de habitar, costumes alimentares e sistemas de crenças. Todas essas feições estariam articuladas a signos e símbolos de várias origens africanas aos quais foram adicionados objetos e ideias exteriores, levando à criação de uma cultura afro-americana crioulizada, autoconsciente e independente daquela construída pelos brancos americanos.

A partir do trabalho de Ferguson os arqueólogos começaram a atentar para as particularidades do registro arqueológico dos grupos escravizados, para as relações contextuais entre artefatos e estruturas, visando apreender os modos específicos como a cultura material poderia ter sido empregada e ressignificada em práticas diversas, sobretudo vinculadas à religiosidade. Nessa perspectiva, o foco recaiu nas formas como sistemas de crenças de origem africana teriam sido adaptados nas Américas e teriam guiado o uso de artefatos como contas de colares, búzios, cristais de quartzo, moedas de cobre e vasilhames cerâmicos.

Nas últimas décadas, as pesquisas aumentaram consideravelmente, assim como se ampliou a diversidade de contextos estudados: quilombos, habitações urbanas, guetos, unidades rurais do período pós-emancipação, fortificações e cemitérios. Temáticas até então pouco exploradas começaram a entrar em pauta, como racismo e ideologias racistas, escolhas de consumo, práticas culinárias e dieta, crenças e práticas culturais relacionadas a culturas africanas específicas, expressões materiais da espiritualidade afro-americana, redes sociais e identidades étnicas, tradições mortuárias, cuidados com a saúde, dinâmicas de gênero e processos de crioulização, sincretismo e etnogênese.

Para o caso do Brasil, as questões abordadas na arqueologia da escravidão estão intimamente relacionadas com aquelas desenvolvidas nos Estados Unidos, destacando-se o foco nos processos de crioulização e reconstrução de identidades, o estudo de cosmologias e religiosidades, das práticas de consumo e dos hábitos alimentares. Pouca atenção, contudo, tem sido dada à dimensão do racismo e a gênero.

Os estudos em quilombos, empreendidos entre o final dos anos 1970 e o início dos 1990, marcaram a história da arqueologia da escravidão no país. Os primeiros trabalhos foram realizados por Carlos Guimarães e Ana Lanna em quilombos do Vale do Jequitinhonha e da serra da Canastra, em Minas Gerais. Na década seguinte Guimarães fez escavações no Quilombo do Ambrósio, também em Minas, evidenciando construções de pau a pique e itens de uso cotidiano, como cachimbos e vasilhames cerâmicos. Em 1992, Charles Orser e Pedro Funari realizaram escavações no Quilombo dos Palmares, em Alagoas, recuperando amostras de cerâmicas indígenas, cerâmicas coloniais e louças europeias. Alguns anos depois, Scott Allen deu continuidade aos trabalhos. As pesquisas em Palmares fomentaram uma série de discussões envolvendo a questão da identidade étnica de seus habitantes, a integração dessa sociedade no colonialismo global, e as possíveis diferenciações internas da sua estrutura social. Após a década de 1990, os quilombos deixaram de constituir o foco das investigações, com exceção do trabalho de Cláudio Carle, de 2005, que contemplou três pequenos quilombos localizados na região metropolitana de Porto Alegre, descrevendo a cultura material e os possíveis referenciais cosmológicos africanos que teriam levado os fugitivos a optar por esses locais para se assentar.

As pesquisas em senzalas começaram na década de 1990, com o trabalho de Tania Andrade Lima, Maria Cristina Bruno e Marta da Fonseca na Fazenda São Fernando, em Vassouras (RJ). O objetivo das autoras era estudar as práticas socioculturais dos cativos. No entanto, a escassez de itens materiais, restritos a minguados fragmentos de louças, vidros e material construtivo, frustrou suas expectativas. Entre 1999 e 2001, Luís Symanski e Marcos Souza escavaram senzalas de dois engenhos de açúcar da Chapada dos Guimarães (MT), recuperando amostras de, entre outros itens, cerâmicas artesanais, louças, garrafas. Desde então ocorreu um considerável aumento das pesquisas, com escavações em engenhos de Goiás, Pará, Rio de Janeiro e Pernambuco, em fazendas de café do Rio e de Minas Gerais, e em charqueadas do Rio Grande do Sul. Parte desses trabalhos ainda estão em andamento, com poucos resultados publicados.

Tais investigações têm permitido a caracterização das condições materiais de vida dos escravizados e dos modos como estas variaram em diferentes contextos. O conteúdo das senzalas do Mato Grosso, Goiás e Pará tende a apresentar uma significativa proporção de cerâmicas artesanais de produção local, ao passo que no norte fluminense, nas senzalas do Colégio dos

Jesuítas e da Fazenda São Bento, essas cerâmicas apresentam-se em baixas proporções; as produzidas em olarias dominam, seguidas por louças europeias. Nas fazendas do Vale do Paraíba, a exemplo da Santa Clara, em Santa Rita de Jacutinga (MG), e da Santa Teresa, em Valença (RJ), há, por sua vez, uma notável escassez de itens domésticos, que espelha aquela verificada por Lima, Bruno e Fonseca na Fazenda São Fernando. Esse padrão de escassez contrasta com o enorme contingente de africanos que a região recebeu até a proibição do tráfico atlântico, em 1850. É provável que justamente essa demografia africana, marcada pelo forte predomínio de homens, tenha levado os proprietários a manter um maior controle sobre a vida material de tais grupos. O controle estendeu-se à alimentação, que era realizada coletivamente, ou no campo ou em cozinhas centralizadas nas fazendas. Já nos engenhos do Mato Grosso, Goiás, Pará e do norte fluminense, a presença de cultura material doméstica demonstra que os cativos tiveram autonomia para preparar suas refeições, o que demandava o domínio de uma dimensão cultural fundamental de suas vidas, vinculada às práticas alimentares e às implicações sociais e simbólicas a elas relacionadas.

Nota-se, ainda, uma significativa diversidade da cerâmica artesanal de produção local. Em todos os contextos predominam panelas, seguidas por peças de serviço e de consumo de alimentos. Porém, a diversidade decorativa varia amplamente. No norte fluminense, a decoração quase inexiste. No Mato Grosso, por outro lado, as panelas tendem a manter a decoração plástica, predominando combinações de motivos incisos em zigue-zagues e ondulados. Há mudanças expressivas nas técnicas e nos padrões decorativos dessas cerâmicas através do tempo, que se correlacionam às flutuações na composição africana das escravarias em tais engenhos entre o fim do século XVIII e meados do XIX. Com o declínio demográfico dos africanos, os vasilhames tenderam a perder ou simplificar a decoração, sugerindo que a dimensão decorativa teve menor significância para a geração de escravizados nascidos nesses estabelecimentos, a qual era mais homogênea culturalmente.

Essa variabilidade temporal e espacial das cerâmicas artesanais está relacionada a uma diversidade de fatores, que incluem a composição africana nas senzalas, a autonomia para uma produção cerâmica doméstica, o comércio regional desse tipo de produto, e o acesso, direto ou indireto, dos escravizados a itens correlatos manufaturados e industrializados, como cerâmicas torneadas e louças. As discussões têm realçado as formas como tais objetos atuaram na reconstrução de identidades africanas, na formação de identidades crioulas, na manutenção de cosmologias de base africana, e num trânsito cultural mais amplo, envolvendo agentes livres não africanos.

Nos últimos anos, outros contextos começaram a ser pesquisados, incluindo cemitérios, espaços urbanos e o Cais do Valongo, no Rio de Janeiro. Este último local revelou uma enorme quantidade e diversidade de material, muitas vezes associadas às várias casas de comércio de escravos assentadas na região. Além dos itens de uso cotidiano, relacionados à alimentação, como vasilhames cerâmicos e louças, destaca-se uma variedade de ornamentos e de objetos ligados à religiosidade dos africanos escravizados, como contas de colares, búzios, cristais de quartzo, anéis de fibras de plantas e de metal, figas, pulseiras e moedas de cobre perfuradas. Conforme observam Tania Andrade Lima, Marcos André Souza e Glaucia Sene, muitos desses objetos atuaram como amuletos que visavam proteger o corpo contra infortúnios, conformando uma segunda pele de natureza social.

Outras pesquisas têm sublinhado o papel dos ornamentos na manutenção de religiões africanas, em redes de comércio direcionadas aos consumidores africanos, e como elementos atuantes na corporalidade e na construção de um senso de identidade entre os cativos.

Estudos sobre hábitos alimentares são bastante recentes. Destacam-se aqueles acerca da senzala do Colégio dos Jesuítas de Campos dos Goytacazes, que demonstraram o predomínio de patas de boi e de porco fornecidas pelos proprietários aos cativos, os quais complementavam a dieta por meio da caça de jacarés e de gambás, assim como da pesca e da coleta de mariscos; a análise dos resíduos alimentares de vasilhames cerâmicos dos engenhos Santo Izidro e São Joaquim, em Goiás, que revelaram o consumo de milho e batata-doce; e o consumo dos retalhos de cabeças de boi pelos escravos urbanos do Rio de Janeiro setecentista.

Alguns trabalhos têm se debruçado sobre terreiros de religiões de matriz africana. Escavações num terreiro de candomblé no porão de um sobrado de Salvador evidenciaram um complexo material relacionado às práticas religiosas que incluiu o enterramento de vasilhames cerâmicos em pontos distintos, mantendo, em seu interior, itens como contas de colares, folhas de cobre, ossos e búzios, os quais teriam servido para sacralizar e proteger o local. Em Duque de Caxias (RJ), escavações no extinto Terreiro da Gomeia desvelaram os espaços rituais e a cultura material ligada ao cotidiano religioso do terreiro, englobando contas e moluscos.

Por fim, um campo mais recente é o da etnoarqueologia de comunidades quilombolas. Investigações etnoarqueológicas e de arqueologia comunitária — que conta com a participação ativa da comunidade em estudo na formulação das questões da investigação e na interpretação dos resultados — têm sido realizadas em todas as regiões do Brasil. As temáticas abordadas incluem os hábitos cotidianos e seus impactos na formação de um registro arqueológico contemporâneo, o uso das plantas em práticas religiosas e medicinais, o processo de conformação de territorialidades, e o papel dos sítios históricos na conformação de uma paisagem cultural e na formação da identidade desses grupos.

D

Herbert S. Klein

DEMOGRAFIA DA ESCRAVIDÃO

A MIGRAÇÃO FORÇADA DE ESCRAVOS AFRICANOS PARA O BRASIL foi principalmente uma migração de homens adultos. Estima-se que dois terços dos escravos que chegaram eram do sexo masculino e três quartos desses mesmos escravos, adultos. Esse foi um padrão típico da maioria das migrações internacionais de trabalho, e contrasta com a atípica migração familiar subsidiada de trabalhadores europeus para o país no final do século XIX. Como os comerciantes portugueses e brasileiros dominavam o comércio de escravos, a maioria dos escravos africanos veio de áreas bem definidas. Nos séculos XVI e XVII, partiram sobretudo do Senegal e da zona do golfo do Benim, e posteriormente da região Congo-Angola. Foi apenas no início do XIX que passaram a ser trazidos também escravos de Moçambique. Assim, 70% dos escravos que chegaram durante os quatro séculos do tráfico saíram da África Centro-Ocidental, 18% do golfo do Benim e 6% de Moçambique. O Brasil foi o maior receptor de escravos africanos da América, tendo somado pelo menos 4,8 milhões de pessoas até 1850. Começando no século XVI com um pequeno fluxo de africanos trazidos por traficantes portugueses, a média anual de escravos africanos elevou-se, progressivamente, de cerca de mil no século XVII para 13 mil no XVIII, alcançando a extraordinária média de 35 mil na primeira metade do XIX.

Dados o fluxo relativamente crescente de africanos trazidos para o Brasil e a forte predominância de homens adultos, a população escrava brasileira residente não conseguia se reproduzir. Os escravos nascidos no país apresentavam a distribuição-padrão de nascimentos de 105 homens para cada cem mulheres. Mas há discrepâncias importantes a anotar. O número usual de crianças identificado para os demais segmentos da população brasileira no período, era da ordem de sete a oito nascimentos, resultando numa taxa positiva de crescimento natural. Todavia, no caso dos cativos africanos, que chegavam já mais velhos, havia uma proporção menor de mulheres e com elas vinham poucas crianças. Em geral, essas mulheres africanas tinham perdido vários anos reprodutivos e, assim, na sua vida fértil no Brasil geraram menos filhos do que as escravas nativas. Logo, havia um desequilíbrio natural, pois morriam mais escravos africanos do que o total de crianças concebidas pelas escravas nascidas no estrangeiro. Por causa do volume do comércio africano, na maioria das regiões brasileiras esses escravos estrangeiros representavam uma parte tão importante da população escrava residente, que a taxa de crescimento natural geral de toda a população cativa era negativa. No caso das pirâmides etárias de populações de escravos nascidos no Brasil, bem como dos africanos e seu impacto relativo na população total na província de São Paulo em 1829, pode-se verificar como os africanos eram não só relativamente mais velhos; os homens superavam largamente as mulheres, e era reduzida a proporção de crianças. A população escrava nascida no Brasil apresentava uma distribuição proporcional de gênero e uma maior proporção de crianças que de adultos. No entanto, quando os dois grupos (população livre e população escrava) são fundidos, a influência da população africana pesa sobre a distribuição etária e de gênero, resultando na maior quantidade de adultos e homens.

Assim, em 1829 existiam mais de dois escravos africanos para cada escrava africana (proporção de 215 homens para cada grupo de cem mulheres), enquanto entre os nativos nascidos no Brasil havia perfeito equilíbrio entre os sexos. Como os escravos africanos representavam mais da metade da população escrava, a proporção geral de sexos era de 153 homens por cem mulheres. Quanto à idade, 45% dos escravos nascidos no país tinham catorze anos ou menos, mas, se considerarmos a população escrava total, a proporção de crianças nessa faixa de idade caía para 29%. O declínio temporário do tráfico de escravos na década de 1830 levou à diminuição dos africanos nascidos na população provincial para 44% dos 89 mil escravos que viviam em São Paulo em 1836, o que explica o declínio entre os sexos para 125 homens para cada grupo de cem mulheres. A estrutura demográfica da população paulista era como a da maioria das províncias do Império no início do século XIX. Até o censo imperial de 1872, a proporção de gênero entre o milhão e meio de escravos era de 115 homens por grupo de cem mulheres, mantendo-se a proporção de 161 homens para cada grupo de cem mulheres entre os africanos. Essa alta proporção de homens e baixo número relativo de crianças ocasionou um declínio persistente da população escrava em geral, que se intensificou após o fim do tráfico, em 1850, e a gradativa redução dos africanos na população escrava. Em 1889, a população escrava declinava rapidamente, à taxa de 4,8% ao ano desde o recenseamento de 1872.

Estima-se que os escravos nascidos no Brasil crioulos apresentavam taxas brutas de natalidade por mil habitantes residentes que se situavam entre os níveis superiores da faixa dos trinta e os níveis inferiores da faixa dos quarenta — níveis elevados para os padrões mundiais da época —, entretanto, devido às distorções de gênero e etárias da população escrava total, a taxa bruta de mortalidade dos escravos brasileiros foi em média de quarenta mortes por mil habitantes residentes, resultando numa taxa de crescimento natural negativa. Porém, mesmo nesse contexto de declínio para o Brasil como um todo, em algumas regiões havia estabilidade da população escrava ou até crescimento natural positivo, com a ocorrência de mais nascimentos do que mortes em determinados períodos. Isso aconteceu quando as entradas de escravos africanos diminuíram ou cessaram, muito antes do fim do comércio internacional. Esse parece ter sido o caso do Paraná e de Minas Gerais no século XIX, após o final do boom da mineração. Minas Gerais conseguiu manter-se como a província com a maior população escrava ao longo desse século, apesar do esgotamento da sua principal exportação e do declínio na chegada de escravos africanos.

Mas, mesmo quando houve um crescimento positivo da população escrava, este foi limitado ou reduzido por outro fator importante: a perda de escravos para a população livre. Como todos os estudos de manumissão demonstram, o maior movimento de escravos para o status livre era pela manumissão voluntária dos escravos pelos seus respectivos proprietários. Esse fluxo voluntário de alforria foi um movimento principalmente de mulheres e crianças jovens nativas. A alforria representava uma redução imediata da população escrava e, como cerca de três quartos das alforrias eram de mulheres, isso afetava também o processo reprodutivo da população que continuava escrava. A média de manumissões obtidas em 21 diferentes estudos em municípios brasileiros nos séculos XVIII e XIX mostra uma proporção sexual de 74 homens para cada cem mulheres libertadas. Entre os poucos estudos que oferecem a idade média dos escravos alforriados, o de Porto Alegre no período de 1858 a 1872 encontrou a idade média de 21 anos, e o da cidade portuária de Santos entre 1811 e 1877, vinte anos para homens e 22 para mulheres. Todos esses resultados em termos de idade e sexo de escravos alforriados parecem estar em conformidade com os que foram encontrados para a maioria das regiões da América espanhola.

Tal processo de manumissão começou no início do período colonial e apresentou um ritmo cada vez mais rápido até o século XIX. Mesmo após a criação de um fundo estatal de emancipação, mais escravos acabaram libertados voluntariamente do que os comprados pelo fundo. Essas crianças e mulheres não foram, porém, as únicas a obter a liberdade, tornando-se libertas ou forras (forros eram aqueles que nasceram escravos e se tornaram livres). Havia também a chegada constante de uma minoria de escravos que adquiriram sua própria liberdade. Como seria de esperar, dados os anos necessários para acumular os fundos a fim de realizar a compra, este grupo tendia a ser adulto e masculino, e os documentos mostram que havia uma porcentagem maior de africanos entre os seus números. Finalmente, cerca de 2% a 3% eram recém-nascidos alforriados no batismo.

Em geral, os africanos constituíram um terço do total de escravos alforriados em cerca de vinte municípios para os quais há evidências. Um dos poucos estudos que dão as ocupações de alforrias mostra que os homens que estavam sendo libertados tinham uma proporção maior de ocupações qualificadas do que a população escrava em geral e que as mulheres que estavam sendo libertadas eram muito mais propensas a estar no serviço doméstico do que as mulheres da população escrava em geral. A cor dos escravos também teve impacto nas alforrias, sendo os pardos mais numerosos do que os pretos entre a população livre, o oposto do que ocorreu entre a população escrava, na qual os pretos eram dominantes. Assim, no primeiro censo nacional imperial de 1872, os pretos constituíram 68% dos escravos e apenas 22% das pessoas livres de cor. Claramente, a idade, o sexo, a cor e a origem tiveram um grande impacto nas manumissões voluntárias.

Os estudos também mostram que poucos escravos idosos e enfermos foram alforriados. Isso deveu-se a dois fatores. O primeiro foi a sua utilidade econômica. Os escravos, tanto homens como mulheres, apresentaram as maiores taxas de participação no trabalho do que qualquer população moderna — cerca de 80% dos escravos de ambos os sexos eram economicamente ativos. Os escravos velhos poderiam ser empregados como cuidadores e guardas, e, portanto, ainda eram úteis. O segundo fator foi a aceitação geral, tanto moral como política, em todas as sociedades escravistas, da responsabilidade dos proprietários pela manutenção de seus escravos, mesmo na velhice ou em situações de incapacidade produtiva. O Estado não tinha os meios para cuidar desses escravos idosos, e o consenso era a sua retenção pelos respectivos proprietários.

O influxo de tantas mulheres jovens e crianças alforriadas entre eles garantiu o crescimento natural positivo da população livre de cor. Em 1831, em Minas Gerais, por exemplo, entre as 159 mil pessoas livres de cor havia proporcionalmente mais mulheres em cada faixa etária. Tal tendência mostrou-se especialmente evidente no período de idade fértil, de quinze a 49 anos de idade. Além do mais, alguns estudos demonstram que as livres de cor apresentavam uma taxa de fertilidade maior do que as brancas. Em Minas, que tinha a segunda maior população livre de cor do Brasil, a taxa bruta de natalidade da população livre de cor em 1814 era de 42 por mil habitantes, e sua taxa de mortalidade era de 34 por mil. Em contraste, a população branca teve uma taxa de natalidade de 37 por mil habitantes e uma taxa de mortalidade de 27 por mil. Várias outras estimativas sustentam a ideia de que a população livre de cor apresentava índices de fertilidade intrinsecamente maiores que os de qualquer outro grupo populacional em suas respectivas sociedades.

Essas taxas de natalidade maiores, a maior proporção de mulheres e a constante imigração de ex-escravos explicam o crescimento extraordinário da população livre de cor. Além da dinâmica própria da população livre de cor, devemos lembrar que ela recebia membros de outros segmentos. Pois a miscigenação de brancos e pardos livres gerava mais livres de cor, assim como a miscigenação de pretos e pardos. Entre 1840 e 1872, a população livre de cor da província do Rio de Janeiro cresceu a uma taxa anual de 3,2%; taxa extraordinária, pois nesse período a maior parte da Europa cresceu a uma taxa de menos de 1% ao ano, e a população brasileira em geral provavelmente cresceu a uma taxa anual de 1% ou menos. Mas o Rio não era um caso isolado. A população livre de cor em Minas Gerais entre 1814 e 1872 cresceu 3%, do mesmo modo que a população livre de cor de

Pernambuco entre 1829 e 1872. Em São Paulo, esse segmento populacional cresceu à taxa impressionante de 2,4% ao ano entre 1811 e 1872.

Alguns dos membros da população livre de cor tornaram-se inclusive proprietários de escravos. Enquanto um terço das famílias brancas tinha escravos, apenas cerca de 5% a 10% livres de cor os possuíam. Em quinze municípios na província de São Paulo em 1829, 6% das famílias livres de cor tinham escravos, mas possuíam somente 3% do total deles. Isso significa que tanto em São Paulo como em Minas Gerais, em 1833, os fogos (lares) chefiados por pessoas livres de cor possuíam, em média, metade dos sete escravos possuídos pelas famílias brancas. Mas o mais impressionante sobre a população livre de cor no Brasil, em comparação com os regimes escravistas das Índias Ocidentais e dos Estados Unidos, é o seu rápido crescimento e o tamanho desse segmento populacional, que superava a população escrava total no início do século XIX. No primeiro censo nacional do Brasil, em 1872, a população livre de cor somava 4,2 milhões de pessoas, contra 1,5 milhão de escravos, o que significa que as pessoas livres de cor representavam 74% da população total não branca. A população livre de cor não só superava numericamente a população branca, mas, sozinha, representava 43% da população brasileira, que era de 10 milhões de pessoas. No fim da escravidão nos Estados Unidos, as pessoas livres de cor correspondiam a apenas 11% da população total não branca e a somente 3% da população nacional.

A distribuição territorial dos escravos africanos e nativos no Brasil foi determinada pelo seu uso econômico. Dado o alto custo dos escravos, normalmente comprados a crédito pelos proprietários de escravos, a maioria era empregada na agricultura comercial, que foi por sua vez inicialmente dominada pela produção de açúcar e, em seguida, pelo cultivo de café. Eles também foram a principal força de trabalho na mineração de ouro e diamante durante o século XVIII. Os escravos foram importantes tanto na área rural e na mineração como nas áreas urbanas, e, devido à falta de competição de brancos livres, podiam ser encontrados em todo o país, como a principal força de trabalho. Embora houvesse concentração de escravos nas fazendas ou nas áreas de mineração, em todos os municípios brasileiros podíamos encontrar fogos com escravos. Assim, o Brasil se parecia mais com as Índias Ocidentais, com sua população negra dominante, do que com os Estados Unidos, que concentraram mais de 90% de seus escravos em apenas uma região do país, o Sul. Mesmo no período posterior a 1850, não havia impedimentos para a migração interna, e movimentavam-se os escravos livremente por todo o Império. Foi no final do século XIX, quando se desenvolveu um grande comércio interno de escravos, que se criaram dificuldades à sua livre movimentação. A principal motivação era o temor dos plantadores de café do Sul, onde se concentravam os escravos, de que a redução do número de cativos no Nordeste pudesse diminuir o apoio dessa região ao regime escravista. Mas, de modo geral, tais medidas restritivas tiveram pouco impacto nas maciças migrações internas da população escrava que ocorreram após o fim do tráfico negreiro.

Dada a concentração dos escravos e das pessoas livres de cor nas classes econômicas mais baixas e envolvidas diretamente com o trabalho manual, os escravos tiveram as maiores taxas de morbidade e mortalidade na população brasileira, com as pessoas livres de cor alcançando taxas melhores do que os escravos mas bem piores do que as vigentes na população branca. As melhores estimativas disponíveis provêm do censo de 1872 e calculam o limite superior da expectativa de vida no nascimento para homens escravos em 23,4; pouco menos de três anos, se comparada à da população total do Império. De um ano de idade, a expectativa de vida aumentou para 33,6 anos para os escravos; para aqueles que sobreviveram até a idade de cinco anos, calculou-se a média de vida de 38,4 anos. Deve-se lembrar que a mortalidade infantil era tão alta no Brasil do século XIX, que um terço de todas as crianças do sexo masculino morria antes da idade de um ano, e pouco menos de metade morria antes dos cinco anos. Isso significa que a taxa de mortalidade infantil foi de 327 óbitos por mil nascidos vivos para os escravos do sexo masculino (hoje a taxa de mortalidade infantil no país é de 13,3 mortes por mil nascidos vivos, 14,4 para meninos e 12,2 para meninas). Para as escravas, a esperança de vida era melhor. Apenas 27% morreram antes da idade de um ano e 43% antes dos cinco anos (para uma taxa de mortalidade infantil de 277 mortes por população residente, em comparação com 13,3 óbitos por mil nascidos vivos para mulheres no Brasil de hoje). Isso quer dizer que a expectativa de vida para escravas que atingiam um ano de idade era de 34 anos e para aquelas que sobreviviam aos cinco, em média, 39 anos de vida. Embora essas taxas sejam semelhantes às encontradas na população escrava das Índias Ocidentais, elas estão abaixo das estimadas para os negros dos EUA em meados do século XIX, que eram de 32,6 anos ao nascimento para homens e 33,6 anos ao nascimento para mulheres.

Dito isso, é inegável que os escravos também experimentaram maiores taxas de mortalidade e de doenças do que o resto da população. Mesmo no século XIX, a mortalidade no comércio de escravos tendia a ser de cerca de 10% durante o cruzamento do Atlântico, que levava três meses. Além do mais, esses escravos chegaram com algumas doenças africanas tradicionais, como a malária, febre amarela e ancilostomíase (amarelão), e depois adquiriam doenças novas nas Américas. As causas predominantes da morte entre os escravos, como na população geral, foram doenças infecciosas e crises nutricionais. Entre as crianças, a desnutrição e a oferta de água de baixa qualidade sanitária, que ocasionava disenteria, eram as principais causas da mortalidade infantil. Os dados sobre a mortalidade da cidade do Rio de Janeiro no século XIX mostram que a tuberculose foi a principal causa no meio urbano. Os escravos sofriam doenças e lesões relacionadas ao trabalho, bem como varíola, doenças parasitárias e infecções da pele. A desnutrição, doenças sexualmente transmissíveis, vermes, insetos e doenças da pele e dos olhos eram comuns. Ademais, em comparação com as pessoas livres, os escravos teriam maiores taxas de mortalidade relacionadas às epidemias de febre amarela e de cólera que atingiram o Brasil em meados do século XIX. Claramente, essas populações estavam mais sujeitas a doenças relacionadas com as questões nutricionais e condições de vida inferiores. Os anúncios de escravos fugitivos mencionavam "raquitismo, erisipela, escorbuto, bexigas, boubas, sífilis e oftalmia". Outros referem-se a escravos que eram "rendidos", "quebrados" ou cheios de "bicho-de-pé". Houve algum debate entre os estudiosos sobre a relação do local de residência com as doenças que afetavam os escravos. Alguns sugerem uma maior taxa de mortalidade urbana para os escravos, o que teria sido a norma para a população total. Na maioria das regiões do mundo, até o século XX as cidades apresentavam normalmente taxas de mortalidade muito mais altas do que as áreas rurais. No entanto, alguns estudiosos sugerem que não existia diferença entre as áreas rurais e urbanas. Não há dúvida de que, em todos os lugares, os barbeiros e os curandeiros eram os principais meios utilizados pelos escravos para cura das suas doenças, mas estudos detalhados de grandes fazendas do Vale do Paraíba, no início do século XIX, revelam a existência de hospitais para escravos.

Como o resto das sociedades de plantação americanas, os escravos no Brasil viviam em unidades, através de uma ampla gama de arranjos familiares. Do mesmo modo que a maioria da América Latina, o país tinha uma

África e imaginário

As primeiras imagens que chegavam das nações africanas vinham, na maioria das vezes, eivadas por muita imaginação combinada com estereótipos físicos e morais. Destacavam-se ora traços fisionômicos, ora a "barbárie" dos hábitos desses povos. Nos mapas, trípticos, tapeçarias, pinturas e desenhos que procuravam "naturalizar" a captura de africanos, as imagens buscavam sublinhar a diferença que se julgava existir entre o Velho Mundo, com seus costumes "elevados", e esse continente "longínquo" e de práticas tão diversas como "tribais". Narciso sempre achou feio o que não é espelho.

1. *Africae nova descriptio*,
Willem Janszoon Blaeu, 1648. IEB-USP

Em destaque, nas laterais do mapa, as várias nações e seus costumes "exóticos".

ACIMA:

2. Os mulatos de Esmeraldas,
Andrés Sánchez Gallque, 1599. MP

Realizada em Quito, a pintura representa o momento de reconhecimento dessas comunidades por parte das autoridades espanholas. A tela consagra a aliança acordada entre os caciques negros da região de Esmeraldas e o principal da Real Audiência de Quito. Também evidencia o rápido processo de combinação e mistura de repertórios. Na representação podem ser observados elementos africanos (as lanças), europeus (as túnicas e os chapéus) e indígenas (os enfeites de ouro).

3. *Traite d'esclaves dans la côte ouest de l'Afrique*,
François-Auguste Biard, *c.* 1833. WHM

4. Transporte de escravos no continente africano, século XIX.

Fig. 226. Sklaventransport in Afrika.

Viagem/Tráfico de almas

Depois de apresados, africanos eram colocados em tumbeiros, muitas vezes separados de suas famílias e conhecidos, e levados para uma viagem longa rumo ao desconhecido. O medo fazia parte do repertório local, com os traficantes aflitos pela possibilidade de uma revolta em alto-mar e os negros apavorados com a ideia de que encontrariam brancos canibais na América. Africanos temiam ainda que suas almas ficassem perdidas caso fossem enterrados em terra estrangeira. Na primeira imagem vemos propagandas feitas por traficantes negreiros que mostravam a quantidade possível de escravos a serem transportados em suas embarcações. Já no século XIX, essas mesmas imagens virariam material para a propaganda abolicionista, evidenciando o espaço exíguo a que eram expostas tais populações. Gravuras de época também revelam as atrocidades a que eram submetidos os "tripulantes". Muitas delas, a exemplo daquelas de Biard, igualmente embutiam objetivos abolicionistas, procurando destacar a situação desumana a que eram expostos os apresados.

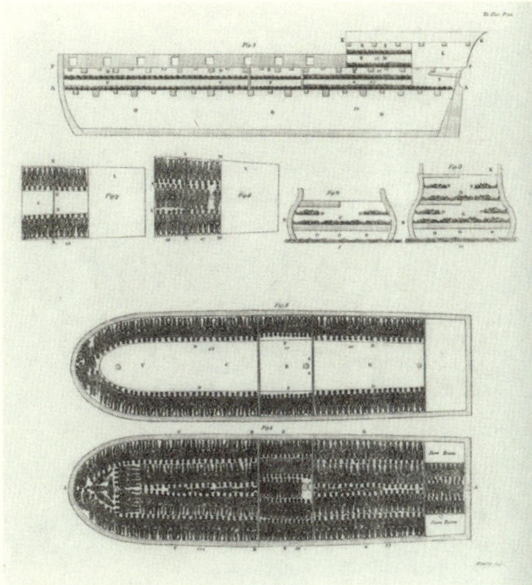

5. Plano e seções de um navio negreiro, James Phillips, 1789. Coleção particular

ABAIXO:

6. *Sections of a Slave Ship*, T. Kelly, 1830. BAS

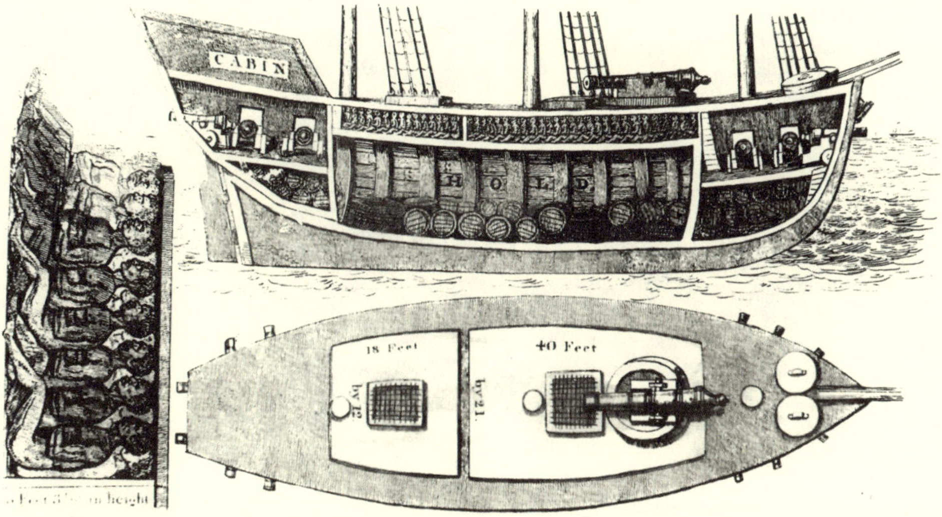

ACIMA:

7. *Isles de Sa. Anna. Debarquement d'esclaves nègres*, Paul Harro-Harring, *c.* 1840. IMS

AO LADO:

8. Três homens retiram um escravo do porão do navio negreiro, Johann Moritz Rugendas, 1835. BALVF

9. *Hold of Brazilian Slave Ship*, Francis Meynell, 1845. NMM

Vendas de escravizados e mercados

Enquanto existiu o sistema escravista, o Brasil manteve vastos mercados abertos de cativos. O maior desses mercados funcionava ao lado do Paço, até sua transferência para o Valongo, em 1808. Em 1817 havia pelo menos vinte grandes estabelecimentos por lá, nos quais mais de mil escravos ficavam expostos, sendo a maioria do sexo masculino, com idade entre seis e 24 anos.

10. Mercado de escravos, Johann Moritz Rugendas, 1835. BALVF

Rugendas procura representar o mercado como um ambiente calmo e de "negócios". O senhor examina os africanos, alguns escravizados comem, outros descansam. Mais à esquerda, um cativo deixa registros nas paredes, quem sabe uma maneira de anotar e guardar suas próprias memórias. (Ver detalhe ao lado.)

11. Venda de escravos no Rio de Janeiro, W. Read, século XIX. MHN-Ibram/MinC

Na obra de Read, os pequenos olhos brancos dos africanos como que pulam da pele muito escura, revelando humilhação e revolta. Já os brancos mais se parecem com lordes ingleses, com roupas e posturas que buscam disfarçar o mal-estar causado por esse tipo de imagem.

Numa época em que a questão da autoria inexistia, três diferentes viajantes procuraram retratar, de forma praticamente idêntica, a negociação em torno de uma escravizada.

12. Escrava sendo vendida, Thomas Ender, 1817-18. ABKW

13. Mercado de escravos, Henry Chamberlain, 1822. PESP

ABAIXO:
14. Escravos e compradores examinando as peças, Joaquim Cândido Guillobel, 1814. ACGPM

Aqui vemos duas versões da mesma pintura de Debret: a primeira um óleo, a segunda uma litografia. Na pintura a óleo destaca-se a figura feminina que parece estar negociando com o traficante o preço de uma cativa. Quando comparadas as imagens, vemos como os escravizados aparecem mais esqueléticos na gravura, e nesse caso é um proprietário que negocia com o traficante. Debret procura descaracterizar o mercador e dá ao proprietário um porte mais elegante. Por fim, o artista francês coloca crianças no chão, como era comum nas cenas que as retratavam.

ACIMA:

15. Mercado de escravos da rua do Valongo, Jean-Baptiste Debret, *c.* 1822. AMP

16. Mercado da rua do Valongo, Jean-Baptiste Debret, 1835. BPNY

Vida de engenho

É do jesuíta Antonil a definição de que "os escravos são as mãos e os pés do senhor". De fato, existiam cativos trabalhando desde o norte até o sul do território e fazendo todo tipo de serviço. Os primeiros escravizados que aqui entraram, foram trabalhar nas fazendas e engenhos de cana-de-açúcar nas capitanias do Nordeste, sobretudo na Bahia e em Pernambuco. Por outro lado, como os portugueses não tinham tradição na criação das imagens de gênero, boa parte da iconografia que temos sobre os séculos XVI e XVII foi feita por holandeses. Frans Post, por exemplo, chegou na época da ocupação holandesa e retratou escravizados sempre em atitudes pitorescas: conversando, descansando, participando de festas. De olho em sua clientela europeia, o artista preferiu ficar com o bucólico e plasmar uma natureza tropical com sua população pacífica.

17. Engenho de Pernambuco, Frans Post, século XVII, posterior a 1637. AAMRE

AO LADO:

18. *Praefecturae Paranambucae pars borealis, una cum Praefectura de Itamaraca*, Joan Blaeu e Gaspar Barleus, 1662. NLN

19. Engenho manual que faz caldo de cana, Jean-Baptiste Debret, 1822. BPNY

Debret era primo de David, o pintor da Revolução Francesa. Em seu ateliê aprendeu a retratar corpos anatomicamente perfeitos. Nesta aquarela ele procura diariamente mostrar a perigosa técnica da moenda manual, que não poucas vezes deixava feridos com mãos decepadas. O artista preferiu, porém, apresentar seu caráter organizado. Musculosos, os escravos trabalham sem parar. Ao canto, uma vassoura indica a limpeza que deveria dominar um local de trabalho como aquele.

20. Moagem da cana na Fazenda Cachoeira, em Campinas, Benedito Calixto, s. d. MP-USP

Nesta tela mais tardia de Benedito Calixto, baseada num desenho de Hercule Florence, vemos bem por que nos inventários não se discriminavam animais de cargas e escravizados. Eram ambos "bens semoventes". Na imagem, tanto homens como o gado carregam fardos descomunais. Já o conjunto da pintura pretende destacar apenas a perfeição da técnica da moagem.

Pastoreio e charqueada

Escravizados foram muito utilizados nas charqueadas e no pastoreio, sobretudo no Sul do país. O trabalho era árduo, envolvia muito sangue; e a recompensa, nenhuma.

21. Barcaça feita de couro de boi [barcaça de madeira e couro puxada por nadadores escravizados], Jean-Ferdinand Denis, final do século XIX. FBN

22. Charqueada do Brasil, Jean-Baptiste Debret, 1827-29. MCM-Ibram/MinC

Escravizados mineradores

23. Modo como se extrai o ouro no Rio das Velhas e nas mais partes dos Rios, autor desconhecido, *c.* 1780. IEB-USP

Com a descoberta de ouro nas Minas Gerais, já no fim do século XVII, um grande fluxo de escravizados foi levado para essas regiões ermas. A sanha do dia a dia era dura, muito insalubre e exigente. Quanto mais reluziam as minas, mais a corrida do ouro ganhava forma e volume no Brasil.

24. [Escravo examinado por dois feitores], Carlos Julião, *c.* 1770. FBN

Carlos Julião era um artista luso-italiano, engenheiro e inspetor de fortalezas. Legou uma série de imagens sobre a mineração. Na primeira, dois senhores ou feitores verificam se o escravizado não traz ouro incrustado nas vestes, no cabelo, nos dentes. Portam o chicote que virou instrumento e símbolo da realidade escravocrata deste Brasil.

25. [Serro Frio: trabalho de lavagem do cascalho, feito por escravos], Carlos Julião, último quarto do século XVIII. FBN

Ferrez, um fotógrafo de rara técnica, tomou esta imagem a partir de um ângulo específico. Ao fundo a casa dos senhores, no centro os escravizados pegando o ouro de aluvião; destaca-se na terra a enxada. Na segunda foto, a intenção é mostrar o trabalho nas minas; o efeito é a certeza da insalubridade reinante nesses lugares.

NO ALTO:

26. Lavagem de ouro, Marc Ferrez, Minas Gerais, *c.* 1880. CGF-IMS

27. Primeira foto do trabalho no interior de uma mina de ouro, Marc Ferrez, Minas Gerais, 1888. CGF-IMS

Amazônia e as longínquas fronteiras

Pouco se sabe ou comenta, mas, nas fronteiras ao norte do país, indígenas e africanos conviveram de muitas formas. Por vezes podiam ser vistos juntos nas propriedades dos senhores locais; por vezes fugiam e constituíam mocambos; por vezes, ainda, indígenas eram utilizados para fazer razias contra cativos fugidos. Juntos e separados, os costumes se misturaram e formaram outro Brasil, sendo ele um só.

NO ALTO:

28. Chefe bororo partindo para uma expedição guerreira, Jean-Baptiste Debret, 1834. BPNY

Nessa aquarela, talvez de maneira pouco intencional, Debret capta indígenas ao lado de africanos e que parecem fazer a guerra juntos.

AO LADO:

29. Índios botocudos. Rancho indígena, Paul Delamain, 1859. BPNY

Mais uma vez as imagens se misturam: acima os indígenas, abaixo uma senzala com escravizados.

Já na segunda metade do século XIX, fotógrafos percorreram parte da Amazônia buscando retratar a população local. Quando não achavam "indígenas puros", recorriam ao que encontravam nas pequenas localidades organizadas em torno dos rios. Nelas se vê o efeito da etnogênese entre populações nativas e africanas. As imagens são variadas, mas em geral revelam tristeza e espanto diante da atividade do profissional que com uma lente lhes "capturava a alma". As fotos a seguir são de Walter Hunnewell, fotógrafo oficial da Missão Thayer, e fazem parte do Álbum das fotografias antropológicas da Expedição Thayer (1865-66). *Elas foram precursoras das teorias raciais desenvolvidas por Louis Agassiz. Todas estão devidamente numeradas.*

30. Retratos de homens e mulheres feitos em Manaus, Walter Hunnewell, 1865. PMAE, Universidade Harvard

Escravizados urbanos

Nas cidades, escravizados e escravizadas faziam de tudo: eram carregadores, cesteiros, curadores, barbeiros, e vendiam de tudo. Podiam ser alugados, emprestados, ou realizar trabalhos por jornada. Dominavam as ruas das grandes cidades escravocratas brasileiras.

31. [Negro vendedor de leite], Carlos Julião, último quarto do século XVIII. FBN

32. [Oficiais do terço], Carlos Julião, último quarto do século XVIII. FBN

Oficial do Terço dos Pardos e oficial do Terço dos Pretos Forros. Esses batalhões compunham as forças auxiliares das tropas regulares e costumavam ser recrutados nas paróquias.

33. Pretos de ganho, Henry Chamberlain, 1822. PESP

34. Vendedores de capim e leite, Jean-Baptiste Debret, 1835. BPNY

ABAIXO:
35. Seis negros transportando um barril numa carreta (Piolho), Joaquim Cândido Guillobel, 1814. ACGPM

36. Quitandeiras da Lapa, Henry Chamberlain, 1818. MASP

AO LADO:
37. Negra tatuada vendendo cajus, Jean-Baptiste Debret, 1827. MCM-Ibram/MinC

38. Escravos: vendedor de carvão e vendedoras de milho verde, Jean-Baptiste Debret, 1835. BPNY

39. Barbeiros ambulantes, Jean-Baptiste Debret, *c.* 1830. BPNY

40. Cirurgião escravo [colocando ventosas], Jean-Baptiste Debret, 1835. BPNY

41. Os refrescos no largo do Paço depois do almoço, Jean-Baptiste Debret, 1835. BPNY

42. [Tigreiros], Henrique Fleiuss, 1861. FBN

Tigreiros eram os escravizados responsáveis por recolher os detritos da cidade e jogá-los nos mares e rios. Por conta do trabalho, ficavam com seus corpos marcados.

43. Venda em Recife, Johann Moritz Rugendas, *c.* 1830. BALVF

Chama atenção como Rugendas revela hierarquias pelos detalhes. Acima, à esquerda, uma sinhá observa a movimentação das escravizadas no mercado.
(Ver detalhe ao lado.)

Escravos que transportam

As liteiras e cadeirinhas, devidamente carregadas por escravizados domésticos, chamaram tanto a atenção dos viajantes, que viraram uma espécie de tópica visual. Em geral bem-vestidos, eles carregam senhoras, sempre devidamente protegidas pelos cortinados, e senhores que relaxam durante o passeio. Levar pesos nos ombros era quase uma metáfora da hierarquia e ordem estritas que um sistema como este pretendia divulgar.

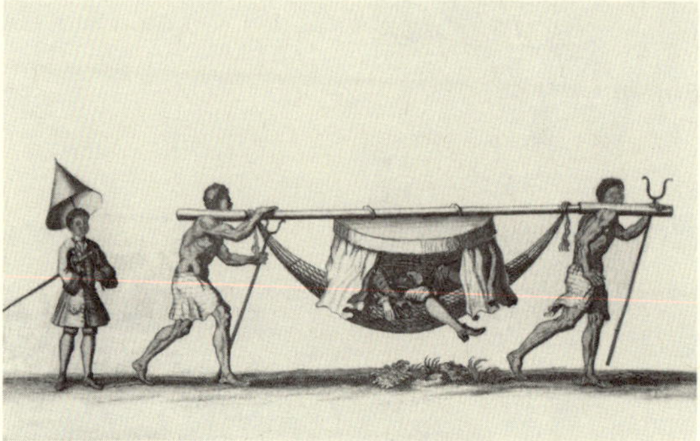

44. [Dois homens carregando outro numa rede], autor desconhecido, 1718. BJCB, Universidade Brown

45. Regresso à cidade de um proprietário de chácara, Jean-Baptiste Debret, 1835. BPNY

46. Senhora viajando de rede, Joaquim Cândido Guillobel, 1814. ACGPM

47. [Dama em liteira, carregada por escravos, e suas acompanhantes], Carlos Julião, último quarto do século XVIII. FBN

48. Transporte de uma criança branca para ser batizada na igreja, Jean-Baptiste Debret, 1839. BPNY

49. Serpentina de luxo, Joaquim Cândido Guillobel, 1814. ACGPM

50. Mulher da família Costa Carvalho e escravos, autor desconhecido, *c.* 1860. IMS

De tão corriqueiras, as imagens das seges ou "cadeirinhas" ganharam também o espaço das fotografias, sendo retratadas por vezes nas ruas, por vezes em estúdios. Há várias políticas de invisibilidade no albúmen acima. Não sabemos o nome da senhora (apenas de seu marido), e muito menos a identidade dos dois escravizados, ambos descalços e vestidos como serviçais domésticos. Porém, enquanto o cativo da esquerda deve ter obedecido ao comando do fotógrafo — olhou para baixo em sinal de reverência e tirou o chapéu —, já o da direita cruzou as pernas, pôs a mão na cintura, deixou o chapéu bem colocado na cabeça e encarou a câmara. Roubou a cena.

51. Escravos transportando homem numa liteira, Alberto Henschel, Bahia, 1869. CLIL-IMS

Escravizados domésticos

São muitas as imagens que retratam cativos e cativas que serviam nos lares de seus senhores. Mesmo que mais bem-vestidos, eles são sempre representados em situações de submissão. Na primeira imagem, uma escravizada doméstica limpa os pés do senhor, o qual, por sua vez, olha para outra cativa. Já na segunda pintura, que traz uma evocação clássica, o banho do pequeno senhor é acompanhado por escravizados domésticos; bem-vestidos mas sempre descalços.

52. Fiel retrato do interior de uma casa brasileira, Joaquim Cândido Guillobel, 1814.
ACGPM

53. O filho do artista tomando banho na varanda da residência de seu avô, Grandjean de Montigny, Arnaud Julien Pallière, 1830.
ACBI

Nestas duas aquarelas Debret procura destacar as diferenças entre brancos e negros. Na primeira, a escrava à esquerda abana a senhora. Já o escravo à direita cruza os braços e é seguido por mais outro na soleira da porta. O ambiente é tenso. O senhor não olha para ninguém, enquanto sua esposa "se diverte" dando de comer a um menino negro que mais parece com "um bichinho de estimação". Ambas as crianças estão no chão; aliás, como sempre aparecem nas gravuras do pintor francês, a exemplo da segunda gravura. Nela, a mãe ensina a filha na arte de ler e escrever, enquanto escravizadas e escravizados, exceto por aquele que traz a bandeja, permanecem na altura do chão.

54. Um jantar brasileiro,
Jean-Baptiste Debret, 1827.
BPNY

55. Uma senhora de algumas posses em sua casa,
Jean-Baptiste Debret, 1823.
BPNY

Café

O café, também conhecido como "ouro negro", fez toda a diferença no panorama econômico nacional, bem como no regional. O eixo financeiro girou do Nordeste para o Sudeste, e a produção desse gênero começou a tomar vulto no Vale do Paraíba, na província do Rio de Janeiro, alcançando em seguida o Oeste Paulista. Até 1850 o tráfico de almas permanecia regular, mas depois dessa data, passados alguns anos de comércio ilegal, a entrada de africanos ficou mesmo restrita. Já o tráfico interno de escravizados continuou a funcionar, e a todo vapor. O café também mudaria a paisagem geográfica e cultural, com a riqueza agora se concentrando no Sudeste e tendo o Rio de Janeiro como capital não só política, mas ainda social e cultural.

56. Café torrado, Jean-Baptiste Debret, 1826. MCM-Ibram/MinC

Nas cidades, escravizadas com seus panos da costa, marcas de nação, andavam pelas ruas vendendo seus produtos, servindo café e cachimbando.

57. Comboio de café seguindo para a cidade, Jean-Baptiste Debret, 1826. MCM-Ibram/MinC

Na foto abaixo Leuzinger "cria" a paisagem de maneira a colocar "tudo em seu lugar". Ao centro, e mostrando pouca vontade, dois escravizados secam o café, conforme consta no título do albúmen. O fotógrafo, que dispôs crianças no chão, a exemplo das gravuras de época, apresenta uma mãe negra com seu filho às costas (o qual se mexeu e assim saiu descaracterizado), e uma ama à direita com seu senhor, que brinca com um brinquedo ostentoso. Há como que uma conversa entre as crianças: as que têm "direito" aos cuidados e ao lazer e as que em absoluto não têm. Ao fundo, as encostas devastadas pelo café, cujo plantio costumava destruir as terras onde era realizado.

58. Fazenda de Quititi [Secagem do café], Georges Leuzinger, Jacarepaguá, Rio de Janeiro, *c.* 1865. IMS

Ferrez pretende mostrar a pujança e o controle experimentados nas fazendas de café de São Paulo. Nessa fila de escravizados e escravizadas, há uma ordem dada por gênero e idade que procura novamente revelar o clima tranquilo de partida numa manhã de trabalho qualquer. Enxada, cestos e demais apetrechos não escondem, porém, a tensão expressa na face dos fotografados.

59. Partida para a colheita do café, Vale do Paraíba, São Paulo, Marc Ferrez, *c.* 1885. IMS

Religiosidades, calundus, capoeiras e outras formas de cultura material e imaterial

Os africanos trouxeram nos tumbeiros suas próprias culturas, linguagens e costumes, e aqui as "traduziram", incluindo as novidades que conheceram na terra do Brasil. Festas, manifestações religiosas, formas de usar o tempo livre, lazer e tantos outros elementos preencheram, também, o cotidiano dessas populações. Por conta do olhar estrangeiro que teve o monopólio das imagens, por vezes esses rituais parecem estranhos e muito europeizados. A despeito, porém, das lentes culturais (que costumam desfocar demais), o certo é que o território se encheu de formas novas de lazer, as quais, no contexto da escravidão eram, à sua maneira, formas de rebeldia.

60. A dança do calundu, Pernambuco, Zacharias Wagener, *c.* 1640. SK, Dresden

AO LADO:
61. [Coroação da Rainha Negra na Festa de Reis], Carlos Julião, 1776. FBN

62. Negros dançando fandango (jongo) no Campo de Santana, Augustus Earle, Rio de Janeiro, *c.* 1822. BNA

63. Dança de negros, Hermann Rudolf Wendroth, Rio Grande do Sul, 1851-52. MJC

64. Coleta de esmolas para a igreja do Rosário, Jean-Baptiste Debret, Porto Alegre, 1828. BPNY

65. *Holiday dress*, Maria Graham. FBN

66. Marimba. Passeio de domingo à tarde, Jean-Baptiste Debret, 1826. MCM-Ibram/MinC

67. Festa da rainha em Minas Gerais, Johann Baptist von Spix e Carl Friedrich von Martius, 1826-31. FBN

68. Capoeira, Augustus Earle, c. 1822. BNA

Earle mostra não só a prática da capoeira, como sua repressão. À esquerda, a polícia aparece para reprimir a atividade.

AO LADO:

69. Capoeira, Johann Moritz Rugendas, 1835. BALVF

70. Cena de Carnaval, Jean-Baptiste Debret, 1835. BPNY

71. Casamento de escravos de uma casa rica, Jean-Baptiste Debret, 1825. BPNY

72. [Congada], Arsênio da Silva, *c.* 1860. FBN

alta incidência de uniões livres e nascimentos ilegítimos. Mesmo entre os brancos de elite, grupo em que o casamento formal desempenhava um papel econômico tão crucial, as taxas de ilegitimidade e uniões livres eram superiores às encontradas em qualquer elite europeia correspondente, incluindo as de Portugal. Assim, por exemplo, num censo de 1855 da cidade de Salvador, a taxa de uniões livres entre as pessoas livres da cidade é menor do que as uniões legais, e um estudo de todos os nascimentos na cidade no século XIX mostra que eram legítimos apenas 38% de nascimentos ocorridos entre as pessoas livres. Tal padrão de baixa proporção de casamentos e elevada porcentagem de nascimentos de filhos ilegítimos parece corresponder a um fenômeno urbano. Nos distritos rurais, as taxas de casamento e partos legítimos parecem ter sido muito maiores para a população livre de cor branca. Em função desses padrões variados de casamento legal entre a população livre, é bastante surpreendente encontrar escravos legalmente casados desde os primeiros dias da escravidão no país. Na verdade, o Brasil era praticamente único entre as sociedades escravistas na representatividade dos casamentos entre escravos. Mas a ocorrência de casamentos entre os escravos não era uniforme no tempo e no espaço. Embora os escravos casados possam ser encontrados em todos os lugares, o Sudeste apresentava maior proporção de uniões legais do que as demais regiões, e algumas áreas, como o Rio de Janeiro, viram forte declínio na proporção de uniões legais dos escravos durante o século XIX. Parece haver mais escravos casados nas áreas rurais do que nos centros urbanos. A porcentagem de escravos que se casaram legalmente nas fazendas de café de São Paulo foi maior do que em qualquer outra região do país, tanto nas áreas da grande lavoura como nas demais. Enquanto no Brasil no primeiro censo de 1872 foram registrados 12% dos escravos como "sempre casados", na província de São Paulo, no fim do século XVIII e início do XIX, cerca de 30% de todos os escravos adultos eram legalmente casados. Os dados também revelam que havia um aumento consistente dos casais, quanto maior o tamanho da unidade escravista.

Isso significa, é claro, que os escravos brasileiros tinham uma taxa modesta de nascimentos legítimos. Numa pesquisa de mais de 9 mil nascimentos de escravos registrados de 1736 a 1854 na paróquia de Nossa Senhora do Pilar de São João del-Rei, em Minas Gerais, um terço era legítimo. Em contraste, a taxa de legitimidade para os nascimentos de pessoas livres foi de 71% (em mais de 13 mil nascimentos) e 40% para os 2400 nascimentos de mães livres de cor. Embora algumas cidades apresentassem taxas mais elevadas, e o Nordeste taxas muito mais baixas, em geral, tais nascimentos legítimos estavam próximos dessa amostra de Minas Gerais no século XVIII.

Como tais índices demográficos se comparam aos de outros regimes escravos? As altas taxas de manumissão tenderam a ser a norma nas regiões escravas espanholas e portuguesas, mas não nas demais áreas escravistas da América. O Brasil provavelmente foi comparável apenas a Cuba no impacto do tráfico negreiro sobre as taxas de crescimento de sua população escrava residente. Como o fim do comércio de escravos do Atlântico foi anterior nos Estados Unidos e nas Índias Ocidentais, as taxas de crescimento dessas regiões logo se tornaram positivas, sobretudo quando comparadas aos casos brasileiro e cubano. Também é evidente que a população escrava dos EUA apresentou maiores taxas de natalidade e expectativa de vida mais longa do que os escravos do Brasil. As taxas de natalidade mais altas podem ter sido decorrentes de períodos de lactação menores das mães escravas, que adotaram o padrão do Norte da Europa, de menos meses de alimentação, em comparação com a alimentação normal de dois anos, que era o padrão na África e na maioria das áreas da América. Não há dúvida, porém, de que a expectativa de vida dos escravos nos Estados Unidos foi entre cinco e dez anos mais elevada do que no Brasil. Devemos considerar, porém, que ocorriam as mesmas diferenças na expectativa de vida para as populações brancas brasileiras e norte-americanas. Assim, para todos os grupos sociais, o Brasil era um lugar menos saudável para viver em comparação aos EUA. Finalmente, o Brasil e algumas outras sociedades latino-americanas foram as únicas onde se encontrou uma minoria de famílias escravas legalizadas, com taxas significativas de nascimentos legítimos, algo desconhecido nos Estados Unidos.

Os escravos que sobreviveram à disenteria e outras doenças da infância obviamente tiveram uma vida média de trabalho muito superior aos sete anos míticos. No entanto, não se deve esquecer que os escravos compunham quase exclusivamente a classe trabalhadora e sofreram com mais intensidade de lesões relacionadas ao trabalho, bem como de todas as doenças infecciosas e alimentares das quais padeciam os elementos mais pobres da população.

Tânia Salgado Pimenta

DOENÇAS

DOENÇAS ESTÃO PRESENTES NA TRAJETÓRIA DE QUALQUER GRUPO social e em todos os contextos. O que se diferencia é o modo como as pessoas em determinado espaço e tempo as concebiam e, em função desse entendimento, as enfrentavam. O desenvolvimento de algumas enfermidades pode estar associado às suas condições de vida. Assim, identificar as doenças nos ajuda a compreender melhor o mundo em que os africanos escravizados e seus descendentes viviam. Esse reconhecimento, contudo, é bastante complexo, pois, muitas vezes, se registrava o que hoje consideramos apenas sintomas, como febres e diarreia. Ou ainda, referiam-se a moléstias que, embora tenham permanecido com a mesma designação, adquiriram outro significado, como o escorbuto, definido pela carência de vitamina C, cujas descrições dos séculos XVIII e XIX apontam também para outras doenças descritas atualmente.

Entre os males que mais atingiam os escravizados, destacavam-se a tuberculose, a disenteria, a varíola, a coqueluche, o sarampo e a escarlatina. Gastroenterite, enterite e pneumonia também eram frequentes, do mesmo modo que os problemas causados por vermes e parasitas intestinais. Comumente, essas doenças eram agravadas por carências nutricionais, assim como pelo trabalho extenuante e pelos castigos aos quais eles poderiam estar submetidos. Decerto, as doenças não estavam restritas aos africanos e seus descendentes. Portanto, sua incidência em escravos, quando comparados a populações livres, ou em africanos comparados a crioulos, por exemplo, podem indicar as condições — associando-se, inclusive, ao tipo de trabalho — a que cada grupo estava sujeito em diferentes regiões e períodos. A epidemia de cólera de 1855-56, no Rio de Janeiro, ilustra bem essa questão, com os africanos morrendo mais que os brasileiros. Uma das explicações possíveis seria a maior inserção destes últimos em redes de solidariedade que pudessem auxiliá-los quando doentes.

De acordo com médicos oitocentistas, certas doenças, de grande incidência, estariam diretamente associadas aos africanos e ao tráfico, como é o caso da varíola e do sarampo, da oftalmia, da sarna, da elefantíase dos árabes (filaríase), da elefantíase dos gregos (hanseníase), do maculo (caracterizado por úlceras no ânus) e da bouba (uma doença infecciosa na pele, ossos e cartilagem, cujo sintoma mais visível eram erupções na derme) e da sífilis. Apesar dos debates em torno da disseminação da febre amarela — se esta ocorreria por contágio ou por infecção a partir da formação de miasmas —, algumas autoridades médicas, em face da epidemia de 1849-50, atentavam para sua possível ligação com o tráfico atlântico de escravos, o que contribuiu como argumento para a aprovação da Lei Eusébio de Queirós, de 1850.

Outro aspecto a ser considerado diz respeito à assistência disponível para esses africanos e seus descendentes. A vida num centro urbano, em pequenas e médias propriedades, ou em plantations, desenhava diferentes possibilidades para eles: serem cuidados por uma rede de solidariedade horizontal — representada por curandeiros, barbeiros-sangradores, curiosos, feiticeiros — ou por médicos, cirurgiões e boticários de formação acadêmica. Embora, formalmente, os agentes oficiais de cura fossem mais reconhecidos e valorizados, a população atendida não entendia a eficácia dessa forma. Boa parte dos doentes, tivessem sido atravessados pela experiência da escravidão ou não, preferiam ser assistidos por curandeiros. Alguns eram muito famosos em seus locais de atuação, como Juca Rosa no Rio de Janeiro, Mestre Tito em Campinas, e Pai Manuel em Recife. Outros não tiveram seus nomes publicados nos jornais, mas conseguiram mobilizar os moradores da região onde atuavam, para solicitar a continuação de sua assistência à população. Em geral, os curandeiros se destacavam por tratarem de doenças que os médicos acadêmicos não conseguiam curar, e por usarem plantas medicinais. Por vezes, alegavam que teriam o conhecimento para tirar espíritos malignos que estariam causando as enfermidades.

Especificamente para as mulheres e as crianças, as parteiras desempenhavam um papel muito importante. A maioria dos partos era realizada no ambiente doméstico durante os Oitocentos, até mesmo nas cidades maiores. Escravas e forras certamente constituíam o principal apoio para mulheres da mesma condição. Seu aprendizado se dava através do acompanhamento de parteiras mais experientes. Enquanto algumas atuavam como integrantes de redes de solidariedade, outras cobravam por seus serviços. No entanto, qualquer que fosse o tipo de parteira, sua atuação não se limitava a partejar; elas cuidavam de doenças femininas e infantis usando, em geral, ervas medicinais. Além disso, eram muito procuradas por mulheres em busca de alguma forma de contracepção ou de aborto.

Os hospitais não eram o lugar, por excelência, de tratamentos médicos para os cativos. A Santa Casa de Misericórdia do Rio de Janeiro e a de Salvador administravam as maiores instituições do país voltadas para o atendimento de pobres. Contudo, as pessoas escravizadas não poderiam ser consideradas pobres, mas serviam para avaliar a pobreza de outrem. Assim, se alguém possuísse apenas um cativo, seria considerado pobre e não pagaria pelo tratamento. Isso não impedia que alguns senhores se dispusessem a pagar pela internação de seus escravos na Misericórdia ou, o que não era raro, preferissem abandoná-los no hospital para não arcarem com as despesas médicas. Durante a segunda metade do século XIX surgiram, nas cidades, casas de saúde e maternidades nas quais, em geral, eram admitidos homens e mulheres escravizadas, cujo tratamento seria mais barato que o de pessoas livres. Ao longo desse século, em províncias como Bahia, Minas Gerais e Rio de Janeiro foram sendo criadas diversas casas de caridade pelo interior, constituindo mais uma possibilidade de assistência à saúde. Assinala-se que libertos e livres pobres, descendentes dos africanos escravizados, aos quais se somavam os imigrantes e marinheiros nas cidades litorâneas, formavam a maior parte dos enfermos tratados nos hospitais.

Em meados dos Oitocentos, o hospital da Misericórdia do Rio de Janeiro estava em processo de medicalização, não apenas com mais médicos responsáveis pelas enfermarias mas, sobretudo, com a presença diária de professores e alunos da Faculdade de Medicina. Os doentes internados na Misericórdia do Rio serviam como base para os estudos práticos dos estudantes, assim como para experiências com novos medicamentos ou doses diferentes de remédios conhecidos, para a prática cirúrgica e a observação dos resultados. Constituíram, desse modo, a base para o desenvolvimento do conhecimento médico, publicado em teses de final de curso da Faculdade de Medicina e nos periódicos especializados.

Os cuidados médicos poderiam, ainda, ser dispensados no ambiente doméstico, pois os doutores costumavam prestar seus serviços nas casas para as quais fossem chamados. Não era incomum que na mesma visita assistissem, de uma só vez, aos doentes da família do proprietário, agregados e escravos. Embora fossem numericamente mais relevantes na capital do Império, médicos também circulavam por cidades pequenas e fazendas do interior, e cobravam mais caro se a distância fosse grande e, mais ainda, se o atendimento se desse à noite.

Se os escravos fizessem parte de um grande plantel nas fazendas de café do Vale do Paraíba, é provável que contassem com enfermarias, muitas vezes disponíveis para essas propriedades. Tais enfermarias podiam ser comandadas por médicos, mas em geral dispunham de escravizados como enfermeiros. Estes, com frequência, tomavam a frente nos cuidados com os doentes. Nas primeiras décadas do século XIX, mesmo na Santa Casa do Rio de Janeiro, por exemplo, havia sangradores que faziam diagnósticos e tratavam dos enfermos.

Os sangradores desempenhavam uma função bastante importante na medicina oitocentista. Apesar disso, o ofício era desvalorizado no universo oficial das artes de curar por ser um trabalho manual, e que lidava diretamente com sangue. Considerada uma arte menor da cirurgia, a sangria era um recurso terapêutico utilizado em quase todas as enfermidades. Ao provocar a sangria, procurava-se reequilibrar os humores que formavam o corpo humano, já que o excesso ou concentração de um deles poderia causar doenças. Por esse motivo, também era comum a prescrição de vomitivos, evacuantes e sudoríficos.

No Brasil do século XIX não havia ninguém mais apto a desempenhar as atividades de "sarjar, sangrar e aplicar sanguessugas e ventosas" do que escravizados e libertos. Se, por um lado, o caráter mecânico da arte de sangrar e a sua limitação a atos cirúrgicos menores ajudam a explicar o porquê de grupos mais abastados da sociedade relegarem o exercício de sangrador a populações mais pobres e a escravizados, havia, por outro lado, interesse de cativos e libertos, incluindo-se nessa conta muitos africanos, pelo ofício. Esse grupo, provavelmente, via em tal atividade, pelo menos nos centros urbanos, uma oportunidade de acumular pecúlio; ou seja, enxergava o aumento potencial da possibilidade de comprar a liberdade e de melhorar suas condições de vida. Os africanos e seus descendentes praticamente monopolizaram a arte de sangrar. Atuavam pelas ruas e praças das cidades ou em lojas de barbeiro, onde ofereciam outros serviços, como corte de cabelo e de barba e conserto de meias. Também era comum que fizessem parte de bandas de música. As lojas de barbeiros serviam ainda como local de encontro das pessoas, por exemplo, entre vendedores e compradores de quaisquer objetos anunciados pelos jornais.

Estrangeiros que passaram por centros urbanos brasileiros atentaram para o fato de escravizados ou libertos desempenharem o ofício de sangrador. Com efeito, durante a existência da Fisicatura-Mor, órgão que regulamentava e fiscalizava as atividades relacionadas às artes de curar, com sede no Rio de Janeiro, entre 1808 e 1828, 84% dos sangradores com licença para exercer suas atividades no Brasil eram forros e escravos. E, dentre os que tinham origem definida, 61% haviam nascido na África.

Dos sangradores que desempenhavam sua função especificamente em embarcações que traziam escravizados, a maioria era constituída de cativos, dentre os quais alguns tinham vindo da própria costa leste. Africanos libertos também viajavam, diversas vezes, de volta para seu continente, exercendo a mesma atividade. Notadamente em relação ao Centro-Sul do Brasil, onde os escravos africanos procediam majoritariamente do Centro-Oeste da África, pode-se dizer que compartilhavam parte de seu complexo cultural, como pressuposições básicas sobre o parentesco e visões cosmológicas. Entre elas, estava decerto a ideia de que o desequilíbrio, o infortúnio e a doença seriam causados pela ação malévola de espíritos ou de pessoas, em geral, através de bruxaria ou feitiçaria. Portanto, podemos supor que, mesmo quando realizasse uma sangria em algum doente por ordem explícita de um médico, o sangrador a justificaria como uma forma de retirar espíritos malignos que estariam provocando a enfermidade. Tal fato sugere o importante apoio que esses sangradores poderiam constituir para os africanos, na travessia do Atlântico. Aponta também para o fato de que a comunicação entre eles não acontecia apenas no nível linguístico.

Para exercer suas atividades nas embarcações, os sangradores precisavam de uma licença da Fisicatura-Mor, e um dos requisitos para obtê-la era a apresentação de um atestado passado por outro sangrador mais experiente ou por um cirurgião. A maior parte desses atestados eram dados por outros sangradores africanos ou afrodescendentes, quando constatavam que o requerente havia aprendido com eles tal prática e por alguns anos. Evidencia-se, assim, o processo de aprendizado e de formação de redes de solidariedade entre aqueles que praticavam tal ofício.

A partir da década de 1830, reclamações em teses e periódicos médicos passaram a desqualificar os sangradores, descrevendo-os como "negros boçais". Algumas iniciativas, como a de 1847 que foi reiterada em 1852, a qual obrigava os alunos da Faculdade de Medicina a sangrarem os doentes do hospital, faziam parte da luta da corporação médica pelo monopólio da arte de curar. Esse processo foi bastante longo, e até o final do século XIX os médicos não haviam conseguido alcançar tal hegemonia.

Por fim, importa considerar que, apesar de se encontrarem em momentos de maior fragilidade, os doentes escravizados e libertos e suas famílias fizeram escolhas. Podiam utilizar recursos de modo diferente daquele previsto por médicos de hospitais. As grávidas, por exemplo, podiam dar à luz na Santa Casa, no entanto, para desagrado de seus administradores, se internavam até quatro meses antes do momento do parto. Provavelmente, tais mulheres pretendiam esconder a gravidez e acessar o serviço da roda dos expostos — onde se deixavam recém-nascidos que ficavam sob o cuidado de instituições de caridade —, saindo do hospital sem evidência alguma de que haviam tido um filho. Também podiam manifestar suas preferências buscando o tratamento que lhes parecia mais adequado, como fizeram os mais de 14 mil africanos e crioulos escravizados que foram tratados no consultório homeopático do dr. Mure, no período de 1843 a 1856. Esse sistema médico talvez combinasse mais com suas concepções de doença e saúde. Além disso, poderiam recusar a assistência que lhes fora concedida, como durante períodos de epidemias, quando os médicos reclamavam que muitos enfermos, sobretudo das classes populares, os procuravam apenas num estágio avançado da doença, quando não haveria mais nada a fazer. Talvez fosse essa uma demonstração derradeira de suas vontades.

E

Rafael de Bivar Marquese

ECONOMIA ESCRAVISTA MUNDIAL

AINDA QUE SOB RITMOS DESCONTÍNUOS, A CONSTRUÇÃO DA escravidão brasileira na longa duração guardou estreita articulação com as diferentes conjunturas da economia-mundo capitalista. As incorporações sequenciadas dos espaços produtivos coloniais e nacionais às fronteiras mercantis do capitalismo global deram origem, no Brasil, a um vasto e complexo mosaico de atividades econômicas fundadas na exploração do trabalho escravo. Tal diversidade constituiu uma das marcas distintivas do sistema escravista brasileiro quando comparado às demais sociedades escravistas do Novo Mundo.

Essa história começa com a cadeia mercantil açucareira. O açúcar foi dos produtos mais valiosos transacionados no mar Mediterrâneo a partir do século XII, quando se reabriram as conexões do comércio a longa distância com o Oriente. Desde cedo, ele foi manejado pelo capital mercantil das poderosas cidades-Estado italianas de Gênova e Veneza como um artigo das áreas de exploração colonial no Chipre, em Creta e na Sicília, voltado, no entanto, à mesa de nobres e grandes mercadores europeus.

A associação do capital genovês com a expansão ultramarina ibérica, durante o século XV, permitiu a ampliação, para o espaço atlântico, de práticas originalmente elaboradas no Mediterrâneo. Ao abrirem novas áreas de cultivo da cana-de-açúcar nos arquipélagos da costa africana (Madeira, Canárias e São Tomé), bem como no "ponto zero" da conquista das

Américas (a ilha caribenha de Hispaniola), sempre com o concurso dos genoveses, os poderes coloniais de Portugal e da Espanha trouxeram uma inovação importante em relação aos padrões mediterrânicos, associando a produção açucareira ao trabalho dos africanos escravizados. Ainda que houvesse emprego ocasional de cativos na indústria açucareira do Mediterrâneo medieval, a conjugação estreita entre escravidão negra e açúcar branco foi uma criação atlântica ibérica que precedeu a colonização da costa nordeste do Brasil.

No momento em que, no final do século XVI, os portugueses fincaram em bases sólidas a rede de engenhos da Zona da Mata pernambucana e do Recôncavo baiano, a indústria açucareira adquiriu um novo perfil, prefigurando o que ela viria a ser nos 250 anos seguintes. A combinação de amplas reservas de floresta tropical, inovações técnicas na extração do caldo de cana e na coordenação do trabalho escravo, e, em especial, volumoso tráfico transatlântico de escravos permitiu que os senhores de engenho e lavradores de cana da América portuguesa obtivessem, na primeira metade do século XVII, o virtual monopólio sobre a oferta de açúcar nos mercados europeus.

Tal sucesso, no entanto, acabou por solapar a posição brasileira. A ampliação da base de consumidores urbanos no Noroeste da Europa, aliada aos altos preços que eles se dispunham a pagar pelo artigo, estimulou os poderes metropolitanos rivais dos ibéricos a se lançarem na empresa açucareira ultramarina. Entre 1624 e 1654, os holandeses fracassaram em seus esforços para conquistar Bahia e Pernambuco, mas foram bem-sucedidos em contribuir decisivamente para a construção da agroindústria açucareira escravista no Caribe inglês e francês. A passagem do século XVII para o XVIII marcou, então, a entrada de novos competidores açucareiros na economia-mundo capitalista, os quais reproduziram o modelo escravista de produção em larga escala criado na costa nordeste do Brasil na centúria anterior. Desse momento em diante, os senhores de engenho e lavradores de cana da América portuguesa tiveram que enfrentar a dura competição de colônias como Jamaica britânica e São Domingos francesa.

As colônias açucareiras portuguesas demonstraram enorme resiliência nessa disputa. Se, ao longo do século XVIII, o artigo brasileiro perdeu espaço nos mercados europeus para os produtores escravistas das Antilhas britânicas e francesas, o volume total de suas exportações não deixou de crescer. Alguns fatores ajudam a entender as razões para tal situação: a popularização crescente do artigo nos centros consumidores europeus (a ponto de ele ser considerado, no fim daquele século, a "luxúria do pobre"); a alta qualidade final do açúcar branco, não refinado, fabricado no Brasil; os custos operacionais mais baixos de seus engenhos, dados pelas reservas de lenha e pela oferta abundante de gado de corte e de tiro; as constantes guerras interimperiais entre França e Grã-Bretanha, que criavam conjunturas favoráveis aos exportadores luso-brasileiros; e, acima de tudo, o custo relativo da mão de obra escravizada.

Neste último aspecto, é possível observar como o resultado das guerras holandesas e, paradoxalmente, a montagem da economia mineradora vieram em socorro da indústria açucareira da América portuguesa. A natureza do combate à Companhia das Índias Ocidentais holandesa (WIC) no Atlântico Sul abriu espaço para que, na segunda metade do século XVII, os interesses escravistas das zonas açucareiras da América portuguesa interferissem diretamente na gestão dos negócios negreiros, estabelecendo um eixo bilateral no tráfico transatlântico de escravos. Controle das operações a partir da América, contatos mais sólidos na África, viagens mais curtas pelo Atlântico, mantiveram os preços finais dos escravos vendidos aos engenhos brasileiros abaixo dos preços praticados no Caribe.

Todavia, nada disso levava os contemporâneos a olvidarem a profunda crise que se abatera sobre a indústria açucareira brasileira. A busca sistemática por metais preciosos no interior da América, após a década de 1670, representou uma resposta a ela, e também à crise fiscal que o Império português viveu na conjuntura pós-guerra de independência contra a Espanha (1640-68). Acuado no espaço asiático pela Companhia das Índias Orientais holandesa (VOC), e por sua equivalente inglesa (EIC), enfrentando a competição açucareira dos poderes coloniais rivais do Noroeste europeu no espaço atlântico, Portugal redobrou os esforços para replicar, em suas possessões americanas, o modelo minerador que os espanhóis haviam construído na centúria anterior na Nova Espanha e nos Andes. Os movimentos da economia global trouxeram um impulso adicional. Após o pico do começo do século XVII, a indústria da prata espanhola entrou numa fase de longa estagnação, no exato momento em que a ampliação da escala de operação de holandeses e ingleses no trato asiático aumentava o dreno de metais preciosos da Europa para o oceano Índico. Em fins do século XVII, a economia-mundo capitalista europeia parecia reviver a fome monetária da segunda metade do XV, a mesma que impulsionara seus atores para a incorporação do espaço atlântico, isto é, para a conquista da América.

As fabulosas descobertas do ouro brasileiro, a partir da década de 1690, alteraram tanto as condições de operação da economia-mundo capitalista como a geografia da escravidão do Império português no Atlântico Sul. A natureza da inscrição geopolítica de Portugal no concerto europeu, dependente da aliança diplomática com a Grã-Bretanha para manter sua independência na península Ibérica, facultou aos mercadores britânicos uma via de acesso indireta, porém crucial, aos metais preciosos do Brasil. O fluxo constante de ouro a partir do início do século XVIII forneceu um dos esteios para a construção do moderno sistema financeiro na Grã-Bretanha, fundado, entre outros elementos, na conversão do mercado doméstico para o padrão-ouro e numa sólida dívida pública lastreada em amplas reservas do metal dourado. Esse novo sistema financeiro, além de ter sido decisivo para a consolidação do poder naval-militar da Grã-Bretanha, foi um dos pilares do ambiente de negócios que permitiu o arranque industrial do país. Noutras palavras, a emergência do poder global britânico teve importantes relações com as transformações verificadas no sistema escravista português no Atlântico Sul durante a primeira metade do século XVIII.

No outro lado da moeda, a mineração transformou profundamente o espaço econômico e social da escravidão no Brasil. O ouro, como uma mercadoria com altíssimo valor agregado, justificava em termos econômicos sua extração em lugares muito afastados do litoral e de todo despovoados, rompendo assim com a geografia de enclave da economia açucareira. Mas, em pouco tempo, as demandas de consumo básico e de luxo provocadas pelo adensamento populacional nos centros urbanos dispersos de Minas Gerais, Goiás e Mato Grosso ativaram a economia interna em lugares até então completamente apartados. Do Rio Grande do Sul ao Piauí, com mulas para o transporte interno e charque para o consumo humano, a pecuária articulou-se à extração de ouro. Rotas de escoamento atrelaram o Mato Grosso a Belém do Grão-Pará, cruzando os rios do vale da Bacia Amazônica. São Paulo e o sul de Minas Gerais tornaram-se os celeiros das cidades e vilas do ouro, e os portos do Rio de Janeiro e da Bahia converteram-se em portas de entrada atlântica de mercadorias importadas para o ouro — a principal das quais, evidentemente, eram os africanos escravizados.

Ao longo do século XVIII, o Brasil importou cerca de 2 milhões de escravos pelo tráfico negreiro transatlântico. A despeito das reclamações dos senhores de engenho e dos lavradores de cana da costa nordeste, de que estavam perdendo seus escravos para os mineradores do interior do território, a ampliação do escopo bilateral do tráfico negreiro e de seu incremento para servir às minas deu aos investidores açucareiros acesso constante — e a baixo custo — à mão de obra escravizada. Os efeitos de encadeamento da economia do ouro conferiram à escravidão brasileira sua plasticidade específica. No final daquele século, a América portuguesa manifestava num espaço continental relativamente contínuo todo o conjunto de atividades econômicas observáveis no restante das colônias escravistas do Novo Mundo: a agricultura de plantation do Caribe inglês e francês e das colônias meridionais atlânticas da América do Norte; a mineração, a pecuária e a produção de mantimentos da América espanhola; os serviços urbanos das maiores cidades costeiras atlânticas.

Essa plasticidade, por sua vez, permitiu ao sistema escravista brasileiro responder com relativa celeridade às demandas do mercado mundial ao se abrir a quadra criada pelas transformações da Revolução Industrial. É o que se nota na montagem, a partir da década de 1780, de um novo setor agroexportador no Maranhão e em Pernambuco. Por cerca de três decênios, o algodão dessas duas capitanias figurou entre os mais valorizados pelos industrialistas britânicos, diversificando assim a pauta de exportações da América portuguesa. Os efeitos de tal engate foram particularmente sensíveis no Maranhão, que passou por uma profunda reconfiguração em sua demografia na virada do século XVIII para o XIX. Na década de 1810, essa capitania apresentava a maior proporção de escravos para homens livres de todo o Brasil.

As implicações mais profundas das novas relações da escravidão brasileira com a economia-mundo industrial se verificaram após o estabelecimento da família real portuguesa no Rio de Janeiro, em 1808, e a independência do país, em 1822. A articulação direta dos produtores escravistas brasileiros com o mercado mundial promovida pela chamada Abertura dos Portos estimulou notavelmente as exportações de açúcar, algodão, tabaco, arroz e couros, setores que já se encontravam bem consolidados no começo do século XIX. A grande novidade oitocentista veio, em realidade, com o arranque cafeeiro do vale do rio Paraíba do Sul.

A trajetória do café na economia-mundo capitalista europeia acompanhou de certa forma o que ocorrera com o açúcar, todavia com especificidades importantes. A primeira economia global do café foi uma criação do Império otomano, que, na segunda metade do século XVI, articulou a zona de produção no Iêmen aos centros consumidores no Cairo, em Alepo e Istambul. Na centúria seguinte, o consumo da nova bebida estimulante — associado à adição de açúcar — também se enraizou nos hábitos das camadas endinheiradas dos grandes centros urbanos europeus. Até o começo do século XVIII, todo o café consumido na Europa foi importado dos camponeses iemenitas. Após a década de 1720, França e Holanda foram capazes de montar complexos cafeeiros de plantation em suas colônias escravistas caribenhas, impulsionando assim a difusão da bebida nas grandes cidades do Noroeste europeu. Em 1789, a colônia francesa de São Domingos era responsável por metade da oferta mundial do artigo. Essas modificações no mercado cafeeiro, contudo, não trouxeram a imediata massificação do consumo, pois o custo da bebida se mantinha proibitivo para as camadas populares.

A Era das Revoluções (1789-1848) e seus desdobramentos globais alteraram por completo a tessitura do mercado cafeeiro mundial. Os atores centrais nesse novo momento passaram a ser os produtores escravizados do Império do Brasil e os consumidores proletarizados da República norte-americana. No começo da década de 1830, o café se tornou um produto livre de tarifas de importação nos Estados Unidos, quando já se verificava por lá sua impressionante taxa de crescimento populacional, fundada na imigração europeia em massa e na elevada natalidade da população residente. Para as classes trabalhadoras rurais e urbanas em formação naquele país, o café associava-se a um novo modo de vida, estritamente atrelado à nova identidade norte-americana. Tratava-se de uma bebida estimulante, socialmente democrática, a ser consumida tanto no desjejum como entre as refeições, em casa ou no trabalho, pelos trabalhadores livres do Norte ou pelos escravos do Sul. Esse padrão, bem consolidado no mercado norte-americano em meados do século XIX, prefigurava o que seria a natureza do consumo de massa global do café nas décadas seguintes, em todas as zonas industriais da economia-mundo capitalista.

Mas, para tal modelo funcionar a contento, o café teria que ser ofertado a baixo custo. Os preços mundiais do artigo caíram continuamente entre as décadas de 1820 e 1840, e a razão residiu no crescimento exponencial da produção do Vale do Paraíba, com terras nas províncias do Rio de Janeiro, São Paulo e Minas Gerais. Essa área permanecera desocupada pelo povoamento branco durante todo o século do ouro; próxima aos portos litorâneos do Rio de Janeiro, suas condições geoecológicas eram ideais para a produção de café. A montagem da atividade cafeeira na região foi promovida pelos mesmos atores sociais que participaram da construção do Estado Nacional imperial, o que significa que eles — os futuros "barões do café" — gozaram de um poder político capaz de manter a estabilidade das relações escravistas internas num quadro internacional crescentemente antiescravista. Foi esse poder que lhes permitiu promover a escravização massiva dos africanos ilegalmente escravizados que foram trazidos para o Centro-Sul do Império entre 1831 e 1850, a força humana que viabilizou a profunda transformação do mercado mundial do café no longo século XIX. Esses senhores de escravos, produtores de uma bebida estimulante estritamente associada ao modo de vida industrial, agentes que deram as bases econômicas para a construção do Estado Nacional por meio da renovação da escravidão negra nos quadros do país independente, foram igualmente os principais responsáveis pelo fato de o Brasil ter sido o último país do hemisfério ocidental a abolir a escravidão.

Maria Clara S. Carneiro Sampaio

EMANCIPAÇÃO NAS AMÉRICAS

O PROCESSO DE ABOLIÇÃO DA ESCRAVIDÃO NEGRA NAS AMÉRICAS se desenvolveu de maneiras múltiplas por cerca de um século, salvo algumas poucas exceções. Entre as lutas de independência do atual Haiti — a partir do início dos anos 1790 — e fins da década de 1880, entre 7 e 8 milhões de homens e mulheres passaram por diferentes histórias de emancipação no mundo atlântico. Os encadeamentos políticos que resultaram nos atos legislativos referentes à abolição seguiram, em geral, as medidas de proibição e de fechamento do tráfico de escravos. Entre os primeiros casos estão os Estados Unidos e colônias britânicas no Caribe em 1808, sucedidos pelos exemplos das possessões holandesas em 1815.

De todo modo, os percursos de lutas que desembocaram na abolição em diferentes sociedades nas Américas nascem das várias experiências de resistência escrava, e foram concomitantes à própria estrutura de escravização e tráfico de mulheres e homens retirados de diversas regiões do continente africano. Desde as últimas décadas dos 1700, com a crescente circulação do ideário iluminista, a fundação de movimentos, grupos e sociedades antiescravistas e abolicionistas foi fundamental para avanços sociais e políticos que resultaram nas abolições em países e/ou grupos de colônias.

A Revolução de São Domingos, atual Haiti, teve caráter inaugural entre as abolições no mundo atlântico, não só por conta do momento em que ocorreu como em função do seu valor simbólico. Sua Declaração de Independência, que circulou internacionalmente desde o início de 1804, cristalizou a questão da abolição permanente da escravidão. Os conflitos que promoveram o fim das classes tradicionais de proprietários de escravos na colônia francesa são alvo de debates na crescente historiografia sobre o tema. É possível compreender os conflitos como um ou muitos processos. Contudo, a participação massiva de escravos e escravas, bem como parte das lideranças que alçaram maior visibilidade, acabou por unir as várias histórias de independência e a abolição. A importância simbólica da fundação do Haiti evidencia, pois, para as sociedades escravistas do mundo atlântico, uma experiência de sucesso de insurreição escrava. Os conflitos que formam a Revolução de São Domingos, conquanto tenham sido impulsionados pela Revolução Francesa e, consequentemente, pelas idas e vindas da questão da abolição em seus diferentes momentos políticos, trilharam um caminho único não apenas entre as sociedades escravistas nas Américas como também entre outras colônias francesas no Caribe que conheceram seus movimentos de abolição décadas mais tarde. Esse é o caso da ilha de Guadalupe e da Guiana Francesa, na porção norte da América do Sul.

Em 1794, sob a liderança dos jacobinos, a Assembleia francesa aprovou uma primeira lei de abolição geral da escravidão para a França e todas as suas colônias do Atlântico. Essa medida previa a indenização aos senhores de escravos pela perda do investimento em propriedade escrava, o que estava de acordo com a lógica de respeito à instituição da escravidão que tinha permeado as discussões sobre o assunto desde o início da Revolução Francesa. Na era napoleônica, o sistema foi restabelecido legalmente em 1802, evidenciando como em muitos lugares a abolição geral não havia sido posta em prática. Com a volta de Napoleão ao poder, que se seguiu à restauração da monarquia dos Bourbon, em 1815 o tráfico transatlântico de escravos foi proibido. Entretanto, os portos coloniais franceses continuaram a receber grande número de escravizados por mais de uma década. A abolição geral só aconteceu depois da aprovação da lei de 1848.

Para as colônias britânicas no Caribe, a lei que aboliu a escravidão foi aprovada em 1833 e envolveu um custoso processo. A questão da indenização para os antigos proprietários de escravos revela o temor das autoridades e classes proprietárias de perderem seus investimentos em mão de obra escrava total ou parcialmente no processo de emancipação. Já a questão da aprendizagem — nome dado ao período de quatro a seis anos em que libertos deveriam permanecer trabalhando para os mesmos senhores

— é ilustrativa do grande receio das autoridades e elites pelo descontrole diante dos trabalhadores e trabalhadoras até então vinculados à grande lavoura. A abolição imediata foi promulgada apenas para indivíduos com menos de seis anos de idade; todos os outros só seriam emancipados depois que terminassem seu "período de aprendizado".

A lei de abolição de 1833, que entrou em vigor apenas um ano depois, reclassificou libertos e libertas como "aprendizes", e os manteve trabalhando para seus antigos proprietários sob condições muito semelhantes às da escravidão tradicional. O caso da legislação britânica abre precedentes para a reflexão acerca das continuidades, e não tanto das rupturas que acompanharam o processo de abolição. Propondo uma abolição em etapas, garantiu-se uma forma alternativa de trabalho compulsório que legitimou a continuidade prática do trabalho escravo após a abolição.

Foram chamados de Grande Experimento os percalços sociais que acompanharam a emancipação de mais de 700 mil pessoas nos domínios ingleses, entre 1834 e 1840. Autoridades e proprietários de escravos seguiram com grande apreensão o desenrolar das etapas da abolição em sociedades coloniais que guardavam importantes diferenças entre si. Enquanto ilhas produtoras de açúcar como Barbados e Jamaica (esta última com mais de 330 mil escravos) eram sociedades escravocratas mais antigas e tradicionais, colônias como Trinidad e Demerara (que depois passou a fazer parte da Guiana Inglesa, atual Guiana) tinham alcançado maior expressão econômica apenas recentemente.

A abolição, contudo, ainda que extremamente controlada — e em etapas —, imprimiu nas sociedades caribenhas uma situação de declínio econômico. Em ilhas pequenas e com maior número de escravos, como é o caso de Barbados e Antígua, o sistema de plantation de açúcar sobreviveu à emancipação e, em determinados momentos, conseguiu manter a vitalidade produtiva por mais tempo. Afinal, libertos e libertas tinham pouquíssimas alternativas de trabalho a não ser permanecer nas mesmas propriedades nas quais tinham sido escravos. Em colônias com maiores dimensões territoriais, como a atual Guiana e Trinidad, onde a expansão da indústria de açúcar havia deixado vastas regiões desocupadas, nem mesmo a "etapa da aprendizagem" pôde impedir que grande número de trabalhadores e trabalhadoras abandonassem propriedades em busca de outras alternativas para a sobrevivência. A Jamaica, uma das maiores e mais lucrativas ilhas produtoras de açúcar do Caribe, seguiu o mesmo caminho de perda paulatina da mão de obra escravizada, que buscou nas terras montanhosas (mais no centro da ilha) alternativas de agricultura familiar.

Como regra, ao mesmo tempo em que o campesinato negro cresceu nas colônias britânicas, o combate ao declínio na produção do açúcar conseguiu alguma recuperação empregando imigrantes, chineses e indianos, em regime de contrato. Também foram utilizados africanos livres capturados pela esquadra britânica no tráfico transatlântico ilegal, entre pelo menos 1808 e 1850. Embora estes dois últimos grupos não fossem escravos, sua liberdade era bastante precária; recrutamento e transporte não envolviam escolhas claras, e sistemas de trabalho e de controle social mostravam-se diferentes daqueles impostos aos antigos escravos. Assim, ainda que se considere que o processo formal de abolição da escravidão nas colônias britânicas do Caribe tenha se encerrado em 1840, estruturas muito semelhantes ao trabalho escravo tradicional conservaram-se de maneira legítima e inscritas na paisagem social. O pós-emancipação nas colônias britânicas no Caribe, por todos esses motivos, acabou por permanecer como palco de revoltas e rebeliões de libertos pelas décadas que se seguiram, como é o caso do ano de 1865 na baía de Morant, na Jamaica.

Entre as sociedades escravocratas que emanciparam seus escravos e escravas mais tardiamente estão, pela ordem de data das leis de emancipação, os Estados Unidos (1865), as ilhas de Porto Rico (1873) e Cuba (1886) (que ainda eram colônias da Espanha), e o Brasil (1888). O caso dos EUA é especial por conta de vários aspectos. Ainda que a escravidão tenha existido em todos os treze primeiros estados, que se tornaram independentes na segunda metade dos anos 1770, ela se tornou economicamente estrutural apenas naqueles do Sul. No decorrer das mais de oito décadas que separaram a Declaração de Independência dos Estados Unidos da América (1776) de sua Guerra da Secessão (1861-65), aqueles estados do Norte — e parte dos novos territórios que foram sendo incorporados — realizaram seus processos de emancipação majoritariamente nas primeiras décadas dos 1800. Até a eclosão do conflito civil, os estados se dividiram entre Estados Livres (Free States) e Estados Escravistas (Slave States), e o equilíbrio de representação política entre eles se tornou cada vez mais difícil. Apenas após uma custosa e sangrenta guerra civil, a abolição da escravidão foi alcançada. É por isso que a emancipação nos Estados Unidos constitui um exemplo único nas Américas.

São muitas as análises sobre a Guerra da Secessão. Contudo, o problema da abolição foi o alicerce do antagonismo entre o Norte e uma sociedade sulista que declarava o modo de vida escravista como sua identidade. Paralelamente ao crescimento do abolicionismo na Grã-Bretanha, que datava de fins do século XVIII, foram também ficando mais representativos os movimentos abolicionistas nos Estados Unidos. Comunidades negras livres do Norte e uma extensa participação feminina conferiam a essas ideias um caráter ainda mais subversivo. O abolicionismo foi, aliás, uma filosofia política articulada pela língua, que mobilizou ações em escala atlântica.

No entanto, a manutenção de uma economia da grande lavoura exportadora tropical não combinava com as aspirações de abolição. As experiências ocorridas no Haiti — e também em Serra Leoa —, que fundaram uma nova nação baseada nesses ideais, obviamente não foram vistas como um modelo a ser seguido. Em tal perspectiva, eram antes o testemunho do fracasso econômico que acompanhou a derrocada da produção açucareira. Da mesma forma, os processos de abolição no Caribe pareceram confirmar largamente a diminuição produtiva. Todos esses fatores tiveram grande impacto, tanto para abolicionistas quanto para defensores da escravidão no Sul dos Estados Unidos.

Ao contrário das nações de colonização francesa e britânica no Caribe, aquelas sociedades que aboliram a escravidão a partir da segunda metade dos anos 1860 tinham experimentado não um enfraquecimento da instituição, mas uma ampliação de sua dependência econômica na escravidão. Por conta disso, Porto Rico, Cuba e Brasil permaneceram fortemente dependentes do tráfico transatlântico para alimentar suas escravarias, enquanto o Sul dos Estados Unidos manteve a sua mão de obra cativa a partir do crescimento vegetativo da população; algo bastante único nas sociedades escravistas das Américas. O desfecho da Guerra da Secessão forçou a abolição para o Sul, promulgando a ilegalidade da escravidão negra por via constitucional. Os efeitos da guerra foram devastadores para os confederados em diversas esferas. Como resultado, as economias cubana e porto-riquenha passaram a alimentar as demandas do mercado internacional por produtos tropicais outrora vendidos pelos EUA.

Nas décadas anteriores à Guerra da Secessão, Porto Rico vinha lentamente trocando o cultivo do açúcar pelo do tabaco e do café, ao mesmo tempo em que passou a exportar parte da mão de obra escrava para alimentar o estrondoso crescimento da indústria açucareira da metade ocidental da ilha cubana nos anos 1840 (quando as sanções inglesas ao tráfico intercolonial se tornaram incontornáveis). Como consequência, Cuba passou a receber, até o final dos anos 1850, cerca de quatro vezes mais escravos do que na década anterior. Grande parcela dos cativos foram sendo paulatinamente absorvidos no cultivo da cana.

Essa nova onda de expansão da escravidão no século XIX — chamada pela historiografia de Segunda Escravidão — alavancou as indústrias açucareiras de Cuba e de Porto Rico. Por outro lado, a grande maioria dos demais domínios coloniais espanhóis no Novo Mundo já haviam se transformado em nações independentes e que aboliram a escravidão entre as décadas de 1820 e 1850, como o México (antigo vice-reino da Nova Espanha, com abolição em 1829) e o Peru (antigo vice-reino do Peru com abolição em 1854). Os picos da produção e da exportação do açúcar cubano entre as décadas de 1830 e 1860 foram influenciados positivamente pelos rumos da Guerra da Secessão. Isso até o momento em que a emancipação geral nos EUA obrigou as derradeiras colônias escravistas a enfrentarem a abolição num futuro próximo.

Porto Rico, que dependia menos que Cuba do trabalho escravo, conseguiu completar seu processo de abolição mais cedo, poucos anos após a promulgação da Lei Moret (que previa a liberdade para filhos de escravas nascidos após 1868, e para escravos com idade superior a sessenta anos). Entretanto, em Cuba, a mesma lei marcou o acirramento das tensões entre as elites da banda açucareira e aquelas da banda oriental. Essas tensões eclodiram durante a Guerra dos Dez Anos (1868-78). O medo dos impactos econômicos que a independência, combinada com a abolição, teria sobre a economia açucareira manteve as elites ocidentais aliadas aos interesses espanhóis. O temor de um conflito racial que opusesse ex-escravos e senhores, contudo, não pareceu articular-se da mesma forma como aconteceu com a sociedade do Sul dos Estados Unidos. Uma parte expressiva das discussões abolicionistas que acompanharam a aprovação dessa lei na Espanha, passada quase uma década, tomou um caráter mais prático com a organização da mão de obra. Do ponto de vista metropolitano, a lei da abolição, que foi aprovada em 1880, instauraria na ilha o patronato, uma proposta próxima ao aprendizado das colônias britânicas do Caribe com a emancipação final prevista para 1888.

Se a resistência escrava, articulada com os movimentos abolicionistas, não tivesse forçado a aprovação da lei de abolição em 1886, a abolição em Cuba teria talvez coincidido com a última a acontecer nas Américas: a do Brasil.

Stuart B. Schwartz

ESCRAVIDÃO INDÍGENA E O INÍCIO DA ESCRAVIDÃO AFRICANA

TODAS AS ÁREAS DO BRASIL COLONIAL FIZERAM UMA TRANSIÇÃO da escravidão indígena para a africana, mas a cronologia variou muito entre as regiões, dependendo do potencial econômico de cada uma delas e de uma série de circunstâncias locais, como a natureza do trabalho exigido, condições epidemiológicas, o poder das instituições do Estado e da Igreja, o grau de envolvimento de cada região no sistema mercantil atlântico. Deve-se ainda levar em conta que, visto que todos os sistemas escravistas nas Américas também fizeram tal transição, a mudança para a escravidão africana no Brasil não pode ser explicada apenas por forças ou restrições locais e deve ser vista como parte de um processo mais geral de africanização da mão de obra nas Américas.

Embora a experiência portuguesa com a escravidão no Mediterrâneo, na Guiné e na ilha da Madeira tenha sido anterior a seu primeiro contato com o Brasil, as relações iniciais com os povos indígenas agrícolas semissedentários de língua tupi, situados na costa brasileira, não se baseavam na escravidão, e sim num sistema de troca, o escambo, em que os nativos trabalhavam para os portugueses, encontrando e carregando troncos de pau-brasil até a costa, em troca de produtos comerciais, instrumentos de metal ou armas. A derrubada de árvores era uma atividade masculina corrente no ciclo agrícola das sociedades tupis, e os termos de troca propostos pelos portugueses satisfaziam as necessidades indígenas. Além disso, a coerção ou a escravização não fazia muito sentido como modo de controlar uma força de trabalho que, para encontrar árvores, tinha de se embrenhar na selva, onde seria relativamente fácil fugir.

Mas, com a implantação do sistema de capitanias a partir de 1534, o assentamento português e, em algumas capitanias, a introdução da cana-de-açúcar e dos engenhos mudaram as relações com as populações indígenas. Os índios se mostravam relutantes em trabalhar continuamente na roça, pois consideravam este um trabalho de mulher, e, em alguns casos, a demanda indígena de bens como machados de ferro e armas de fogo encarecia cada vez mais sua mão de obra para os portugueses. Ademais, a relutância dos índios em fazer esse tipo de trabalho e a resistência armada contra a apropriação portuguesa de suas terras levaram a campanhas militares entre as décadas de 1540 e 1560, nas capitanias nordestinas da Bahia e de Pernambuco, que resultaram na escravização de índios capturados numa "guerra justa". Os cativos eram utilizados para trabalhar nos engenhos cada vez mais numerosos no litoral brasileiro.

Esse processo, porém, encontrou algumas dificuldades com a chegada, em 1549, de missionários jesuítas, que então tentaram pôr freio à escravização. Os jesuítas procuraram reunir os povos nativos em aldeias onde, sob sua tutela, podiam produzir um excedente agrícola útil para a colônia, e com as quais também podiam fornecer mão de obra remunerada para as fazendas de cana e para outros proprietários coloniais, ou ainda, como fizeram em 1567 em reação a uma revolta de escravos índios nos engenhos baianos, utilizar os índios da aldeia em defesa da colônia. Os colonizadores, contudo, opunham-se a qualquer interferência no mercado de trabalho.

Os jesuítas tiveram menos êxito em seu programa em Pernambuco, cujo donatário era mais poderoso do que na Bahia, onde, com a cooperação do governador, o número de indígenas pode ter chegado a 60 mil em doze aldeias, em seu auge nos anos 1550. Mas houve uma calamidade entre 1559 e 1563, quando uma série de epidemias dizimou as populações indígenas, tanto nas aldeias quanto entre as que já estavam escravizadas pelos colonizadores. Os números das populações indígenas na costa despencaram, e a obtenção de substitutos ficou mais difícil e, portanto, mais cara. Ademais, por pressão dos jesuítas, a Coroa promulgou em 1570 a primeira lei proibindo a escravização dos povos nativos brasileiros. Seguiram-se outras em 1587, 1595 e 1609, mas essas leis de pouco serviram, devido à resistência dos colonizadores e porque os governadores tinham poder discricionário para autorizar mais operações de "guerra justa", que resultavam em mais prisioneiros, como expedições em que se obtinham trabalhadores índios com o resgate de cativos, impedindo que fossem executados por seus inimigos indígenas e levando aos engenhos milhares deles, trazidos de longas distâncias; lá, embora designados como "administrados", isto é, guarda temporária, na prática eram escravos em tudo, exceto no nome.

Apesar de todos esses problemas em conseguir trabalhadores nativos e das constantes reclamações sobre a "barbárie" e a baixa produtividade dos índios, bem como sua propensão a fugir, pelo meio século seguinte a economia açucareira em expansão no Nordeste brasileiro se fundou basicamente em trabalhadores indígenas como escravos, "administrados" e assalariados, com o uso simultâneo das três modalidades de trabalho. Facilitado em certa medida pela mão de obra barata, o setor açucareiro passou de sessenta engenhos em 1570 para 350 em 1630. Nessa data, a média de escravos por engenho era de cem, aproximadamente, de forma que agora havia cerca de 35 mil escravos trabalhando na economia açucareira, e um número talvez equivalente ocupado em serviços domésticos e em outras atividades agrícolas.

Embora já em 1539 o donatário de Pernambuco, Duarte Coelho Pereira, tivesse procurado autorização para importar escravos africanos, de fato a transição da escravidão indígena para a africana se deu lentamente. Os africanos eram considerados trabalhadores melhores, menos propensos a fugir e menos suscetíveis a doenças, mas, ao mesmo tempo, era mais caro obtê-los. Até os anos 1590, os índios ainda respondiam por cerca de dois terços da força de trabalho na economia açucareira, ainda que agora já houvesse um tráfico escravo transatlântico regular, apesar de limitado, que trazia anualmente cerca de 4 mil africanos de São Tomé e postos avançados na costa da Guiné, e nos anos 1620 também de Angola. Com seu enriquecimento, o Nordeste brasileiro atraiu a atenção de mercadores portugueses que podiam fornecer escravos africanos.

A transição para uma maioria africana no Nordeste ocorreu nas três décadas iniciais do século XVII, tendo sido em certa medida facilitada pelo aumento dos preços e expansão do mercado de açúcar naquele período, e pela relativa paz no Atlântico durante a Trégua dos Doze Anos (1609-21) entre a Espanha e as Províncias Unidas, que dava alguma segurança aos traficantes portugueses de escravos. Embora em meados dos anos 1580 cerca de dois terços da força escrava de Pernambuco em seus 66 engenhos ainda fosse composta por indígenas, em 1650 era raro encontrar índios cativos lá ou nos engenhos da Bahia. A escravidão indígena pode ter durado mais na economia açucareira do Rio de Janeiro, em desenvolvimento, porque podia ser abastecida com grande quantidade de escravos carijós (guaranis) pelos paulistas, que continuaram a fazer incursões em aldeias jesuítas no interior de São Paulo e no Paraguai até a década de 1630. Nos anos 1650, quando havia 106 engenhos no Rio, os engenhos beneditinos de lá ainda contavam com número significativo de escravos índios, o que provavelmente também ocorria nos engenhos laicos.

Vários aspectos dessa transição merecem ser tratados em mais detalhes. Os portugueses, que já tinham longa experiência com os africanos e suas habilidades em Portugal e na ilha da Madeira, tenderam a empregá-los no Brasil, de início, principalmente como mão de obra qualificada. Muitos dos primeiros africanos, provenientes de sociedades habituadas à pecuária, a sistemas agrícolas complexos, à metalurgia e outras atividades qualificadas, eram treinados como oficiais no processo de fabricação do açúcar, e em 1548, no Engenho São Jorge dos Erasmos, em São Paulo, até mesmo como mestres de açúcar. Os indígenas raramente ocupavam tais posições. A explicação dessa diferença talvez se encontre nos pressupostos e preconceitos europeus sobre as capacidades relativas de índios e africanos, na relutância dos senhores de escravos em usar africanos mais caros para tarefas arriscadas ou em investir no treinamento de trabalhadores indígenas, que eram mais propensos à fuga ou mais suscetíveis às doenças, mas é de notar que, nos anos 1570, o preço de um escravo africano não qualificado era de cerca de 20 mil-réis, o triplo do de um índio, 7 mil-réis. Cabe também notar que, embora como assalariados, os índios recebiam menos do que os demais para executar as mesmas atividades; o pagamento era feito em roupas, bebidas alcoólicas ou outros artigos, e eram pagos por dia ou por tarefa, e não em bases mais estáveis. Existem muitas indicações de que, no período em que os indígenas predominavam nos engenhos, o nível de produtividade era relativamente baixo, em parte por causa da grande proporção de mulheres e crianças na força de trabalho escrava.

Em décadas mais adiantadas do século XVII, a força escrava africana nos engenhos apresentava, em geral, uma proporção muito maior de homens e, enquanto o tráfico escravo naquele período dava preferência a uma proporção entre homens e mulheres de 3:2, os engenhos muitas vezes apresentavam uma proporção de 3:1. Esse predomínio de homens elevava o nível de produtividade dos engenhos operados basicamente por escravos africanos. Os senhores de engenho tinham de equilibrar o preço relativamente baixo dos "negros da terra" (os índios) com a mortalidade mais alta, a produtividade mais baixa, a tendência a fugir e a possibilidade de problemas jurídicos com a sua escravização. Quando aumentou a disponibilidade de africanos e diminuíram os "custos" relativos de sua aquisição, houve a transição. O historiador Sebastião da Rocha Pita escreveu em 1720 "que na perda dela [sua liberdade] e na repugnância e pensão do cativeiro morrendo infinitos, vinham a sair mais caros pelo mais limitado preço".

Em toda a América portuguesa, a mesma legislação real contra a escravidão indígena e os esforços continuados das ordens missionárias que tinham tornado menos atraente a escravização dos índios na costa brasileira, no século XVI, também acabaram contribuindo para a demanda por africanos. Os moradores de São Paulo e do Sul do Brasil utilizavam largamente os índios como auxiliares militares e como trabalhadores em suas lavouras de trigo, e se opunham vivamente a qualquer tentativa do governo ou dos missionários em lhes restringir o acesso a trabalhadores indígenas. Dos anos 1590 a 1640, as incursões paulistas em missões jesuíticas espanholas indígenas no sertão trouxeram milhares de trabalhadores indígenas para a região e, ainda que alguns de fato chegassem aos engenhos do Nordeste e do Rio de Janeiro, a maioria permaneceu em São Paulo, onde, apesar de classificados como "administrados", eram considerados escravos por "uso e costume". Provas documentais do Paraná (comarca sulina de São Paulo) sugerem que a transição para escravos afro-brasileiros teve início nos anos 1680, mas apenas superou o uso de índios após 1740, quando a região de Curitiba enriqueceu como importante ponto de passagem de gado subindo do Rio Grande do Sul para o norte. Em Minas Gerais também se encontravam escravos índios, usualmente chamados de carijós ou cabras da terra, porém na década de 1720 foram superados em número pelos milhares de africanos que chegavam à capitania, embora seu preço fosse duas ou três vezes maior que o de um escravo indígena.

A relação entre a riqueza ou potencial econômico regional e o predomínio da escravidão africana fica evidente na transição que se deu no Estado do Maranhão. A ocupação portuguesa daquele imenso território ocorreu muito lentamente e, mesmo nos meados do século XVIII, o número de residentes portugueses não totalizava 2 mil. Embora a legislação real contra a escravidão criada para o Estado brasileiro também se aplicasse ao Maranhão, e as ordens missionárias, primeiro as franciscanas e depois as jesuíticas, tentassem deter ou refrear a escravização indígena, os moradores dependiam maciçamente de trabalhadores indígenas. Os colonizadores, protestando contra a interferência missionária e procurando desenvolver a produção de fumo e açúcar, atacavam continuamente o interior em tropas de resgate, para capturar mais trabalhadores; e, depois de uma revolta local em 1661, os jesuítas por fim chegaram a um acordo com os moradores, fornecendo trabalhadores pagos das aldeias e regulamentando as expedições de resgate no interior em busca de novos trabalhadores.

A população de trabalhadores forçados nativos foi atingida entre os anos 1660 e 1720 por surtos de varíola e outras epidemias, que levaram ao aumento do número de tropas, tanto legais quanto ilegítimas, em busca de mais escravos indígenas. Já nos anos 1650, registravam-se solicitações de colonizadores para obter escravos africanos, e jesuítas como o padre Antônio Vieira propunham que se usassem africanos em vez de povos nativos, mas essa era uma possibilidade improvável. Os colonizadores continuavam tão pobres, a região tão subpovoada e seus produtos com valor de exportação tão baixo, que poucos navios se sentiam atraídos e pequeno era o interesse comercial, mesmo após a criação das companhias monopolistas aprovadas pela Coroa, entre 1670 e 1690, que supostamente iriam dinamizar a economia e regularizar a importação de africanos. Os cem ou cento e poucos africanos importados a cada ano ficavam muito abaixo da demanda de mão de obra, e assim, apesar de se quererem escravos africanos, a captura e a escravização ilegal dos indígenas persistiu pelo século XVIII adentro, quando as regiões do Maranhão e do Pará fizeram experiências com anil, algodão, arroz, café e cacau, buscando itens de exportação lucrativos.

Nessas capitanias do Norte, a grande transição para a escravidão africana se deu como parte do projeto do marquês de Pombal para o desenvolvimento agrícola e comercial. A criação da Companhia Geral do Grão-Pará e Maranhão (1755-78) promoveu a importação de escravos africanos, em especial da Guiné de Cima e das ilhas de Cabo Verde, e forneceu condições favoráveis para a exportação de arroz e algodão do Maranhão e de cacau do Pará, e, embora a companhia não tenha sobrevivido por muito tempo após a queda de Pombal, ela de fato promoveu bastante a transição para a escravidão africana. Entre 1751 e 1787, cerca de 45 mil africanos foram importados nas duas capitanias, em número relativamente igual em cada uma. Depois de 1787, tais importações prosseguiram, sobretudo para o Maranhão, quando essa capitania se tornou grande produtora e exportadora de arroz e algodão. Como se dizia no século XIX, "o algodão branco tornou o Maranhão preto". O Pará, que dependia mais da extração do cacau e de outras "drogas do sertão" que de produtos agrícolas de exportação, recebeu menos africanos do que o Maranhão, e continuou a depender maciçamente de trabalhadores indígenas e caboclos.

Todas as áreas do Brasil colonial por fim fizeram a transição para a escravidão africana, como todos os outros regimes escravistas das Américas. As explicações dessas transições costumam se basear em muitos fatores isolados, como racismo, exigências do trabalho, epidemiologia, abundância de terras disponíveis ou o esforço do capital mercantil em extrair lucro do fornecimento de mão de obra. Tais explicações tendem a passar por cima das condições locais e das circunstâncias históricas específicas, mas, se se entende a economia atlântica como um conjunto de sistemas comerciais nacionais visando à autarquia, cada regime teve opções para recrutar sua força de trabalho em diferentes fontes: populações indígenas, servos por contrato de tempo determinado, degredados ou colonos. Esses potenciais trabalhadores, porém, moviam-se em mercados locais restritos, sujeitos a mudanças imprevisíveis na oferta e na procura, no volume e no preço. Só o tráfico de escravos africanos fornecia um abastecimento internacional de mão de obra em grande escala e relativamente estável, que acabou por fazer dos africanos escravizados as vítimas preferenciais, desde que sua produtividade compensasse o custo original de aquisição e transporte, e desde que o tráfico continuasse aberto o suficiente para compensar os altos índices de mortalidade de uma população predominantemente africana.

F

Isabel Cristina Ferreira dos Reis

FAMÍLIA ESCRAVA

AS PESQUISAS ACERCA DA FORMAÇÃO E DA IMPORTÂNCIA DA *família escrava* no Brasil colonial e imperial foram paulatinamente ganhando corpo na produção historiográfica brasileira a partir da segunda metade dos anos 1970, destacando-se as abordagens realizadas por Robert W. Slenes e Richard Graham. Esse interesse pela investigação sobre a família escrava cresceu, em meio a um cenário mais amplo de discussões, quando buscava-se estudar as diferentes formas de vida experimentadas, concreta e cotidianamente, pelos vários segmentos formadores da sociedade brasileira, e não apenas aquelas das elites agrárias. Era isso que se fazia até então, quando se tomava o conceito de "família patriarcal", formulado por Gilberto Freyre no livro *Casa-grande & senzala*, cuja versão original data do ano de 1933, como o modelo principal de família, em torno do qual gravitavam os demais.

Pode-se afirmar que, ao longo da década de 1970, a maturação e desenvolvimento das abordagens sobre as experiências de vida familiar negra, ainda nos tempos da escravidão, se deu de forma paralela ao ocorrido nos Estados Unidos. Nesse contexto, tanto lá como cá, foram significativas as críticas à tradicional ideia de instabilidade, falta de autonomia, ilegitimidade e promiscuidade nas uniões entre a população cativa. Na época, vários pesquisadores brasileiros já estavam atentos às novas investigações sobre a escravidão negra na América do Norte e no Caribe, e acabaram por ser, em alguma medida, influenciados por elas.

Os anos 1980 representaram um campo expressivamente fértil para a produção historiográfica brasileira, de forma mais geral, já se fazendo notar as contribuições dadas pelos avanços na história demográfica e social, que ampliaram as possibilidades de análises. Estas previam a consulta de novas e variadas fontes, o que favoreceu a formulação de novas metodologias e abordagens temáticas, incluindo os estudos sobre a escravidão. Nessa década, os historiadores de uma nova história social da escravidão se viram ainda mais instigados pela profusão de debates sobre o passado escravista e a realidade social e econômica da população negra cem anos depois do fim do sistema escravista brasileiro. Também ecoaram, em tal cenário, as problematizações que havia muito estavam presentes no âmbito dos movimentos sociais negros, as quais demandavam a reescrita de uma história do Brasil que contemplasse as atuações e protagonismos das populações africanas e afrodescendentes. Foi nesse solo fecundo, pois, onde já não frutificava a ideia da inexistência da família escrava ou a ausência de laços parentais significativos entre os cativos, que os novos estudos floresceram.

A abundância das pesquisas realizadas nas duas décadas seguintes revelou que, a despeito dos obstáculos à constituição da família escrava, ela não só existiu, como, com muita frequência, pôde experimentar uma certa estabilidade no tempo. Ela se constituiu como uma instituição importante para os escravizados e, muitas vezes, para os proprietários. Houve quem argumentasse que a família escrava teria funcionado como um elemento estrutural de adaptação ao escravismo. Contudo, é possível também verificar que nem sempre o parentesco escravo favoreceu a pacificação dos conflitos no interior das relações escravistas, os quais costumavam aflorar sempre que as relações familiares eram ameaçadas pelo poder senhorial.

Inicialmente, as investigações desenvolvidas sobre a família escrava tiveram um caráter sobretudo demográfico, tomando como base os registros eclesiásticos (assentos de casamentos e batismos), as listas de matrículas dos escravizados, bem como os inventários post mortem dos proprietários de cativos. Essas análises apresentavam uma abordagem destacadamente quantitativa, para assim esboçar perfis da família escrava em diferentes períodos e regiões do país. Aos poucos, outras fontes primárias foram sendo incorporadas, muitas vezes de maneira combinada, refletindo novas tendências da pesquisa histórica: obras de ficção, relatos de viajantes, legislação do período, notícias em periódicos, processos-crimes e ações de liberdade, material iconográfico, história oral.

Por conta da predominância da matrifocalidade (grupo doméstico centrado na mãe e nos filhos, com o pai em geral ausente) da família escrava, recorrentemente se insistia na negação da existência de uma estrutura familiar entre os cativos. Em contraposição a esse tipo de ideia as novas investigações de início adotaram como parâmetro a identificação de uma organização familiar nuclear (pai, mãe e filhos), monogâmica e legitimada pela Igreja católica. Partiu-se, então, para o detalhamento das experiências, sendo abordados diversos aspectos: as especificidades regionais, o tipo de atividade econômica desenvolvido, o tamanho e perfil demográfico das propriedades — as taxas de natalidade, mortalidade, masculinidade, africanidade etc. —, entre outras variáveis.

Como resultado, no que tange à questão da legitimidade das uniões matrimoniais, percebeu-se que os casamentos foram muito mais frequentes do que se imaginava. Notou-se, por exemplo, uma tendência à endogamia, pois as uniões matrimoniais foram realizadas sobretudo entre nubentes da mesma origem étnica, cor e estatuto jurídico. Vale ressaltar que no Brasil colonial e imperial casava-se muito pouco, mesmo entre a população livre, e não se poderia esperar que fosse diferente entre a população escravizada.

É preciso, portanto, evitar a transposição da velha tese da inexistência de núcleos familiares entre os cativos, para então se discutir não só as limitações que envolveram a sua existência como as suas formas e estratégias de sobrevivência. E não foram poucas as evidências encontradas pelos estudiosos do tema sobre a importância atribuída por negros, de diferentes estatutos jurídicos, às suas relações familiares e de parentesco, independentemente de a família ser legítima ou consensual. No que se refere à recorrente invisibilidade dos pais das crianças cativas, percebeu-se que não seria razoável desconsiderar o sub-registro nas fontes primárias das relações desenvolvidas entre as crianças e seus pais. Afinal, para o sistema, o que importava realmente era o vínculo que unia mãe e filho escravizados, pois era o estatuto jurídico da mãe que determinava o do filho.

Hoje em dia, considera-se que o fato de a família escrava não se conformar, necessariamente, a partir do casamento legal e na coabitação do casal, não desqualificava as relações desenvolvidas entre os seus membros, nem no sentido afetivo nem no biológico. Não as tornava, portanto, menos estáveis do que aquelas constituídas por famílias nucleares. O fator de instabilidade da família escrava não era inerente à moralidade ou à cultura de seus membros, mas ao sistema escravista.

Foram observadas, ainda, as iniciativas dos africanos e afrodescendentes no sentido da recriação de padrões de vida familiar, a partir das várias formas de parentesco simbólico ou ritual, como as relações de compadrio, as irmandades religiosas negras, as "famílias de santo", os grupos étnicos (nações), e os "parentescos" forjados na trilha do tráfico. Um bom exemplo, nesse sentido, é o malungo, um vínculo estabelecido entre os africanos que fizeram a travessia do oceano na mesma embarcação. É incontestável que a população negra se utilizou de tais relações, como uma família extensa, a fim de articular redes de solidariedade que lhe proporcionassem maior amparo; sobretudo se lembrarmos que a família sanguínea, mais imediata, estava sempre sob ameaça de desagregação.

Ao que tudo indica, essas estratégias parentais foram em grande medida concebidas a partir de matrizes culturais africanas. Os africanos e seus descendentes criaram e recriaram uma cultura própria, mesmo que permeada, até certo ponto, por estruturas que encontraram do outro lado do Atlântico.

Desde os primórdios da colonização do Brasil, a família escrava se concentrou no mundo rural, o que se justifica pelo fato de terem aqui encontrado um regime de trabalho principalmente agrícola. Assim sendo, a imensa maioria da população escravizada residiu nos engenhos, nas fazendas e nos sítios do interior. Foi em especial nas grandes propriedades escravistas que elas puderam florescer e se multiplicar, não raro por várias gerações. Mais recentemente, algumas pesquisas direcionadas para as propriedades escravistas dos sertões nordestinos, com atividades voltadas para a economia interna e contando com um contingente menor de população cativa, revelaram novos perfis e um considerável índice de reprodução natural.

No Brasil colonial e imperial também foram sendo formadas grandes cidades escravistas, a exemplo do Rio de Janeiro, São Paulo, Vila Rica, Recife e Salvador. Nesses locais, a escravidão urbana imprimiu características próprias à vida familiar e afetiva dos cativos. Assim, a despeito dos limites que separavam o mundo dos cativos daquele dos negros livres e libertos, eles, em grande medida, compartilhavam um mesmo universo e nele interagiam, e com maior mobilidade. Tal situação viabilizou relações afetivas e amorosas entre pessoas com estatutos jurídicos diferentes, resultando em situações ou formas de vivência afetiva e/ou familiar bastante peculiares. Não são raros os documentos sobre as habitações alugadas e ocupadas por casais de negros livres, libertos ou com estatutos jurídicos distintos. Existem igualmente registros de mulheres libertas e livres, e até mesmo cativas, que "viviam sobre si", com a sua prole. Nesses espaços, as relações familiares e afetivas também foram experimentadas de forma consensual, sem a legitimação através do casamento católico.

Assim, novas abordagens vêm enfatizando os laços parentais existentes entre escravizados e pessoas libertas e livres além dos senhores. Esse fato torna-se ainda mais evidente quando as abordagens se deslocam para os processos de emancipação dos escravizados, ao longo do século XIX, quando já era possível encontrar uma profusão de cativos unidos de forma consensual ou legítima com pessoas livres ou libertas, e escravizados com filhos já alforriados ou nascidos depois da lei n. 2040, de 28 de setembro de 1871 (popularmente conhecida como Lei do Ventre Livre). Muitos daqueles que permaneciam na condição de escravos tiveram que dividir com os seus familiares e parentes não escravizados as agruras impostas pelo regime de cativeiro.

Por fim, não deixemos de fora as especificidades das experiências de vida familiar dos africanos livres, aquele grupo formado pelos africanos importados após a proibição do tráfico transatlântico, apreendidos por força da lei antitráfico de 1831. Tal perspectiva permite ampliar, ainda mais, o campo conceitual de família escrava. Essas são, de fato, famílias negras no tempo da escravidão.

Carlos Eduardo Moreira de Araújo

FIM DO TRÁFICO

A LEI N. 581, DE 4 DE SETEMBRO DE 1850, QUE ESTABELECEU "MEDIDAS para a repressão do tráfico de africanos" no Império, representou o ápice de um longo processo. Em 26 de fevereiro de 1810, o então príncipe regente d. João ratificou o Tratado de Amizade e Aliança com a Grã-Bretanha. Desfavorável ao Império luso, tal acordo inseria-se num contexto de expansão francesa no continente europeu, o qual resultou na invasão napoleônica de Portugal e na consequente vinda da família real para o Brasil, sob a proteção inglesa.

Nesse tratado, d. João procurava "consolidar e estreitar cada vez mais a perfeita Harmonia e Amizade, que felizmente existe[ia] entre as Duas Coroas, há quatro séculos", garantindo a continuidade do apoio britânico às custas da manutenção dos seus interesses mercantis e mesmo uma certa soberania. Por exemplo, no artigo VIII o governo português permitia a admissão de "qualquer número de Navios pertencentes a Sua Majestade Britânica a um mesmo tempo em qualquer Porto" do Império luso. Em seu artigo X, o regente dizia-se "plenamente convencido da Injustiça e má Política do Comércio de Escravos, e da grande desvantagem que nasce[ia] da necessidade de introduzir, e continuamente renovar uma Estranha, e Factícia População para entreter o Trabalho e Indústria dos Seus Domínios do Sul da América". Por mostrar-se convencido dessa "desvantagem" é que a proposta era de "cooperação" com a "Causa da Humanidade e Justiça" britânica.

Ciente da importância do comércio de cativos para a economia do seu império e, principalmente, da utilização do trabalho forçado em sua colônia mais próspera, d. João precisou de um contorcionismo retórico para atender interesses conflitantes. Por isso, ele definiu que adotaria "os mais eficazes meios para conseguir em toda a extensão de Seus Domínios uma gradual abolição do comércio de escravos".

A suposta abolição gradual do comércio de cativos se restringia, porém, a manter o tráfico somente nos territórios africanos ou naqueles em que existissem "legítimas Pretensões" de conquista. Na prática, o tratado de 1810 não conteve o tráfico. Usando a bandeira portuguesa, várias nações continuaram a realizar o "infame comércio". Entre 1810 e 1812, diversos navios negreiros pertencentes a negociantes estabelecidos na Bahia foram apreendidos pela marinha britânica, conforme consta no jornal *Idade d'Ouro do Brazil*, em sua edição de 22 de maio de 1812: "pela última embarcação, que chegou aqui da Costa da Mina sabemos, que os ingleses fazem boa presa em qualquer sítio da Costa sobre os nossos navios, que vão ao negócio dos escravos".

Por parte dos britânicos, o reconhecimento dos prejuízos causados aos traficantes de escravos só foi acertado em 1815, no Congresso de Viena. Indenizações foram prometidas, e acabou sendo acordada a renúncia de valores concedidos em empréstimos aos portugueses. Nesse meio-tempo, contudo, firmou-se um novo tratado: a proibição do tráfico ao norte da linha do equador, região que incluía a Costa da Mina, uma das principais fornecedoras de cativos ao comércio atlântico.

Em julho de 1817, outro tratado foi assinado entre o Império luso e os britânicos, ratificando o que havia sido determinado em 1815: o comércio de cativos só poderia ser desenvolvido ao sul da linha do equador. Os constantes apresamentos de navios e os julgamentos ocorridos nos tribunais de Serra Leoa, Londres e Rio de Janeiro geraram mais protestos dos traficantes situados no Rio e na Bahia.

Com a independência, em 1822, o novo Império estaria, a princípio, livre dos compromissos impostos pelos tratados assinados pela antiga metrópole. O comércio de cativos poderia, assim, continuar sem obstáculos. Tal situação foi, porém, contestada por britânicos e demais autoridades envolvidas no combate ao comércio de africanos. Uma série de articulações teve início, com o objetivo de forçar o Brasil a acatar os tratados. Não por acaso, o fim do tráfico fez parte das negociações de reconhecimento do país recém-independente com a Grã-Bretanha.

A disposição do governo inglês em fazer valer os tratados pode ser percebida no discurso do secretário de Assuntos Estrangeiros George Canning, proferido em 1822: "de uma coisa os aliados podem estar perfeitamente seguros, é que nenhum Estado do Novo Mundo poderá ser reconhecido pela Grã-Bretanha se não tiver franca e completamente abolido o comércio dos escravos".

Apesar da pressão britânica, as negociações se arrastaram até 1825, quando o novo Império foi reconhecido como nação independente por Portugal. No ano seguinte, o Brasil aceitou as condições impostas pela Convenção Adicional de 1817, que decretava o fim do tráfico de cativos africanos no ano de 1830.

No entanto, o acordo assinado entre os governos britânico e brasileiro não pôs fim ao debate. Afinal, para além da proibição do tráfico, o que estava em jogo era a soberania do novo Estado. Os grupos políticos e as elites econômicas dependentes da mão de obra e do tráfico de escravos não deixariam a extinção do "infame comércio" virar assunto de exclusividade entre os dois governos, e sem passar pelo crivo do Parlamento. Os diversos avanços e retrocessos nas negociações entre Rio de Janeiro e Londres pareceram chegar ao final em 7 de novembro de 1831, quando a Assembleia Legislativa aprovou a primeira lei de proibição do tráfico de africanos. A Grã-Bretanha continuava buscando deter traficantes e não poupava esforços para impedir a "pirataria". Entretanto, estimativas contabilizam a entrada de cerca de 470 mil africanos, via tráfico ilegal, no período de 1831 a 1845. Quando capturados pelas autoridades, esses africanos foram considerados "africanos livres". De acordo com a lei de 1831, uma categoria especial de trabalhadores: não eram cativos, nem livres de fato. Foram tutelados pelo governo brasileiro, que explorou compulsoriamente seus serviços até 1864.

A despeito dos esforços britânicos em exigir o cumprimento da lei de 1831, na década subsequente o desembarque clandestino de africanos intensificou-se. Havia uma rede de proteção ao comércio negreiro que contava com a conivência das autoridades responsáveis por sua repressão, e, ainda mais, com a aceitação e ajuda da população local. Aliás, a defesa do tráfico, mesmo com a primeira proibição de 1831, não se restringia ao Parlamento brasileiro. Entre as décadas de 1820 e 1840, mais de vinte representações oriundas das câmaras municipais de várias partes do Império defendiam a continuidade do comércio. Disseminava-se, com efeito, o entendimento de que a manutenção era imprescindível para o bom funcionamento da economia. Ou seja, nada acontecia.

Nesse período, circularam na Câmara dos Deputados e no Senado diversos projetos propondo modificações nos prazos que estabeleciam o fim do tráfico, ou até buscando revogar a lei de 1831. Este foi o caso do projeto do senador Caldeira Brant, o marquês de Barbacena, em 1837. Segundo a proposta, os africanos entrados após aquela data ficariam impedidos de reivindicar sua liberdade. Paralelamente, os senhores que comprassem esses mesmos africanos livres como escravos, garantiriam sua propriedade e se livrariam de problemas com a Justiça. A ação penal recairia exclusivamente sobre os traficantes e aqueles que auxiliassem no desembarque clandestino. O ousado projeto de Barbacena permaneceu, todavia, adormecido nos arquivos legislativos, até a promulgação unilateral do Bill Aberdeen.

A partir de 1845 a luta dos britânicos contra o comércio de africanos perdeu sua força. De acordo com o tratado de 1817 — ratificado em 1826 —, a marinha britânica e suas comissões mistas não tinham mais competência para apreender e julgar embarcações de escravos com a bandeira brasileira. Em março de 1845, a subcomissão de Assuntos Estrangeiros do Conselho de Estado, composta pelo marquês de Monte Alegre, Bernardo Pereira de Vasconcelos, e Hermeto Carneiro Leão, decidiu unilateralmente que o tratado de 1817 se extinguira e que o Brasil ficava fora do espectro de interferência britânica. A posição brasileira continuava, porém, ambígua. Nem no Conselho de Estado nem na Câmara dos Deputados, jamais o governo brasileiro registrou a intenção de defender tal comércio. Ao contrário, determinou que os tribunais brasileiros se incumbissem de cuidar da captura e julgamento dessas embarcações.

Furioso com a "passividade" brasileira, o secretário de Assuntos Estrangeiros, Lord Aberdeen, conseguiu, então, aprovar no Parlamento britânico o Bill Aberdeen, que concedia à marinha britânica poderes de aprisionar navios negreiros brasileiros em qualquer lugar do Atlântico, inclusive em águas nacionais, e de julgá-los como piratas nos tribunais ingleses. Colocou-se em jogo, novamente, a soberania do Império do Brasil. Nenhum político, fosse ele conservador ou liberal, aprovava a forma arrogante como a Grã-Bretanha impunha às outras nações os seus tratados e leis.

O clima belicoso se acirrou. A iminência de uma guerra assustava os políticos e, a despeito das bravatas ocorridas nas sessões da Assembleia, os deputados no fundo tinham plena consciência de que seria melhor o governo negociar um novo tratado com os britânicos, e o mais breve possível. Em julho de 1845, Antônio Paulino Limpo de Abreu, ministro dos Negócios Estrangeiros, enviou ao governo inglês uma nota informando que seu país não estava se recusando a refletir sobre outro tratado. Alegava, todavia, que o acordo deveria ser elaborado e redigido dentro de limites aceitáveis para ambos os lados, o que significaria o estabelecimento de um novo prazo para encerramento do tráfico.

Em agosto de 1845, o Bill Aberdeen entrou em vigor. Nos meses seguintes o governo brasileiro tentou em vão protestar contra a determinação. Cientes da "filosofia local" da contemporização, e apesar dos protestos brasileiros junto ao governo inglês, os britânicos continuaram a agir implacavelmente, e até com mais intensidade. Não por coincidência, o projeto do marquês de Barbacena foi resgatado em setembro de 1848 e posto novamente em discussão. Tanto que, até meados de 1850, algumas sessões na Câmara dedicaram-se às discussões do projeto, sem grandes avanços. A queda de braço entre traficantes e a marinha britânica não tinha jeito de acabar, e os números de apresamentos e desembarques clandestinos de africanos só aumentavam.

Em julho de 1850, o navio britânico *Cormorant* estava estacionado na costa de Paranaguá (atual estado do Paraná) com o objetivo de combater o tráfico. Os ingleses avisaram ao comandante do forte militar existente no local que todos os navios seriam examinados e os considerados envolvidos nas atividades negreiras seriam apreendidos. Quatro embarcações ancoradas naquele porto encontravam-se exatamente nessa situação: os brigues *Sereia* e *Leônidas* e os bergantins *Lucy Ann* e *Astro*, este último prontamente afundado pela própria tripulação para escapar da captura. Já os três navios restantes foram tidos como "boas presas". Entretanto, no momento em que eles eram rebocados para o mar, os canhões do forte de Paranaguá começaram a disparar contra o *Cormorant*. Ocorreu, então, um breve combate que deixou como resultado um marinheiro britânico morto, dois feridos e a embarcação estrangeira levemente avariada.

A resposta britânica não se fez esperar. O comandante inglês queimou dois dos navios negreiros, bem diante das autoridades brasileiras, e levou o terceiro para julgamento. A notícia do incidente chegou à capital do Império carregada de tintas gritantes; segundo o boato, o forte fora quase destruído. Isso bastou para eriçar os brios nacionalistas, resgatando-se novamente a questão da soberania nacional. Possíveis retaliações comerciais e até mesmo bélicas foram propostas no Parlamento brasileiro. Mesmo assim, faltava apoio internacional para essa causa, que já ia se tornando a cada dia mais impopular em outras partes do mundo.

Ao fim e ao cabo, o constrangimento das autoridades do governo, da classe política e da sociedade foi ficando patente. O fato é que a manutenção do tráfico de escravos se tornou indefensável. A capitulação vexatória ante o poderio militar britânico não deixou alternativa; o próprio Parlamento difundiu a nota de que tomara a "iniciativa" de aprovar, mais uma vez, o fim do comércio negreiro no país. No fundo, a medida visava construir uma saída honrosa para o Brasil diante de uma situação que se arrastava desde o início do século XIX.

O contexto da lei de 1850 é marcado por motivações diversas. Além da questão da soberania, o governo jamais "esqueceu" de dar guarida aos interesses senhoriais na manutenção da escravidão, insistindo na legalidade da posse de cativos que entraram no país após a lei de 1831. É por isso que o então ministro da Justiça, Eusébio de Queirós Coutinho Matoso Câmara, propõe a retomada da discussão do projeto de Barbacena. O que estava em jogo era garantir a posse dos escravos entrados no Brasil ilegalmente a partir de 1831, nem que para isso fosse preciso adotar medidas efetivas de repressão ao tráfico no mar ou no momento do desembarque. O projeto também atropelava os próprios traficantes, que viram seu "negócio" ruir por terra. De toda forma, a política parecia ser "vão-se os anéis, mas a posse da mão de obra cativa mantém-se inalterada".

Eusébio de Queirós já havia exercido o cargo de chefe de polícia da corte entre 1833 e 1844 (com breve interrupção em 1840). Durante a sua gestão, inúmeros desembarques clandestinos de africanos ocorreram no litoral do Rio de Janeiro. Aliás, a correspondência trocada entre Queirós e o ministro da Justiça Bernardo Pereira de Vasconcelos comprova a naturalidade com que as autoridades brasileiras burlavam as determinações, e com a conivência de todos. Sem disfarce algum, admitiam que mais de noventa navios vindos da costa africana teriam entrado na capital do Império somente no ano de 1837. Já o secretário de Assuntos Estrangeiros da Grã-Bretanha, Lord Palmerston, denunciava que na província do Rio de Janeiro, apenas naquele ano, aportaram clandestinamente 46 mil africanos.

Por isso, dessa vez era preciso que a ação brasileira fosse efetiva. Após a promulgação da lei de 1850, o governo imperial estabeleceu uma rede de repressão aos desembarques clandestinos que se mostrou surpreendentemente eficaz. Mas nem por essa razão a marinha britânica deixou de exercer sua "justiça" em águas territoriais brasileiras. Entre 1850 e 1856, ano da última apreensão de que se tem registro, ainda entraram no país mais de 38 mil africanos, que correspondem a cerca de 5% das mais de 700 mil pessoas entradas ilegalmente no Brasil entre 1831 e 1849.

A lei de 1850 levou a mudanças significativas na economia do Império brasileiro e para o sistema escravista. Os capitais antes empatados no "infame comércio" foram carreados para investimentos em títulos, ações, empreendimentos imobiliários e na expansão de diversos processos produtivos, entre eles, a lavoura cafeeira, provocando o deslocamento do eixo econômico do Nordeste para o Sudeste. Tais mudanças desenvolveram um tráfico interno de escravos; o assim chamado tráfico interprovincial. A escravidão ainda duraria longos 38 anos, marcados pela luta de cativos, libertos e seus descendentes contra o cativeiro ilegal, e pelo abolicionismo, que ganharia força somente a partir dos anos 1870. Mesmo assim, o percurso foi demorado até 1888, quando se proibiu definitivamente tal sistema.

Petrônio Domingues

FRENTE NEGRA/ LEGIÃO NEGRA

A Frente Negra Brasileira — União Político-Social da Raça — foi fundada em assembleia realizada no salão da Associação Auxiliadora das Classes Laboriosas, no centro da cidade de São Paulo, em 16 de setembro de 1931. Tratou-se de uma tentativa por parte da população negra de se unir, organizar-se em torno de uma entidade que lutasse pelos seus direitos e, finalmente, contar com um local onde pudesse exercer a sua sociabilidade. Ademais, o momento político era propício ao surgimento de instituições desse tipo. Após a Revolução de 1930, nasceram várias instituições que se proclamavam frentes.

Inicialmente, a Frente Negra Brasileira (FNB) instalou-se em duas modestas salas do Palacete Santa Helena, no centro da cidade. Com o afluxo surpreendente de interessados, a sede foi transferida para um casarão da rua da Liberdade, 196 (onde hoje funciona a Casa de Portugal). O número de associados aumentou de forma rápida e, embora as estimativas sejam contraditórias — variando entre 8 e 50 mil associados —, a entidade desfrutava de prestígio entre os negros, que a procuravam para resolver, inclusive, problemas de moradia, emprego e "preconceito de cor".

A FNB teve dois presidentes: Arlindo Veiga dos Santos — um bacharel pela Faculdade de Filosofia e Letras de São Paulo (antiga Faculdade São Bento), que nessa época trabalhava como professor — exerceu o cargo até junho de 1934, quando renunciou e foi sucedido por Justiniano Costa, um funcionário público que, durante a gestão do primeiro presidente, ocupava a função de tesoureiro. Ao longo de sua existência, a agremiação reiterou os objetivos centrais a que se propunha: a união do negro, a sua elevação e completa integração na vida nacional.

O estatuto da FNB especifica a estrutura da organização. Fundamentalmente, ela era formada pelo Grande Conselho, do qual participavam o presidente, os conselheiros, o secretário-geral, e pelo Conselho Auxiliar ou Administrativo, composto dos cabos e comissários. Ainda faziam parte da estrutura o primeiro e o segundo-secretário, o tesoureiro-geral, os fiscais e os diretores. O Grande Conselho representava a suprema autoridade no interior da Frente Negra, sendo que os regulamentos, ordens, avisos e comunicações dele emanados tinham força de lei. Os recursos da entidade provinham basicamente das contribuições dos associados, das delegações (representantes da entidade em várias cidades e estados) e da venda do jornal *A Voz da Raça*.

Durante os seus seis anos de vida, a FNB criou diversos departamentos para atender áreas ou necessidades específicas. O Departamento de Instrução ou de Cultura cuidava da parte educacional. Oferecia curso primário, de alfabetização para adultos e de formação social, sem falar da biblioteca. O Departamento de Imprensa ficava encarregado de publicar *A Voz da Raça*, que funcionava como porta-voz da entidade. O Departamento Jurídico-Social tratava de prestar assistência jurídica aos associados, com o intuito de resolver sobretudo os problemas relacionados à violação dos direitos. O Departamento Musical era organizado com a finalidade de desenvolver cursos e atividades musicais. Mantinha o Regional Frentenegrino, um grupo musical e de animadores que se apresentava durante os eventos. O Departamento Esportivo tinha a tarefa de promover algumas modalidades de esportes e organizar jogos e competições. Mantinha ainda um time de futebol, o Frentenegrino Futebol Clube. O Departamento Médico garantia esse tipo de assistência aos associados, por meio do médico Antônio Ferreira Dias, que atendia no seu consultório particular. O Departamento de Artes e Ofícios era formado pelas seções de marcenaria, pintura, ornamentação, costura, limpeza e serviços de pedreiro. O Departamento Dramático se responsabilizava por manter um grupo teatral, que regularmente apresentava espetáculos.

A FNB ainda criou a Campanha da Boa Vontade; era uma espécie de mutirão formado pelos próprios sócios, que faziam os serviços e reparos na sede, e a Comissão de Moços, que organizava eventos, como chás, bailes e piqueniques. A instituição também disponibilizava na sua sede um salão de beleza, barbeiro, bar, local para jogos e divertimentos, gabinete dentário, um posto de alistamento eleitoral, além de uma Caixa Beneficente, que socorria os associados, fornecendo-lhes assistência hospitalar, farmacêutica e funerária.

Duas comissões eram voltadas para as associadas: as Rosas Negras e a Cruzada Feminina. A primeira consistia num grupo de mulheres que se vestiam de branco, usavam luvas e ostentavam uma rosa preta no peito, daí o nome. Era responsável pela organização de saraus e festivais literodramáticos e dançantes. Já a segunda comissão era composta de frentenegrinas encarregadas de realizar trabalhos assistencialistas, buscando o fortalecimento do campo educacional e cultural da entidade.

A FNB criou uma série de símbolos identitários: bandeira, hino, documento de identidade, contendo foto e dados pessoais dos associados, e até uma milícia. Esta última era uma espécie de batalhão paramilitar. Nunca chegou a entrar em ação, porém funcionou como um símbolo importante para os frentenegrinos. Uma de suas atribuições era zelar pela segurança e bom andamento das reuniões. Nos dias festivos, costumava desfilar uniformizada, portando a bandeira da entidade.

A instituição se expandiu em ritmo acelerado, atraindo a atenção de negros, sobretudo os mais jovens, de diferentes lugares e regiões do país. No seu auge, contava com mais de sessenta delegações distribuídas no interior de São Paulo e em outros estados, como Minas Gerais, Rio de Janeiro e Espírito Santo, tendo servido de fonte de inspiração para o aparecimento de organizações homônimas nas cidades de Salvador, Recife e Pelotas. A fama da FNB ultrapassou a fronteira nacional, e a entidade ficou conhecida como a maior do gênero na América do Sul. Suas propostas e ações chegaram a ser acompanhadas por grupos negros da diáspora, especialmente no Uruguai, em Porto Rico, nos Estados Unidos e até em Moçambique.

Uma seção d'*A Voz da Raça*, denominada "Sociais", informava a respeito do movimento na sede da associação, bem como acerca das pessoas que a visitavam. Por meio desse noticiário, percebe-se como era grande o intercâmbio da sede central com as delegações do interior, com outros estados e com autoridades públicas (civis e militares), de uma forma geral. A sede da FNB foi visitada pelo comandante da 2ª Região Militar, o general Almério de Moura; pelos escritores modernistas Oswald de Andrade e Menotti del Picchia; pela cantora afro-americana Mary Anderson, entre outras personalidades. Em março de 1933, *A Voz da Raça* estampou uma foto que registrava "o dr. Getúlio Vargas, Chefe do Governo Provisório, em companhia do sr. Isaltino B. Veiga dos Santos, Secretário-Geral da FNB, logo após a audiência especial, concedida à Frente Negra Brasileira, no Palácio Rio Negro, em Petrópolis".

Várias datas eram regularmente comemoradas pela FNB. A principal delas, a festa de aniversário da agremiação, era planejada com antecedência, sendo que a solenidade, à qual compareciam representantes de delegações do interior e de outros estados, além de autoridades e personalidades, estendia-se por mais de um dia, realizando-se por meio de diversos eventos: hasteamento da bandeira frentenegrina, missa, romaria aos cemitérios em visita aos túmulos dos frentenegrinos e sessões solenes. A FNB celebrava o Treze de Maio, data da "libertação dos escravos", e promovia eventos sociais como almoços, convescotes, excursões de alunos a locais históricos.

Afora esses eventos, aos domingos ocorriam na sua sede palestras sobre temas nacionais ou relacionados às questões raciais. Eram as famosas domingueiras, reuniões destinadas a desenvolver, no negro, a consciência de sua importância, o senso de cidadania, e informá-lo sobre assuntos de interesse da comunidade.

Os participantes da FNB enfatizavam sempre a organização da entidade, a diversidade de atividades oferecidas aos associados, a complexidade da administração e, principalmente, o impacto que causou. Muitos afro-brasileiros começaram a despertar para os problemas raciais através do trabalho desenvolvido por ela. Tamanha agenda explica a perplexidade que tomou conta dos associados por ocasião do fechamento da FNB, em dezembro de 1937, em decorrência da instauração da ditadura do Estado Novo. Apesar da tentativa de sobrevivência, com a mudança do nome para União Negra Brasileira, a agremiação não teve continuidade.

Vale a pena destacar uma última característica da FNB: sua orientação político-ideológica. A entidade preconizou um projeto nacionalista, de viés autoritário. Advogava um governo forte, centralizado e de obediência à figura do líder. Seu jornal — *A Voz da Raça* — trazia no cabeçalho as palavras "Deus, Pátria, Raça e Família", uma divisa muito similar à da Ação Integralista Brasileira (AIB), a principal organização fascista brasileira na década de 1930. Arlindo Veiga dos Santos mantinha intercâmbio com a

AIB, declarava publicamente sua admiração pelos movimentos fascistas na Itália e na Alemanha, e, quando presidiu a FNB, impôs seu pulso firme, métodos discricionários, disciplina, ordem e rígida autoridade.

Embora o projeto de Veiga dos Santos tenha sido hegemônico, não havia homogeneidade entre os associados. Ali militavam negros e negras de múltiplos matizes político-ideológicos (monarquistas, integralistas, socialistas, comunistas). Diversas disputas foram travadas, desde o primeiro momento, resultando às vezes em cisões.

Em 9 de julho de 1932, por exemplo, as elites paulistas, aliadas às classes médias, aos setores populares e à milícia estadual, rebelaram-se num movimento armado contra o governo de Getúlio Vargas, exigindo sua destituição e a elaboração de uma nova Constituição. Vargas era acusado de ditador, de marginalizar os interesses paulistas e de representar um obstáculo ao desenvolvimento nacional. Aliás, a Revolução Constitucionalista mobilizou milhares de pessoas e teve repercussão na FNB.

Na ocasião, a entidade emitiu nota pública declarando uma posição de neutralidade. No entanto, um grupo de sócios, liderado por Guaraná Santana, um advogado negro baiano que chegou a dirigir o Departamento Jurídico-Social da FNB, decidiu romper com a associação e apoiar o exército constitucionalista, criando a Legião Negra, uma corporação militar formada quase que exclusivamente por "homens de cor". Joaquim Guaraná Santana tornou-se o chefe civil e o capitão da Força Pública; Gastão Goulart, o chefe militar. Os dois eram auxiliados pelo tenente Arlindo Ribeiro, do Corpo de Bombeiros, e por Vicente Ferreira, uma destacada liderança negra.

A Legião Negra foi instalada na Chácara do Carvalho, no bairro da Barra Funda, na capital paulista, onde anteriormente funcionava o Quartel-General da 2ª Região Militar. A Legião lançou uma "Proclamação a todos os negros do Brasil", na qual expressava seus ideais de liberdade associados aos direitos, à cidadania e à participação. Lutar em prol da Constituição significava, para os negros, opor-se à opressão e defender o regime da lei, da democracia e, no limite, defender a própria pátria. Como sujeito ativo na construção da nacionalidade, o descendente da "raça negra" deveria honrar o exemplo de luta de seus maiores (Henrique Dias, Luís Gama e José do Patrocínio), cerrando fileira nessa cruzada cívica. Esse sentido de pertencimento e de participação nos destinos da nação sinalizava o desejo de reconhecimento, a afirmação racial e a necessária inclusão social. Cumprir a Constituição era pré-requisito para assegurar aquilo que ela não deveria consentir: a desigualdade entre negros e brancos.

Os oradores populares foram utilizados como estratégia de mobilização. Na Legião Negra, o orador oficial era Vicente Ferreira. Seus discursos vibrantes causavam forte impressão na audiência. Além de atuar nos comícios e nos atos públicos na capital, saía em caravana pelo interior do estado, difundindo os ideais de "liberdade" do movimento. A Legião Negra recebeu cerca de quinhentos voluntários para se alistarem nos seus primeiros dias de funcionamento. Era composta ao menos por dois batalhões de infantaria e arregimentou um efetivo entre 1600 e 2 mil combatentes.

Os voluntários que se apresentavam à Legião Negra recebiam uniforme, armamento, equipamento bélico, treinamento básico na Chácara do Carvalho e as bandeiras do Brasil e de São Paulo. Após uma cerimônia pública de juramento, eram então enviados ao campo de guerra.

Chama atenção o engajamento das mulheres. Em geral, elas realizavam os serviços de retaguarda, mas se sabe de pelo menos cinco negras que atuaram como soldados. O caso mais notável foi protagonizado por Maria do Soldado, conforme o jornal *A Gazeta*: "Uma mulher de cor, alistada na Legião Negra, vencendo toda a sorte de obstáculos [...] uniu-se aos seus irmãos negros em pleno entrincheiramento na frente do Sul [...]. Maria da Legião Negra! Mulher abnegada e nobre da sua raça!". Essa cozinheira da família Penteado Mendonça abandonou o seu local de trabalho para ingressar nas fileiras da Legião. Pela bravura demonstrada nas trincheiras pela causa constitucionalista, transformou-se num dos símbolos da luta pela democratização do país.

Muitas foram as ações empreendidas pela Legião Negra durante a guerra. Montou-se uma comissão beneficente encarregada de recolher donativos por meio de festivais, eventos públicos e certames desportivos. A madrinha da corporação, a "bela" Palmira Calçada, percorreu as entidades negras em diferentes cidades do estado, solicitando doações para a corporação.

As operações militares da Legião Negra variavam desde grandes batalhas campais a céu aberto até ações de guerrilhas em mata fechada e nas montanhas. Um jornal da época informou que os "capitalistas desejavam era mandar para o *front* os exércitos da Legião Negra para evitar o massacre dos seus filhos". Não se sabe se é verdade; o certo é que parte dos batalhões da Legião ocupou a linha de frente dos combates.

Na segunda quinzena de setembro, José Bento de Assis, um professor do Ginásio Estadual de Campinas e respeitado latinista, substituiu Guaraná Santana como chefe civil da Legião Negra. Mudou parte do comando, mas não mudou seus ideais e expectativas. Os negros continuaram na refrega, em nome da pátria e em defesa da lei, da liberdade e da democracia. Não por muito tempo. Sem condições de manter o movimento armado, o exército constitucionalista decidiu se render no início de outubro de 1932, pondo fim às hostilidades.

Depois da derrota, a elite paulista passou a difundir uma suposta vitória moral de São Paulo. No entanto, o que fazer com os ex-combatentes dos batalhões de voluntários civis que ficaram inválidos ou mutilados; com as mulheres que perderam seus maridos; e com as mães cujos filhos foram mortos ou desapareceram? Para a maioria dessas pessoas, o estado de São Paulo assumiu parte da responsabilidade. Contudo, a concessão do benefício não se efetivou de maneira igualitária, sendo que alguns ex-combatentes da Legião Negra, até o final de 1932, não haviam sequer recebido dois meses de soldo.

O fato é que os legionários, depois da Revolução Constitucionalista, resolveram expurgar o caráter militar de sua organização, rebatizando-a posteriormente com o nome Legião Negra do Brasil, uma "sociedade civil, beneficente, cultural, jurídica e filantrópica". Com o intuito expresso de garantir assistência ao "soldado negro e suas famílias", amparando os "órfãos, viúvas, velhos e estropiados da guerra", a associação se dedicou ao trabalho de celebrar a participação dos afro-brasileiros na revolução. A Legião Negra do Brasil continuou em atividade, como sociedade civil em defesa dos direitos dos afro-brasileiros, até a década de 1960.

María Verónica Secreto

FRONTEIRAS DA ESCRAVIDÃO

F

A EXPERIÊNCIA ESCRAVA NOS TERRITÓRIOS DO IMPÉRIO ESPANHOL foi definida como sendo a de uma sociedade com escravos. Isso a diferenciava das sociedades escravistas; ou seja, aquelas em que a labuta escrava organizava a totalidade do trabalho, até mesmo o que se exercia fora dessa instituição. A denominação "com escravos" também revela um modelo distinto daquele da plantation.

No entanto, é importante destacar que, desde o início da empresa colonizadora espanhola, já encontramos escravos negros. No começo foram "ladinos" espanhóis, uma vez que Castela e Aragão já praticavam a escravidão de forma muito regular. As capitulações que habilitaram Pizarro para a conquista do Peru também o autorizavam a trazer cinquenta escravos, em 1529.

Os primeiros escravos negros chegados ao Tahuantinsuyo formaram parte da empresa colonizadora, e por isso foram identificados pelos índios como integrantes do "aparelho" da conquista. Até o fim do século XVIII, porém, a Espanha não teve acesso direto à África. Dessa maneira, para o abastecimento de escravizados recorreu a contratos, chamados de *asientos*, com as potências que dominavam o tráfico. Assim começou o abastecimento de escravos nas possessões espanholas. O *asiento* como contrato monopólico podia ser gozado por alguns indivíduos ou companhias, e desde os primeiros documentos é possível encontrar também portugueses exercendo essa atividade.

Apesar de o Império espanhol na América ser organizado principalmente a partir do trabalho indígena, não podemos desconsiderar a importância que a escravidão africana e de afrodescendentes teve no século XVI. Ela vinculou-se à conquista, à mineração, aos empregos urbanos e domésticos, bem como a algumas atividades rurais.

Datam do mesmo século XVI os primeiros grupos *cimarrones*, isto é, os primeiros quilombos na América espanhola. A pintura *Os mulatos de Esmeraldas*, realizada em 1599, em Quito, pelo mestiço Andrés Sánchez Gallque, representa o momento de reconhecimento dessas comunidades pelas autoridades espanholas. A tela consagra a aliança acordada entre os caciques negros da região de Esmeraldas e o principal da Real Audiência de Quito. Também evidencia o rápido processo de endogênese pelo qual esse grupo se reconfigurou identitária e culturalmente a partir de um repertório de elementos endógenos e exógenos. Na representação podem ser observados elementos africanos (as lanças), europeus (as túnicas e os chapéus) e indígenas (os enfeites de ouro).

Havia duas rotas para introduzir escravizados procedentes da África no sul do Império espanhol, isto é, no vice-reino do Peru (1542-1824) e no do Rio da Prata (1776-1810). Uma delas era a tortuosa rota do Pacífico. Para manter o monopólio comercial espanhol, foi criado o sistema de frotas e galeões, pelo qual duas frotas anuais, compostas de navios mercantes e galeões de artilharia, atravessavam o oceano rumo à América, onde se celebravam grandes feiras em Veracruz, Cartagena das Índias e Portobelo, no Atlântico. As mercadorias saíam desses locais e eram distribuídas para outros pontos do Império. De Portobelo o carregamento, homens e mercadorias, atravessava em penosas caravanas o istmo do Panamá e era reembarcado no Pacífico rumo ao Callao, no atual Peru. A partir desse porto, distribuíam-se os produtos por via terrestre para o restante da América do Sul. Estima-se que no século XVII um escravo vindo pela rota do Pacífico custava quinhentos pesos em Lima, seiscentos em Santiago e oitocentos em Potosí; enquanto um vindo do Rio da Prata custava 140 pesos em Buenos Aires. A explicação é que Buenos Aires, apesar de ser um porto proibido, gozou em alguns momentos de autorização para a importação e exportação de mercadorias. No entanto, a maior parte do tempo participou do comércio através do contrabando.

O português Pedro Gomes Reinel recebeu o primeiro contrato de grandes proporções para introduzir escravos nas possessões espanholas durante a União Ibérica. O contrato incluía o direito de trazer seiscentos escravos pelo Rio da Prata. Até 1640 os portugueses monopolizariam esse ramo do abastecimento de escravos nos domínios espanhóis. Entre 1702 e 1744, *asientos* de caráter internacional assumiram o abastecimento: a Real Compagnie de Guinée (francesa) e a South Sea Company (inglesa). De qualquer forma, em todo o período os portugueses tiveram papel relevante na introdução clandestina de escravos.

Na segunda metade do século XVIII, alguns economistas espanhóis começaram a defender um "mercantilismo liberal" (nem mercantilismo, nem livre-câmbio). Pretendiam conseguir abastecer a Europa com matérias-primas e alimentos a baixos preços. Tal expansão dos mercados implicava, para as colônias americanas, o crescimento da produção agrícola, do trabalho escravo e do tráfico.

Também foi necessária a ampliação das rotas de circulação das mercadorias. Depois da crise do século XVII e da Guerra de Sucessão, os Bourbon buscaram recuperar as esgotadas finanças e ganhar lugar no mercado que, no Caribe, era dominado pela França e pela Inglaterra. Era o momento do rico comércio de açúcar e tabaco.

Até o século XVIII, a base do Império espanhol havia sido a mineração. A partir daí, porém, sem abandonar a primeira economia, que inclusive adquiriu novo impulso, incentivou-se a agricultura. Cuba e Porto Rico se transformaram em grandes produtores, e parte da política econômica girou em torno dessas ilhas, até então marginais. Mas outra região "marginalizada" também se beneficiou da nova política de incentivo à agricultura e aos produtos da terra: o Rio da Prata.

Na década de 1760, a Espanha começou a autorizar a utilização de alguns portos americanos, antes proibidos ao comércio, e de outros na Espanha, como Sevilha e Cádiz. Em 1778, esse benefício chegou a Buenos Aires, Chile e Peru. No mesmo ano, a Espanha conseguiu que Portugal cedesse as ilhas de Fernando Pó e Ano Bom na África. A possessão de um entreposto nesse continente era fundamental para manter o abastecimento de escravos no Caribe. Assim, os súditos espanhóis tiveram permissão para importar escravos livremente, em navios espanhóis ou neutros. Em 1791 se ditou outra medida favorável ao tráfico de escravos; por esta, qualquer espanhol podia participar do comércio em navio próprio ou fretado. A despeito de tais medidas responderem, sobretudo, à pressão dos cubanos, as áreas atingidas pelas novas políticas comerciais foram além do Caribe, alcançando o vice-reino do Rio da Prata, Santa Fé, a capitania de Caracas, e as ilhas de Porto Rico, Cuba e São Domingos, levando ao grande aumento do tráfico de escravos.

No final do século XVIII, o sistema portuário Montevidéu-Buenos Aires foi cenário de um intenso tráfico de escravos que alterou o perfil demográfico das duas cidades. Por conta de tanto investimento, a população escrava cresceu a índices muito mais altos que o restante da população: em Buenos Aires ela triplicou, e em Montevidéu subiu quatro vezes. Nem todos os escravos que chegavam a essas cidades ali permaneciam. Alguns eram levados para Lima e para o Chile. Os escravos que chegaram a Montevidéu e Buenos Aires o fizeram através da rota transatlântica, direto da África, ou via Brasil.

Também no Peru houve um incremento na introdução de escravos durante o período de 1790 a 1802. Estima-se que, então, ingressaram em Lima cerca de 65 mil escravos. Em Buenos Aires a população negra em 1810 representava pouco mais de um quarto da população total; algumas pesquisas calculam que um terço da cidade portenha era negra. Já em Lima a população negra chegava a 28 112 indivíduos, dos quais 17 881 eram escravizados. No ano em que foi realizado o recenseamento, 1797, a cidade tinha 62 910 habitantes.

Na revolta que sacudiu os Andes e o Altiplano em 1780-81 não faltou a participação negra. Liderado por Tupac Amaru no sul do Peru e por Tupac Catari na província de La Paz, o movimento definido como uma revolta indígena contou com a presença de negros. Eles aparecem nos registros das prisões das lideranças, acompanhando de perto as ações revolucionárias. A mulher de Tupac Amaru, Micaela Bastidas, era uma *zamba* e, portanto, seus filhos foram também indo-africanos.

Como a escravidão era antiga na Espanha, ela acabou sendo normatizada. Assim, embora as instituições americanas não fossem uma réplica das peninsulares, um conjunto de leis medievais sobre os direitos e obrigações dos servos vigorou no território. Em 1789, o rei Carlos III sancionou uma real cédula sobre *Educación, trato y ocupación de los esclavos*, "temendo" os abusos em que incorreriam os senhores com maior número de escravos chegando da África. A lei retomava várias matérias sancionadas ao longo do tempo. A "nova" norma foi rejeitada enfaticamente, em especial pelos senhores de engenho de Cuba e proprietários de São Domingos.

Continuou a ser utilizado, então, o conjunto de leis contidas nas Sete Partidas, uma compilação realizada no contexto da presença moura na península Ibérica. A figura do liberto e a questão da manumissão apareceram nessa legislação. As figuras jurídicas foram recriadas nas possessões coloniais espanholas, atualizadas e ajustadas às novas situações. Entre as "peculiaridades" do direito do escravo na América estava o de mudar de senhor, direito de fundamental importância para a compreensão do cotidiano escravo de algumas cidades como Lima, Montevidéu e Buenos Aires. A partir dessa lei, as "negociações" eram possíveis, sobretudo em função do grande número de escravos urbanos e da mobilidade física que permitia os frequentes aluguéis e contratações de que eram objeto os escravizados. A intenção de mudar de senhor, quando encontrava resistência do proprietário, dava lugar à intervenção da Justiça, que podia obrigá-lo a vender seu escravo. Tais processos eram abertos com o nome de "solicitação de papel de venda". Era o escravo que buscava nova colocação e o fazia com um bilhete assinado pelo senhor no qual constavam o preço e os dados imprescindíveis para a negociação.

As guerras de independência representaram um momento significativo na história das populações subalternas, particularmente os escravos. Os países que se formaram na região a partir dessas guerras não aboliram a escravidão de pronto, apesar da retórica da liberdade e da adesão ao conceito de "igualdade". Foi abolido, sim, o tráfico em 1812 e 1813, e foram sancionadas leis de ventres livres também nesse último ano. No Chile, ambas as medidas foram aprovadas em 1811. A liberdade de ventres teve sanções legislativas no Uruguai em 1825 e 1830 e no Paraguai em 1842.

Em 1813, a Assembleia das Províncias Unidas do Rio da Prata declarou a liberdade dos recém-nascidos, chamada de Lei de Ventres Livres. A lei foi seguida pelo "Regulamento para a educação e o exercício dos libertos". Este se referia à tutela dos nascidos de mães escravas, que não começavam a gozar da liberdade de imediato mas deviam obrigações a seus senhores. O período de tutela ou de patronato era de 21 anos para os libertos e de dezesseis para as libertas. Dos 21 anos em que o liberto devia obedecer ao senhor de sua mãe, dezesseis seriam de trabalho gratuito e cinco de trabalho remunerado. No caso das libertas, catorze de trabalho gratuito e dois de remunerado. O liberto emancipado que escolhesse dedicar-se à lavoura teria direito a quatro quadras quadradas, ferramentas e sementes, de forma a garantir a efetiva ocupação e produção do terreno outorgado em propriedade. Lamentavelmente, não existem trabalhos sobre a possível "emergência" de um campesinato negro a partir dessa política.

O patronato rio-platense constitui um modelo para as experiências posteriores de "abolicionismo gradual". A liberdade de ventres do Chile, decretada em 1811, veio sem nenhuma especificação sobre a condição dos libertos. Em Antioquia, na Colômbia, decretou-se a liberdade de ventres em 1814, e em 1821 o conjunto do país seguiu a medida.

As revoluções de independência chegaram a ser vistas como mecanismos através dos quais uma elite local substituiu a elite metropolitana na estrutura de poder, sem gerar mudanças mais radicais do que o fim do monopólio comercial e da elegibilidade das elites crioulas para os cargos públicos. Evidentemente, porém, essas guerras abriram novas perspectivas para as classes subalternas em geral, e para os escravizados, negros livres e afromestiços em particular.

A mesma guerra deu origem a um dos discursos nacionais mais problemáticos: o da desaparição dos negros. A historiografia nacional argentina e os manuais escolares por muito tempo insistiram que a população negra teria desaparecido durante as guerras de independência, já que fora utilizada nas linhas de frente e nas posições mais perigosas. As pesquisas de especialistas demonstram, no entanto, que a mortalidade desse grupo não foi maior que a de outros membros do exército. Aliás, os batalhões eram formados por mais de um grupo étnico. Isso, sem esquecer que já no período colonial o Regimento de Índios, Pardos e Morenos tinha oficialidade própria. Dos 23 oficiais cuja "qualidade" é conhecida, dezessete eram negros e mulatos, quatro índios e dois brancos. Esses oficiais passaram a servir no exército revolucionário, comandando as tropas de negras e mulatas.

Por muito tempo, em função da hipótese que afirmava ter sido a revolução de independência um projeto da e para a elite *criolla*, a participação de negros, mulatos, índios e mestiços foi vista a partir da ideia de recrutamento forçado, e não em termos da adesão desses grupos ao projeto político-social em disputa. Tal visão era em tudo reducionista, não atentando para as vontades e expectativas dos grupos subalternos.

De Salta até Mendoza e daí até a Banda Oriental, os pesquisadores descobriram novas formas de participação política das "castas" nas guerras de independência. Trata-se de um período de autoafirmação desses grupos, de politização e de tímida entrada na cidadania. De todo modo, a carreira militar foi uma das vias para a obtenção da liberdade. Acabada a revolução, a população negra se compôs majoritariamente de livres.

O fim do tráfico, as leis de ventre livre e as liberdades por serviços à pátria constituíram a base do abolicionismo gradual que a região do antigo vice-reino do Rio da Prata (Chile, parte do Peru, Bolívia, Paraguai, Uruguai e Argentina) adotou. Mas a abolição da escravidão demorou mais para acontecer. O Chile aboliu a escravidão em 1823; o Uruguai, em 1842; a Argentina, em 1853; o Peru, em 1854; e o Paraguai, em 1869. A Bolívia acabou com a escravidão em 1826, porém um decreto de 1830 a restabeleceu, e ela só foi abolida definitivamente em 1851. Essas datas, com exceção da que diz respeito ao Chile, representam o momento em que os processos políticos inaugurados com a revolução de independência fecharam seu ciclo.

Na segunda metade do século XIX os Estados Nacionais se consolidaram. As novas nações defenderam a ideia de "homogeneidade" cultural e racial. Foram construídas, então, narrativas que procuravam invisibilizar os negros. Nas repúblicas do Prata, a "desaparição" dos africanos foi sustentada através de dois mitos: um afirmou que a escravidão teria sido uma instituição pouco relevante numericamente e, ademais, "benigna". Outro, que todos os negros teriam morrido nas guerras de independência e civis. Nas últimas décadas a pesquisa acadêmica, aliada à militância de grupos afrodescendentes, desconstruiu tais afirmações, resgatando-se o passado escravista e as culturas negras. Desse processo surgiram nações menos "homogêneas" e até Estados plurinacionais, como é o caso da Bolívia.

I

Petrônio Domingues

IMPRENSA NEGRA

RIO DE JANEIRO, 4 DE NOVEMBRO DE 1833. NA CIDADE COM A maior população escrava do mundo atlântico, então capital do Império, um pasquim liberal denominado *O Mulato, ou O Homem de Côr* assinalava em tom de preocupação: "Não sabemos o motivo por que os brancos moderados nos hão declarado guerra. Há pouco lemos uma circular em que se declara que as listas dos Cidadãos Brasileiros devem conter a diferença de cor — e isto entre homens livres!". O pasquim, fundado por Francisco de Paula Brito, criticava as autoridades por quererem obrigar os "cidadãos brasileiros" a serem classificados pelo critério da cor. Temia-se a perpetuação das divisões e hierarquias na distribuição dos cargos públicos da colônia e do Primeiro Reinado, que priorizavam as pessoas brancas e portuguesas, em detrimento das de origem negra, que ficavam relegadas às posições inferiores.

A novidade maior, porém, talvez se devesse à especificidade daquele jornal, que trazia a questão racial para o centro do debate público. *O Mulato, ou O Homem de Côr* não foi uma voz isolada nos primeiros anos do período regencial. Outros jornais (como *Brasileiro Pardo*, *O Cabrito*, *O Crioulinho* e *O Lafuente*) surgiram na corte, nesse mesmo ano de 1833, com o intuito de proclamar a igualdade de direitos entre os cidadãos brasileiros independentemente da cor. Apoiando-se na Constituição de 1824, eles salientavam que todo cidadão devia ser admitido em cargos públicos, civis, políticos e militares, sem outra diferença além da dos seus talentos e virtudes.

Os impressos não eram vendidos nas ruas; os interessados poderiam adquiri-los mediante assinatura ou tinham de ir às sedes das tipografias que os publicavam, ou mesmo às lojas de livros indicadas. Outro fato em comum era o anonimato de seus redatores, o que rendeu polêmica. Esses pasquins só foram possíveis graças à atuação de "homens de cor" livres letrados — entre eles Francisco de Paula Brito e Maurício José de Lafuente —, que se utilizaram da imprensa como meio de construção de uma voz coletiva em defesa da liberdade, da cidadania e dos direitos do grupo.

Dos editores, Paula Brito (1809-61) foi o que mais se notabilizou. Filho de libertos, identificado como pardo, de origem humilde, foi comerciante, livreiro, impressor, redator até adquirir a sua própria tipografia, a Fluminense, instalada no largo do Rocio (atual praça Tiradentes). Lançou *O Homem de Côr*, em 14 de setembro de 1833, que a partir de sua terceira edição passou a se denominar *O Mulato, ou O Homem de Côr*. O jornal teve vida efêmera — foram editados cinco números, entre setembro e novembro — e circulação restrita. Além de ter racializado o debate público da corte, ele foi o precursor do que mais tarde se designou "imprensa negra" — jornais criados e mantidos por afro-brasileiros e dedicados a tratar de suas questões.

Em 1876, foi lançado na cidade do Recife *O Homem: Realidade Constitucional ou Dissolução Social*, semanário que abordava assuntos de interesse da população negra (livre, liberta ou escravizada). Atribui-se a Felipe Néri Colaço — um "homem de cor preta", livre, formado em direito, professor de instrução secundária — a iniciativa de editá-lo. *O Homem* valorizava os princípios da democracia iluminista (liberdade, igualdade e fraternidade), advogando a causa dos "pretos e pardos", categorias empregadas pelo próprio jornal, nos embates contra o "preconceito de cor". *O Homem* preconizava o fim da escravidão, e foi o primeiro periódico abolicionista de Pernambuco.

Data desse período o *Ethióphico*, folha publicada em 1886 por uma sociedade de mesmo nome na cidade de Pelotas, Rio Grande do Sul. O Centro Ethiópico foi criado por um grupo de "homens de cor" (livres e libertos) que labutavam no movimento abolicionista.

Com a extinção do regime escravista, em 13 de maio de 1888, novos horizontes se abriram para a população negra. Foi nesse contexto que surgiram *Treze de Maio*, no Rio de Janeiro, em 1888, e *A Patria: Orgam dos Homens de Côr*, em São Paulo, em julho de 1889, jornais marcados pelas expectativas de reconhecimento, inserção social e participação da população negra na vida nacional. Com a proclamação da República, em 15 de novembro de 1889, novos periódicos foram criados, como *O Exemplo*, jornal publicado em Porto Alegre, cujo primeiro número data de 1892. Na cidade de São Paulo, apareceu *O Progresso*, em 1899, que anunciava, em suas páginas, ter o único fim de "prestar auxílio desinteressado à raça a que pertencemos".

Ao longo da Primeira República, encontramos registros de outros jornais: *A Verdade* (1904), em Pouso Alegre (MG); *Cruz e Souza* (1919), em Lages (SC); *A Federação* (1926), no Rio de Janeiro; *O Baluarte* (1903) e *Getulino* (1923), em Campinas (SP); *O Menelick* (1915), *O Xauter* (1916), *A Rua* (1916), *O Bandeirante* (1918), *O Alfinete* (1918), *A Liberdade* (1919), *A Sentinela* (1920), *O Kosmos* (1922), *O Clarim d'Alvorada* (1924), *Elite* (1924) e *Progresso* (1928), na cidade de São Paulo; *A Tesoura* (1924), em Porto Alegre; *A Alvorada* (1907), em Pelotas (RS); *A Revolta* (1925), em Bagé (RS); e *O Tagarela* (1929), em Rio Grande (RS). Somente em São Paulo e no Rio Grande do Sul existiram pelo menos 43 jornais da imprensa negra entre 1889 e 1930.

Entre a Era Vargas e a Segunda República, o Brasil passou pela experiência da Revolução de 1930, fato que, na visão das lideranças negras, teria destituído a antiga oligarquia do poder, inaugurando uma nova etapa da vida do país. Getúlio Vargas empreendeu um projeto nacionalista que contagiou os afro-brasileiros. No entanto, esse processo foi abortado com a instalação da ditadura em 1937. O Brasil só restabeleceu a democracia em 1945, quando a sociedade civil pôde se rearticular com mais vigor.

Nesse intervalo de tempo, apareceram novos periódicos da imprensa negra: *Raça* (1935), em Uberlândia (MG); *A Frente Negra* (1933), em Salvador; *União* (1947), em Curitiba; *Em Dia* (1955), em Porto Alegre; *O Colored* (1962), em Blumenau (SC); *Quilombo* (1948), *Redenção* (1950) e *A Voz da Negritude* (1952), no Rio de Janeiro; *A Voz da Raça* (1933), *Tribuna Negra* (1935), *Alvorada* (1945), *O Novo Horizonte* (1946), *Mundo Novo* (1950) e *O Mutirão* (1958), na cidade de São Paulo; *O Estímulo* (1935), em São Carlos (SP); *Notícias de Ébano* (1957), em Santos (SP); *Nosso Jornal* (1961), em Piracicaba (SP); *Hífen* (1960), em Campinas (SP); além das revistas *Evolução* (1933) — a primeira dirigida aos "pretos de São Paulo", para não dizer do Brasil —, *Cultura: Revista da Mocidade Negra* (1934), *Senzala* (1946) e *Niger* (1960).

Os jornais da imprensa negra não seguem um padrão unívoco ou discurso monolítico, porém apresentam semelhanças entre si, tanto no que diz respeito aos aspectos gráficos quanto no que se refere ao seu conteúdo. Em geral, noticiavam eventos sociais, culturais, desportivos e de lazer, mas também se tornaram uma das principais vozes a reivindicar a igualdade racial. Seus subtítulos eram sugestivos, indicando por vezes a especificidade do grupo para o qual se destinavam. *A Liberdade* (1919) proclamava ser um "órgão dedicado à classe de cor, crítico, literário e noticioso"; já o *Getulino* (1923) se dizia um "órgão para a defesa dos interesses dos homens pretos", e *O Correio D'Ebano* (1963) adotava como subtítulo "Um jornal a serviço da coletividade negra do Brasil".

A tiragem desses periódicos costumava ser modesta. *O Clarim d'Alvorada*, fundado em São Paulo pelos ativistas e intelectuais negros Jaime de Aguiar e José Correia Leite em 1924, alcançou uma tiragem mensal que oscilava entre mil e 2 mil exemplares. Já o *Getulino*, criado em 1923 pelos jornalistas negros Lino Guedes e Benedito Florêncio, na cidade de Campinas, e cujo nome era um tributo à memória do abolicionista Luís Gama, circulava com uma tiragem semanal de cerca de 1500 exemplares. *A Voz da Raça* — o veículo de comunicação da Frente Negra Brasileira lançado na capital paulista em 1933 — chegou a ter em torno de 4 mil exemplares; números nada desprezíveis para a época.

Tais periódicos eram distribuídos nas associações recreativas, cívicas, beneficentes e culturais da comunidade negra, sendo ainda adquiridos mediante assinatura ou vendidos pelos editores em suas próprias casas. Ofereciam-se gratuitamente muitos exemplares, pois o ideal prevalecia sobre o lucro, que quase inexistia. Quanto à periodicidade, alguns eram semanais, outros quinzenais, e a maioria mensal. O número de páginas também variava muito: de quatro a dezoito. A circulação geralmente era local ou regional. Contudo, *O Clarim d'Alvorada* foi adquirido em Salvador e Recife, e *A Voz da Raça* chegou a ser conhecido nos Estados Unidos, em países da América do Sul, do Caribe e até em Moçambique, no continente africano.

Grande parte desses impressos tiveram vida curta, mas houve alguns que fugiram à regra, como *O Exemplo*, de Porto Alegre. Lançado em 1892 com o propósito de defender a "classe dos homens de cor", encerrou suas atividades somente em 1930. O jornal da imprensa negra de maior longevidade, durante o século XX, foi *A Alvorada*, da cidade de Pelotas;

embora com algumas pequenas interrupções, circulou de 1907 a 1965. Com correspondentes em São Paulo, Rio de Janeiro e Portugal, recebia cartas de todo o Brasil.

Muitos dos jornais nasceram ligados às associações da comunidade negra. Em São Paulo, *O Quilombo* era vinculado ao Centro Cultural Henrique Dias; *A Protetora* era ligado à Associação Protetora dos Brasileiros Pretos; e *O Propugnador*, editado pela Sociedade Propugnadora 13 de Maio. Se as associações negras constituíam uma das principais fontes de recursos para a publicação dos jornais, estes também eram mantidos com o dinheiro proveniente dos assinantes, dos modestos anúncios publicitários e da promoção de festas, rifas e leilões beneficentes.

As tipografias que imprimiam os periódicos eram por vezes improvisadas, instaladas em condições precárias, até mesmo na casa dos editores. A qualidade gráfica, a diagramação e a revisão evidenciam essa produção artesanal. Outra característica dessa imprensa é que ela foi eminentemente masculina. Até meados do século XX, as mulheres não chegavam a 10% do total de colaboradores.

No tocante à linha editorial, os jornais visavam sobretudo as questões relacionadas à vida do negro brasileiro. Isso não significa que aquelas folhas negligenciassem a experiência histórica e cultural dos africanos e dos negros de outras partes da diáspora. *O Clarim d'Alvorada* mantinha a coluna "Mundo negro", na qual repercutiam fatos e personalidades importantes do cenário internacional afrodiaspórico. Os jornais acompanharam e debateram o movimento pan-africanista e, posteriormente, da *négritude* francesa. A autodeterminação dos negros em diferentes regiões e a luta por descolonização das nações africanas eram tomadas como exemplos para a ação dos afro-brasileiros.

O discurso em prol do orgulho racial, a celebração dos ícones negros — os abolicionistas Luís Gama e José do Patrocínio, o escritor Cruz e Sousa e o "guerreiro" Henrique Dias, entre outros — e a comemoração do Treze de Maio eram uma constante nesses periódicos. Havia ainda a preocupação em garantir espaço para que os negros letrados publicassem seus contos e poemas.

Em 1964, a deflagração do golpe militar instalou a ditadura no país, com a consequente supressão das liberdades democráticas. A censura, a perseguição e o patrulhamento ideológico foram instituídos, dificultando, quando não impedindo, a discussão pública acerca do problema racial na sociedade. Nesse contexto adverso, a imprensa negra deu uma arrefecida, até que, aos primeiros sinais de normalidade institucional, nos anos 1970, começaram a surgir novos periódicos — *Árvore das Palavras* (1974) e *O Quadro* (1974), na cidade de São Paulo; *Biluga* (1974), em São Caetano (SP); *Nagô* (1975), em São Carlos (SP); e *Boletim IPCN* (1976), no Rio de Janeiro.

No final daquela década, com os ventos da *abertura*, a sociedade civil se reorganizou e novos sujeitos de direitos (trabalhadores, índios, mulheres, gays, negros) entraram em cena. Esse processo de redemocratização fomentou o aparecimento de novas publicações: *Tição* (1977), em Porto Alegre; *Objetivo* (1977), em Uberaba (MG); *Voz do Negro* (1984), em Belo Horizonte; *Nêgo* (1981), *Afro-Brasil* (1984) e *Elêmi* (1985), em Salvador; *Angola* (1981), em Recife; *Zumbido* (1982), em São Luís; *Sinba* (1977), *Africus* (1982), *Frente Negra* (1982) e *Nizinga* (1984), no Rio de Janeiro; *Afro-Latino-América* (1977), uma seção do jornal *Versus*, *Brasil-África* (1977), *Negrice* (1977), *Abertura* (1978), *Jornegro* (1978), *O Saci* (1978), *Vissungo* (1979) e *Jornal da Comunidade Negra* (1985), em São Paulo; sem falar da revista *Ébano* (1980) e da *Revista do MNU* (1980). Outros títulos aqui não citados vieram a lume, nesses e em outros estados.

Essa fase da imprensa negra se caracterizou por um discurso de contestação da ordem vigente, de atuação dos afro-brasileiros na vida política do país e de denúncia do racismo. A ideologia da democracia racial tornou-se alvo constante de ataques, sendo tachada de "farsa" e "mito". Operou-se uma releitura da miscigenação, que passou a ser interpretada como um processo violento de exploração sexual da mulher negra pelo branco. Partindo do pressuposto de que a abolição da escravidão significou uma "falsa liberdade", os jornais execravam as comemorações do Treze de Maio. Em seu lugar, elegeram o dia 20 de novembro como Dia Nacional da Consciência Negra. A nova data evocava não só a morte de Zumbi — personagem apropriado como símbolo por excelência da resistência negra à opressão — mas também o Quilombo dos Palmares.

Na nova fase da imprensa negra, o discurso de celebração de uma identidade com "raízes africanas", uma estética dita *afro*, que abrangia o vestuário, penteados, adereços etc., avolumou-se. A afirmação dessa identidade negra igualmente passava pela valorização da "cultura africana", a partir da música, dança, religiosidade e inclusive hábitos culinários. Ainda se recomendava a adoção, para as crianças, de nomes africanos, que apareciam nos tabloides sempre acompanhados de sua tradução para o português.

Do período da redemocratização para cá, multiplicou-se o número dos periódicos, com diferentes perfis editoriais: *Akomabu* (1986), em São Luís; *Negritude* (1986) e *Djumbay* (1992), em Recife; *Malungos* (1995), em João Pessoa; *Raça e Classe* (1986) e *Ìrohìn* (1996), em Brasília; *Áfricas Gerais* (1995), em Belo Horizonte; *Boletim de Maria Mulher* (1987), em Porto Alegre; *Jornal Educa-Ação Afro* (1995), em Florianópolis; *Maioria Falante* (1987), *Sim da Vida* (1990) e *Jornal Questões Negras* (1998), no Rio de Janeiro; *Chama Negra* (1986), *Trovão* (1986), *Tribuna Afro Brasileira* (1989), *Legítima Defesa* (1998) e *Quilombos* (1999), em São Paulo. Também havia aquelas folhas vinculadas às entidades negras, como *Jornal Nacional do MNU* (1987) e *Unegro* (1989), sem contar as revistas, como *Black People* (1996), *Gbàlà: Uma Revista a Serviço da População Afro-Brasileira* (1998), *Negro Cem por Cento* (1998) e *Raça Brasil* (1996), que se autointitulava "a revista do negro brasileiro".

No início do terceiro milênio, a internet converteu-se na mais promissora ferramenta impulsionadora da chamada "mídia étnica". Portais na web — como Afirma, Mundo Negro, Afropress, Correio Nagô, Portal Áfricas, entre muitos outros — têm veiculado notícias e informações sobre a vida, as ideias, o comportamento, consumo, entretenimento, autoestima, moda e beleza da população negra, do Brasil e do mundo.

Uma das atividades mais regulares dos intelectuais e militantes negros é a produção de periódicos, que lhes proporcionam um espaço que não teriam em outros meios de comunicação. A imprensa negra é um veículo em que rostos e vozes afro-brasileiras ocupam a esfera pública para expor, pela escrita ou imagética, suas ideias, narrativas, demandas, subjetividades, estéticas corporais, seus problemas, dilemas, heróis, mitos e utopias redentores.

Esse é mais um capítulo do protagonismo dos afro-brasileiros. Começando no Império e atravessando todo o período republicano, a palavra impressa — e, mais recentemente, a digital — foi (e é) uma das formas encontradas por esse segmento populacional para envidar esforços em prol dos direitos e da cidadania.

Flávio dos Santos Gomes
e Lilia Moritz Schwarcz

INDÍGENAS E AFRICANOS

I

É UM GRANDE EQUÍVOCO ACREDITAR QUE INDÍGENAS E AFRICANOS escravizados estiveram apartados nos mundos coloniais. Ao contrário, estudos demonstram que, até meados do século XVIII, as populações cativas africanas e as indígenas operavam lado a lado nas mesmas unidades, realizavam tipos de trabalho semelhantes e dividiam espaços da produção.

A imagem de substituição ou de "transição" da mão de obra indígena para aquela africana não encontra evidências históricas. Caixas do açúcar que chegavam a Lisboa entre a segunda metade do século XVI até o início do XVIII, tinham na sua origem uma produção escravista baseada nos trabalhadores indígenas e africanos.

Os números variaram no tempo. Em 1548, o Engenho São Jorge dos Erasmos possuía 130 cativos indígenas e apenas sete africanos. Já os engenhos da Bahia, nas décadas de 1550 e 1560, registravam pouquíssimos cativos africanos, enquanto em Pernambuco, em meados de 1580, estes somavam 2 mil, espalhados em 66 engenhos.

Mesmo contando com africanos, a mão de obra predominante na era quinhentista seria indígena. Nas proximidades de Olinda, há notícias de que no Engenho São Pantaleão, em 1577, trabalhava-se com cerca de quarenta escravos, sendo dois terços indígenas. Na Bahia, no Engenho Sergipe, havia vinte africanos numa população de 280 cativos, no ano de 1572. Quase vinte anos depois, a população africana já representava perto de

40%. Em meados do século seguinte o cenário seria totalmente modificado. O Engenho Sergipe seria arrendado em 1638 por Pedro Gonçalves de Matos, que possuía 81 escravos, todos africanos.

Indígenas e africanos podiam ser encontrados em todos os lugares nas eras quinhentista e seiscentista. Juntos e misturados estavam nas lavouras canavieiras, naquelas de alimentos, pastoreando gado e/ou transportando mercadorias. As diferenças eram basicamente demográficas, posto que no início houvesse mais indígenas. Segundo Schwartz, nos engenhos baianos os cativos africanos tinham tanto ocupações especializadas como preços mais valorizados. Ao mesmo tempo em que a produtividade indígena era criticada com a falsa ideia da suposta não adaptação à escravidão, o preço dos africanos subia. Analisando inventários entre 1572 e 1574, Schwartz anotou que o valor médio de um africano era de 20 mil-réis, enquanto os índios adultos apareciam em média por 7 mil-réis.

Sabemos pouco dos arranjos de moradia e trabalho de indígenas e africanos nos primeiros tempos da colonização, principalmente nas zonas açucareiras. Testemunhos relatam que no Engenho Sergipe africanos eram enviados para as senzalas, enquanto indígenas moravam em ocas construídas nos arredores. De toda forma, nos engenhos e plantações eles coexistiam na sanha diária. A própria nomenclatura colonial mostra certa indiscriminação. Todos eram chamados de "negros". O termo "negro" significaria "escravo", e por isso os africanos eram "negros da Guiné" e os indígenas escravizados "negros da terra". Africanos eram também apelidados pelos indígenas — especialmente os tupi — de "tapamunhos" ou "tapanhuns".

São igualmente fartas as evidências sobre a utilização de indígenas para capturar cativos africanos fugidos e atacar quilombos. Isso ocorreu sobretudo após 1560, quando africanos começaram a chegar em número crescente, e os problemas de fugas, levantes e formações de mocambos tornaram-se crônicos naquela área. Indígenas passariam, então, a ser utilizados nas forças militares, tanto para combater indígenas não aliados quanto para apresar africanos. Eles protegiam os colonos contra ataques de piratas franceses e ingleses, bem como de "negros da Guiné" e "gentios corsários".

Em 1601, um jesuíta comentava a importância desses "soldados étnicos" na campanha para pacificar potiguares no Rio Grande e em Pernambuco. Entre 1590 e 1610, os mesmos indígenas — os flecheiros potiguares

— seriam mobilizados para combater os aimorés no sul da Bahia. Sob a liderança do chefe Zorobabé, teriam sido enviados para atacar um mocambo localizado no rio Itapicuru. Ainda na Bahia, em 1614, indígenas de uma aldeia jesuítica foram armados e enviados para destruir um mocambo. Em 1649, Salvador Correia de Sá assumia arregimentar indígenas enquanto "um saudável remédio contra escravos fugidos". Em 1660, o governador conde de Óbidos determinou que os índios da Casa da Torre de Garcia d'Ávila fossem enviados em campanhas militares antimocambos. Cronistas como frei Vicente do Salvador admitiam que grupos de africanos fugidos dos engenhos faziam pilhagens e só temiam as tropas indígenas enviadas para capturá-los.

Também nas pastagens com o gado e na produção de alimentos, indígenas e africanos nunca estiveram em espaços apartados, tendo produzido experiências e culturas que ainda conhecemos pouco. Uma série de antropólogos vêm estudando populações indígenas que no passado apresentavam evidências de contatos, fusões étnicas e culturais com as populações africanas e seus descendentes. Em Honduras e São Vicente se destacariam os *black caribs*. Já em São Domingos eles eram denominados de *caribs*, e de miskitos em Honduras e no México. Um caso emblemático foram os indígenas seminoles, na Flórida, que no século XVIII tiveram aldeias compostas por africanos, parte deles fugitivos.

No caso brasileiro, há relatos de aventuras incríveis entre indígenas e africanos que fizeram alianças e entabularam negociações nas florestas, rios, cachoeiras, planaltos e montanhas. Nas memórias de Felipe José Nogueira Coelho encontramos o relato da expedição do bandeirante João Leme do Prado, que visava destruir o Quilombo do Quariterê. Também em Vila Bela teria se estabelecido uma economia mineradora, no começo do XVIII, com muitos africanos entrados pelos portos de Belém e São Luís sendo contrabandeados para o Mato Grosso.

Nessa época, expedições punitivas e/ou bandeiras em busca do ouro se depararam com pequenas povoações estabelecidas fora do alcance colonial. Após meses vasculhando as matas e procurando por ouro, a expedição de João Leme do Prado localizou um povoado com indígenas, africanos e seus descendentes. Era o Quilombo do Piolho, remanescente do Quilombo do Quariterê. Ali, segundo registros de 1770, além de realeza e parlamento, havia um conselheiro chamado José Piolho. Por sinal, os remanescentes do Quariterê que fugiram, constituíram outra povoação, à qual denominaram Piolho. Se no Quariterê havia quase 30% de indígenas, já no Piolho foram presos "seis negros e 27 índios" entre os quilombolas.

Depois de serem atacados e de sua rainha ser capturada, os remanescentes do Quariterê se dispersaram. Espalharam-se pela serra dos Parecis, ao longo das cabeceiras dos rios Guaporé, Sararé e Branco. Reconstruir quilombos naquele local não era tarefa fácil. Alguns indígenas eram aliados; outros, inimigos. Os remanescentes do Quariterê continuaram, porém, em conflito com alguns grupos indígenas na região. Não havia mocinhos ou bandidos nesse lado da floresta do Mato Grosso. Os habitantes quilombolas do Piolho admitiam ter atacado algumas aldeias indígenas cabixis para "furtarem as mulheres das quais houve os filhos caborés". Por meio dos capturados do Quilombo do Piolho, os bandeirantes capitaneados por Pedro de Mello descobriram uma experiência entre indígenas e africanos. Os africanos pioneiros do Quilombo do Quariterê representavam os mais antigos habitantes do Quilombo do Piolho; eram seis e ocupavam os postos de regentes, padres, médicos, pais e avós "do pequeno povo que formava o atual quilombo". Além do mais, os indígenas mais antigos, os antigos caborés, tinham aprendido "alguma doutrina cristã" com esses remanescentes africanos e crioulos do Quilombo do Quariterê. Eles falavam "português com a mesma inteligência dos pretos" e estavam "prontos para receber o batismo".

Nessa área do Mato Grosso não existiam apenas indígenas e africanos. A região era toda tomada por grupos indígenas considerados hostis. Entre o final do XVII e o começo do XVIII foram várias as razias, além da entrada de bandeirantes e tropas de resgate. Em 1772 comentava-se que, com o intuito de capturar indígenas caiapó e bororo, partiram duas bandeiras da vila de Cuiabá. Ainda em relação ao Mato Grosso, o viajante naturalista Alexandre Rodrigues Ferreira teria anotado que os indígenas guaicurus estavam se aldeando nas fronteiras às margens do rio Paraguai e que isso teria sido descoberto por "uma negra crioula" que os indígenas "cativaram quando rapariga", a qual "presentemente serve de língua" para eles. Bem antes disso, entre 1740 e 1746, grupos indígenas atacaram vilas, assassinaram colonos, cativos africanos e indígenas, "levando alguns como prisioneiros".

Fugas de indígenas eram frequentes desde o século XVI. Populações indígenas inteiras eram então atraídas para os aldeamentos religiosos e leigos. Mas há notícias de deserções em massa. Não seria impossível imaginar, pois, a existência de vilas em torno de aldeamentos contando com a presença de escravizados africanos, além dos próprios índios, que podiam ser cativos ou livres. O fato é que ambos os grupos podiam ter fugido e se encontrado na floresta. Em 1752, da vila de Cametá — na região do Tocantins — partiriam tropas para destruir um "mocambo principal" formado por índios fugidos. Na mesma ocasião, na área do Tapajós, índios teriam se evadido de um aldeamento missionário, sendo acusados de formar comunidades que atacavam as roças dos colonos. As autoridades mencionavam a existência de "mocambos" formados por indígenas que "desertam a fim de não trabalharem". Na longínqua Barcelos, onde havia africanos e indígenas trabalhando conjuntamente, foram enviadas tropas para combater dois mocambos com "roças e ferramentas". Em Soure as fugas coletivas de indígenas geraram "grandes mocambos", enquanto em Monsarás havia muitos outros, "entre grandes e pequenos", com índios fugitivos "vivendo como no sertão sem missa nem confissão". Em Benfica, em 1780, tentava-se capturar "índios amocambados" nas margens dos rios.

Na Amazônia se formariam "mocambos de índios" e mesmo aqueles com indígenas e africanos juntos. A denominação "mocambos de índios" sugere que a burocracia colonial empregava um termo africano, utilizado para comunidades de fugitivos negros, para definir grupos de índios que se evadiam e formavam comunidades no interior da floresta. No rio Cupijó, em 1752, denúncias davam conta de que indígenas refugiavam-se com apoio dos africanos. Na vila de Beja descobriu-se que negros e índios faziam "salga" conjuntamente. Em 1772, em Ponta da Pedra, tentava-se destruir "um mocambo de índios, mulatos e criminosos, de que é cabeça um mulato chamado Narciso que foi dos padres da Companhia". Em Macapá, índios se encontravam refugiados ao lado de africanos, todos evadidos da construção da fortaleza. Em 1790, num engenho nas margens do rio Acará, após a ocorrência de dois assassinatos se mandou investigar para descobrir se "por ali, ou por outros sítios, haverá mocambos de pretos ou índios fugidos". Na ilha de Joanes — área do Marajó — descobriram-se "muitos mocambos com muita e diferente gente".

Em Goiás, as zonas mineradoras atrairiam formas de ocupação com o uso de trabalho escravo indígena e africano. Áreas em torno do Tocantins, Arraias e as fronteiras com Mato Grosso e Minas Gerais encontravam-se em permanente conflito. Há registros sobre as revoltas xacriabás (skuaba) e akroá (povos gê-central) em meados do século XVII. Também ali foi comum utilizar indígenas para combater quilombos. Segundo a historiadora Mary Karasch, as "duas nações que frequentemente atacavam e destruíam quilombos eram os xavante e caiapó". Indígenas xavante nas suas razias atacavam entrepostos de colonos, matavam seus escravos negros, assim como os quilombolas. Ou seja, alguns grupos indígenas viam os quilombos como ameaça, principalmente quando ocupavam seus territórios. Foi o caso dos xavantes, que até o ano de 1760 realizaram vários ataques às vilas e aos quilombos, matando cativos e quilombolas negros. Posteriormente, os xavantes migraram para outras áreas de Goiás e viveram um período de trégua e alianças com os quilombolas. Nessa ocasião foram numeradas aldeias integradas a alguns quilombos, tendo os negros fugitivos se casado com mulheres xavantes. Em 1788, ao serem pacificados e assentados na missão de Carretão, os xavantes tinham alguns "forasteiros" morando com eles como "negros cativos e libertos". Seriam inclusive formadas na região comunidades camponesas miscigenadas de africanos e indígenas, muitas das quais denominadas de "afro-xavante". Já os vizinhos caiapó, em especial aqueles do sul e oeste de Goiás, foram usados por autoridades coloniais para reprimir quilombolas, bem como os bororo e os akroá.

Foi nas fronteiras das Guianas que indígenas, africanos, escravizados escreveram um capítulo original de encontros e alianças étnicas transnacionais, no Brasil colonial e pós-colonial. Desde fins do XVII, há registros de fugitivos que escapavam de Caiena e de outros entrepostos franceses nas fronteiras e tomavam a direção de Belém ou de outras paragens lusitanas. Cativos do lado português faziam o mesmo, mas em direção oposta. Indígenas podiam ser fugitivos ou aliados dos africanos que ali se refugiavam. Em meados do século XVIII, com o aumento de africanos traficados para o Grão-Pará e para as ocupações nas fronteiras, como Macapá e Araguari, o cenário ficaria mais complexo. Havia indígenas, africanos e comunidades de fugitivos por todos os lados, entre possessões espanholas, holandesas e francesas.

Assim, os rios e cachoeiras daquelas fronteiras se transformariam em caminhos transnacionais para indígenas e fugitivos. Se não significaram obstáculos geográficos, não interpuseram impedimentos étnicos ou linguísticos. Em 1759, o governador do Grão-Pará, Mendonça Furtado, com ar de surpresa, revelou ter encontrado com crianças indígenas "entendendo pouco português" mas que "compreendiam e explicavam bastante na língua tapuia, ou chamada geral". Disse também ter visto "dois negros dos que proximamente se estão introduzindo da Costa da África, falando desembaraçadamente à sobredita língua [geral], e não compreendendo nada da portuguesa". Indígenas e africanos migravam — juntos ou separados — pelas fronteiras das Guianas, apavorando autoridades coloniais. Comentava-se que próximo à capitania de São José do Rio Negro "andavam pretos holandeses acompanhados de índios caripunas". Esses "pretos holandeses" eram africanos que atuavam como guias — e com os aliados indígenas caripunas — em tropas de resgate de índios. Razias, aprisionamentos, aldeamentos compulsórios e escravização de indígenas acabavam por fomentar mais deserções. Ao mesmo tempo, em 1799, as autoridades coloniais se referiam à necessidade de "atrair um corpo de seiscentos a setecentos índios de nação munduruku", uma vez que "seria a gente mais própria para guerrear com os pretos por entre matos e pântanos". Em 1749, sabia-se que grupos indígenas na região de fronteira estavam em contato com os "negros da mata" (*bush negroes*) do Suriname.

Com apoio de nativos, contatos transnacionais de indígenas e descendentes de africanos nas Guianas já eram realidade no XIX. Num ofício do delegado de polícia de Óbidos para as autoridades policiais do Grão-Pará, e contando com a ajuda de um quase espião — certamente um regatão —, Tomás Antônio de Aquino relatou detalhes de migrações ocorridas no rio Trombetas e afluentes, indo "dar com os índios que habitam nas cabeceiras" deles. Nesse lugar encontraria "pretos fugidos" e "os índios [que] habitam" junto com eles. Localizaria ainda um "mocambo inexpugnável e duma existência longuíssima" com pelo menos trezentos habitantes negros.

As referências são às comunidades quilombolas (denominadas *maroons*) — especialmente os saamakas, ndyukas e aluku — que tinham se estabelecido na colônia holandesa desde meados do XVII e conseguido tratados de paz para garantir seus territórios. Anos depois, em 1867, um frei franciscano que viajava pela região encontrou um grande mocambo com cerca de 130 pessoas, entre "índios que estão no meio dos pretos". Em 1875, o viajante Barbosa Rodrigues seria mais enfático: na região do Trombetas "mocambistas além do trato com os brancos das povoações negociam por intermédio dos [índios] ariquenas com os tunaianas, com os xarumas e os pianacotós, que por seu turno comerciam com os drios e estes com os mocambistas do Suriname". No final dos Oitocentos, apareceriam mais relatos sobre tais encontros em comunidades de fugitivos. Segundo o barão de Marajó, os "índios e negros do mocambo se comunicavam com as malocas de negros que povoavam as cabeceiras do Saramaca e Suriname na colônia holandesa". Derby contou que os próprios mocambeiros dos Trombetas atravessavam "um extenso campo" e com suas canoas conseguiam se encontrar com "índios que negociavam com os brancos de Guiana" e recebiam, "destes índios, fazendas, machados, facas etc.". Essas conexões coloniais e pós-coloniais originadas da experiência da escravidão nas fronteiras se reproduziriam no século XX. Em 1920, Jorge Hurley visitaria São Jorge na Guiana Francesa. Conversando com os negros saamakas, estes lhe disseram que havia do lado da fronteira brasileira tanto indígenas como negros, podendo ser "homens pretos agigantados, que comerciam ouro em pó com os franceses" ou "pretos antropófagos".

Lucilene Reginaldo

IRMANDADES

O *VOCABULÁRIO PORTUGUÊS E LATINO* DE RAFAEL BLUTEAU, PUBLICADO entre 1712 e 1728, define "irmandade" como uma sociedade de pessoas que, em virtude de um compromisso, se obrigam a fazer exercícios espirituais sob a invocação de um santo padroeiro. No mesmo *Vocabulário*, "confraria" e "irmandade" são entendidas como termos sinônimos. Alguns autores ressaltam certas distinções entre os significados das duas palavras, como a realização de cultos públicos e o funcionamento consentido pela autoridade religiosa como exclusividade das confrarias, conforme estabeleceu o Código de Direito Canônico em tempos recentes. Entretanto, observando a história de uma perspectiva mais ampla em termos temporais, tais distinções parecem irrelevantes. Embora a definição do dicionarista nos seja de grande utilidade, é importante levar em conta que a conformação das irmandades no início do século XVIII tem uma história que começa muito antes.

As irmandades surgiram na Europa, no século XII. Raízes pagãs, como os *collegia* romanos e as guildas germânicas, podem ser reconhecidas nas antigas confrarias portuguesas e de outras regiões do Ocidente cristão. Essas heranças são evidenciadas especialmente no costume de privilegiar a sociabilidade masculina e no reforço das solidariedades horizontais, em termos sociais e profissionais. No século XIII, sob o impacto das crises que assolaram a Europa, as práticas de ajuda mútua e caridade ganharam importância em tais sociedades. Desse modo, no fim da Idade Média, as irmandades afirmavam-se como organizações atentas aos problemas sociais, assumindo, assim, uma pluralidade de funções. Desde então, elas praticam obras de filantropia social, como a gestão de pequenos hospitais; de auxílio a seus membros, protegendo na hora da doença, da fome, da prisão e da morte; além de organizar festas e demais atividades sociais. Nesse momento, também já se evidenciavam outras características historicamente definidoras das agremiações: os vínculos com as paróquias, participação de amplos segmentos sociais e primazia dos leigos na organização das associações.

Os séculos XIV e XV assistiram à expansão das irmandades por várias regiões da Europa, tais como Portugal, Espanha, França e Itália, além do incremento de novas formas de culto. Seguindo tal espírito de abertura aos problemas do mundo, sob a intervenção direta do monarca português, em 1498, foi criada a Irmandade da Misericórdia, com o objetivo primordial de prestar auxílio espiritual e material aos necessitados. A intervenção direta dos soberanos de Portugal na criação, regulação e controle da Irmandade da Misericórdia assentou-se nos direitos do padroado régio. Tal instituição, que concedia aos monarcas portugueses um grande poder sobre a Igreja, marca a história das irmandades no reino e no Império luso. Assim, as disputas de jurisdição sobre as associações, envolvendo autoridades eclesiásticas e o poder régio, frequente desde os primórdios dessas agremiações até o século XIX, evidenciam tensões ocasionadas pelo padroado régio. Nesse contexto, a prerrogativa da aprovação dos compromissos das irmandades era tema de disputa constante.

O compromisso, também denominado "estatuto" ou "regimento", era o registro formal de fundação de uma irmandade. Como documento de fundação, deveria ser aprovado pelo eclesiástico e/ou pelo poder régio, conforme as circunstâncias políticas. Restaram poucos compromissos antigos nos arquivos europeus. Em Portugal, não chegam a três dezenas os que datam da época medieval. Sabe-se ainda que muitas associações jamais tiveram um compromisso redigido. Conhecidas como irmandades de devoção, algumas delas, por imposição ou interesse, redigiram estatutos, e os submeteram à aprovação das autoridades competentes, anos após sua criação. Já na época moderna e nos séculos XVIII e XIX, tais documentos são numerosos, tanto nos arquivos civis como nos eclesiásticos. Tomado sob esse ângulo, o conflito de jurisdição foi benéfico aos historiadores!

Em 1765, alegando que as irmandades e confrarias do Estado do Brasil eram de sua régia jurisdição, a Coroa portuguesa determinou que todas as confrarias de seus domínios enviassem seus compromissos para aprovação da Mesa de Consciência e Ordens, em Lisboa. Contabilizando apenas o arcebispado da Bahia, foram 65 os compromissos submetidos ao poder régio. Juntamente com outros tantos, pertencentes a centenas de fraternidades do Estado do Brasil, foram devidamente transcritos, e sua aprovação ou recusa registrada, nas chancelarias da Ordem de Cristo. Os documentos estabeleciam as regras de conduta para vida dos irmãos; neles eram estipuladas as normas de cunho associativo, como os critérios de pertença, o valor do pagamento das joias (entrada) e anuidades, a organização de eleições, a definição dos cargos da mesa diretora, e as práticas de ajuda mútua e filantropia. Os estatutos também tratavam de assuntos mais elevados, disciplinando e organizando a vida e a morte dos associados: as práticas devocionais regulares, os rituais fúnebres, o culto e a realização da festa do patrono.

As irmandades modernas introduzem novas práticas sociais nas fraternidades, mas mudanças no tocante aos assuntos espirituais também são notáveis. Ainda que os primeiros intentos de regulação e controle das agremiações por parte do papado tenham sido institucionalizados em 1604 mediante a constituição *Quaecumque*, uma série de orientações do Concílio de Trento definiu novas regras para o exercício da espiritualidade nas irmandades. Destaca-se nesse sentido a promoção de novas devoções: às invocações da Virgem Maria, com particular atenção ao culto de Nossa Senhora do Rosário, ao Santíssimo Sacramento e às Almas do Purgatório. Apesar dos esforços, a introdução das devoções tridentinas não enfraqueceu o culto aos santos.

No ano de 1719, participaram da festa e procissão do Corpo de Deus, em Lisboa, 143 irmandades. A primazia coube à Irmandade de São Jorge, orago protetor e defensor da monarquia portuguesa. Em seguida, desfilaram as irmandades das ermidas da cidade, depois as confrarias das igrejas seculares e, fechando o cortejo, as prestigiadas irmandades do Santíssimo Sacramento. Superado apenas pelas invocações da Virgem, o Santorial destacou-se na passagem das confrarias: Irmandade de São José do Ofício dos Carpinteiros, a de Santo Antônio e de São Sebastião, a de Santa Catarina dos Livreiros, a de Santo Elói dos Ourives de Ouro, a de Santa Ana dos Tanoeiros, a de Santo André da Nação Flamenga, a de São Marçal dos Pasteleiros etc. Além das numerosas invocações dos santos, na procissão solene chama atenção a segmentação das devoções em torno de categorias de ocupação profissional. As irmandades de ofício, ainda que adaptadas aos diferentes contextos coloniais, foram instituídas na América portuguesa. A Irmandade de São Jorge da cidade do Rio de Janeiro, cujo primeiro estatuto data de 1757, abrigava mestres de vários ofícios de ferro e fogo, bem como barbeiros, seleiros, tanoeiros e outros.

Os critérios para admissão dos novos irmãos e para ocupação dos cargos de direção eram explicitados nos compromissos. Até os primórdios da época moderna, esses critérios baseavam-se especialmente na hierarquia do Antigo Regime, em vínculos corporativos ou de afinidade profissional, gênero e origem nacional. Entretanto, a introdução de outros povos na Cristandade inseriu novos referenciais e critérios de pertença nas irmandades. O estatuto jurídico (escravo e liberto), a cor da pele (branco, preto, pardo, mulato), a origem geográfica genérica ou específica (portos de embarque, identidades étnicas e "nações"), muitas vezes mesclados e sobrepostos aos antigos critérios de pertença, tornaram-se basilares na constituição das irmandades ibéricas e americanas. Na mesma procissão de 1719, em Lisboa, desfilaram três irmandades de pretos: a Irmandade de Jesus, Maria, José, erguida na igreja dos religiosos do Carmo; a Irmandade do Rosário, do convento da Trindade; e a Irmandade de São Benedito, instalada numa capela da igreja do convento de São Francisco.

A primeira irmandade de negros de Lisboa, erguida na igreja de São Domingos, teve seu estatuto inicial aprovado em 1565. Outras foram criadas na década de 1580: a de Nossa Senhora de Guadalupe, no convento de São Francisco, e a de Jesus, Maria, José, acima mencionada, no convento do Carmo. Entre os séculos XVII e XVIII, ergueram-se várias irmandades de negros em diversas cidades do reino, a exemplo de Évora, Alcácer do Sal, Setúbal, Vila Viçosa, Grândola, Montemor-o-Novo, Estremoz e Elvas, no Alentejo; além de outras no Algarve e ao norte do Tejo. Em diferentes regiões do Império, essas irmandades são reconhecidas, preferencialmente, por suas invocações favoritas: São Benedito e Nossa Senhora do Rosário.

Em Portugal, a primeira irmandade dedicada a São Benedito foi instituída no ano de 1609, no mosteiro de Santa Joana, em Lisboa. O primeiro compromisso da Irmandade de São Benedito instalada no convento de São Francisco, na Cidade da Bahia, foi feito em 1730, mas notícias da devoção e dos milagres do santo corriam já em 1623. As primeiras notícias da devoção ao santo preto de Palermo em Angola datam do início do século XVII. Nascido na Sicília, de pais mouros do Norte da África, Benedito foi frade franciscano menor da Observância num convento perto de Palermo. Falecido em 1589, teve a beatificação proclamada em 1763, e a canonização em 1807. Entretanto, a devoção a São Benedito entre os negros na Europa, Américas e África precede e ultrapassa o aval romano, como demonstra o grande número de irmandades a ele dedicadas. A devoção ao Rosário não tinha na sua origem relação alguma com as populações negras. Surgiu no século XIII, no contexto dos combates às "heresias" modernas, e esteve praticamente esquecida até a segunda metade do XV. Após a Batalha de Lepanto, que em outubro de 1571 pôs fim ao domínio dos turcos no mar Mediterrâneo, Nossa Senhora do Rosário foi elevada a padroeira das novas conquistas espirituais. A devoção ao Rosário parece ter tomado rumos imprevistos nos séculos seguintes, passando à condição de principal invocação das fraternidades de escravos, libertos em diferentes regiões do Império português. Nos primeiros tempos, a associação em irmandades do Rosário não foi uma escolha dos negros. Tratou-se bem mais de aproveitar a regra estabelecida por essa irmandade, que não levava em consideração critérios de riqueza e estatuto social para admissão de confrades. Certamente, o que era no começo um espaço demarcado ao longo do tempo transformou-se em espaço reconhecido.

Na América portuguesa, as irmandades foram fundamentais para a expansão e manutenção do culto católico, uma vez que, sob o regime do padroado régio, o dízimo, cobrado pela Coroa, tornava-se um imposto entre outros, nem sempre revertido para obras religiosas, invariavelmente carentes de investimentos. Desde o início da colonização, entre as muitas fraternidades fundadas, destacam-se aquelas que deveriam agremiar os escravos e seus descendentes libertos e livres. Os mais antigos compromissos conhecidos são das irmandades do Rosário do Rio de Janeiro, de Belém e da Bahia, erguidas, respectivamente, nos anos 1639, 1682 e 1685. A criação e, sobretudo, a proliferação das irmandades negras relacionam-se com o crescimento da população escrava e forra, com a necessidade de catequização implícita no projeto colonial e, também, com o grande interesse dos escravos e libertos por elas. À semelhança do que ocorria com as agremiações de brancos, o auxílio material e o espiritual oferecido por esses agrupamentos eram atrativos inquestionáveis. Mas é possível que, no caso das irmandades negras, estes adquirissem um peso ainda maior.

A garantia de uma boa morte, com funeral, tumba, missas, é um tema tratado com grande cuidado nos compromissos das irmandades negras. Os altíssimos custos que envolviam todos esses ritos, além da importância da ancestralidade para os africanos, certamente foi um atrativo ímpar para o ingresso numa fraternidade. A relativa autonomia que possibilitava às agremiações a gestão dos recursos arrecadados entre os irmãos ou através de esmolas, deve ter despertado o interesse de escravos, libertos e gente de cor livre pelos prestigiados cargos de direção nas confrarias. Ao longo do século XVIII, são várias as histórias de disputas — internas e externas às organizações — pelos cargos de escrivão, tesoureiro e juízes. As irmandades de negros podiam construir, zelar e administrar suas igrejas e capela. Nos séculos XVIII e XIX, os templos da irmandade do Rosário de Olinda, em Pernambuco, e da Baixa dos Sapateiros, na Cidade da Bahia e no Rio de Janeiro, sofreram tentativas de usurpação. Tais episódios sugerem que os templos dos negros ofereciam comodidade suficiente para despertar a cobiça de bispos, padres e de outras fraternidades. As irmandades negras costumavam ser mistas; assim, era comum a participação das irmãs em cargos específicos, como rainhas e juízas. Embora elas não tivessem direito ao voto nas mesas diretoras, os cargos ocupados pelas mulheres não eram simbólicos. Entre outras obrigações, rainhas e juízas eram responsáveis pela arrecadação de donativos e pela organização das festas do padroeiro, tendo, portanto, responsabilidade direta no sucesso ou fracasso do evento festivo. A festa do padroeiro constituía um momento singular de mobilização e visibilidade pública da agremiação, quando as irmandades negras poderiam galgar um lugar de distinção na sociedade colonial. Suas festas, além dos atos litúrgicos, permitiam manifestações menos solenes: ocorridas do lado de fora da igreja, com música, dança e comilanças, regadas a muita bebida alcoólica. Representavam circunstâncias especiais de demonstrações culturais, como os reinados do Rosário e as coroações de reis e rainhas do Congo, e por isso, também, chances privilegiadas para o reconhecimento de diferenças no interior das comunidades de africanos e crioulos.

Em várias ocasiões, as identidades de "nação", origem ou procedência foram explicitadas nas irmandades. Não se tratou, entretanto, de simples transposição de referenciais identitários africanos para as Américas. Os arranjos podiam ser muito complexos e criativos, uma vez que imersos em realidades locais específicas. Em algumas oportunidades, os africanos criaram fraternidades particulares, como fizeram, no século XVIII, os mahi no Rio de Janeiro. Por vezes, diferentes "nações" forjavam alianças africanas, caso dos irmãos africanos fundadores — da Costa da Mina e de Luanda — na Irmandade do Senhor Bom Jesus da Redenção, instituída na capela do Corpo Santo, em Salvador. Os crioulos também podiam criar suas irmandades exclusivas, o que ocorreu com aqueles que se congregaram na Irmandade das Mercês, no Tijuco, em 1771. Evidentemente, esses arranjos não eram fixos, como demonstra a estreita relação entre angolas e crioulos nas irmandades do Rosário em Pernambuco, Bahia e outras regiões do Brasil. De forma mais ampla, as irmandades refletiam as diferenças em meio à população de cor. Os pardos tinham suas próprias confrarias e devoções particulares; além da separação em relação aos pretos africanos e crioulos, as irmandades de pardos costumavam dividir-se segundo a condição jurídica (escrava ou livre) e posição social. Na matriz da vila de Maragogipe, no Recôncavo da Bahia, os pardos escravos se reuniam sob a invocação da Virgem de Guadalupe, e os forros na Irmandade de Nossa Senhora do Amparo.

A expectativa da liberdade esteve no horizonte das irmandades negras com distintos enfoques e em diferentes contextos. Nas irmandades portuguesas, o resgate dos irmãos cativos que sofriam maus-tratos ou podiam ser vendidos para fora do reino congregou recursos e esforços durante o século XVIII. A possibilidade de empréstimo para compra da alforria é registrada em alguns estatutos de irmandades brasileiras, ao longo dos séculos XVIII e XIX. Irmandades, como a do Rosário e de Santa Ifigênia de São Paulo, estiveram envolvidas com os movimentos abolicionistas. Esses temas, assim como o impacto da romanização sobre as irmandades e suas relações com o associativismo negro no pós-abolição, ainda carecem de estudos.

L

Joseli Maria Nunes Mendonça

LEGISLAÇÃO EMANCIPACIONISTA, 1871 E 1885

No processo que culminou com a abolição da escravidão no Brasil, em 1888, duas leis de cunho emancipacionista foram de fundamental importância. Uma entrou em vigor em 1871, e a conhecemos pela denominação de Lei do Ventre Livre. Outra, vigente a partir de 1885, foi posteriormente designada Lei dos Sexagenários.

Os debates acerca da primeira delas iniciaram já na década de 1860, quando as questões referentes à escravidão assumiram um contorno bastante significativo no cenário político do Império. Solucionadas na década de 1850 as demandas em torno da cessação do tráfico atlântico e da repressão à introdução ilegal de africanos escravizados — intensa nos anos 1830 e 1840 —, as atenções se voltaram para o tema da supressão da escravidão. Nesse período, vários países implementaram medidas emancipacionistas. Em 1861, o Império russo decretou o fim da servidão em seu território. No mesmo ano, a eclosão da Guerra da Secessão nos Estados Unidos pôs em evidência o papel da escravidão no interior do conflito, no fim do qual, em 1865, ela acabou extinta. Em meados dos anos 1860, quase todas as nações europeias haviam abolido a escravidão em suas colônias; somente a Espanha mantinha a instituição nas suas possessões coloniais — Porto Rico e Cuba. Além desse contexto de avanço do emancipacionismo, a conjuntura brasileira foi atingida pela atuação do governo inglês. Os incidentes que levaram à ruptura diplomática entre o Brasil e a Grã-Bretanha em 1863, no episódio que ficou conhecido como Questão Christie, foram precedidos de uma intensa campanha do embaixador britânico, que denunciou com veemência o fato de um número muito elevado de indivíduos estarem sob um cativeiro ilegal, por terem sido eles ou suas mães introduzidos no país após 1831, quando o tráfico já era proibido. Havia ainda as pressões dos próprios escravos. Eduardo Spiller Pena, referindo-se à situação, observou que o ministro da Justiça em 1854 — Nabuco de Araújo — elaborou um extenso relatório em que expressava muita apreensão com as revoltas de escravos que ocorriam em diversas partes do Império. O grande número de africanos introduzidos no Brasil nos anos 1840 era um fator de preocupação, pois, segundo a opinião de alguns importantes homens públicos, o país corria o risco de se "africanizar".

Nesse contexto de expansão do emancipacionismo internacional, de pressão inglesa e de rebeldia escrava, passou a ser cogitada a conveniência de medidas legais que de alguma forma contemplassem a questão. Já no final de 1865, d. Pedro II encomendou a José Antônio Pimenta Bueno — que depois se tornaria marquês de São Vicente — um estudo que propusesse medidas legislativas visando a emancipação dos escravos. Em 1867 o trabalho estava pronto, e o imperador o submeteu à avaliação do Conselho de Estado — um órgão consultivo, formado por eminentes homens públicos, juristas na maioria, a que o monarca recorria quando alguma questão importante se apresentava no cenário político. A ideia central do documento era a libertação de todos os filhos de escravas que nascessem após a vigência das medidas sugeridas, sendo eles obrigados a um período de prestação de serviços aos senhores das mães (até os dezesseis anos para as meninas, até 21 para os meninos). Pimenta Bueno previu ainda uma série de outras disposições, entre elas a que estabelecia a obrigação de os senhores alforriarem os escravos que os pudessem indenizar, a que proibia a separação de famílias escravas por venda, a que preconizava o respeito ao descanso dos cativos em um dia da semana. Com raras exceções — como a do visconde de Jequitinhonha —, os membros do Conselho de Estado não viram com bons olhos as propostas elaboradas por Pimenta Bueno. Mesmo mobilizando uma retórica favorável ao fim da escravidão, muitos deles não consideravam conveniente que a emancipação fosse encaminhada por meio de medidas legais. Entre estes estava o marquês de Olinda, para quem as propostas do jurista, se implementadas, poriam em risco a disciplina nas fazendas. Apesar de não terem poder deliberativo, os conselheiros conseguiram impor o argumento de que as propostas de Pimenta Bueno só deveriam ser encaminhadas ao Legislativo após o término da Guerra do Paraguai, a qual, desde 1864, já vinha causando muitas atribulações. Assim, o documento ficou engavetado até 1871.

O assunto, porém, não arrefeceu de todo. Na fala do trono pronunciada em 1868, o imperador ressaltou a importância de se dar encaminhamento legal à emancipação. Em 1869, vários deputados apresentaram projetos na Câmara, propondo medidas relativas à escravidão que nem chegaram a ser debatidas. Uma proposta que deu entrada no Senado, entretanto, foi discutida, aprovada e posta em vigor pelo decreto n. 1695, de 15 de setembro de 1869. Essa lei proibia a venda de escravos em leilões públicos. Obstava também a separação de casais em casos de venda e impedia que menores de quinze anos fossem afastados de mães ou pais escravos.

No final da década de 1860, a guerra com o Paraguai ainda não terminara, mas alguns já avaliavam que a via legal era uma maneira menos traumática de conduzir a emancipação. Ou se fazia uma reforma pela lei, diziam muitos, ou a emancipação se daria pela revolução. Essa era a posição de parte dos membros que formavam a legislatura da Câmara dos Deputados quando deu entrada na casa o projeto que posteriormente se tornaria a Lei do Ventre Livre. Era março de 1871, a guerra havia acabado, e à frente do ministério estava o visconde do Rio Branco, eminente político do Partido Conservador, a quem coube a iniciativa de encaminhar a proposta e defender sua aprovação nas duas casas legislativas.

Apesar do empenho do ministro e da posição favorável de alguns deputados, muitos outros a refutaram com veemência. Estes consideravam que a simples discussão pública de questões relativas à escravidão podia ser um risco à ordem pública e à manutenção da instituição. De fato, a discussão parlamentar dava muita publicidade ao tema. A imprensa publicava e comentava o que se tratava no Parlamento. Os críticos da escravidão aproveitavam para, por meio de sátiras, exprobrar a instituição e admoestar seus defensores. Isso tudo não era inacessível aos escravos, que poderiam "agitar-se" perigosamente.

A principal matéria de discussão — o ponto central do projeto — foi a proposta de libertação dos filhos de escravas que nascessem após a vigência da lei. Não era exatamente uma novidade. Além de ter sido aventada por Pimenta Bueno em 1867, no documento que elaborara a pedido do imperador, vigia desde 1870 em Cuba, onde a Lei Moret havia estabelecido que ali nenhuma criança nasceria escrava. Muito tempo antes, em 1763, no período pombalino, a medida já fora implementada em Portugal. O preceito do "ventre livre" também tinha orientado a política emancipacionista em várias áreas da América espanhola. Ele vigorou, por exemplo, no Chile, a partir de 1811; na região do Rio da Prata, em 1813; em 1821 foi adotado no Peru e nos territórios que se tornariam a Colômbia e a Venezuela.

Os deputados brasileiros, entretanto, receberam a proposição com muita resistência. De modo praticamente unânime, eles entendiam que a medida implicava desapropriação e que, portanto, deveria vir acompanhada de indenização. Um desses — o sr. Barros Cobra —, em discurso memorável realizado na Câmara em 24 de julho de 1871, chegou a defender a ideia de que os filhos que pudessem nascer de uma escrava eram perfeitamente equiparáveis aos potenciais frutos de uma árvore. Mesmo que não estivesse constituída "a posse efetiva e real do fruto do ventre" que ainda não tivesse nascido, dizia o sr. Cobra, havia, "sem dúvida, um direito adquirido a esse fruto, tão rigoroso como o do proprietário da árvore aos frutos que ela pode produzir".

O problema a muitos parecia insolúvel, pois o Estado — e não havia quem pudesse discordar disso — carecia de recursos para realizar uma indenização pecuniária de tal monta. A solução foi expressa na própria lei: "chegando o filho da escrava a esta idade [oito anos], o senhor da mãe terá opção, ou de receber do Estado a indenização de 600$000, ou de utilizar-se dos serviços do menor até a idade de 21 anos completos".

A medida adotada pareceu conveniente porque respondia também a outro anseio que, juntamente ao relacionado à indenização, era compartilhado com muita premência pelos parlamentares: o de que a abolição se fizesse de maneira progressiva e, sobretudo, gradual. Entendia-se que a libertação do ventre era uma forma de "estancar a fonte da escravidão pelos nascimentos", como se dizia, e que essa lei somava-se às medidas anteriores de "estancamento da fonte pelo tráfico" — determinado pelas leis de 1831 e de 1850. Parecia, portanto, compatível com a expectativa de progressão gradual da abolição. Além disso, respondia a um aspecto ligado ao gradualismo pretendido: não emancipava um grande número de escravos simultaneamente e, ainda, criava uma espécie de período de "aprendizado" no qual, mesmo sendo livres, os filhos das escravas ficavam obrigados a permanecer na companhia dos senhores de suas mães. Esse modelo de emancipação também não era original. No Peru, por exemplo, a lei que instituiu a liberdade para filhos de escravas estabeleceu que eles permanecessem na companhia dos senhores das mães até que completassem vinte anos (mulheres) ou 24 anos (homens). E a Lei Moret, em Cuba, colocava as crianças nascidas livres sob autoridade dos senhores das mães até os dezoito anos.

A lei no Brasil entrou em vigor em 28 de setembro de 1871, e tinha uma série de outros dispositivos além da liberdade tutelada do ventre. Ela reiterou procedimentos que já haviam sido legalizados em 1869, proibindo que a venda separasse cônjuges escravos ou filhos menores de quinze anos de seus pais ou mães. Criou um Fundo de Emancipação, para promover alforrias nos municípios, com recursos advindos de impostos e rendas de loterias. Obrigou a realização de uma matrícula dos escravos de todo o país e determinou que aqueles que não fossem matriculados pelos senhores seriam considerados livres. O texto legal estipulou também que os cativos que possuíssem uma quantia em dinheiro com a qual lhes fosse possível comprar a alforria tinham direito a tal, sem que os senhores a isso pudessem se opor.

Vários dispositivos da lei pareciam responder às expectativas senhoriais. A determinação de que os filhos de escravas nascidos livres prestassem serviços aos proprietários das mães foi um deles. Pouquíssimos senhores entregaram as crianças ao Estado para receber os 600 mil-réis estabelecidos pela lei. A própria realização da matrícula era um procedimento bastante oportuno a muitos senhores. O registro constituiria prova de propriedade, e não obrigava os senhores a informarem a naturalidade do matriculado; por isso, facultou que fossem registrados como escravos os africanos introduzidos no país após a proibição do tráfico, em 1831. A matrícula, portanto, permitia — como de fato fez em inúmeros casos — que fosse oficializada a propriedade ilegal sobre muitos africanos e seus descendentes.

Mas a lei de 1871, resultando de um processo conflituoso, ensejou disputas também no âmbito de sua aplicação. E, ainda que respondesse a expectativas senhoriais, tendo igualmente definido direitos para os escravos, foi por estes mobilizada de modo recorrente. Na década de 1870, um abolicionismo pujante foi praticado nos tribunais, por advogados — muitos deles profissionais práticos, sem formação jurídica — e outros profissionais do foro, que demandavam a favor de escravos, evocando o direito que tinham à alforria por indenização de seu preço. Como senhores e escravos nem sempre concordavam em relação ao montante a ser pago, a questão era levada a arbitramento judicial, e não raro proprietários tiveram de se conformar em receber quantias menores do que as que pretendiam amealhar. Advogados, rábulas ou funcionários de repartições públicas abolicionistas vasculhavam ainda as matrículas para encontrar escravos que não houvessem sido registrados, pleiteando suas alforrias. Confrontavam idades de pequenos cativos, verificando se não haviam nascido no período de vigência da lei. Em todos esses atos, contavam com a parceria, também militante, dos próprios escravos. Os arquivos históricos do Judiciário em todo o país estão repletos de autos dessa natureza, evidenciando que a lei, mesmo tendo sido oportuna para os senhores, causou-lhes igualmente muita apreensão, devido à atuação de escravos e daqueles que pelejavam nos tribunais.

Em meados da década de 1880, a ação combativa nos tribunais e a atuação do abolicionismo em outros âmbitos — sociedades e *clubs*, imprensa, artes, manifestações públicas — já tinham criado um clima de intensa contestação da instituição escravista. Em março de 1884, um decreto do presidente do Ceará estabeleceu que não havia mais escravos naquela província. Conquanto esse evento tenha sido já bastante questionado pela historiografia — que demonstrou continuar havendo cativos em determinados municípios e que grande parte dos alforriados deviam obrigação de serviço aos ex-senhores —, ele teve um importante significado simbólico para abolicionistas do Brasil todo, que o tomaram como baluarte em sua militância. Tal significado foi ainda mais ressaltado pela decretação da abolição na província do Amazonas, em julho do mesmo ano.

Nesse clima acirrado, a "questão servil" voltou à agenda parlamentar e, como antes, provocou intensas controvérsias. Introduzido na Câmara dos Deputados em julho de 1884 e apoiado pelo presidente do Conselho de Ministros — Manuel Pinto de Sousa Dantas —, o projeto que depois de várias modificações se tornaria a Lei dos Sexagenários foi recebido pelos parlamentares com muita resistência. Nenhuma novidade; o mesmo havia ocorrido em 1871. O pomo da discórdia também não era novo: a ausência de indenização pelos escravos com mais de sessenta anos que a proposta visava alforriar era o que mobilizava os deputados em sua resistência.

A discordância entre ministério e Câmara desencadeou uma enorme crise política que perdurou durante toda a tramitação do projeto. Primeiro foi deposta a legislatura que recebera o projeto Dantas e realizaram-se eleições. Depois, o ministro Dantas foi destituído e formou-se um novo ministério presidido por José Antônio Saraiva, que foi substituído pelo barão de Cotegipe, em cujo governo a Câmara foi novamente dissolvida. Tudo entre julho de 1884 e setembro de 1885.

A Lei dos Sexagenários, como ficou conhecida, estabeleceu a alforria dos escravos que tivessem mais de sessenta anos. Como a de 1871, para responder à demanda dos senhores por ressarcimento, ela afirmou que os velhos escravos alforriados, "a título de indenização pela sua alforria", deveriam "prestar serviços a seus ex-senhores pelo espaço de três anos". Definia também novos critérios para a alforria pelo Fundo de Emancipação; proibia a transferência de domicílio dos escravos de uma província a outra; decretava que os libertos fixassem residência por cinco anos no município em que foram alforriados. Além disso, estipulava o preço máximo dos escravos, de acordo com a faixa etária, determinando que tal valor fosse registrado em nova matrícula geral. Os debates parlamentares evidenciam que a fixação desses valores visava sanear os conflitos que ocorriam no Judiciário em torno do preço a ser pago pelos escravos aos senhores, bem como frear a tendência de queda do preço de mercado do "elemento servil", naquela conjuntura de extrema agitação em defesa da emancipação.

A lei de 1885 foi interpretada pelos abolicionistas como uma medida retrógrada, cujo propósito era conter o avanço do movimento. Um balde de água fria na fervura, como se chegou a dizer na época. As posições expressas no debate parlamentar, as representações enviadas à Câmara dos Deputados, demonstram que a contenção era mesmo uma motivação importante. Mas, olhando em retrospectiva, pode-se perceber que o objetivo não foi plenamente alcançado. Menos de dois anos após sua vigência, em 1887, a escravidão era já uma instituição condenada. Os cativos deixavam em massa as propriedades agrícolas, e as autoridades pareciam ter perdido o controle da situação. Como nos contextos anteriores, a via legal foi vista como uma possibilidade de comedimento, e, por meio de uma tramitação extremamente rápida, em maio de 1888 estava, pela lei, abolida a escravidão no país.

O estudo dos debates em torno da legislação emancipacionista e de sua aplicação no Judiciário evidencia vários aspectos da história da abolição no Brasil. Um deles é o de que, embora o gradualismo tenha sido uma expectativa fortemente externada por parte expressiva da elite política e econômica, as aspirações dos escravos, sua ação social — em parceria com abolicionistas que atuavam no Judiciário —, acarretaram resultados indesejados e considerados perigosos por parcelas significativas da elite política. Outro aspecto é o de que a história da abolição não se fez num curso linear e progressivo. Por vezes a lei visava colocar freio nas ações da militância, sobretudo naquela que se realizava no âmbito do Judiciário. O estudo da legislação mostra, particularmente, que as leis emancipacionistas foram mobilizadas também por escravos, que as instrumentalizaram em favor de seus interesses e direitos. Homens e mulheres escravizados tornaram o Judiciário um campo de luta social, um ambiente de militância e de expressão de suas demandas por liberdade.

Beatriz Gallotti Mamigonian
e Keila Grinberg

LEI DE 1831

A LEI DE 7 DE NOVEMBRO DE 1831 FOI A PRIMEIRA LEI NACIONAL a proibir o tráfico de escravos. Conhecida vulgarmente como "lei para inglês ver", por estar associada à pressão inglesa e também ao extenso contrabando das décadas seguintes, ela tem sido largamente pesquisada desde o início dos anos 2000. A legislação não só não teve a intenção de enganar os ingleses, como foi pivô de vários embates políticos e jurídicos, e esteve no centro do debate sobre a legalidade da escravidão brasileira no século XIX.

A proposta de uma lei para regular a repressão ao tráfico de escravos veio do marquês de Barbacena, integrante do grupo que tomou o poder com a queda de d. Pedro I em abril de 1831. Desde março de 1830, quando o Tratado Anglo-Brasileiro de 1826 entrou em vigor, a Secretaria dos Negócios da Justiça e as alfândegas tinham dificuldade em lidar com os navios que chegavam aos portos, visto que os trâmites de julgamento da legalidade das viagens e dos respectivos carregamentos davam margem a diferentes interpretações.

Desde 1815, as autoridades dos domínios portugueses na América já se ocupavam com as restrições ao tráfico. Segundo o Tratado Anglo-Português de 22 de janeiro desse ano, Portugal aceitou banir todo o comércio negreiro realizado nas áreas ao norte da linha do equador e fora de seus domínios. Na prática, as aquisições feitas na região da Costa da Mina (África Ocidental) tornaram-se ilegais. As comissões mistas anglo-portuguesas estabelecidas no Rio de Janeiro e em Freetown (Serra Leoa) pela convenção adicional ao tratado (1817) tinham autoridade para julgar os navios que fossem apreendidos em alto-mar e para emancipar os africanos encontrados a bordo das embarcações condenadas. As autoridades locais também trataram de casos de tráfico ilegal: tanto no Ceará, em 1819, quanto no Maranhão, em 1826, emanciparam africanos importados à revelia do tratado de 1815.

As negociações relativas ao reconhecimento da independência do Brasil resultaram na assinatura de um novo tratado com a Inglaterra em 1826, o qual entraria em vigor três anos depois da ratificação, que se deu em março de 1827. Segundo esse tratado, todo o comércio de escravos para o Brasil seria ilegal e haveria comissões mistas novamente no Rio e em Freetown para julgar os navios apreendidos, tribunais esses que mantinham a função de emancipar os africanos encontrados a bordo das embarcações. Os homens, mulheres e crianças emancipados por essas medidas cumpririam um período de trabalho sob a administração dos governos onde as comissões estavam sediadas, e só depois seriam considerados plenamente livres.

Os dados compilados sobre as importações de africanos demonstram claramente que comerciantes reagiram à iminente proibição com uma corrida para abastecer o mercado de mão de obra enquanto fosse possível. A média anual de importações ultrapassou 60 mil escravos, entre 1826 e 1829, sendo que na primeira metade da década não passava de 40 mil. Foi com intenção de fazer valer a proibição acordada com a Inglaterra e estabelecer procedimentos para julgar e punir os envolvidos que o Parlamento brasileiro em 1831, já sob a Regência, debateu o projeto de lei de proibição do tráfico.

No próprio cabeçalho a lei indicava seu objetivo duplo: "Declara livres todos os escravos vindos de fora do Império, e impõe penas aos importadores dos mesmos escravos". O primeiro artigo tratava dos africanos importados, declarando-os todos livres, à exceção daqueles que integrassem tripulações ou fossem fugitivos. A intenção era a de que os africanos assim emancipados fossem "reexportados", ou seja, enviados de volta à África às custas dos importadores. O segundo e o terceiro artigos tratavam da criminalização do ato: seriam considerados importadores todos aqueles envolvidos no transporte e no comércio dos africanos novos, desde o mestre da embarcação e os investidores na viagem até os compradores finais. Todos esses incorreriam nas penas previstas no Código Criminal de 1830 (artigo 179) para os que reduziam pessoa livre à escravidão. A lei ainda proibia expressamente o desembarque de libertos estrangeiros no Brasil e penalizava com multa os mestres de embarcações que os trouxessem. Por fim, prometia incentivo pecuniário àqueles que concorressem para sua aplicação.

Em vários pontos, os legisladores brasileiros se afastaram do acordo bilateral com a Inglaterra. Pelo tratado de 1826, seriam livres apenas aqueles africanos cujos navios fossem apreendidos e julgados "boa presa" pela comissão mista; pela lei de 1831, o direito à liberdade se estendia a todos que desembarcassem no Brasil. A lei também mudava o destino dos africanos livres: os legisladores não quiseram que eles ficassem no país cumprindo um período de trabalho compulsório, e previram que fossem enviados para algum lugar na África, o que de fato nunca aconteceu. Os representantes britânicos no Brasil logo identificaram essas diferenças e externaram sua rejeição às soluções inscritas na lei. A principal preocupação era a de que havia risco de reescravização caso os africanos fossem devolvidos ao continente de onde provinham.

O decreto de 12 de abril de 1832 regulamentou a execução da lei, estabelecendo as regras para a revista dos navios que entrassem e saíssem dos portos. Incumbia da diligência a autoridade policial ou, alternativamente, o encarregado da alfândega ou o juiz de paz. O navio deveria ser inspecionado em busca dos indícios de participação no comércio atlântico de escravos e da presença de escravos ou libertos, mesmo os que porventura estivessem fraudulentamente inscritos na tripulação. Tais autoridades eram encarregadas de encaminhar ao depósito as pessoas cujo estatuto era incerto e de prender em flagrante aqueles considerados importadores. O decreto previu ainda a situação em que a apreensão ocorresse depois do desembarque: a qualquer tempo, por iniciativa da polícia, de um juiz de paz ou do próprio africano, as autoridades poderiam averiguar as circunstâncias do desembarque e da venda da pessoa, com base em testemunhos, e proceder à aplicação da lei: emancipação do africano ou africana e abertura de processo criminal contra os responsáveis.

Muitas apreensões ocorreram nos primeiros anos da década de 1830. Acionava-se o tratado de 1826 para aquelas feitas em alto-mar, quando a Royal Navy britânica encaminhava o navio para a comissão mista. Nos portos ou já em terra, as autoridades policiais se baseavam na lei de 1831. Carregamentos inteiros, assim como várias apreensões avulsas, ficaram a cargo dos juízes de paz, que terminavam por declarar livres os africanos. Há muitos inquéritos em busca daqueles que a lei rotulou de "importadores".

Já no fim de 1833, porém, o contrabando dava sinais de recrudescimento. Aureliano Coutinho, à frente da pasta da Justiça, oficiava ao juiz de paz de Vassouras que estivesse atento à circulação de africanos novos e alertasse os habitantes da sua jurisdição de que sua aquisição consistia em crime. Aos poucos, cresceu um movimento entre proprietários de escravos e seus representantes no Parlamento, sobretudo nas regiões em que avançava a cafeicultura, para que a lei fosse revogada. Era intolerável que "proprietários tranquilos, chefes de família respeitáveis, homens cheios de indústria e virtude" pudessem ser incriminados, foi o que advogou o marquês de Barbacena no novo projeto de lei que apresentou ao Senado em 1837 para reformular a legislação de repressão ao tráfico. O projeto, que não previa emancipar todos os africanos que chegassem ao Brasil nem criminalizar os compradores dos africanos novos, continha um artigo para revogar a lei de 1831 e assim, supostamente, anistiar os crimes cometidos desde então. Foi aprovado no Senado, mas não na Câmara; o debate serviu para aglutinar as forças contrárias à repressão do tráfico, que formaram maioria e tomaram o poder em setembro de 1837. A guinada conservadora operada pelo gabinete do marquês de Olinda teve impactos muito duradouros sobre a política imperial e o destino da escravidão no país. Nos anos seguintes, o governo faria vistas grossas às importações, que voltaram à casa das dezenas de milhares de africanos por ano. O governo britânico rebateria com medidas unilaterais: em 1839, o Bill Palmerston determinava a apreensão de navios portugueses engajados no tráfico, e, em 1845, o Bill Aberdeen faria o mesmo com os navios brasileiros, levando-os a tribunais do Almirantado como piratas.

A crise desencadeada pela pressão britânica e por articulações internas no final da década de 1840 forçou o governo brasileiro a rever a proteção aos traficantes. A Lei Eusébio de Queirós, de setembro de 1850, operou uma delicada mudança de política: a partir de então, o tráfico atlântico seria definitivamente reprimido, enquanto se protegeria a escravidão. O ministro Eusébio prometeu "esquecer o passado", isto é, ignorar o crime dos senhores de escravos de comprar e manter africanos em cativeiro ilegal. Foi nesse momento que os ingleses incorporaram a lei de 1831 ao arsenal abolicionista: sempre que puderam, prestaram ajuda aos africanos livres e aos africanos ilegalmente escravizados, defendendo o direito deles à liberdade.

A lei de 1831 também foi usada a partir da década de 1850 como recurso jurídico para coibir o trânsito de pessoas escravizadas pelas fronteiras sul-americanas, especialmente naquelas com os países onde a escravidão já fora abolida. Embora o movimento antecedesse a lei e fosse grande em toda a extensão das fronteiras do território brasileiro com os dos vizinhos, foi no Sul do Império, em particular na divisa com o Uruguai, que a maioria dos casos ocorreu. Tomavam os dois sentidos; havia fugas para o exterior, e consequente demanda de restituição pelos senhores brasileiros; sequestros de negros libertos ou livres no Uruguai e venda no Brasil; e ainda passagem de pessoas escravizadas de um lado para outro da fronteira com o consentimento dos senhores. O número de litígios era tão grande que, em 1856, Eusébio de Queirós, então presidente do Tribunal da Relação da Corte, consultou o Conselho de Estado para saber se "um escravo residente em país estrangeiro pode entrar no Império, e ser não só conservado em escravidão, mas até mandado entregar a seu senhor pela Justiça de seu país". A motivação foi um processo em trâmite no Tribunal da Relação, acerca de um escravo que cometera um crime e cujo senhor era domiciliado no Uruguai. O parecer do Conselho de Estado, numa decisão considerada memorável na época, que gerou o aviso 188, de 20 de maio de 1856, concluía que a lei de 1831, além do propósito de "acabar com o tráfico de negros novos" para o Brasil, incluía situações de escravos que, com o consentimento de seus senhores, teriam estado em outro país e depois retornado ao Império. Nesses exemplos, aplicava-se o primeiro artigo da lei, que proibia a entrada de escravos. O parecer foi posteriormente retificado por outros, de 20 de julho e 10 de setembro de 1858, que enfatizavam a necessidade de devolução dos escravos fugidos para outros países. Ainda assim, o aviso de 1856 passou a ser peça fundamental na jurisprudência sobre demandas de libertação de escravizados que cruzaram a fronteira e depois retornaram ao Brasil. A lógica que fundamentava os pedidos era a de que, ao pisarem o solo de territórios onde não havia mais escravos, eles automaticamente teriam mudado de condição, ficando livres. Ademais, como a entrada de escravos novos estava proibida, aqueles que retornaram ao Brasil seriam livres. Com essa interpretação, o Tribunal da Relação da Corte quase sempre deu ganho de causa aos que demandavam sua liberdade em casos de passagem pela fronteira.

O artigo 7º da lei de 1831, proibindo o desembarque de libertos que não fossem brasileiros, também foi sistematicamente aplicado. Pensado para coibir a importação de africanos novos como se fossem libertos, acabou tendo sua interpretação ampliada. A prática era considerar qualquer negro como liberto e não como livre. Já na década de 1830, as autoridades passaram a exigir documentos comprovando que a pessoa era "ingênua", isto é, nascida livre, para autorizar o desembarque. Dessa forma, o trânsito de pessoas livres entre a costa da África e o Brasil sofreu severa restrição.

Apenas nos casos de africanos importados depois da proibição do tráfico e tidos como escravos é que o governo imperial rejeitava a aplicação da lei de 1831. Mas, a partir de meados da década de 1860, a estratégia abolicionista adotada por advogados como Luís Gama foi a de levar ações de liberdade aos tribunais. Argumentava-se que, se a lei de 1831 nunca deixou de estar em vigor, todos os africanos que ingressaram no país após essa data deveriam ser imediatamente libertados, bem como seus descendentes. Quase quarenta anos após a promulgação da lei, tal interpretação era perturbadora para os senhores, podendo potencialmente reduzir de maneira drástica o número de escravos. Esse tipo de alternativa radical do abolicionismo se contrapunha à estratégia gradualista que se desenhava nos debates no Conselho de Estado e depois no Parlamento, e que tomou forma na Lei do Ventre Livre, de 28 de setembro de 1871. Se, por um lado, a medida emancipou os filhos das escravas sem indenização para os senhores, a lei estabeleceu como obrigatória uma matrícula dos escravos que serviu para oficializar muitas situações de escravização ilegal, como as dos africanos desembarcados depois da promulgação da lei de 1831.

Em 1874, o Conselho de Estado foi chamado a dar parecer sobre a vigência da lei de 1831, no processo que requeria a liberdade de africanos pertencentes ao espólio de Ignácio de Albuquerque Maranhão, senhor do Engenho Belém de Papari, no Rio Grande do Norte. Os conselheiros avaliaram a questão como sendo "muito grave por seu alcance e consequências", e julgaram que o direito daqueles africanos à liberdade teria prescrito depois de tanto tempo, visto que, na prática, eram tidos como propriedade e seria uma "medida revolucionária arrancá-los sem indenização dos seus senhores".

Na década de 1880, multiplicaram-se as ações de liberdade com base no argumento da importação ilegal, a despeito dos esforços dos governantes para conter essa interpretação da lei. Em discursos no Parlamento e nas ruas, polêmicas na imprensa, artigos de doutrina e comentários de julgamentos, a rede de militantes abolicionistas radicais conseguiu enfrentar o bloqueio imposto por décadas e fez da lei de 1831 uma ponta de lança da luta contra a escravidão até sua abolição final.

Ainda hoje, a memória do tráfico ilegal subsiste entre descendentes de pessoas escravizadas e desafia a história oficial, que silenciava sobre os crimes cometidos por traficantes e senhores. A reconstituição dos sucessivos acordos para tornar a lei de 1831 ineficaz revela a conivência do Estado imperial com o contrabando e a escravização ilegal no Brasil oitocentista, e desfaz a narrativa de uma busca gradual e consensual da abolição da escravidão.

Maria Cristina Cortez Wissenbach

LETRAMENTO E ESCOLAS

NA ÁFRICA SUBSAARIANA, DESDE OS PRIMEIROS CONTATOS COM os europeus a partir dos séculos XV e XVI, a arte da escrita e da leitura, e as habilidades dos brancos no manejo de canetas, penas, tintas e papel, bem como a possibilidade de transmitir mensagens por meio deles, exerceram fascínio entre as sociedades africanas. Geralmente os africanos associavam tudo isso aos poderes mágicos dos recém-chegados, expressos também na tecnologia de suas caravelas e de suas armas. O fascínio levou à aproximação, e rapidamente foram surgindo entre eles homens especializados tanto nas línguas europeias quanto na escrita e na leitura, intermediando mundos e culturas que se conectavam. Em Angola, ensinados pelos missionários que se estabeleciam no interior, eram conhecidos como os ambaquistas (naturais de Ambaca), e se tornaram figuras essenciais nas comunicações entre os governantes africanos e as autoridades de Luanda, sede do poder da Coroa na Angola portuguesa. No reino vizinho do Congo, especialistas similares colocavam-se em torno dos reis e, apropriando-se das mesmas habilidades, passaram a escrever cartas dirigidas por estes aos seus pares na Europa e ao Vaticano. A mesma dinâmica já havia ocorrido, tempos antes da chegada dos europeus, nas regiões africanas islamizadas em que o aprendizado da língua e da escrita árabe fazia parte dos processos culturais e religiosos de integração ao mundo do Islã. Em muitas das cidades do Sahel, nas margens do grande deserto e do rio Níger, junto às mesquitas e aos mercados se instalaram escolas e bibliotecas que ajudavam a difundir as crenças e as leis do Alcorão, e a formar marabutos e imãs africanos.

Quer numa situação quer noutra, se na escrita difundida na África de início prevaleceram os conteúdos políticos, rapidamente seus sentidos dispersaram-se em outras direções: a contabilidade comercial, as notas de crédito, os recibos e as listas de mercadorias, os contratos escritos mediando as relações entre patrões e empregados, e as missivas que ofereciam meio capaz de concretizar o contato à distância entre entes queridos. Além disso, outras vezes a escrita valia por si, e seu poder mágico permaneceu imanente. Rezas e símbolos religiosos, ora desenhados ora escritos no alfabeto árabe ou no europeu, eram mantidos no interior dos gris-gris ou bolsas mandingas, dos patuás e dos amuletos que africanos homens, mulheres e crianças portavam, para proteger-se das agruras da vida, da escravização e das longas viagens em direção às Américas. A caracterização das sociedades africanas como ágrafas e a dicotomia entre a oralidade e a escritura têm sido cada vez mais revistas em razão dessas dimensões.

Diante do quadro histórico africano, não é de estranhar o fascínio e o poder que a linguagem escrita exerceu entre escravos e forros, africanos e crioulos, mantidos, por força da lei e das regras que norteavam o mundo da escravidão no Brasil, distantes das escolas e da aprendizagem formal das primeiras letras — mas não da escrita. Também não é preciso supor que fosse excepcional a existência entre eles de escribas, ou seja, dos que se especializavam na escrita e na leitura, competências que, no geral, lhes chegavam por meios não institucionais. Os pesquisadores têm localizado provas textuais de uma cultura escrita entre escravizados, datadas dos inícios da colonização e do tráfico atlântico mas que se avolumam no século XIX. No último século da escravidão brasileira, e ganhando formas distintas de expressão, a escrita aparece algumas vezes em tratados políticos encomendados pelos escravizados na busca do reconhecimento de seus direitos; outras, na correspondência feita de próprio punho por escravos e forros, geralmente confiscada pela polícia, uma vez que o letramento era indício de atitudes e práticas suspeitas. Outras vezes ainda, surge no formato de listas de objetos, posses e serviços que os escravizados desempenhavam, ou numa infinidade de outros papéis associados a situações ordinárias do dia a dia. Têm sido encontrados também registros de livreiros da corte do Rio de Janeiro, nos anos 1860, registros sobre a venda de livros a escravos e a ex-escravos, entre eles o Alcorão e gramáticas da língua árabe.

Observando-se as condições que propiciaram a alfabetização de escravos e de forros, tal como referida pela documentação do século XIX, alguns aspectos chamam de imediato atenção. Deve ser considerada de início a situação das cidades brasileiras em que cresciam exponencialmente os movimentos abolicionistas, com seus clubes de leitura e jornais, como também a atuação de defensores e porta-vozes dos escravizados, entre eles alguns ex-cativos educados pelas elites letradas. É o caso, por exemplo, de Luís Gama, que, vendido ainda criança da Bahia para São Paulo, foi ensinado por estudantes e professores da Faculdade de Direito da cidade, seus patronos, tornando-se a partir daí escrivão da polícia, rábula, poeta e escritor. Em outras circunstâncias, verifica-se a difusão dos mesmos hábitos de letramento entre grupos de escravizados pertencentes às ordens religiosas e ao clero que, como senhores, demonstravam relativa preocupação quanto às condições de vida dos grupos de escravizados, instruindo-os profissionalmente, insistindo na manutenção de famílias e na educação religiosa. Por fim, é possível associar a cultura escrita a situações específicas do trabalho urbano, principalmente aos ofícios que exigiam dos cativos um desempenho autônomo. Nesse caso, tanto a escrita quanto a capacidade de contabilizar estariam ligadas não só às regalias, como também às exigências de um mercado de trabalho competitivo no qual os cativos eram obrigados a agenciar os serviços por conta própria.

Segundo o censo de 1872, somente 15,7% dos habitantes do Brasil da época se afirmavam alfabetizados, e, portanto, considerando-se a sociedade como um todo, houve certa demora para os códigos do letramento se implantarem e se generalizarem como hábito cultural. No entanto, muitos dos segmentos sociais não letrados e sem acesso a uma escolaridade formal tinham consciência do potencial dessa forma de expressão, e aderiram direta ou indiretamente ao universo da linguagem escrita e da leitura. Vivia-se num mundo em que "uns leem, outros escutam, ou simplesmente veem, mas todos se aproximam bem ou mal da escrita, todos a percebem e experimentam sua presença", no dizer de Fabre.

Um costume presente entre os setores mais pobres da sociedade brasileira, e aqui incluídos os escravizados, era o de pagar para alguém escrever missivas endereçadas a parentes ou conhecidos. Em São Paulo, na década de 1860, Teodora Dias da Cunha, africana natural do Congo e escrava doméstica, encomendou pelo menos cinco delas ao escravo pedreiro Claro, crioulo, buscando informações sobre seu marido e seu filho, cujo destino ela desconhecia, e procurando assim recompor a unidade familiar rompida pela venda em separado. Nos conteúdos ditados ao escravo e transformados em palavras escritas, a africana expressava sua visão do mundo, profundamente religiosa, e seus maiores desejos: a promessa que fazia aos santos católicos e às entidades africanas e atlânticas no sentido de obter a liberdade e voltar para a África. Na mesma época, no Rio de Janeiro, o africano livre Ciro não só integrava petições de liberdade dirigidas e intermediadas pelas autoridades judiciárias, como escrevia textos de próprio punho endereçados ao senhor, nos quais denunciava a ilegalidade de sua escravização e clamava por seu direito em manter os filhos próximos a si, apelando para uma linguagem ameaçadora como recurso para reverter as injustiças que recaíam sobre ele. Já Leocádia, filha de uma africana livre, escravizada ilegalmente, manifestava também em cartas sua intenção de permanecer na cidade do Rio de Janeiro e não ser devolvida à mãe. São esses alguns exemplos de fontes que foram caracterizadas pela historiografia da escravidão como "escritas de si", nas quais homens e mulheres, cativos e forros, deixavam claros sentidos próprios atribuídos às suas vivências e às dinâmicas das relações sociais em que foram envolvidos.

É importante ressaltar que a maioria das peças relatadas acima foi apreendida pelas autoridades policiais e mantida silenciada durante muito tempo no interior de autos judiciários. A prática da escrita, quando exercida por escravos e escravas, libertos e libertas, principalmente na atmosfera de sublevações sociais das décadas de 1870 e 1880, não só levantava suspeita, como denotava uma atitude de arrogância, uma vez que, na visão da sociedade hegemônica, pressupunha o uso de um código que se mantinha privilégio exclusivo da elite e que não fazia parte dos atributos pensados para a classe dos escravizados. Vivendo numa sociedade discricionária e racista, dessa arrogância e de ser "negro desavergonhado" era também acusado o escritor Luís Gama quando andava pelas ruas de São Paulo.

Ouvir as notícias da imprensa lidas em voz alta em espaços públicos era outro meio de contornar a situação de não letramento, e permaneceu como hábito cultural entre muitos segmentos sociais, difundidos tanto em clubes literários quanto informalmente em praças de pequenas cidades do interior. Nas zonas rurais do Sudeste brasileiro, documentos dos últimos tempos da escravidão flagraram grupos de escravos do eito ouvindo notícias que eram trazidas pelos jornais abolicionistas e que em seguida se espalhavam como rastilhos de pólvora pelas comunidades escravas das fazendas vizinhas. Já tempos mais tarde, lá pelos idos dos anos 1920, antes de ingressar na escola, Bitita, nome pelo qual era conhecida a menina e depois escritora Carolina Maria de Jesus, era levada por seu avô para ouvir o *Estado de S. Paulo* ser lido por um oficial de justiça negro, conhecendo com isso as opiniões de Rui Barbosa sobre a distribuição de terras aos ex-escravos, ou as últimas novidades sobre a guerra na Europa dos anos 1914-18. No universo da oralidade que dominava o ambiente da cidade do interior onde ela morava, e podendo usufruir das experiências em que se davam as interfaces entre o oral e a cultura impressa, a memória prodigiosa da escritora levou-a, anos mais tarde, a elaborar seu diário de infância e apontar nele os momentos significativos de sua formação.

Em Minas Gerais, ainda menina, Bitita frequentou uma escola patrocinada por um intelectual espírita, num período em que os estabelecimentos escolares não poderiam mais discriminar alunos negros, devendo aceitar a todos sem exceção. Até então a educação formal tinha sido regalia de poucos, seu acesso proibido aos escravos de acordo com legislações adotadas a partir de 1869, e direito relativo atribuído aos seus descendentes. Nos tempos do Império não existiam de fato interdições expressas aos de condição livre, nem mesmo nos regimentos provinciais que normatizavam a instrução pública, havendo registros de matrículas de alunos não brancos nas escolas públicas, entre eles "ingênuos" libertados pela lei de 1871. No entanto, as posições em relação à educação das crianças negras eram ambíguas, e permaneceram assim por muito tempo: por vezes a instrução foi vista como estratégia para educar e civilizar os jovens egressos do mundo da escravidão; outras vezes sua presença nos bancos escolares foi considerada com aversão, pois eles poderiam se tornar parcerias perniciosas e contaminar com seus vícios os alunos brancos. Os depoimentos de mestres e professores quase sempre denotavam incerteza e reiteradamente insistiam em querer saber o que dizia a lei, "se podiam ou não aceitar cativos libertos".

A educação das populações negras no Império, de livres e de escravos, acontecia também em instituições privadas promovidas por patronos. As pesquisas recentes sobre a história da educação no Brasil têm revelado várias dessas iniciativas: a escola de Pretextato dos Passos Silva, formada na corte imperial em 1853 e destinada a meninos pardos e negros; a escola noturna destinada a adultos fundada em Curitiba pelo mestre de primeiras letras José Miguel Schleder, disposto a ensinar imigrantes e negros livres e escravos a ler e escrever; ou ainda a proliferação de instituições educacionais promovidas pelos movimentos emancipacionistas, em diversas localidades do Brasil. A instrução elementar estava presente também nos programas de estabelecimentos asilares e profissionais criados com o intuito de formar menores artesãos, adestrados e disciplinados, ou assistir meninos jornaleiros, como ocorria na escola noturna a eles destinada em São Paulo nos fins do XIX.

Desde as últimas décadas do mundo da escravidão brasileira, entre as falas dos abolicionistas e as pautas das associações negras dos inícios da República, a instrução era entendida como meio de afirmação social e de acesso à cidadania pelos setores negros da sociedade. Nos ditos e nas trovas populares, a ida dos recém-libertados à escola era uma das grandes regalias obtidas com a emancipação de 1888. Já entre os movimentos sociais do século XX, da Frente Negra Brasileira aos jornais da imprensa negra, a inclusão dos negros na escola pública e o acesso à educação em todos os seus níveis eram reivindicações feitas ao Estado republicano, e apareciam igualmente como conselhos dirigidos às famílias negras que pretendiam se afirmar numa sociedade recém-egressa da escravidão. Além disso, apostavam na centralidade da formação intelectual para o processo de reversão da posição de inferioridade atribuída aos negros pelas ideologias que dominaram grande parte do pensamento social brasileiro e justificaram os séculos da escravização.

Sidney Chalhoub

LITERATURA E ESCRAVIDÃO

A ESCRAVIDÃO SE FAZ PRESENTE NA LITERATURA BRASILEIRA DOS Oitocentos de diversas maneiras. Às vezes é necessário trazê-la à tona, mostrar que ela molda o jeito de ver as coisas mesmo quando não está na superfície do texto. Em suas *Memórias*, Brás Cubas se lembra da ocasião em que sua família resolveu dar um banquete para celebrar a derrota de Napoleão. Ao se referir aos preparativos para a festa, diz assim: "Veio abaixo toda a velha prataria [...]; vieram as toalhas de Flandres, as grandes jarras da Índia; matou-se um capado; [...] lavaram-se, arearam-se, poliram-se as salas, escadas, castiçais, arandelas, as vastas mangas de vidro, todos os aparelhos do luxo clássico". A omissão do sujeito dos verbos nessas ações de trabalho para o usufruto da classe senhorial nada oculta aos leitores contemporâneos. A forma do texto diz muito daquela sociedade quando vista do prisma de um rico dono de escravos e de imóveis na corte: a escravidão parecia naturalizada, tão parte da paisagem social que seria redundância nomeá-la ao descrever o mundo do trabalho, fosse o doméstico ou tantos outros. Bento Santiago, vulgo Dom Casmurro, conversa com Escobar a respeito dos bens de sua família. Ao caminhar pela propriedade com o amigo, aponta os escravos em seus afazeres, dizendo seus nomes: Tomás, Maria, Pedro, José, Damião, João Fulo, Antônio Moçambique... Escobar interrompe a enumeração para observar que havia nomes de escravos com "todas as letras do alfabeto". O narrador admite que não tinha reparado naquilo antes. A passagem sugere que o comentário de Escobar fez Dom Casmurro refletir, pela primeira vez, sobre a vasta escravaria existente na propriedade da família. O diálogo na ficção alerta personagem e leitores para o fato de que a escravidão sustentava o seu modo de vida, que ele não estava lá por encantamento mas em decorrência de sujeitos escravizados agentes de uma variedade de ações verbais.

Se a atenção à forma pode revelar a forte presença da escravidão quando não se diz dela, falar de escravidão na literatura significa adotar certo repertório mais ou menos previsível, aliás compartilhado por sociedades escravistas diversas, não só a brasileira, mas cheio de nuances a exigir interpretação. Obras literárias de crítica à escravidão, não em apoio a ela, predominam amplamente em romances, contos, obras teatrais, poemas e crônicas escritos no Brasil durante o Segundo Reinado. Aqui, como alhures na escravidão atlântica, a imaginação literária parecia capturada pela questão do sofrimento da mãe escrava, da separação violenta de mães e filhos em função do tráfico negreiro, de atos de compra e venda, de partilhas de bens, de hipotecas e demais transações pertinentes à instituição. O fato de que a condição escrava decorria da condição do ventre da mãe, *partus sequitur ventrem*, na fórmula do tempo, tornava a maternidade escrava assunto de forte conteúdo político, pois estratégias de emancipação gradual tendiam a recorrer à libertação do ventre como forma de interromper a cadeia de gerações em cativeiro (como foi o caso da Lei Moret, em Cuba, em 1870, e da Lei do Ventre Livre, no Brasil, em 1871).

Úrsula, romance de Maria Firmina dos Reis, maranhense, negra, apareceu em 1859. Conta a história da amizade entre Túlio e Tancredo, o primeiro escravo, o segundo filho de comendador. Túlio socorre Tancredo por ocasião de um acidente e providencia para que ele se recupere na propriedade de Luísa B. e sua filha, Úrsula. Em gratidão, Tancredo oferece ao escravo a soma necessária para que ele compre a própria alforria. Liberto, Túlio resolve servir a seu benfeitor. O resto é romantismo em estado puro, com muita tragédia. Tancredo e Úrsula se apaixonam, mas os personagens simpáticos do enredo passam a vida às voltas com as violências de comendadores, senhores de terra, afeitos "a mandar", e que por isso julgam "que todos eram seus súditos ou seus escravos". Todos os personagens de bem morrem no final, um desalento.

Todavia, há em Maria Firmina dos Reis um intuito de representar a voz dos cativos que não encontra paralelo em outras obras literárias produzidas no país no período. Em sua primeira aparição, afirma-se, sobre Túlio, que "a escravidão não lhe embrutecera a alma". Para comprovar tal afirmação, a narrativa usa amiúde o recurso de tornar a mente do escravo transparente, exposta a quem lê. Flagramos Túlio a pensar na "amargura do escravo", para em seguida concluir que "oh! a mente! isso sim ninguém a pode escravizar!", que o corpo é reduzido ao cativeiro mas a alma "é sempre livre". Em passagens nas quais se descrevem os sofrimentos dos escravos, como jornadas de trabalho infindáveis, torturas, habitações deterioradas, acontece às vezes de o texto deslizar da voz da narradora para a voz do escravo, criando-se uma convergência imaginária de pontos de vista de forte impacto enquanto denúncia da instituição.

A forma mais eficaz de demonstrar o não embrutecimento de Túlio, e por meio dele dos escravizados em geral, é dotar o personagem de uma história coletiva, compartilhada com seus pares. A porta-voz dessa história é a africana Susana, que criou Túlio. Em longo relato em primeira pessoa, *transcrito*, por assim dizer, pela narradora, a africana conta a infância despreocupada sob "o sol rutilante e ardente do meu país", a liberdade de brincar nas praias e areias brancas com suas companheiras, depois o matrimônio feliz e a maternidade. O idílio é interrompido pela captura, "era uma prisioneira — era uma escrava", feita mais chocante porque descrita num contexto de abundância, época de colheita, de inhame, milho, amendoim. Susana deixara a filha com a mãe, fora "colher milho", ouvira assobiar na mata, escravizada, navio negreiro, nunca mais veria a filha e carregava esse sofrimento "todas as horas". A travessia do Atlântico é descrita em detalhe, acorrentados todos, trezentos, espremidos, fome, sede, doenças, mortes, motim, repressão, assassinatos. A violência da separação entre mãe e filha é o nervo principal da história de Susana, tema pungente também em versos de Castro Alves, "A canção do africano", "Tragédia no lar", "A criança", "A mãe do cativo", tantos poemas.

A representação literária da violência contra as mães escravas acontece no contexto mais amplo do tema da violência senhorial contra as mulheres negras, a ameaça constante e a violação sexual delas por senhores que se arrogam esse direito; como diz Leôncio, um deles, em *A escrava Isaura*, de Bernardo Guimarães: "Isaura era propriedade sua, e quando nenhum outro meio fosse eficaz, restava-lhe o emprego da violência". A mãe de Túlio fora escrava favorita de sua senhora, que se punha entre ela e a sanha de seu irmão comendador. Morta a irmã, o comendador "comprou aos credores" o direito às "cousas" que mais lhe interessavam nos bens da defunta, entre elas "a desgraçada mãe" de Túlio, que era o que mais desejava. Ao prever a vida que levaria dali em diante, sujeita aos caprichos e à violência sexual do senhor, a mãe de Túlio pede à africana Susana que fique com seu filho. As duas faces da violência contra a mulher negra escravizada, mãe sem direitos e corpo sujeito à violação, constituem a história de Túlio, que forma seu caráter íntegro e generoso à luz do exemplo dessas duas mulheres.

A honra e dignidade da mulher negra escravizada é tema recorrente da produção literária, seja de autores canônicos seja de esquecidos. Em 1871, Machado de Assis publicou o conto "Mariana", no *Jornal das Famílias*. Mariana é cria da casa numa família abastada, educada com esmero semelhante àquele dispensado às filhas da senhora. Verdade que o apreço pela cativa não chega ao ponto de permitir que ela sente à mesa nas refeições nem que apareça na sala quando há visitas. De qualquer modo, Mariana convive bastante com a família e acaba se apaixonando pelo senhor moço. O rapagão fica lisonjeado e interpreta o amor da "mulatinha" como licença para o abuso, quer dizer, na prosa eufemística do narrador machadiano (no caso, o próprio predador), que surge em seu "espírito uma ideia que a razão pode condenar, mas que nossos costumes aceitam perfeitamente". Mariana resiste ao assédio, mostra-se "acima das veleidades" do rapaz, porém o sofrimento a leva ao suicídio. Machado de Assis voltou ao tema em *Americanas*, volume publicado em 1875, no poema "Sabina". Tudo muito semelhante à história de Mariana. Sabina é "mucama da fazenda", não há "mestiça mais à moda", não entra na senzala, "cria da casa". Apaixona-se pelo senhor moço. Este certo dia a vê banhar-se no rio, a seduz. Logo depois arranja casamento com moça senhoril, aprovada pela família, festa de arromba. Sabina, desesperada, corre para o rio com o intuito de se afogar. Mas carrega no ventre um rebento do senhor moço. Decide viver.

Fantina (cenas da escravidão), de Duarte Badaró, apareceu em 1881. Frederico faz a corte à viúva dona Luzia. Ao imaginar as vantagens de sua futura posição de consorte da viúva abastada, Frederico "lembrava-se de Fantina, da Amélia e de outras mulatas da fazenda". Compraz-se em observar "a fonte onde algumas mulatas batiam e ensaboavam roupa", repara em suas "saias levantadas até acima dos joelhos", no "torneado macio das exuberâncias carnais". A linguagem sugere talvez que o narrador compartilhe em alguma medida o modo de Frederico imaginar as mulatas da fazenda, com "sangue mestiço" a "correr-lhe[s] pelas veias", como se estivessem sexualmente disponíveis por natureza. No entanto, o que sobressai neste caso é a descrição de Frederico como dotado de uma "sensualidade canalha", a perseguir Fantina sem dar trégua, rude, chulo, perguntando-se retoricamente, em vista da disparidade de forças, se "escapará das garras da raposa a débil franga".

Fantina resiste. É apaixonada por Daniel, moço trabalhador, que já juntara um conto de réis para libertá-la. Dona Luzia exigia dois contos. O tempo em que a história se desenrola é o da discussão parlamentar da Lei do Ventre Livre. A senhora odeia Rio Branco, "o homem *que queria forrar o que não era seu*" (ênfase no original). Frederico busca um jeito de dobrar Fantina. Consegue que Rosa, escrava velha, que o ouvira "meio espantada", converse com Fantina e proponha a alforria dela em troca de a moça fazer "o que eu quero". Dona Luzia descobre a trama, manda torturar Rosa, faz Fantina "prometer oposição à vontade do senhor". Frederico usa de sua influência na localidade para que Daniel seja acusado de um crime que não cometera. Desesperada, Fantina procura o senhor, o qual promete deixar que Daniel seja enforcado caso ela não ceda. Num "movimento rápido", Frederico "pegou-lhe pela cintura", Fantina "já meio desmaiada". Dona Luzia descobre o ocorrido, ordena que Fantina seja torturada. Oito dias de suplício. Doente, grávida, Fantina é libertada por Frederico e vai residir na cidade. Dona Luzia morre, envenenada por Rosa, que se vingara com a ajuda do feiticeiro Pai Joaquim. Fantina nunca se recupera do estupro e da tortura posterior. Dois anos depois, "em uma ruela muito imunda, onde atiravam o lixo, via-se uma mulher de fisionomia asquerosa, coberta de andrajos lamacentos, bêbeda", a "insultar os transeuntes e gritar obscenidades porcas". A filha está na rua ao seu lado quando morre. Frederico, "sozinho na fazenda, viúvo, senhor de grandes cabedais", pensa que se Fantina "não fosse tão tola podia ter vivido mais tempo".

A condenação ao costume senhorial do abuso e do estupro convive de maneira tensa com concepções racistas a respeito da moralidade da mulher mestiça, a lenda da sexualidade exagerada da mulata. A descrição de Rita Baiana, em *O cortiço*, de Aluísio Azevedo, é antológica: a mulata, "que fora trocar o vestido por uma saia", ressurgira "de ombros e braços nus, para dançar"; ao luar, "os meneios da mestiça melhor se acentuavam, cheios de uma graça irresistível, simples, primitiva, feita toda de pecado, toda de paraíso, com muito de serpente e muito de mulher". Quanto à virtude da mulher escravizada que resistia ao assédio senhorial, parecia haver o pressuposto de que quanto mais clara a pele, maior a virtude. Alguém sugere a Daniel que furte Fantina e fuja; ela "era clara, bonita e bem-educada, por isso ninguém a tomaria por escrava fugida". A brancura da escrava Isaura, de moral inexpugnável, é tão caricatural que chega a cor-de-rosa: "A tez é como o marfim do teclado, alva que não deslumbra, embaçada por uma nuança delicada, que não sabereis dizer se é leve palidez ou cor-de-rosa desmaiada".

Há até uma gradação geracional entre Isaura e sua mãe. Isaura era filha de "uma linda mulata", mucama favorita da esposa do comendador, perseguida por ele, "homem libidinoso e sem escrúpulos", que "olhava as escravas como um serralho à sua disposição". A "gentil mucama" resistiu muito, "mas por fim teve de ceder às ameaças e violências". Ao que parece, a pele clara aumenta as chances de resistência bem-sucedida. Como não há gradação na canalhice dos senhores, fica-se com a desconfiança de que o que fazia a diferença era a determinação da resistência, supostamente maior em escravas brancas, como Isaura, ou quase. Às vezes a dificuldade na medição da virtude feminina parecia intransponível. Florinda, de "Uma história de quilombolas", em *Lendas e romances* (1871), de Bernardo Guimarães, resiste ao assédio de dois homens negros, permanecendo fiel ao mulato Anselmo. O narrador a descreve assim: seus traços "eram quase de pureza caucasiana"; mas "no corpo tinha esse donaire voluptuoso, essas curvas moles e graciosas, que são próprias das mulatas".

No outro extremo, de lendária devassidão, há a protagonista de "Lucinda, a mucama", de Joaquim Manoel de Macedo, uma das histórias de *As vítimas-algozes: Quadros da escravidão*, de 1869. Macedo queria mostrar aos senhores os riscos que eles próprios corriam ao manter a escravidão. Ele estava desapontado com o recuo do governo imperial quanto à promoção da emancipação gradual dos escravos, por isso partia para uma literatura de horror escravocrata. Um agricultor e negociante graúdo da província do Rio de Janeiro compra a mucama Lucinda para servir à sua filha, Cândida. Lucinda é descrita como uma "crioula" que fora "envenenada desse oceano de vícios obrigados, de perversão lógica, de imoralidade congênita, de influência corruptora e falaz, desse monstro desumanizador de criaturas humanas, que se chama escravidão". Lucinda desperta em Cândida o interesse pelos rapazes, "excita os sentidos" da donzela e faz o papel de alcoviteira para propiciar que um maganão, seu amante ainda por cima, entre no quarto da menina para deflorá-la. A forma de Macedo representar os escravizados nas histórias desse livro sugere que a suposta degeneração dos negros, provocada pela escravidão, seria irremediável.

A descrição de personagens africanos proporcionava ocasião para relacionar traços físicos e moralidade, pressuposto racista que se disseminava paralelamente ao processo de emancipação escrava. Em *Fantina*, Pai Joaquim, que ajuda Rosa a envenenar a senhora, "era um tipo africano dos mais repugnantes; sem dentes, de beiços muito caídos e grossos, pernas tortas e pés de uma deformidade fantasiosa". Em "Uma história de quilombolas", Zambi, ou Joaquim Cassange, o chefe, é "um negro colossal e vigoroso, cuja figura sinistra e hedionda se refletia ao clarão do fogo, com as faces retalhadas, beiços vermelhos, e dentes alvos e agudos como os da onça". A esses traços de animal feroz, porém, se juntam outros, a começar pelo "nariz acentuado e curvo" e "a testa inclinada para trás", sinais de superioridade normalmente associados a outra raça, que explicariam o fato de ele ser "dotado de muito tino e perspicácia". Em contraste, José de Alencar apresenta um africano venerável em *O tronco do ipê* (1871), que usa seus poderes sobrenaturais para zelar pela felicidade dos senhores. Alencar se opunha à Lei do Ventre Livre, parecia acreditar que seria possível convencer os senhores a promover a emancipação de seus próprios escravos, sem interferência do Estado imperial. Muito da literatura sobre escravidão no Brasil oitocentista foi escrito no intuito de intervir diretamente em debates políticos.

É preciso relativizar a percepção de que a literatura brasileira do século XIX pouco se ocupava do tema da escravidão. Parte do problema é a fixação em autores e obras canônicas, sem atenção devida ao que ficou legado ao esquecimento ou à periferia do processo de canonização literária — processo este, aliás, que carece de estudos. Há uma riqueza notável de textos sobre escravidão em crônicas literárias, gênero a respeito do qual só mais recentemente tem havido pesquisas consistentes. As crônicas incríveis de Machado de Assis sobre escravidão na década de 1880, presentes nas séries *Balas de estalo* e *Bons dias!*, dão a medida exata do muito que pode haver ainda a garimpar nos periódicos da época.

M

Hebe Mattos e
Robson Luís Machado Martins

MEMÓRIAS DO CATIVEIRO

Paulo Vicente Machado nasceu em 1910, filho caçula de Vicente Machado, ex-cativo na Fazenda da Presa, em Alegre, no Espírito Santo. Cresceu "tocando lavoura" com seus pais e seus irmãos, em regime de parceria, na mesma fazenda em que seu pai tinha vivido como "escravo". Sua mãe não chegou a ser cativa, pois — segundo seu depoimento — nascera "de ventre livre". Seu pai se tornou, posteriormente, pequeno proprietário de um sítio de café em Vala de Souza, também no Espírito Santo. Após seu casamento com a filha de um sitiante vizinho, Paulo Vicente Machado se tornou operário na Estrada de Ferro Leopoldina. Nessa condição, morou em várias cidades de Minas Gerais, até — já aposentado — fixar-se em São Gonçalo, no Rio de Janeiro, onde vivia na época da entrevista às historiadoras Hebe Mattos e Martha Abreu, e ao seu neto, então estudante de história, Robson Martins, no ano de 1993.

A entrevista com Paulo Vicente Machado nasceu numa sala de aula do curso de graduação da Universidade Federal Fluminense. Não imaginávamos, então, que ela mudaria a trajetória profissional do seu neto e das duas professoras que o incentivaram a realizá-la. Marcou também o início do projeto de história oral Memórias do Cativeiro/Passados Presentes, do Laboratório de História Oral e Imagem da Universidade Federal Fluminense (Labhoi-UFF). Foi parcialmente transcrita e analisada no capítulo final do livro *Das cores do silêncio*, originalmente tese de doutorado de Hebe Mattos, e deu origem à decisão de Robson Martins de seguir pesquisando sobre a comunidade cativa e o pós-emancipação na terra dos seus antepassados — o município de Alegre, no Espírito Santo. Em 1994, Hebe Mattos, Ana Lugão Rios e Robson Martins desenvolveram juntos a proposta de continuar entrevistando camponeses negros das antigas áreas cafeeiras do Sudeste, sobretudo Rio de Janeiro, Minas Gerais e Espírito Santo, a partir de um roteiro genealógico, para o arquivo do Labhoi-UFF. Desde 2005, Martha Abreu, presente na primeira entrevista, voltou a ser parceira no projeto.

A pesquisa coletiva então iniciada acabou por acompanhar também o movimento de emergência de uma nova identidade coletiva, oriundo da implementação do artigo 68 das Disposições Constitucionais Transitórias da atual Constituição brasileira, que declara: "Aos remanescentes das comunidades dos quilombos que estejam ocupando suas terras é reconhecida a propriedade definitiva, devendo o Estado emitir-lhes os títulos respectivos". Muitos dos nossos entrevistados passaram a reivindicar o reconhecimento de suas comunidades como "remanescentes de quilombo" para efeitos de titulação coletiva de terras tradicionais ou constitutivas de lugares de memória.

O arquivo do Labhoi incorporou também cópia das transcrições das entrevistas com a primeira geração dos entrevistados para o projeto Memória da Escravidão em Famílias Negras de São Paulo, desenvolvido pela USP, no ano do centenário da abolição. O ano de 1988 foi um marco decisivo para a história do movimento negro no Brasil, com as marchas contra o racismo e a denúncia da incompletude da abolição, bem como para a pesquisa em história social da escravidão e a inauguração da problemática do pós-emancipação e do pós-abolição como campo de estudos. Nesse terreno, destacamos o surgimento de pesquisas acadêmicas interessadas de maneira sistemática pela memória familiar dos últimos cativos e seus descendentes. Os projetos iniciais de história oral com a memória familiar de descendentes de libertos do "Treze de Maio" tinham todos, como primeiro objetivo, inserir a experiência dos últimos libertandos, sobretudo das antigas áreas cafeeiras do Sudeste, na história social do pós-abolição.

Em grande medida, atingiram o objetivo traçado. Hoje sabemos que os ex-cativos das áreas de produção de café do Sudeste, antigas ou novas, após a libertação tenderam a permanecer próximos às regiões onde viviam, ainda que não nas mesmas fazendas, valorizando os laços familiares e comunitários estabelecidos até então. Formaram um campesinato itinerante, na expressão de Ana Lugão Rios, conjugando mobilidade e trabalho familiar. Como Paulo Vicente, muitos se tornaram proprietários de pequenos sítios, apesar de as famílias terem perdido as terras nas gerações subsequentes. As migrações negras intensificam-se algumas décadas depois da abolição, seguindo os trilhos das estradas de ferro, como a história de Paulo Vicente ilustra, e fazendo da negritude uma característica das periferias das cidades da região.

A trajetória de Paulo Vicente Machado antecipava a história coletiva que as mais de trezentas horas de entrevistas posteriores nos ajudariam a construir e que hoje estão na base da coleção de vídeos Passados Presentes, dos aplicativos de turismo histórico Pequena África, Quilombo São José, Quilombo do Bracuí e Jongo de Pinheiral, e de memoriais em honra dos últimos africanos cativos, erguidos na cidade de Pinheiral e nos quilombos de São José, em Valença, e do Bracuí, em Angra dos Reis, no estado do Rio de Janeiro.

A tardia possibilidade desse tipo de iniciativa acadêmica se deveu, em grande parte, ao contexto político de aprovação da Constituição de 1988 e aos movimentos negros que nele emergiram. Eles fizeram social e politicamente viável tornar público o que antes era vivido como legado familiar de caráter privado, quebrando o silêncio sobre a memória familiar da experiência da escravidão.

Desde então, entrevistas, performances e depoimentos ajudaram a produzir conhecimento sobre a história e a memória da última geração de africanos escravizada no Brasil. Os testemunhos coletados até a década de 1990 em especial, e mesmo antes, nos raros registros de ex-escravos, preferiam usar o termo "cativos" e "tempo do cativeiro", em vez de "escravidão", como destacou o historiador Mário Maestri. Antecipavam, assim, a tendência política dos movimentos negros do século XXI, de preferir a palavra "escravizado" à naturalização da condição jurídica de "escravo", e repetiam, sem saber, a opção dos abolicionistas radicais do século XIX, que denunciavam, com o uso do termo "escravizado", a ilegalidade da maior parte do tráfico negreiro no Brasil imperial, quase todo posterior à primeira lei de extinção em 1831. Comunidades negras do litoral fluminense, formadas por descendentes de trabalhadores escravizados das chamadas "fazendas de engorda", estabelecimentos rurais com pequenos portos que serviam à logística do contrabando de africanos (chegada, enterramentos, quarentena e recuperação), surpreenderam com uma eloquente tradição oral que se tornou fonte para os historiadores.

O uso das palavras "cativo" e "tempo do cativeiro" nos depoimentos de descendentes dos últimos escravizados, em diferentes projetos de pesquisa, ensinava igualmente sobre a importância da família e das comunidades de senzala como instituições de transmissão da memória, capazes de engendrar aguda consciência histórica em alguns de seus descendentes. A expressão "ventre livre", referência aos antepassados nascidos após a lei que libertou os nascituros, em 1871, é outro recurso de periodização presente na memória coletiva registrada por pesquisadores. No conjunto, são muitos os depoimentos que falam de antepassados africanos, de indígenas "pegos a laço" também ilegalmente escravizados, da separação de famílias no tráfico interno, e sobre a dor da preterição dos próprios filhos, na hora da amamentação, pelas amas de leite escravizadas. O conjunto dos registros disponíveis para pesquisa, orais e audiovisuais, apresenta ainda diversas formas estruturais de memória coletiva, impressas em gestos, performances e religiosidades. As coincidências narrativas referem, por fim, as transformações históricas do pós-abolição, com destaque para os impactos das políticas públicas da Era Vargas e dos direitos culturais e territoriais garantidos na Constituição de 1988 nas formas como a herança familiar pode ser transmitida e interpretada. Neste último aspecto, a herança cultural centro-africana expressa no jongo/caxambu e seu reconhecimento como patrimônio imaterial do Brasil, em 2005, é um caso eloquente, que tomamos como exemplo, a partir da etnografia de Robson Martins de sua primeira estada na terra dos seus antepassados no Espírito Santo, no verão de 1994.

Nessa visita inicial, em busca da história de seus antepassados e de suas raízes familiares no "tempo no cativeiro", a primeira impressão do pesquisador foi a de ter recuado no tempo. Encontrou comportamentos diferentes, códigos compartilhados, um leve toque no chapéu em forma de saudação, olhares fixos e uma intensa circulação de pessoas numa área rural não muito distante do centro do município; humildes lavradores vendendo produtos cultivados em suas roças. Muitos deles eram homens e mulheres negros com cabelos brancos e aparentavam ter mais de sessenta anos.

Robson havia sido informado por funcionários da Secretaria Municipal de Cultura que numa comunidade negra, na antiga Fazenda Novo Horizonte, os moradores tinham o costume de dançar o caxambu no dia 12 de junho, em comemoração ao aniversário do sr. Antônio Raimundo da Silva e em louvor a Santo Antônio. Chegando lá, foi muito bem recebido pelo sr. Antônio, que logo lhe contou sobre a origem da dança do caxambu "no tempo do cativeiro".

Segundo o sr. Antônio, as informações sobre as origens do caxambu vinham de dona Bibiana, uma ex-escrava que teria ajudado a mãe dele a criar os onze filhos. Sua narrativa enfatiza o sentido místico da prática, mas também o papel do caxambu como espetáculo, fator de negociação com o poder senhorial. Graças ao caxambu, os cativos teriam conseguido comer no dia do "casamento da princesa":

"'Quê que vocês estão batendo e cantando aí?', ela perguntou. 'Vocês já almoçaram?'

"Eles responderam: 'Não, porque nós estamos esperando a ordem da sinhá ou de sinhô para arrumar o nosso almoço [...]'.

"'Ah, meu Deus do céu!', falou a sinhá. 'Eu até esqueci mais vem pra cá meus filhos para vocês comerem.' Aí eles largaram os caixotes e foram comer e quando terminaram essa comadre falou: 'Agora eu quero que vocês voltem pra lá e retornem a bater porque eu quero ouvir este batuque'. Aí eles bateram e bateram e ela perguntava: 'Mais o que vem a ser isto?'.

"Aí veio um negro velho, que era o rei dos trabalhadores, e falou: 'É o caxambu'. Então foi registrado o caxambu, então eles arrumaram logo um tronco oco de pau e fizeram aqueles tambores, aí começou onde que até hoje tem o dia dos cativos e o dia em que liberou o caxambu, então todas as festas que havia nas fazendas eles faziam a festa deles pra cá e convidavam todos os negros de outras fazendas e dançavam o caxambu a noite toda."

Foi desde essa época que a equipe do projeto Memórias do Cativeiro tomou o jongo/caxambu como objeto de estudo. Na década de 1960, Maria de Lourdes Ribeiro, uma das principais referências nos estudos sobre o jongo do Sudeste, ao perguntar a um jongueiro se ele conhecia uma dança chamada caxambu, ouviu a seguinte resposta: "[...] pois é o mesmo Jongo, desde Carmo da Cachoeira até Passa Quatro o nome é esse". Para tia Marina, do jongo de Piraí, em 2007, jongos eram os versos e caxambu, a dança e a percussão.

As entrevistas sobre a origem da prática, realizadas já no século XXI com quilombolas do Rio de Janeiro, preferiram enfatizar, na resposta, os versos cifrados. "O jongo da comunidade São José da Serra é uma das coisas que a gente tem consciência [que] é uma das coisas boas, porque o jongo ele foi criado assim: no tempo da escravidão, então o negro vinha lá de fora da África e quando chegava no Brasil eles faziam tudo pra poder trocar, tirar parentesco, grau de parentesco. Cada um levava para um lugar aí até com língua diferente [...] até dialeto não falava o mesmo [...] para poder complicar a convivência deles nas comuni... nas fazendas. E no jongo, os negros se organizaram através do cântico. Então começaram a cantar... e cantando eles se conheciam, através do canto e daquilo foi surgindo algum namoro, nas lavouras de café. E passaram a um confiar no outro. E assim foi criado o quilombo também. Porque o jongo ele é um cântico não decifrável. Porque o cara cantava, combinava quem ia fugir, como ia fugir, quando iria fugir, com quem iria fugir. Mas os feitores, que ficavam o dia todo nas lavouras de café, não tomavam conhecimento daquilo. Aí foi indo, com o passar do tempo, aí foi criando os quilombos. Veio o dos Palmares, depois vieram outros quilombos, como hoje é o de São José da Serra [...]."

Lidamos aqui com definições complementares, integrantes de um mesmo repertório de memória coletiva de longa duração. As inflexões de narrativa são, porém, determinadas pela geração do narrador e pela mudança do contexto político. O enquadramento paternalista predominante até os anos 1990, sobretudo nas gerações mais antigas que viveram a chamada Era Vargas (1930-40), difere do das gerações dos anos de superação do regime militar (1980-90), as quais dialogam com a lógica política do movimento quilombola. Segundo Antônio Nascimento Fernandes, "o negro não foi libertado, o negro conquistou a sua liberdade. É isso que eu faço questão de frisar em todo lugar que eu vou. A liberdade do negro com aspas, porque não temos ainda tal, tal a total liberdade, ela foi conquistada, nada de princesa Isabel assinou. Então pra gente mesmo, hoje, eu que tenho consciência, é o 20 de novembro, mas é uma data bem recente. [...] [Atualmente] a comunidade comemora mesmo é dia de Santo Antônio [...] e de São José que não tem muito a ver, mas é o santo da fazenda, é o dono da fazenda e é ali que nós estamos procurando nosso espaço".

No jongo/caxambu, a realização dos rituais em torno de uma fogueira tem sentido prático, mas também simbólico, compartilhado por todos os envolvidos. Quando a voz do tambu enfraquece, os tocadores aproximam-se do fogaréu, umedecem o couro com pinga e devagarinho vão batendo, experimentando com a ponta dos dedos, até que a pele aquecida se retesa e lhes dá o timbre perfeito. O fogo recupera a sonoridade dos tambores, mas também celebra os antepassados. Em algumas sociedades da África Central, a realização de certas cerimônias ao redor de uma fogueira possui sentido místico; uma forma de os espíritos dos ancestrais também participarem e estarem prontos para atender as solicitações.

Não há contradição nesse jogo de reconfigurações de sentidos políticos e coincidências narrativas e performáticas com raízes na África Central. As pesquisas com a memória familiar dos descendentes dos últimos cativos africanos têm contribuído para quebrar a invisibilidade de seus antepassados, ao mesmo tempo em que reconstrói a história dos diferentes significados políticos assumidos por sua memória e legado cultural.

Douglas Cole Libby

MINERAÇÃO ESCRAVISTA

QUANDO DAS PRIMEIRAS DESCOBERTAS DE OURO NA IMENSA região que viria a ser conhecida como Minas Gerais, é certo que já havia presença escrava. Sabe-se que, desde as primeiras décadas do século XVII, os bandeirantes paulistas adentravam as montanhas florestadas, os sertões e as caatingas mineiros em busca de presas indígenas destinadas à escravização. Tais atividades de *preação* necessitavam de acampamentos de apoio temporários ou semipermanentes onde os escravos indígenas labutavam no cultivo de alimentos e na caça voltados para o sustento de seus senhores. É igualmente certo que os próprios indígenas escravizados participavam nas expedições de captura de novos braços cativos. Menos estudado é o processo de penetração no território mineiro de criadores de gado oriundos do sul da Bahia. Após décadas de avanços para o oeste e para o sul, no final do século XVII, os pecuaristas baianos também tinham chegado ao futuro centro minerador, tendo estabelecido pastos ao redor da lendária serra do Sabarabuçu com suas imaginadas riquezas de metais e pedras preciosos. Junto com os vaqueiros baianos vinham escravizados indígenas e talvez alguns poucos africanos. É bastante provável que alguns desses escravos tivessem formado famílias e vivessem em relativo isolamento cuidando de seus rebanhos. Esse capítulo inicial da escravidão mineira, envolvendo sobretudo a escravização de índios nativos, acabou se perdendo ante as maciças entradas da mercadoria escrava africana. Não resta dúvida, no entanto, de que os indígenas continuaram sendo escravizados e utilizados em diversas atividades durante todo o século XVIII. A própria documentação da época tendia a encobrir a escravidão nativa, uma vez que esta era considerada ilegal pela Coroa.

Os achados de ouro no leito de riachos e rios, porém, é que impulsionariam levas cada vez maiores de cativos africanos vindos de quase todas as regiões do oeste da África subsaariana, desde Senegâmbia no norte até o imenso interior de Benguela, no sul. O aumento das importações de braços africanos para Minas foi rápido, e logo tornaria a região o principal destino, em todas as Américas, de indivíduos escravizados pelo tráfico negreiro transatlântico. De início, as autoridades metropolitanas procuraram limitar o número de braços importados, pois havia muito receio pelas dificuldades em controlar as novas áreas de mineração diante das grandes ondas de migração de pessoas livres. Os indícios são de que, já na segunda década do século XVIII, quaisquer tentativas de regular os fluxos de escravos africanos foram abandonadas, em face da insaciável demanda por mão de obra gerada pelas constantes descobertas de novos depósitos auríferos.

Inicialmente Minas foi servida tanto pelo porto de Salvador quanto pelo do Rio de Janeiro, e contribuiu para que ambos despontassem como os maiores receptores de escravizados africanos no mundo atlântico dos Setecentos. Até cerca de 1730, Salvador foi a praça que mais forneceu braços africanos para a região de mineração. Estimulados pela procura de Minas, os traficantes sediados em Salvador expandiram o raio geográfico de suas atividades na costa africana, passando a adquirir peças — termo usado para designar a mercadoria escrava — nos portos de embarcação da África Centro-Ocidental, e aumentaram seus negócios tradicionais em portos da África Ocidental. A expansão do tráfico significou que a escravaria que a Minas chegava, incluía pessoas das mais diversas origens africanas. Quanto ao Rio, a sua praça mercantil conheceu um crescimento enorme em resposta às demandas do mercado mineiro; em função da maior proximidade aos centros mineradores, seus negócios negreiros acabariam ultrapassando os de Salvador a partir da década de 1730. O aumento do tráfico sediado no Rio de Janeiro se deu mediante a intensificação das compras de escravizados nos portos da África Centro-Ocidental. A cabotagem a partir de Salvador, principalmente de escravos oriundos da África Ocidental, também alimentou as casas negreiras do Rio, e o destino principal das peças era Minas Gerais.

Para se ter uma ideia de como a população escrava de Minas foi evoluindo, variadas fontes fiscais — direta ou indiretamente baseadas em arrolamentos de cativos — servem como os indicadores mais confiáveis, embora deixem muito a desejar do ponto de vista da demografia histórica. Para a década de 1710 e início da de 1720, contagens elaboradas para calcular o quinto real em cada uma das oito vilas existentes apontam para um total de cerca de 31 500 escravos. Já por volta de 1728, os dados sugerem a presença de 52 400 escravos, ou seja, um aumento de 60%. As cifras tiradas da documentação gerada pela capitação, datada entre 1735 e 1749, mostram uma flutuação do volume de escravos situada entre cerca de 88 mil e aproximadamente 102 mil. A maioria desses escravos era composta de africanos, mas havia também uma parcela nada desprezível de jovens nascidos em solo colonial. É difícil saber qual o motivo de as cifras da capitação apresentarem uma tendência de diminuição dos cativos arrolados. Conhece-se pouco sobre os métodos utilizados na elaboração das contagens semianuais, e é plausível imaginar que alguns proprietários tivessem conseguido isenções fiscais ao longo do tempo. É ainda possível que uma ou mais epidemias (varíola, rubéola, influenza) tivessem ceifado grande número de escravos.

Seria difícil exagerar a centralidade do braço escravo para o desenvolvimento do complexo minerador que emergiu a partir do início do século XVIII. Implementado em 1702, o primeiro regimento visando a regulamentação do acesso às terras nos distritos de mineração prescreveu que a extensão das datas concedidas dependesse do tamanho da força de trabalho escrava possuída pelo requerente. Cada trabalhador escravo correspondia a 2,5 braças de terra (5,5 metros), e o tamanho máximo permitido por data era de trinta braças (6,6 metros e uma dúzia de escravos). Especialmente interessante é a organização dos trabalhos de garimpo, ao que parece adotada desde os primórdios da mineração. A experiência logo mostrou que, para manter a produtividade em níveis aceitáveis, o melhor arranjo era estabelecer uma cota diária de oitavas de ouro por escravo, sendo que este reteria o resto do metal precioso obtido por dia, responsabilizando-se por sua própria manutenção. Tratava-se de um formato virtualmente idêntico àquele bem comum aos centros urbanos da América portuguesa e expresso pela figura do escravo de ganho. Dado seu escopo, a relativa autonomia dos escravos envolvidos na mineração traçou rumos distintos para a sociedade escravista específica de Minas, pois, entre outras coisas, fez da aquisição da alforria uma possibilidade palpável. Foi na capitania de Minas Gerais que a antiga instituição da libertação de escravos se tornou uma realidade quase que corriqueira, na qual predominava a compra da alforria, através de acordos conhecidos como coartação, que implicavam pagamentos a prazo. Os amplos influxos de africanos recém-escravizados facilitavam a substituição dos libertados, havendo uma espécie de simbiose entre a intensidade do tráfico negreiro para Minas e a frequência das alforrias. Concorria para isso o fato de que Minas foi dotada de extensas redes de crédito das quais poderiam se valer tanto senhores, quanto escravos que recebiam alguma renda ou conseguiam alguma fiança.

Os escravos homens, contudo, não foram os únicos beneficiários da regularidade com que se concediam alforrias nos Setecentos de Minas. Afinal, as atividades econômicas praticadas na capitania nem de longe se limitavam à mineração do ouro, ou à cata de diamantes. A própria mineração engendrava uma série de atividades auxiliares sem as quais teria sido impossível realizar a extração de metais e pedras preciosos. Os centros urbanos de Minas colonial surgiram, em especial, com a função de abrigar os múltiplos serviços de que dependiam a mineração e os mineradores. Todo tipo de comércio floresceria nas pequenas cidades. O setor comercial incluía desde os grandes negociantes vinculados aos seus pares em Salvador, no Rio de Janeiro, em Lisboa e mais além, até as negras de tabuleiro, escravas que vendiam comidas e bebidas, e sobretudo os escravos garimpeiros que se espalhavam ao longo dos riachos e rios. Nas vendas de rua e nas feiras fixas ou ambulantes houve uma significativa predominância de mulheres escravas (e libertas) cuja atuação "arruaceira" muitas vezes foi alvo de reclamações por parte das câmaras locais. O consumo de produtos acabados, enorme, sustentou legiões de artífices de um extenso leque de ofícios, e era possível encontrar aprendizes, assistentes, jornaleiros, e até mestres que labutavam debaixo do jugo da escravidão. Serviços de transporte de curta e longa distância foram essenciais para o funcionamento da economia mineira, e a presença de escravos atuando junto às tropas de muares ou como carregadores e carroceiros foi registrada já no início do século XVIII e ainda no decorrer do XIX. Em suma, a variedade de ocupações em Minas refletia a sua diversidade econômica, que sinalizava um apego às relações de mercado lubrificado pela livre circulação de ouro em pó e pela precoce expansão de uma ampla rede de crédito.

A composição demográfica de Minas também influenciaria o índice de alforrias. Como se deu nas corridas do ouro ao longo da história e ao redor do mundo, houve uma marcante preponderância de homens nas populações iniciais. O desequilíbrio entre os gêneros foi exacerbado pelo tráfico negreiro transatlântico, que sistematicamente trouxe mais homens do que mulheres para as Américas. A crônica escassez feminina valorizou as mulheres que aqui chegavam ou nasciam, situação que resultou no estabelecimento de incontáveis relações entre homens livres (em especial os de ascendência europeia) e escravas (ao menos no começo, as africanas). Essas relações constituíam com frequência um caminho para a libertação das escravas e, igualmente, para os rebentos resultantes de tais uniões, além de alimentarem a mestiçagem, outra marca registrada da sociedade escravista mineira. A constante mistura de pessoas de origens distintas — europeias, euro-americanas, africanas, afro-americanas, indígenas — formou uma colcha de retalhos humana com incontáveis variações biológicas e culturais. A colcha incluía os escravos que, afora os identificados por múltiplas origens africanas, aparecem descritos na documentação como crioulos, pardos, cabras, mulatos, mestiços, entre outras denominações da época.

À mestiçagem da população mineira, acrescentava-se uma hierarquia de condições legais envolvendo os nascidos livres no topo, libertos, os escravos em vias de comprar sua alforria, chamados de coartados, e os escravizados. A mistura de cores/origens e de condições era infinita, e tal complexidade foi experimentada pelos que eram proprietários de escravos, pois em Minas nem de longe ser dono de cativos foi privilégio exclusivo de europeus ou euro-americanos. Indivíduos com alguma ascendência escrava também se tornavam senhores de escravos com regularidade. Ex-escravos e descendentes de escravos formaram uma parcela substancial dos mineiros proprietários de cativos, muito embora geralmente tivessem escravarias pequenas. Apesar da riqueza sustentada pelo ouro, grandes posses de escravos foram raras no cenário da capitania, e continuariam sendo poucas no século XIX. Se definimos as pequenas posses como aquelas compostas de um a cinco escravos e as médias como as de seis a trinta cativos, pode-se afirmar que a grande maioria da população escrava pertencia a propriedades de pequena ou média dimensão. Essa relativa desconcentração da propriedade escrava caracterizou virtualmente todas as regiões não vinculadas ao setor de agroexportação da América portuguesa e do Império, mas o tamanho do universo escravista mineiro gerou uma sociedade em que o peso das camadas médias se fez sentir de forma indiscutível.

Os escravos — inicialmente os africanos — logo se tornariam pioneiros no processo de surgimento das irmandades leigas, que não demorariam a se converter num dos principais esteios da sociedade mineira. Fulcros da vida cotidiana de todos, sobretudo para os escravos, as irmandades foram veículo e instrumento de manifestações sociais de natureza variada, que alcançavam da religião ao trabalho e à solidariedade comunitária. Múltiplos elementos de crenças africanas, camuflados, sincréticos ou não, foram canalizados nos cultos celebrados nas capelas erigidas pelas associações leigas dominadas por cativos. As igrejas dedicadas a Nossa Senhora do Rosário se espalhavam por toda a capitania, e passariam a ser os oragos mais comuns de Minas Gerais. A influência africana também se revelava em oragos consagrados a Nossa Senhora das Mercês, a Santa Efigênia e a São Benedito, tornando essas capelas de inspiração africana uma presença relevante na paisagem mineira ao longo do século XVIII e ainda no XIX.

Sabe-se hoje que, na intimidade, os escravos de Minas formavam famílias com muito mais frequência do que se imaginava. Mesmo que a incidência de casamentos formais tivesse atingido seu pico na segunda metade do século XVIII, havia uniões de todo tipo e até uma taxa de fertilidade comparativamente alta entre as escravas "solteiras" durante o XIX. Para a população escrava, a prevalência do tamanho médio e pequeno das posses conduziu aos "casamentos de acordo com as Ordenações", muitas vezes entre parceiros de proprietários distintos ou com parceiros/as não escravizados/as. Tratava-se de uniões sem a chancela da Igreja, porém reconhecidas e aceitas na comunidade local. Tais uniões, juntamente com os laços de matrimônio formais, contribuíam para o crescimento da parcela nativa/crioula da escravaria, alimentando o processo geral de crioulização do segmento escravo de Minas.

Dado o simples tamanho da parcela escrava da população de Minas e seu peso proporcional — que ficou em torno de 50% durante quase todo o século XVIII e na maioria das regiões da capitania, para ir diminuindo no XIX —, seria de esperar que a resistência, em particular as revoltas e rebeliões violentas, fosse constante e chegasse a ameaçar os próprios alicerces da sociedade escravista. O pavor de potenciais levantes de escravos ecoava nos escritos de administradores coloniais de todos os níveis — desde governadores portugueses até os oficiais das câmaras locais. Mas Minas não parece ter sido afligida por mais revoltas que as demais regiões da América portuguesa. Desde o início da ocupação das áreas mineradoras houve quilombos; afinal, o terreno montanhoso e as densas matas que se espraiam pelos vales do território mineiro constituíam um ambiente perfeito para o estabelecimento de comunidades de cativos foragidos. Ao mesmo tempo, alguns quilombos conseguiam florescer em espaços considerados urbanos. Enquanto na área central de mineração o pico da ameaça quilombola teria ocorrido justamente no auge da produção aurífera, ou seja, nas décadas de 1730 e 1740, o maior e mais longevo desses agrupamentos estabeleceu-se na região ocidental da serra da Canastra, e era conhecido como o Quilombo do Ambrósio. Pretensamente derrotado por volta de 1760, o conjunto de pequenas povoações aliadas continuou sendo visto como uma ameaça à paz, e foi alvo de várias expedições nas décadas seguintes. Os quilombos nunca desapareceram do cenário mineiro, mas diminuíram muito a partir do fim do século XVIII e no decorrer do XIX.

A ênfase nos quilombos não quer sugerir que levantes e revoltas tópicas fossem desconhecidos na região. Há evidência de que tentativas de rebelião ocorreram ao longo de todo o período escravista em Minas. A revolta mais séria, que custou duas dezenas de mortes entre livres assassinados e escravos enforcados, se deu em 1833. Conhecido como a Revolta de Carrancas, o acontecimento chocou o país por envolver familiares de um proeminente membro da Câmara dos Deputados. Essas manifestações da inconformidade escrava quase certamente tiveram menos importância no cotidiano da sociedade como um todo do que a insolência, a desobediência, a diminuição do ritmo do trabalho, a quebra deliberada de ferramentas, os pequenos furtos de comida ou roupas, e até as fugas de curta duração, entre outras formas mais brandas de resistência à condição de escravizados. Faltam-nos, no entanto, as fontes de natureza privada que serviriam para demonstrar a consistência da luta dos escravos no dia a dia.

Grosso modo, os contornos setecentistas da escravidão e do escravismo mineiro pouco se alteraram no século XIX. Cada vez menos cativos foram utilizados na mineração, embora a cata aos diamantes se mantivesse sólida até a década de 1850 e as minerações subterrâneas de duas dúzias de empreendimentos estrangeiros chegassem a concentrar grandes números de escravos. O próspero setor agropecuário de abastecimento dos mercados internos abocanhou a maior parcela da escravaria mineira dos Oitocentos, mas não poucos cativos continuariam empregados nos ofícios e nas tropas de muares. Com o início da implantação do complexo cafeeiro, a partir da década de 1830, verifica-se uma concentração de escravos na Zona da Mata mineira, composta de africanos até 1850, cativos oriundos de outras províncias até por volta de 1880, e migrantes forçados originários de todo o território de Minas durante a totalidade desse período.

Após a supressão do tráfico negreiro internacional em 1850, vários sinais de concentração da propriedade escrava começaram a aparecer e, no caso, eram os pequenos proprietários que estavam perdendo ou se desfazendo das suas posses. Fora da Zona da Mata cafeeira, até as grandes posses tendiam a encolher ou desaparecer em meio a partilhas de patrimônios acumulados ou mantidos ao longo do século XIX. O resultado foi o crescente esvaziamento do regime escravista em Minas Gerais. Se o movimento abolicionista teve pouco impacto na província até os últimos meses da escravidão, a verdade é que, depois da promulgação da Lei do Ventre Livre em 1871, o apoio social e político à continuidade da instituição da escravidão se dissipava ano após ano. Ainda que, preocupados com uma eventual indenização por parte do Estado, alguns proprietários tenham feito questão de defender aquela instituição, a maioria dos mineiros pouco se importava em despachar um sistema que já perdera sua utilidade social na região.

Cláudia Rodrigues

MORTE E RITUAIS FÚNEBRES

No Brasil escravista, a morte e os ritos fúnebres não estiveram dissociados da vida. Fomos conquistados e colonizados por um reino católico, que naturalizava as desigualdades e hierarquias sociais e possuía uma cultura na qual os privilégios pautavam o cotidiano. Várias foram as estratégias criadas com o objetivo de alcançar mobilidade social. Ou seja, na América portuguesa, a entrada do cativeiro africano trouxe ainda maior complexidade. Mais que como uma forma predominante de trabalho, a escravidão se instituiu como importante elemento de distinção jurídica e social. A maior ou menor proximidade da escravidão ou da liberdade exerceria significativo impacto sobre ações do cotidiano, visões de mundo e rituais, a exemplo dos funerais. Os diferentes tipos de cerimônia — inclusive sua ausência — expressavam a diversidade de posições, origens e vínculos sociais daquele que deixava o mundo.

De um lado, se situariam os funerais dos integrantes das elites, que viviam à moda da corte (membros originários da nobreza ou aqueles que construíram fortunas agrárias, mercantis ou ligadas à detenção de cargos de poder). Nesse caso, destacava-se a pompa fúnebre, cuja variação ficava relacionada à maior ou menor ostentação, evidenciada em elementos como: quantidade de sacerdotes presentes na administração dos últimos sacramentos; redação do testamento, em geral com farta distribuição de legados a pobres, órfãos, igrejas, sacerdotes etc. Também se tomava, hierarquicamente, uma série de outras medidas. A lógica era a de "quanto mais, melhor": sacerdotes, párocos, cerimônias de encomendação da alma, vestimentas que amortalhavam o defunto; missas de corpo presente no mesmo dia ou até o terceiro dia após a morte, celebradas às dezenas, centenas e até milhares, simultaneamente em igrejas do Brasil e de Portugal; ofícios fúnebres realizados por importantes membros do clero, que podiam contar com coral de música; armação da casa e da(s) igreja(s) pela(s) qual(is) passaria o cadáver até a sepultura eleita; cera gasta nas velas que iluminariam o recinto do velório e tochas que acompanhariam o féretro; dimensão do cortejo fúnebre pelas ruas da cidade; distinção da igreja em que o morto seria sepultado e, principalmente, do local da cova, sendo mais privilegiados os espaços próximos ao altar-mor.

De outro, estariam os funerais destinados a pobres, escravos, indigentes, suicidas e executados. Essas cerimônias — quando existiam — eram destituídas de pompa, e a variação se dava pelo segmento a que pertencia o morto. Se se tratasse de indigente, suicida, justiçado ou "preto novo" (recém-chegado/a da diáspora africana, encontrado/a sem vida quando do desembarque do navio nos portos ou que morresse no mercado onde aguardava ser comprado/a), o destino seriam os cemitérios descolados dos templos católicos, como aqueles mantidos como obras de caridade pela Santa Casa de Misericórdia da respectiva localidade. Exemplos eram o cemitério que ficava atrás do Hospital da Misericórdia, no Rio de Janeiro; o dos Aflitos, em São Paulo; o Campo da Pólvora, em Salvador. No Rio, dado o grande volume do tráfico africano, a partir de meados do século XVIII passou a existir um cemitério específico para os "pretos novos". Considerava-se degradante o sepultamento nesses espaços, pois era realizado com ritos sumários em covas rasas, às vezes coletivas, algumas sujeitas à visita de cães e porcos que devoravam partes dos corpos mal enterrados. O trajeto era percorrido em rede, sem cortejo ou velas. Mas, no caso de o defunto, mesmo sendo escravo, ter se inserido numa rede comunitária e/ou paroquial quando vivo, ele poderia obter sepultura nos adros e cemitérios em volta dos templos católicos, cujas covas eram gratuitas. Pagava-se pouco pela encomendação sacerdotal, com a cruz da paróquia. Quadro pior era o abandono de cadáver pelo senhor, em terrenos baldios ou praias; prática tão comum que, entre 1740 e 1760, demandou recorrentes advertências do bispo do Rio de Janeiro, d. Antônio do Desterro, aos proprietários de escravos que cometiam o ato de "lançar fora de suas casas" os cativos que morriam, sem encomendação paroquial e na "calada da noite".

A mestiçagem e a crescente possibilidade de obtenção de alforria conduziram à formação de novos segmentos sociais, como os dos pretos forros que conquistaram sua liberdade através da acumulação de pecúlio (pela brecha camponesa, nas áreas agrícolas, ou pelo trabalho extra, entre os escravos de ganho das áreas urbanizadas); e os de pretos, mulatos ou pardos livres (como os descendentes de escravos que obtiveram a liberdade na pia batismal, ou da parte de senhores cheios de culpa, que os alforriavam ao fazer seu testamento). Tais grupos puderam ter destino fúnebre diferente devido às estratégias criadas em vida, a exemplo da associação a irmandades religiosas de "homens de cor", que serviram como redes protetoras para os momentos de doença e na morte.

Houve exéquias, nesses segmentos sociais, que guardaram tanta pompa quanto as das elites brancas; um exemplo foi Chica da Silva, falecida em Minas Gerais em 1796, que recebeu ofício de corpo presente com todos os sacerdotes do arraial do Tejuco. Além disso, seu cadáver percorreu as ruas em cortejo formado pelas irmandades às quais era afiliada, tendo sido sepultado no corpo da igreja da Irmandade de São Francisco de Assis, que congregava as elites locais. Embora emblemático, foi mais um entre os vários casos de libertos que se diferenciaram do destino fúnebre de seus antepassados. Quanto mais distantes do universo da escravidão, mais os alforriados e seus descendentes se aproximavam dos rituais adotados entre os livres/brancos, com o objetivo de afirmar a situação de liberdade e sua distinção em relação às demais pessoas de sua própria condição. Outro exemplo: a preta forra, viúva, Jerônima Gomes de Jesus, sepultada em 1793 no cemitério da matriz, junto à porta principal da igreja, na freguesia de Santo Antônio de Jacutinga, no Recôncavo da Guanabara (RJ). Ela recebeu todos os sacramentos, foi amortalhada no hábito de São Francisco e encomendada pelo pároco. Apesar de inumada no espaço a descoberto, teve garantida para si uma cova a alguns passos do interior do templo, marcando a distinção em relação aos escravos ou mesmo aos forros e livres pobres enterrados no adro, longe da entrada da igreja. Ou seja, Jerônima conseguiu se diferenciar dos outros por meio dos rituais. Nada mais representativo: a morte ficava a meio caminho entre a escravidão e a liberdade!

São, porém, os casos dos escravos sepultados no interior dos templos católicos, em diferentes regiões, que nos permitem questionar a ideia de que a eles se reservavam apenas aqueles cemitérios desprivilegiados. Em cidades como Salvador e Rio de Janeiro, há ocorrências desses sepultamentos, ainda que minoritários. A tendência era a de que para o corpo dos templos paroquiais fossem destinados os cadáveres de escravos crioulos, enquanto os dos africanos em geral adentravam as igrejas de suas irmandades. Para a primeira situação, podemos citar o exemplo de Eva, solteira, de trinta anos, escrava de Joaquina Maria da Silva, morta em 1793, que recebeu todos os sacramentos, foi encomendada pelo coadjutor e sepultada no interior da igreja matriz de Nossa Senhora da Apresentação de Irajá, no Rio de Janeiro, "em covas da fábrica, do lado da epístola, perto da porta principal e pia de água benta". Para a segunda, vale lembrar o caso de Antônio, escravo de Antônio Luís de Figueiredo, que morreu em 1797 e foi sepultado na igreja de Santa Efigênia do Rio de Janeiro, amortalhado no hábito franciscano de Santo Antônio e encomendado por sete sacerdotes. Embora não tão numerosos, esses exemplos demonstram que aqueles valores de distinção social e busca por privilégios não se ativeram ao mundo das elites "brancas". Eles se explicam pela existência de "elites escravas" nas senzalas, formadas por cativos com laços consanguíneos, de compadrio, ou de alianças outras com os senhores, que lhes garantiam vantagens sobre o restante da escravaria, como a participação em irmandades religiosas nas quais seriam inumados e a obtenção de condições para terem sepultura no interior da igreja matriz.

Havia também diferenças determinadas pela região e época. Em áreas mais urbanizadas, como Salvador, Recife, Olinda, Mariana, Vila Rica e Rio de Janeiro, apesar de a igreja matriz reunir parte dos sepultamentos dos seus fregueses, a forte presença do catolicismo leigo das irmandades religiosas e ordens terceiras possibilitava que várias dessas associações erguessem suas próprias capelas filiais, multiplicando os espaços de sepultura e a gestão dos sufrágios por seus capelães. Tal prática se tornou igualmente presente entre os "homens de cor", cujas irmandades reuniram africanos, pretos, pardos e mulatos, sob o manto de suas respectivas devoções e sepultamentos. Esses foram os casos das igrejas de Nossa Senhora do Rosário, Santo Elesbão e Santa Efigênia, São Domingos, Nossa Senhora da Lampadosa, Nossa Senhora da Conceição e Boa Morte. Cada qual mantinha suas restrições quanto à cor e à procedência dos irmãos ingressantes, agrupando — ou repelindo — angolas, moçambiques, nagôs, haussás, daomés, minas ou benguelas.

Característica marcante em tais áreas mais urbanizadas foi a maior concentração de sepulturas de africanos nas igrejas de suas irmandades e a de crioulos na igreja matriz, denotando critérios de inserção: os descendentes de africanos se vinculavam à estrutura paroquial, enquanto as irmandades religiosas tendiam a agregar mais os escravizados provenientes do tráfico. Não por acaso, foi no interior de tais associações que surgiu um tipo de prática ainda não identificada entre as irmandades de "brancos"; qual seja, a do estabelecimento de nichos devocionais em confrarias organizadas segundo a procedência dos irmãos. Elas reuniam kongos, makis e benguelas em torno da devoção específica às almas, com a obrigação de recolhimento de esmolas nas cidades do Recife, Rio de Janeiro e São João del-Rei, respectivamente, para a realização de missas. Demonstravam, assim, o grande peso que o culto aos ancestrais possuía para diferentes grupos étnicos africanos, e a sua combinação com o culto católico.

Quanto mais rural fosse uma freguesia, menos frequente era a presença das associações religiosas, reunissem estas homens de cor ou membros da elite branca. A igreja matriz aglutinava as sepulturas dos fregueses no seu interior ou ao seu redor, bem como as dessas associações. Segundo os diferentes perfis sociais e status, os templos possuíam um número variado de covas e altares laterais, próprios ou compartidos, nos quais realizavam sufrágios para os irmãos falecidos. Tal aglutinação de sepulturas causava atritos entre as irmandades e o pároco, geralmente motivados pela disputa por espaços e rendimentos provenientes das sepulturas.

Os mais de 350 anos de escravidão no Brasil, e a grande diversidade geográfica existente nesse território de proporções continentais, no que tange aos funerais, não foram vivenciados do mesmo modo. Devido ao maior ou menor fluxo de entrada de africanos, e dependendo do momento em que esta ocorreu, é possível identificar índices diferenciados de africanização dos funerais. Na época da introdução das primeiras levas de cativos traficados, quando eles ainda não tinham constituído redes de relações sociais, as quais certamente lhes possibilitariam auxílio nos momentos de doença e na morte, houve maior ingerência dos senhores na forma como os funerais eram adotados. Tal situação gerou significativas pressões de autoridades civis e eclesiásticas sobre os senhores, para que concedessem sepultamento e um número mínimo de missas de encomendação da alma dos cativos. Em 1696, após alguns anos de discussão, foi ratificado um acordo entre o governo metropolitano e a Santa Casa de

Misericórdia estabelecendo que esta sepultasse os escravos mediante o pagamento de quatrocentos réis feito pelos senhores, com o propósito de diminuir a prática de abandono dos cadáveres por parte dos proprietários. No entanto, e como vimos, essa prática não desapareceu, o que estimulou a associação de cativos africanos e seus descendentes em irmandades religiosas, no século XVIII, quando houve maciça entrada de africanos no contexto da mineração. Estudos sobre Salvador e Rio de Janeiro demonstraram que, independentemente do fato de se tratar de uma associação de matriz católica, o que importava para os afiliados às irmandades era a realização de funerais, pois os africanos eram muito ciosos de ritualizações, em especial por ocasião da morte, dada a forte ligação com os ancestrais.

Afora essas aproximações com o catolicismo, a conjuntura de maior fluxo de africanos, em meados do século XIX (em face da iminência do fim do tráfico, que intensificou a busca por cativos africanos, e do desenvolvimento da lavoura cafeeira), representou um momento de profusão de relatos de viajantes europeus que passaram pelas mais diferentes regiões brasileiras. Suas descrições mencionam suntuosos funerais de elementos africanos, alguns dos quais agrupavam milhares de cativos, com muita sonoridade garantida pelos instrumentos musicais, palmas, cantos, fogos de artifício; além das danças e cabriolas realizadas na frente dos cortejos fúnebres. Tais cenas ocorriam sobretudo quando se tratava de cadáveres de reis africanos e seus descendentes, que, embora estivessem em situação de cativeiro, não deixaram de assim ser reconhecidos e reverenciados por seus "súditos". Os vestígios de costumes fúnebres dos reinos africanos também podem ser percebidos no predomínio do uso da cor branca nas mortalhas (fossem elas feitas com tecidos baratos de algodão ou com os caros tafetás, lãs, cetins e veludos). Essas práticas, apesar de menos pomposas e com menos público presente, foram adotadas ainda no caso de defuntos pobres, levando colegas e parentes a se reunirem diante da porta de uma igreja para arrecadar esmolas a fim de sepultar o cadáver no interior do templo.

Como se pode verificar, não é fácil classificar os ritos somente em função da condição social escrava ou livre, uma vez que entre esses dois extremos havia uma miríade complexa de possibilidades. É importante destacar, porém, que os africanos e/ou cativos, cujos ritos fúnebres se diferenciavam dos da multidão escrava que viveu, sofreu e morreu naquela época, eram apenas exceção no universo de precariedade, descaso e mesmo abandono em que viveram milhares de africanos e seus descendentes.

Wlamyra Albuquerque

MOVIMENTOS SOCIAIS ABOLICIONISTAS

A AGITAÇÃO NEGRA MARCOU A LUTA CONTRA A ESCRAVIDÃO NA sociedade brasileira. A revolta escrava, individual ou coletiva, foi o primeiro e principal instrumento de instabilidade da ordem vigente. Rebeliões, crimes contra senhores, fugas e tantas outras formas de ação escrava vivenciadas no Brasil, até quando não explicitavam esse propósito, construíram os caminhos para a falência do mundo governado por proprietários de pessoas. Ao mesmo tempo, ao fazerem circular nas senzalas notícias sobre fugas, revoltas e ideias de liberdade, aqueles que estavam no cativeiro desestabilizavam a lógica escravista. Não por acaso, planos e argumentos para a extinção do escravismo sempre entravam na pauta política quando a rebeldia escrava ganhava maiores dimensões e intensificava-se o medo de convulsões sociais. Foi o que se pôde notar depois da Revolta dos Malês na Bahia, em 1835, e da Revolta de Manuel Congo em Vassouras, em 1838. Movidos pelo temor de que a rebeldia negra se ampliasse, políticos, jornalistas e até autoridades passaram a considerar que a escravidão, como instituição legal e legítima, deveria ser combatida para garantir a segurança dos brancos. A partir dos meados da década de 1860, o movimento abolicionista se configurou contando com a liderança de homens negros como Luís Gama, José do Patrocínio, André Rebouças, Ferreira de Meneses, Manuel Quirino, entre tantos outros.

Luís Gama (1830-82), nascido livre na Bahia, era o filho de um fidalgo português e da africana Luísa Mahin. Foi vendido como escravo pelo próprio pai e assim caiu na rota do tráfico interprovincial, tendo sido embarcado primeiro para o Rio de Janeiro, em seguida para São Paulo. Depois de ter conseguido se alfabetizar, Gama reconquistou sua liberdade e, além de se tornar literato e jornalista brilhante, se fez rábula para defender judicialmente escravizados que a ele recorriam com as mais diferentes contendas, inclusive aqueles interessados em reivindicar carta de alforria para si ou para os seus. Ficaram famosos os anúncios desses serviços que Luís Gama fazia questão de publicar logo abaixo de anúncios de fugas e recompensa por captura de escravos nos jornais da corte. Ele sustentava publicamente que a escravidão era um roubo, por estar assentada numa transação ilegal, já que o tráfico atlântico havia sido proibido em 1831. Sua ousada atuação nos tribunais e na imprensa, bem como a participação em sociedades abolicionistas, interferiu nos encaminhamentos da chamada "questão servil". Gama foi incisivo, como poucos, na exposição do quanto escravidão e racismo se entrelaçavam na cultura do Brasil oitocentista. Como já disse Elciene Azevedo, ele não abria mão de se reconhecer como homem negro em meios brancos, e ironizava, em seus versos, os dilemas raciais da sociedade brasileira. A habilidade de Luís Gama para agir em diferentes arenas políticas e mobilizar sujeitos distintos na luta contra a escravidão ficou evidente no seu enterro em 1882, quando o cortejo fúnebre foi saudado com discursos realizados por bacharéis e políticos, mas também por operários e vendedores de rua; prontamente definidos pela imprensa como "gente do povo". Nessa "arraia-miúda" estavam alguns dos seus parceiros e interlocutores na luta pela causa da liberdade.

Àquela altura, a adesão popular à campanha abolicionista era crescente. Marcelo Badaró analisou associações de trabalhadores, mostrando como uma das categorias engajadas nessa luta era a dos padeiros que, com cerca de cem profissionais afiliados e tendo por lema "pelo pão e pela liberdade", se propunha a lutar contra a exploração do trabalhador e contra a escravidão. Para tanto, organizou levantes de escravizados empregados em padarias que, liderados por um certo João de Matos, forjavam cartas de alforria e tramavam rotas de fuga para quem quisesse escapar dos seus senhores e patrões. Já as associações de ofício, que reuniam homens de cor, e as sociedades de auxílio mútuo se encarregaram de criar fundos para compra de cartas de alforria, de fundar escolas noturnas, e tentaram garantir trabalho para quem se livrasse do cativeiro.

A historiografia tem nos apresentado a grupos associativos que assumiram a abolição como algo intrínseco à luta dos trabalhadores oitocentistas. É o que nos informa Beatriz Loner, ao mapear entidades de beneficência negras ou operárias, como a Feliz Esperança, Fraternidade Artística e Harmonia dos Artistas, que angariavam doações para alforriar escravos no Rio Grande do Sul, onde havia cerca de 35 entidades com o mesmo propósito e perfil social. Longe de serem uma especificidade local, tais associações foram formadas em diversas províncias. Na Bahia, Ismael Silva e Manuel Quirino, no Rio de Janeiro, França e Silva, são exemplos de figuras públicas que estabeleceram uma continuidade entre a militância abolicionista e o movimento operário, contribuindo assim para a organização dos trabalhadores no tempo de escravidão e no pós-abolição. A ação de tais militantes deixa evidente a perspectiva desse abolicionismo negro que se popularizava por estabelecer a conexão estreita entre o fim do escravismo e as demandas dos trabalhadores por melhores condições de vida. Nesse sentido, eles ultrapassavam o argumento muito utilizado na campanha abolicionista da mera afirmação do quanto o escravismo impedia o desenvolvimento nacional, atrasava o progresso do país. Para os militantes negros e operários, as luzes da abolição libertariam os escravos e a nação, mas também deveriam garantir a igualdade de direitos e amplo exercício da cidadania para os egressos do cativeiro.

As tipografias onde havia escravos, a exemplo do *Jornal do Commercio* no Rio de Janeiro, foram outros espaços de ebulição. Ainda na década de 1860, lia-se nas páginas do jornal *O Typographo* a convocação aos trabalhadores para erguerem a bandeira abolicionista. Nos anos 1880, esses profissionais criticavam a falta de empenho do governo imperial para garantir a instrução dos "ingênuos", prevista na lei de 1871. As notícias e a literatura que circulavam nos jornais, como bem sabia Luís Gama, tornavam as tipografias um campo fértil para a ampliação dos partidários da luta pela liberdade. Na cena literária da segunda metade do século XIX, escritores negros retrataram em folhetins, poemas e sátiras as regras de uma sociedade formatada pela escravidão, e atribuíam aos seus personagens vozes, atitudes e aspirações de escravos e libertos. Machado de Assis, Ferreira de Meneses, Maria Firmina dos Reis e Luís Gama confrontaram em suas obras, cada qual ao seu modo, a condenável lógica escravista que organizava a sociedade oitocentista. Vale ressaltar aqui a produção literária de Maria Firmina dos Reis (1822-1917), escritora maranhense que em duas obras — o romance *Úrsula*, de 1859, e o conto "A escrava", de 1887 — expôs a brutalidade do cativeiro. Mulher negra e letrada numa sociedade regida por valores patriarcais, é de sua autoria, segundo Régia Agostinho da Silva, a letra do hino de libertação dos escravos do Maranhão.

Mobilizada pela atuação das sociedades abolicionistas, das associações de auxílio mútuo e dessa imprensa engajada, a campanha abolicionista ganhava dimensão nacional e popular. Entre as décadas de 1860 e 1880, surgiram dezenas de associações abolicionistas em todo o país, a exemplo da Sociedade Patriótica Dois de Julho, em Pernambuco; da Sociedade Libertadora Sete de Setembro, na Bahia; da Sociedade Promotora da Emancipação dos Escravos da Província do Rio Grande do Sul; e da Sociedade Manumissora Sobralense, no Ceará. Tais associações reuniam estudantes, advogados, engenheiros, médicos, alunas da Escola Normal, farmacêuticos, pequenos comerciantes, caixeiros, mulheres que participavam de instituições de caridade, muitos jornalistas, e também artesãos, professores de primeiras letras e das faculdades, sapateiros e vários outras pessoas que ocuparam lugares diversos na hierárquica sociedade imperial.

No decisivo ano de 1880 foi criada, na corte, a Sociedade Brasileira contra a Escravidão, inspirada na British and Foreign Society for the Abolition of Slavery. Ali estiveram reunidos dois importantes abolicionistas negros: José Carlos do Patrocínio (1854-1905) e André Rebouças (1838-98). Mais conhecido como Zé do Pato, Patrocínio, filho da quitandeira Justina Maria do Espírito Santo e do padre João Carlos Monteiro, foi jornalista. Formado em farmácia pela Faculdade de Medicina do Rio de Janeiro, ele conquistou popularidade por conta de seus discursos inflamados tanto nas tribunas quanto nas praças. Por considerar a abolição imediata e sem pagamento de indenização a principal questão nacional, defendia que a população deveria deixar de se comportar como "cordeiro submisso" da classe política e realizar tais intentos a qualquer custo. Na opinião dele, para extinguir a escravidão, todos os meios seriam "lícitos e bons", mesmo que escapassem dos limites da legalidade. Por isso julgava imprescindível que escravos, libertandos e libertos também atuassem firmemente no movimento abolicionista. Patrocínio publicou com regularidade na *Gazeta de Noticias* (1878), na *Gazeta da Tarde* (1881) e no *Cidade do Rio* (1887), este último, seu próprio jornal e o órgão mais combativo da imprensa. Segundo Conrad, era no *Cidade do Rio* que se obtinham as informações mais confiáveis sobre os obstáculos aos planos de liberdade e igualmente acerca do "progresso da libertação".

Por meio dessa imprensa engajada era possível conhecer mais sobre debates parlamentares, negociações palacianas, meetings, saraus, espetáculos teatrais, entregas de cartas de alforria e demais ações da agenda em prol da liberdade. A mobilização de tais periódicos contribuía, como assinala Celso Castilho, para a formação da opinião pública favorável à causa dos escravos e permitia que agitadores como José do Patrocínio ganhassem visibilidade na cena política. Durante o tempo em que trabalharam na *Gazeta da Tarde*, Ferreira de Meneses e José do Patrocínio pressionaram o proprietário do periódico para que não publicasse os anúncios de fugas de cativos, a despeito de estes nem sempre terem sucesso. Mas foi na redação da *Gazeta da Tarde*, em 1883, que representantes de catorze sociedades libertadoras de várias províncias, com destaque para o Clube dos Libertos de Niterói, fundaram a Confederação Abolicionista. O manifesto da Confederação, endereçado aos deputados brasileiros, mostrava os prejuízos econômicos do uso da mão de obra escrava, e explicitava o quanto o sistema escravista era insustentável em termos jurídicos e, por isso, comprometia o futuro nacional. Juntamente com José do Patrocínio e Aristides Lobo, André Rebouças foi um dos autores do manifesto. Ele era filho de Antônio Pereira Rebouças, homem negro que se tornou conselheiro do Império, e de Carolina Pinto Rebouças. Formado em engenharia, André defendia que a abolição deveria ser parte de uma grande reforma nacional capaz de assegurar melhores condições de vida para os libertos, o que incluiria a concessão de terras e educação para crianças e adultos. Na perspectiva dele, as feridas abertas pelo crime que era a escravidão só poderiam cicatrizar com a garantia de certos direitos aos egressos do cativeiro.

No entanto, enquanto corria a década de 1880, o que se viu foi o acirramento cotidiano das tensões entre os partidários da abolição e seus adversários. Os caifases que, como já escreveu Maria Helena Machado, compunham o grupo menos visível da rede abolicionista, cumpriram um papel importante e arriscado nesse desmonte diário e voraz da estrutura escravista: eles recrutavam rebeldes nas próprias senzalas lotadas das fazendas de café da província de São Paulo. Vasculhando a documentação policial do período, a autora localizou caixeiros-viajantes, barbeiros e escravos fugidos que estabeleceram como estratégia de luta disseminar ideias de liberdade sob o teto dos grandes proprietários de escravos.

Se nas senzalas o clima era de afronta ao poder dos senhores, não era diferente nos centros urbanos. As correspondências entre as autoridades das principais cidades do país relatam como negros armados de paus, dispostos a libertar à força suspeitos de serem fugidos, faziam tentativas de invasão das delegacias. Mascarados, cobertos pela fantasia carnavalesca, gritavam agora pelo fim do cativeiro. Libertos divulgavam a realização de reuniões abolicionistas em frente às igrejas, tendas de sapateiros e lojas de alfaiates. Em cidades onde o tráfico interprovincial se intensificava, como as zonas portuárias de Santos, Porto Alegre, Salvador e Rio de Janeiro, foram planejados, e por vezes empreendidos com sucesso, resgates de escravizados prestes a serem embarcados para fora da província e para longe dos seus parentes e parceiros. Eduardo Carigé, incansável abolicionista atuante no Recôncavo baiano, liderou diversas dessas ações e, em algumas ocasiões, contou com a ajuda de gente comum, pobre e negra, que, contestando de tal modo a autoridade senhorial, também esperava fazer valer os seus objetivos de liberdade e cidadania.

Depois do 13 de maio de 1888, a princesa Isabel foi içada ao papel de Redentora e, portanto, de promotora da principal reforma política e social do século XIX. O panteão nacional foi preenchido pelas figuras mais proeminentes do front abolicionista na grande imprensa, no Parlamento e nos tribunais, deixando de fora da memória do abolicionismo os coiteiros, caifases, saveiristas, tipógrafos, capoeiras e músicos, em geral, escravos, libertos e livres pobres. No entanto, vários desses sujeitos interpretaram a assinatura da Lei Áurea como apenas mais um passo em direção aos propósitos da campanha abolicionista. Como disse um grupo de libertos de Paty do Alferes, no Rio de Janeiro, em carta enviada a Rui Barbosa em 1889: "nossos filhos jazem imersos em profundas trevas. É preciso esclarecê-los e guiá-los por meio da instrução. [...] Compreendemos perfeitamente que a liberdade partiu do povo que forçou a Coroa e o Parlamento a decretá-la". Pensada nesses termos, a luta pela liberdade não foi concluída em 1888; resta a construção da igualdade.

Maria Helena Pereira Toledo Machado

MULHER, CORPO E MATERNIDADE

EMBORA NÃO SEJA DIFÍCIL COMPREENDER A IMPORTÂNCIA DA maternidade na manutenção da escravidão, durante muito tempo os estudiosos falharam em reconhecê-la. Nas pesquisas sobre a escravidão, ainda é comum notar que especialistas se referem aos escravos de forma geral, como se estes fossem isentos de gênero e sexo, e pudessem ser inseridos numa categoria única. Condições de vida, trabalho, saúde, relações sociais e comunitárias são frequentemente descritas como características de um modo de vida do escravo, sem que em nenhum momento se mencionem as diferenças de homens e mulheres — sejam eles/elas africanos/as ou crioulos/as — no sistema de trabalho escravo ou na comunidade de senzala.

Se a historiografia mais tradicional reconheceu apenas a figura genérica do escravo, até mesmo trabalhos mais recentes, que vêm particularizando as experiências sob o cativeiro, muitas vezes ainda negligenciam peculiaridades provenientes do gênero na escravidão. Um exemplo sensível concerne aos estudos da família escrava. A nova historiografia, que muito corretamente restituiu o papel da família — descartando macrovisões sobre a escravidão que caracterizaram a vida social das senzalas pela anomia —, continua a falhar quando não reconhece as diferentes implicações do casamento e da maternidade na vida de homens e mulheres escravizados.

Para as mulheres, ser esposa e ser mãe podia implicar desafios consideráveis, além dos riscos inerentes à gravidez, maternidade, lactação e criação de filhos/as sob o jugo da escravidão. Casamento e reprodução pressupunham cumprir uma dupla jornada de trabalho e submeter-se a uma dupla sujeição — ao senhor e ao marido. Para enfocarmos o papel da maternidade na escravidão, devemos, assim, considerar o fato de que homens e mulheres escravizados experienciavam o sistema a partir de lugares distintos, sendo submetidos a diferentes níveis de opressão. Apenas o trabalho na mineração e o de profissionais especializados — ferreiros, marceneiros, técnicos de purga do açúcar, entre outros — eram exclusividade dos homens. Já o trabalho doméstico foi quase monopolizado por mulheres. Outros trabalhos, inclusive o da plantação, podiam ser realizados por mulheres e homens. Enquanto durou o tráfico, no mundo colonial inglês e francês as mulheres foram preferidas para o trabalho na agricultura, formando sociedades com maioria de escravizadas. No mundo ibérico, o preferido para o trabalho agrícola era o homem, compondo sociedades com minoria de mulheres escravizadas. Mais tarde, a reprodução natural tendeu a equilibrar os sexos.

Jennifer Morgan, em livro pioneiro a respeito do papel do gênero e da maternidade na implantação do sistema escravista na América inglesa, sublinhou a centralidade da mulher escrava, enquanto trabalhadora e reprodutora, na constituição do sistema escravista atlântico. Segundo a estudiosa, foi observando o papel das mulheres em diferentes sociedades da África Ocidental que, desde o século XVII, viajantes europeus e traficantes de escravos começaram a definir e/ou legitimar as estruturas do cativeiro nas colônias inglesas. Agricultoras, comerciantes e mães, as mulheres, em especial as casadas, cumpriam, nessas sociedades africanas, papéis fundamentais para a reprodução econômica e social, os quais, muito espertamente, os europeus procuraram replicar nas Américas. Porém, é preciso notar que a importância do homem casado ou marido foi drasticamente diminuída na escravidão, quando o senhor exercia o papel definidor da vida de ambos, homens e mulheres, no cativeiro. As elucubrações publicadas ou disseminadas de maneira informal por esses agentes baseavam-se no suposto contraste entre a delicadeza da europeia e a brutalidade, vigor e ausência de sensibilidade à dor da africana. Falhando em reconhecer o papel social e cultural desempenhado pela mulher nas sociedades da África Ocidental, os europeus retinham apenas imagens que separavam as africanas do ideal europeu, assim legitimando os esquemas brutais de trabalho aos quais elas foram submetidas nas Américas. Tal raciocínio naturalizou a escravidão a partir das supostas características raciais das africanas, justificando a submissão destas — e, mais tarde, das crioulas — ao cativeiro. Além disso, tendo estudado milhares de inventários de proprietários de escravos do Caribe e das colônias americanas, Jennifer Morgan mostrou que, desde os primórdios da escravidão, os escravistas se preocupavam em estimular a reprodução da mulher escrava, mesmo quando o tráfico atlântico repunha a mão de obra a baixo custo.

O mais importante princípio legitimador da escravidão nas diferentes sociedades escravistas atlânticas foi o do *partus sequitur ventrem*, significando que o/a filho/a segue a condição jurídica da mãe. Essa antiga lei romana foi apresentada como um princípio imemorial indiscutível, o que historicamente não se sustenta. Em particular no mundo ibérico, a lei romana foi integralmente adotada desde a implantação da escravidão. Nas colônias inglesas, no entanto, tal princípio demorou mais para se firmar, representando um exemplo interessante para entender como se consolidou uma lei que, além de nada ter de natural, serviu para impor como inescapável a condição do/a escravo/a africano/a e seus descendentes.

Em seu estudo sobre raça, gênero e poder na Virgínia colonial, a historiadora Kathleen M. Brown enfoca o momento em que esse princípio passa a ser adotado para regulamentar a vida reprodutiva das mulheres africanas ou afrodescendentes. Nos primórdios da implantação da colônia, a Virgínia recebia trabalhadores/as submetidos/as a diferentes tipos de trabalho compulsório, como servos/as temporários/as e escravos/as africanos/as. Como seus empregadores deviam pagar um imposto anual sobre cada um desses trabalhadores, era comum que o senhor pedisse isenção do pagamento da taxa quando sua trabalhadora casada estivesse grávida, sob o argumento de que, naquele período, a mulher "trabalhava" — entenda-se "reprodutivamente" — para seu marido, e não para seu empregador/senhor. Caso a trabalhadora grávida não fosse casada, o senhor obtinha legalmente a extensão do contrato de trabalho por mais um ano, de forma a ressarcir prejuízos decorrentes da diminuição de produtividade da gestante. Vigorava, assim, um princípio patriarcal de que as mulheres, quando trabalhadoras, aumentavam o capital social de seu senhor/empregador e, quando reprodutoras, enriqueciam o cabedal de outro homem. Finalmente, caso fosse solteira e reprodutora, os prejuízos recaíam sobre ela mesma. Supunha-se que trabalho e reprodução eram excludentes, ao menos na esfera econômica. Contudo, na pioneira resolução de 1662, atinente à gravidez de uma mulher africana escravizada, o juiz indeferiu a isenção do pagamento de impostos, alegando que produção e reprodução sempre beneficiavam o senhor, e, portanto, era injustificável a discriminação legal. A partir dessa data ficou estabelecido que, para as africanas e afrodescendentes escravizadas, não havia diferença substancial, ao menos em termos legais, entre trabalho voltado para a produção de riquezas e gravidez, já que ambos se davam na esfera escravista e beneficiavam seus proprietários.

Ao colocarem a mulher escrava no papel de dupla produtora da riqueza escravista, os princípios acima elencados acabaram sublinhando a centralidade do corpo da escravizada como o próprio locus da escravidão. Seja estimulando a reprodução, seja negligenciando-a, os senhores de escravos tinham sempre que considerar essa questão em suas estratégias de produção de riqueza. Em momentos em que o tráfico atlântico supria adequadamente as demandas, os senhores tendiam a explorar mais o trabalho produtivo, se negando a oferecer as condições mínimas para a reprodução. Para o Brasil, em diferentes épocas e lugares, não são raros os documentos que mencionam a existência de mulheres realizando trabalhos pesados às vésperas do parto, ou relatos que explicam como mulheres deram à luz na roça enquanto carregavam pesos desproporcionais. Viajantes descreveram escravizadas com filhos muito pequenos, que iam para a roça amarrados às costas da mãe, e esta passava o seio por cima do ombro ou por baixo do braço, de forma a não parar de trabalhar nem mesmo para amamentar. Há relatos de mães atarefadas na faina agrícola que, para garantir que a criança não sofresse acidentes, a enterravam de pé, deixando apenas a cabeça de fora. Outras tinham que deixar seus filhos sob a guarda de mulheres velhas ou acidentadas, que os alimentavam com papas indigestas. Era comum que jovens mulheres recém-paridas, desnutridas e exaustas, procurassem amamentar seus filhos/as durante a noite, oferecendo-lhes, assim, alguma chance de sobrevivência num cenário de alta mortalidade neonatal e infantil.

Mesmo em sociedades em que foram adotadas políticas senhoriais favoráveis à reprodução — como no Sul dos EUA —, a mortalidade materna e infantil continuou mais alta que a da população livre. Em geral, as escravas eram mal alimentadas, trabalhavam muito e sofriam castigos inclusive quando grávidas. Relatos apontam a prática de posicionar a escravizada grávida nua, deitada de bruços no chão, com a barriga acomodada num buraco, para ser castigada por chicotadas. Como mostram as anotações em diários de senhores norte-americanos, as políticas senhoriais pró-natalistas focavam o controle do corpo da mulher cativa. Senhores e administradores tinham que ser notificados da ausência de menstruação. As mulheres jovens eram então pressionadas a manter relacionamentos conjugais constantes, e médicos contratados visitavam as propriedades inspecionando o corpo das grávidas, obrigando-as a adotar práticas supostamente favoráveis à manutenção da gravidez, mesmo quando elas se chocavam com as tradições dessas mulheres.

Outro problema que as escravizadas enfrentavam era o estupro, que acontecia em todas as sociedades escravistas. O tema é normalmente silenciado ou idealizado como um encontro amoroso, ou quase, ocorrido sob os auspícios de uma escravidão íntima e adocicada. Vistas como portadoras de uma sensualidade exagerada ou como mulheres passivas — interpretação adotada pelo abolicionismo inglês e assumida como realidade por autores como Gilberto Freyre —, quase sempre a culpa do abuso era atribuída às vítimas. O diário de um administrador e proprietário de escravos na Jamaica dos finais do século XVIII revela como a violência sexual era endêmica. Um castigo muito comum, aplicado às escravas faltosas, era o do estupro individual ou coletivo. Mesmo na sociedade mais estável e segregada do Sul dos EUA, o estupro constituía prática usual. Analisando os depoimentos de escravizados/as e libertos/as, Andrea Livesey mostrou o quanto o abuso sexual era corriqueiro e o que acarretava na vida dessas mulheres e de sua prole. Escravas domésticas eram assaltadas dentro da casa, engravidavam e tinham que criar os filhos; não apenas compartilhando espaço com o homem que delas abusava, como sofrendo — com as crianças — as consequências disso. Mães e filhos conviviam com esposas e meios-irmãos, compondo situações de alta tensão, ciúme e castigos que podiam terminar na venda em separado de mães e filhos.

As mulheres escravizadas procuraram resistir aos ataques senhoriais, mantendo o quanto podiam o controle sobre seu próprio corpo. Senhores de escravos e seus agentes — sobretudo os médicos — desconfiavam que as escravizadas faziam uso de estratégias contraceptivas, realizavam abortos ou mesmo o infanticídio, de forma a inviabilizar o visado aumento de capital humano produtivo. A utilização de inúmeras ervas e remédios abortivos, a introdução de elementos cortantes ou perfurantes no útero e, finalmente, o infanticídio foram por certo estratégias empregadas pelas mulheres; no entanto, as fontes não permitem determinar a extensão dessas práticas. Por uma parte, os proprietários costumavam culpar as mulheres quando a gravidez, parto ou sobrevivência da criança enfrentavam problemas. Os senhores e os médicos que suspeitavam das mulheres escravizadas tinham pouca sensibilidade para admitir que o tratamento impiedoso imposto pelo sistema escravista era o culpado da baixa reprodução. Por outra, as mulheres se calavam sobre como faziam para evitar ou terminar uma gravidez indesejada. Sabemos, por exemplo, que em áreas algodoeiras as mulheres subtraíam sementes de algodão, para mascá-las como contraceptivo ou abortivo, e que diferentes cocções de ervas eram utilizadas para provocar aborto. Temos que levar em conta, entretanto, que, para as mulheres africanas ou afrodescendentes, ter filhos era também um fato positivo, sinal de abundância e prosperidade. Famílias grandes eram consideradas bênçãos nas sociedades camponesas africanas, e nada nos faz pensar que tal concepção tivesse mudado na escravidão. Produzir laços de afeto e cuidado, criar os filhos, foi sempre uma forma de resistir ao endurecimento da escravidão.

Um dos temas mais difíceis de abordar é o infanticídio. A morte de um recém-nascido costumava despertar a desconfiança dos proprietários e dos médicos. Era comum a camada senhorial descrever a mãe escrava como bruta, negligente e ignorante, capaz de cometer o crime hediondo de matar o próprio filho. Dessa maneira, tais agentes se isentavam de reconhecer as péssimas condições de vida que ofereciam, e que justificavam a maior parte das perdas de recém-nascidos. A morte súbita infantil deveria ser uma das causas usuais. A morte do nono dia ou do 12º dia — decorrente do tétano — ceifava também grande parte dos nenês. Recém-nascidos de baixo peso, mal alimentados e negligenciados eram igualmente vítimas fáceis de infecção intestinal, entre outras doenças fatais. Há ainda relatos pungentes de mães que sacrificaram seus filhos para não os entregar à escravidão. Para as mulheres escravizadas, ser mãe engendrava situações altamente dúbias, nas quais as alegrias da maternidade vinham misturadas ao medo dos maus-tratos, da separação e de outras dificuldades que causariam sofrimento à criança.

O advento de leis proibindo a separação de mães e filhos foi bastante tardio. No Brasil, apenas em 1869 proibiu-se a venda em separado de mães e seus filhos menores de quinze anos. No entanto, a Lei do Ventre Livre, de 1871, ao libertar o "ingênuo" mas colocá-lo sob a tutela do senhor (ou do

Estado) até os 21 anos, voltou a colaborar para separar mães e filhos, uma vez que a autoridade parental se manteve na mão dos senhores. O discurso abolicionista, fosse ele inglês, francês ou ibérico, que assumiu um tom sentimental, elegeu a mulher escravizada como símbolo maior dessa campanha. Representando as injustiças da escravidão na figura da mãe que é separada dos filhos, os abolicionistas baseavam seus argumentos na imoralidade dessa instituição, que submetia mulheres e crianças à vontade de homens inescrupulosos e cheios de ganância. Tais imagens vinham de encontro à onda de valorização da mulher enquanto mãe extremosa e "rainha do lar".

Embora tais argumentos tenham servido para melhorar as condições de vida das escravizadas, desqualificavam a capacidade histórica dessas mulheres, sem lhes oferecer o reconhecimento social que mereciam. Não obstante, escravizadas, libertandas e libertas souberam se apropriar do discurso burguês de valorização da maternidade para reivindicar o direito parental sobre seus filhos/as.

Confrontadas com situações de opressão particularmente cruéis, as mulheres escravizadas resistiram. Foi sua resiliência que permitiu a sobrevivência de seus filhos/as, companheiros, e delas próprias. Ser capaz de vencer enormes dificuldades, estabelecer vínculos de afeto, nutrir seu filho — ou o filho de outra mulher morta no parto, vendida em separado ou incapacitada —, foram tarefas realizadas com generosidade e persistência. Ao enfocar a vida das mães escravas, a historiadora Sasha Turner chamou a atenção para o silêncio das fontes a respeito das durezas enfrentadas pela mulher e pela mãe escravizada. Num relato comovente, uma mãe escravizada, enquanto mantinha as mãos ocupadas no trabalho, vê, apenas pelo canto dos olhos, passar o corpo de seu filho morto nos primeiros meses de vida. A criança, que fora colocada sob a guarda de outra mulher, falecera, provavelmente devido à substituição do leite materno por uma alimentação inadequada. Nem nesse trágico dia a mãe havia sido liberada do trabalho!

N

NAVIO NEGREIRO | 343
Jaime Rodrigues

Jaime Rodrigues

NAVIO NEGREIRO

O TERRITÓRIO QUE HOJE CORRESPONDE AO BRASIL FOI A PORÇÃO do continente americano que recebeu o maior número de africanos escravizados ao longo de mais de três séculos de atividades negreiras transatlânticas. Curiosamente, não sabemos ao certo como eram os navios que transportaram os milhões de homens, mulheres e crianças da África para a América. Também não temos fragmentos ou peças desses navios. Inúmeros objetos de cultura material sobre as viagens negreiras foram reunidos a partir das pesquisas que levaram ao reconhecimento do Cais do Valongo como Patrimônio da Humanidade, em 2017. O fato foi amplamente noticiado, mas a preservação, o estudo e a divulgação do material coletado na "descoberta" do Valongo sob a zona portuária do Rio de Janeiro foram tímidos, desde então.

Para descrever um navio negreiro, dependemos de relatos de artistas e viajantes estrangeiros do século XIX. Da perspectiva do próprio escravizado, restaram poucas evidências sobre o que representou a travessia do Atlântico após o desterro, a separação da família, da comunidade, da língua, dos hábitos alimentares, da religião e dos poderes políticos na África.

Caso raro é o de Mahommah Gardo Baquaqua, nascido por volta de 1824 em Grafe, ao norte do atual Benim. É esse africano traficado que nos guia quando a questão é o navio negreiro: "Seus horrores, ah!, quem pode descrever?". Em sua autobiografia, Baquaqua ensaiou uma resposta, afirmando que quem veio confinado nos porões poderia narrar a experiência: "[...] senti-me grato à Providência por ter me permitido respirar ar puro novamente, pensamento este que absorvia quase todos os outros. Pouco me importava, então, de ser escravo: havia me safado do navio e era apenas nisso que eu pensava".

Humanos como eram, os africanos traficados desejavam viver. E morrer no navio negreiro não era uma morte qualquer. No século XVII, o franciscano João Antônio Cavazzi informou que, ao deixar a África, muitos africanos julgavam que seriam devorados pelos brancos. Gente da África Ocidental, como Olaudah Equiano, relatou o terror sentido a bordo. Equiano julgou que os tripulantes brancos do navio onde foi transportado compulsoriamente eram espíritos maus que iriam matá-lo. Ele entendeu que qualquer esforço para voltar à sua terra natal era vão, "e aquelas pessoas [como ele, embarcadas à força] agora eram meus amigos. Fui levado ao porão e, lá, saudado com choro".

Para africanos, crentes que seriam mortos após a travessia, embarcar num navio negreiro era motivo de pânico, e resistir era a condição para se manterem vivos. Sobreviver podia ser motivo de festa na chegada ao outro lado do oceano. Não por acaso, viajantes estrangeiros como Louis-François de Tollenare, Maria Graham, Adalbert-Ferdinand, Henry Chamberlain e Ernest Ebel, ao visitarem os mercados de escravos do Recife e do Rio de Janeiro, registraram a alegria demonstrada por homens e mulheres em péssimas condições físicas depois de cruzar o Atlântico.

Povos de diferentes lugares da África acreditavam que os brancos eram canibais e tinham predileção por carne negra. Baquaqua foi um dos que expressaram essa crença. Ao ver o navio no qual embarcaria rumo a Pernambuco, em 1845, julgou que todos seriam massacrados. Ao narrar o embarque, a travessia e o desembarque, Baquaqua agradeceu ao Deus cristão por continuar vivo. Seu relato foi escrito depois da conversão dele à religião batista no Haiti, onde viveu entre 1848 e 1850. Sua memória transformou-se entre a captura na África e a escrita da autobiografia, sendo seguro afirmar que, ao ver o navio negreiro, seus pensamentos estavam voltados para as divindades africanas ou para Alá, já que Baquaqua era filho de pai muçulmano.

A alimentação a bordo era escassa, não apenas em razão do mau planejamento das viagens. A quantidade de comida era deliberadamente diminuta, a fim de inviabilizar a resistência dos cativos, sobretudo nos primeiros dias no navio. Carne-seca, feijão, farinha de mandioca e arroz compunham a dieta dos prisioneiros. Na ausência de alimentos frescos, a partir de certa altura da viagem grassavam doenças como o escorbuto, avitaminose conhecida nos séculos XVIII e XIX pelo elucidativo nome de "mal de luanda"; Luanda era um importante porto negreiro de Angola.

Vigiados, mal alimentados e reprimidos, os africanos ainda assim se rebelavam. Embora essa não fosse a regra, as revoltas eram comuns e amedrontavam as equipagens negreiras em razão da desproporção numérica entre os lados envolvidos. Para vigiar os escravos presos no porão, era útil compreender o que eles diziam — daí a importância da presença dos "línguas" ou marinheiros intérpretes, muitos deles também escravos. Incontáveis revoltas podem ter sido causadas pelo pânico de enfrentar uma morte trágica, como a de ser devorado numa terra estrangeira por gente branca.

O navio negreiro, porém, ainda é visto como um objeto atemporal na longa duração do tráfico. Quais fontes permitem descrevê-lo? De início, destaco as representações artísticas. Desde 2007, o Museu Afro Brasil, em São Paulo, mantém uma sala expositiva com uma cenografia temática sobre o tráfico de africanos. Ali está exposto um conjunto de obras, umas assinadas e outras sem autoria, em meio a um cenário com sonoplastia e iluminação especiais. Na sala, encontra-se a quilha de uma embarcação negreira que é, evidentemente, produto da liberdade criativa do artista. A julgar pela quilha, a embarcação seria pequena, mas de fato navios negreiros pequenos cruzaram o Atlântico, sobretudo na época do comércio ilegal, após 1831. O compromisso do artista não era com a realidade objetiva; ele procurava, antes, sensibilizar o visitante para o fato de que o ambiente do navio negreiro era apertado, inseguro e escuro, remetendo à claustrofobia e ao medo que acompanhavam os africanos na travessia do Atlântico em embarcações carregadas com centenas de pessoas em condições desumanas.

Outras representações artísticas, contemporâneas ao tráfico, trazem mais informações a respeito dos navios negreiros. O cenário mais comumente abordado é o do porão, como observamos numa gravura de Johann Moritz Rugendas (ver imagem 8 do caderno), pintor alemão que viveu alguns anos no Rio de Janeiro na primeira metade do século XIX. Sua obra remete a vários elementos formais do porão: tamanho, disposição do espaço, quantidade de pessoas, pouca luz, sofrimento humano. Nessa e em outras figuras bem conhecidas — como os cortes dos navios negreiros —, o porão é a representação por excelência do tráfico, independentemente de mudanças na arquitetura naval ao longo de séculos.

De acordo com Rugendas, os escravos eram "amontoados num compartimento cuja altura raramente ultrapassa cinco pés [1,5 metro]. Esse cárcere ocupa todo o comprimento e a largura do porão do navio: aí são eles reunidos em número de duzentos a trezentos [...]. As mais das vezes as paredes comportam, a meia altura, uma espécie de prateleira de madeira sobre a qual jaz uma segunda camada de corpos humanos. Todos, principalmente nos primeiros tempos da travessia, têm algemas nos pés e nas mãos e são presos uns aos outros por uma comprida corrente".

Em 1828, o pastor inglês Robert Walsh descreveu o *Veloz*, navio negreiro brasileiro apreendido no litoral africano. Tratava-se de uma embarcação grande e bem armada, de convés amplo, três mastros, velas latinas e tripulada por 161 homens. No porão com escotilhas gradeadas vinham 562 escravos: "O teto era tão baixo e o lugar tão apertado que eles ficavam sentados entre as pernas uns dos outros, formando fileiras tão compactas que lhes era totalmente impossível deitar ou mudar de posição, noite e dia". Os africanos ocupavam um espaço "onde não entrava luz nem ventilação a não ser nos pontos situados imediatamente abaixo das escotilhas". Como era comum, havia uma divisão no porão, separando os escravos pelo sexo e pela idade. A indignação de Walsh ao descrever tal cenário se chocava com a experiência de seus colegas britânicos, para quem o *Veloz* era um dos melhores navios negreiros que eles já tinham visto.

Outro caso raro de viajante a descrever um navio negreiro carregado foi o do inglês Pascoe Grenfell Hill, capelão do navio de guerra britânico *Cleopatra*, que subiu a bordo do *Progresso*, capturado pelos ingleses em Moçambique, no ano de 1843. O *Progresso* tinha 140 toneladas e um convés de 37 pés (pouco mais de onze metros) de comprimento. Depois de enfrentar uma tempestade, foram encontrados 54 cadáveres no porão, esmagados e mutilados no balanço do temporal, além dos sobreviventes ensanguentados. Nas palavras do capelão, "o mundo não poderia apresentar espetáculo mais chocante do que o que ocorria a bordo deste navio".

Embora não seja rico em detalhes sobre a embarcação negreira, o relato de Hill ilumina uma situação sobre a qual pouco sabemos. Depois da captura de um navio pela armada inglesa, o porão continuava a ser o lugar destinado aos escravos, com eventuais subidas ao convés. Neste caso, alguns foram levados para o *Cleopatra*, mas a mortalidade foi imensa, da ordem de 44% de todos os africanos embarcados em Moçambique.

Em quase todas as descrições de navios negreiros, os escravizados são representados apenas no porão. Eles sempre estão encarcerados, quase nunca ocupam o convés trabalhando, tomando sol ou fazendo qualquer outra atividade. Uma exceção notável é a aquarela do artista inglês Emeric Essex Vidal, *Embarcação de escravos*, de 1834: num pequeno veleiro de dois mastros, tomado a grande distância de modo a confrontar a fragilidade do navio com a imensidão do oceano, os africanos estão no convés, amontoados, formando uma massa humana indistinta.

Essas descrições do século XIX, ainda que valiosas, não permitem abordar as mudanças técnicas e espaciais que envolveram trabalho humano e influíram na maneira como os africanos escravizados fizeram a travessia do Atlântico. Não precisamos escolher, entre tais descrições, qual representa melhor o espaço de um navio negreiro. O tráfico se fez em navios diferentes entre si e que se transformaram ao longo do tempo.

Os primeiros africanos escravizados foram transportados para a Europa em navios mercantes comuns na época: as caravelas portuguesas. O tráfico moderno foi inaugurado em 1444, pelas expedições comerciais lideradas por Antão Gonçalves e Nuno Tristão ao sul do Marrocos. Desde então, muitos escravos foram transportados em navios que não haviam sido projetados para o tráfico, embora estaleiros da Europa e da América também tenham se especializado em construir navios negreiros. Foi o caso de armadores da Nova Inglaterra (Nova York, Baltimore e Boston, por exemplo), que continuaram a construir barcos negreiros para clientes no Brasil, em Portugal e em Cuba mesmo depois que o tráfico para os Estados Unidos foi proibido e uma lei de 1807 tornou crime federal a participação de estadunidenses nesse comércio.

Navios negreiros podiam transportar de cem a seiscentas pessoas, conforme suas capacidades e tipologias. A superlotação e as condições insalubres dos porões, aliadas à dieta e à água racionadas a bordo, ajudam a entender a mortalidade dos africanos durante a travessia, que poderia durar entre um e dois meses e levar à morte até um quarto dos embarcados. De modo geral, tomando-se Luanda como ponto de partida, a travessia até Recife durava 35 dias; até a Bahia, quarenta dias; e até o Rio de Janeiro, sessenta dias. A isso podiam se somar as calmarias, as quarentenas motivadas por epidemias a bordo ou as paradas para reabastecimento.

Os traficantes foram pioneiros no uso de tecnologias navais. Em meados do século XVIII, por exemplo, traficantes ingleses, da América portuguesa e de Portugal encomendavam navios com uma camada de cobre que protegia o casco. O custo era alto, mas garantia o aumento da velocidade e dava durabilidade às embarcações, dificultando a ação de parasitas (cracas). Castro Alves não se enganou quando indagou, em *O navio negreiro* (1869): "Por que foges assim, barco ligeiro?". A ligeireza dos navios negreiros no século XIX devia-se à menor dimensão, ao melhor velame e ao casco recoberto de cobre para fugir dos pesados navios da armada inglesa envolvidos no combate ao tráfico atlântico. Em contrapartida, as condições do tráfico para o Brasil provavelmente se tornaram mais atrozes após a primeira proibição, em 1831, pois os navios passaram a vir ainda mais abarrotados e tiveram de enfrentar a repressão britânica nos mares.

A maior novidade tecnológica na navegação marítima ocorreu no século XIX e manteve uma relação paradoxal com o tráfico de africanos: o vapor. Introduzido timidamente no Brasil nos anos 1830, ocupava com máquinas e carvão boa parte do espaço útil nos porões. No caso das embarcações negreiras, tal fato trazia uma desvantagem evidente. Em outros segmentos da navegação mercante, as tecnologias levaram à criação de novas formas de execução das tarefas a bordo, permitindo diminuir o número de tripulantes. Todavia, nos navios negreiros as tripulações continuaram grandes para reprimir possíveis revoltas a bordo. As novidades também ressoaram na vida dos escravos, por diminuírem o tempo da viagem e aumentarem as chances de sobrevivência.

Relatos e imagens lançam mais perguntas que respostas. Qual seria, afinal, a aparência dos navios que traziam africanos escravizados para o Brasil ao longo dos séculos? A questão não é simples e sua resposta não pode ser objetiva. É da arqueologia de naufrágios que devem vir as melhores respostas, não só para recuperar navios negreiros naufragados que jamais emergirão intactos. Peças encontradas no Valongo e em outros sítios arqueológicos terrestres, desde que sejam conservadas, catalogadas e analisadas, podem conter respostas à indagação. Daí ser preciso manter espaços apropriados para a memória do tráfico e da escravidão, sobretudo em contextos em que o trabalho forçado similar à escravidão ganha ares de legalidade. Não se trata de uma memória morta: os antigos senhores de escravos deixaram seu legado, sempre retomado em conjunturas de pequenos avanços na busca pela igualdade. É preciso, de outra parte, sustentar a memória coletiva da resistência à escravidão e à desigualdade, legada por nossos antepassados — os trabalhadores escravizados.

P

Walter Fraga

PÓS-ABOLIÇÃO; O DIA SEGUINTE

NO DIA 13 DE MAIO DE 1888, UMA LEI IMPERIAL, A CHAMADA LEI Áurea, deu fim à instituição que por mais de três séculos marcou de maneira profunda a vida cotidiana no Brasil: modos de viver e de pensar, relações de poder, etiquetas de mando e obediência. Desde então, aquele segundo domingo do mês de maio de 1888 deixaria de ser apenas um dia qualquer do calendário para ganhar as páginas da história do país, como um momento fundador, decisivo e crucial.

No calor da hora houve quem definisse aquele dia como o maior acontecimento da história brasileira. Entretanto, os significados das intenções, escolhas, expectativas e desencantos que assinalaram esse evento estão longe de esgotar futuras leituras e interpretações. Tal como a ambiguidade e os dilemas da própria abolição que então se consumava, o Treze de Maio estaria para sempre fadado às disputas sobre sua representatividade simbólica para as lutas por liberdade e cidadania no país.

O Treze de Maio fez parte dos embates que vinham se agudizando desde pelo menos a década de 1870, e que dividiram a população em relação ao fim da escravidão e à maneira como a sociedade deveria ser reestruturada depois de abolido o cativeiro. Esses embates projetaram nas elites do país o medo de que o fim da escravidão pudesse aprofundar conflitos que pusessem em questão as hierarquias e os lugares sociais e raciais que então alicerçavam a sociedade brasileira.

Até aquela data, em todas as províncias do Império, era intensa a agitação social, a indisciplina de escravizados nas fazendas, as fugas individuais e coletivas, a hostilidade de populares ao escravismo e a radicalização de setores do abolicionismo. Embora o número de escravizados tenha se reduzido em função das fugas coletivas, às vésperas do 13 de maio de 1888 ainda restavam as bases institucionais, costumeiras e legais que afirmavam a condição de propriedade de uns sobre outros no Brasil.

Naquele dia, a cidade do Rio de Janeiro, centro do poder do Império do Brasil, amanheceu agitada com a expectativa de que finalmente fosse votado no Senado o projeto de lei que abolia a escravidão. Desde a manhã, uma multidão ocupou as ruas centrais da cidade e postou-se em volta do edifício do Senado e do Paço Imperial. O clima era de entusiasmo e festa diante da expectativa da sessão extraordinária que decidiria a sorte de milhares de pessoas ainda submetidas ao cativeiro. Diversas bandas de música animavam os desfiles das associações abolicionistas que percorriam as ruas exibindo seus estandartes.

Às duas horas da tarde, quando o texto da lei saiu do Senado para a sanção imperial, já era impressionante a quantidade de pessoas pelas ruas centrais do Rio. Alguns jornais chegaram a afirmar que a concentração popular tomava uma proporção nunca antes vista em outra manifestação já ocorrida na cidade. Na rua do Ouvidor, as sacadas dos prédios das redações dos jornais que circulavam na corte estavam adornadas com bandeiras e repletas de homens e mulheres dando vivas à liberdade. Cinco anos depois de tais acontecimentos, o romancista Machado de Assis ainda evocaria a ocasião como "o único dia de delírio público que me lembro ter visto".

Já eram mais de três horas quando a princesa Isabel finalmente assinou a lei que aboliu a escravidão. Ela chegou a discursar, mas pouca coisa pôde ser ouvida ante o barulho da multidão que enchia a sala do Paço Imperial. Quando apareceu na sacada do prédio, Isabel foi ovacionada por cerca de 10 mil pessoas que se aglomeravam na praça D. Pedro II. À noite, teve desfile de entidades abolicionistas e os edifícios das ruas centrais da cidade foram iluminados. Das sacadas dos prédios, muitos discursos e saudações ao grande dia. As festas na corte se estenderiam até o dia 20 de maio.

A aprovação da lei gerou manifestações muito parecidas e quase simultâneas nas diversas capitais das províncias do Brasil. As notícias chegaram pelos fios dos telégrafos, e por isso as redações dos jornais e as estações ferroviárias que tinham o aparelho atraíram inúmeros curiosos. No Recife, de

Morte

Uma série de rituais de morte e enterramento veio na bagagem das várias nações africanas que entraram no Brasil. Os diversos viajantes que flagraram tais cerimônias fúnebres não deixaram de revelar um certo espanto diante desses cortejos que não raras vezes interrompiam a fleuma das cidades.

73. Funeral de um negro, Henry Chamberlain, 1822. PESP

74. Enterro d'anjinho, atribuído a Eduard Hildebrandt, 1846-49. IMS

ABAIXO:
75. Enterro do filho de um rei negro, Jean-Baptiste Debret, 1826. BPNY

Castigos e sevícias

Num sistema pautado na posse de uma pessoa por outra, e em meio a uma sociedade onde os brancos eram minoria, só havia um modo de manter a estrutura em funcionamento: a violência cotidiana e naturalizada. Por isso, os métodos de controle e sevícia, as maneiras de vigiar e punir, circularam neste eixo afro-atlântico. Se os senhores sentiam muito medo diante das revoltas, insurreições e todas as formas de reação, respondiam com a moeda dos castigos e de distintas formas de humilhação.

76. Modo de prender escravos dos mouros, Jacques Grasset de Saint-Sauveur, 1796. BNF

AO LADO:
77. Máscara que se usa nos negros que têm o hábito de comer terra, Jean-Baptiste Debret, c. 1825. MCM-Ibram/MinC

No Brasil várias formas de castigo apareciam em manuais destinados a "amansar" a escravaria. Uma das imagens mais emblemáticas é essa da máscara de flandres. Castigo utilizado em cativos rebeldes, que eram obrigados a andar portando tal objeto preso detrás da cabeça por um cadeado, ela também era desenhada para evitar o banzo, uma forma de suicídio lento e doloroso que consistia em ingerir terra até a morte.

78. Feitor castigando negro, Jean-Baptiste Debret, 1835. BPNY

O chicote era a forma de punição por excelência neste Brasil do trabalho compulsório. Debret, que em seu livro incluiu uma série de cenas violentas, teve poucas delas censuradas pelo Instituto Histórico e Geográfico Brasileiro. Esta foi uma. Talvez porque o senhor fosse branco e estivesse ao pé da casa-grande. Talvez por conta da postura do escravizado, imobilizado, jogado ao chão e com o corpo dobrado, sem chance de reação. Talvez porque a mesma cena se repete ao fundo. Ademais, tudo isso ocorre numa plantation de café, cuja calma é desmentida pelas cenas continuadas de castigo.

79. Castigo público, Johann Moritz Rugendas, 1835. BALVF

A punição no pelourinho era prática "exemplar". Era sobretudo uma "lição pública", sendo que a cor negra do feitor não parece detalhe aleatório.

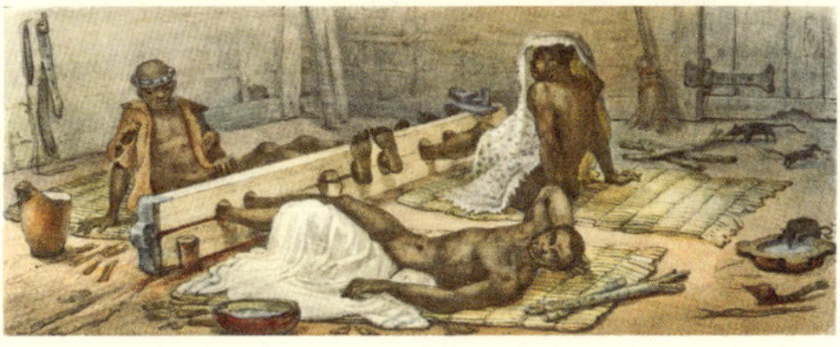

80. Escravos presos ao tronco, Jean-Baptiste Debret, 1835. BPNY

81. Oficina de sapateiro, Jean-Baptiste Debret, 1835. BPNY

82. Criança negra castigada, São Paulo, autor desconhecido, s. d. CEA

Uma forma de reprimenda cotidiana era a palmatória. Na imagem de Debret vemos como um cativo se ajoelha, olha para o outro lado e recebe o castigo. Chama atenção a expressão sádica do dono do estabelecimento, o olhar desconfiado do escravizado à direita, e a maneira como o artista francês coloca uma senhora branca dando leite a seu bebê e observando a cena com um sorriso nos lábios. A palmatória era também usada na educação e em especial para controlar "moleques" e "molecas", termos usados para as crianças escravizadas, libertas ou livres que ficavam nas casas fazendo todo tipo de serviço. Note-se na fotografia que o menino está descalço e traz a roupa suja e maltrapilha.

Senzala e casa-grande

Nesse mundo da escravidão existiam duas unidades inseparáveis. A casa-grande, que representava o poder nos engenhos do Nordeste e nas fazendas de café da Região Sudeste, e a senzala, onde se acomodava a escravaria. Esta, feita em geral com materiais frágeis, teto de palha ou folhas de bananeira, era usada por escravizados e escravizadas, muitas vezes sem distinção de gênero ou idade. Nesta imagem, Guillobel procura caracterizar as senzalas como lugares de descanso e relaxamento, com os cativos conversando, pitando seus cachimbos e deitados em suas redes.

83. Interior de uma casa do baixo povo, São Luís, Joaquim Cândido Guillobel, 1820. BBGJM

84. Rancho na região da serra do Caraça, Minas Gerais, Johann Baptist von Spix e Carl Friedrich von Martius, 1823-31. FBN

85. Negros novos, Johann Moritz Rugendas, 1835. BALVF

As imagens de Rugendas revelam, pelos detalhes, muita tensão. O senhor olha com lascívia para a escravizada que lhe nega atenção. Ela é representada com os seios à mostra. A filha ou filho a seu lado demonstra contrariedade, assim como os demais escravizados. Aquele à esquerda olha para o chão com ira. O mesmo ocorre com o cativo da direita, que evita observar a cena. Por fim, o escravizado mais próximo da porta chupa cana, como que alheio. Essa era uma história recorrente nas alcovas escravistas, onde o senhor branco cotidianamente violentava as cativas, sobretudo as "novas", que mais lhe agradavam.

AO LADO:
86. Habitação de negros, Johann Moritz Rugendas, 1835. BALVF

Na pintura vemos, propositalmente ou não, a imagem do binômio casa-grande/senzala. No primeiro plano, escravizados e escravizadas descansam, trabalham, conversam, e as mulheres carregam seus filhos. Os olhares dos cativos são, porém, desconfiados. Mais ao fundo, uma tomada da casa-grande, com a sinhá, bem-vestida e penteada, observando a cena. Tudo junto mas também apartado.

AO LADO:
87. Senzala da Fazenda Fluminense, Victor Frond, 1858. FBN

Tipos

Vários viajantes que chegaram ao Brasil no século XIX procuraram desenhar, e assim documentar, as diferentes nações que entraram no país. Perceberam escarificações, penteados, formas de rosto, cortes de cabelo, vestimentas, e mostraram, a despeito de seu olhar europeu e estrangeiro, as especificidades dos diversos grupos africanos que para cá vieram. No entanto, transformadas em "tipos", essas pessoas nunca têm nome, idade ou identidade; são apenas "corpos" a serviço da aquarela e depois da fotografia.

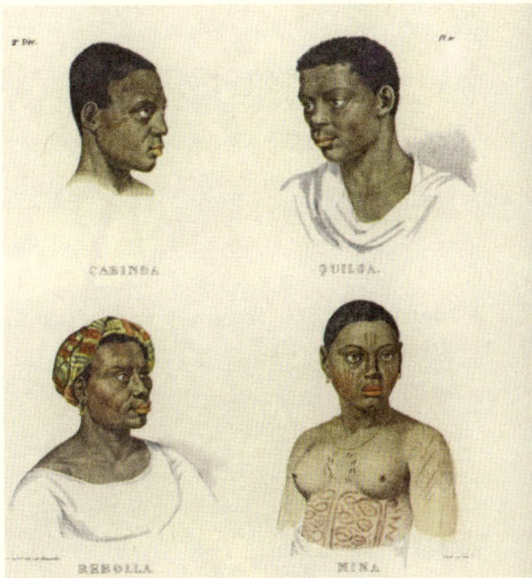

NO ALTO:
88. Escravas de diferentes nações, Jean-Baptiste Debret, 1835. BPNY

89. Escravos provenientes de Cabinda, Quíloa, Robolo e Mina, Johann Moritz Rugendas, 1835. BALVF

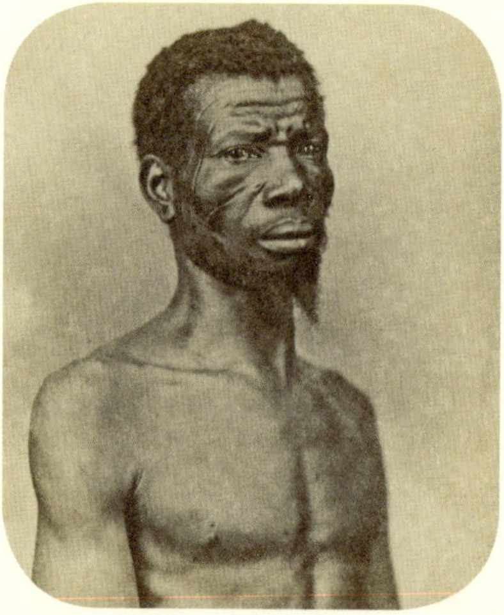

90. Retrato de homem, Augusto Stahl, *c.* 1865. PMAE

91. Escravo da mina aouni, Augusto Stahl, *c.* 1865. PMAE

AO LADO:

92. Mina nagô, Augusto Stahl, *c.* 1865. PMAE

93. Escrava envolta em panos, Augusto Stahl, *c.* 1865. PMAE

Já em meados do século XIX, com a introdução da fotografia no país, passou-se a registrar os "tipos" existentes por aqui. Estes eram documentos que poderiam distinguir mas também criar o exótico. No caso, modelava--se o corpo social do pobre, do escravizado, da escravizada, que era muitas vezes criminalizado. A fotografia, que prometia oferecer felicidade em pequenos formatos, era capaz de transformar o agrume do sistema escravocrata numa série de imagens silenciosas.

O fotógrafo Christiano Júnior, dono de um estabelecimento conhecido na capital, criou estas séries de tipos brasileiros e as ofereceu aos jornais como "coisas bem brasileiras, ideais para quem vai ao exterior". Na primeira série buscou flagrar africanos vindos de várias regiões. Na segunda, os fez simular ofícios e encenar aptidões. Todos carregam um olhar triste, estão sempre descalços, e disfarçam as hastes de ferro que têm presas entre suas costas e suas roupas. Isso para que não se mexessem, atrapalhando o resultado do "produto".

94. Conjunto representando negros de diferentes nações, Christiano Júnior, 1865. MHN-Ibram/MinC

Anúncios, certificados, alforrias

Os jornais oitocentistas brasileiros estavam repletos de anúncios dispostos nos mais diferentes arranjos. E dominavam os anúncios envolvendo escravizados. Estes eram alugados, vendidos, segurados, e nas descrições sempre se buscava passar a ideia de passividade e "bom comportamento". Também eram muitos os anúncios de fugas, sempre com a imagem (vinda dos EUA) do escravizado com um cesto às costas.

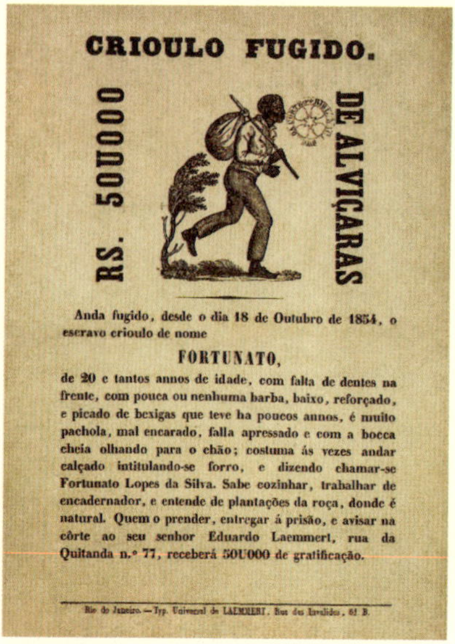

CRIOULO FUGIDO.

RS. 50U000 DE ALVIÇARAS

Anda fugido, desde o dia 18 de Outubro de 1854, o escravo crioulo de nome

FORTUNATO,

de 20 e tantos annos de idade, com falta de dentes na frente, com pouca ou nenhuma barba, baixo, reforçado, e picado de bexigas que teve ha poucos annos, é muito pachola, mal encarado, falla apressado e com a bocca cheia olhando para o chão; costuma ás vezes andar calçado intitulando-se forro, e dizendo chamar-se Fortunato Lopes da Silva. Sabe cozinhar, trabalhar de encadernador, e entende de plantações da roça, donde é natural. Quem o prender, entregar á prisão, e avisar na côrte ao seu senhor Eduardo Laemmert, rua da Quitanda n.° 77, receberá 50U000 de gratificação.

Rio de Janeiro. — Typ. Universal de LAEMMERT, Rua dos Invalidos, 61 B.

95. Crioulo fugido, 1854. FBN

50$000

Fugiu no dia 20 do corrente, o escravo João, crioulo, idade 25 annos mais ou menos, côr fula, altura regular, ligeiro no andar, esperto no serviço e bom carreiro; foi apadrinhar-se na fazenda do Sr. Josué de Vargas e d'ahi evadiu-se de novo, quem o aprehender e levar a estação do Recreio, sitio do Serrote, propriedade de Francisco Ferreira Netto, será gratificado com a quantia acima.

96. *O Leopoldinense*, 24 de abril de 1881. FBN

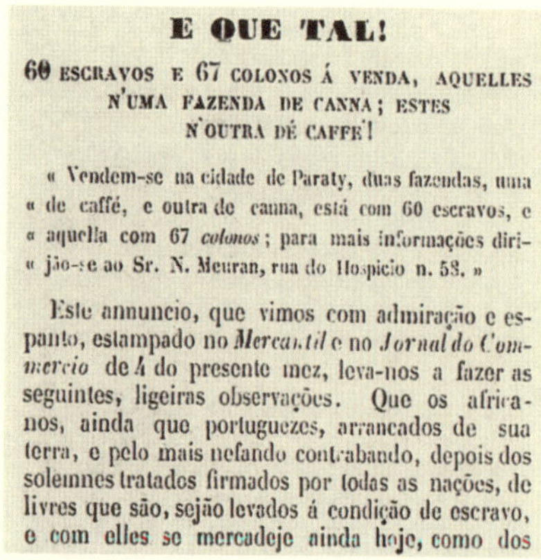

E QUE TAL!

60 ESCRAVOS E 67 COLONOS Á VENDA, AQUELLES N'UMA FAZENDA DE CANNA; ESTES N'OUTRA DE CAFFE!

« Vendem-se na cidade de Paraty, duas fazendas, uma « de caffé, e outra de canna, está com 60 escravos, e « aquella com 67 *colonos*; para mais informações diri- « jão-se ao Sr. N. Meuran, rua do Hospicio n. 58. »

Este annuncio, que vimos com admiração e espanto, estampado no *Mercantil* e no *Jornal do Commercio* de 4 do presente mez, leva-nos a fazer as seguintes, ligeiras observações. Que os africanos, ainda que portuguezes, arrancados de sua terra, e pelo mais nefando contrabando, depois dos solemnes tratados firmados por todas as nações, de livres que são, sejão levados á condição de escravo, e com elles se mercadeje ainda hoje, como dos

97. *O Grito Nacional*, 7 de fevereiro de 1854. FBN

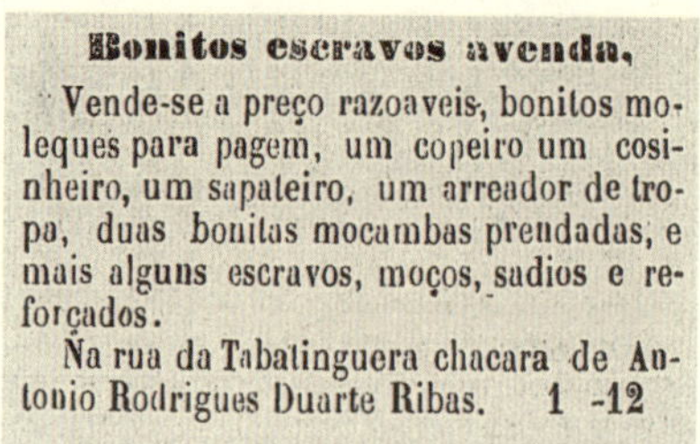

Bonitos escravos avenda,

Vende-se a preço razoaveis, bonitos moleques para pagem, um copeiro um cosinheiro, um sapateiro, um arreador de tropa, duas bonitas mocambas prendadas, e mais alguns escravos, moços, sadios e reforçados.

Na rua da Tabatinguera chacara de Antonio Rodrigues Duarte Ribas. 1 -12

98. *Correio Paulistano*, 5 de julho de 1862. FBN

Vende-se

UM bonito mulato, afaiate, e bom copeiro, de 21 annos de idade. Quem o pretender dirija-se. a rua da Consolação n. 38.

99. *Correio Paulistano*, 12 de setembro de 1857. FBN

Excellente escravo

Vende-se um creoulo de 22 annos, sem vicio e muita fiel: bom e aceado cozinheiro, copeiro, bolieiro. Faz todo o serviço de arraujo de casa com presteza, e é o melhor trabalhador de raça que se póde desejar; humilde, obediente e bonita figura. Para tratar: a ladeira de S. Francisco n. 4. 5 4

100. *A Provincia de São Paulo*, 17 de fevereiro de 1878. AOESP

ESCRAVO Á VENDA

O abaixo assignado faz publico que tem para vender um escravo de bonita figura, côr preta, sadio, de idade 23 annos pouco mais ou menos; quem o pretender dirija-se á este lugar que não deixará de fazer negocio.

Propriá 24 de Agosto de 1873.

Gustavo Rodrigues da Costa Dorea.

101. *Jornal do Aracaju*, 24 de agosto de 1873. FBN

Escravo fugido

Fugiu no dia 5 do corrente, do sitio de Vianna & Irmãos, da Limeira, o escravo Caetano, de 35 annos mais ou menos de idade, grosso de corpo, estatura regular, boa dentadura, separados os dentes uns dos outros, cabra de côr, falla meio pausado, anda com as pernas meio abertas, physionomia leal. E' muito conhecido em Campinas, onde morou muitos annos, e na estação de Santa Barbara e Limeira.

Quem o aprehender e entregar a seu dono no sitio acima ou em Campinas a João Vianna, será gratificado.

Limeira, 8 de Novembro de 1876. 3—3

102. *A Provincia de São Paulo*, 8 de novembro de 1876. AOESP

ESCRAVA

Vende-se uma escrava, no pateo de S. Bento, quarta casa do canto da rua da Boa Vista. 3—3

104. *Correio Paulistano*, 6 de maio de 1875. FBN

Comprão-se escravos

de ambos os sexos, de 12 á 25 annos de idade, bonitas peças, sem deffeito algum, com prendas ou sem ellas, e paga-se bem; quem os tiver pode levar para vêr e tratar, na rua da Paz n. 25, em frente a Carioca, casa de canto, que achará, a qualquer hora do dia, com quem tratar. 4—1

ATTENÇÃO!

Vende-se por commodo preço uma escrava crioula moça e sadia, para tratar-se com o Sr. Antonio Claudino Rodrigues Coimbra. 2—1

103. *O Despertador*, 26 de janeiro de 1864. FBN

Escravos

Vende-se um perfeito cosinheiro de forno e fogão, e bolieiro; póde-se dar para experimentar; dous lindos moleques para lavoura, de 14 a 15 annos; uma rapariga para mucama, perfeita; tres cosinheiras que lavam e engommam. Para vêr e tratar, rua de S. José, 27. 4—2

105. *A Provincia de São Paulo*, 15 de abril de 1880. AOESP

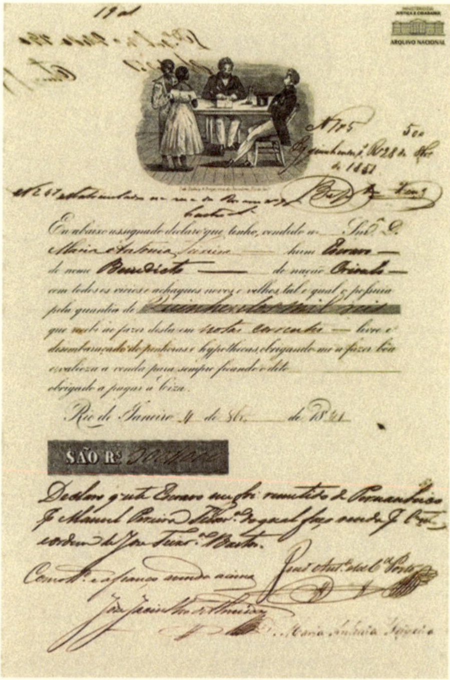

106. Recibo de compra e venda de escravo, Rio de Janeiro, 1851. FBN

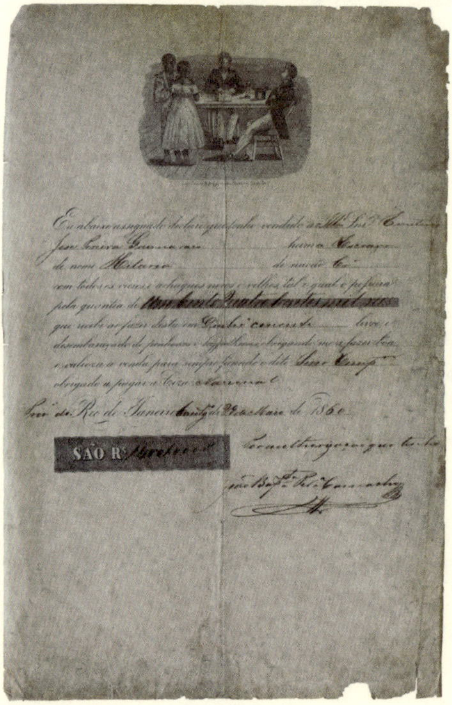

107. Recibo de venda de escrava, Rio de Janeiro, 1860. AHRGS

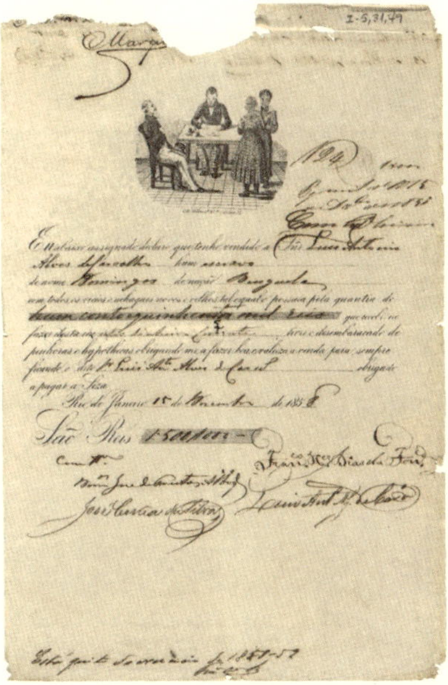

108. Recibo de venda de escravo, Rio de Janeiro, 15 de dezembro de 1858. FBN

Recibo passado por Francisco Xavier Dias da Fonseca, em nome de Luís Antônio Alves da Carvalho, pela venda de um escravo de "nação benguela", pela quantia de um conto e quinhentos mil-réis.

IMPERIO DO BRASIL
POLICIA DA BAHIA.
PASSAPORTE.

109. Passaporte de escravo, Bahia, 18 de agosto de 1860. FBN

Passaporte impresso concedido ao escravo Inácio, pelo chefe de polícia da Bahia, Antônio Luís Afonso de Carvalho, para o Rio de Janeiro.

110. Carta de alforria da escrava Apolônia, São Carlos do Pinhal (SP), 1888. Coleção particular

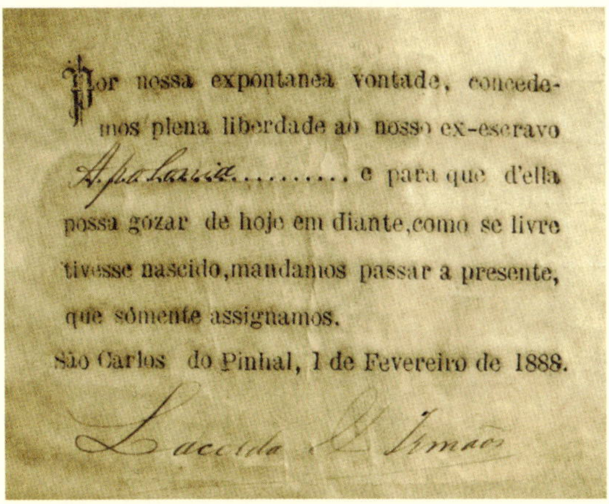
Por nossa expontanea vontade, concedemos plena liberdade ao nosso ex-escravo Apolonia......... e para que d'ella possa gozar de hoje em diante, como se livre tivesse nascido, mandamos passar a presente, que sómente assignamos.

São Carlos do Pinhal, 1 de Fevereiro de 1888.

Lacerda & Irmãos

Poderes, paternalismos e patriarcalismos: negociando lugares

Numa sociedade como esta, os espaços precisavam ser muito bem delimitados: escravizados de um lado, brancos de outro; o mando na frente, aqueles que "precisavam" obedecer, atrás. Tanto os artistas como depois os fotógrafos registraram as hierarquias rígidas que por aqui vigoravam.

111. Uma família brasileira, Henry Chamberlain, 1822. CBI

O pai à frente conduz os filhos: uma menina e um menino. Depois vêm as mulheres da casa. Ao fundo os escravizados domésticos, pois mais bem-vestidos e sempre carregando o guarda-chuva que protege o senhor e a família do sol dos trópicos, seguem o grupo, mas alguns passos atrás.

ABAIXO:

112. Senhor e seus escravos, São Paulo, Militão Augusto de Azevedo, *c.* 1860. MP-USP

Nesta fotografia, provavelmente encomendada pelo senhor, que aparece ligeiramente à frente dos seus escravizados e é o único a calçar sapatos, não foi possível controlar as reações dos "modelos". O senhor, com veste completa, e postado bem no centro, encara severo as lentes. Já os demais modelos revelam todo tipo de atitude. O primeiro à esquerda apresenta uma expressão de escárnio; a seu lado, outro cativo cruza os braços e faz uma expressão contrariada. Do lado direito, todos parecem se comportar conforme o que deve ter sido a indicação de Militão. No entanto, aquele mais à direita se mexeu, e assim estragou a foto, que ficou por muito tempo engavetada, fora de circulação.

Maternidade e mães negras

As imagens de mães escravizadas, muitas vezes retratadas ao lado de seus pequenos amos brancos, acabaram virando uma convenção visual, tal a frequência com que apareciam. Elas representavam uma espécie de visão romantizada do sistema escravocrata. Não há, porém, como ter certeza do afeto existente nestas cenas, em geral retratadas por estrangeiros, ou por fotógrafos cujo trabalho era pago pelos proprietários e que nem ao menos conferiam identidade às escravizadas. Elas, na maioria dos casos, não tinham nome, sobrenome, idade ou origem. Tudo ao contrário de seus pequenos amos, que se faziam sempre acompanhar por seus registros longos e completos.

113. Ana Maria de São José e Aragão, filha dos barões de Jaguaribe, no colo de uma escrava, autor desconhecido, s. d. IGHB

ABAIXO:
114. Nhozinho no colo da mucama, autor desconhecido, s. d. MIP-Ibram/MinC

Na sequência vemos fotos de amas negras, as quais poucas vezes têm nome, como é o caso de Mônica. Em outros casos, e quando possível, procuram marcar sua identidade a partir do uso de suas vestimentas de nação e adereços. Com o correr do tempo, e com as vogas do leite em pó e do aleitamento materno, esse tipo de aleitamento seria chamado de "mercenário", e as imagens delas iriam progressivamente desaparecer das fotos. Esse era, sem dúvida, mais um novo tipo de apagamento.

116. Isabel Adelaide Leal e a ama de leite Mônica, Alberto Henschel, 1877-82. FJN

115. Augusto Gomes Leal com sua ama de leite Mônica, João Ferreira Villela, 1860. FJN

117. Cenas da escravidão, Rodolpho Lindermann, 1885. CAS

118. Maria Rita Meireles da Costa Pinto com a ama de leite Benvinda, Antônio da Silva Lopes Cardoso, 1880. AN

119. Sem título, Militão Augusto de Azevedo, 1883. MP-USP

120. Sem título, Militão Augusto de Azevedo, 1879. MP-USP

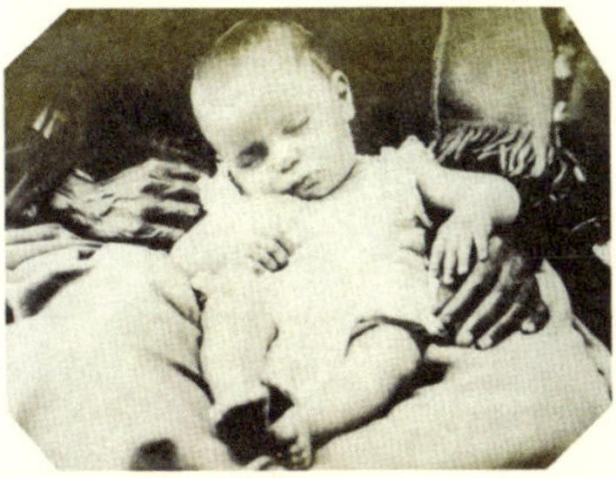

121. Sem título, Militão Augusto de Azevedo, 1876. MP-USP

122. Sem título, Militão Augusto de Azevedo, 1880. MP-USP

AO LADO:
123. Sem título, Militão Augusto de Azevedo, 1880. MP-USP

124. **Babá brincando com criança**, Jorge Henrique Papf, *c.* 1899. CGE

125. **Olga e Stella fazendo pose com a babá**, autor desconhecido, *c.* 1890. CGE

Mães negras e seus filhos

Amas negras com seus próprios filhos e filhas aparecem nos detalhes das aquarelas e pinturas. Aparecerão, também, de forma mais rara, nas fotografias de época. Nestes casos é sempre possível ver como elas têm outra linguagem corporal e intimidade com seus próprios rebentos.

NO ALTO:

126. [Escravos] [Tipos de trajes usados por escravos e escravas], Thomas Ender, 1817-18. FBN

127. Negras do Rio de Janeiro, Johann Moritz Rugendas, 1835. BALVF

128. Negra com seu filho, Salvador, Marc Ferrez, *c.* 1884. IMS

129. Cartões-postais, Rodolpho Lindemann, s. d. FGM

130. Retrato de jovem mulher com bebê nas costas e um tabuleiro de frutas em frente, Alberto Henschel, 1870. FA

131. Mina tapa, Augusto Stahl, *c.* 1865. PMAE

Crianças escravas

Crianças escravizadas cumpriam várias funções — eram ajudantes de cozinha, carregadores, companhia para os filhos dos senhores — e muitas vezes trabalhavam no campo, como os demais adultos. Nas cidades, viravam moleques e molecas de recado, pajens e também carregadores. Numa sociedade escravista como a brasileira, a pouca idade não servia de documento.

132. À direita, segurando o fundo, Maria Josefina Alkmim (Miquita), esposa de Chichico
[Retrato de família], Diamantina (MG), Chichico Alkmim, *c.* 1910. IMS

Nesta foto, rara, em que o fotógrafo se esqueceu de apagar "contornos indesejáveis" da imagem, vemos ao centro a família burguesa, que utilizava a foto como forma de representação. Feita num ateliê, a cena é adornada por um painel tropical, mas carregada por duas figuras que deveriam ser "invisíveis". Uma é a esposa do fotógrafo, que parece segurar outro filho pela mão não ocupada em suspender o fundo de cena. A outra é uma "moleca", nome que se dava às crianças que saíam da barra da saia de suas mães para viverem em famílias que, teoricamente, teriam mais condições de educá-las. Mas o resultado era muitas vezes o oposto. No caso desta foto, ela não só carrega o painel. Seu cabelo desgrenhado, sua roupa suja, em muito destoam do conjunto da foto. Essas são persistências da escravidão, que continuava de certa forma presente no contexto da Primeira República.

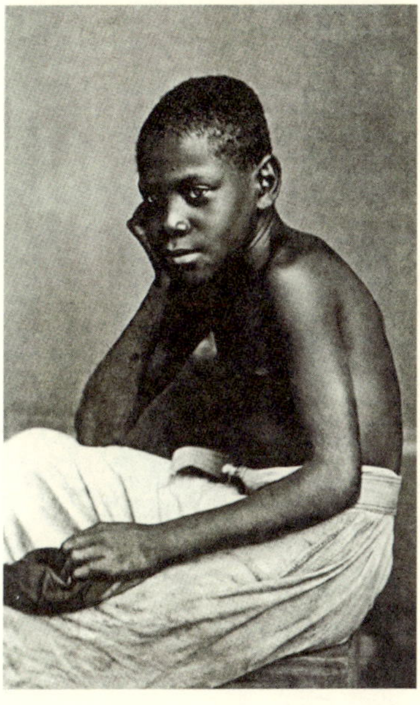

À ESQUERDA:
133. Retrato — Negro, Pernambuco, Alberto Henschel, *c.* 1869. FA

À DIREIRA:
134. Menino sorridente, Alberto Henschel, s. d. FA

Darwinismo social e teorias raciais

Em meados da década de 1870, teorias deterministas raciais ganharam força no país, ao mesmo tempo em que se anunciava o fim gradual da escravidão. Segundo essas teorias, as raças seriam realidades essenciais, e da sua mistura resultaria a "degeneração". Era como se a biologia introduzisse um tipo de diferença ainda mais radical entre os homens.

135. **Orangotango abraçado a um cafre**, Ivan Kruzenshtern, 1831. BPNY

Na gravura, que parece não ter lugar preciso ou geografia, um homem negro é comparado ao macaco como se fizessem parte de uma mesma família parental.

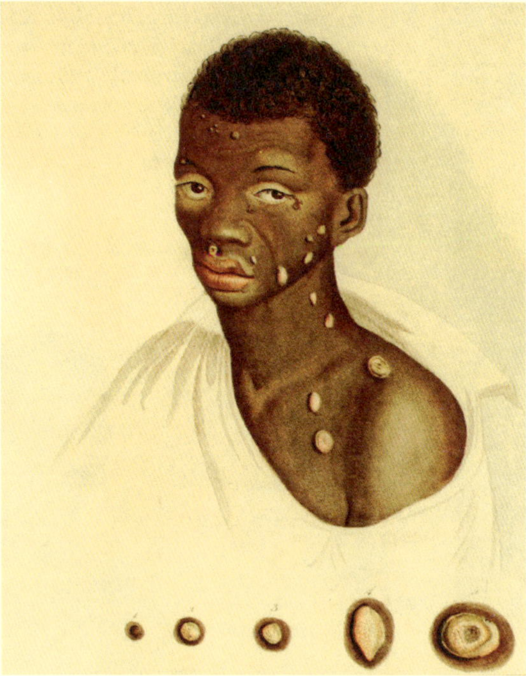

136. **Brasileira com pústulas na pele**, Armand Julien Pallière, 1820. BJCB

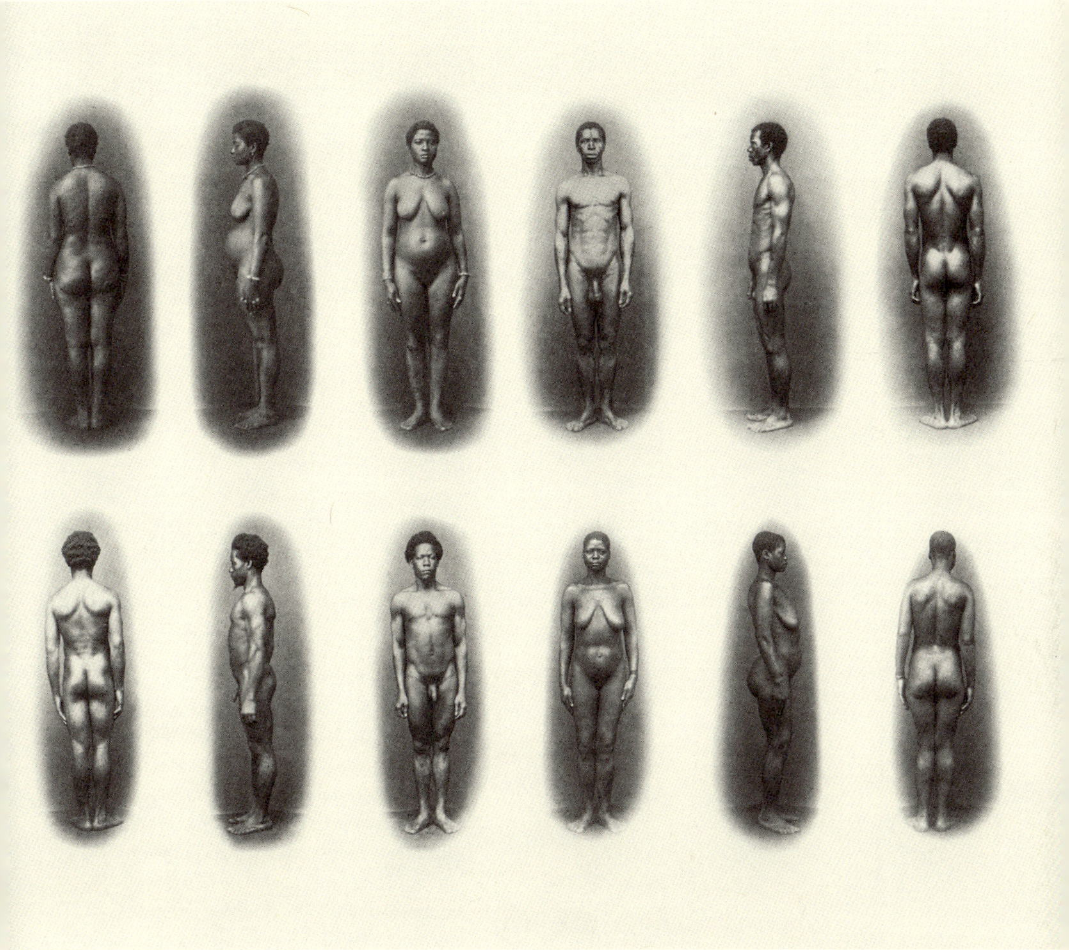

137. Estudo antropológico, Augusto Stahl, *c.* 1865. PMAE

A fotografia criminal teve imensa influência nas congêneres, feitas para usos etnográficos. Aqui reina o silêncio, e os modelos fotografados transformam-se em meros "tipos". Criam-se, nesses casos, tipos anatômicos cujas fisionomias servem também à frenologia. Não existe contingência nas expressões. De frente, de costas e de perfil, os "modelos" são submetidos a processos que, em nome da ciência, revelam sobretudo a humilhação.

138. Páginas do álbum *Galeria dos condenados*, Rio de Janeiro, século XIX. FBN

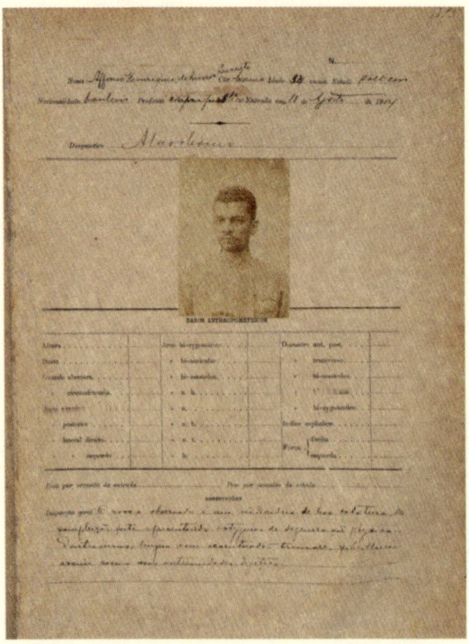

139. Ficha de internação de Afonso Henriques de Lima Barreto no Hospital Nacional de Alienados, 1914. ANMIIP-IPUB/UFRJ

Na década de 1870, um equipamento fotográfico foi adquirido, e um funcionário da prisão do Rio de Janeiro (ou um prisioneiro) foi treinado para catalogar as imagens dos detentos. Aqui podem ser vistos alguns exemplos extraídos de uma coleção maior. Distante no tempo, o registro da primeira internação de Lima Barreto no Manicômio Nacional lembra como, mesmo no contexto da Primeira República, os negros eram os que mais entravam nas prisões e nos hospitais para "alienados".

Abolicionismo

A partir do final da década de 1870, e após a Guerra do Paraguai, o abolicionismo vira tema supranacional. Tentando abafar a questão, e usando o exemplo de medidas graduais adotadas na América espanhola, o governo brasileiro lança a Lei do Ventre Livre, que libertava os filhos nascidos depois da data de sua promulgação mas mantinha-os como libertos por mais vários anos. Também não libertava as mães dessas crianças.

ACIMA:

140. Aspecto atual da questão servil, Angelo Agostini, 1887.

FBN

À DIREITA:

141. Alegoria à Lei do Ventre Livre, A. D. Bressae, século XIX.

MHN-Ibram/MinC

Nesta estátua vemos a imagem de uma criança de fraldas (grande demais para ser um bebê) que carrega uma corrente numa das mãos e a Lei do Ventre Livre na outra. O menino parece sorrir e com seu gesto demonstrar "a felicidade" que o ato pretendia anunciar. Essa era, porém, uma medida paliativa que apenas visava retardar a abolição final do cativeiro no Brasil.

142. A primeira emancipação municipal, Pedro Peres, 1885. ACMRJ

(Ver detalhe abaixo.)

Nesta tela acadêmica, Isabel aparece como protagonista de um ato de libertação, tendo à sua esquerda seu marido, conde d'Eu, e à direita d. Pedro II e d. Teresa Cristina. À sua frente uma família negra se ajoelha para receber a "dádiva". Faltavam três anos para a abolição definitiva; o Brasil se convertia no "retardão" e mesmo assim, nas imagens oficiais de época, a família imperial procurava se apresentar como o principal agente de atos isolados de libertação.

Lei áurea

A Lei Áurea foi composta com tipos especialmente criados para a ocasião. No entanto, diferentemente de outros projetos que previam a inclusão da população recém-liberta, a medida saiu breve, conservadora e sem indicar nenhum tipo de ressarcimento para a população negra. Foi a mais popular e a última lei do Império.

Declara extincta a escravidão no Brasil

143. **Lei n. 3353, de 13 de maio de 1888**, a Lei Áurea. Assinam a princesa Isabel e Rodrigo Augusto da Silva, secretário de Estado dos Negócios da Agricultura, Comércio e Obras Públicas, autor da lei. AN

ABAIXO:
144. **Missa campal celebrada em ação de graças pela abolição da escravatura no Brasil**, Antônio Luiz Ferreira, 17 de maio de 1888. IMS

145. Estudo para libertação dos escravos, Pedro Américo, 1889. CPGESP

Nesta tela do conhecido pintor acadêmico Pedro Américo, Isabel aparece travestida de divindade grega, o cenário tem a forma de uma acrópole, e a Lei Áurea parece lembrar uma providência divina. Os escravizados, num movimento constantemente repetido, como se a liberdade fosse um presente e não uma conquista, se ajoelham e agradecem. Já a escravidão é simbolizada como um diabo negro. Nada mais alegórico e invertido.

Anno XIV — Rio de Janeiro — Segunda-feira 14 de Maio de 1888 — N. 135

GAZETA DE NOTICIAS

Tiragem 24.000 exemplares

BRAZIL LIVRE

1888 — TREZE DE MAIO — 1888

EXTINCÇÃO DA ESCRAVIDÃO

LEI N. 3353 DE 13 DE MAIO DE 1888

DECLARA EXTINCTA A ESCRAVIDÃO NO BRAZIL

A Princeza Imperial Regente em nome de Sua Magestade o Imperador o Sr. D. Pedro II: Faz saber a todos os subditos do Imperio, que a Assembléa Geral decretou e Ella sancionou a lei seguinte:

Art. 1.° E' declarada extincta desde a data d'esta lei a escravidão no Brazil.

Art. 2.° Revogam-se as disposições em contrario.

Manda portanto a todas as auctoridades a quem o conhecimento e execução da referida lei pertencer, que a cumpram e façam cumprir e guardar tão inteiramente como n'ella se contém.

O secretario de Estado dos Negocios da Agricultura e interino dos Negocios Estrangeiros, bacharel Rodrigo Augusto da Silva a faça imprimir, publicar e correr.

Dada no Palacio do Rio de Janeiro, em 13 de Maio de 1888, sexagesimo setimo da Independencia e do Imperio.

PRINCEZA IMPERIAL REGENTE.

RODRIGO AUGUSTO DA SILVA.

Carta de lei pela qual Sua Alteza Imperial manda executar o decreto da Assembléa Geral, que houve por bem sanccionar, declarando extincta a escravidão no Brazil como n'ella se declara, para Vossa Alteza Imperial ver.

Chancellaria-mór do Imperio. — Antonio Ferreira Vianna.

Transitou em 13 de Maio de 1888. — José Julio de Albuquerque Barros.

146. Primeira página da *Gazeta de Noticias*, 14 de maio de 1888. FBN

A palavra "liberdade" apareceu estampada em todos os jornais da capital. Mesmo assim, o pós-abolição foi marcado por políticas que prometeram muita inclusão mas entregaram, de fato, exclusão social. Liberdade continuou a ser um troféu difícil de conseguir, ainda mais complicado de manter.

Retornados

No final do período escravocrata, muitos cativos passaram a ser chamados de “africanos” nos jornais, e uma parte deles foi enviada de volta para a África, sendo por lá chamados de “brasileiros”. Viraram, portanto, estrangeiros em qualquer lugar, ao mesmo tempo em que se “reinventaram” em qualquer lugar.

147. Costureiras brasileiras em Abeokutá (capital do estado de Ogun, na Nigéria), século XIX. SMA

148. Lista de famílias de escravos livres que voltaram a Uidá, no Benim, fotografia de Guilherme Canever, 2015. Coleção particular

Pós-abolição

A Lei Áurea não só foi curta em seu texto, como não compensou os ex-escravizados por seu passado de privações. Por isso, num contexto que prometia muita liberdade e inclusão, o que se viu foram novas exclusões sociais, cujas consequências estão ainda presentes no racismo estrutural existente no país. Por outro lado, importantes formas de associativismo negro foram criadas, mostrando como não era preciso esperar pela lei para conquistar a verdadeira abolição.

149. Professora com seus alunos, rio do Sono, Minas Gerais, Harry Johnston, 1910. BPNY

150. Crianças negras, Militão Augusto de Azevedo, 1891. MP-USP

151. Direção e participantes da Frente Negra Brasileira de Sorocaba. APD

152. Escola da Frente Negra com duas professoras ao fundo. APD

Comunidades de remanescentes de quilombos

As comunidades negras remanescentes de quilombos foram reconhecidas no Brasil pela Constituinte de 1988 e contam com o direito à titulação dos seus territórios. São mais de 5 mil comunidades negras (não só rurais, como semirrurais e algumas urbanas) espalhadas de norte a sul do Brasil. Elas representam o desdobramento dos antigos quilombos articulados a um complexo campesinato negro, que incluía vilas de libertos, doações de terra e a migração de familiares durante os tempos da escravidão e do pós-abolição.

NO ALTO:

153. Quilombo Jamary dos Pretos, Maranhão, Ricardo Teles, 1998. Coleção particular

154. Crianças quilombolas brincam, escrevendo seus nomes nas paredes da antiga casa-grande, na comunidade de Mata Virgem, Maranhão, fotografia de Lilo Clareto, 2016. RB todos os lados da cidade tocaram-se muitos foguetes, e uma grande multidão afluiu para a rua do Imperador em busca de notícias que chegavam às redações dos jornais. Depois de confirmada a informação, a multidão marchou em passeata para a praça da Princesa e postou-se diante do palácio do governo para ouvir o pronunciamento oficial do presidente da província. Na quarta-feira, 16 de maio, a passeata organizada pelos abolicionistas pernambucanos reuniu mais de 15 mil pessoas no centro da cidade.

As primeiras notícias da abolição chegaram a Salvador na tarde de 13 de maio. Por volta das duas horas, as redações dos jornais receberam a novidade: o Senado acabara de votar o projeto de lei da abolição. À noite, já confirmada a abolição, entidades abolicionistas, estudantes, populares e ex-escravos ocuparam as ruas e desfilaram pelo centro da cidade ao som de filarmônicas. Queimaram-se fogos de artifício e, por noites seguidas, as fachadas das casas e das repartições públicas foram iluminadas.

A festa tinha sua razão de ser. Afinal, era o fim da escravidão. Além disso, representava a vitória do movimento popular sobre aqueles que resistiram à abolição até as vésperas do Treze de Maio. Mas o que embalava também a festa era a expectativa de que dali por diante dias melhores viriam.

Três dias depois da abolição, o senhor de engenho e comerciante Aristides Novis, em carta endereçada ao amigo e correligionário barão de Cotegipe, senador do Império e residente no Rio de Janeiro, confidenciou suas impressões sobre o que vira no dia 13 de maio em Salvador. Entre irônico e temeroso, ele observou: "Viva o dia 13 de Maio, viva a abolição imediata e sem indenização, vieram enfim os salvadores da Pátria! Desde o dia 13 que vivemos em completo delírio! Comércio fechado todo o dia de ontem, passeatas pelas ruas, carros dos caboclos que foram buscar na Lapinha e depositaram na praça do Palácio; enfim todas as noites temos grandes festas; carnaval, 2 de Julho, e festa da abolição! Faça ideia [...] que efeito não produzem, temos aqui mais de 3 mil pretos vindos dos engenhos. Ainda ontem conversando com o presidente e Chefe de Polícia pedi-lhes que assim passassem estas festas, providenciasse no sentido destes trabalhadores voltarem às fazendas, se não em breve os roubos e mortes se dariam a cada momento".

O que mais preocupava eram os milhares de libertos misturados aos populares nas ruas da cidade. E, mais ainda, o entusiasmo do povo tinha incorporado a dimensão e os significados das duas maiores festas populares da província. Para seu desespero, a celebração da liberdade se transformou numa síntese potencialmente explosiva do Carnaval e do Dois de Julho. Realmente, foi insuportável para aquele ex-senhor de escravos assistir, a um só tempo, à inversão da ordem do Carnaval e à exaltação da liberdade do Dois de Julho. Por trás disso, havia o medo maior de que a festa desembocasse em ameaça séria à ordem. Afinal, festas e batuques sempre foram vistos pela classe senhorial como prenúncios de revolta.

Na festa organizada pelos abolicionistas de Recife no dia 16 de maio, um carro alegórico da associação abolicionista Clube do Cupim trazia uma jangada e uma barcaça com a seguinte inscrição nas velas: "Vinte e cinco de março de 1884 — nascimento — Ceará Livre". No mesmo carro, sobre o pedestal, uma mulher jovem representando a liberdade trazia nas mãos um estandarte que dizia: "Decreto de 13 de Maio de 1888 — Abolição imediata — Isabel". Aos pés da jovem, um grupo de libertos seguravam palmas simbolizando a liberdade.

Note-se que, se para os abolicionistas baianos o Treze de Maio era um desdobramento do dia 2 de julho de 1823, data da independência do colonialismo português, para os pernambucanos a relação era com o dia 25 de março de 1884, quando jangadeiros e populares aboliram o tráfico interno de escravos e a escravidão na província do Ceará. Nas passeatas abolicionistas que se realizaram em Salvador nos dias subsequentes ao Treze de Maio, os libertos também se fizeram presentes, mas apareciam no final do cortejo e puxando os carros dos caboclos. Aquela posição subalterna na festa de algum modo simbolizava o lugar pensado para eles ocuparem no Brasil pós-escravista.

Mas a forma como a notícia chegou às casas-grandes e senzalas mostra que os libertos, desde então também chamados de "treze de maio", não pretendiam aparecer como meros figurantes da festa. Os escravizados da vila de Santo Antônio de Jesus, Recôncavo baiano, souberam da notícia do fim do cativeiro depois que funcionários de uma estação ferroviária anunciaram os últimos acontecimentos no Rio de Janeiro. Uma autoridade da vila de São Francisco do Conde, coração da lavoura açucareira do Recôncavo, informou com preocupação que, desde o Treze de Maio, os libertos se entregaram a "ruidosos" sambas durante noites seguidas. Em diversas cidades da região, recém-libertos juntaram-se a populares nos festejos e desfiles promovidos por associações abolicionistas.

Em 1933, um ex-escravizado chamado Argeu, residente no Recôncavo, relembrou como os cativos do engenho em que vivia festejaram o que definiu como o "dia da liberdade". Disse ele: "Foi uma cousa terrive. Seu Mata Pinto [dono do engenho] ajuntou tudo, uns cem, para um samba, mandou abrir vinho, cachaça, melaço com tapioca, bestou, e de madrugada diche que tudo tava livre. Foi o diacho. A gente já sabia e fuguete pipocou a noite toda".

Vê-se que a festa cuidadosamente preparada pelo senhor para dar as boas-novas frustrou-se em seus objetivos, pois os ex-cativos souberam com antecedência que a escravidão já havia sido abolida. Na manhã seguinte, o senhor experimentaria desgosto maior ao constatar que os ex-escravos não atendiam à convocação ao trabalho, pois, segundo o velho ex-escravo, "no outro dia não tinha ninguém mais no terreiro".

Em muitos lugares a notícia oficial da abolição só chegou dias depois do Treze de Maio. Quase um mês após a abolição, na manhã de 7 de junho de 1888, os libertos da vila de Santa Rita do Rio Preto (extremo oeste da Bahia) ainda encontraram motivo para festejar quando o secretário da Câmara anunciou em voz alta pelas ruas a promulgação da lei de 13 de maio. À medida que percorria as ruas, o secretário foi festivamente acompanhado por ex-escravizados, homens e mulheres.

Naquele dia, os ex-escravos encontraram oportunidade de questionar de maneira aberta os padrões e etiquetas de mando senhorial. Em tal contexto, a desobediência era uma forma de aprofundar as transformações nas relações cotidianas de poder. Aos olhos dos ex-senhores, as reações dos libertos não passavam de atos despropositados, frutos da "embriaguez" e do entusiasmo. Inegavelmente, o dia 13 de maio e os subsequentes foram momentos ricos, pois estavam em disputa as possibilidades e os limites da condição de liberdade.

Depois da promulgação da lei de 13 de maio, a situação parecia incontrolável em muitos lugares do Brasil. Os libertos passaram a expressar a nova condição numa linguagem franca, que aos ouvidos de ex-senhores e feitores soou como "insolente" e "insubordinada". Não são poucos os senhores e senhoras que guardaram daquele dia lembranças terríveis de "ingratidão" e desobediência.

Assim, para entender os sentidos daqueles acontecimentos, é necessária uma perspectiva mais dilatada, isso porque as consequências do fim do cativeiro perduraram. Basta dizer que, um ano depois do Treze de Maio, as áreas rurais do Recôncavo baiano ainda estavam conflagradas por conflitos envolvendo ex-escravizados e proprietários rurais. Ali os ex-escravizados se recusaram a receber a ração habitual, e só aceitavam trabalhar mediante pagamento semanal ou por diária. Recusaram-se também a cumprir as mesmas jornadas de trabalho do tempo da escravidão. Exigiram trabalhar menos horas nas lavouras dos fazendeiros e reivindicaram mais tempo para se dedicarem às áreas que lhes eram reservadas para o cultivo de suas próprias lavouras. Trabalhar nos termos das velhas relações escravistas era visto pelos libertos como "continuação do cativeiro".

Temendo a rebeldia dos ex-escravizados, muitos proprietários do Recôncavo deixaram suas propriedades pouco antes do Treze de Maio e se refugiaram nas cidades. Quando resolveram reaver suas posses, os libertos tinham se assenhoreado das terras, abandonado as lavouras de cana e iniciado seus próprios cultivos. Meses depois da abolição, muitas dessas propriedades ainda eram dirigidas pelos libertos do Treze de Maio. Foi assim no Engenho Maracangalha, onde os libertos se arrancharam e plantaram mandioca, experimentando a doce sensação de viver sem senhor. Desde então puderam livremente vender o produto das roças nas feiras locais, e não havia quem os obrigasse a seguir para o canavial. Tais iniciativas sem dúvida demonstram que, para aqueles libertos, a liberdade alcançada em 13 de maio estava conectada ao desejo de possuir terras.

Aos olhos das autoridades, essa onda de expectativas e de reivindicação de melhores dias não passava de rebeldia e insubordinação. Depois do Treze de Maio houve crescente controle sobre a população liberta. A repressão à vadiagem foi um recurso frequentemente utilizado pelos poderosos para expulsar das localidades indivíduos considerados "insubordinados" ou que não se submetiam à autoridade senhorial. Essa era também uma tentativa de controlar e limitar a liberdade dos egressos da escravidão de escolher onde e quando trabalhar, e de circular em busca de alternativas de sobrevivência.

Ao longo dos anos 1888 e 1889, representantes dos fazendeiros defenderam no Parlamento indenização pelas perdas financeiras decorrentes do fim do cativeiro. O fato de não verem atendida sua reivindicação explica por que muitos desistiram da monarquia e embarcaram no projeto de República pouco mais de um ano depois do Treze de Maio. Por seu lado, os libertos tiveram que se esforçar para efetivar sua condição de liberdade num contexto de repressão que atingia não apenas os "treze de maio", mas toda a população negra. Nos anos iniciais do Brasil republicano, recrudesceu o controle sobre os candomblés, batuques, sambas, capoeiras e qualquer outra forma de manifestação identificada genericamente como "africanismo". Esse antiafricanismo teve implicações dramáticas para as populações negras, pois reforçou as barreiras raciais que dificultavam o acesso a melhores condições de vida e a ampliação dos direitos de cidadania.

A despeito disso, até por volta da década de 1920 o Treze de Maio era intensamente celebrado nas propriedades rurais do Recôncavo baiano. Nesse dia, os moradores, muitos deles ex-escravos ou descendentes, reuniam-se no terreiro dos engenhos para cantar, sambar, jogar capoeira e comemorar o que chamavam de o "dia da liberdade". Nos anos 1930, a Frente Negra Brasileira relembrava o fim do cativeiro, mas também fazia daquele dia um momento para denunciar e reatualizar antigas demandas da população negra, especialmente acesso à educação.

As celebrações nos redutos negros parecem ter sobrevivido ao esquecimento. Em Cachoeira, na Bahia, toda noite de 13 de maio a filarmônica Lyra Ceciliana, fundada pelo abolicionista negro Manuel Tranquilino Bastos, desfila pelas principais ruas da cidade repetindo o trajeto do desfile abolicionista de 1888. Em Santo Amaro, também na Bahia, todos os terreiros de candomblé da cidade se reúnem no largo do Mercado, é o Bembé do Largo do Mercado. Segundo a tradição oral, essa celebração começou em 1889 por iniciativa de um famoso babalorixá local chamado João de Obá.

Angela Alonso

PROCESSOS POLÍTICOS DA ABOLIÇÃO

A TRAMITAÇÃO DA ABOLIÇÃO NO SISTEMA POLÍTICO FOI LONGA E penosa no Brasil. Duas características a marcaram. De um lado, movimento abolicionista, contramovimento escravista e governos usaram o repertório de experiências internacionais como bússola para lidar com a escravidão. De outro, abolicionistas escolheram estratégias, retóricas e arenas preferenciais (espaço público, instituições políticas e ações clandestinas), em resposta à correlação de forças em cada conjuntura — disposição de governos para cooptar, tolerar ou reprimir, presença de aliados no sistema político e força dos escravistas.

A maioria da elite política imperial era pró-escravidão. Apenas sob pressão inglesa se proibiu o tráfico atlântico em 1850. Depois as instituições políticas silenciaram. O tema voltou à agenda somente em 1868, graças a mudanças de conjuntura.

Com a abolição feita nos Estados Unidos e em andamento nas colônias espanholas (a Lei Moret libertaria nascituros e idosos em Cuba em 1870), o Brasil caminhava para único país escravista das Américas. A elite imperial viu-se obrigada a discutir o que fazer.

O assunto produziu crise política. Os partidos se dividiram entre a emancipação progressiva e o escravismo. Uma facção do Partido Liberal demandou abolição gradual em conferências e jornais, apontando, assim, a possibilidade de uso do espaço público para pressionar o sistema político.

O governo do Partido Conservador respondeu à crise com reforma modernizadora, que facilitou o acesso ao ensino superior e à imprensa. O debate político ganhou, com isso, novos participantes e arenas, condições para uma campanha antiescravidão no espaço público, que extrapolasse a elite imperial.

Nesse contexto de mudança e crise surgiu o primeiro ciclo de mobilização abolicionista. Entre 1868 e 1871, dissidentes da elite imperial e apadrinhados criaram 25 associações antiescravistas em onze províncias. Os líderes pioneiros, o engenheiro e empresário André Rebouças, o advogado Luís Gama e o pedagogo Abílio César Borges, criaram estilos de ativismo: ações judiciais de liberdade, lobby junto a autoridades, panfletos e jornais, aliança com abolicionistas estrangeiros e conferências político-artísticas de propaganda.

Essa campanha estava ativa e o imperador fora do país quando, em maio de 1871, o visconde do Rio Branco, do Partido Conservador, encaminhou projeto de ventre livre à Câmara. Era uma apropriação de partes da Lei Moret antes discutidas no Conselho de Estado e presentes em manifestos de associações civis. A reforma ganhou a oposição de um bloco parlamentar e de clubes da lavoura, formados por fazendeiros. Graças a manobras, concessões e apoio de facção do Partido Liberal, Rio Branco aprovou a lei n. 2040 (do "Ventre Livre"), em 28 de setembro de 1871. Seu cerne dizia que os nascidos desde então ficariam até os oito anos, e facultativamente até os 21, sob cuidados do senhor de sua mãe.

A lei dividiu o Partido Conservador e retirou o tema da pauta institucional. Mas, no espaço público, abolicionistas de elite seguiram ativos, transmitindo seus estilos de ativismo a uma nova geração.

Novo ciclo de mobilização começou em 1878, quando o Partido Liberal assumiu o Executivo nacional e a escravidão voltou à agenda parlamentar, já que a Lei do Ventre Livre se aproximava da vigência plena: os nascidos em 1871 teriam oito anos em 1879, e caberia decidir se ficariam com os proprietários de suas mães ou se seriam transferidos ao Estado, mediante indenização.

A reação da sociedade veio dos dois lados: congressos agrícolas de fazendeiros e mobilização abolicionista no espaço público. O governo tomou o primeiro: propôs uma lei de locação de serviços para regular o trabalho livre de imigrantes proletários (visava trazê-los da China) e pôs a "questão servil" de lado. Na Câmara dos Deputados, uma facção liberal protestou, em março de 1879. No dia 5, discursou Jerônimo Sodré Pereira, membro de associação abolicionista baiana, e, no dia 22, Joaquim Nabuco, que, graças a sobrenome (filho de senador), carisma e oratória, se tornaria o líder abolicionista no Parlamento.

Nabuco fez seguidos discursos e alianças com abolicionistas europeus. Adotou a estratégia do inglês William Wilberforce: apresentar projetos de abolição gradual até obter apoio para os converter em lei. Em 1880, encaminhou o primeiro e formou um bloco abolicionista na Câmara.

Em simultâneo, engajou-se o farmacêutico e jornalista negro José do Patrocínio, orador passional, que assumiu protagonismo nos eventos pró-abolição. A movimentação cresceu no espaço público, com novas associações, panfletos, jornais e as conferências-concerto, atos políticos e artísticos nos quais se alforriavam os submetidos à escravidão, que chamavam de "escravizados" em vez de "escravos".

Rebouças conectou as duas arenas de ativismo, instituições políticas e espaço público. Em 1880 criou, com Patrocínio, a Associação Central Emancipadora e, com Nabuco, a Sociedade Brasileira contra a Escravidão, ambas orientadas por sua "democracia rural": abolição e pequena propriedade.

Mas a contramobilização escravista logo bloqueou o debate no Parlamento. Sem conseguir se reeleger, Nabuco buscou emprego e apoio na Europa. Lá amealhou novos aliados e redigiu *O abolicionismo* (1883), panfleto de crítica ao escravismo e defesa da abolição.

Em sua ausência, catorze deputados discursaram pela abolição no Parlamento. E a mobilização se nacionalizou. De 1878 a 1885, formaram-se 227 sociedades e se realizaram cerca de seiscentas conferências. Essa ocupação ostensiva e pacífica do espaço público difundiu a ideia nas grandes cidades e atraiu novos ativistas, de estratos médios e baixos.

O ápice aconteceu em 1883, quando Patrocínio e Rebouças criaram a Confederação Abolicionista (CA), com manifesto pró-abolição imediata e sem indenização. A CA coordenou a propaganda em escala nacional, agrupando associações e desencadeando a campanha de libertação de territórios: a compra ou cessão voluntária de alforrias em áreas geográficas contíguas.

Depois de bem-sucedida em municípios, a tática foi testada em larga escala. A província escolhida foi o Ceará, que tinha poucos escravos, movimento local forte e presidente de província abolicionista. A "libertação" avançou pelo interior e em Fortaleza, culminando na declaração formal de abolição na província, em 25 de março de 1884. Patrocínio, em Paris, e Nabuco, em Londres, organizaram eventos de endosso internacional ao ato que afrontava o governo nacional.

Até então o sistema político tolerava os protestos e retardava novas medidas. A libertação da província inteira alterou o jogo político.

Aí se iniciou novo ciclo, com o centro nervoso do processo político se deslocando das ruas para as instituições. O choque entre forças contrárias paralisou o sistema partidário, o que abriu espaço para um gabinete pró-abolição em junho de 1884, chefiado pelo liberal Manuel de Sousa Dantas, antes membro de sociedade antiescravista na Bahia. O governo se aliou ao movimento abolicionista, que colaborou na redação de projeto de emancipação gradual.

A Reforma Dantas libertava escravos de mais de sessenta anos e ia além: criava imposto sobre a propriedade de escravos; anulava registros falsos; tabelava preços; proibia o tráfico interprovincial; instituía pequena propriedade na beira das estradas de ferro e salário mínimo para libertos; e fixava em dezesseis anos a extinção total do regime escravista.

A aliança governo-movimento operou também fora do Parlamento. Isso se viu em 10 de julho de 1884, quando, após campanha de libertação de territórios, abolicionistas e o presidente do Amazonas declararam a província também "libertada". A tática avançava pelo país.

Veio então uma onda contra mobilização escravista. Apareceram 49 Clubes da Lavoura. Nas instituições políticas, discursos antirreforma culminaram em duas moções de desconfiança. O governo derrubou a primeira e perdeu a segunda. Dantas pediu e o imperador concedeu a dissolução da Câmara e a convocação de eleições.

Foi a primeira campanha eleitoral brasileira de escala nacional. A coalizão governo-movimento lançou candidaturas em treze províncias. O país rachou entre os favoráveis e os contrários à Reforma Dantas. A eleição foi conturbada e, na apuração, disputou-se a validade de atas e votos. Anularam-se mandatos de abolicionistas, como Nabuco, Rui Barbosa e ministros de Dantas. Assim, os escravistas obtiveram maioria e aprovaram outro voto de desconfiança ao governo.

O imperador, então, abandonou Dantas e chamou outro liberal para substituí-lo. O governo de Antônio Saraiva modificou o projeto. A idade de libertação subiu para 63 anos (ou 65 para os já com 63) e a indenização aos proprietários ganhou valores acima do mercado. Abolia-se o tráfico interprovincial, mas flexibilizava-se o registro dos escravos, facilitando legalizar a posse dos contrabandeados entre 1831 e 1850.

Abolicionistas protestaram em eventos e escritos. Nabuco buscou apoio estrangeiro e fundou o Grupo Parlamentar Abolicionista, com catorze deputados, para bloquear a tramitação. Mas a reforma foi aprovada por dois terços da Câmara.

D. Pedro II tornou a trocar de chefe de governo. Coube ao escravista barão de Cotegipe, do Partido Conservador, conduzir a tramitação no Senado. Em 28 de setembro de 1885, aniversário da Lei do Ventre Livre, ainda sem plena implementação, aprovou-se a lei n. 3270, a Saraiva-Cotegipe ("dos Sexagenários").

O último ciclo de mobilização começou quando a agenda institucional se fechou para a abolição de três modos.

Primeiro, Cotegipe dissolveu a Câmara e, recorrendo a fraudes, elegeu uma nova quase unânime em seu favor. A CA lançou candidaturas em várias províncias, mas apenas Nabuco se elegeria.

Segundo, graças a decreto de regulamentação (Patrocínio apelidou-o "Regulamento Negro"), que exigia a matrícula dos escravos, a Lei Saraiva-Cotegipe teve a vigência postergada, na prática, para depois de março de 1887.

Terceiro, o "Regulamento Negro" incluiu, à maneira do Fugitive Slave Act norte-americano, dois anos de prisão para quem auxiliasse fugas de escravos. O governo pôs cavalaria e infantaria para perseguir fugitivos e abolicionistas. O contramovimento escravista criou milícias paramilitares para fazer o mesmo.

Abolicionistas protestaram na imprensa, seguiram com ações judiciais, libertações de território, fundação de associações e conferências-concerto. Mas a repressão fez despencar o volume da mobilização pública. Os eventos ficaram dramáticos, caso das procissões cívicas com escravos torturados, usadas para pressionar pelo fim da pena de açoites.

Dantas endossou essa demanda no Senado, que virou a lei n. 3310, em outubro de 1886. O governo cedeu por conta do cenário externo: acabara a transição nas colônias espanholas e o Brasil era afinal o único país escravista do Ocidente.

Os abolicionistas insistiam na arena eleitoral e nas alianças no estrangeiro, mas, com o bloqueio das vias institucionais e do espaço público, a desobediência civil passou a ser estratégia principal. Em fins de 1886, nova campanha de libertação de territórios foi bem-sucedida em Santos, mas seu objetivo já era facilitar o embarque de fugitivos rumo ao Ceará.

Inspirada no abolicionismo norte-americano, a tática das fugas coletivas orientadas se espalhou, adaptada às condições locais. Formaram-se "redes libertadoras", unindo várias províncias ao norte e ao sul do país. Conectavam a fazenda ou casa do fugitivo, o sistema de transporte, um ou mais abrigos provisórios e um dos destinos finais — Santos, Ceará ou quilombos locais.

As fugas coletivas orientadas não eram um sistema nacional unificado e, à diferença das demais estratégias, só funcionaram porque cidadãos comuns e escravos se engajaram. Com elas, o abolicionismo, começado como movimento de elite, que atraíra setores médios nas conferências-concerto nas cidades, adquiriu legitimidade entre os estratos baixos e nos rincões do país.

A tática incentivou a generalização de fugas organizadas pelos próprios escravos, sem conexão com os abolicionistas. A combinação das várias formas de desobediência civil levou a uma escalada do confronto. Nas províncias em que o escravismo era enraizado na economia e se organizara politicamente, caso de Rio de Janeiro e São Paulo, a violência ficou cotidiana. Polícia e escravistas caçavam abolicionistas, destruíam seus jornais, atacavam seus eventos.

Em 1887, somaram-se o conflito entre governo e Exército e a aceleração da campanha republicana, quando d. Pedro partiu doente para a Europa. Isabel assumiu a Regência, e se abriu debate sobre a sucessão dinástica. Nesse contexto de incerteza política, a repressão ao movimento se intensificou. CA demandou em audiência com a regente o que Dantas já pedira ao Senado: garantia de vida para os abolicionistas. A princesa, contudo, discursou no encerramento da sessão legislativa sem mencionar a "questão servil".

Em fins de 1887, a imprensa abolicionista fez então chamamento às armas. Iniciou-se, aí, a última fase do processo político, já não mais de mobilização mas de adesões em cascata. É que setores da elite social, do Judiciário, da Igreja, a grande imprensa e o Partido Liberal, temerosos de uma guerra civil como a norte-americana, defenderam o fim da escravidão no curto prazo. Fazendeiros negociaram a transição com os escravos para estancar as fugas. Mesmo Antônio da Silva Prado, autor do "Regulamento Negro", desertou do governo, visando controlar o processo em São Paulo.

O ator decisivo foi o Exército: ao se negar a caçar fugidos, inviabilizou a repressão estatal.

A virada para 1888 ainda foi tensa. Em fevereiro, um abolicionista foi linchado no interior de São Paulo, quase ao mesmo tempo em que Nabuco obtinha uma mensagem pró-abolição do papa. Apenas nesse momento a princesa e uma ala do Partido Conservador se decidiram pela abolição. Em março, João Alfredo Correa de Oliveira substituiu Cotegipe no governo com esse compromisso.

Os abolicionistas voltaram às ruas para celebrar. Mas se dividiram entre apoiar o gabinete e Isabel, apostando no avanço das reformas sob o Terceiro Reinado, e fazê-las com a República, já que a maioria dos abolicionistas era de republicanos.

Em 3 de maio de 1888, na abertura do ano parlamentar, anunciou-se o projeto. Rebouças redigiu a primeira versão, com os pilares de sua "democracia rural". Mas o governo encaminhou apenas o fim imediato e sem indenização da escravidão. A tramitação correu em regime de urgência e, na votação, apenas nove deputados e seis senadores foram contrários. Em 13 de maio, às quinze horas, domingo, a regente sancionou a lei n. 3353, que extinguiu a escravidão brasileira.

Foi uma solução de compromisso. Os abolicionistas aprovaram sua demanda central, abolição sem indenização. Mas os escravistas garantiram que a lei viesse sem direitos para os libertos e sem a pequena propriedade — os outros pés da democracia rural. Final melancólico para uma campanha de duas décadas, que envolveu milhares de pessoas, entre homens e mulheres, brancos e negros, e constituiu o primeiro movimento social nacional no Brasil.

Q

Flávio dos Santos Gomes

QUILOMBOS/ REMANESCENTES DE QUILOMBOS

AS SOCIEDADES ESCRAVISTAS CONHECERAM DIVERSAS FORMAS de resistência, destacando-se as fugas individuais e as comunidades de fugitivos. Nas áreas urbanas as dificuldades para capturar os cativos eram grandes, e por isso os jornais ficaram abarrotados de anúncios de fugas. Ainda mais difícil era capturar os fugitivos que formavam quilombos/mocambos. Desenvolveram-se, assim, comunidades de fugitivos que receberam diferentes nomes, como *cumbes* na Venezuela e *palenques* na Colômbia. Na Jamaica, no restante do Caribe inglês e no Sul dos EUA, foram chamados de *maroons*. Na Guiana Holandesa e depois Suriname, ficaram conhecidos como *bush negroes*. Em São Domingos (Haiti) e outras partes do Caribe francês, o termo era *marronage*; já em Cuba e Porto Rico, *cimarronaje*. No Brasil, receberam inicialmente o nome de "mocambos", para depois serem denominados "quilombos". Data de 1575 a primeira informação sobre um mocambo formado no país, mais exatamente na Bahia. Ainda em fins do século XVI, as autoridades coloniais garantiam que havia alguns obstáculos à colonização, sendo o primeiro deles os "negros de Guiné" que viviam em algumas serras e praticavam assaltos às fazendas e engenhos.

Por aqui foi apenas a legislação colonial de 1740 que definiu o que seria um quilombo. O Conselho Ultramarino estabeleceu, então, que quilombo era "toda a habitação de negros fugidos que passem de cinco, em parte despovoada, ainda que não tenham ranchos levantados nem se achem pilões neles". No entanto, um século antes já existiam câmaras municipais que definiam como quilombos agrupamentos com apenas "dois ou mais fugidos", e que tivessem "ranchos e pilões", ou seja, uma estrutura econômica mais fixa.

As comunidades de fugitivos proliferaram no Brasil como em nenhum outro lugar, exatamente por conta da capacidade deles de se articularem com as lógicas econômicas das regiões vizinhas. Nunca isolados, mocambos e quilombos realizavam trocas econômicas tanto com escravos como com a população livre: taberneiros, lavradores, faiscadores, garimpeiros, pescadores, roceiros, camponeses, mascates, quitandeiras. Quilombolas nas fronteiras do Amapá com a Guiana Francesa garantiam no final do século XVIII que cultivavam grandes roças de farinha e que vendiam o produto para os franceses. Por sua vez, mocambos próximos à fronteira mantinham relações de comércio com colonos franceses. Na capitania de Minas Gerais, em 1795, já se falava abertamente das alianças que quilombolas estabeleciam com os escravos nas senzalas, os quais eram acusados de roubar e repartir os mantimentos dos paióis dos seus senhores. Há indicações de quilombolas garimpeiros em redutos de muito ouro e diamantes. Outros trocavam produtos de suas lavouras e caçadas com taberneiros e também com os escravos nas senzalas. No século XIX, no Maranhão, na região do Gurupi, as conexões dos quilombolas com os escravos nas senzalas eram permanentes, a ponto de as autoridades afirmarem que tais e tais fazendas eram os verdadeiros quilombos.

A economia quilombola mais típica era aquela da produção de farinha de mandioca. Em roças, não raras vezes distantes de seus acampamentos e comunidades, quilombolas plantavam e colhiam mandioca, transformando-a — através da moagem, peneiras e forno — em farinha e outros derivados. Embora a farinha fosse importante como um símbolo da organização socioeconômica das comunidades remanescentes, ela não foi a única produção na economia quilombola. Quilombos se dedicavam ao fornecimento de lenha, à fabricação de cerâmica e cachimbos, além de outros utensílios da cultura material. Por meio do comércio, integravam-se às regiões que os circundavam, fazendo uso de intermediários. No Rio de Janeiro, ao longo do século XIX, prosperou na região da atual Baixada Fluminense uma rede de quilombos. Estes se localizavam entre os rios Sarapuí e Iguaçu, e receberam os nomes de Quilombo do Bomba, Quilombo do Gabriel e Quilombo da Estrela. Cultivavam abóbora e cana-de-açúcar, e ainda comercializavam peixe e caça. Mas a principal base econômica vinha da extração de lenha (conhecida como "lenha do mangue"). Os quilombolas negociavam em larga escala com taberneiros, que em troca de canoas de lenha entregavam mantimentos e demais produtos de que eles necessitavam.

Quilombolas também usufruíam do extrativismo. A despeito do deslocamento permanente, ocupavam territórios a partir da utilização de recursos hídricos, da fauna e da flora. Vários casos revelam como eram complexas as regiões selecionadas pelos quilombolas. Por exemplo, em 1811, os mocambos de Óbidos e Alenquer situavam-se em campos parcialmente alagados, o que dificultava o cerco de tropas. Além do mais, muitos quilombolas interagiam e assim ganhavam proteção das senzalas. Havia, aliás, episódios de festas promovidas nas senzalas em que compareciam os quilombolas.

Palmares foi o mais importante quilombo do Brasil. Surgiu na capitania de Pernambuco nas últimas décadas do século XVI, sendo que a primeira referência aparece em 1597. Ali os mocambos cresceriam enormemente, e em meados do século XVII a sua população já alcançava milhares de pessoas distribuídas em vários mocambos ao longo daquelas serras. Estes eram denominados a partir dos nomes de seus chefes e comandantes. Entre os principais estavam os mocambos Andalaquituche, Aqualtune, Dambraganga, Osenga, Quiloange, Quissama, Subupira e Acotirene. O centro político, e onde morava o rei, era chamado de Mocambo Macaco, e depois foi transferido para o Mocambo Cucaú.

Embora tivessem feito muitas tentativas — com o envio de inúmeras expedições punitivas —, portugueses e holandeses não conseguiram exterminar Palmares e seus vários mocambos. Depois de diversas batalhas, em especial nas décadas de 1660 e 1670, houve trégua e tratado de paz. Em 1678 foi levada ao rei de Palmares — Ganga-Zumba — uma proposta que implicava a deposição de armas e a possibilidade de os quilombolas — ex-escravos fugidos, filhos e netos deles — serem a partir de então considerados livres. As autoridades coloniais visavam sobretudo acabar com as continuadas fugas para os mocambos, bem como liberar aquelas terras na região de Palmares, que andavam muito valorizadas. Já da parte dos quilombolas, eles ganhariam a sua liberdade, mas deveriam se retirar para outros lugares da serra da Barriga e se comprometer a não mais aceitar a entrada de novos habitantes, oriundos de novas fugas. As terras que ocupariam seriam assim claramente demarcadas.

Como se pode imaginar, o tratado de paz não prosperou, e Ganga-Zumba e parte dos *palmaristas* se mudaram para o Mocambo Cucaú. No entanto, houve uma divisão entre as principais lideranças, já que muitos se negavam a ir viver no Cucaú. Ganga-Zumba acabaria assassinado, e o novo líder, Zumbi, recusou o acordo de paz das autoridades coloniais de Pernambuco.

A guerra contra os quilombos retornaria, e Zumbi assumiria o comando total de Palmares. No fim da década de 1680 e começo dos anos 1690 iniciou-se a preparação de grandes expedições militares que seriam comandadas pelo bandeirante Domingos Jorge Velho. Entre 1692 e 1694 ocorreriam vários combates. Os bandeirantes, além de numerosos, agora levavam potentes canhões, mobilizando considerável aparato militar. A estratégia de construir uma contracerca os ajudou a se aproximarem ao máximo das paliçadas (muralhas) e usarem com mais eficiência a artilharia que atingiria o Mocambo Macaco, situado na parte mais alta da serra da Barriga. Em retirada e buscando escapar dos ataques, muitos quilombolas caíram em abismos. Foram centenas de mortos e de prisioneiros.

Mas Palmares ainda não estava destruído, nem Zumbi preso; ele se refugiara num mocambo na serra Dois Irmãos. Porém, acabaria sofrendo uma emboscada: foi localizado e assassinado em 20 de novembro de 1695. Apesar da morte de Zumbi, a caçada aos quilombolas remanescentes continuaria nos anos seguintes. Sabe-se que alguns — sob o comando de Camoanga — ainda ocupavam a região, enquanto outros migravam para as capitanias da Paraíba e do Rio Grande do Norte. Em 1703, Camoanga seria assassinado; e, em 1725, tropas — muitas delas compostas de índios catequizados — se instalariam em vários pontos da serra para impedir novas tentativas de reagrupamento por parte dos quilombolas, reformando Palmares.

Até 1736, contudo, Alagoas não deixaria de ter notícia de quilombos estabelecidos naquelas serras. No século XIX, mais exatamente em 1832, os roceiros negros chamados de papa-méis — aqueles que lutaram na Cabanada entre Pernambuco e Alagoas contra as políticas de centralização do Estado regencial instaurado pelo Brasil independente — eram certamente netos e bisnetos dos remanescentes de Palmares, pois habitavam as mesmas regiões, em vilas e em bases camponesas.

Mas os quilombos brasileiros foram sobretudo diversos, tanto espacial como temporalmente. Por isso, propor uma classificação para eles, ou determinar se representavam grandes, médias ou pequenas formas de organização, sempre foi uma tarefa complicada. Existiam quilombos que procuravam constituir comunidades independentes com atividades camponesas integradas à economia local. Havia também os caracterizados pelo protesto reivindicatório dos escravos, os quais se refugiavam nas terras da própria fazenda de seus senhores. Havia ainda pequenos grupos de quilombolas que se dedicavam a assaltos às fazendas próximas. Embora diferentes, os quilombos possuíam significados semelhantes tanto para os quilombolas como para aqueles que permaneciam nas senzalas.

Alguns quilombos mais antigos e populosos, que chegaram a se reproduzir ao longo do tempo, mantinham economias estáveis. Em tais casos, além dos cultivos para subsistência, produziam excedentes e realizavam trocas mercantis com vendeiros locais. Esses quilombolas acabavam sendo reconhecidos como roceiros, uma vez que iam aos povoados circunvizinhos comercializar, comprar pólvora e munição. Alguns deles chegavam até a trabalhar para fazendeiros locais em troca de proteção, dinheiro e mantimentos.

Normalmente, as comunidades quilombolas se situavam em terras de fronteiras econômicas abertas. Eram protegidas pela geografia de uma dada região — entre rios, montanhas e florestas — e igualmente por um sistema de defesa com paliçadas e estrepes. Podiam ainda combinar estruturas mais estáveis com acampamentos provisórios, que ao mesmo tempo confundiam as ações das expedições repressoras, as quais na maioria das vezes apenas encontravam ranchos abandonados. Essa formação também facilitava as relações mercantis entre quilombolas e escravos de fazendas próximas, que não raro lhes deram abrigo e proteção.

Interessante destacar que os quilombolas eram em geral escravos fugidos de uma mesma localidade e/ou fazenda, e com frequência pertenciam a um mesmo fazendeiro. Muitas vezes procuravam se manter no interior das terras do seu senhor e, quando faziam protestos, durante períodos de alguns meses ou até anos, reivindicavam espaços autonômicos. Não era incomum aceitarem voltar à situação de cativos, com a condição de terem suas exigências atendidas. Havia ainda os pequenos grupos de quilombolas mais itinerantes, a maior parte constituída de pessoas que não possuíam acampamento fixo e praticavam uma economia de caráter predatório.

Como se vê, embora tivessem características diferentes, os quilombos podiam coexistir numa mesma região, em dado período, e integrar suas ações. Enquanto os quilombolas que formaram comunidades de roceiros possibilitaram a gestação de vilas de camponeses, os identificados como grupos de "protestos reivindicatórios" podiam representar tão somente uma reação ao cativeiro. Dessa forma, manter ou alargar conquistas, e até mesmo lutar por direitos costumeiros, adquiria significados diversos. Muitos se aquilombavam para não serem vendidos ou transferidos; para o ritmo de trabalho não aumentar; para poderem continuar cultivando suas roças próprias; para não receberem castigos rigorosos; ou, então, para serem considerados livres e possuidores da terra. Pretendiam, em comum, lutar por transformações em suas vidas e também nas relações escravistas. É importante ressaltar que quilombolas que saqueavam propriedades assustavam sobremaneira os fazendeiros. Nesse sentido, medo e apreensão por parte dos senhores podiam significar momentos favoráveis para os habitantes das senzalas forçarem barganhas, compensações e o reconhecimento definitivo das suas conquistas.

Também proliferaram os quilombos urbanos, unidades móveis que se formaram no Brasil imperial, principalmente nas grandes cidades escravistas, como Rio de Janeiro, Salvador e Recife. Eram espaços de proteção e/ou esconderijo para os milhares de fugitivos noticiados na imprensa diariamente. Em 1814, no Rio, falava-se de quilombos na Tijuca; aliás, parte da região seria marcada nos mapas coloniais com a designação "serra dos Pretos Forros". Além das freguesias suburbanas de Inhaúma, Irajá e Jacarepaguá, a região da Lagoa (mais tarde denominada lagoa Rodrigo de Freitas, nome de um antigo grande proprietário local) era conhecida como reduto de pequenas, móveis e inúmeras comunidades quilombolas muito próximas da corte. Com a proximidade urbana, negociavam os produtos de suas roças e frutas silvestres com taberneiros, viajantes e escravos ao ganho.

Já no Sul do Brasil, nas circunvizinhanças de Porto Alegre, denunciava-se na década de 1830 a movimentação de quilombolas do Negro Lucas, na ilha dos Marinheiros, os quais eram acusados de pequenos roubos, mas também de realizar a venda de produtos e prestar serviços para lavradores locais. Em 1879 as denúncias partiram do centro da cidade, e os jornais noticiavam ações de grupos de quilombolas que vagavam pelas ruas Direita, Igreja e Arvoredo. Ao norte do país, na cidade de Belém do Pará, na mesma ocasião, comentava-se a existência de quilombolas nos bairros da Campina, Umarizal, Utinga e Pedreira.

Os quilombos suburbanos de Salvador foram os mais famosos desde o século XVIII, com destaque para os mocambos do Urubu e outros estabelecidos próximo a Itapuã, cujos integrantes se comunicavam com escravos urbanos que trabalhavam ao ganho. Conexões semelhantes envolvendo quitandeiras, por exemplo, foram denunciadas nos casos dos quilombos que se formaram nos arrabaldes da cidade de São Paulo, alcançando as áreas do Bexiga e de Santana. Nos subúrbios de Recife, essa movimentação teve nome e líder: o Quilombo do Catucá era comandado por um chefe temido chamado Malunguinho. Em São Luís, alguns quilombos urbanos se concentravam na área do Bacanga, entre eles o Quilombo da Samaúmeira, que contaria com apoio de abolicionistas no final do século XIX.

Nas décadas seguintes à abolição, a movimentação dos libertos e também dos descendentes dos quilombolas ampliou o campesinato negro e a proliferação de comunidades negras rurais. As formações rurais do pós-emancipação foram caracterizadas como um "campesinato itinerante", marcado por famílias negras organizadas por parentesco, culturas ancestrais e uso comum do território. Ali se mesclaram as antigas e reformadas comunidades de fugitivos da escravidão, expandindo-se ainda mais as dimensões dos quilombolas e seus remanescentes, presentes no fim do século XIX, mas também no XX e no XXI. Cerca de 5 mil comunidades remanescentes de quilombos encontram-se espalhadas de norte a sul do Brasil, em povoados constituídos por famílias cujo número varia de trinta a 2 mil.

Utilizado oficialmente na Constituição brasileira desde 1988, o termo "remanescentes das comunidades dos quilombos" foi transformado numa definição abrangente e ao mesmo tempo operacional no sentido do reconhecimento dos direitos sobre a posse da terra e a cidadania. O artigo 68 do Ato das Disposições Constitucionais Transitórias (ADCT) estabelece que "aos remanescentes das comunidades dos quilombos que estejam ocupando suas terras é reconhecida a propriedade definitiva, devendo o Estado emitir-lhes os títulos respectivos". Garante-se, pois, o direito possessório das terras ocupadas e herdadas por seus antepassados. Ainda assim, muitas comunidades têm enfrentado problemas, motivados, entre outros fatores, pela morosidade dos órgãos estaduais e federais na titulação definitiva de suas terras, na lentidão dos processos que garantem seus territórios e reconhecem a importância dessa que é uma cultura ancestral.

R

Luis Nicolau Parés

RELIGIOSIDADES

Os saberes, cosmovisões e práticas rituais trazidos pelos africanos ao Brasil foram muito diversos e experimentaram contínuas transformações até se organizarem nas religiões "afro-brasileiras" ou "de matriz africana" que hoje conhecemos. As variantes regionais do tambor de mina do Maranhão, o xangô de Pernambuco, o candomblé da Bahia, a macumba do Rio de Janeiro, ou o batuque do Rio Grande do Sul, para citar apenas algumas das denominações mais conhecidas, se configuraram historicamente através de processos de interação cultural africana bastante complexos, e de modo relacional, com o catolicismo ibérico, as culturas ameríndias e o espiritismo kardecista. Embora essas religiões se apresentem como "tradicionais" e enraizadas num passado africano remoto, elas são relativamente modernas, boa parte tendo adquirido sua forma padronizada atual só a partir da segunda metade do século XIX.

Os estudos afro-brasileiros enfatizam uma distinção entre as religiosidades marcadas pelas tradições da África Ocidental, dos povos jejes e nagôs (falantes de línguas gbe e yorubá, respectivamente), e aquelas marcadas pelas tradições da África Central, dos povos kongo-angola (falantes de línguas bantu). As primeiras são valorizadas por sua suposta pureza ritual e fidelidade africana, e incluiriam o tambor de mina, o xangô e o candomblé, no Nordeste do Brasil. Nelas, o tambor, o uso litúrgico de línguas africanas, técnicas de adivinhação como o jogo de búzios, processos de iniciação e sacrifícios animais seriam fundamentais. As segundas, mais permeáveis e tendentes à mistura, estariam na base do candomblé de caboclo, a cabula (hoje extinta), a macumba, a quimbanda e, em última instância, a umbanda, a religião nacional nascida no Sul do país. Nestas, a iniciação e o sacrifício animal são menos frequentes, a língua portuguesa é quase exclusiva, e as consultas aos caboclos, mestres e encantados substituiriam as adivinhações. Ainda que a distinção dessas religiões em termos de matrizes africanas seja problemática, cabe pensar num campo religioso tensionado por formas mais africanizadas e outras mais abrasileiradas, que se definem mutuamente pelo contraste que apresentam. O conjunto dessas práticas, além de uma dimensão de celebração e de uma orientação para a cura, incluem o fenômeno da possessão ou da mediunidade, por meio da qual as entidades se manifestam no corpo dos adeptos. Tal denominador comum facilita o trânsito de pessoas e de elementos rituais entre as distintas religiosidades e torna inútil a tarefa de traçar fronteiras nítidas entre elas.

Da mesma maneira que no Brasil, no continente africano as crenças e as práticas religiosas raramente constituíram um sistema homogêneo e estável, bem como careciam de um panteão fixo. Ao contrário, sempre sofreram contínuos processos de revisão, incluindo elementos novos e excluindo outros. Apesar da sua diversidade cultural, os africanos compartilhavam algumas crenças ou "orientações cognitivas". Uma delas é que o mundo visível dos viventes corresponde a outro invisível, morada de deuses, ancestrais, gênios e outras forças. Acredita-se que essas entidades são as responsáveis pela manutenção da vida neste mundo. Religião seria, assim, qualquer prática envolvendo a interação: uma reza, uma oferenda, a dança do deus incorporado, mas também a entronização de um chefe, o preparo de uma máscara, um rito funerário, um ritual de cura ou uma consulta oracular. A comunicação com o mundo invisível, porém, é responsabilidade de especialistas, detentores de saberes secretos que lhes permitem lidar com o perigo dos deuses, pois, além de solucionar problemas, eles podem infligir castigos. Por sua ênfase em sustentar a vida, parte importante das práticas religiosas africanas visa propiciar a fortuna (saúde, fertilidade, prosperidade) e proteger do infortúnio (doença, infertilidade, pobreza). Sem desconsiderarem a vida após a morte, essas religiosidades têm um forte teor pragmático e estão orientadas à resolução de problemas neste mundo.

As religiões autóctones africanas não possuem um dogma ou doutrina; ninguém prescreve aquilo em que uma pessoa deve acreditar; e a afiliação a elas se baseia, sobretudo, na participação ritual, mediada pela experiência corporal. O caráter não dogmático e a orientação para a ação, combinados com a flexibilidade para integrar elementos alheios e reinterpretá-los a partir de velhos padrões, resultaram num pluralismo religioso de extraordinário ecletismo. Tal combinação de fatores foi talvez a principal continuidade cultural que os africanos trouxeram do seu continente e que permitiu a "síntese criativa" ocorrida na diáspora. Nesse sentido, as religiões africanas e afro-americanas não são tradicionais; isso, se "tradicional" implicar ausência de mudança e movimento.

Desde sua chegada a terras brasileiras, no século XVI, os africanos e africanas teriam ativado, de forma individual ou coletiva, seus saberes e práticas rituais para enfrentar a adversidade da nova sociedade escravocrata. Por carisma ou aprendizado prévio, alguns deles conseguiram agregar adeptos, gerando movimentos religiosos de duração variável que podiam extinguir-se sem deixar rastro ou ser absorvidos por outros de chegada posterior. Embora fragmentada, a documentação dos séculos XVII e XVIII aponta para a ubiquidade dos chamados calundus. Com esse termo de origem bantu designavam-se práticas e ajuntamentos africanos, que podiam envolver danças coletivas e fenômenos de possessão, mas cuja principal função era a adivinhação ("dar ventura") e a cura, incluindo nesta última o exorcismo ("tirar diabo") e o preparo de remédios, "bolsas de mandinga" e "feitiços", para diversos fins propiciatórios e defensivos, como amansar a fúria do senhor. Por sua dimensão terapêutica e oracular, os calundus coloniais eram geralmente conduzidos por especialistas que atuavam de forma individualizada, talvez assistidos por uns poucos ajudantes, interagindo com seus clientes, se deslocando para onde seus serviços eram requeridos, sem um calendário preestabelecido.

Em paralelo aos calundus, há evidência, já no século XVIII, de práticas de adoração ou devoção a deuses instalados em altares, mais ou menos fixos, que recebiam oferendas alimentícias e sacrifícios periódicos. Essa forma de religiosidade comportava uma organização coletiva, em torno de um corpo sacerdotal hierarquizado, e a celebração de cerimônias que podiam durar dias a fio e atrair muitos seguidores. No ano de 1747, em Paracatu (Minas Gerais), foi denunciada uma dança chamada de acotundá, liderada por um grupo de couranas (provavelmente os hulas da região de

Uidá, na África Ocidental) que, além do transe mediúnico de várias pessoas, implicava a presença de um "boneco [...] santo de sua terra", a quem "obsequiavam" com diversas panelas de ervas cruas e cozidas em volta das quais dançavam. Em 1780, em Recife, o conde de Povolide também deplorava as "danças supersticiosas" organizadas em "casas e roças" pelos "pretos da Costa da Mina" ao redor das festas das irmandades católicas, "com altar de ídolos" e distintos tipos de oferenda.

Como sugerem os casos acima, a constituição dessas congregações, em casas e roças, era comum entre os minas, e se inspirava nos cultos aos voduns dos jejes e naqueles aos orixás dos nagôs, com uma longa tradição institucional na África Ocidental. Tais cultos se caracterizavam pelo recrutamento periódico de noviços através da iniciação que, por sua vez, determinava a hierarquia sacerdotal do grupo. Comportavam a reunião num mesmo local de múltiplos deuses, fixados em altares ou pejis, árvores e outros elementos naturais, celebrados de forma sequencial nas cerimônias públicas, com danças de roda, cantos de solo e resposta coral, e orquestra de ferro e tambores. Esse modelo organizacional de tipo conventual parece ter respondido às demandas associativas de distintos grupos étnicos e às suas especificidades rituais, favorecendo sua réplica em diversas escalas.

Congregações desse tipo podiam surgir como extensões de cultos domésticos, mantidos no âmbito da casa, muitas vezes dedicados a um único santo, africano ou católico, associado ao fundador da família. De fato, a proliferação das comunidades de terreiro exigia que os africanos formassem grupos de parentesco, promovendo a cooperação com sua descendência crioula, para garantir o número suficiente de participantes e a transmissão geracional. Desse modo, a família de sangue amiúde se emaranhava com a família de santo, e a casa ou unidade doméstica estava na base do terreiro. Por outro lado, as lideranças dessas comunidades extradomésticas precisavam de recursos materiais que lhes garantissem o controle sobre as terras onde instalariam seus altares e celebrariam intrincadas e dispendiosas cerimônias. Assim, a organização dessas comunidades gerava uma economia que muito se beneficiou do apoio e da participação dos libertos mais prósperos.

Só no século XIX surgiram condições socioeconômicas que permitiram, nas cidades mas também em áreas rurais com alta densidade africana, a progressiva articulação de uma rede de congregações capaz de agregar uma comunidade religiosa mais ampla, além do âmbito restrito das casas.

A dinâmica de cooperação propiciou o desenvolvimento de um relativo consenso acerca dos protocolos rituais, calendários (amiúde coincidindo com as festas católicas) e panteões. A partir desse código compartilhado, emergiram as singularidades litúrgicas de cada casa (línguas, cantos, ritmos, deuses, ritos), resultantes das origens étnicas ou das genealogias espirituais em que seus fundadores foram iniciados. Em tal contraste intra-africano foram se definindo várias modalidades rituais, designadas com os nomes das nações africanas utilizados, no período do tráfico atlântico, para classificar os escravizados. As casas se identificavam como pertencendo à nação jeje, nagô ou angola, ou ainda jeje-mahi, jeje-savalu, keto, ijexá, angola-muxicongo, cabinda, entre muitas outras. Nesse meio-tempo, surgiram nações ou modalidades rituais híbridas ou justapostas, designadas com termos como "nagô-vodum" ou "linha cruzada", entre outros.

Na Bahia, a fundação dos terreiros mais antigos de candomblé, e ainda ativos, como a Casa Branca, o Gantois ou o Alaketu, de nação keto, remonta à primeira metade do século XIX. Havia também candomblés muçulmis de influência islâmica e cultos aos egunguns ou ancestrais. Em São Luís, africanas minas teriam aberto a Casa das Minas jeje e a Casa de Nagô em meados do século. Na década de 1860, libertos da Bahia migravam para o Rio de Janeiro, propiciando a circulação de notícias, como as do julgamento do feiticeiro Juca Rosa, em 1872. Os minas da Bahia importaram o candomblé nagô nos cortiços da zona portuária carioca, na Pequena África, ao lado das macumbas e cabulas dos embandas. Sacerdotes dos orixás como Bamboxê e Tio Joaquim transitavam entre Salvador, Recife, Rio de Janeiro e Lagos. O Sítio de Pai Adão, casa matriz do xangô pernambucano, teria sido fundado com sua ajuda por volta de 1875. De Lagos traziam as últimas novidades, acalentando o orgulho yorubá-nagô dos terreiros por eles frequentados. Senhoras de Uidá viajavam para o Brasil a fim de serem tratadas por babalorixás locais, e os libertos mais abastados enviavam seus filhos à África para "estudar religião". Ou seja, a formação das religiões afro-brasileiras no Brasil imperial foi alimentada por uma intensa circulação interprovincial e atlântica de pessoas e ideias que se prolongou bem além do fim do tráfico em 1850. Nesse circuito atlântico, o discurso da identidade yorubá, associado aos cultos aos orixás, foi utilizado para conferir prestígio e autoridade a certas casas.

Na mesma época, nos sertões interioranos prosperaram os diálogos afro-indígenas, nos torés, na pajelança, na jurema e no catimbó dos sertões nordestinos. No Maranhão, em 1878, os negros fugitivos do Quilombo do Limoeiro trabalhavam com a pena e o maracá do pajé tupi para identificar os feiticeiros da comunidade. A coparticipação nesses rituais favorecia a circulação de vários elementos e a justaposição da dança de roda à mesa espírita. Fundado em São Luís, em 1889, o terreiro da Turquia incluía em seu panteão caboclos, como Rei da Turquia, ou gentis, como Dom Luís Rei da França, além de índios, princesas, botos, boiadeiros. As linhas e correntes de caboclos, mestres e encantados se multiplicavam ao lado dos mais distantes deuses africanos, orixás, voduns, inquices. Com prováveis antecedentes no período do Império e no pós-abolição, surgem variantes rituais como o jaré da Chapada Diamantina, o terecô de Codó, o peji de Jacobina, o babaçuê do Pará, este importado do Maranhão. A religiosidade africana também estava presente nos afoxés, maracatus, bumbas meu boi, caxambus ou jongos de demanda, em volta da fogueira, ao som do tambor, com dança por pares e pontos puxados que faziam sumir as pessoas ou madurar uma bananeira da noite para o dia.

Desde o período colonial, as religiosidades de matriz africana ocuparam uma posição de subalternidade em face da hegemonia do catolicismo. Para a ortodoxia da Igreja, as práticas rituais afrodescendentes eram superstição, feitiçaria, idolatria, magia, nunca religião. A perseguição e a discriminação obrigaram os africanos a desenvolver táticas de ocultação que vinham reforçar o secretismo próprio das religiões iniciáticas. O sincretismo, ou correspondência entre santos católicos e santos africanos, podia ser uma estratégia de ocultação, ou talvez uma forma de se apropriar, por imitação, do universo espiritual do senhor para, assim, melhor controlá-lo. Não cabe, contudo, desconsiderar a possibilidade de conversão sincera ou de a ocultação responder a uma dinâmica de justaposição acumulativa de recursos espirituais.

A demonização por parte da Igreja foi seguida da criminalização pelos códigos penais, da patologização pelos médicos e da denúncia pelos jornalistas. No entanto, a política da repressão se alternou historicamente com uma certa tolerância seletiva. Na maioria das regiões, acabou por emergir um combinado entre práticas aceitáveis e legitimadas como religião e outras proscritas como perigosas e sincréticas, amiúde associadas à feitiçaria. Assim, o tambor de mina em relação à pajelança; o xangô em relação à jurema ou ao "baixo espiritismo"; o candomblé keto em relação ao candomblé angola ou de caboclo; o batuque nagô em relação à linha cruzada.

A competição interna ao campo religioso viria a ser reforçada pelos discursos externos dos intelectuais.

Numa sociedade escravocrata em que a população africana não tinha espaço político, a religião acabou se convertendo no "poder dos fracos". Os terreiros, como as irmandades católicas, promoviam formas de associativismo negro com capacidade de mobilização. Não por acaso, na Bahia da primeira metade do século XIX, os candomblés estiveram na origem de várias revoltas escravas. Além dessa possível dinâmica de confrontação, o terreiro recriava e perpetuava cosmovisões, saberes e hábitos que desafiavam pressupostos da sociedade dominante. Ele oferecia uma experiência de sociabilidade diferenciada, conjugando o espírito comunitário e solidário (não isento de conflitos) com o respeito à autoridade dos mais velhos e à ideologia da ancestralidade. Mas o terreiro não era só um "refúgio" contra a escravidão ou um espaço alternativo de reparação e de identidade negra pan-africana. Para o seu sucesso reprodutivo, precisava de certa abertura social, de negociação e alianças, muitas vezes travadas através do serviço religioso. Hoje ele mudou muito, porém persiste no campo religioso afro-brasileiro a tensão conflituosa entre os discursos da resistência cultural, a valorização seletiva do Estado e a intolerância que vêm de um novo fundamentalismo cristão.

Luciana Brito

RETORNADOS AFRICANOS

ENTRE OS SÉCULOS XVIII E XIX HAVIA UM GRANDE FLUXO DE viajantes portugueses, brasileiros e africanos circulando entre os portos da Bahia, Rio de Janeiro e costa africana, na região do golfo da Guiné. Envolvidos no comércio de vários bens mas principalmente de escravos, compuseram uma comunidade atlântica que produziu uma complexa bagagem cultural e identitária. Quando estabelecidos no continente africano, esses homens e mulheres, em geral libertos, ficaram conhecidos como "retornados", e adotariam a identidade de "brasileiros" nos locais onde se estabeleceram, notadamente no Benim, na Nigéria e em Gana.

A palavra "agudá" possivelmente vem de "Uidá", nome da cidade do Benim onde estava localizado o forte de São João Batista da Ajuda, erguido no final do século XVII. O forte foi construído por comerciantes baianos, súditos da Coroa portuguesa que se dedicavam especialmente ao tráfico de escravos. De acordo com Milton Guran, no século XIX seria a vez de comerciantes brasileiros dominarem o comércio de escravos na costa africana, sendo o mais influente deles o baiano Francisco Félix de Sousa. O sucesso dos seus negócios na região do Benim, no auge do tráfico de africanos, o fez estar próximo das autoridades locais, de tal maneira que em torno de 1820 o rei Guezo do Daomé lhe concedeu o título de *chachá* (ou vice-rei).

Entre o início do século XIX e a sua morte em 1849, o Chachá de Sousa foi mais que um comerciante brasileiro na costa africana. O historiador beninense Elisée Soumonni afirma que o poder do Chachá de Sousa é uma amostra da influência brasileira no Daomé nesse período. Foi com seu apoio que o rei Guezo derrotou o império de Oyó, fazendo do reino do Daomé um ponto importante no circuito do comércio de escravos. Ademais do rico comércio de escravos, o sucesso da empreitada do Chachá de Sousa na costa africana, ainda segundo Soumonni, deveu-se a sua inserção na vida e cultura local. Da mesma forma que trazia sua cultura para a região, Francisco Félix de Sousa estava disposto a adotar características da cultura do lugar. Foi o Chachá de Sousa quem fundou o bairro brasileiro de Uidá, onde viviam, além da sua numerosa família, composta inclusive de esposas africanas, africanos escravizados e libertos que trabalhavam para ela. Esses trabalhadores seriam os primeiros retornados, reunidos numa comunidade falante de língua portuguesa, com forte participação no comércio local e transatlântico de diversos produtos, como noz-de-cola, tabaco, aguardente, fumo, azeite de dendê, mas sobretudo de escravos.

O Chachá de Sousa seria também o responsável por receber o segundo contingente de africanos deportados da Bahia após o Levante dos Malês em 1835. De acordo com Alcione Amos, esses africanos que retornaram à África entre o século XVII e início do XIX totalizam entre 3 mil e 8 mil pessoas. Embora os números sejam imprecisos, o fato é que a segunda onda de africanos retornados juntou-se àqueles que já viviam na região.

Mas vamos a essa história. O Levante dos Malês causou importantes efeitos na forma como as elites escravistas brasileiras administrariam o suposto perigo representado pela população africana. A revolta liderada por africanos muçulmanos reforçou a ideia de que os africanos libertos eram mais perigosos do que os crioulos e que eles eram os principais líderes das rebeliões negras.

No mês de maio desse ano de 1835 a Assembleia Provincial Legislativa da Bahia aprovaria a lei n. 9, que estabelecia a deportação dos africanos e africanas suspeitos, ou até mesmo não suspeitos, de participação no levante. O destino de deportação seria "qualquer ponto da Costa Africana", em geral a região do golfo do Benim.

As pessoas castigadas com a pena de deportação não aceitaram pacificamente a punição. Minha pesquisa revela como a população africana liberta recorreu à Justiça alegando sua inocência. Mesmo quando aceitaram a penalidade, pediram que fossem deportados depois que vendessem seus bens e organizassem os familiares, agregados e escravos que os acompanhariam na partida para a África.

O historiador João José Reis mostra como a pena de deportação não atingiu apenas aqueles que participaram diretamente do levante, ou somente os que eram praticantes do Islã. Segundo ele, menos de 5 mil pessoas compunham a população africana liberta da cidade de Salvador em 1835, e 20% delas deixaram o Brasil como resultado dessa lei. De acordo com Pierre Verger, autor de um dos estudos pioneiros sobre as ligações políticas, econômicas e culturais entre o Brasil e a costa africana, os anos 1835 e 1836 foram aqueles em que a maior quantidade de africanos partiu da Bahia em direção à África. Segundo Verger, ainda, existiria uma relação direta entre o ambiente hostil à população africana, que foi criado na Bahia logo após o levante, e a decisão de muitas pessoas de saírem do Brasil. Conforme o historiador, é nesse período que foi concedido o maior número de passaportes cujo destino era a região da África Ocidental. Para o analista, foi nessa volta à África que os retornados criaram um Pequeno Brasil, da mesma forma que haviam trazido seus costumes para o Império brasileiro quando aqui chegaram como escravizados.

Embora nesse período a maior parte dos libertos e libertas africanas retornados viessem de Salvador, também foi significativo o número de famílias africanas que deixaram o Rio de Janeiro, como afirma Mônica Lima em sua investigação sobre os agudás. Na África, essas pessoas se juntaram às comunidades vindas do Brasil em períodos anteriores, assim como fizeram os retornados de Serra Leoa e de Cuba.

Os motivos da volta para a costa africana variavam de acordo com a política e a economia no Brasil e com as condições na própria África. O historiador e diplomata Alberto da Costa e Silva chama a atenção para a forte ligação entre o litoral africano e as costas atlânticas das Américas, fato que está estreitamente relacionado ao tráfico de escravos. Havia trocas econômicas, culturais e políticas dos dois lados. Segundo Costa e Silva, o que se passava no Brasil repercutia na África, e vice-versa.

Na década de 1840 foram os lucros gerados pelo tráfico que motivaram a ida de africanos, libertos e escravizados, para a costa africana. O envolvimento nesse tipo de comércio também estimulou o mercado de outros produtos secundários, o que fortalecia a economia local e gerava oportunidades para os recém-chegados. A partir da década de 1850, a maioria dos retornados do Brasil se estabeleceu na costa da Nigéria, sobretudo na região de Lagos, onde estavam as melhores oportunidades. Com a extinção do tráfico negreiro no local, em 1851, Lagos continuaria a atrair africanos por ser um lugar seguro para os libertos que fugiam do risco de escravização. Manuela Carneiro da Cunha afirma que, além de aquecerem a economia com o comércio de produtos "lícitos", que tinham consumidores no mercado brasileiro, os retornados em Lagos marcaram seu espaço no local por conta de sua reputação como artesãos qualificados.

Um dos aspectos mais interessantes da comunidade brasileira na África foi a identidade que ela criou. A comunidade dos retornados era formada por pessoas de etnias e até mesmo nacionalidades diversas, e que viveram variadas experiências no Brasil, no continente africano e nas Américas: eram brasileiros comerciantes, súditos portugueses, seus filhos nascidos no Brasil e na África, além de pessoas escravizadas africanas e brasileiras. Havia também os africanos libertos que voltavam para o continente em busca da cidadania que não tinham no Brasil. É importante lembrar que algumas dessas pessoas libertas voltavam acompanhadas dos seus cativos. Portanto, como afirmou a historiadora Mônica Lima, a categoria "brasileiro" formava um verdadeiro guarda-chuva identitário, que se sustentou nessa experiência comum vivida no Brasil escravista. Os anos passados no Império produziram entre os agudás o sentimento de que tinham uma nova origem; que, em vez de eles partilharem uma nação comum no nascimento, sua identidade se solidificava a partir das práticas culturais e costumes e em função da memória do que gostariam de manter acerca da sua vida no Brasil, só que agora sem os limites impostos por uma sociedade escravista.

Verger e Gilberto Freyre, que também é um dos pioneiros nos estudos sobre os retornados, definem esse fenômeno como um "abrasileiramento" dos africanos retornados. Assim eles descreviam a adoção de costumes brasileiros por parte da comunidade agudá, o que seria representado principalmente pela adoção do cristianismo e pela organização em torno de famílias, que tanto serviam como forma de fortalecer vínculos quanto de distinguir-se da comunidade local.

A comunidade africana local, em contrapartida, lançou mão do estigma do cativeiro para responder ao suposto sentimento de superioridade dos agudás, o que se manifestava na maneira como eram discriminados pela população do lugar. Porém, os retornados souberam reverter os significados do seu passado escravista, ao reafirmarem o valor dos hábitos ocidentais que tinham adquirido nas Américas, como forma de se destacar em relação às populações nativas, acusadas por colonizadores europeus de terem costumes bárbaros. A língua portuguesa, o cristianismo, os modos de vestir e de comer, o domínio dos códigos do mundo ocidental, enfim, o conhecimento dos costumes "do branco" deu aos agudás vantagens em solo africano, a ponto de estes formarem uma elite negra, política e financeira.

A cultura ocidental ou, nas palavras de Pierre Verger, a Bahia recriada na África não era de todo baseada em referenciais europeus. Essa Bahia que reinventaram na costa africana não era a Bahia da repressão às suas práticas religiosas e da proibição dos seus modos de viver. Nas comunidades agudás, homens e mulheres que tinham sido escravizados agora controlavam o comércio local ou transformaram-se em trabalhadores e artesãos especializados que construíram bairros brasileiros cuja arquitetura colonial remontava àquela que também haviam erguido na Bahia. Hoje, os casarões brasileiros de Uidá e Porto Novo correm o risco de desaparecer, em função da falta de conservação, ameaçando a memória das comunidades agudás do Benim.

A religião católica, um dos maiores marcadores da identidade brasileira na África, tinha o verniz do catolicismo negro e popular praticado no Brasil. Isso podia ser visto nas irmandades, nos rituais e práticas populares e religiosas, a exemplo da celebração do Senhor do Bonfim, que, como na Bahia, acontece no mês de janeiro e incorpora a "burrinha", a mesma que faz parte das festas populares do Recôncavo baiano e dos bonecos gigantes presentes no Carnaval de Olinda. Além de tais práticas, ainda existentes, os retornados celebravam (e celebram) o Carnaval do Benim no sábado anterior aos festejos do Bonfim. Durante esses rituais, é comum ver famílias agudás usando máscaras e fantasias, cantando em língua portuguesa e carregando orgulhosamente a bandeira do Brasil pelas ruas da capital Porto Novo. Esse "cristianismo negro brasileiro" se refletiu, igualmente, na crença concomitante de outras práticas religiosas, pois os mesmos retornados católicos também cultuavam o vodum.

A incorporação da cultura agudá à cultura local, além do convívio e da prática concomitante de religiosidades distintas, é indício, ainda de acordo com o historiador Elisée Soumonni, da ausência de um completo estranhamento ou incompatibilidade entre a cultura brasileira e a tradicional no Benim. Para o pesquisador, a "herança brasileira" trazida para a África é fruto de influências recíprocas, ou seja, a cultura brasileira praticada pelos retornados tem profundas raízes africanas, não sendo literalmente a reprodução de práticas europeias aprendidas nas Américas. Assim, Soumonni afirma que o caráter estrangeiro da cultura brasileira na África é relativo, uma vez que tais práticas retornavam com muito da cultura africana levada para as Américas.

Os retornados brasileiros na costa do Benim não romperam definitivamente os vínculos com o país onde boa parte deles havia sido escravizada no passado. Embora desde 1831 fosse proibida a entrada de pessoas africanas no Brasil, os agudás fizeram essa viagem de ida e volta diversas vezes. Num belíssimo estudo sobre a cultura africana na Bahia, o pesquisador estadunidense Lorenzo D. Turner mapeou as línguas africanas faladas na Bahia na primeira metade do século XX e concluiu que a permanência dos falares africanos no Brasil se deveu ao contato constante entre libertos africanos e brasileiros com o continente africano. Turner descobriu que algumas famílias de libertos deixavam a Bahia em busca de ambiente mais favorável para seus descendentes ainda na década de 1870 e 1880. Pais e mães libertos enviavam os filhos e filhas para Lagos em busca de educação e formação religiosa, inclusive nas religiões tradicionais africanas. Não era raro que eles voltassem para a Bahia como sacerdotes da religião afro-baiana. Com o estudo de Turner, compreendemos que os retornados que moravam em Lagos sempre visitavam o Brasil, ou eram visitados por parentes e amigos que viviam na Bahia. Portanto, os laços entre os dois continentes nunca eram rompidos.

Recentemente, a pesquisadora Lisa Castillo também nos mostra que até 1890, quando o número de viajantes enfim começou a cair, os brasileiros utilizavam a rota Bahia-Lagos para vender produtos utilizados em rituais de candomblé, além de aprender idiomas, educar seus filhos e buscar formação religiosa no culto dos orixás.

Espalharam-se, pois, a partir dos destinos dos retornados, diversas famílias como os Ribeiro, Da Costa, Sousa, Silva, Olympio, entre outros nomes portugueses de origem brasileira. É também nos bairros e nas construções brasileiras na costa africana, como o Quarteirão Brasileiro, em Lagos, no Bairro Brasileiro e na École Brésil, no Benim, que podemos perceber as heranças dessa comunidade brasileira nos países africanos. Em Gana, a Brazil House, fundada por um retornado, é o símbolo da presença do povo que ficou conhecido como *tabom*, os retornados na região.

No Togo, os retornados foram igualmente bem-sucedidos na tarefa de construir um lugar importante na sociedade. Destacamos a história de

Francisco Olympio, patriarca da família Olympio, que, segundo a tradição oral, nasceu na Bahia em 1833 e chegou à África como trabalhador de um navio negreiro em 1850. Segundo Alcione Amos, os Olympio reproduziram um modo de vida ocidental, mas também adotaram costumes locais, seguindo uma tendência das comunidades retornadas em outros países africanos. A família Olympio tornou-se parte da elite e investiu na educação dos seus descendentes, desenvolvendo atividades comerciais com empresas locais e europeias. Foi no final do século XIX que o imperialismo alemão começou a impor limites à ascensão e ao empreendedorismo das elites negras, inclusive da família Olympio. Isso os fez atuantes no movimento pela independência local, a ponto de o primeiro presidente do país ter sido um descendente de retornado, o brasileiro Sylvanus Epiphanio Kwami Olympio, em 1960.

No Benim, os agudás haviam disseminado a língua portuguesa por toda a região, bem como a memória de terem pertencido a uma elite local mas brasileira. O fato de pertencerem a um grupo social de destaque, que mantinha estreito contato com os portugueses e mais tarde com os franceses que ocuparam o país em 1863, era uma resposta ao seu passado escravocrata. Segundo Milton Guran, aqui também o imperialismo impôs limites à ascensão das elites negras. Depois de terem instalado um protetorado em Porto Novo, com o apoio dos agudás e do mais rico dos retornados, Inácio Paraíso, os franceses trataram de limitar as atividades comerciais desse grupo, fazendo-o perder seu antigo lugar proeminente no país.

Segundo Manuela Carneiro da Cunha, os brasileiros em Lagos também construíram essa memória de um povo que contribuiu para o progresso e a civilização do seu país. O modelo familiar era patriarcal, mas convivia com a poligamia. A educação formal foi amplamente incentivada entre os brasileiros mais abastados, de início em português e depois em língua inglesa, quando foi imposta pelas autoridades britânicas. Portanto, essa elite negra começou a perder espaço político e econômico com o colonialismo britânico no final do século XIX.

A inserção social dos retornados se dava no trânsito entre dois mundos; era preciso dominar a cultura europeia dos ricos traficantes de escravos, mas também a cultura africana local, à qual se reconectaram e que passaram a conhecer na África. Podemos dizer que a comunidade retornada vivia uma experiência única e aparentemente paradoxal: se viam como estrangeiros no continente onde a maioria deles nascera para assumir a identidade de uma nação onde tinham sido escravizados. Na volta para a África, selecionaram a memória do Brasil que desejavam recriar: aquela que fundava possibilidades de lucros e autonomia financeira, inclusive com negócios relativos à escravidão. Também mantiveram a memória do país e da rica cultura negra e popular que conheceram. Por meio delas podiam manifestar e lembrar tudo aquilo de que sentiam saudades e que havia ficado do outro lado do Atlântico.

João José Reis

REVOLTAS ESCRAVAS*

A REVOLTA COLETIVA REPRESENTOU A FORMA MAIS RADICAL DE contestação da escravidão. Não que toda revolta almejasse a destruição do regime escravocrata. Muitas buscaram apenas corrigir excessos de tirania senhorial, diminuir até um limite tolerável a opressão, reivindicando benefícios específicos — às vezes a reconquista de ganhos perdidos — ou punindo feitores e senhores particularmente tirânicos.

Enquanto o quilombo foi uma forma de resistência coletiva que atravessou toda a longa história da escravidão no Brasil, as revoltas foram mais comuns no século XIX. A escravidão brasileira alcançou seu clímax nesse período, espalhando-se ainda mais do que em época anterior pelos diversos setores da sociedade e da economia rural e urbana. Foi durante a primeira metade do século XIX que o Brasil mais recebeu africanos. Apesar de a proibição do comércio transatlântico de escravos ter acontecido em 1831, ele prosseguiu até 1850. Estima-se que tenham entrado no país, no período da ilegalidade, cerca de 800 mil africanos (contando aqueles contrabandeados depois do Tratado Anglo-Lusitano de 1815, que proibia o tráfico acima da linha do equador) e, ao longo de toda a primeira metade

* | Esta é uma versão resumida de um texto que será publicado em Vanicléia Silva Santos (Org.), *História geral da África* (Unesco, no prelo), v. 9. Agradeço as sugestões de revisão de Lilia Moritz Schwarcz.

do século, cerca de 2 milhões. O tráfico fora estimulado pelo crescimento da economia brasileira na virada daquele século.

Uma proporção alta de escravos na população e, entre estes, um maior número de africanos reforçavam a identidade coletiva e a disposição para a revolta. Isso não significa que os escravos crioulos (negros nascidos no Brasil) fossem passivos. Além de fugirem, formarem quilombos e, em menor grau, se rebelarem, eles se fizeram presentes em movimentos encetados por outros setores sociais, particularmente no período regencial. Com o declínio da população escrava africana depois do fim do tráfico em 1850, os crioulos intensificariam sua participação em revoltas escravas, especialmente nos últimos anos do regime escravocrata.

Entre os escravos africanos, alguns grupos étnicos se mostraram mais aguerridos do que outros. A Bahia se tornou o palco de numerosas revoltas escravas na primeira metade do século XIX porque para lá convergiram milhares de yorubás (conhecidos como "nagôs" no Brasil) e haussás, os quais vinham de experiências guerreiras recentes, com destaque para os conflitos ligados à expansão do Islã em território haussá, o colapso do reino de Oyó e a consequente deflagração de conflitos em todo o território yorubá. Já o Rio de Janeiro e outras províncias do Sul conheceram poucas revoltas nessa mesma época porque para ali foram traficados principalmente africanos de origem bantu, sem experiência com a arte da guerra, na maioria jovens, mulheres e crianças.

As primeiras revoltas na Bahia, entre 1807 e cerca de 1820, foram levadas a cabo sobretudo pelos haussás, que depois seriam substituídos pelos nagôs. Contam-se mais de trinta conspirações e revoltas, metade das quais concentrada na década de 1820, período de tráfico intenso da África. Isso sugere que o escravo recém-importado foi peça-chave nas revoltas. Haussás e nagôs, especialmente os primeiros, contavam com numeroso contingente muçulmano.

Embora não representasse o único fator a explicar a rebeldia dos escravos baianos, o Islã foi de fato relevante, mas só documentado na conspiração de 1807 e nas revoltas de 1814 e 1835. Em maio de 1807, os rebeldes planejaram sitiar e conquistar Salvador. A conspiração acabou sendo descoberta e sufocada de pronto. Entre as evidências de participação muçulmana houve o confisco de papéis escritos presumivelmente em árabe, os quais infelizmente desapareceram. Descobriu-se que fazia parte do plano rebelde o ataque a templos católicos, a queima das imagens de santos em praça pública e a instauração de um líder muçulmano no poder. Visavam ainda conquistar o Recôncavo, marchar até Pernambuco, e em seguida estabelecer um reino nos sertões do Nordeste.

Os haussás voltariam a atacar em 1809, numa revolta caracterizada pela fuga em massa de escravos de Salvador e de algumas vilas e engenhos da região do Recôncavo baiano. Essa revolta foi igualmente protagonizada pelos haussás, embora as autoridades às vezes se referissem à participação dos nagôs como coadjuvantes. Só haussá, no entanto, caiu no laço da repressão, o que descaracteriza que os nagôs tivessem entrado no levante. Também nesse episódio o plano era chegar ao Recôncavo e sublevar a escravaria concentrada nos engenhos da rica região açucareira. Ao contrário do que ocorre com o movimento anterior, nada se sabe dos planos estratégicos dos rebeldes de 1809. Tal revolta não deixou indícios de participação muçulmana, mas deve ter contado com ela, uma vez que os haussás formavam um grupo étnico dos mais islamizados entre os escravos baianos.

Cinco anos depois aconteceu uma das mais sérias revoltas escravas do período na Bahia. Reunidos num quilombo recém-montado nos arredores da capital, os rebeldes desceram para as fazendas e armações de pesca de baleia no litoral, onde os esperavam outros escravos ligados à trama. Queimaram instrumentos de pesca, depósitos, casas, plantações, e atacaram uma vila próxima, Itapuã. Novamente planejavam chegar aos campos de cana do Recôncavo, mas foram barrados por milicianos. Embora a maioria fosse haussá, inclusive seus mais destacados líderes, havia entre os levantados — agora com certeza — alguns de outras nações africanas: tapas, bornos e nagôs. A contribuição muçulmana para esse episódio é indiscutível, e confirmada pela apreensão de documentos escritos e pelo título atribuído a seu principal líder, *malami*, que em língua haussá significa "mestre muçulmano", ou *malām* (de *mu'allim*, em árabe).

Entre 1814 e 1835 aconteceram várias revoltas, principalmente na região dos engenhos, e dessa vez com predomínio dos nagôs na sua concepção e execução. Caracterizaram-se pela queima de canaviais, casas senhoriais e senzalas, e assassinato de feitores e escravos que se recusaram a aderir a elas. Pouco se conhece de sua liderança, ideias motrizes, e mesmo do repertório de suas ações. A década de 1820 foi particularmente agitada, com cerca de quinze levantes. Como foi o período de maior intensidade do tráfico, conclui-se que a maioria dos envolvidos eram cativos recém-importados, embora seus líderes devessem ser ladinos. Encerrando essa nova onda, em 1830 a rebeldia migrou do campo para a cidade, e então aconteceu a primeira revolta no centro de Salvador, quando um armazém de escravos novos foi atacado. O levante foi logo sufocado, e de forma violenta.

Finalmente, em janeiro de 1835 teve lugar a segunda revolta urbana na capital baiana, a Revolta dos Malês, a mais conhecida de todas. Envolveu em torno de seiscentos escravos e libertos, que lutaram, em diferentes momentos, por cerca de quatro horas nas ruas de Salvador. Pelo menos setenta morreram no confronto — contra apenas nove mortos do lado oposto. Derrotados, os insurretos foram punidos com sentenças que variaram de morte a açoites, prisão e deportação. A presença muçulmana foi largamente documentada nesse episódio. O movimento foi liderado por mestres muçulmanos, na sua maioria nagôs. O próprio termo "malê" vem do yorubá/nagô *Ìmàlẹ*, significando "muçulmano". Poucos membros de outros grupos islamizados se juntaram ao levante. Grande número de haussás — a maior dentre as nações muçulmanas na Bahia da época — foram presos, mas, com poucas exceções, foram absolvidos por falta de provas. Desde a virada do século XX, alguns estudiosos sugerem que essa revolta deu na Bahia continuidade ao jihad iniciado em 1804 em território haussá. Embora a ideologia da guerra santa possa ter inspirado alguns dos seus líderes, não há evidência conclusiva de que eles tivessem declarado um jihad em 1835. Diferentemente do ocorrido na conspiração de 1807, não se verificou violenta oposição ao catolicismo, seus símbolos e seus seguidores. Os nagôs, principais envolvidos, não tinham eles próprios tradição jihadista na África. Muitos dos rebeldes não eram muçulmanos. Se a conspiração foi exclusivamente muçulmana, o levante foi predominantemente nagô.

Na Bahia, religião constituiu linguagem e inspiração não apenas para rebeldes muçulmanos. No levante de 1826, foi encontrado no quilombo rebelde uma casa de candomblé, provavelmente dedicada a Xangô, o deus yorubá do trovão. E, embora nos falte evidência documental, é possível que muitos nagôs que se levantaram durante todo esse período contassem com a ajuda de Ogum, seu deus da guerra, que ganhara grande popularidade nos conflitos em território yorubá na mesma época.

Em todo o Brasil elementos místicos e mágicos da religiosidade de raiz africana emergiram em conexão com conspirações e revoltas escravas. Nas regiões para onde o tráfico de Angola/Congo era mais forte, os negros minas não foram os únicos a se rebelar. Numa conspiração em Campinas (SP), em 1832, raízes protetoras preparadas por negros congos seriam usadas, segundo um depoimento, "para amansar aos brancos para as armas dos mesmos não ofenderem a eles pretos [...] matar [os brancos] e ficarem eles pretos todos forros". Um dos cabeças dessa conspiração era o escravo de nação rebolo (do interior de Angola) chamado Pai Diogo, sendo "pai" termo usado para se referir a sacerdotes das religiões africanas. Também se chamava Pai Manuel o Manuel Congo que liderou uma revolta acontecida em 1838 no distrito cafeeiro de Vassouras, na província do Rio de Janeiro, da qual participaram, aliás, escravos africanos e crioulos.

Embora o afrocatolicismo fosse uma religião principalmente de negociação, ele também fez presença na revolta escrava. Cosme Bento das Chagas, crioulo liberto que liderou um levante escravo caracterizado por fuga em massa, feito à margem do movimento republicano da Balaiada, no Maranhão, em 1835, dizia que seus liderados todos eram devotos de Nossa Senhora do Rosário. Ele tinha sido visto "conduzido em uma cadeira nos braços dos negros dando vivas à liberdade da escravatura [...] em cuja procissão conduziam uma porção de imagens e paramentos da Igreja".

Os exemplos da relação entre rebelião e religião se multiplicam. Em 1847, escravos de origem bantu devotos de Santo Antônio teriam se envolvido numa vasta conspiração em vários municípios do Vale do Paraíba no Rio de Janeiro e sul de Minas Gerais. Noutra ocasião, em 1849, rebeldes da vila de Queimado, no Espírito Santo, foram convencidos por seu líder de que o pároco persuadira seus senhores a alforriá-los no Dia de São José, sugerindo uma cumplicidade do catolicismo com a revolta escrava. Depois de assustar a classe senhorial às vésperas do fim do tráfico, Santo Antônio reapareceu em São Paulo às vésperas da abolição, em 1882, quando os africanos, bantus e outros, já eram minoria se comparados com os nascidos no Brasil. Antes de a revolta acontecer, descobriu-se uma complexa teia conspiratória envolvendo líderes que distribuíam "bebida preparada com raízes" para fechar o corpo e uma imagem daquele santo fazia parte dos rituais frequentados pelos escravos da região. Esses rebeldes buscaram a liberdade através de uma linguagem religiosa sincrética, algo muito próximo da umbanda.

Mas a rebeldia escrava não se desenvolveu apenas em torno de ideias e símbolos religiosos. A onda de transformações políticas e ideológicas que varreu o mundo atlântico, na chamada Era das Revoluções, influenciou a rebeldia negra nas Américas, inclusive no Brasil. A chamada Conspiração dos Alfaiates, em 1798, na Bahia, apesar de ter à frente homens de cor livres e libertos, em especial artesãos e soldados, contou com a participação de alguns escravos e incluiu em seu programa, de inspiração francesa, o fim da discriminação racial e, ainda que timidamente, também o fim da escravidão. A revolução escrava na colônia francesa de São Domingos (1791-1804), depois Haiti, também repercutiu no Brasil, mas não de maneira tão forte como o fizera no Caribe. Há notícias de que em 1814, na Bahia, escravos rebeldes falaram em seguir o exemplo da ilha revolucionária, onde a escravidão tinha sido destruída. E na fronteira entre o Brasil e a Guiana Francesa houve muita agitação escrava, rumores de sublevação e sobretudo fugas em massa, na virada do século XIX, embora nenhuma revolta considerável. Na verdade, o Haiti foi mais lembrado no Brasil por homens de cor livres em protestos contra a discriminação racial e por autoridades e senhores temerosos do que chamavam de "haitianismo", a ideia de que o Haiti pudesse acontecer aqui.

Na conjuntura da descolonização portuguesa no Brasil, o discurso anticolonial exacerbado também acabou por servir à rebelião negra. A propaganda patriótica insistia na metáfora da *escravidão* para definir os laços que ligavam o Brasil a Portugal: o Brasil seria "escravo" de Portugal, a independência "libertaria" os brasileiros dos "grilhões" portugueses. Os escravos, em alguns episódios, traduziram a fala dos brancos em causa própria, sobretudo os escravos crioulos mais enfronhados na cultura nacional e no discurso patriótico. Em 1821, em Itu (SP), correu entre os escravos o boato de que Lisboa teria proclamado o fim da escravidão mas os senhores e as autoridades no Brasil insistiam em mantê-la. Em 1822, o ano em que o Brasil proclamaria sua separação de Portugal, aconteceu uma insurreição na vila da Serra, no Espírito Santo, quando um escravo convocou outros para ouvir do vigário a proclamação da liberdade, "e todos apareceram na ocasião da missa [...] armados de armas de fogo, paus etc.". Aqui a política secular e o compromisso religioso convergiram.

Entre as mudanças políticas, foi da maior importância para a agitação escrava a longa trajetória abolicionista, desde as leis que proibiram o tráfico até as que reformaram a escravidão e por fim as campanhas memoráveis dos anos 1880, a última década do regime. Os escravos contribuíram ativamente para a desorganização e extinção da escravidão brasileira. Suas ideias de liberdade com frequência se chocavam com a visão gradualista do abolicionismo oficial, porque eles faziam suas próprias leituras, muitas vezes radicais, de cada conjuntura desfavorável à sobrevivência do sistema.

A proclamação da lei de 1831, que abolia o tráfico transatlântico de escravos, foi um desses momentos de tensão. No Espírito Santo a lei foi interpretada como emancipacionista por escravos da vila de Itapemirim. Essa lei também motivou os escravos que conspiraram contra seus senhores no município cafeeiro de Campinas (SP), em 1832, movimento que já comentei. A conspiração de Campinas foi descoberta e sufocada, mas sob interrogatório houve escravo que disse acreditar que a lei de 1831 tinha como objetivo abolir a escravidão. Naquele mesmo ano os escravos do distrito de Carrancas, em Minas Gerais, chegaram a igual conclusão, e dois anos depois, insatisfeitos porque a abolição não vinha, se levantaram num dos mais violentos episódios de rebeldia escrava no Brasil: uma família inteira de fazendeiros brancos foi massacrada, homens e mulheres. Os rebeldes eram, ali também, uma mistura de africanos e crioulos. Vinte anos depois, outra vez no Espírito Santo, agora na vila de São Mateus, os escravos insistiam na mesma tecla por ocasião da nova lei que recrudescia a proibição do tráfico, em 1850. E isso aconteceria também em Campos, Rio de Janeiro: os escravos se inquietaram porque interpretaram as discussões em torno daquela lei como sinal de abolição definitiva da escravidão.

Durante a fase final da escravidão aconteceram levantes e a formação de quilombos em várias partes do país, embora fossem na sua maioria movimentos localizados, em geral restritos a uma ou duas propriedades, e, nos meses anteriores ao 13 de maio de 1888, fugas em massa das fazendas de café, com ou sem o concurso de agentes abolicionistas. Há notícias de muitas conspirações e revoltas em São Paulo, pouco conhecidas na época porque a imprensa silenciava para evitar pânico e incentivo adicional à rebeldia. Foram comuns os pequenos levantes, nos quais escravos assassinavam feitores e senhores e em seguida se entregavam ao subdelegado. Mas houve também revoltas que, embora logo sufocadas, tiveram como objetivo reivindicar a liberdade. Em 1882, os escravos da Fazenda Castelo, em Campinas, se rebelaram aos gritos de "Mata branco" e "Viva a liberdade".

No entanto, o tema da abolição nas revoltas escravas não teve de esperar o momento de maior agitação abolicionista na década de 1880. Se agora nem todo levante visava a liberdade definitiva, em épocas anteriores nem todo levante visava reformar a escravidão apenas dos envolvidos. Chagas, o líder dos escravos no tempo da Balaiada maranhense, se intitulava "tutor e imperador da liberdade", e escreveu em 1840 que "a República é para não haver a escravidão". Em 1867, no mesmo Maranhão, durante uma revolta em Viana, os fugitivos do Mocambo de São Benedito ocuparam propriedades com um programa abolicionista. Num dos lances do levante eles obrigaram o administrador de uma das fazendas conflagradas a escrever uma carta em que declaravam: "nos achamos em campo a tratar da Liberdade dos Cativos, pois há muito que esperamos por ela [...]". Exigiam liberdade para todos duas décadas antes da abolição.

T

Lilia Moritz Schwarcz

TEORIAS RACIAIS

"INSISTIR COM A NOÇÃO DE RAÇA É ELEMENTO DESOLADOR PARA aqueles que levam a sério a cultura e a história." A frase é de K. Appiah, que em seu livro *Na casa de meu pai* avalia os usos e desusos do conceito ao longo da história. Tomando de empréstimo a definição do filósofo, é possível dizer que também no Brasil raça foi amiúde um conceito "desolador".

Basta lembrar os relatos dos primeiros cronistas diante da "nova terra dos portugueses". Viajantes seiscentistas como André Thevet (1516), Jean de Léry (1578) e Hans Staden (1557) destacaram a "natureza" paradisíaca do local, mas, ao mesmo tempo, desconfiaram dos "naturais". "Nus estão os homens e as mulheres"; esse é o início do capítulo que descreve como indígenas produziam pão, preparavam a farinha, fabricavam o vinho, moqueavam a carne mas faziam também a guerra, praticavam a vingança e o canibalismo, o tempo todo. Foi, aliás, outro cronista, o português Pero Gândavo, quem sintetizou tal tipo de percepção, concluindo que a língua dos gentios pela costa carecia "de três letras, scilicet, não se acha nela F, nem L, nem R, coisa digna de espanto, porque assim não têm Fé, nem Lei, nem Rei".

O suposto era que os habitantes deste Novo Mundo — que só era "novo" em relação à designação que os europeus deram a si próprios, como habitantes de um Velho Mundo — eram "outros" e apreendidos pela "falta". Nesse caso, a diferença não era sinal de mais, e sim de menos, pois implicava a carência de costumes, de ordem e responsabilidade. Foi assim que hábitos como o canibalismo, a poligamia ou a nudez incendiaram a imaginação europeia, que migrava do Oriente para a América, maravilhada com os trópicos porém avessa a essa que seria uma nova humanidade mas já decaída em seus costumes.

Tal apreensão ambivalente, que definia os americanos pela degeneração, gerou muito debate ao longo dos séculos. Em 1534, Paulo III estabelecia uma bula papal que confirmava a "humanidade" dos nativos do Novo Mundo e lhes conferia "alma". Mas a desconfiança se mantinha e os nativos brasileiros seriam motivo para todo tipo de teoria.

Data da época o famoso texto de Montaigne, "Os canibais" (1580), em que o filósofo, usando da relatividade, encontrou mais lógica na maneira como os tupinambás realizavam a guerra do que nos hábitos ocidentais: "Mas, voltando ao assunto, não vejo nada de bárbaro ou selvagem no que dizem daqueles povos; e, na verdade, cada qual considera bárbaro o que não pratica em sua terra". Muitas são as interpretações do célebre ensaio. Destaca-se, porém, a construção de uma imagem mais laudatória dessas gentes, tendo por base (e sombra) as guerras de religião que assolavam a Europa no século XVI: "Por certo em relação a nós são realmente selvagens, pois entre suas maneiras e as nossas há tão grande diferença que ou o são ou o somos nós".

Essa perspectiva encontraria ecos nos ensinamentos de Jean Jacques--Rousseau, já no século XVIII. Em seu *Discurso sobre a origem e o fundamento da desigualdade entre os homens* (1755), o filósofo anunciava a noção de "perfectibilidade humana" como uma forma de dar conta de uma só humanidade, e o modelo do "bom selvagem", enquanto elemento que ajudava a entender a nossa própria civilização; ela, sim, decadente.

Mas todo lado tem seu oposto, e tal pensamento mais positivo, com relação aos americanos, seria questionado pelo pensamento naturalista do XVIII. Em 1749, o Conde de Buffon publicou *Histoire naturelle*; defendia que os nativos eram povos crianças e assim comprovava a "juventude do continente". Por sua vez, Cornelius de Pauw, em *Recherches philosophiques sur les Américans, ou Mémoires intéressants pour servir à l'histoire de l'espèce humaine* (1768), tornava mais definido o argumento, explicando que esses não eram povos infantis, mas antes "decaídos": haviam sido crianças, passado pela maturidade e envelhecido; eram portanto "degenerados".

As posições com relação ao Novo Mundo permaneciam polarizadas e serviam de base para a criação de muitas teorias a respeito da humanidade e suas diferenças. De um lado estavam as imagens depreciativas de Friedrich Hegel; de outro, a inversão representada por Alexander von Humboldt. Por uma parte, teóricos do monogenismo, fiéis às escrituras bíblicas e à concepção de uma humanidade proveniente de um só núcleo original. Por outra, os adeptos do poligenismo, que advogavam a existência de diversos centros de origem, os quais teriam levado a cisões fundamentais na humanidade.

O debate ganharia uma espécie de estrondoso ponto-final a partir de 1859, com a publicação de *A origem das espécies*, de Charles Darwin. Aí se estabeleceram as bases para a afirmação de uma sorte de paradigma de época em torno da noção de evolução. A novidade não estava só na tese anunciada, mas também na terminologia utilizada pelo cientista. Rapidamente expressões como "sobrevivência do mais apto", "adaptação", "luta pela sobrevivência" escapavam do terreno preciso da biologia e ganhavam espaço nas demais disciplinas. No que se refere ao estudo das humanidades, a influência desse tipo de discurso foi não só ligeira como vertiginosa. Herbert Spencer, em *Princípios de sociologia* (1876), definia que o que valia para a vida servia para o homem e suas produções. Assim como a natureza, a sociedade seria regida por leis rígidas, sendo o progresso humano único, linear e compulsório. Paralelamente, tomava força a escola evolucionista social, que marcava os primórdios de uma disciplina chamada antropologia. Representada por teóricos como Morgan, Frazer e Tylor, tal escola concebia o desenvolvimento humano a partir de etapas fixas e predeterminadas, e vinculava, de maneira mecânica, elementos biológicos aos culturais. Tendo a tecnologia como índice comparativo, para os evolucionistas a humanidade era representada como uma imensa pirâmide, dividida em estágios distintos, que iam da selvageria para a barbárie e desta para a civilização. E, se a Europa aparecia destacada no topo, povos como os botocudos do Brasil restavam na base, representando a infância da civilização.

Vale lembrar, entretanto, que o evolucionismo reafirmava a concepção iluminista que entendia a humanidade como uma totalidade, diferentemente de certas teorias coetâneas que, seguindo as trilhas do conceito de degeneração racial, passavam a utilizar a noção da "diferença entre os homens" e com o beneplácito das novas instituições de pesquisa e saber.

Longe de estar esgotada, a corrente poligenista ganhava, assim, força renovada. Esses autores recuperavam as máximas de Darwin, destacando, porém, que seria possível estudar as raças como uma realidade ontológica. Partindo da afirmação do caráter essencial das raças — que as faria diferir da mesma maneira como eram variadas as espécies —, uma série de teóricos, mais conhecidos como "darwinistas raciais", passaram a qualificar a diferença e a transformá-la em objeto de estudo: um objeto de ciência. Raça transforma-se, então, em conceito essencial e respaldado pela biologia.

Também conhecidos como "deterministas sociais", em função do caráter premonitório de seu conhecimento, os grupos vinculados a esses novos modelos poderiam ser basicamente divididos em dois: deterministas geográficos e deterministas raciais. Os primeiros pautavam suas análises por fatores de ordem geográfica — como o clima, o solo, a vegetação, o vento —, supondo que o futuro de uma civilização estava diretamente ligado a tais condicionantes. Buckle, por exemplo, escreveu *History of the Civilization in England* (1857) e dedicou algumas poucas páginas ao Brasil. Concluiu que nesse país a vegetação era tão abundante que pouco lugar sobrava para os homens e sua civilização. O segundo grupo ficou conhecido a partir de suas conclusões deterministas raciais. Abandonavam-se as análises centradas no indivíduo para insistir na proeminência do grupo. O sujeito era entendido, portanto, apenas como uma somatória dos elementos físicos e morais da raça a que pertencia.

E, com o fortalecimento dos modelos das raças, percebe-se uma espécie de reversão bem no seio do discurso liberal. Distantes do princípio da igualdade, pensadores como Gobineau (1853), Le Bon (1894) e Kid (1875) acreditavam que as raças constituiriam fenômenos finais e imutáveis, sendo todo cruzamento entendido como um engano; um sinônimo de degeneração, não só racial como social. Eram três os pressupostos teóricos. O primeiro afirmava a realidade das raças, estabelecendo que existiria entre esses agrupamentos a mesma distância encontrada entre o asno e o cavalo. O segundo instituía uma continuidade entre caracteres físicos e morais. Um terceiro aspecto apontava para a predominância do grupo racial no comportamento do sujeito.

O saber sobre as raças levou, por sua vez, a um "ideal político" que previa a submissão ou eliminação das "raças inferiores": a eugenia. Convertida numa espécie de prática do darwinismo racial, a eugenia tinha como meta intervir na reprodução das populações. O termo "eugenia" (*eu*: boa; *genus*: geração) fora criado em 1883 por Francis Galton, e referendava a noção de que a capacidade humana estava diretamente ligada à hereditariedade. É esse, por exemplo, o pressuposto da antropologia criminal de Cesare Lombroso, que em *L'uomo delinquente* (1876) determinava que se poderia capturar o criminoso antes que ele cometesse o delito. Era possível prendê-lo apenas seguindo seus estigmas de hereditariedade: loucura, epilepsia, alcoolismo e até anarquismo. Grande utopia de um saber de tipo determinista, as máximas da escola de criminologia partiam da noção de "prevenção" como fórmula eficaz para acabar com a criminalidade, então associada aos grupos mestiçados. O modelo dialogava ainda com os conhecimentos da frenologia e da craniometria, e com autores como Paul Broca (1864) e Samuel G. Morton (1844), que julgavam ser a mensuração de crânios um fator determinante e objetivo para a averiguação das potencialidades físicas e morais dos homens e das civilizações.

Assim, se à primeira vista a noção de evolução surgia como um conceito capaz de apagar oposições essenciais entre os homens, na prática ela acabou por reforçar perspectivas opostas. De um lado ficavam os evolucionistas sociais, que reafirmavam a existência de hierarquias na humanidade, mas dentro de uma mesma estrutura fundamental. De outro, os darwinistas sociais, que entendiam as diferenças entre as raças como elementos essenciais. Em comum reinava a certeza de que raça era conceito crucial a distinguir hierarquias entre povos e a cindir a própria humanidade. Fermento para o discurso das nacionalidades, o conceito "naturalizou diferenças"; tirando-as do âmbito da cultura e da história para lhes dar o chão duro da ciência, da biologia e da natureza.

Foi em tal contexto, pois, que a curiosidade geral em torno do diverso deu lugar a uma "ciência" do diferente. Como mostra Bruno Latour, esse foi um dos projetos vitoriosos da modernidade, já que tratou de erradicar os "híbridos" e constituiu projetos nacionais "homogêneos", entre iguais. Conforme definiu Hannah Arendt, dá-se no período um claro retrocesso nas teorias do livre-arbítrio, na mesma proporção em que os teóricos das raças apresentavam uma visão racializada do mundo; não para exaltar a diferença, mas antes buscando negar a possível igualdade entre os homens. Já a América, com seus nativos, virava exemplo e lugar de projeção.

O tema da degeneração entraria fundo no debate acerca do Brasil, que desde meados do XIX vinha se transformando numa espécie de "laboratório vivo de raças". Viajantes, fotógrafos, pintores, cientistas nacionais e estrangeiros percorriam o território procurando registros desse país miscigenado.

Por outro lado, esse tipo de modelo viraria voga fácil num Brasil de finais do XIX, que assistia paralelamente à derrubada do sistema escravocrata. As teorias raciais entrariam em cheio na agenda local e passariam a regular a compreensão da vasta população africana que começou a chegar compulsoriamente ao território desde fins do século XVI, e que em meados dos Oitocentos era uma "realidade incontornável", conforme registravam alguns textos locais (ver imagens 135 a 139 do caderno). O fato é que, num momento em que o abolicionismo, mesmo que gradual, prometia a quimera da liberdade, já o tema da igualdade estava outra vez em questão: não mais por causa do sistema escravocrata, mas agora em nome da ciência e da biologia, que determinavam de maneira categórica que "os homens não nasciam iguais".

Fazendo uso desse tipo de saber, intelectuais da Faculdade de Direito de Recife, como Sílvio Romero e Tobias Barreto; ou saídos dos quadros das faculdades de Medicina da Bahia e do Rio de Janeiro, como Nina Rodrigues e Renato Kehl, respectivamente, advogavam práticas de combate à miscigenação e de cerceamento da liberdade jurídica; sempre em nome da ciência da época. Em Recife, os mestres adotam o germanismo e Ernst Haeckel, espécie de divulgador das teorias do darwinismo racial. Além do mais, propõem um casamento entre teorias que, em outros países, dariam em separação litigiosa. Sílvio Romero acreditava no anátema de que o mestiço era um degenerado, mas não deixava de utilizar o evolucionismo social, supondo que seria possível dar uma "ajuda" na formação nacional, incluindo brancos em diferentes partes da nação. Nina Rodrigues, da Escola Tropicalista Baiana, chegou a propor, em *As raças humanas e a responsabilidade penal no Brasil* (1894), a existência de dois códigos: um para negros, outro para brancos. Para ele, o "direito é um conceito relativo, e variável com as fases do desenvolvimento social da humanidade", e não seria possível, pois, introduzir no país uma lei única e que desse conta de todos os grupos que por aqui conviviam. Em outro ensaio, "Mestiçagem, degenerescência e crime" (1899), o cientista apresenta um estudo de caso numa pequena comunidade da Bahia, e diz comprovar que, nessa localidade, por conta da mestiçagem, todos eram degenerados ou viriam a ser. Raça aparece, assim, como uma espécie de danação, um encontro marcado com o desvio: a epilepsia, a loucura, a pederastia, a criminalidade, a tuberculose ou as marcas que se espalhavam pelos corpos.

Na Faculdade de Medicina do Rio de Janeiro, Renato Kehl adota modelos de eugenia, e chega a fazer uma viagem à África do Sul, apenas para comprovar os "acertos da política racial" empreendida naquele país, que havia "logrado separar as raças" e assim evitar uma "danosa" miscigenação. Como se vê, em finais do XIX e inícios do XX estávamos a um passo do apartheid social. Raça virava um grande pressuposto, a ponto de Sílvio Romero inverter a ordem dos fatores e explicar: "É preciso não ter preconceito; as raças são diferentes".

Nas ruas, um dito popular traduzia de forma sintética as novas modas intelectuais: "A liberdade é negra, mas a igualdade é branca". Um dia após a promulgação da Lei Áurea, a mais popular e a última do Império, a *Gazeta da Tarde* estampou a chamada: "Liberdade é o dia de hoje". Liberdade se converteria então num conceito fundamental; num tíquete certo para a cidadania. Mas se mostraria também como um bem difícil de manter. A Primeira República, que se iniciava em novembro de 1889, prometeu inclusão social, porém acabou entregando muita exclusão. Não por acaso, o escritor Lima Barreto, testemunha destacada desse momento, em seu diário anotou: "A capacidade mental dos negros é discutida a priori e a dos brancos, a posteriori".

Raça, entendida nessa perspectiva biológica, por incrível que pareça é ainda hoje um conceito poderoso e persiste como construção histórica e social; matéria-prima para o discurso das nacionalidades e marcador social de diferença que identifica e classifica pessoas e situações. Significativo é nosso Hino da República, que um ano e meio após a abolição da escravidão entoava: "Nós nem cremos que escravos outrora/ Tenha havido em tão nobre país!". A memória anda sempre às turras com a história e é com frequência "curta". Nesse caso, padecemos, mesmo, é de amnésia geral (e contagiosa).

Marcelo Mac Cord e Robério S. Souza

TRABALHADORES LIVRES E ESCRAVOS

O IMAGINÁRIO COLETIVO BRASILEIRO, FORJADO POR TELENOVELAS e livros didáticos, entre outros produtos culturais e educacionais, concebe o dia 13 de maio de 1888 como o marco da mudança nas relações de trabalho no país. Em outras palavras, a abolição da escravatura, ocorrida no ocaso do Império do Brasil, seria o divisor de águas dos nossos modos de produção em direção à "modernidade", ao "progresso" e à "civilização". Uma das sequências audiovisuais mais clássicas que nutre (e é nutrida por) esse imaginário coletivo nos remete para as cenas finais da novela *Sinhá Moça* — exibida em 1986. Nessa importante obra da teledramaturgia nacional, logo após a assinatura da Lei Áurea, grupos de ex-escravos vão embora das fazendas de café e são imediatamente substituídos por italianos — homens brancos e assalariados. Como desdobramento dessa ideia da "transição" (ou "substituição") do trabalho escravo para o trabalho (dito) livre, ainda há o reforço da noção de que os europeus teriam chegado ao país para superar a "incapacidade", a "preguiça" e o "atraso" da mão de obra escrava — sem saber o que fazer após sua libertação, por causa de séculos de cativeiro.

Toda vez que acionamos o imaginário coletivo sobre a Lei Áurea, naturalizamos uma série de estereótipos construídos historicamente e reforçados pela memória social. Um dos mais recorrentes é que os negros foram "incapazes" de se adaptar ao capitalismo brasileiro e à emergente sociedade de classes — fenômenos sociológicos que teriam ganhado força em finais do século XIX e inícios do XX. Nesse período da chamada "modernização nacional", a pretensa falta de braços "laboriosos", capazes de responder às exigências da "nova economia", teria exigido que governantes e fazendeiros promovessem uma intensa imigração de europeus. Na visão das elites brasileiras, eles seriam socialmente mais afeitos e adaptados aos novos tempos. Esse tipo de concepção excludente até hoje ecoa entre aqueles que tentam justificar nossas profundas desigualdades étnicas e sociais.

A própria história da formação da classe operária brasileira foi profundamente contaminada pelo marco de 13 de maio de 1888, que também encontraria nessa efeméride seu ponto de mutação. No terceiro quartel do século XX, uma importante corrente, representada pela Escola Paulista de Sociologia, defendia que todas as experiências dos trabalhadores livres e libertos anteriores à abolição seriam engessadas na "pré-história" da classe operária nacional. Segundo seus defensores, como o modo de produção do Império do Brasil era escravista, não havia condições estruturais e conjunturais para que os trabalhadores livres e libertos alcançassem plena consciência de sua realidade social — situação piorada pela "anomia" herdada de seus ancestrais escravizados. Para esses intelectuais, longe de nossa realidade imperial, o modelo da autêntica organização dos de baixo da pirâmide social estaria ancorado no capitalismo, onde encontraríamos expressões como sindicatos e partidos operários — à semelhança da Europa oitocentista.

Apesar dos problemas que envolvem o imaginário coletivo consolidado acerca do 13 de maio de 1888, do ponto de vista historiográfico não é possível negar a importância da chamada Lei Áurea. Contudo, a maior parte dos negros já eram pessoas livres e libertas naquela data. Ao longo de todo o século XIX, muitos lutaram por sua liberdade jurídica mediante ações de liberdade e de processos de negociação com seus antigos senhores — que várias vezes reescravizavam e descumpriam acordos. Além disso, durante o período em que vigorou a escravidão no Brasil, a visão de liberdade dos negros não se limitou à posse de cartas de alforria. Conseguir espaços de autonomia na escravidão também representou uma forma de liberdade: cultivar um pedaço de terra para sua subsistência, acumular algum dinheiro com serviços eventuais, constituir família nas senzalas e criar relações sociais por meio do compadrio.

Não obstante as diversas interdições cotidianas, os trabalhadores escravizados construíram formas de autonomia possível antes da abolição. Para eles e seus descendentes, que conquistaram cartas de alforria ou nasceram livres antes do dia 13 de maio de 1888, a liberdade jurídica não se transformou em imediata passagem para um mundo de plenos direitos e gozos civis. Suas vidas e condições de trabalho continuaram extremamente precarizadas, faltando-lhes todo tipo de proteção legal, trabalhista e social. A cidadania política, por exemplo, era muito seletiva entre os brasileiros natos, dividindo-os pela renda — o que acabava resvalando nas marcas de cor e de gênero. Mais sorte encontravam aqueles que puderam se organizar em espaços como grupos de auxílio mútuo e irmandades católicas. Por lá, estabeleciam determinadas redes de favores, o que lhes garantia, apesar da dependência, alguma vida menos difícil.

Ainda diferentemente do que o imaginário coletivo nos deixa supor, trabalhadores escravizados, livres e libertos, de todos os gêneros, também puderam ser encontrados labutando juntos — como, por exemplo, em lavouras, manufaturas, canteiros de obras, portos e navios. Muitas vezes, trabalhadores escravizados, fugitivos, se passavam por pessoas livres e eram contratados para executar certos tipos de serviço incomuns aos cativos. Ao serem descobertos, causavam revolta entre os desempregados, por causa da concorrência. Por sua vez, indivíduos que não eram escravos costumavam desobedecer à figura do feitor, cargo que estava ligado à fiscalização daqueles que eram propriedade de terceiros. Alguns trabalhadores livres e libertos ainda se recusavam a realizar determinadas tarefas degradantes, pois as consideravam próprias para escravizados.

Perceber os tênues limites entre a vida dos trabalhadores cativos e a dos livres e libertos, no passado escravista, tem sido uma prática mais presente a partir do processo de redemocratização do Brasil, nos anos 1980. De lá para cá, com o crescimento dos programas de pós-graduação e dos grupos de pesquisa, alguns historiadores seguem buscando, por meio da pesquisa empírica, construir pontes que complexifiquem esse tipo de interpretação. Para além do trabalho cativo e do trabalho (dito) livre, nota-se que existiram outras formas de trabalho compulsório. Uma delas foi regulada pelas leis de locação de serviços, que, aprovadas nos anos 1830 e 1870, tentaram disciplinar a relação contratual entre patrões e empregados — mas sem alcançar grande sucesso. Outra foi o advento do "africano livre", uma manobra que ajudou a burlar a lei antitráfico de 1831.

Devemos relativizar, pois, a ideia de que existiu uma "transição" (ou "substituição") mecânica e natural do trabalho escravo para o trabalho (dito) livre. Tampouco ocorreu um processo histórico conduzido por algum tipo de "aperfeiçoamento" das relações de trabalho. Após a abolição, em 1888, é certo que o mercado de trabalho ganhou novos contornos, mas permaneceu absolutamente condicionado por pressões políticas, econômicas e sociais excludentes. O capital manteve o mercado de trabalho sem regulação estatal até as primeiras décadas do século XX, quando as lutas operárias alcançaram suas primeiras e mais contundentes vitórias contra o patronato.

Atentas às questões apresentadas até aqui, pesquisas históricas mais recentes, ao revisitar os espaços de lazer e sociabilidade e os mundos do trabalho das ruas, das fazendas, das fábricas, das obras públicas e privadas do Brasil oitocentista, têm demonstrado a convivência entre os mais diversos tipos de trabalhadores livres, libertos e escravos — fossem eles nacionais ou imigrantes.

A Fábrica de Ferro São João de Ipanema é um desses casos que nos ajudam a compreender tal dimensão. Situada numa grande área de terras na região de Sorocaba, em São Paulo, o empreendimento foi fundado em 1811. Lá, em jornadas de doze horas diárias, indivíduos livres, escravizados e africanos livres extraíam madeira, produziam carvão, pastoreavam, forjavam e serviam em oficinas. Ao longo de seu período de funcionamento, a fábrica empregou muitos trabalhadores escravos, apesar de haver a tendência de aumento do número de africanos livres. Em 1836, nela trabalhavam 141 cativos e cinquenta africanos livres, enquanto, na década de 1840, o número de africanos livres chegou a 240 e o de escravos a 146. Escravos e africanos livres compartilharam os mesmos espaços de labuta.

A fábrica sorocabana não foi a única que congregou trabalhadores de estatutos jurídicos diferentes. Em outras tantas oficinas e estabelecimentos fabris, espalhados pelo Império, encontramos juntos trabalhadores estrangeiros e nacionais, livres, libertos e cativos. É o caso do Estabelecimento de Fundição, Máquinas e Estaleiros da Ponta da Areia, de propriedade do barão de Mauá, no Rio de Janeiro. Considerada o maior empreendimento industrial do Império, localizava-se nas imediações da cidade de Niterói. Sabe-se que, nos idos de 1855, a Ponta da Areia empregava 281 homens livres (117 operários brasileiros e 164 estrangeiros, especialmente portugueses) e 130 trabalhadores escravos — crioulos e africanos. Parte dos cativos pertencia à companhia.

Nos anos 1856 e 1857, as oficinas da Ponta da Areia continuaram a ser um lugar privilegiado de encontro de trabalhadores escravos e livres, nacionais e estrangeiros. Os números são imprecisos, mas estima-se que em 1857 o total deles teria chegado a 667: 507 livres (207 brasileiros e trezentos estrangeiros) e 160 escravos — 85 pertencentes à companhia e 75 alugados. Não eram somente os estabelecimentos do porte de Ponta da Areia que congregavam, lado a lado, trabalhadores cativos e livres (brasileiros e estrangeiros) na província do Rio de Janeiro. Há registros de que a fábrica de chapéus Costa Braga & Cia. possuía 108 trabalhadores contabilizados: noventa eram livres (estrangeiros e nacionais) e dezoito escravos. Oficinas de charutos, construção civil, sabão e vela, serrarias de madeira a vapor também apostavam nessa complexa combinação de mão de obra livre e escrava.

O mesmo ocorria nas estradas de ferro, o maior símbolo do capitalismo oitocentista. Contrariando antigos pressupostos historiográficos, as ferrovias brasileiras mantiveram relações profundas com o escravismo. Introduzidas no país a partir de 1854, seus canteiros de obras talvez estejam entre os que mais absorveram mão de obra no século XIX. Neles engajaram-se trabalhadores estrangeiros, sobretudo europeus, muitas vezes submetidos ao regime de trabalho compulsório ou análogo à escravidão. Os serviços da ferrovia recrutaram também inúmeros trabalhadores brasileiros pobres. Vários deles pequenos lavradores que buscavam sobreviver nos períodos de entressafra ou de baixa produtividade das roças.

Apesar de a legislação imperial proibir o emprego de mão de obra escrava em ferrovias, trabalhadores escravos, ao arrepio da lei, foram utilizados nos diversos empreendimentos ferroviários espalhados pelo Império do Brasil. Ainda que os seus responsáveis negassem, hoje sabemos que as companhias ferroviárias empregavam ilegalmente braços cativos. O uso de mão de obra escrava nas ferrovias era de conhecimento público e circulava sem constrangimento algum nos jornais da época. Em 9 de fevereiro de 1871, na *Gazeta de Campinas*, por exemplo, a estrada de ferro da Companhia Paulista contratava trabalhadores livres ou escravos para seus canteiros de obras.

A Estrada de Ferro da Bahia ao São Francisco, construída pelos ingleses entre 1858 e 1863, também reuniu trabalhadores de diferentes cores, de "todas as partes" e de diversas condições jurídicas. Ao percorrer os canteiros de obras daquele grandioso empreendimento, localizado em solo baiano, o engenheiro Firmo José Melo se mostrou surpreso ao deparar-se com trabalhadores livres nas oficinas de reparação de Periperi, tendo em vista a marcante e comum presença de escravos naquele espaço.

Um acidente nas obras da estação da Jequitaia, em Salvador, revelaria outras cenas comuns nos canteiros de obras da Estrada de Ferro da Bahia ao São Francisco. O desabamento de uma das arcadas do telhado do edifício, em 1860, tirou a vida do crioulo José Maria, além de deixar gravemente feridos José Francisco (português), Clementino Peixoto da Silva, Nelson Roiz Monteiro, Honorato Flaviano de Santa Ana (brasileiros) e o africano liberto César. Mais uma vez, estavam todos os mais diferentes trabalhadores "juntos e misturados" nos afazeres ferroviários.

Não foi sem razão que o subdelegado de Pirajá, Ernesto José Ferreira, escreveu ao chefe de polícia, em 1859, para solicitar policiamento e alertar que os trabalhadores da Estrada de Ferro da Bahia ao São Francisco, notadamente imigrantes, criavam problemas fazendo alianças com os escravos. Três dias depois do envio daquela correspondência, foi a vez de Feliciano de Melo, lotado no quartel de Periperi, relatar ao chefe de polícia que os trabalhadores italianos aliciavam escravos dos engenhos vizinhos e tratavam com eles sobre liberdade. Ainda ponderava que a turba de trabalhadores livres e escravizados pretendia levar a cabo um plano de sublevação.

Os debates e exemplos apresentados mostram como, a despeito de os trabalhadores no Brasil oitocentista experimentarem peculiaridades jurídicas que marcavam suas rotinas, expectativas e trajetórias, poucas diferenças substanciais podem ser apontadas quando o assunto é a precariedade da situação desses trabalhadores. Discutir com seriedade os limites históricos entre trabalho escravo e trabalho dito livre (e seus matizes) permite ainda que, no tempo presente, desconstruamos o imaginário que nos faz crer que o dia 13 de maio de 1888 representou um divisor de águas na história do trabalho brasileiro, ou seja, uma redenção da cidadania, da "civilização" e da "modernidade" em solo nacional.

V

Carlos Eugênio Líbano Soares

VALONGO

EM 2011 A PREFEITURA DA CIDADE DO RIO DE JANEIRO INICIOU as obras do projeto Porto Maravilha, de revitalização da zona portuária. Logo nos primeiros momentos do trabalho, na praça Jornal do Comércio, a poucos metros da superfície, foram encontrados os restos de dois cais de pedra datados do século XIX: o Cais da Imperatriz (1843) e o Cais do Valongo (1811). O Cais do Valongo foi o mais importante entreposto negreiro da cidade na época de intenso tráfico de escravos africanos no país (1774-1831). A mobilização da sociedade civil e das entidades organizadas do movimento negro impediu que o cais fosse destruído em definitivo pelos trabalhos efetuados no local, e o sítio arqueológico do Cais do Valongo foi tombado pelo Instituto do Patrimônio Histórico e Artístico Nacional (IPHAN).

O Cais do Valongo (LAT. 22º 53' 49. 03" LON. 43º 11' 14. 62") situa-se na confluência das ruas Camerino e Sacadura Cabral, no 1º Distrito da Área Central da cidade do Rio de Janeiro. Em 1774 o marquês do Lavradio, vice-rei governante do Estado do Brasil, ordenou a transferência do mercado de escravos da rua Direita (atual Primeiro de Março) para o litoral norte da cidade, na freguesia de Santa Rita, numa área espremida entre os morros de São Bento, Conceição, Livramento, Providência e o litoral. O objetivo era impedir a presença de "pretos novos", como eram chamados os escravos africanos recém-desembarcados (e geralmente levados para o interior da colônia), na área mais nobre da cidade. Data dessa época a criação do complexo do Valongo, formado de quatro setores articulados, a saber: a rua do Valongo, atual rua Camerino, onde ficariam as lojas de venda (apesar de poderem se espalhar por toda a zona do Valongo até a Gamboa); o Cemitério dos Pretos Novos, na atual rua Pedro Ernesto, antiga rua do Cemitério, onde eram enterrados os africanos que faleciam na travessia ou antes da venda; o Lazareto dos escravos, fundado em 1810, hospital para atendimento dos cativos africanos que chegavam com enfermidades após a viagem atlântica, no litoral oeste da península da Saúde; e o Cais do Valongo, construído em 1811 em substituição à antiga ponte de madeira que foi usada inicialmente para desembarque dos escravos desde 1774. O Valongo funcionou como uma extensa área de receptação exclusiva dos escravos africanos vendidos na cidade do Rio, capital da colônia e maior mercado escravista do país. Cerca de 1 milhão de escravos circularam por ali nesses quase cinquenta anos, a maioria remetida para as minas de ouro e as fazendas de café do Vale do Paraíba. Desde então, o lugar passou a ser conhecido como a Pequena África, apesar de o termo ter sido popularizado somente no começo do século XX, por Heitor dos Prazeres, morador local. A presença de tão grande e heterogênea população teve impactos profundos na região. Nas proximidades existe a Pedra do Sal, tradicional reduto de sambistas e praticantes de religiões afro-brasileiras. No passado remoto a Pedra do Sal era parte da senzala dos escravos do trapiche da Ordem de São Francisco, pertencente à Ordem de São Francisco da Penitência, fundada pelo frei Francisco da Mota, filho do comerciante Manuel da Mota, "cristão-novo" (construtor do trapiche, chamado então da Prainha), e da africana Maria do Gentio da Guiné, de nação Cabo Verde, escrava dele. O trapiche funcionou de 1668 até 1916, quando foi demolido após as obras do Cais do Porto. A Pedra do Sal é dos locais mais reverenciados da formação da moderna cultura negra da cidade do Rio. O termo se refere ao Armazém do Sal, localizado até hoje na praça Mauá, produto que era monopólio régio e cujo desembarque era feito pelos escravos do trapiche, que depois descansavam na pedra da Prainha, nome do antigo costão demolido em 1821, do qual Pedra do Sal é apenas um pequeno resquício.

Na região moraram personagens de vulto da história da população negra no Rio, como o Príncipe Obá, ou Cândido da Fonseca Galvão, crioulo da Bahia (Lençóis), filho de africanos, herói da Guerra do Paraguai e monarca virtual dos pretos e mulatos da corte, amigo de d. Pedro II, jornalista, militante das causas raciais e que residiu na rua Barão de São Félix; Machado de Assis, para muitos o maior escritor brasileiro de todos os tempos, nasceu na ladeira do Livramento, quase em frente ao cais, em 1839; Tia Ciata, ou Hilária Batista de Almeida, célebre sacerdotisa do culto dos orixás, nascida na Bahia, foi residir no morro da Conceição em 1876; Hilário Jovino Ferreira, pernambucano criado na Bahia, figura lendária da idade heroica da formação das escolas de samba e do moderno Carnaval carioca, morou na travessa das Partilhas, atual rua Costa Ferreira, no morro da Providência. Além disso, a região foi palco das mais importantes obras do engenheiro André Rebouças, primeiro engenheiro negro da Escola Politécnica do largo de São Francisco de Paula. Ao lado do Cais do Valongo jaz a Doca Dom Pedro II, aberta em 1875, erguida por ele sem o uso de trabalho escravo (conforme pedido do engenheiro-chefe Rebouças), a qual seria a primeira parte de um imenso conjunto de docas que cobriria o litoral até a Gamboa mas que jamais foi construído. A Doca Dom Pedro II foi a primeira doca moderna da cidade.

O Cais do Valongo foi a única obra de infraestrutura portuária em pedra construída na gestão de d. João VI no Brasil. Em 1808, Portugal se tornava das últimas nações ultramarinas européias a manter o tráfico atlântico de escravos africanos. A Revolução Francesa de 1789 tinha eliminado o tráfico para suas colônias; em 1807 a Inglaterra havia tornado ilegal seu próprio comércio oceânico de escravos; em 1791, com a Revolução Haitiana, entra em colapso a mais importante região fornecedora de açúcar do Caribe; a Revolução Americana e a independência das nações hispano-americanas tinham reduzido muito a demanda por escravos africanos no hemisfério ocidental. Assim, Portugal pôde intensificar suas trocas, sobretudo em Angola, sem temer a concorrência estrangeira. Outro fator decisivo foi a alta nos preços do açúcar e do café na Europa, em parte pela ascensão da nova burguesia. Dessa forma, no fim do século XVIII a demanda de escravos africanos no Brasil aumentava sensivelmente. A compra, venda e armazenamento de escravos era o negócio mais rendoso na cidade, ao menos desde os primórdios daquele século, quando do início da corrida do ouro. O Cais do Valongo foi, pois, uma obra relevante para o melhoramento da logística de venda e revenda de escravos na cidade, e contribuiu para a alta popularidade do regente e depois rei d. João VI entre os comerciantes de grosso trato no Rio. Muitos desses africanos, sobretudo aqueles vindos da África Ocidental, antes do desembarque na cidade fizeram escala em Salvador da Bahia, já que a legislação régia proibia desde 1703 o tráfico direto entre a África Ocidental e o Rio (temendo contrabando de ouro e alta mortalidade em longas viagens atlânticas). O cais foi erguido pela Intendência Geral de Polícia da Cidade do Rio de Janeiro, chefiada entre 1808 e 1821 por Paulo Fernandes Viana. Quase prefeito da cidade, ele lançou um novo imposto sobre o tráfico de escravos para financiar a construção do cais de pedra (chamado na documentação da época de Rampa do Valongo), que custou mais de três contos de réis. Em 1813 a Coroa institui nova Lei de Arqueação de Navios Negreiros (a primeira foi de 1684) estabelecendo as regras do comércio, e confirmando o Valongo como único local legal para desembarque de escravos na cidade do Rio de Janeiro.

Os viajantes europeus que afluíram à cidade depois da vinda da família real descrevem em detalhes as lojas de venda e "engorda" desses africanos na rua do Valongo. Frequentemente, eram casas térreas, com ampla área interna, onde se apresentavam os escravos aos seus possíveis senhores. A práxis era mostrar que o africano gozava de boa saúde, era forte, prestativo e submisso. No auge do comércio negreiro as casas de venda/engorda de africanos ficavam repletas de peças da Guiné e de Angola. Nos arredores, ferreiros fabricavam correntes e outros instrumentos usados no controle e suplício dos cativos.

Em geral, a venda ao varejo cobria os pequenos compradores, a maioria dos moradores urbanos. Boa parte dos pequenos vendedores eram ciganos, tidos como experientes para lidar com animais e escravos, porém execrados como desonestos e não confiáveis. Os grandes atacadistas (não ciganos) vendiam diretamente aos opulentos fazendeiros, que podiam reembarcar centenas de negros rumo aos fundos da baía de Guanabara, de onde partiam a pé para as fazendas do Vale do Paraíba. Mas do Valongo partiam navios com africanos que tinham como destino províncias de todo o Império, para as atuais regiões Sudeste, Sul e Centro-Oeste, e até mesmo para Belém do Pará.

O Lazareto foi instituído em 1810 por ordem do regente d. João. Era uma obra particular, gerenciada pelas maiores fortunas do tráfico de cativos da cidade. Esses magnatas fiscalizavam juntamente com servidores reais as embarcações e internavam os "pretos novos" enfermos. As doenças mais comuns eram glaucoma, sarna, disenteria, varíola (bexiga), todas relacionadas com as péssimas condições sanitárias das embarcações.

Quase um quarto dos escravos vindos da África eram portadores de enfermidades. Os administradores privados do Lazareto cobravam um preço alto dos armadores e capitães negreiros (sócios do negócio como eles) pela quarentena dos cativos, o que gerou uma representação de grande parte dos comerciantes para o rei, pedindo revisão do valor das taxas. Os números crescentes do tráfico negreiro na cidade nos anos 1810 e 1820 apontam uma imensa população escrava assistida pelos médicos, num espaço razoavelmente módico. Em 1804 o governo da cidade instituiu para os "escravos novos" a vacinação obrigatória contra a varíola, o que deve ter reduzido a mortalidade. Iria demorar cem anos para a medida atingir a população pobre livre.

Segundo estatísticas da época, 10% dos escravos africanos levados para o Rio morriam na travessia ou pouco após o desembarque (a maioria na segunda modalidade), revelando como era alta a taxa de mortalidade no local. Eles eram enterrados no Cemitério dos Pretos Novos da Gamboa, ou Cemitério do Valongo (hoje Instituto Pretos Novos). Na realidade, esse não chegou a ser um cemitério, mas sim uma imensa vala, onde os corpos dos cativos eram jogados. As descrições indicam uma larga área, cercada de um muro branco, com um cruzeiro na porta e piso interno de terra. Uma dupla de negros carregava os corpos numa rede, e depois se jogava um pouco de terra por cima, o que mal disfarçava. O primeiro cemitério de escravos no Rio foi o da Santa Casa de Misericórdia, nos arredores do morro do Castelo, já no final do século XVI. Em 1722 o aumento da chegada de africanos em trânsito para as minas levou à criação do Cemitério dos Pretos Novos de Santa Rita, nos fundos da freguesia da Candelária. Em 1751 Santa Rita se torna uma freguesia própria, desmembrada da Candelária, mas o volume de africanos enterrados diminuía no ritmo da decadência das minas de ouro. Em 1774 o litoral norte da cidade já é densamente habitado, e o caminho da Gamboa (atual rua Pedro Ernesto), por ser remoto e despovoado, é escolhido para cemitério dos milhares de homens e mulheres tragados pelo comércio negreiro atlântico. Os moradores que chegavam à região reclamavam amiúde junto às autoridades municipais do odor fétido dos cadáveres em decomposição. Tais reclamações pouco adiantavam. Somente em 1831, com a abolição do comércio legal de "pretos novos" no Rio, o cemitério perde o uso, e a área é reurbanizada, sem que os corpos fossem retirados. Durante décadas (e ainda hoje), na rua Pedro Ernesto as pessoas moram em cima de um imenso cemitério.

A partir de 1996, com a pesquisa arqueológica, na casa de Mercedes e Petrúcio, começa a se reintegrar a história, ampliada com a fundação do Instituto Pretos Novos. Em 1831 o complexo do Valongo é desativado. A Regência, buscando reconhecimento pela Inglaterra do novo governo instituído após a derrubada de Pedro I, decreta uma lei cujo cumprimento ela sabia ser inepta para fiscalizar. Mas o Valongo, no coração da capital do Império, é atingido em cheio. O cais, vazio, é tomado por estabelecimentos de venda de secos e molhados, que só serão retirados dali em 1843. A rua do Valongo agora se torna um conjunto de armazéns de café, a riqueza verde do novo Império. O Lazareto é esvaziado, no entanto o nome persiste até bem tarde no século XIX, e somente no início do XX a área é reurbanizada com o aterro do Cais do Porto.

A rua do Valongo é rebatizada como rua da Imperatriz, e o mesmo ocorre com o cais, na celebração da chegada da esposa do imperador Pedro II, em 1843, todavia nas entrelinhas vemos o processo de apagamento da memória da escravidão. O legado de d. João VI para a cidade é cristalizado por obras visíveis, como o Jardim Botânico, a Fábrica de Pólvora, a Biblioteca Nacional, a Imprensa Régia, porém o Valongo, amaldiçoado pela memória do cativeiro, sofre um apagamento profundo. Em 1906 a rua Camerino (nome dado pela República) é alargada e constrói-se o Jardim do Valongo, embelezando-o com as estátuas de Minerva, Mercúrio, Ceres e Marte (retiradas do antigo Cais da Imperatriz), que seria restaurado em sua magnificência no ano de 2012. Entretanto, nos fundos do jardim, a Casa da Guarda (setor administrativo e museu arqueológico) foi em passado remoto uma das "casas de engorda" de africanos, segundo tradição dos moradores do lugar, registrada pelo IPHAN.

Talvez um dos últimos remanescentes do conjunto do maior complexo negreiro das Américas a não sofrer alteração em suas formas fundamentais tenha sido a igreja da Saúde, datada do século XVIII, nos fundos do antigo quartel da Harmonia. Fundada em 1742, era nos tempos do cativeiro a ponta final da longa praia que vinha da Prainha (praça Mauá) e desembocava na ponta do morro da Saúde. Naquela época os escravos recém-desembarcados no Valongo eram levados para ser batizados nessa igreja, uma vez que não eram permitidos "gentios" da costa da África em terras do rei de Portugal.

Em 9 de julho de 2017, a Unesco (setor da ONU ligado a ciência, cultura e educação) concedeu o título de Patrimônio da Humanidade ao

Cais do Valongo. Foi o reconhecimento não apenas de um cais de pedra secular, mas da importância de dar visibilidade à trajetória sofrida dos povos africanos e afrodescendentes na história mundial moderna. O Valongo foi o primeiro Patrimônio da Humanidade do Brasil inscrito no programa A Rota do Escravo, também da Unesco, criado em 1994 para mapear o percurso de africanos e descendentes pelo mundo na diáspora da era moderna. Esperamos que novas pesquisas possam ser abertas com essa visibilidade.

Flávio dos Santos Gomes
e Lilia Moritz Schwarcz

POR UMA CRONOLOGIA ATLÂNTICA

EM MANUAIS E LIVROS DIDÁTICOS — E ATÉ MESMO NA HISTORIO-grafia moderna — é comum aparecerem retratos da sociedade brasileira como única, original e quase apartada das várias nações escravistas que existiram nas Américas. Ao mesmo tempo, é raro encontrar comparações acerca do impacto desse sistema nos continentes africano e europeu. Uma série de estudos — em especial aqueles mais recentes e definidos como *história atlântica* — tem oferecido novas perspectivas (com muitas pesquisas realizadas em arquivos) no sentido de destacar conexões entre os mundos atlânticos da escravidão nas Américas, envolvendo a triangulação com as Áfricas e Europas.

Não se trata de pensar apenas nas conexões econômicas, que abrangeram índices comerciais e exploração colonial. Circulavam ainda saberes, conhecimentos, culturas e fundamentalmente experiências. Ideias, notícias, rumores, expectativas, se difundiam em ambientes letrados, nobres, científicos, por meio de viajantes, mas também entre marinheiros, e assim alcançavam as populações coloniais e de escravizados. As margens atlânticas do tráfico conheceriam dor, genocídio, transferência de riquezas, mas também comunicações, expectativas, valores, culturas (inclusive material). Da mesma maneira, ilhas das Américas geravam muita informação, e de todo tipo, e a distribuíam pelo Atlântico.

Há indicações ainda de como autoridades coloniais — portuguesas, espanholas, inglesas e francesas — conheceram (e dialogaram sobre) o problema das crescentes fugas, bem como trocaram notícias acerca da formação de comunidades quilombolas populosas no Panamá, México, Colômbia, Jamaica, Suriname e Brasil desde os séculos XVI e XVII. Essas notícias chegavam tanto aos salões e gabinetes de Paris, Lisboa, Madri e Londres como a feitorias, portos e sertões africanos. Tais relações interconectavam experiências como *bumerangues*, atravessando, circulando, indo e voltando com vários ventos, dimensões, velocidades e trajetos. A partir do século XVIII, o movimento ganharia, inclusive, a chancela dos saberes europeus, para depois ser transformado em conhecimento científico.

Informações e imagens sobre a África seriam também conhecidas/produzidas nas Américas. Cidades africanas das Américas — de Lima no século XVI ao Rio de Janeiro do XIX — se conformariam como espaços para circulação de homens, mulheres, criando etnogêneses distintas que combinavam invenções de africanos, europeus e indígenas. Populações coloniais eram inventadas e se inventavam a partir dos textos, olhares, desenhos, gravuras, óleos e uma série de percepções cruzadas. Por exemplo, os primeiros dicionários de línguas africanas foram compostos a partir de informações vindas de cidades negras e africanas do século XIX. Nesses movimentos de "fluxo e refluxo", na consagrada expressão de Pierre Verger, práticas das mais diversas seriam copiadas e recriadas. Marinheiros (de várias procedências e origens) seriam capturados no Rio de Janeiro e acusados de praticar a capoeira. A explicação possível seria que, nas ruas de Londres e Paris — no final do século XVIII —, passeavam marinheiros, empregados, ex-soldados — com experiências em navios, fazendas e guerras nas Europas e Áfricas. Navios transportavam assim tais filosofias e práticas através do *trabalho vivo* de diferentes personagens. Circulariam também narrativas, imagens e desenhos onde tudo era inventado, modificado e transformado.

A partir desses novos estudos e perspectivas, construímos uma cronologia ampla, chamando a atenção para as possibilidades cruzadas da história da escravidão nas Américas. Vários outros aspectos e eventos podem ser incluídos nestas dimensões atlânticas cujas fronteiras e balizas são quase que infindas. Esta é, portanto, uma cronologia "não acabada", pois são muitas as histórias afro-atlânticas que temos ainda para contar.

1510 — Primeiros grandes carregamentos de africanos escravizados para as colônias espanholas.
1522 — Levante escravo em Hispaniola (posteriormente chamada São Domingos/Saint-Domingue) considerado a primeira revolta escrava do Caribe.
1532-56 — *Palenque* no Panamá comandado por Bayano.
1535 — Formação da comunidade de angolares a partir de escravizados africanos sobreviventes de um naufrágio na ilha de São Tomé.
1545-50 — Primeiras entradas sistemáticas de africanos escravizados no Brasil, sendo enviados para os engenhos que se erguiam em Pernambuco, Bahia e outras partes.
1549 — Estabelecimento de uma das primeiras comunidades de fugitivos das Américas, na ilha de Margarita, na costa da Venezuela.
Década de 1570 — Tratados de paz com as comunidades de fugitivos do Panamá.
1570 — Aparecem listados 3700 africanos escravizados nas áreas de mineração no México (minas de Zacatecas, Guanajuato e Pachuco).
1570-1600 — Os principais engenhos e fazendas de Pernambuco, Bahia, e alguns no Espírito Santo, São Vicente e Rio de Janeiro, funcionam com uma média de quarenta a sessenta cativos cada, reunindo tanto escravizados indígenas como africanos, e também utilizando trabalhadores livres, especialmente indígenas.

1575 — Primeira repressão a um mocambo de que se tem notícia no Brasil ocorre na Bahia.
1585 — Só em Pernambuco, trabalhando nas fazendas e engenhos, concentram-se 2 mil africanos escravizados.
Década de 1590 — Formam-se mocambos nas capitanias da Bahia e Sergipe, destacando-se o quilombo do rio Itapicuru na Bahia.
1590 — Lima (no Peru), importante zona de importação negreira da América espanhola, conta com 7 mil africanos e afro-peruanos. Ela se torna um dos primeiros espaços urbanos e africanos das Américas. Entre 1614 e 1620, a população africana ali alcançaria 20 mil escravizados.
1597 — Primeiras notícias sobre a formação de mocambos em Palmares.
1600 — Palenque de La Matuna, chefiado por Benkos Bioho, na Colômbia. Tratados de paz com as comunidades de fugitivos de Veracruz, México, lideradas por Yanga.
1602-03 — A Coroa portuguesa envia as primeiras tropas contra os mo-

cambos de Palmares. Vários *palmaristas* são capturados e alguns em seguida enforcados.

1622 — Nzinga do reino do Ndongo se torna embaixatriz em Luanda e é batizada no cristianismo, assinando os tratados de paz.

1625 — São estabelecidos acampamentos de guerra, e dá-se o início de relações diplomáticas entre portugueses e Nzinga.

1629-30 — A Holanda (companhias de comércio neerlandesas) invade Pernambuco/Olinda, ocupando os engenhos e controlando a produção e o comércio atlântico.

1633-36 — *Palmaristas* durante a ocupação holandesa realizam várias razias. Começa a haver deserções em massa de escravizados.

1638 — Holandeses capturam a fortaleza de São Jorge da Mina, na Costa do Ouro.

Década de 1640 — Tentativas de tratados de paz junto aos mocambos na Bahia com o envio de jesuítas.

1640-90 — Franceses, ingleses e holandeses montam no Caribe (em várias ilhas e regiões) consideráveis estruturas escravistas — com forte fluxo do tráfico negreiro atlântico —, destacando-se Barbados, Martinica, Jamaica e São Domingos.

1641 — Companhias de comércio neerlandesas invadem Luanda e Benguela, expulsando os portugueses dos principais postos fortificados da costa africana.

1650-1780 — Em várias partes do Brasil — de norte a sul — se desenvolvem lavouras de arroz, algodão, fumo, além da pecuária, com a utilização de trabalho escravo, sobretudo africano.

1654 — Pernambuco e Olinda são retomadas por tropas portuguesas e milícias coloniais.

1655 — Primeiras guerras *maroons* (quilombolas) na Jamaica.

1660 — Notícias sobre a existência de Palmares em Pernambuco já chegam às áreas coloniais africanas através da correspondência das autoridades portuguesas e também dos mercadores de escravizados, incluindo as faces africanas desse comércio.

1662 — Entrada dos primeiros africanos escravizados na Amazônia, via Grão-Pará e Maranhão.

1662-63 — Razias de mocambos em Sergipe.

1662-63 a 1670 — Tentativas de tratados de paz na Jamaica e expulsão dos espanhóis.

1665-78 — Guerras civis no reino do Congo.

1668 — Expedições contra mocambos baianos.
1672 — Fim da Guerra de Sucessão no reino do Ndongo.
Por determinação de Fernão de Sousa Coutinho são mobilizados grandes contingentes militares contra os *palmaristas*.
1677 — Fernão Carrilho marcha contra Palmares com numeroso contingente militar. Os mocambos Aqualtune, Amaro, Subupira e Garanhuns são atacados.
1678 — As autoridades coloniais tentam propor um acordo de paz com os habitantes de Palmares. Após negociações, Ganga-Zumba vai a Recife e sela o tratado de paz. Retira-se com seus homens para o Cucaú. Zumbi e inúmeros *palmaristas* insatisfeitos com as condições do acordo selado por Ganga-Zumba decidem permanecer no Macaco, resistindo.
1679-85 — Continuação das hostilidades entre Matamba, Angola e Cassange, na África Centro-Ocidental.
1680 — Sublevação no Cucaú por *palmaristas* descontentes com o comandante de Palmares. Ganga-Zumba é assassinado. Zumbi assume a liderança dos *palmaristas*.
1685-1762 — Guerras e tratados de paz com os *maroons* (quilombolas) do Suriname.

1692-93 — Após longa preparação, Domingos Jorge Velho comanda tropas para destruir Palmares.
1694 — Depois de várias tentativas, e agora utilizando canhões, as tropas de Domingos Jorge Velho invadem a capital Macaco. Há inúmeros mortos e centenas de quilombolas aprisionados. Zumbi, mesmo ferido, consegue escapar para o interior migrando, junto com outros *palmaristas*, para outros mocambos. Perseguindo Zumbi, tropas atacam e destroem os mocambos Una, Engana-Columim, Pedro Capacaça, Quiloange e Catingas.
1695 — Após traição de um dos seus comandados, Zumbi é assassinado pelas tropas repressoras no seu mocambo localizado na serra Dois Irmãos.
1695-1750 — Manuais agrícolas, literatura de viagens e correspondências entre autoridades coloniais do Caribe trazem relatos sobre a prática senhorial de conceder lotes de terras e dias de sábado e domingo para que os escravizados produzissem alimentos em pequenas roças. Tais alimentos se destinavam à subsistência dos escravizados, mas há indicação de que os excedentes dessas roças seriam trocados pelos cativos em feiras e tabernas próximas às fazendas. Na ocasião, tal prática já era conhecida e apelidada

no Caribe de "costume do Brasil", uma vez que largamente utilizada e difundida por aqui desde meados do século XVII.

1697-1700 — Camoanga assume a liderança de Palmares, tentando reorganizar os *palmaristas*. Estes realizam várias razias nos engenhos e fazendas em Santo Amaro do Jaboatão. Tenta-se fazer um acordo de paz com Camoanga.

Até o final do século XVII — e em dois séculos — o Brasil já tinha absorvido cerca de 800 mil africanos; o Caribe francês, inglês e holandês, aproximadamente 470 mil; enquanto a América espanhola, de 350 a 400 mil.

1700-25 — Entrada massiva de africanos pelos portos dò Rio de Janeiro e também de Salvador. Estes eram enviados para as regiões de mineração através de caminhos terrestres. No Rio de Janeiro cresce o número de africanos ocidentais entrados, tanto para serem enviados às áreas mineradoras como para abastecer as fazendas do recôncavo da Guanabara, em torno das antigas freguesias de Irajá, Inhaúma, Campo Grande, Jacarepaguá e outras.

1701-03 — Expedições contra os mocambos do Gurupi-Turiaçu, na capitania do Maranhão.

1702-03 — Mais expedições punitivas são enviadas a Palmares. Após vários ataques antimocambos, Camoanga é assassinado e diversos *palmaristas* capturados.

1704-06 — Domingos Jorge Velho comanda mais expedições contra os *palmaristas* remanescentes. O novo líder dos Palmares é o negro Mouza. *Palmaristas* voltam a se movimentar nas serras pernambucanas, aproximando-se da capitania de Sergipe del Rei.

1710-80 — Em inícios do século, Cuba conta uma população de 10 mil escravizados. Esta passa de 40 mil em meados do século e chega a 65 mil na década de 1780.

1711-16 — O novo líder de Palmares, Mouza, é capturado e enviado preso para Recife. Continuam chegando notícias sobre as ações de guerrilhas dos *palmaristas* nas serras de Pernambuco e capitanias próximas.

1711-56 — Rumores e eclosões de revoltas escravas na capitania de Minas Gerais. Houve divisões entre os africanos centrais e ocidentais na organização e liderança de alguns desses levantes.

1713 — Intensa legislação colonial de devolução de fugitivos escravos nas fronteiras entre as colônias francesas e espanholas no Norte do Brasil.

1722-29 — Formação de comunidades de fugitivos em São Paulo.

1729 — Cativos apoiam o levante indígena de Natchez, na Louisiana, América inglesa.

1730 — Tentativas de destruição dos mocambos de Cumbe, no interior da capitania da Paraíba.

1730-32 — Notícias do aumento de migração e movimento de escravos fugidos nas fronteiras das Guianas.

1730-80 — Há um crescimento da população negra nas Américas, especialmente aquela livre (descendentes de libertos e alforriados). No Caribe inglês eram 380 mil escravizados. Na América do Norte, a população de escravizados chegava a 570 mil. No Caribe francês eram 660 mil escravizados. Em 1780, no Brasil, havia 1,5 milhão de escravos, 70% africanos, sendo que a população negra livre já somava mais de 400 mil pessoas. As populações negras livres da Venezuela e Colômbia atingiriam quase 50% da população total.

1738-39 — Tratados de paz entre *maroons* (quilombolas) em Trelawney, Jamaica. O acordo foi sacramentado entre as autoridades coloniais e os líderes *maroons* Cudjoe, Quacco, Accompong e outros.

1739 — Revolta escrava em Stono, Carolina do Sul. Ali os africanos escravizados provenientes das áreas do reino do Congo falavam português e conheciam o catolicismo, favorecendo a organização de conspirações.

1740-80 — Nas regiões mineradoras, começam a chegar com mais frequência e intensidade africanos centrais — sobretudo da região de Benguela. Na segunda metade do século XVIII, Minas Gerais conhece interessante processo de encontro de gerações de africanos traficados, misturando os ocidentais (maioria entre 1695 e 1730) e os centrais (1725-80).

1741 — Alvará colonial autorizando decepar a orelha de cativo reincidente capturado em quilombos e com a marca de ferro.

1745 — Praticamente considerados extintos os quilombos de Palmares, ainda se registram migrações dos seus remanescentes rumo à capitania da Paraíba.

1746-69 — Expedições de bandeirantes contra grandes quilombos (destacando-se aquele chamado de Ambrósio e o Bateeiro) em Minas Gerais.

1749 — Negociações e tratados de paz entre os *maroons* (quilombolas) saamakas e autoridades coloniais holandesas na fronteira do Suriname.

1760-67 — Explosão de várias revoltas escravas em Berbice.

1760-1880 — Guerras e alianças étnicas de microssociedades indígenas xavantes e caiapós com os quilombolas em Goiás.

1770 — Destruição do Quilombo do Quariterê (Mato Grosso).

Três quartos da população de escravizados na Jamaica estão ocupados na plantation de açúcar, em fazendas com propriedade média de duzentos cativos cada.

1779 — Escravos fugitivos do Grão-Pará se refugiam nas cabeceiras do rio Araguari, então nas fronteiras do lado da Guiana Francesa, causando tensões entre Portugal e França.

1780 — A população de escravizados — a maioria africana — de São Domingos alcança 600 mil, quase a metade do restante de cativos do Caribe todo.

1780-1810 — Entrada massiva de africanos ocidentais (especialmente da Alta Guiné) para as lavouras de algodão, arroz, e também para São Luís, capitania do Maranhão. Nas primeiras décadas do século XIX, São Luís se torna uma original cidade negra africana, com destaque para os africanos ocidentais denominados mandingas, balantas, bijagós e outros.

1788 — Na Inglaterra, abolicionistas fazem circular petições públicas contra o comércio de africanos escravizados.

1789-1828 — Tratado de paz dos escravizados do Engenho de Santana, propondo melhores condições de trabalho, aquilombamento de parte deles, e novas denúncias de quilombos e reivindicações.

1790 — Martinica e Guadalupe somam juntas cerca de 170 mil escravizados.

1790-1810 — As Guianas britânicas — Demerara, Berbice e Essequibo — concentram uma população de aproximadamente 120 mil escravizados.

1790-1880 — Formação de vários quilombos nas regiões de Óbidos, Trombetas, Santarém, Monte Alegre e Alenquer, suas conexões com grupos indígenas tiriós, drios, tarumãs e outros acessando os *maroons* (quilombolas) do Suriname via trocas comerciais que atravessavam as cachoeiras e a serra do Tumucumaque.

1791-92 — Diversos levantes de escravos em São Domingos, configurando o início do processo conhecido por Revolução Haitiana.

1791-93 — Denúncias, rumores e investigações das autoridades coloniais portuguesas preocupadas com o fato de as ideias da Revolução Francesa e da revolta de São Domingos estarem entrando no Brasil, via Grão-Pará, através de emissários e cativos fugitivos da Guiana Francesa.

1794 — A escravidão é extinta no Caribe francês pelo governo revolucionário.

1795 — Levante escravo em Coro, Venezuela, sob forte propaganda da insurreição de São Domingos.

Destruição do Quilombo da Carlota (Mato Grosso).

1795-96 — Guerras *maroons* (quilombolas) na Jamaica sob influência dos desdobramentos da insurreição de São Domingos e dos tratados de paz junto aos quilombolas, há sessenta anos.
1800 — Conspiração e rumores de revolta escrava liderada por Gabriel Prosser em Richmond, Virgínia (EUA).
1802 — A escravidão é restaurada no Caribe francês por Napoleão.
1804 — Declaração de Independência do Haiti, sob a liderança de Jean-Jacques Dessalines.
1807-08 — Proibição do tráfico de escravos para os EUA.
1807-35 — Série de revoltas escravas estouram em Salvador e em várias partes do Recôncavo da Bahia.
1810 — Há na Venezuela uma população de 54 mil escravizados.
1810-40 — Notícias de vários quilombolas urbanos e semiurbanos em torno do Rio de Janeiro (Lagoa, Tijuca, Santa Teresa), Salvador (Itapuã), Porto Alegre, Recife e São Luís.
1810-45 — Entrada massiva de africanos na cidade do Rio de Janeiro, incluindo-se nessa conta o comércio pós-tráfico ilegal de 1831. O Rio vai se transformar na maior cidade negra atlântica do século XIX, com uma concentração extraordinária de escravizados africanos, mobilizados no setor de serviços, transporte e outros da área urbana.

1811-87 — Formação de uma tradição quilombola no Maranhão, com destaque nas áreas do Turiaçu-Gurupi.
1813 — Nas Províncias Unidas do Rio da Prata é aprovada legislação da emancipação gradual dos escravizados.
Primeiras referências de quilombos no Rio Grande do Sul.
1815 — Proibição do tráfico atlântico ao norte da linha do equador, através de um tratado entre Brasil e Inglaterra.
1815-34 — População de escravizados em Porto Rico varia de 19 a 42 mil.
1816 — Insurreição escrava em Barbados, Caribe inglês.
1818-80 — Formação de vários quilombos nos subúrbios da corte do Rio de Janeiro, comercializando lenha e alimentos. Destacam-se aqueles do recôncavo da Guanabara denominados Bomba, Gabriel, Estrela, Iguaçu e Sarapuí.
1820 — Nas vésperas da independência brasileira, Venezuela, Colômbia e Equador concentram uma população de 130 mil escravizados.
1820-24 — Intensos debates políticos no Grão-Pará, eclosão de insurreições escravas em várias partes (destacando-se a região de Cametá), com

propaganda que alcança as fronteiras com a Venezuela e as Guianas.

1821 — Debates e planos de emancipação gradual nas regiões da Colômbia, Equador e Venezuela.

1822 — Levante escravo de Denmark Vesey, em Charleston, Carolina do Sul (EUA). (Denmark tinha sido marinheiro e viajara para o Haiti.)

1823 — Levante escravo em Demerara.

1825 — Lei do Ventre Livre (liberdade para os filhos das mulheres escravas) no Uruguai.

1826 — Abolição da escravidão no Chile.

Tratado acertou o fim do tráfico em todo o Brasil; não teve, porém, grande eficácia.

1829 — Abolição da escravidão no México.

1829-33 — Debates públicos sobre cor, nacionalidade e origem na corte do Rio de Janeiro e o surgimento de panfletos e periódicos dirigidos por republicanos, liberais exaltados e conservadores que denunciam conspirações escravas. O termo usado é "haitianismo", significando rumores de levantes e massacres de brancos. Surgem vários periódicos concentrados no tema: *O Crioulinho* (1833), *Brasileiro Pardo* (1833), *O Filho da Terra* (1831), *O Mulato, ou o Homem de Côr* (1833), *O Meia Cara* (1833), *O Macaco ou o Palhaço da Opposição* (1833), entre outros.

1831 — Primeira proibição do tráfico atlântico de escravos para o Brasil.

Levante escravo liderado por Nat Turner, em Southampton, Virgínia (EUA).

Levante escravo na Jamaica.

1832 — Em Alagoas e Pernambuco eclode a revolta camponesa da Cabanada, onde os camponeses negros (localizados exatamente nas regiões onde antes existiram os mocambos de Palmares) eram chamados de papa-méis.

Revolta escrava em São Carlos (SP).

1833 — Revolta escrava em Carrancas (MG).

Há cerca de 36 mil escravizados no Suriname (Guiana Holandesa), distribuídos em quase 350 fazendas, com uma média de 105 cativos cada.

1833-38 — Emancipação (gradual e depois final) dos escravizados no Caribe inglês.

1835 — Eclosão da insurreição escrava em Salvador. Conhecida como Revolta dos Malês, foi considerada a maior revolta escrava urbana das Américas, sendo organizada pelos africanos ocidentais e muçulmanos.

1835-40 — Eclosão da Cabanagem no Grão-Pará, revolta que mobiliza as elites locais e também setores camponeses e cativos. A movimentação dos mocambos e fugitivos da região amazônica ajuda a espalhar a revolta, e suas repercussões/significados alcançam até o interior da província do Amazonas. Há bloqueio naval em torno de Belém com apoio de navios ingleses na repressão aos cabanos. Existem rumores de muitas deserções de marinheiros ingleses (a maioria negros), que teriam aderido aos revoltosos cabanos.

1835-45 — Revolução Farroupilha, levante das elites charqueadoras do Rio Grande do Sul que teve repercussões junto aos escravos, os quais fugiram para as fronteiras do Uruguai e organizaram milícias para lutar ao lado dos revoltosos farrapos.

1836 — Revolta da Cemiterada em Salvador, como ficaram conhecidos os rumores de levante contra as mudanças na legislação e nos costumes dos rituais fúnebres e enterramentos.

1836-65 — No Brasil, famílias de libertos africanos se organizam, preparando embarcações e viagens a partir de Salvador e do Rio de Janeiro, e retornam para o continente africano, especialmente para a Nigéria, Benim, Togo e Gana. Ali estabeleceriam comunidades étnicas (com culturas próprias) e com prestígio sociopolítico.

1838 — Revolta quilombola em Vassouras comandada por Manuel Congo, escravizado africano ferreiro.

1839-40 — Eclosão da Balaiada, maior revolta camponesa oitocentista, que teve desdobramento junto aos escravos com a formação de inúmeros quilombos, comandados pelo Negro Cosme. Há notícias de que Cosme — um liberto que tinha nascido no Ceará — estabeleceu uma escola de alfabetização no Quilombo de Lagoa Amarela.

1840-60 — População escrava em Cuba varia de 320 a 370 mil cativos.

1842 — Abolição da escravidão no Uruguai.

1844 — Massacres dos negros (com muitos fugitivos) porongos, milícia que lutava ao lado dos farrapos, no Rio Grande do Sul.

Revolta escrava de La Escalera, em Cuba.

1847-53 — Aumento de rumores de revoltas escravas com os debates sobre o fim do tráfico e a entrada ilegal de africanos em Pernambuco, Rio de Janeiro, São Paulo e Rio Grande do Sul.

1848 — Emancipação no Caribe francês.

1849 — Revolta escrava do Queimado, no Espírito Santo, com rumores acerca da influência de missionários religiosos e de propaganda inglesa para o fim do tráfico.

1850 — Segunda legislação e definitiva proibição do tráfico atlântico, conhecida como Lei Eusébio de Queirós.

1851 — Abolição da escravidão na Bolívia.

Há 16 mil escravizados na Colômbia.

1852 — Abolição da escravidão no Equador.

1852-54 — Revolta dos Marimbondos (PE): camponeses negros contra o recenseamento e rumores de escravização.

1854 — Abolição da escravidão no Peru.

Rumores de revoltas e conspirações escravas em Taubaté (SP) e Pau d'Alho (PE). Há notícias de que os escravos estavam insatisfeitos com a diminuição dos feriados religiosos (que teve impacto nas suas festas de congadas e dias santos), consequência da bula papal de 1852.

1857 — Eclosão da Greve Negra, quando trabalhadores — fundamentalmente escravos, libertos, africanos e crioulos — paralisam o transporte urbano de mercadorias em Salvador, não aceitando as mudanças que regulavam o controle e a fiscalização do trabalho urbano de serviços.

1861-65 — Eclosão e fim da Guerra da Secessão (EUA).

1863 — Emancipação no Caribe holandês, Suriname, Curaçao.

1864 — Revolta escrava em Serro (MG). Ao que tudo indica, os escravos estavam recebendo notícias sobre as expectativas da guerra civil nos EUA e acerca do tema da escravidão.

1864-70 — Guerra do Paraguai com a mobilização de batalhões com ex-escravos, incidência de fugas e formação de quilombos nas fronteiras, resultado do aumento de desertores.

1865 — Abolição da escravidão nos EUA.

1867 — Revolta quilombola de Viana, Maranhão, sob o impacto da Guerra do Paraguai.

1871 — Lei do Ventre Livre no Brasil.

1871-75 — Série de rumores de revoltas no Espírito Santo, sobretudo nas áreas do sul, Cachoeiro de Itapemirim.

1884 — Abolição da escravidão nas províncias do Ceará e Amazonas.

1885 — Emancipação e a decretação da Lei dos Sexagenários.

Revolta quilombola no Espírito Santo, na região norte de São Mateus.

1885-87 — Migrações de famílias negras, alforrias coletivas, fugas em massa e mobilidade de quilombos volantes sob o impacto da politização dos debates da abolição.

1886 — Abolição da escravidão em Cuba.

1888 — Abolição da escravidão no Brasil.

1888-89 — Nas ruas de São Luís, Santos, Porto Alegre, Salvador, Recife e sobretudo no Rio de Janeiro surgem organizações negras, como milícias — sob o nome de Guarda Negra — que enfrentam a polícia, e especialmente republicanos que atacam a monarquia e fazem críticas à abolição recente.

1894 — Nina Rodrigues — médico e professor da Faculdade de Medicina da Bahia — publica *As raças humanas e a responsabilidade penal no Brasil*, livro em que defende a criação de dois códigos penais: um para brancos e outro para negros.

1906 — O escritor Machado de Assis publica o conto "Pai contra mãe" no livro *Relíquias da casa velha*. Trata-se de uma crítica feroz à escravidão que se "naturalizou" no Brasil.

1909 — O escritor Lima Barreto publica *Recordações do escrivão Isaías Caminha*, obra em que critica abertamente o racismo existente no Brasil da Primeira República.

1911 — João Batista de Lacerda, então diretor do Museu Nacional, participa do Congresso Universal de Raças como enviado oficial da República e defende a tese de que em três gerações o Brasil seria um país branco. Escreveu para a ocasião o texto "Sur les Métis au Brésil".

1921 — Na revista *Brazil-Medico*, o dr. Renato Kehl defende a esterilização de mestiços no país.

1929 — I Congresso Brasileiro de Eugenia.

1931 — Criação da Frente Negra Brasileira.

1932 — Revolução Constitucionalista de São Paulo e surgimento da Legião Negra.

REFERÊNCIAS BIBLIOGRÁFICAS

SOBRE AS IMAGENS: ENTRE A CONVENÇÃO E A ORDEM

BAXANDALL, Michael. *Padrões de intenção*. São Paulo: Companhia das Letras, 2000.

BRIZUELA, Natália. "Lembranças da raça". In: ______. *Fotografia e império*. São Paulo: Companhia das Letras, 2012.

CLARK, T. J. *Modernismos*. São Paulo: Cosac & Naify, 2007. (Análise da tela *A morte de Marat*.)

FOUCAULT, Michel. "Las meninas". In *Arqueologia do saber*. São Paulo: Martins Fontes, 1998.

GINZBURG, Carlo. *Indagações sobre Piero: O Batismo, o Ciclo de Arezzo, a Flagelação*. São Paulo: Paz e Terra, 1989.

GOMBRICH, Ernst H. *Arte e ilusão: Um estudo da psicologia da representação pictórica*. São Paulo: Martins Fontes, 1995.

LIMA, Valéria. *Uma viagem com Debret*. Rio de Janeiro: Zahar, 2004.

NAVES, Rodrigo. "Debret, o neoclassicismo e a escravidão". In: *A forma difícil: Ensaios sobre arte brasileira*. São Paulo: Ática, 1996.

SCHWARCZ, Lilia M. "Lendo imagens". *Revista Sociologia & Antropologia*, Rio de Janeiro, 2014.

SEKULA, Allan. *The Body in the Archive*. <https://www.jstor.org/stable/778312?seq=1#page_scan_tab_contents>.

ÁFRICA DURANTE O COMÉRCIO NEGREIRO

ALENCASTRO, Luiz Felipe de. *O trato dos viventes: Formação do Brasil no Atlântico Sul*. São Paulo: Companhia das Letras, 2000.

CANDIDO, Mariana. *An African Slaving Port and the Atlantic World: Benguela and its Hinterland*. Nova York: Cambridge University Press, 2013.

MILLER, Joseph. *Way of Death: Merchant Capitalism and the Angolan Slave Trade, 1730-1830*. Madison: University of Wisconsin Press, 1988.

THORNTON, John. *Africa and Africans in the Making of the Atlantic World, 1400-1800*. Nova York: Cambridge University Press, 1998.

ÁFRICA, NÚMEROS DO TRÁFICO ATLÂNTICO

CANDIDO, Mariana. *An African Slaving Port and the Atlantic World. Benguela and its Hinterland*. Nova York: Cambridge University Press, 2013.

CAPELA, José. *O tráfico de escravos nos portos de Moçambique*. Porto: Afrontamento, 2002.

CURTO, José C. *Enslaving Spirits: The Portuguese-Brazilian Alcohol Trade at Luanda and its Hinterland, c. 1550-1830*. Leiden: Brill, 2004.

DOMINGUES, Daniel. *The Atlantic Slave Trade*

from West Central Africa, 1780-1867. Nova York: Cambridge University Press, 2017.

ELTIS, David; DAVID, Richardson. *Atlas of the Transatlantic Slave Trade*. New Haven: Yale University Press, 2010.

FERREIRA, Roquinaldo. *Cross-Cultural Exchange in the Atlantic World: Angola and Brazil during the Era of the Slave Trade*. Nova York: Cambridge University Press, 2012.

FLORENTINO, Manolo. *Em costas negras: Uma história do tráfico atlântico de escravos entre a África e o Rio de Janeiro (séculos XVIII e XIX)*. Rio de Janeiro: Arquivo Nacional, 1995.

HAWTHORNE, Walter. *From Africa to Brazil: Culture, Identity, and an Atlantic Slave Trade, 1600-1830*. Cambridge, UK: Cambridge University Press, 2010.

KLEIN, Herbert S. *The Atlantic Slave Trade*. Cambridge, UK: Cambridge University Press, 2010.

MILLER, Joseph C. *Way of Death: Merchant Capitalism and the Angolan Slave Trade 1730-1830*. Madison: University of Wisconsin Press, 1988.

AFRICANOS CENTRAIS

DOMINGUES, Daniel. *The Atlantic Slave Trade from West-Central Africa, 1780-1867*. Nova York: Cambridge University Press, 2017.

FERREIRA, Roquinaldo. *Cross-Cultural Exchange in the Atlantic World: Angola and Brazil during the Era of the Slave Trade*. Nova York: Cambridge University Press, 2012.

FROMONT, Cécile. *The Art of Conversion: Christian Visual Culture in the Kingdom of Kongo*. Chapel Hill: University of North Carolina Press, 2014.

HEYWOOD, Linda M. (Org.). *Central Africans and Cultural Transformations in the American Diaspora*. Nova York: Cambridge University Press, 2002.

MARCUSSI, Alexandre A. *Cativeiro e cura: Experiências religiosas da escravidão atlântica nos calundus de Luzia Pinta, séculos XVII-XVIII*. São Paulo: USP, 2015. Tese (Doutorado em História).

REGINALDO, Lucilene. *Os rosários dos angolas: Irmandades de africanos e crioulos na Bahia setecentista*. São Paulo: Alameda, 2011.

SAMPAIO, Gabriela dos Reis. *Juca Rosa: Um pai de santo na corte imperial*. Rio de Janeiro: Arquivo Nacional, 2009.

SLENES, Robert W. "L'Arbre nsanda replanté: Cultes d'affliction kongo et identité des esclaves de plantation dans le Brésil du sud-est (1810-1888)". *Cahiers du Brésil Contemporain*, Paris: EHESS, v. 67-68, pp. 217-313, 2007.

SWEET, James H. *Recriar África: Cultura, parentesco e religião no mundo afro-português (1441-1770)*. Lisboa: Edições 70, 2007.

VANSINA, Jan. *How Societies are Born: Governance in West Central Africa before 1600*. Charlottesville: University of Virginia Press, 2004.

AFRICANOS LIVRES

BERTIN, Enidelce. *Os meias-caras: Africanos livres em São Paulo no século XIX*. Salto, SP: Schoba, 2013.

CONRAD, Robert E. *Tumbeiros: O tráfico escravista para o Brasil*. São Paulo: Brasiliense, 1985.

FIGUEIREDO, Luciano R. (Org.). *Marcas de escravos: Listas de escravos emancipados vindos a bordo de navios negreiros, 1839-1841*. Rio de Janeiro: Arquivo Nacional, 1989.

GRAHAM, Richard. *Grã-Bretanha e o início da modernização no Brasil, 1850-1914*. São Paulo: Brasiliense, 1973.

HAWTHORNE, Walter. "'Sendo agora, como se fôssemos, uma família': Laços entre companheiros de viagem no navio negreiro *Emília*, no Rio de Janeiro e através do mundo atlântico". *Mundos do Trabalho*, Florianópolis, v. 3, n. 6, pp. 7-29, 2011.

MAMIGONIAN, Beatriz G. *Africanos livres: A abolição do tráfico de escravos no Brasil*. São Paulo: Companhia das Letras, 2017.

MOREIRA, Alinnie S. "Os africanos livres, sua prole e as discussões emancipacionistas: As famílias e a administração dos descendentes de africanos livres na Fábrica de Pólvora da Estrela (Rio de Janeiro, 1830-1860)". *Estudos Afro-Asiáticos*, Rio de Janeiro, ano 29, n. 1-3, pp. 161-200, 2007.

OLIVEIRA, Vinicius P. *De Manoel Congo a Manoel de Paula: Um africano ladino em terras meridionais*. Porto Alegre: EST Edições, 2006.

REIS, Isabel Cristina F. dos. "Os africanos livres na Bahia: Trabalho e vida familiar". In: ABREU, Martha; CHALHOUB, Sidney; FREIRE, Jonis; RIBEIRO, Gladys (Orgs.). *Escravidão e cultura afro-brasileira: Temas e problemas em torno da obra de Robert Slenes*. Campinas: Ed. da Unicamp, 2016. pp. 187-224.

RODRIGUES, Jaime. "Ferro, trabalho e conflito: Os africanos livres na Fábrica de Ipanema", *História Social*, Campinas, n. 4-5, pp. 29-42, 1998.

AFRICANOS OCIDENTAIS

HAWTHORNE, Walter. *From Africa to Brazil: Culture, Identity, and an Atlantic Slave Trade, 1600-1830*. Cambridge, UK: Cambridge University Press, 2010.

KARASCH, Mary C. *A vida dos escravos no Rio de Janeiro, 1808-1850*. São Paulo: Companhia das Letras, 2000.

LAW, Robin. "Etnias de africanos na diáspora: Novas considerações sobre os significados do termo 'mina'". *Tempo*, Niterói, n. 20, pp. 109-31, 2006.

OLIVEIRA, Maria Inês C. de. "Quem eram os 'negros da Guiné'? A origem dos africanos na Bahia". *Afro-Ásia*, Salvador, n. 19-20, pp. 37-73, 1997.

PARÉS, Luis Nicolau. *A formação do candomblé: História e ritual da nação jeje na Bahia*. Campinas: Ed. da Unicamp, 2006.

REIS, João José. *Rebelião escrava no Brasil: A história do Levante dos Malês em 1835*. São Paulo: Companhia das Letras, 2003.

SOARES, Mariza de Carvalho. *Devotos da cor: Identidade étnica, religiosidade e escravidão no Rio de Janeiro, século XVIII*. Rio de Janeiro: Civilização Brasileira, 2000.

THORNTON, John. *Africa and Africans in the Making of the Atlantic World, 1400-1800*. Cambridge: Cambridge University Press, 1998.

VERGER, Pierre. *Fluxo e refluxo do tráfico de escravos entre o golfo do Benin e a Bahia de Todos os Santos dos séculos XVII a XIX*. São Paulo: Corrupio, 2002.

Voyages. *The Trans-Atlantic Slave Trade Database* <http://www.slavevoyages.org/>.

AFRICANOS ORIENTAIS

ALPERS, Edward A. "'Mozambiques' in Brazil: Another Dimension of the African Diaspora in the Atlantic World". In: CURTO, José C.; SOULODRE-LA FRANCE, Renée (Orgs.). *Africa and the Americas: Interconnections during the Slave Trade*. Trenton, NJ; Asmara: Africa World Press, 2005. pp. 43-68.

BASTOS, Murilo Q. R.; SOUZA, Sheila M. F. Mendonça de; SANTOS, Ricardo Ventura; COOK, Della Collins; RODRIGUES-CARVALHO, Claudia; SANTOS, Roberto Ventura. "Da África ao Cemitério dos Pretos Novos, Rio de Janeiro: Um estudo sobre as origens de escravos a partir da análise de isótopos de estrôncio no esmalte dentário". *Revista de Arqueologia* (Sociedade de Arqueologia Brasileira), Belo Horizonte, v. 24, n. 1, pp. 66-81, 2017. <http://www.revista.sabnet.com.br/revista/index.php/SAB/article/view/315/296>.

BORUCKI, Alex. "The Slave Trade to the Río de la Plata, 1777-1812: Trans-Imperial Networks and Atlantic Warfare", *Colonial Latin American Review*, v. 20, n. 1, pp. 81-107, 2011.

CAPELA, José. "O tráfico da escravatura nas relações Moçambique-Brasil". *História: Questões e Debates*, Curitiba, v. 9, n. 16, pp. 187-92, 1988.

FLORENTINO, Manolo. "Slave Trade between Mozambique and the Port of Rio de Janeiro, *c.* 1790-*c.* 1850, Demographic, Social and Economic Aspects". In: ZIMBA, Benigna; ALPERS, Edward A.; ISAACMAN, Allen (Orgs.). *Slave Routes and Oral Tradition in Southeastern Africa*. Maputo: Filsom Entertainment, 2005. pp. 63-90.

HARRIES, Patrick. "Middle Passages of the Southwest Indian Ocean: A Century of Forced Immigration from Africa to the Cape of Good Hope". *The Journal of African History*, v. 55, n. 2, pp. 173-90, 2014.

HOOPER, Jane; ELTIS, David. "The Indian Ocean in Transatlantic Slavery". *Slavery & Abolition* 34, n. 3, pp. 353-75, 2013.

LUPI, João Eduardo P. B. *Moçambique, moçambiques: Itinerário de um povo afro-brasileiro*. Santa Maria: Edições UFSM, 1988.

RAPOSO, Luciano. *Marcas de escravos: Livro de escravos emancipados vindos a bordo de na-*

vios negreiros (1839-1841). Rio de Janeiro: Arquivo Nacional, Publicações Históricas, 1989-90. v. 90.

ROCHA, Aurélio. "Contribuição para o estudo das relações entre Moçambique e Brasil no século XIX (Tráfico de escravos, relações políticas e culturais)". *Estudos Afro-Asiáticos*, v. 21, pp. 200-4, 1991.

ALFORRIAS

GUEDES, Roberto. *Egressos do cativeiro: Trabalho, família, aliança e mobilidade social (Porto Feliz, São Paulo, c. 1798-c. 1850)*. Rio de Janeiro: Mauad; Faperj, 2008.

LIBBY, Douglas C.; PAIVA, Eduardo F. *A escravidão no Brasil: Relações sociais, acordos e conflitos*. 2. ed. São Paulo: Moderna, 2005.

MATHEUS, Marcelo S. *Fronteiras da liberdade: Escravidão, hierarquia social e alforria no extremo sul do Império do Brasil*. São Leopoldo: Oikos; Editora Unisinos, 2012.

PAIVA, Eduardo F. *Dar nome ao novo: Uma história lexical da Ibero-América entre os séculos XVI e XVIII (as dinâmicas de mestiçagens e o mundo do trabalho)*. Belo Horizonte: Autêntica, 2015.

_____. *Escravidão e universo cultural na Colônia: Minas Gerais, 1716-1789*. Belo Horizonte: Editora UFMG, 2001.

SAMPAIO, Patrícia M. (Org.). *O fim do silêncio: Presença negra na Amazônia*. Belém: Açaí; CNPq, 2011.

SILVA, Kalina V. *Nas solidões vastas e assustadoras: A conquista do sertão de Pernambuco pelas vilas açucareiras nos séculos XVII e XVIII*. Recife: Cepe, 2010.

AMAS DE LEITE

CARNEIRO, Maria Elizabeth R. *Procura-se uma "Preta com muito bom leite, prendada e carinhosa": Uma cartografia das amas de leite na sociedade carioca, 1850-1888*. Brasília: Instituto de Ciências Humanas-UnB, 2006. Tese (Doutorado).

DEIAB, Rafaela. *A mãe preta na literatura brasileira: A ambiguidade como construção social (1880-1950)*. São Paulo: USP, 2006. Tese (Mestrado em Antropologia).

KOUTSOUKOS, Sandra Sofia M. "À Vovó Vitorina, com afeto. Rio de Janeiro, cerca de 1870". In: XAVIER, Giovana; FARIAS, Juliana B.; GOMES, Flávio dos Santos. (Orgs.). *Mulheres negras no Brasil escravista e do pós-emancipação*. São Paulo: Summus; Selo Negro, 2012. pp. 186-98.

MACHADO, Maria Helena P. T. "Between two Beneditos: Enslaved Wet-Nurses amid Slavery's Decline in Southeast Brazil". *Slavery and Abolition Special Issue*, v. 38, n. 2, pp. 320-6, jun. 2017.

MARTINS, Bárbara C. R. *Amas de leite e mercado de trabalho feminino: Descortinando práticas e sujeitos (Rio de Janeiro, 1830-1890)*. Rio de Janeiro: Instituto de Ciências Humanas e Filosofia-UFRJ, 2006. Tese (Mestrado).

MARTINS, Luiz C. M. *No seio do debate: Amas de leite, civilização e saber médico no Rio de Janeiro*. Rio de Janeiro: Fundação Casa de Oswaldo Cruz, 2006. Tese (Mestrado).

SIEGOL, M. "Mães pretas, filhos cidadãos". In: CUNHA, O. M. Gomes da; GOMES, F. dos Santos (Orgs.). *Quase cidadão: Histórias e antropologias da pós-emancipação no Brasil*. Rio de Janeiro: Editora FGV, 2007. pp. 315-46.

WALLACE-SANDERS, Kimberly. *Mammy: A Century of Race, Gender and Southern Memory*. Ann Arbor: University of Michigan Press, 2008.

AMAZÔNIA ESCRAVISTA

ACEVEDO, Rosa Elizabeth. "Agricultura no delta do rio Amazonas: Colonos produtores de alimentos em Macapá no período colonial". *Novos Cadernos NAEA*, Belém, v. 8, n. 1, pp. 73-114, 2005.

BEZERRA NETO, José M. *Escravidão negra no Grão-Pará (séculos XVII-XIX)*. Belém: Paka-Tatu, 2012.

CARDOSO, Ciro F. S. *Economia e sociedade em áreas coloniais periféricas: Guiana Francesa e Pará, 1750-1817*. Rio de Janeiro: Graal, 1981.

CHAMBOULEYRON, Rafael. "Escravos do Atlântico equatorial: Tráfico negreiro para o Estado do Maranhão e Pará (século XVII e início do século XVIII). *Revista Brasileira de História*, São Paulo, v. 26, n. 52, pp. 79-114, 2006.

FARAGE, Nádia. *As muralhas dos sertões: Os povos indígenas no Rio Branco e a colonização*. Rio de Janeiro: Paz e Terra; Anpocs, 1991.

GOMES, Flávio dos Santos (Org.). *Nas terras do Cabo Norte: Fronteiras, colonização e escravidão na Guiana Brasileira, séculos XVIII/XIX*. Belém: UFPA; NAEA, 1999.

REIS, Arthur Cezar F. *A expansão portuguesa na Amazônia nos séculos XVII e XVIII*. Belém: SPVEA, 1959.

SALLES, Vicente. *O negro no Pará sob o regime da escravidão*. Belém: FGV, 1971.

SAMPAIO, Patrícia M. (Org.). *O fim do silêncio: Presença negra na Amazônia*. Belém: Açaí; CNPq, 2011.

VERGOLINO-HENRY, Anaíza; FIGUEIREDO, Arthur Napoleão. *A presença africana na Amazônia colonial: Uma notícia histórica*. Belém: Arquivo Público do Pará, 1990.

ASSOCIATIVISMO NEGRO

ALBERTI, Verena; PEREIRA, Amilcar A. (Orgs.). *Histórias do movimento negro no Brasil: Depoimentos ao CPDOC*. Rio de Janeiro: Pallas; CPDOC-FGV, 2007.

ALBERTO, Paulina L. *Terms of Inclusion: Black Intellectuals in Twentieth-Century Brazil*. Chapel Hill: The University of North Carolina Press, 2011.

BUTLER, Kim D. "Up from Slavery: Afro-Brazilian Activism in São Paulo, 1888-1938". *The Americas*, v. 49, n. 2, pp. 179-206, 1992.

DOMINGUES, Petrônio. "Cidadania por um fio: O associativismo negro no Rio de Janeiro (1888-1930)". *Revista Brasileira de História*, São Paulo, v. 34, n. 67, pp. 251-81, 2014.

HANCHARD, Michael. *Orfeu e o poder: Movimento negro no Rio de Janeiro e São Paulo (1945-1988)*. Rio de Janeiro: Eduerj, 2001.

PINTO, Regina P. *O movimento negro em São Paulo: Luta e identidade*. Ponta Grossa, PR: Editora UEPG; São Paulo: Fundação Carlos Chagas, 2013.

SILVA, Joselina da. "Debates e reflexões de uma rede: A construção da União dos Homens de Cor". In: GOMES, Flávio dos Santos; DOMINGUES, Petrônio (Orgs.). *Experiências da emancipação: Biografias, instituições e movimentos sociais no pós-abolição (1890-1980)*. São Paulo: Selo Negro, 2011. pp. 225-48.

CAFÉ E ESCRAVIDÃO

DEAN, Warren. *Rio Claro: Um sistema brasileiro de grande lavoura, 1820-1920*. Rio de Janeiro: Paz e Terra, 1977.

FRAGOSO, João. *Barões do café e sistema agrário escravista: Paraíba do Sul/Rio de Janeiro (1830-1888)*. Rio de Janeiro: 7Letras, 2013.

LUNA, Francisco V.; KLEIN, Herbert S. *Escravismo no Brasil*. São Paulo: Edusp, 2010.

MARCONDES, Renato L. *Diverso e desigual: O Brasil escravista na década de 1870*. Ribeirão Preto: Funpec, 2009.

MARQUESE, Rafael de Bivar. "Capitalismo, escravidão e a economia cafeeira do Brasil no longo século XIX". *Saeculum — Revista de História*, João Pessoa, n. 29, pp. 289-321, jul.-dez. 2013.

_____; TOMICH, Dale. "O Vale do Paraíba escravista e a formação do mercado mundial do café no século XIX". In: GRINBERG, Keila; SALLES, Ricardo (Orgs.). *O Brasil imperial*. Rio de Janeiro: Civilização Brasileira, 2009. v. 2.

MUAZE, Mariana. "Novas considerações sobre o Vale do Paraíba e a dinâmica imperial". In: MUAZE, Mariana; SALLES, Ricardo (Orgs.). *O Vale do Paraíba: O Império do Brasil nos quadros da Segunda Escravidão*. Rio de Janeiro: 7Letras, 2015.

SALLES, Ricardo. *E o Vale era o escravo. Vassouras, século XIX: Senhores e escravos no coração do Império*. Rio de Janeiro: Civilização Brasileira, 2008.

STEIN, Stanley. *Vassouras: Um município brasileiro do café, 1850-1900*. Rio de Janeiro: Nova Fronteira, 1990.

TAUNAY, Afonso de E. *História do café no Brasil*. Rio de Janeiro: Departamento Nacional do Café, 1939. 11 v.

CANÇÕES ESCRAVAS

ABREU, Martha. *Da senzala ao palco: Canções escravas e racismo nas Américas, 1870-1930*. Campinas: Ed. da Unicamp, 2017. (Coleção Histórí@Illustrada, e-book).

_____; DANTAS, C. V.; MATTOS, H.; LONER, B.; MONSMA, K. (Orgs.). *Histórias do pós-abolição no mundo atlântico*. Niterói: Eduff, 2013. <http://www.eduff.uff.br/index.php/livros/624-his-

torias-do-pos-abolicao-no-mundo-atlantico--v-3-cultura-relacoes-raciais-e-cidadania>. v. 3: Cultura, relações raciais e cidadania.

CUNHA, Clementina P. *"Não tá sopa": Sambas e sambistas no Rio de Janeiro, de 1890 a 1930*. Campinas: Ed. da Unicamp, 2016 (Coleção Históri@Illustrada, e-book).

DU BOIS, W. E. B. *As almas da gente negra*. Trad. Heloisa Toller Gomes. Rio de Janeiro: Lacerda, 1999.

LIMA, Ivaldo Marciano de França; GUILLEN, Isabel Cristina M. *Cultura afro-descendente no Recife: Maracatus, valentes e catimbós*. Recife: Bagaço, 2007.

LOPES, Nei. *Partido-alto: Samba de bamba*. Rio de Janeiro: Pallas, 2005.

MATTOS, Hebe; ABREU, Martha. "Festas, patrimônio cultural e identidade negra. Rio de Janeiro, 1888-2011". *Artelogie*, n. 4, jan. 2013.

REIS, João José. "Tambores e temores, a festa negra na Bahia na primeira metade do século XIX". In: CUNHA, Maria Clementina Pereira. *Carnavais e outras festas: Ensaios de história social da cultura*. Campinas: Ed. da Unicamp, 2002.

SANTOS, Jocélio T. "Divertimentos estrondosos: Batuques e sambas no século XIX". In: SANSONE, L.; SANTOS, J. T. (Orgs.). *Ritmos em trânsito: Socioantropologia da música baiana*. São Paulo: Dynamis; Salvador: Programa A Cor da Bahia, 1997.

SLENES, Robert W. "'Eu venho de muito longe, eu venho cavando': Jongueiros cumba na senzala centro-africana". In: LARA, Silvia H.; PACHECO, Gustavo (Orgs.). *Memória do jongo: As gravações históricas de Stanley J. Stein, Vassouras, 1949*. Rio de Janeiro: Folha Seca; Campinas: Cecult, 2007.

CAPOEIRA NA ESCRAVIDÃO E NO PÓS-ABOLIÇÃO

ABREU, Plácido de. *Os capoeiras*. Rio de Janeiro: Tipografia da Escola Serafim Alves, 1886.

BURLAMAQUI, Annibal (Conde Zuma). *Gymnastica Nacional (Capoeiragem) metodizada e regrada*. Rio de Janeiro: [s.n.], 1928.

FIGUEIREDO, Franciane; MAGALHÃES, Paulo; MACHADO, Sara; PIRES, Antônio L. C. S. *Capoeira em múltiplos olhares: Estudos e pesquisas em jogo*. Belo Horizonte: Fino Traço; Cruz das Almas: Edufrb, 2017. v. 13 (Coleção Uniafro).

PIRES, Antônio L. C. S. *A capoeira na Bahia de Todos os Santos: Um estudo sobre cultura e classes trabalhadoras*. Palmas: UFT; Brasília: Fundação Cultural Palmares, 2004.

______. *Culturas circulares: A formação histórica da capoeira contemporânea no Rio de Janeiro*. Curitiba: Progressiva, 2010.

CASTIGOS FÍSICOS E LEGISLAÇÃO

FERREIRA, Ricardo Alexandre. *Crimes em comum: Escravidão e liberdade sob a pena do Estado imperial brasileiro (1830-1888)*. São Paulo: Editora Unesp, 2011.

GRINBERG, Keila. "Processos criminais: A história nos porões dos arquivos judiciários". In: PINSKY, Carla; DE LUCA, Tania Regina (Orgs.). *O historiador e suas fontes*. São Paulo: Contexto, 2009. pp. 119-39.

LARA, Silvia Hunold. *Campos da violência: Escravos e senhores na capitania do Rio de Janeiro, 1750-1808*. Rio de Janeiro: Paz e Terra, 1988.

_____ (Org.). *Ordenações Filipinas — Livro V*. São Paulo: Companhia das Letras, 1999.

MACHADO, Maria Helena P. T. *Crime e escravidão: Trabalho, luta e resistência nas lavouras paulistas, 1830-1888*. São Paulo: Brasiliense, 1988.

MATTOS, Hebe. *Das cores do silêncio: Os significados da liberdade no Sudeste escravista, Brasil século XIX*. 3. ed. Campinas: Ed. da Unicamp, 2015.

MOTT, Luiz. "Uma escrava do Piauí escreve uma carta". *Mensário do Arquivo Nacional*, v. 11, n. 5, pp. 3-21, 1980.

PIROLA, Ricardo. *Escravos e rebeldes nos tribunais do Império: Uma história social da lei de 10 de junho de 1835*. Pref. de Robert W. Slenes. Rio de Janeiro: Arquivo Nacional, 2015.

SOARES, Luiz Carlos. *O "povo de Cam" na capital do Brasil: A escravidão urbana no Rio de Janeiro do século XIX*. Rio de Janeiro: Faperj; 7Letras, 2007.

WISSENBACH, Maria Cristina C. *Sonhos africanos, vivências ladinas: Escravos e forros em São Paulo (1850-1880)*. São Paulo: Hucitec, 1988.

CHARQUEADA ESCRAVISTA

ASSUMPÇÃO, Jorge Euzébio. *Pelotas: Escravidão e charqueadas (1780-1888)*. Porto Alegre: PPGH/PUC-RS, 1992. Tese (Mestrado).

BERUTE, Gabriel S. *Dos escravos que partem para os portos do Sul: Características do tráfico negreiro de São Pedro do Rio Grande do Sul, c. 1790-c. 1825*. Porto Alegre: PPGH/UFRGS, 2006. Tese (Mestrado).

CARVALHO, Daniela Vallandro de. *Fronteiras da liberdade: Experiências escravas de recrutamento, guerra e escravidão: Rio Grande de São Pedro, c. 1835-1850*. Rio de Janeiro: PPGHIS/UFRJ, 2013. Tese (Doutorado).

CORSETTI, Berenice. *Estudo da charqueada escravista gaúcha no século XIX*. Niterói: PPGH/UFF, 1983. Tese (Mestrado).

GUTIERREZ, Ester J. B. *Negros, charqueadas e olarias: Um estudo sobre o espaço pelotense*. 2. ed. Pelotas: Editora UFPel, 2001.

MENEGAT, Carla. *Domingos José de Almeida: O estadista da República Rio-Grandense (o casal José de Almeida e Bernardina Rodrigues Barcellos na Revolução Farroupilha)*. Curitiba: Instituto Memória, 2010.

MOREIRA, Paulo Roberto S.; AL-ALAM, Caiuá C.; PINTO, Natália G. *Os calhambolas do general Manoel Padeiro: Práticas quilombolas na Serra dos Tapes (RS, Pelotas, 1835)*. São Leopoldo: Oikos, 2013.

PESSI, Bruno. *Entre o fim do tráfico e a abolição: A manutenção da escravidão em Pelotas, RS, na segunda metade do século XIX (1850-1884)*. São Paulo: Programa de Pós-Graduação em História Social-USP, 2012. Tese (Mestrado).

PINTO, Natália G. *A benção meu compadre: Experiências de parentesco, escravidão e liberdade em Pelotas, 1830/1850*. São Leopoldo: PPGH-Unisinos, 2012. Tese (Mestrado).

VARGAS, Jonas M. *"Os barões do charque e suas fortunas": Um estudo sobre as elites regionais brasileiras a partir de uma análise dos charqueadores de Pelotas (RS, século XIX)*. São Leopoldo: Oikos, 2016.

CIDADES ESCRAVISTAS

ABREU, Martha. *O Império do Divino: Festas religiosas e cultura popular no Rio de Janeiro, 1830-1900*. Rio de Janeiro: Nova Fronteira, 1999.

CARVALHO, Marcus J. M. de. *Liberdade: Rotinas e rupturas do escravismo, Recife, 1822-1850*. Recife: Editora UFPE, 1998.

CHALHOUB, Sidney. *Visões da liberdade: Uma história das últimas décadas da escravidão na corte*. São Paulo: Companhia de Letras, 1990.

GOMES, Flávio dos Santos; FARIAS, Juliana B.; SOARES, Carlos E. L.; ARAÚJO, Carlos E. M. de. *Cidades negras: Africanos, crioulos e espaços urbanos no Brasil escravista do século XIX*. Rio de Janeiro: Alameda, 2006.

KARASCH, Mary C. *A vida dos escravos no Rio de Janeiro (1808-1850)*. São Paulo: Companhia das Letras, 2000.

MATTOSO, Kátia. *Ser escravo no Brasil*. São Paulo: Brasiliense, 1982.

MOREIRA, Paulo R. S. *Os cativos e os homens de bem: Experiências negras no espaço urbano. Porto Alegre, 1858-1888*. Porto Alegre: EST Edições, 2003.

REIS, João José. *Rebelião escrava no Brasil: A história do Levante dos Malês em 1835*. São Paulo: Companhia das Letras, 2003.

RESENDE, Maria E. L. de; VILLALTA, Luiz C. (Orgs.). *História de Minas Gerais*. Belo Horizonte: Autêntica, 2013. 2 v.

CÓDIGO PENAL ESCRAVISTA E ESTADO

CHALHOUB, Sidney. *Visões da liberdade: Uma história das últimas décadas da escravidão na corte*. São Paulo: Companhia das Letras, 1990.

_____. *A força da escravidão: Ilegalidade e costume no Brasil oitocentista*. São Paulo: Companhia das Letras, 2012.

GRINBERG, Keila. *Código civil e cidadania*. Rio de Janeiro: Jorge Zahar, 2000.

_____. *O fiador dos brasileiros: Cidadania, escravidão e direito civil no tempo de Antonio Pereira Rebouças*. Rio de Janeiro: Civilização Brasileira, 2002.

LARA, Silvia Hunold. "O espírito das leis: Tradições legais sobre a escravidão e a liberdade no Brasil escravista". *Africana Studia*, Porto, n. 14, pp. 73-92, 2010.

MAMIGONIAN, Beatriz G. *Africanos livres: A abolição do tráfico de escravos no Brasil*. São Paulo: Companhia das Letras, 2017.

MATTOS, Hebe. *Escravidão e cidadania no Brasil monárquico*. Rio de Janeiro: Jorge Zahar, 2001.

_____. "A escravidão moderna nos quadros do Império português: O Antigo Regime em perspectiva atlântica". In: BICALHO, M. F.; GOUVÊA, M. de F.; FRAGOSO, João (Orgs.). *Antigo Regime nos trópicos: A dinâmica imperial portuguesa (séculos XVI-XVIII)*. Rio de Janeiro: Civilização Brasileira, 2001.

RUSSEL-WOOD, A. J. R. *Escravos e libertos no Brasil colonial*. Rio de Janeiro: Civilização Brasileira, 2005.

CRIANÇAS/VENTRE LIVRE

ARIZA, Marília B. A. "Bad Mothers, Labouring Children: Emancipation, Tutelage and Motherhood in São Paulo in the Last Decades of the Nineteenth Century". *Slavery & Abolition*, v. 38, n. 2, pp. 408-24, 2017.

COWLING, Camillia. *Conceiving Freedom: Women of Color, Gender, and the Abolition of Slavery in Havana and Rio de Janeiro*. Chapel Hill: The University of North Carolina Press, 2013.

GÓES, José Roberto de; FLORENTINO, Manolo. "Crianças escravas, crianças dos escravos". In: PRIORE, Mary Del (Org.). *História das crianças no Brasil*. São Paulo: Contexto, 2015. pp. 177-91.

LOVEJOY, Paul. "The Children of Slavery: The Transatlantic Phase". *Slavery & Abolition*, v. 27, n. 2, pp. 197-217, 2006.

MATTOSO, Kátia. "O filho da escrava (em torno da Lei do Ventre Livre)". *Revista Brasileira de História*, São Paulo, v. 8, n. 16, pp. 37-55, 1988.

MOTT, Maria Lúcia de Barros. "Ser mãe: A escrava em face do aborto e do infanticídio". *Revista de História*, São Paulo, n. 120, pp. 85-96, 1989.

PINHEIRO, Maria Cristina L. "O trabalho de crianças escravas na cidade de Salvador 1850-1888". *Afro-Ásia*, Salvador, n. 32, pp. 159-83, 2005.

TURNER, Sacha. "The Nameless and the Forgotten: Maternal Grief, Sacred Protection, and the Archive of Slavery". *Slavery & Abolition*, v. 38, n. 2, pp. 232-50, 2017.

VALENCIA VILLA, Carlos; FLORENTINO, Manolo. "Abolicionismo inglês e tráfico de crianças escravizadas para o Brasil, 1810-1850". *História*, São Paulo, v. 35, pp. 5-7, 2016.

CULTURA MATERIAL/ARQUEOLOGIA DA ESCRAVIDÃO

FENNELL, Christopher. "African Diaspora Archaeology in Multiescalar and Multivariate Perspectives". In: _____ (Org.). *Perspectives from Historical Archaeology: African Diaspora Archaeology*. Germantown: Society for Historical Archaeology, 2008.

FERGUSON, Leland. *Uncommon Ground: Archaeology and Early African America*. Washington: Smithsonian Books, 1992.

FUNARI, Pedro. "Etnicidad, identidad y cultura material: Un estudio del cimarrón Palmares, Brasil, siglo XVII". In: ZARANKIN, Andrés; ACUTO, Félix (Orgs.). *Sed non satiata: Teoria social en la arqueología latinoamericana contemporánea*. Buenos Aires: Tridente, 1999. pp. 77-96.

LIMA, Tania A.; SOUZA, Marcos A.; SENE, Glaucia M. "Weaving the Second Skin: Protection against Evil among the Valongo Slaves in Nineteenth-Century Rio de Janeiro". *Journal of African Diaspora, Archaeology and Heritage*, v. 3, n. 2, pp. 103-36, 2014.

SINGLETON, Theresa. "An Introduction to African-American Archaeology". In: _____ (Org.). *"I, too, Am America": Archaeological Studies of African-American Life*. Charlottesville: University Press of Virginia, 1999. pp. 1-17.

SOUZA, Marcos A.; SYMANSKI, Luís C. P. "Slave Communities and Pottery Variability in Western Brazil: The Plantations of Chapada dos Guimarães". *International Journal of Historical Archaeology*, v. 13, n. 4, pp. 513-48, 2009.

SYMANSKI, Luís C. P. "A arqueologia da diáspora africana nos Estados Unidos e no Brasil: Problemáticas e modelos". *Afro-Ásia*, Salvador, n. 49, pp. 159-98, 2014.

SYMANSKI, Luís C. P. GOMES, Flávio dos Santos. "Iron Cosmology, Slavery, and Social Control: The Materiality of Rebellion in the Coffee Plantations of the Paraíba Valley, Southeastern Brazil". *Journal of African Diaspora, Archaeology and Heritage*, v. 5, n. 2, pp. 174-97, 2016.

DEMOGRAFIA DA ESCRAVIDÃO

BERGAD, Laird W. *Escravidão e história econômica: Demografia de Minas Gerais, 1720-1888*. Bauru: Edusc, 2004.

GUTIÉRREZ, Horácio. "Demografia escrava numa economia não exportadora: Paraná, 1800-1830". *Estudos Econômicos*, São Paulo, v. 17, n. 2, pp. 297-314, 1987.

KARASCH, Mary C. *A vida dos escravos no Rio de Janeiro (1808-1850)*. São Paulo: Companhia das Letras, 2000.

KLEIN, Herbert S. *O tráfico de escravos no Atlântico*. Ribeirão Preto: Funpec, 2006.

LUNA, Francisco V.; KLEIN, Herbert S. *Escravismo no Brasil*. São Paulo: Edusp; Imprensa Oficial do Estado de São Paulo, 2010.

MELLO, Pedro Carvalho de. *The Economics of Labor in Brazilian Coffee Plantations, 1850-1888*. Chicago: University of Chicago, Department of Economics, 1977. Tese de Doutorado.

PAIVA, Clotilde A.; LIBBY, Douglas. "Caminhos alternativos: Escravidão e reprodução em Minas Gerais". *Estudos Econômicos*, São Paulo, v. 25, n. 2, pp. 203-33, maio-ago. 1995.

SLENES, Robert W. *The Demography and Economics of Brazilian Slavery: 1850-1888*. Stanford University, 1976. 2 v. Tese de Doutorado.

_____. *Na senzala, uma flor: Esperanças e recordações na formação da família escrava. Brasil, Sudeste, século XIX*. 2 ed. rev. Campinas: Ed. da Unicamp, 2011.

DOENÇAS

CHALHOUB, Sidney. *Cidade febril: Cortiços e epidemias na corte imperial*. São Paulo: Companhia das Letras, 1996.

_____; MARQUES, Vera; SAMPAIO, Gabriela; GALVÃO SOBRINHO, Carlos (Orgs.). *Artes e ofícios de curar no Brasil: Capítulos de história social*. Campinas: Ed. da Unicamp, 2009.

GOMES, Flávio dos Santos; KODAMA, Kaori; PIMENTA, Tânia S. (Orgs.). "Saúde e escravidão". Número especial de *História, Ciências, Saúde: Manguinhos*, v. 19, suplemento, 2012.

KARASCH, Mary C. *A vida dos escravos no Rio de Janeiro (1808-1850)*. São Paulo: Companhia das Letras, 2000.

NOGUEIRA, André. *Entre cirurgiões, tambores e ervas: Calunduzeiros e curadores ilegais em ação nas Minas Gerais (século XVIII)*. Rio de Janeiro: Garamond, 2016.

PIMENTA, Tânia S.; GOMES, Flávio dos Santos (Orgs.). *Escravidão, doenças e práticas de cura no Brasil*. Rio de Janeiro: Outras Letras, 2016.

SAMPAIO, Gabriela. *Juca Rosa: Um pai de santo na corte imperial*. Rio de Janeiro: Arquivo Nacional, 2009.

XAVIER, Regina Célia. *Religiosidade e escravidão, século XIX: Mestre Tito*. Porto Alegre: Editora da UFRGS, 2008.

ECONOMIA ESCRAVISTA MUNDIAL

BLACKBURN, Robin. *The American Crucible: Slavery, Emancipation and Human Rights*. Londres: Verso, 2011.

CORRÊA DO LAGO, Luiz A. *Da escravidão ao trabalho livre: Brasil, 1550-1900*. São Paulo: Companhia das Letras, 2014.

INIKORI, Joseph E. *Africans and the Industrial Revolution in England: A Study in International Trade and Economic Development*. Cambridge: Cambridge University Press, 2002.

LUNA, Francisco V.; KLEIN, Herbert S. *Escravismo no Brasil*. São Paulo: Edusp, 2010.

MARQUESE, Rafael de Bivar. *Feitores do corpo, missionários da mente: Senhores, letrados e o controle dos escravos nas Américas, 1660-1860*. São Paulo: Companhia das Letras, 2004.

_____; SALLES, Ricardo (Orgs.). *Escravidão e capitalismo histórico no século XIX: Cuba, Brasil e Estados Unidos*. Rio de Janeiro: Civilização Brasileira, 2016.

POMERANZ, Kenneth. *The Great Divergence: China, Europe, and the Making of the Modern World Economy*. Princeton: Princeton University Press, 2000.

SCHWARTZ, Stuart B. *Segredos internos: Engenhos e escravos na sociedade colonial, 1550-1835*. São Paulo: Companhia das Letras, 1988.

SLENES, Robert W. "Brazil". In: PAQUETTE, Robert L.; SMITH, Mark M. (Eds.). *Oxford Handbook of Slavery in the Americas*. Nova York: Oxford University Press, 2010.

TOMICH, Dale. *Pelo prisma da escravidão: Trabalho, capital e a economia mundial*. São Paulo: Edusp, 2011.

EMANCIPAÇÃO NAS AMÉRICAS

ADDERLEY, Rosanne Marion. *"New Negroes from Africa": Slave Trade Abolition and Free African Settlement in the Nineteenth-Century Caribbean*. Bloomington; Indianápolis: Indiana University Press, 2006.

ADELMAN, Jeremy. *Sovereignty and Revolution in the Iberian Atlantic*. Princeton; Oxford: Princeton University Press, 2006.

BLACKBURN, Robin. *A construção do escravismo no Novo Mundo: Do Barroco ao Moderno (1492-1800)*. Rio de Janeiro; São Paulo: Record, 2003.

BROWN, Christopher L. *Moral Capital: Foundations of the British Abolitionism*. Chapel Hill: University of North Carolina Press, 2006.

BROWN, Vincent. *The Reaper's Garden: Death and Power in the World of Atlantic Slavery*. Cambridge: Harvard University Press, 2008.

DAVIS, David B. *O problema da escravidão na cultura ocidental*. Rio de Janeiro: Civilização Brasileira, 2001.

DRESCHER, Seymour. *Abolição: Uma história da escravidão e do antiescravismo*. São Paulo: Editora Unesp, 2011.

FONER, Eric. *Nada além da liberdade: A emancipação e seu legado*. Rio de Janeiro: Paz e Terra, 1988.

PAQUETTE, Robert L.; SMITH, Mark M. (Orgs.). *The Oxford Handbook of Slavery in the Americas*. Oxford: Oxford University Press, 2010.

SINHA, Manisha. *The Slave's Cause: A History of Abolition*. New Haven; Londres: Yale University Press, 2017.

ESCRAVIDÃO INDÍGENA E O INÍCIO DA ESCRAVIDÃO AFRICANA

ALENCASTRO, Luiz Felipe de. *O trato dos viventes: Formação do Brasil no Atlântico Sul*. São Paulo: Companhia das Letras, 2000.

BEZERRA NETO, José. *Escravidão negra no Grão-Pará (séculos XVII-XIX)*. 2. ed. Belém: Paka-Tatu, 2012.

HAWTHORNE, Walter. *From Africa to Brazil: Culture, Identity, and an Atlantic Slave Trade, 1600-1830*. Cambridge, UK: Cambridge University Press, 2010.

MARCOCCI, Giuseppe. "Escravos ameríndios e negros africanos: Uma história conectada. Teorias e modelos de discriminação no Império português (*c.* 1450-1650)". *Tempo*, Niterói, v. 16, n. 30, pp. 41-70, 2011.

MENARD, Russell; SCHWARTZ, Stuart B. "Why African Slavery? Labor Force Transitions in Brazil, Mexico, and the Carolina Lowcountry". In: BINDER, Wolfgang (Org.). *Slavery in the Americas*. Würzburg: Königshausen & Neumann, 1993. pp. 89-114.

MONTEIRO, John M. "From Indian to Slave: Forced Native Labour and Colonial Society in São Paulo during the Seventeenth Century". *Slavery and Abolition*, v. 9, n. 2, pp. 105-27, 1988.

PORTELA, Bruna Marina. *Gentio da terra, gentio da Guiné: A transição da mão de obra escrava e administrada indígena para a escravidão africana (Capitania de São Paulo, 1697-1780)*. Curitiba: UFPR, 2014. Tese (Doutorado).

SCHWARTZ, Stuart B. *Segredos internos: Engenhos e escravos na sociedade colonial, 1550-1835*. São Paulo: Companhia das Letras, 1988.

VENÂNCIO, Renato P. "Os últimos Carijós: Escravidão indígena em Minas Gerais: 1711-1725". *Revista Brasileira de História*, São Paulo, v. 17, n. 34, pp. 165-82, 1997.

FAMÍLIA ESCRAVA

CORRÊA, Mariza. "Repensando a família patriarcal brasileira". *Cadernos de Pesquisa*, São Paulo, n. 37, pp. 5-16, maio 1981.

FLORENTINO, Manolo; GÓES, José Roberto. *A paz das senzalas: Famílias escravas e tráfico atlân-*

tico, Rio de Janeiro, c. 1790-1850. Rio de Janeiro: Civilização Brasileira, 1997.

FREYRE, Gilberto. *Casa-grande & senzala*. Rio de Janeiro: José Olympio, 1987.

GENOVESE, Eugene. *A terra prometida: O mundo que os escravos criaram*. Rio de Janeiro: Paz e Terra, 1988.

GRAHAM, Richard. "A 'família' escrava no Brasil colonial". In: _____. *Escravidão, reforma e imperialismo*. São Paulo: Perspectiva, 1979. pp. 41-57.

GUTMAN, Herbert G. *The Black Family in Slavery and Freedom (1750-1925)*. Nova York: Pantheon Books, 1976.

OLIVEIRA, Maria Inês C. *O liberto: O seu mundo e os outros*. São Paulo: Corrupio, 1988. (Baianada, v. 7).

REIS, Isabel Cristina F. dos. *A família negra nos tempos da escravidão: Bahia, 1850-1888*. Campinas: Unicamp, 2007. Tese (Doutorado).

ROCHA, Solange Pereira da. *Gente negra na Paraíba oitocentista: População, família e parentesco espiritual*. São Paulo: Editora Unesp, 2009. 331 pp.

SAMARA, Eni de Mesquita. "A família negra no Brasil". *Revista de História*, São Paulo, n. 120, pp. 27-44, jan.-jul. 1989.

SLENES, Robert W. *The Demography and Economics of Brazilian Slavery: 1850-1888*. Stanford University, 1976. Tese de Doutorado.

_____. *Na senzala, uma flor: Esperanças e recordações na formação da família escrava: Brasil, Sudeste, século XIX*. Rio de Janeiro: Nova Fronteira, 1999.

FIM DO TRÁFICO

BETHELL, Leslie. *A abolição do comércio brasileiro de escravos: A Grã-Bretanha, o Brasil e a questão do comércio de escravos, 1807-1869*. Brasília: Senado Federal, 2002.

CARVALHO, José Murilo. *A construção da ordem: A elite política imperial. Teatro de sombras: A política imperial*. 3. ed. Rio de Janeiro: Civilização Brasileira, 2007.

CHALHOUB, Sidney. *A força da escravidão: Ilegalidade e costume no Brasil oitocentista*. São Paulo: Companhia das Letras, 2012.

CONRAD, Robert E. *Tumbeiros: O tráfico de escravos para o Brasil*. São Paulo: Brasiliense, 1985.

FLORENTINO, Manolo. *Em costas negras: Uma história do tráfico de escravos entre a África e o Rio de Janeiro (séculos XVIII-XIX)*. São Paulo: Companhia das Letras, 1997.

LOVEJOY, Paul E. *A escravidão na África: Uma história de suas transformações*. Rio de Janeiro: Civilização Brasileira, 2002.

MAMIGONIAN, Beatriz G. *Africanos livres: A abolição do tráfico de escravos no Brasil*. São Paulo: Companhia das Letras, 2017.

PARRON, Tâmis. *A política da escravidão no Império do Brasil, 1826-1865*. Rio de Janeiro: Civilização Brasileira, 2011.

REIS, João José; GOMES, Flávio dos Santos; CARVALHO, Marcus J. M. de. *O alufá Rufino: Tráfico, escravidão e liberdade no Atlântico negro (c. 1822-c. 1853)*. São Paulo: Companhia das Letras, 2010.

RODRIGUES, Jaime. *O infame comércio: Propostas e experiências no final do tráfico de africanos para o Brasil (1800-1850)*. Campinas: Ed. da Unicamp; Cecult, 2000.

FRENTE NEGRA/LEGIÃO NEGRA

BARBOSA, Márcio (entrevistas e textos). *Frente Negra Brasileira: Depoimentos*. São Paulo: Quilombhoje, 1998.

BUTLER, Kim D. *Freedoms Given, Freedoms Won: Afro-Brazilians in Post-Abolition São Paulo and Salvador*. New Brunswick, NJ: Rutgers University Press, 1998.

DE PAULA, Jeziel. *1932: Imagens construindo a história*. Campinas; Piracicaba: Ed. da Unicamp; Editora da Unimep, 1998.

DOMINGUES, Petrônio. "Os Pérolas Negras: A participação do negro na Revolução Constitucionalista de 1932". In: _____. *A nova abolição*. São Paulo: Selo Negro, 2008. pp. 96-146.

_____. "Como se fosse bumerangue: Frente Negra Brasileira no circuito transatlântico". *Revista Brasileira de Ciências Sociais*, São Paulo, v. 28, n. 81, pp. 155-70, 2013.

FAUSTINO, Oswaldo. *A Legião Negra: A luta dos afro-brasileiros na Revolução Constituciona-*

lista de 1932. São Paulo: Selo Negro, 2011.

MALATIAN, Teresa. *O Cavaleiro Negro: Arlindo Veiga dos Santos e a Frente Negra Brasileira*. São Paulo: Alameda, 2015.

PINTO, Regina P. *O movimento negro em São Paulo: Luta e identidade*. Ponta Grossa, PR: Editora UEPG; São Paulo: Fundação Carlos Chagas, 2013.

TAYLOR, Quintard. "Frente Negra Brasileira: The Afro-Brazilian Civil Rights Movement, 1924-1937". *Umoja: A Scholarly Journal of Black Studies*, v. 2, n. 1, pp. 25-40, 1978.

FRONTEIRAS DA ESCRAVIDÃO

ANDREWS, George R. *Los afroargentinos de Buenos Aires*. Buenos Aires: Ediciones de la Flor, 1989.

BENTANCUR, Arturo A.; APARICIO, Fernando. *Amos y esclavos en el Río de la Plata*. Buenos Aires: Planeta, 2006.

BORUKI, Alex; CHAGAS, Karla; STALLA, Natalia. *Esclavitud y trabajo: Un estudio sobre los afrodescendientes en la frontera uruguaya, 1835-1855*. Montevidéu: Pulmón, 2009.

MALLO, Silvia; TELESCA, Ignacio (Orgs.). *Negros de la patria: Los afrodescendientes en las luchas por la Independencia en el antiguo Virreinato del Río de la Plata*. Buenos Aires: SB, 2010.

SECRETO, María Verónica. *Negros em Buenos Aires*. Rio de Janeiro: Mauad, 2013.

_____; Gomes, Flávio dos Santos (Orgs.). *Territórios ao sul: Escravidão, escritas e fronteiras coloniais e pós-coloniais na América*. Rio de Janeiro: Faperj; 7Letras, 2017.

IMPRENSA NEGRA

ALBERTO, Paulina L. *Terms of Inclusion: Black Intellectuals in Twentieth-Century Brazil*. Chapel Hill: The University of North Carolina Press, 2011.

BASTIDE, Roger. "A imprensa negra do estado de São Paulo". *Sociologia: Boletim da Faculdade de Filosofia, Ciência e Letras da Universidade de São Paulo*. São Paulo, v. CXXI, n. 2, pp. 50-78, 1951.

DOMINGUES, Petrônio. "Os jornais dos filhos e netos de escravos". In: _____. *A nova abolição*. São Paulo: Selo Negro, 2008. pp. 19-58.

FERRARA, Miriam N. *A imprensa negra paulista (1915-1963)*. São Paulo: FFLCH-USP (Antropologia 13), 1986.

LEITE, José Correia. *... E disse o velho militante José Correia Leite: Depoimentos e artigos*. Org e textos de Luiz Silva Cuti. São Paulo: Secretaria Municipal de Cultura, 1992.

PINTO, Ana Flávia M. *Imprensa negra no Brasil do século XIX*. São Paulo: Selo Negro, 2010.

SOUZA, Florentina da Silva. *Afro-descendência em Cadernos Negros e Jornal do MNU*. Belo Horizonte: Autêntica, 2005.

INDÍGENAS E AFRICANOS

ACEVEDO MARIN, Rosa Elizabeth; CASTRO, Edna M. R. *Negros do Trombetas: Etnicidade e história*. Belém: NAEA/UFPa, 1991.

AZEVEDO, Thales de. "Índios, brancos e pretos no Brasil colonial". *América Indígena*, México, v. XIII, n. 2, abr. 1953.

BARICKMAN, Barry J. "'Tame Indians', 'Wild Heathens', and Settlers in Southern in the Late Eighteenth and Early Nineteenth Centuries". *The Americas*, v. 51, n. 3, pp. 325-68, 1995.

GOMES, Flávio dos Santos. "Amostras humanas: Índios, negros e relações interétnicas no Brasil colonial". In: MAGGIE, Yvonne; REZENDE, Cláudia (Orgs.). *Raça como retórica*. Rio de Janeiro: Civilização Brasileira, 2002. pp. 27-82.

_____. "Etnogénesis en las fronteras entre Brasil, Surinam y Guayana Francesa, siglos XVII-XX: Más aproximaciones". *Antíteses*, Londrina, v. 4, n. 8, pp. 631-44, jul.-dez. 2011.

KARASCH, Mary C. "Os quilombos do ouro na capitania de Goiás". In: REIS, João José; GOMES, Flávio dos Santos. *Liberdade por um fio: História dos quilombos no Brasil*. São Paulo: Companhia das Letras, 1996. pp. 240-62.

SCHWARTZ, Stuart B. "Tapanhuns, negros da terra e curibocas: Causas comuns e confrontos entre indígenas". *Afro-Ásia*, Salvador, n. 29-30, pp. 13-40, 2003.

VAINFAS, Ronaldo. *A heresia dos índios: Catolicismo e rebeldia no Brasil colonial*. São Paulo: Companhia das Letras, 1995.

IRMANDADES

BOSCHI, Caio. *Os leigos e o poder: Irmandades leigas e política colonizadora em Minas Gerais.* São Paulo: Ática, 1986.

LAHON, Didier. *Esclavage et confréries noires au Portugal durant l'Ancien Régime (1441-1830).* Paris: École des Hautes Études en Sciences Sociales, 2001. Tese (Doutorado em Antropologia Social e Cultural).

MAC CORD, Marcelo. *O Rosário de d. Antônio: Irmandades negras, alianças e conflitos na história social do Recife, 1848-1872.* Recife: Editora UFPE, 2005.

OLIVEIRA, Anderson José Machado de. *Devoção negra: Santos pretos e catequese no Brasil colonial.* Rio de Janeiro: Quartet; Faperj, 2008.

QUINTÃO, Antonia Aparecida. *Lá vem o meu parente: As irmandades de pretos e pardos no Rio de Janeiro e em Pernambuco (século XVIII).* São Paulo: Annablume; Fapesp, 2002. pp. 105-7.

______. *Irmandades negras: Outro espaço de resistência e luta (São Paulo: 1870-1890).* São Paulo: Annablume, 2002.

REGINALDO, Lucilene. *Os rosários dos angolas: Irmandades de africanos e crioulos na Bahia setecentista.* São Paulo: Alameda, 2011. pp. 178-80.

REIS, João José. *A morte é uma festa: Ritos fúnebres e revolta popular no Brasil do século XIX.* São Paulo: Companhia das Letras, 1991.

SCARANO, Julita. *Devoção e escravidão: A Irmandade de N. S. do Rosário dos Pretos do Distrito Diamantino no século XVIII.* São Paulo: Nacional, 1978.

SOARES, Mariza de Carvalho. *Devotos da cor: Identidade étnica, religiosidade e escravidão no Rio de Janeiro, século XVIII.* Rio de Janeiro: Civilização Brasileira, 2000.

VIANA, Larissa. *Idioma da mestiçagem: As irmandades de pardos na América portuguesa.* Campinas: Ed. da Unicamp, 2007.

LEGISLAÇÃO EMANCIPACIONISTA, 1871 E 1885

AZEVEDO, Elciene. *O direito dos escravos: Lutas jurídicas e abolicionismo na província de São Paulo.* Campinas: Ed. da Unicamp, 2010.

CHALHOUB, SIDNEY. *Machado de Assis, historiador.* São Paulo: Companhia das Letras, 2003.

CONRAD, ROBERT E. *Os últimos anos da escravatura no Brasil, 1850-1888.* Rio de Janeiro: Civilização Brasileira, 1978.

MAMIGONIAN, Beatriz G. "O Estado Nacional e a instabilidade da propriedade escrava: A lei de 1831 e a matrícula dos escravos de 1872". *Almanack*, Guarulhos, n. 2, pp. 20-37, nov. 2011.

MENDONÇA, Joseli M. N. *Entre a mão e os anéis: A Lei dos Sexagenários e os caminhos da abolição no Brasil.* Campinas: Ed. da Unicamp, 1999.

PENA, Eduardo S. *Pajens da casa imperial: Jurisconsultos, escravidão e a Lei de 1871.* Campinas: Ed. da Unicamp, 2001.

RODRIGUES, Jaime. *O infame comércio: Propostas e experiências no final do tráfico de africanos para o Brasil (1800-1850).* Campinas: Ed. da Unicamp, 2000.

LEI DE 1831

AZEVEDO, Elciene. *O direito dos escravos: Lutas jurídicas e abolicionismo na província de São Paulo.* Campinas: Ed. da Unicamp, 2010.

BETHELL, Leslie. *A abolição do comércio brasileiro de escravos: A Grã-Bretanha, o Brasil e a questão do comércio de escravos, 1807-1869.* Trad. Luis A. P. Souto Maior. Brasília: Senado Federal, 2002.

CARVALHO, Marcus J. M. de. "O desembarque nas praias: O funcionamento do tráfico de escravos depois de 1831". *Revista de História*, São Paulo, n. 167, pp. 223-60, 2012.

CHALHOUB, Sidney. *A força da escravidão: Ilegalidade e costume no Brasil oitocentista.* São Paulo: Companhia das Letras, 2012.

CONRAD, Robert E. *Tumbeiros: O tráfico escravista para o Brasil.* São Paulo: Brasiliense, 1985.

GRINBERG, Keila; MAMIGONIAN, Beatriz G. (Orgs.) "'Para inglês ver?': Revisitando a lei de 1831". Dossiê da *Revista Estudos Afro-Asiáticos*, Rio de Janeiro, v. 1-3, n. 29, 2007.

______; CAÉ, Rachel da Silveira. "Escravidão, fronteira e relações diplomáticas Brasil-Uruguai, 1840-1860". *Africana Studia*, Porto, v. 14, pp. 275-85, 2010.

MAMIGONIAN, Beatriz G. *Africanos livres: A abolição do tráfico de escravos no Brasil*. São Paulo: Companhia das Letras, 2017.

MATTOS, Hebe (Org.). *Diáspora negra e lugares de memória: A história oculta das propriedades voltadas para o tráfico clandestino de escravos para o Brasil imperial*. Niterói: Eduff, 2013.

PARRON, Tâmis. *A política da escravidão no Império do Brasil (1826-1865)*. Rio de Janeiro: Civilização Brasileira, 2009.

LETRAMENTO E ESCOLAS

BARBOSA, Marialva. *Escravos e o mundo da comunicação: Oralidade, leitura e escrita no século XIX*. Rio de Janeiro: Mauad, 2016.

FABRE, Daniel (Dir.). *Écritures ordinaires*. Paris: POL; Centre Georges Pompidou, 1993.

FONSECA, Marcus Vinicius; BARROS, Surya A. P. de (Orgs.). *A história da educação dos negros no Brasil*. Niterói: Eduff, 2016.

JESUS, Carolina Maria de. *Diário de Bitita*. 3. reimp. São Paulo: SESI-SP, 2017.

MAC CORD, Marcelo; ARAÚJO, Carlos Eduardo; GOMES, Flávio dos Santos (Orgs.). *Rascunhos cativos: Educação, escolas e ensino no Brasil escravista*. Rio de Janeiro: Faperj; 7Letras, 2017.

MAMIGONIAN, Beatriz G. "Do que o 'preto mina' é capaz: Etnia e resistência entre africanos livres". *Afro-Ásia*, Salvador, v. 24, pp. 71-95, 2000.

SANTOS, Catarina M.; TAVARES, Ana Paula. *Africae monumenta: A apropriação da escrita pelos africanos*. Lisboa: IICT; MCES, 2002.

SILVA, Adriana Maria Paulo da. *Aprender com perfeição e sem coação: Uma escola para meninos pretos e pardos na corte*. Brasília: Plano, 2000.

SILVA, Alberto da Costa e. "Comprando e vendendo alcorões no Rio de Janeiro no século XIX". In: _____. *Um rio chamado Atlântico: A África no Brasil e o Brasil na África*. 5. ed. Rio de Janeiro: Nova Fronteira, 2011.

WISSENBACH, Maria Cristina C. "Teodora Dias da Cunha: Construindo um lugar para si no mundo da escrita e da escravidão". In: XAVIER, G; FARIAS, J.; GOMES, F. dos Santos (Orgs.). *Mulheres negras no Brasil escravista e do pós-emancipação*. São Paulo: Selo Negro, 2012.

LITERATURA E ESCRAVIDÃO

CARVALHO, Dayana Façanha de. *Política e escravidão em O tronco do ipê, de José de Alencar*. São Paulo: Alameda, 2017.

CHALHOUB, Sidney. *Machado de Assis, historiador*. São Paulo: Companhia das Letras, 2003.

_____; NEVES, Margarida; PEREIRA, Leonardo (Orgs.). *História em cousas miúdas: Capítulos de história social da crônica no Brasil*. Campinas: Ed. da Unicamp, 2005.

GOMES, Heloisa T. *O negro e o romantismo brasileiro*. São Paulo: Atual, 1988.

_____. *As marcas da escravidão: O negro e o discurso oitocentista no Brasil e nos Estados Unidos*. Rio de Janeiro: Edufrj; Eduerj, 1994.

MAROTTI, Giorgio. *Black Characters in the Brazilian Novel*. Los Angeles: Center for Afro-American Studies, University of California, 1987.

MENDES, Miriam G. *A personagem negra no teatro brasileiro (entre 1838 e 1888)*. São Paulo: Ática, 1982.

RAMOS, Ana Flávia C. *As máscaras de Lélio: Política e humor nas crônicas de Machado de Assis (1883-1886)*. Campinas: Ed. da Unicamp, 2016.

SAYERS, Raymond. *The Negro in Brazilian Literature*. Nova York: Hispanic Institute, 1956.

SCHWARZ, Roberto. *Um mestre na periferia do capitalismo: Machado de Assis*. São Paulo: Duas Cidades, 1990.

MEMÓRIAS DO CATIVEIRO

JANOTTI, Maria de Lourdes; ROSA, Zita de Paula. "Memory of Slavery in Black Families of São Paulo, Brazil". In: BERTAUX, Daniel; THOMPSON, Paul (Orgs.). *Between Generations: Family Models, Myths, and Memories*. Oxford: Oxford University Press, 1993.

MAESTRI, Mário. *Depoimentos de escravos brasileiros*. São Paulo: Ícone, 1988. Coleção Malungo-Memória.

MARTINS, Robson Luís M. *Os caminhos da liberdade: Abolicionistas, escravos e senhores na província do Espírito Santo, 1884-1888*. Cam-

pinas: Centro de Memória da Unicamp, 2005.
MATTOS, Hebe. *Das cores do silêncio: Significados da liberdade no Sudeste escravista, Brasil século XIX*. 3. ed. rev. Campinas: Ed. da Unicamp, 2013.
______; ABREU, Martha. "A história como performance: Jongos, quilombos e a memória do tráfico ilegal de escravizados africanos". In: MAUAD, Ana Maria; ALMEIDA, Juniele R.; SANTHIAGO, Ricardo (Orgs.). *História pública no Brasil: Sentidos e itinerários*. São Paulo: Letra e Voz, 2016. v. 1. pp. 221-36.
PACHECO, Gustavo; LARA, Silvia H. (Orgs.). *Memória do jongo: As gravações históricas de Stanley J. Stein, Vassouras, 1949*. Rio de Janeiro: Folha Seca, 2007.
Passados presentes <www.passadospresentes.com.br>.
RIBEIRO, Maria de Lourdes B. "O jongo". *Revista do Arquivo Municipal de São Paulo*. São Paulo, n. 173, pp. 166-237, jan.-jun. 1968.
RIOS, Ana Maria L.; MATTOS, Hebe. *Memórias do cativeiro: Família, trabalho e cidadania no pós-abolição*. Rio de Janeiro: Civilização Brasileira, 2005.
WEIMER, Rodrigo de Azevedo. *Felisberta e sua gente: Consciência histórica e racialização em uma família negra no pós-emancipação rio-grandense*. Rio de Janeiro: FGV, 2015.

MINERAÇÃO ESCRAVISTA

ALMEIDA, Carla Maria Carvalho de. *Ricos e pobres em Minas Gerais: Produção e hierarquização social no mundo colonial, 1750-1822*. Belo Horizonte: Argvmentvm, 2010.
ANDRADE, Francisco Eduardo de. *Entre a roça e o engenho: Roceiros e fazendeiros em Minas Gerais na primeira metade do século XIX*. Viçosa: Editora UFV, 2008.
BERGAD, Laird. *Escravidão e história econômica: Demografia de Minas Gerais, 1720-1880*. Bauru: Edusc, 2004.
FURTADO, Júnia F. *O livro da capa verde: O Regimento Diamantino de 1771 e a vida no Distrito Diamantino no período da Real Extração*. São Paulo: Annablume, 1996.
GONÇALVES, Andréa L. *As margens da liberdade: Estudo sobre a prática de alforrias em Minas colonial e provincial*. Belo Horizonte: Fino Traço, 2011.
GUIMARÃES, Carlos Magno. *Uma negação da ordem escravista: Quilombos em Minas Gerais no século XVIII*. São Paulo: Ícone, 1988.
MENESES, José Newton C. *O continente rústico: Abastecimento alimentar nas Minas Gerais setecentistas*. Diamantina: Maria Fumaça, 2000.
PAIVA, Eduardo F. *Escravos e libertos nas Minas Gerais do século XVIII: Estratégias de resistência através dos testamentos*. São Paulo: Annablume, 1995.
______. *Escravidão e universo cultural na colônia: Minas Gerais, 1716-1789*. Belo Horizonte: Editora UFMG, 2001.
REIS, Liana Maria. *Crimes e escravos na capitania de todos os negros: Minas Gerais, 1720-1800*. São Paulo: Aderaldo & Rothschild, 2008.

MORTE E RITUAIS FÚNEBRES

CAMPOS, Adalgisa A. "Locais de sepultamentos e escatologia através de registros de óbitos da época barroca: A freguesia de Nossa Senhora do Pilar de Ouro Preto". *Varia Historia*. Belo Horizonte, n. 31, jan. 2004.
FRAGOSO, João Luís R. "Elite das senzalas e nobreza principal da terra numa sociedade rural de Antigo Regime nos trópicos: Campo Grande (Rio de Janeiro), 1704-1741". In: ______ (Org.). *O Brasil colonial 1720-1821*. Rio de Janeiro: Civilização Brasileira, 2014.
FURTADO, Júnia F. "Transitoriedade da vida, eternidade da morte: Ritos fúnebres de forros e livres nas Minas setecentistas". In: JANCSÓ, István; KANTOR, Iris (Orgs.). *Festa: Cultura e sociabilidade na América portuguesa*. São Paulo: Hucitec; Edusp; Fapesp; Imprensa Oficial, 2001. v. 1. pp. 397-416.
OLIVEIRA, Anderson José Machado de; BRÜGGER, Silvia Maria J. "Os Benguelas de São João del Rei: Tráfico atlântico, religiosidade e identidades étnicas (séculos XVIII e XIX)". *Tempo*, Niterói, v. 13, n. 26, pp. 177-204, 2009.
REIS, João José. *A morte é uma festa: Ritos fúnebres e revolta popular no Brasil do século XIX*. São Paulo: Companhia das Letras, 1991.
RODRIGUES, Cláudia. "Apropriações da morte

católica por africanos e seus descendentes no Rio de Janeiro setecentista". *Especiaria — Caderno de Ciências Humanas*, Ilhéus, v. 10, n. 18, pp. 427-67, jul.-dez. 2007.

RODRIGUES, Cláudia; BRAVO, Milra N. "Morte, cemitérios e hierarquias no Brasil escravista (séculos XVIII e XIX)". *Habitus*, Goiânia, v. 10, n. 1, pp. 3-30, 2012.

RODRIGUES, Cláudia; CABRAL, Vitor. "Sepulturas e hierarquias sociais numa paróquia rural do Rio de Janeiro: Santo Antônio de Jacutinga entre o século XVIII e o início do XIX". *Revista Brasileira de História das Religiões*, Maringá, v. 10, n. 29, pp. 43-77, 2017.

SILVA, Luiz Geraldo da. "Governos e reinados negros: Conflito, hierarquia e poder entre crioulos e africanos (Pernambuco, 1750-1814)". *Anais Eletrônicos do IX Congresso Internacional da Brazilian Studies Association (Brasa)*. New Orleans: Tulane University, 2008. Consultado em <http://www.brasa.org/wordpress/Documents/BRASA_IX/Luiz-Geraldo-Silva.pdf>.

SOARES, Mariza de Carvalho. *Devotos da cor: Identidade étnica, religiosidade e escravidão no Rio de Janeiro, século XVIII*. Rio de Janeiro: Civilização Brasileira, 2000.

MOVIMENTOS SOCIAIS ABOLICIONISTAS

ALBUQUERQUE, Wlamyra. *O jogo da dissimulação: Abolição e cidadania negra no Brasil*. São Paulo: Companhia das Letras, 2009.

AZEVEDO, Elciene. *Orfeu de carapinha: A trajetória de Luiz Gama na imperial cidade de São Paulo*. Campinas: Ed. da Unicamp, 1999.

CASTILHO, Celso; MACHADO, Maria Helena P. T. (Orgs.). *Tornando-se livre: Agentes históricos e lutas sociais no processo de abolição*. São Paulo: Edusp, 2015.

FONSECA, Marcus Vinícius. *A educação dos negros: Uma nova face no processo de abolição da escravidão no Brasil*. Bragança Paulista: Edusf, 2002.

GOLDMARCHER, Marcela; BADARÓ, Marcelo; TERRA, Paulo (Orgs.). *Faces do trabalho: Escravizados e livres*. Niterói: Eduff, 2010.

LONER, Beatriz. *Construção de classe: Operários de Pelotas e Rio Grande, 1888-1930*. Pelotas: Editora Ufpel, 2001.

MACHADO, Maria Helena P. T. *O plano e o pânico: Os movimentos sociais da década da abolição*. Rio de Janeiro: EDUFRJ; São Paulo: Edusp, 1994.

PINTO, Ana Flávia M. *Imprensa negra no Brasil do século XIX*. São Paulo: Selo Negro, 2010.

SILVA, Régia A. "Entre poesias e crônicas: Falas sobre escravidão e abolição no Maranhão na segunda metade do século XIX". *Mnemonise Revista*, Campina Grande, v. 5, n. 1, pp. 83-99, 2014.

SILVA CAIRES, Ricardo Tadeu. "A rede da liberdade: Escravos, militantes abolicionistas, coiteiros, advogados, curadores e juízes na luta pela libertação dos cativos na província da Bahia (1883-1888)". In: ZANIRATO, Silvia Helena; PELEGRINI, Sandra de Cássia A. (Orgs.). *Narrativas da modernidade: Campos e canteiros da pesquisa histórica*. Maringá: Eduem, 2003. pp. 17-28.

MULHER, CORPO E MATERNIDADE

BROWN, Kathleen. *Good Wives, Nasty Wenchs, and Anxious Patriarchs: Gender, Race, and Power in Colonial Virginia*. Chapel Hill: The University of North Carolina Press, 1996.

CAMP, Stephanie M. H. *Closer to Freedom: Enslaved Women and Everyday Resistance in the Plantation South*. Chapel Hill: The University of North Carolina Press, 2004.

COWLING, Camillia; MACHADO, Maria Helena P. T.; PATON, Diana; WEST, Emily (Orgs.). *Slavery and Abolition. Special Issue: Mothering Slaves: Motherhood, Childlessness and the Care of Children in Atlantic Slaves Societies*, v. 38, n. 2, jun. 2017.

_____. *Women's History Review. Special Issue: Mothering Slaves: Motherhood, Childlessness and the Care of Children in Atlantic Slaves Societies*, online, ago. 2017. <http://www.tandfonline.com/doi/full/10.1080/09612025.2017.1336832>.

HARTMAN, Saidyia. *Scenes of Subjection: Terror, Slavery, and Self-Making in Nineteenth-Century America*. Oxford: Oxford University Press, 1997.

MORGAN, Jennifer. *Laboring Women: Reproduction and Gender in New World Slavery*. Filadélfia: University of Pennsylvania Press, 2004.

SCHWARTZ, Marie J. *Birthing a Slave: Motherhood and Medicine in the Antebellum South*. Cambridge: Harvard University Press, 2006.

SCULLY, Pamela; PATON, Diana (Orgs.). *Gender and Slave Emancipation in the Atlantic World*. Durham: Duke University Press, 2005.

TURNER, Sasha. *Contested Bodies: Pregnancy, Childrearing, and Slavery in Jamaica*. Filadélfia: University of Pennsylvania Press, 2017.

XAVIER, Giovana F.; BARRETO, Juliana; GOMES, Flávio dos Santos. *Mulheres negras no Brasil escravista e do pós-emancipação*. São Paulo: Summus; Selo Negro, 2012.

NAVIO NEGREIRO

CARVALHO, Flávia Maria de. "Diáspora africana: Travessia atlântica e identidades recriadas nos espaços coloniais". *Mneme: Revista de Humanidades*, Natal, v. 11, n. 27, pp. 14-24, 2010.

CONRAD, Robert E. *Tumbeiros: O tráfico escravista para o Brasil*. São Paulo: Brasiliense, 1985.

FLORENTINO, Manolo. *Em costas negras: Uma história do tráfico de escravos entre a África e o Rio de Janeiro (séculos XVIII e XIX)*. São Paulo: Companhia das Letras, 1997.

GRADEN, Dale T. "O envolvimento dos Estados Unidos no comércio transatlântico de escravos para o Brasil, 1840-1858". *Afro-Ásia*, Salvador, n. 35, pp. 9-35, 2007.

MILLER, Joseph C. *Way of Death: Merchant Capitalism and the Angolan Slave Trade (1730-1830)*. Madison: University of Wisconsin Press, 1988.

RAMBELLI, Gilson. "Arqueologia de naufrágios e a proposta de estudo de um navio negreiro". *Revista de História da Arte e Arqueologia*, Campinas, n. 6, pp. 97-106, dez. 2006.

RODRIGUES, Jaime. *O infame comércio: Propostas e experiências no final do tráfico de africanos para o Brasil (1800-1850)*. Campinas: Ed. da Unicamp; Cecult, 2000.

_____. *De costa a costa: Escravos, marinheiros e intermediários do tráfico negreiro de Angola ao Rio de Janeiro (1780-1860)*. São Paulo: Companhia das Letras, 2005.

SLENES, Robert W. "'Malungu, ngoma vem!': África coberta e descoberta do Brasil". *Revista USP*, n. 12, pp. 48-67, dez. 1991-fev. 1992.

PÓS-ABOLIÇÃO; O DIA SEGUINTE

ALBUQUERQUE, Wlamyra. *O jogo da dissimulação: Abolição e cidadania negra no Brasil*. São Paulo: Companhia das Letras, 2009.

CHALHOUB, Sidney. *Visões da liberdade: Uma história das últimas décadas da escravidão na corte*. São Paulo: Companhia das Letras, 1990.

FRAGA, Walter. *Encruzilhadas da liberdade: Histórias de escravos e libertos na Bahia (1870-1910)*. Campinas: Ed. da Unicamp, 2006.

GOMES, Flávio dos Santos; CUNHA, Olívia Maria Gomes da (Orgs.). *Quase cidadão: Histórias e antropologias da pós-emancipação no Brasil*. Rio de Janeiro: Editora FGV, 2007.

MACHADO, Maria Helena P. T. *O plano e o pânico: Os movimentos sociais na década da abolição*. Rio de Janeiro: EDUFRJ; São Paulo: Edusp, 1994.

MATTOS, Hebe. *Das cores do silêncio: Os significados da liberdade no Sudeste escravista, Brasil século XIX*. Rio de Janeiro: Arquivo Nacional, 1995.

SLENES, Robert W. *Na senzala, uma flor: Esperanças e recordações na formação da família escrava. Brasil, Sudeste, século XIX*. Rio de Janeiro: Nova Fronteira, 1999.

PROCESSOS POLÍTICOS DA ABOLIÇÃO

ALONSO, Angela. *Flores, votos e balas: O movimento abolicionista brasileiro (1868-88)*. São Paulo: Companhia das Letras, 2015.

BERGSTRESSER, Rebecca B. *The Movement for the Abolition of Slavery in Rio de Janeiro, Brazil, 1880-1889*. Stanford: Stanford University, 1973. Tese (Doutorado).

CASTILHO, Celso T. *Slave Emancipation and Transformations in Brazilian Political Citizenship*. Pittsburgh: University of Pittsburgh Press, 2016.

CONRAD, Robert E. *Os últimos anos da escravatura no Brasil, 1850-1888*. Rio de Janeiro: Civilização Brasileira, 1975.

COSTA, Emília Viotti da. [1966] *Da senzala à colônia*. São Paulo: Livraria de Ciências Humanas, 1982.

MACHADO, Maria Helena P. T. *O plano e o pânico: Os movimentos sociais na década da aboli-*

ção. Rio de Janeiro: EDUFRJ; São Paulo: Edusp, 1994.

MATTOS, Hebe. *Das cores do silêncio: Os significados da liberdade no Sudeste escravista, Brasil século XIX*. 2. ed. Rio de Janeiro: Nova Fronteira, 1998.

NEEDELL, Jeffrey D. "Brazilian Abolitionism, its Historiophaphy, and the Uses of Political History". *Journal of Latin American Studies*, Cambridge, v. 42, n. 2, pp. 231-61, maio 2010.

REIS, João José; SILVA, Eduardo. *Negociação e conflito: A resistência negra no Brasil escravista*. São Paulo: Companhia das Letras, 2009.

TOPLIN, Robert B. *The Abolition of Slavery in Brazil*. Nova York: Atheneum, 1972.

QUILOMBOS/REMANESCENTES DE QUILOMBOS

GOMES, Flávio dos Santos. *A hidra e os pântanos: Mocambos, quilombos e comunidades de fugitivos no Brasil escravista (séculos XVII-XIX)*. São Paulo: Polis; Unesp, 2005.

_____. *Histórias de quilombolas: Mocambos e comunidades de senzalas no Rio de Janeiro, século XIX*. São Paulo: Companhia das Letras, 2006.

GUIMARÃES, Carlos Magno. *Uma negação da ordem escravista: Quilombos em Minas Gerais no século XVIII*. São Paulo: Ícone, 1988.

MOURA, Clóvis. *Rebeliões da senzala: Quilombos, insurreições e guerrilhas*. Rio de Janeiro: Conquista, 1972.

_____. *Os quilombos e a rebeldia negra*. São Paulo: Brasiliense, 1981.

REIS, João José; GOMES, Flávio dos Santos. *Liberdade por um fio: História dos quilombos no Brasil*. São Paulo: Companhia das Letras, 1996.

SCHWARTZ, Stuart B. "Mocambos, quilombos e Palmares: A resistência escrava no Brasil colonial". *Estudos Econômicos*, São Paulo, v. 17, número especial, pp. 61-88, 1987.

SLENES, Robert W. "Histórias do Cafundó". In: VOGT, Carlos; FRY, Peter (com a colaboração de Robert W. Slenes). *Cafundó: A África no Brasil. Linguagem e sociedade*. São Paulo: Companhia das Letras, 1996. pp. 37-102.

RELIGIOSIDADES

BASTIDE, Roger. [1960] *As religiões africanas no Brasil: Contribuição a uma sociologia das interpretações de civilizações*. São Paulo: Pioneira, 1985.

CONDURU, Roberto. "Das casas às roças: Comunidades de candomblé no Rio de Janeiro desde o fim do século XIX". *Topoi*, Rio de Janeiro, v. 11, n. 21, pp. 178-203, 2010.

CRAEMER, Willy de; VANSINA, Jan; FOX, Renée C. "Religious Movements in Central Africa: A Theoretical Study". *Comparative Studies in Society and History*, Cambridge, v. 18, n. 4, pp. 458-75, 1976.

FERRETTI, Sérgio. *Repensando o sincretismo: Estudo sobre a Casa das Minas*. São Paulo: Edusp; São Luís: Fapema, 1995.

MELLO E SOUZA, Laura de. [1986] *O diabo e a Terra de Santa Cruz*. São Paulo: Companhia das Letras, 1999.

MOTT, Luiz. "Acotundá: Raízes setecentistas do sincretismo religioso afro-brasileiro". *Revista do Museu Paulista*, São Paulo, n. 31, pp. 124-47, 1986.

PARÉS, Luis Nicolau. *A formação do candomblé: História e ritual da nação jeje na Bahia*. Campinas: Ed. da Unicamp, 2006.

PRANDI, Reginaldo (Org.). *Encantaria brasileira: O livro dos mestres, caboclos e encantados*. Rio de Janeiro: Pallas, 2001.

REIS, João José. *Domingos Sodré, um sacerdote africano: Escravidão, liberdade e candomblé na Bahia do século XIX*. São Paulo: Companhia das Letras, 2008.

VERGER, Pierre. [1957] *Notas sobre o culto aos orixás e voduns na Bahia de Todos os Santos, no Brasil, e na antiga Costa dos Escravos, na África*. São Paulo: Edusp, 1999.

RETORNADOS AFRICANOS

AMOS, Alcione. "Afro-brasileiros no Togo: A história da família Olympio, 1882-1945". *Afro-Ásia*, Salvador, n. 23, pp. 175-97, 2000.

BRITO, Luciana da Cruz. *Temores da África: Segurança, legislação e população africana na Bahia oitocentista*. Salvador: EDUFBA, 2016.

CASTILLO, Lisa Louise E. "Em busca dos agudás da Bahia: Trajetórias individuais e mudanças demográficas no século XIX". *Afro-Ásia*, Salvador, n. 55, pp. 111-47, 2016.

CUNHA, Manuela Carneiro da. *Negros, estrangeiros: Os escravos libertos e sua volta à África*. 2. ed. rev. e ampl. São Paulo: Companhia das Letras, 2012.

GURAN, Milton. "Da bricolagem da memória à construção da própria imagem entre os agudás do Benim". *Afro-Ásia*, Salvador, n. 28, pp. 45-76, 2002.

REIS, João José. *Rebelião escrava no Brasil: A história do Levante dos Malês em 1835*. São Paulo: Companhia das Letras, 2003.

SOUMONNI, Elisée. "Some Reflections on the Brazilian Legacy in Dahomey". *Slavery and Abolition*, v. 22, n. 1, pp. 61-71, abr. 2001.

SOUZA, Mônica de L. *Entre margens: O retorno à África de libertos no Brasil, 1830-1870*. Niterói: UFF, 2008. Tese (Doutorado).

TURNER, Lorenzo D. "Some Contacts of Brazilian Ex-Slaves with Nigeria, West Africa". *Journal of Negro History*, Chicago, v. 27, pp. 55-67, 1942.

VERGER, Pierre. [1968] *Fluxo e refluxo do tráfico de escravos entre o golfo do Benim e a Baía de Todos os Santos dos séculos XVIII a XIX*. São Paulo: Corrupio, 1987.

REVOLTAS ESCRAVAS

ANDRADE, Marcos Ferreira de. "Rebelião escrava na Comarca de Rio das Mortes, Minas Gerais: O caso Carrancas". *Afro-Ásia*, Salvador, n. 21-22, pp. 45-82, 1998-99.

ARAÚJO, Mundinha. *Insurreição de escravos em Viana, 1867*. São Luís: Sioge, 1994.

CLÁUDIO, Afonso. *Insurreição do Queimado: Episódio da história da província do Espírito Santo*. Vitória: Editora da Fundação Ceciliano Abel de Almeida, 1979.

GOMES, Flávio dos Santos. *Histórias de quilombolas: Mocambos e comunidades de senzalas no Rio de Janeiro, século XIX*. São Paulo: Companhia das Letras, 2006.

MACHADO, Maria Helena P. T. *O plano e o pânico: Os movimentos sociais da década da abolição*. Rio de Janeiro: EDUFRJ; São Paulo: Edusp, 1994.

MOURA, Clóvis. *Rebeliões da senzala: Quilombos, insurreições, guerrilhas*. São Paulo: Zumbi, 1959.

PIROLA, Ricardo F. *Senzala insurgente: Malungos, parentes e rebeldes nas fazendas de Campinas (1832)*. Campinas: Ed. da Unicamp, 2011.

REIS, João José. *Rebelião escrava no Brasil: A história do Levante dos Malês em 1835*. São Paulo: Companhia das Letras, 2003.

TEORIAS RACIAIS

ALONSO, Angela. *Ideias em movimento: A Geração de 1870 na crise do Brasil Império*. Rio de Janeiro: Paz e Terra, 2004.

APPIAH, K. Anthony. *Na casa de meu pai*. Rio de Janeiro: Contraponto, 1997.

ARENDT, Hannah. *Origens do totalitarismo*. São Paulo: Companhia das Letras, 2012.

CHALHOUB, Sidney. *Visões da liberdade: Uma história das últimas décadas da escravidão na corte*. São Paulo: Companhia das Letras, 1990.

CORRÊA, Mariza. *As ilusões da liberdade: A Escola Nina Rodrigues e a antropologia no Brasil*. Rio de Janeiro: Fiocruz, 2014.

GOULD, Stephen Jay. *A falsa medida do homem*. São Paulo: Martins Fontes, 2003.

LATOUR, Bruno. *Jamais fomos modernos*. São Paulo: 34 Letras, 1994.

SCHWARCZ, Lilia M. *O espetáculo das raças: Cientistas, instituições e questão racial no Brasil do século* XIX. São Paulo: Companhia das Letras, 1997.

_____. *Lima Barreto: triste visionário*. São Paulo: Companhia das Letras, 2017.

STOCKING, JR. George W. *Objects and Others: Essays on Museums and Material Culture*. Wisconsin: University of Wisconsin Press, 1988.

TRABALHADORES LIVRES E ESCRAVOS

ALENCASTRO, Luiz Felipe de. "Proletários e escravos: Imigrantes portugueses e cativos africanos no Rio de Janeiro, 1850-1872". *Novos Estudos Cebrap*, São Paulo, n. 21, pp. 30-56, jul. 1988.

BATALHA, Cláudio H. de M. "Identidade da classe operária no Brasil (1880-1920): Atipicidade ou legitimidade?". *Revista Brasileira de História*, São Paulo, v. 12, n. 23-24, pp. 111-24, set. 1991-ago. 1992.

CHALHOUB, Sidney; SILVA, Fernando T. "Sujeitos no imaginário acadêmico: Escravos e trabalhadores na historiografia brasileira desde os anos 1980". *Cadernos AEL*, Campinas, v. 14, pp. 11-50, 2009.

FLORENCE, Afonso B. "Resistência escrava em São Paulo: A luta dos escravos da Fábrica de Ferro de São João de Ipanema, 1828-1842". *Afro-Ásia*, Salvador, n. 18, pp. 7-32, 1996.

HALL, Michael M.; PINHEIRO, Paulo S. "Alargando a história da classe operária: Organização, lutas e controle". *Remate de Males*, Campinas, n. 5, pp. 95-119, 1985.

LARA, Silvia Hunold. "Escravidão, cidadania e história do trabalho no Brasil". *Projeto História*, São Paulo, n. 16, pp. 25-38, 1998.

LIMA, Henrique E. "Sob o domínio da precariedade: Escravidão e os significados da liberdade de trabalho no século XIX". *Topoi*, Rio de Janeiro, v. 6, n. 11, pp. 289-326, 2005.

MATTOS, Marcelo B. "Trabalhadores escravizados e livres na cidade do Rio de Janeiro na segunda metade do século XIX". *Revista do Rio de Janeiro*, n. 12, pp. 229-51, jan.-abr. 2004.

NEGRO, Antonio L.; GOMES, Flávio dos Santos. "Além de senzalas e fábricas: Uma história social do trabalho". *Tempo Social*, São Paulo, v. 18, n. 1, pp. 217-40, 2006.

SOARES, Luiz Carlos. "A escravidão industrial no Rio de Janeiro do século XIX". Caxambu: V Congresso Brasileiro de História Econômica e VI Conferência Internacional de História de Empresas, 2003 [mimeo].

VALONGO

CARDOSO, Elizabeth D. et. al. *História dos bairros: Saúde, Gamboa e Santo Cristo*. Rio de Janeiro: Index; João Fortes Engenharia, 1987.

CAVALCANTI, Nireu O. "O comércio de escravos novos no Rio setecentista". In: FLORENTINO, Manolo (Org.). *Tráfico, cativeiro e liberdade: Rio de Janeiro, séculos XVII-XIX*. Rio de Janeiro: Civilização Brasileira, 2005.

KARASCH, Mary C. *A vida dos escravos no Rio de Janeiro, 1808-1850*. São Paulo: Companhia das Letras, 2000.

NARA JUNIOR, João Carlos. *Arqueologia da persuasão: O simbolismo rococó na matriz de Santa Rita*. Curitiba: Appris, 2016.

PEREIRA, Júlio César M. da Silva. *À flor da terra: O Cemitério dos Pretos Novos no Rio de Janeiro*. Rio de Janeiro: Garamond; IPHAN, 2007.

SOARES, Carlos Eugênio Líbano. *A Pequena África: Um portal do Atlântico*. Rio de Janeiro: Ceap, 2011.

_____. *Valongo, cais dos escravos: Memória da diáspora e modernização portuária na cidade do Rio de Janeiro, 1668-1911*. Rio de Janeiro, 2013. 113 pp. (Relatório de Pós-Doutoramento, Departamento de Antropologia, Programa de Pós-Graduação em Arqueologia, Museu Nacional, UFRJ.)

_____. "Geografia histórica da região do Valongo 1713-1904". *Acervo: Revista do Arquivo Nacional*, Rio de Janeiro, v. 29, série 1, pp. 150-61, 2016.

_____. "Valongo, cais dos escravos: Tráfico negreiro e transformação urbana em uma cidade escravista: Rio de Janeiro, 1811-1831". In: GOMES, Flávio dos Santos; CHEVITARESE, André Leonardo (Orgs.). *Entre pedaços e camadas: Histórias e arqueologias do Rio de Janeiro, séculos XVIII-XXI*. Rio de Janeiro: Faperj; 7Letras, 2017. pp. 69-87.

TAVARES, Reinaldo B. *Cemitério dos Pretos Novos, Rio de Janeiro, século XIX: Uma tentativa de delimitação espacial*. Rio de Janeiro: UFRJ-Museu Nacional, Departamento de Antropologia, Programa de Pós-Graduação em Arqueologia, 2012. Tese (Mestrado).

AGRADECIMENTOS

Um dicionário coletivo como metáfora e realidade

ESTE DICIONÁRIO FOI IMAGINADO DURANTE MUITO TEMPO E DE várias maneiras. Antes de ele ganhar esta forma coletiva, pensamos em fazer uma espécie de longa história da escravidão no Brasil, que alcançaria até o momento presente. Chegamos a apresentar para a Companhia das Letras um esquema do nosso futuro livro, capítulo a capítulo. Logo entendemos, porém, que havia um grande número de especialistas nos diversos temas que pretendíamos abordar, e que eles tratariam muito melhor do que nós dos diferentes aspectos que perpassam essa nossa longa e perversa experiência escravocrata.

Também concluímos que nossa dupla estaria fadada ao fracasso, uma vez que dar conta de uma característica tão estrutural na história do Brasil precisava, mesmo, de boa companhia.

Foi quando resolvemos mudar a concepção geral do livro e idealizamos realizar um dicionário com cinquenta verbetes. Convidamos então, e num prazo apertado, colegas pesquisadores para, juntos, assumirmos essa tarefa.

Este dicionário não representa um grande ponto-final. Ele é antes uma demonstração da maturidade e força da historiografia brasileira sobre o tema, mas também quase uma agenda de incentivo a novas investigações. Nosso primeiro agradecimento dirige-se, portanto, aos demais 45 autores deste dicionário, que aderiram, todos, entusiasticamente a esta empreitada que visa refletir, criticamente, sobre os 130 anos de abolição da escravidão mercantil no Brasil.

Também não há como deixar de agradecer a Regina Oliveira e a Luiz Schwarcz, que apoiaram este nosso "programa", e estiveram do nosso lado, opinando, dando sugestões, ralhando e achando graça dos impasses que foram se colocando no meio do caminho.

Alberto da Costa e Silva foi igualmente um grande animador deste projeto. Sem jamais abrir mão de seu olhar, a um só tempo, afetivo e crítico, ele não apenas leu todos os verbetes, como ainda nos brindou com uma bela, consistente e inesquecível introdução.

Jaime Lauriano, mais que "fazer uma capa", entrou de corpo e alma neste dicionário e entregou não uma, mas três diferentes propostas. Escolhemos a terceira, esta que contém um pôster, mas ficamos aqui lembrando (e lamentando) todas as outras. Mais que o "artista da capa", ele virou um amigo e interlocutor.

Na editora Companhia das Letras tivemos uma acolhida entusiasta. Otávio Costa leu o primeiro projeto e pilhou o andamento dos trabalhos, com seu cronograma (sempre) espremido. Ricardo Teperman é nosso editor companheiro nas dúvidas e nas certezas. Como sempre, Márcia Copola fez toda a diferença: preparou os textos e unificou termos e datas, de maneira ao mesmo tempo delicada e comprometida. Parceira, quando terminou sua leitura, ela enviou uma mensagem dizendo que se perdeu no tempo lendo nossos cinquenta verbetes. Adriane Piscitelli é a mão direita e esquerda deste dicionário. Se qualquer erro tiver passado, a culpa com certeza não será dela. Érico Melo, que é de fato um craque de pesquisa, checou e rechecou dados, números, citações. Alceu Nunes e Claudia Espínola de Carvalho se desdobraram, e com grande entusiasmo, para dar forma a este livro que continha um desafio intelectual mas gráfico também. Elisa Braga e Fabiana Roncoroni acreditam em projetos ousados, por isso não mediram esforços para viabilizar mais este. Erica Fujito deu um jeito de organizar e conseguir os créditos corretos de todas as imagens deste dicionário. Matinas Suzuki, Lilia Zambon e Max Santos inventaram e continuam a inventar (bem na hora em que escrevemos estes agradecimentos) diferentes maneiras para dar ao dicionário a visibilidade que ele merece. Victor Burton assina o design gráfico do livro e, para variar, fez milagre.

Agradecemos por fim ao CNPq, que apoia nossas pesquisas; à USP, à UFRJ e a Princeton, universidades que acolhem nossas investigações.

Enfim, como há de ter ficado claro, este é mesmo um livro feito a muitas mãos. Neste caso, coletivo não é adjetivação vazia. Ao contrário, diante de um tema do passado mas que insiste em aparecer no presente, somente um esforço de grupo permite traçar não um retrato final, mas um panorama aberto no sentido de provocar o diálogo, mais do que fechar a discussão. Diante de um Brasil tão dividido e cada vez mais polarizado, quem sabe este *Dicionário da escravidão e liberdade* possa dar mostra de como o conhecimento se faz a partir de perspectivas diferentes, contextos variados, textos plurais. É essa a boa utopia que pretendemos apresentar com estes cinquenta textos críticos.

São Paulo e Rio de Janeiro, fevereiro de 2018

SOBRE OS AUTORES

ORGANIZADORES

LILIA MORITZ SCHWARCZ é professora titular no Departamento de Antropologia da USP. Foi *Visiting Professor* em Oxford, Leiden, Brown, Columbia e Princeton, onde foi Global e Professora Visitante desde 2010. Em 2007 obteve a John Simon Guggenheim Foundation Fellow. E em 2010 recebeu a Comenda da Ordem do Mérito Científico Nacional. É autora de, entre outros livros, *Retrato em branco e negro* (1987, prêmio APCA), *O espetáculo das raças* (Companhia das Letras, 1993, e Farrar Strauss & Giroux, 1999), *As barbas do imperador* (1998, prêmio Jabuti/Livro do Ano, e Farrar Strauss & Giroux, 2004), *Racismo no Brasil* (Publifolha, 2001), *A longa viagem da biblioteca dos reis* (2002), *O sol do Brasil* (2008, prêmio Jabuti/Biografia 2009), *Brasil: uma biografia* (com Heloisa Murgel Starling; Companhia das Letras, 2015, indicado entre os dez melhores livros do prêmio Jabuti/Ciências Sociais) e *Lima Barreto: Triste visionário* (Companhia das Letras, 2017, prêmio APCA, 2018). Coordenou, entre outros, o volume 4 da *História da vida privada no Brasil* (1998, prêmio Jabuti/Ciências Humanas 1999) e a *História do Brasil Nação* (Mapfre; Objetiva, 6 v., prêmio APCA, 2011). Publicou com Lucia Stumpf e Carlos Lima *A Batalha do Avaí* (Sextante, 2013, prêmio ABL); com Adriana Varejão, *Pérola imperfeita: A história e as histórias na obra de Adriana Varejão* (Companhia das Letras; Cobogó, 2014); e, com Adriano Pedrosa, o catálogo da exposição Histórias Mestiças (Cobogó; Instituto Tomie Ohtake, prêmio Jabuti/Melhor Livro de Arte 2016). Com André Botelho organizou duas coletâneas: *Um enigma chamado Brasil*, em 2009 (prêmio Jabuti 2010), e *Agenda brasileira*, em 2013. Foi curadora de uma série de exposições: A Longa Viagem da Biblioteca dos Reis (Biblioteca Nacional, 2002); Nicolas-Antoine Taunay e Seus Trópicos Tristes (Museu de Belas Artes Rio de Janeiro; Pinacoteca do Estado de São Paulo, 2008); Histórias Mestiças (2015); Traições: Nelson Leirner Leitor de Si e Leitor dos Outros (Galeria Vermelho, São Paulo, 2015); Histórias da Infância (Masp, 2016); Histórias da Sexualidade (Masp, 2017). Desde 2015 atua como curadora adjunta para histórias e narrativas no Masp, e é colunista do jornal *Nexo*.

FLÁVIO DOS SANTOS GOMES possui licenciatura em História pela Universidade do Estado do Rio de Janeiro (UERJ, 1990), bacharelado em Ciências Sociais pela Universidade Federal do Rio de Janeiro (UFRJ, 1990), mestrado em História Social do Trabalho (1993) e doutorado em História Social (1997), ambos pela Universidade Estadual de Campinas (Unicamp). Entre 1994 e 1997, foi professor da Universidade Federal do Pará (UFPa). Desde 1998 é professor da UFRJ, atuando também nos programas de pós-graduação em História Comparada (UFRJ) e História (UFBa). Obteve dotações da Fundação Ford para realizar pesquisas através dos editais públicos do VI Concurso de Dotações de Pesquisas sobre o Negro no Brasil (Centro de Estudos Afro-Asiáticos-CEAA, 1993) e do VII Concurso de Dotações de Pesquisas sobre Mulher e Relações de Gênero (Fundação Carlos Chagas, 1996). Foi pesquisador do Programa Raça e Etnicidade (Fundação Rockefeller, 1995). Obteve duas vezes o prêmio do Arquivo Nacional de Pesquisa, em 1993 e 2003 (juntamente com Carlos Eugênio L. Soares e Juliana Barreto Farias). Em 1998 foi o ganhador do prêmio Brasil-Descobrimentos, Fundação Cultural Brasil-Portugal. Foi agraciado duas vezes com o Prêmio Literário Casa de Las Américas, do Instituto Casa de las Américas (Cuba), sendo menção honrosa em 2006 (pelo livro *A hidra e os pântanos*) e o vencedor em 2011 (pelo livro *O alufá Rufino*, em coautoria com João Reis e Marcus de Carvalho). Em 2009 obteve a John Simon Guggenheim Foundation Fellowship, e em 2014 (junho-julho) foi *Visiting Scholar* na Universidade de Nova York. Foi pesquisador Cientista do Nosso Estado da Faperj (2013-17). É atualmente pesquisador do CNPq, desenvolvendo pesquisas em história comparada, cultura material, escravidão e pós-emancipação no Brasil, América

Latina e Caribe, especialmente Venezuela, Colômbia, Guiana Francesa e Cuba. Atua no Laboratório de Estudos de História Atlântica das sociedades coloniais e pós-coloniais (LEHA) do Instituto de História da UFRJ. Tem publicado dezenas de livros, coletâneas e artigos em periódicos nacionais e estrangeiros, atuando na área de Brasil colonial e pós-colonial, escravidão, Amazônia, fronteiras e campesinato negro.

ARTISTA DA SOBRECAPA

JAIME LAURIANO nasceu em São Paulo, em 1985. Graduou-se pelo Centro Universitário Belas Artes de São Paulo, no ano de 2010. Entre suas exposições mais recentes, destacam-se as individuais: *Assentamento*, Galeria Leme, São Paulo, Brasil, 2017; *Nessa Terra, em se Plantando, Tudo Dá*, Centro Cultural Banco do Brasil, Rio de Janeiro, Brasil, 2015; *Autorretrato em Branco sobre Preto*, Galeria Leme, São Paulo, Brasil, 2015; *Impedimento*, Centro Cultural São Paulo, São Paulo, Brasil, 2014; *Em Exposição*, Sesc, São Paulo, Brasil, 2013; e as coletivas: *Totemonumento*, Galeria Leme, São Paulo, Brasil, 2016; *10TH Bamako Encounters*, Museu Nacional, Bamako, Mali, 2015; *Empresa Colonial*, Caixa Cultural, São Paulo, Brasil, 2015; *Frente à Euforia*, Oficina Cultural Oswald de Andrade, São Paulo, Brasil, 2015; *Tatu: Futebol, Adversidade e Cultura da Caatinga*, Museu de Arte do Rio (MAR), Rio de Janeiro, Brasil, 2014; *Taipa-Tapume*, Galeria Leme, São Paulo, Brasil, 2014; *Espaços Independentes: A Alma É o Segredo do Negócio*, Funarte, São Paulo, Brasil, 2013; possui trabalhos nas coleções públicas da Pinacoteca do Estado de São Paulo, e do MAR — Museu de Arte do Rio; foi laureado com os prêmios: Prêmio O.F.F. — 20º Festival de Arte Contemporânea Sesc_Videobrasil, 2017; 6º Prêmio Marcantonio Villaça, 2017; Prêmio FOCO Bradesco ArtRi, 2016; 1º Prêmio CCBB Contemporâneo, 2015.

COLABORADORES

ALBERTO DA COSTA E SILVA nasceu em 1931, em São Paulo, e estudou em Fortaleza e no Rio de Janeiro. Diplomata. Autor de, entre outros livros, *A enxada e a lança: A África antes dos portugueses*; *A manilha e o libambo: A África e a escravidão, de 1500 a 1700*; *Um rio chamado Atlântico: A África* *no Brasil e o Brasil na África*; *Francisco Félix de Souza, mercador de escravos*; *Imagens da* África; e *Castro Alves, um poeta sempre jovem*. Coordenou o primeiro volume (*Crise colonial e Independência*) da *História do Brasil Nação*, dirigida por Lilia Moritz Schwarcz.

ANGELA ALONSO é professora de sociologia da Universidade de São Paulo e presidente do Cebrap. É autora de, entre outros livros, *Flores, votos e balas: O movimento abolicionista brasileiro (1868-1888)*, ganhador dos prêmios Jabuti e da Academia Brasileira de Letras em 2015.

ANTÔNIO LIBERAC CARDOSO SIMÕES PIRES é doutorado em História Social pela Universidade Estadual de Campinas; pós-doutorado pela Universidade Federal do Rio de Janeiro; professor associado no Centro de Artes, Humanidades e Letras da Universidade Federal do Recôncavo da Bahia, Curso de História. Publicações: *Coleção Uniafro* (Ministério da Educação; Secadi, 2016); *Culturas circulares* (Progressiva, 2010); *A capoeira na Bahia de Todos os Santos: Um estudo sobre cultura e classes trabalhadoras* (Grafset, 2004.)

BEATRIZ GALLOTTI MAMIGONIAN é doutora em História pela University of Waterloo (Canadá) e professora do Departamento de História da Universidade Federal de Santa Catarina. Entre suas publicações destaca-se o livro *Africanos livres: A abolição do tráfico de escravos no Brasil* (Companhia das Letras, 2017). Coordena, com Andréa Delgado, o Programa Santa Afro Catarina de educação patrimonial sobre a presença africana em Santa Catarina.

CARLOS EDUARDO MOREIRA DE ARAÚJO é doutor pela Universidade Estadual de Campinas (Unicamp) e professor da Universidade Federal de Uberlândia. É coautor do livro *Cidades negras: Africanos, crioulos e espaços urbanos no Brasil escravista do século XIX* (2. ed. Alameda, 2006) e um dos organizadores do livro *Rascunhos cativos: Educação, escolas e ensino no Brasil escravista* (7Letras, 2017).

CARLOS EUGÊNIO LÍBANO SOARES é formado em História pela UFRJ-IFCS em 1988, mestre em História pela Unicamp (1993) e doutor em História pela mesma universidade (1998). Ganhador do Prêmio Biblioteca Carioca do Arquivo Municipal do Rio de Janeiro de 1994 (segundo colocado) com sua dissertação de mestrado: *A negregada instituição: Os capoeiras no Rio de Janeiro, 1850-1890*. Ganhador do Prêmio Memória Fluminense do Arquivo Estadual do Rio de Janeiro de 1998 (primeiro colocado) com *Zungú: Rumor de muitas vozes*. Ganhador do Prêmio Arquivo Nacional de Pesquisa de 2003 (segundo colocado) com texto escrito conjuntamente com Juliana Barreto e Flávio dos Santos Gomes, intitulado *No labirinto das nações: Africanos e suas identidades, Rio de Janeiro século XIX*. Recebeu dotação do Centro de Estudos Afro-Asiáticos da Universidade Candido Mendes no projeto O Negro no Brasil (UCAM-Fundação Ford) em 1994, com o projeto Os Capoeiras na Casa de Detenção 1860-1890, e em 1997, com o projeto Zungú: a Moradia Negra na Cidade Escrava. Foi chefe do Centro de Documentação Histórica da Universidade Severino Sombra em Vassouras (RJ) entre 1998 e 2002. Foi chefe do Centro de Digitalização do Departamento de História da UFBa (2004-10). Pós-doutor em Arqueologia da UFRJ-Museu Nacional (2012) com projeto sobre o Cais do Valongo (Valongo, Cais dos Escravos: Memória da Diáspora e Modernização Portuária na Cidade do Rio de Janeiro, 1668-1910). Professor adjunto do Departamento de História da UFBa lotado no Departamento de História e Relações Internacionais da UFRJ.

CLÁUDIA RODRIGUES é doutora em História pela UFF. Atua no Programa de Pós-Graduação em História da Unirio. Líder do Grupo de Pesquisa Imagens da Morte. Edita a *Revista M. Estudos sobre a morte, os mortos e o morrer*. Escreveu *Lugares dos mortos na cidade dos vivos*: *Tradições e transformações fúnebres no Rio de Janeiro no século XIX* e *Nas fronteiras do além: A secularização da morte no Rio de Janeiro* (*séculos XVIII e XIX*), premiados pelo Arquivo G. da Cidade do Rio de Janeiro e pelo Arquivo Nacional. Organizou *Sentidos da morte e do morrer na Ibero-América*; *A "Época Pombalina" no mundo luso-brasileiro* e *Últimas vontades*: *Testamento, sociedade e cultura na América ibérica*.

DOUGLAS COLE LIBBY é professor do Departamento de História da UFMG, doutor em História Social pela USP, com dois pós-doutorados pela Universidade Stanford e pesquisador sênior do CNPq. Há muitos anos se dedica ao estudo de vários aspectos do sistema escravista na América portuguesa e no Império brasileiro. Seu foco específico, no entanto, tem sido temas pautados na sociedade, a economia e a demografia de Minas Gerais nos séculos XVIII e XIX.

EDUARDO FRANÇA PAIVA é professor titular do Departamento de História da Universidade Federal de Minas Gerais e dedica-se à história cultural da escravidão e das mestiçagens. Foi professor e pesquisador visitante em universidades da Espanha, Portugal, Bélgica e Chile. Dirige o Centro de Estudos sobre a Presença Africana no Mundo Moderno (CEPAMM-UFMG) e lidera o Grupo de Pesquisas CNPq-UFMG Escravidão, Mestiçagem, Trânsito de Culturas e Globalização — Séculos XV a XIX. É autor de livros, capítulos e artigos publicados no Brasil e no exterior. Seu último livro intitula-se *Dar nome ao novo: Uma história lexical da Ibero-América, entre os séculos XVI e XVIII (as dinâmicas de mestiçagens e o mundo do trabalho)* (Autêntica, 2015).

EDWARD A. ALPERS é professor pesquisador de História na Universidade da Califórnia, em Los Angeles. Publicou vastamente sobre a África Oriental e o oceano Índico. Entre seus principais livros estão *Ivory and Slaves in East Central Africa* (1975), *Slave Routes and Oral Tradition in Southeastern Africa*, coeditado com Benigna Zimba e Allen F. Isaacman (2005), *East Africa and the Indian Ocean* (2009), *The Indian Ocean in World History* (2014), e *Connectivity in Motion: Island Hubs in the Indian Ocean World*, coeditado com Burkhard Schnepel (2018).

HEBE MATTOS é professora titular na Universidade Federal de Juiz de Fora. Em 2017, aposentou-se como professora titular de História do Brasil na Universidade Federal Fluminense, onde continua a atuar no Programa de Pós-Graduação. É autora ou coautora de livros, artigos e filmes sobre história e memória da escravidão, entre eles os livros *Ao sul da história*, *Das cores do silêncio* e *Memórias do cativeiro*, e os documentários da série Passados Presentes do Laboratório de História Oral de Imagem (Labhoi).

HERBERT S. KLEIN é Gouverneur Morris professor emérito da Universidade Columbia, ex-diretor do Centro de Estudos Latino-Americanos e professor de História da Universidade Stanford, e atualmente pesquisador e curador no Hoover Institution, Universidade Stanford. É autor de *Bolívia do período pré-incaico à independência* (São Paulo, 1991); *A imigração espanhola no*

Brasil (São Paulo, 1994); *História de Bolívia* (Brasília, 2017); e coautor da *Transição incompleta: Brasil desde 1945* (2 v. Rio de Janeiro, 1986); *Evolução da sociedade e economia escravista de São Paulo, 1750 a 1850* (São Paulo, 2006); *Brasil desde 1980* (São Paulo, 2007); *Escravismo em São Paulo e Minas Gerais* (São Paulo, 2009, prêmio em História e Ciências Sociais da Academia Brasileira de Letras); *Escravidão no Brasil* (São Paulo, 2011); *Escravidão africana na América Latina e Caribe* (Brasília, 2016); e *História econômica e social do Brasil: O Brasil desde a República* (São Paulo, 2016).

ISABEL CRISTINA FERREIRA DOS REIS é mestre (1998) em História Social pela Universidade Federal da Bahia e doutora também em História Social (2007) pela Universidade Estadual de Campinas. É professora do curso de licenciatura em História da Universidade Federal do Recôncavo da Bahia (CAHL-UFRB), professora permanente do Programa de Pós-Graduação em História Regional e Local da Universidade do Estado da Bahia (PPGHIS-Uneb) e do Mestrado Profissional em História da África, da Diáspora e dos Povos Indígenas (CAHL-UFRB). Faz parte do Núcleo de Estudos Afro-Brasileiros do Recôncavo da Bahia (UFRB) e do Grupo de Pesquisa Conexões da Diáspora Africana: Nós e os Outros (CAHL-UFRB). Desenvolve pesquisas sobre africanos e afrodescendentes na diáspora africana atlântica, mulher e família negra no tempo da escravidão. É autora do livro *Histórias de vida familiar e afetiva de escravos na Bahia do século XIX* (EDUFBA, 2001), entre outros textos.

JAIME RODRIGUES é professor associado do Departamento e Programa de Pós-Graduação em História da Universidade Federal de São Paulo. Doutor em História Social pela Unicamp. Pós-doutorado pela Faculdade de Letras da Universidade do Porto e pela Faculdade de Saúde Pública da Universidade de São Paulo. Autor dos livros *No mar e em terra: História e cultura de trabalhadores escravos e livres* (Alameda, 2016); *Alimentação, vida material e privacidade: Uma história social de trabalhadores em São Paulo nas décadas de 1920 a 1960* (Alameda, 2011); *De costa a costa: Escravos, marinheiros e intermediários do tráfico negreiro de Angola ao Rio de Janeiro (1780-1860)* (Companhia das Letras, 2005); e *O infame comércio: Propostas e experiências no final do tráfico de africanos para o Brasil (1800-1850)* (Ed. da Unicamp, 2000). Pesquisa o tráfico de africanos, cultura marítima atlântica e história da alimentação.

JOÃO JOSÉ REIS é professor da Universidade Federal da Bahia e autor de, entre outros livros, *A morte é uma festa: Ritos fúnebres e revolta popular no Brasil do século XIX* (Companhia das Letras, 1991); *Rebelião escrava no Brasil: A história do Levante dos Malês em 1835* (Companhia das Letras, 2003); e *Domingos Sodré, um sacerdote africano: Escravidão, liberdade e candomblé na Bahia do século XIX* (Companhia das Letras, 2008), todos disponíveis também em inglês.

JONAS MOREIRA VARGAS, doutor pela Universidade Federal do Rio de Janeiro (2013), é professor adjunto da Universidade Federal de Pelotas. Entre as suas publicações destacam-se: *Os barões do charque e suas fortunas: Um estudo sobre as elites regionais brasileiras a partir de uma análise dos charqueadores de Pelotas (Rio Grande do Sul, século XIX)* (Oikos, 2016); e *Entre a paróquia e a corte: Os mediadores e as estratégias familiares da elite política do Rio Grande do Sul (1850-1889)* (Editora da Universidade Federal de Santa Maria, 2010). Pesquisa a história das elites políticas e econômicas do Brasil e da região platina nos séculos XIX e XX, história política do Brasil imperial e republicano e história da escravidão africana no Brasil.

JOSELI MARIA NUNES MENDONÇA é professora do Departamento de História da Universidade Federal do Paraná. Atualmente, exerce também a coordenação do Mestrado Profissional em Ensino de História (ProfHistória). Em suas pesquisas, trata especialmente da história do trabalho, com ênfase na escravidão e imigração; das interfaces entre história e direito; e da história pública. Pela Editora da Unicamp publicou os livros *Entre a mão e os anéis* (1999 e 2008) e *Evaristo de Moraes: Tribuno da República* (2007), e, pela Editora Fundação Perseu Abramo, *Cenas da abolição* (2001).

KEILA GRINBERG é professora do Departamento de História da Universidade Federal do Estado do Rio de Janeiro (Unirio) e pesquisadora do CNPq. Foi professora visitante na Universidade de Michigan, na Northwestern University, na Universidade de Chicago e na Universidade de Nova York. Entre seus principais livros estão *Liberata: A lei da ambiguidade* (Relume Dumará, 1994) e *O fiador dos brasileiros: Escravidão, cidadania e direito civil no tempo de Antônio Pereira Rebouças* (Civilização Brasileira, 2002).

LORENA FÉRES DA SILVA TELLES atualmente desenvolve pesquisa de doutorado nas áreas de história social da escravidão e relações de gênero e maternidade durante o século XIX. É autora de artigos sobre trabalhadoras domésticas no período da abolição e do pós-emancipação, e do livro *Libertas entre sobrados: Mulheres negras e trabalho doméstico em São Paulo 1880-1910* (Alameda; Fapesp, 2013).

LUCIANA BRITO é professora do curso de graduação em História e do mestrado em História da África, da Diáspora e dos Povos Indígenas da Universidade Federal do Recôncavo da Bahia. É doutora em História pela Universidade de São Paulo, mestre em História Social pela Unicamp e licenciada em História pela Universidade Federal da Bahia. Atuou como pesquisadora visitante na Universidade de Nova York e na Universidade Harvard. Também foi professora visitante no Trinity College, nos Estados Unidos. Seus principais interesses são história da escravidão e abolição nas Américas.

LUCILENE REGINALDO é doutora em História Social pela Universidade de Campinas, onde, desde 2011, é professora de História da África. Fez a graduação e o mestrado em História na Pontifícia Universidade Católica de São Paulo. É autora de vários artigos e capítulos de livros sobre as irmandades negras e suas conexões atlânticas. Atualmente tem se dedicado ao estudo da experiência missionária e da história política em Angola e Congo, no século XVIII, e à presença de negros libertos e livres em Portugal, no mesmo período. Em 2011, publicou *Os rosários dos angolas: Irmandades de africanos e crioulos na Bahia setecentista*, agraciado, em 2012, com o prêmio Kátia Mattoso de História da Bahia, primeiro lugar na categoria livro publicado.

LUÍS CLÁUDIO PEREIRA SYMANSKI possui graduação em Arqueologia pela Universidade Estácio de Sá, mestrado em História pela Pontifícia Universidade Católica do Rio Grande do Sul e doutorado em Antropologia pela Universidade da Flórida. É professor adjunto do Departamento de Antropologia e Arqueologia e do Programa de Pós-Graduação em Antropologia da Universidade Federal de Minas Gerais. Tem realizado pesquisas relacionadas à arqueologia da diáspora africana no Brasil, com foco nas relações de poder e nos processos de construção e de reconfiguração de identidades em contextos de plantations nas regiões Sudeste e Centro-Oeste.

LUIS NICOLAU PARÉS é professor associado do Departamento de Antropologia da Universidade Federal da Bahia. Seus interesses incluem a história e a antropologia das religiões africanas e afro-brasileiras, e suas transformações no mundo atlântico. É autor de *A formação do candomblé: História e ritual do vodum na Bahia* (Ed. da Unicamp, 2007) e *O rei, o pai e a morte: A religião vodum na antiga Costa dos Escravos na África Ocidental* (Companhia das Letras, 2016).

LUIZ FELIPE DE ALENCASTRO nasceu em 1946 em Itajaí, Santa Catarina, formou-se em História e Ciências Políticas na Universidade de Aix-en-Provence, França, e doutorou-se em história na Universidade de Paris-Nanterre. Ensinou nas universidades de Rouen e Paris-Vincennes. Atualmente é professor da Escola de Economia de São Paulo da Faculdade Getulio Vargas e professor emérito da Universidade de Paris-Sorbonne.

MARCELO MAC CORD é professor da Faculdade de Educação da UFF. Graduado em História pela UFRJ (1997). Mestre, doutor e pós-doutor em História pela Unicamp (2001, 2009 e 2012). Pós-doutor em História pela UFRJ (2016). Entre outros livros, publicou *O rosário de d. Antonio: Irmandades negras, alianças e conflitos na história social do Recife, 1848-1872* e *Artífices da cidadania: Mutualismo, educação e trabalho no Recife oitocentista*.

MARCUS J. M. DE CARVALHO é professor titular de História da UFPE, pesquisador do CNPq, e estuda, principalmente, os seguintes temas: escravidão, tráfico de escravos e a história social do chamado Ciclo das Insurreições Liberais do Nordeste.

MARIA CLARA S. CARNEIRO SAMPAIO é formada em Direito pela PUC-SP (2005) e em História pela USP (2006). Realizou as pesquisas de mestrado e doutorado no Programa de História Social da USP (2006-14), com estágio na Universidade Yale (2010-11). É professora adjunta da Faculdade de História da Universidade Federal do Sul e Sudeste do Pará e atualmente coordenadora da Pós-Graduação Latu Sensu. Seus temas de interesse incluem as problemáticas de gênero, história da América, história do Brasil Império, história atlântica, história social da escravidão e ensino de história.

MARIA CRISTINA CORTEZ WISSENBACH é historiadora e professora livre-docente responsável pela disciplina de História da África no Departamento de História da Universidade de São Paulo. Autora de artigos e livros sobre a história da escravidão e do período pós-emancipação no Brasil, pesquisa atualmente dinâmicas do comércio de escravos e as redes em que atuavam mercadores brasileiros e luso-brasileiros na África Centro-Ocidental e Oriental, no século XIX.

MARIA HELENA PEREIRA TOLEDO MACHADO é professora titular do Departamento de História da Universidade de São Paulo. Autora de livros e artigos sobre a história social da escravidão. Em 2017, publicou dois dossiês sobre a maternidade na escravidão: Camila Cowling et al. (Orgs.). *Slavery and Abolition. Special Issue: Mothering Slaves: Motherhood, Childlessness and the Care of Children in Atlantic Slaves Societies*, v. 38, n. 2, jun. 2017; e *Women's History Review. Special Issue: Mothering Slaves: Motherhood, Childlessness and the Care of Children in Atlantic Slaves Societies*, on-line, ago. 2017, que foram produtos de projeto de mesmo título financiado pelo Arts and Humanities Research Council.

MARÍA VERÓNICA SECRETO é formada em História pela Universidade Nacional de Mar del Plata (Argentina), mestre em História Social pela Universidade Federal Fluminense e doutora em História Econômica pela Universidade Estadual de Campinas. Foi professora da Universidade Federal do Ceará e da Universidade Federal Rural do Rio de Janeiro. Atualmente é professora do Departamento de História da Universidade Federal Fluminense, atuando na graduação e na pós-graduação. Publicou, entre outros: *Soldados da borracha: Trabalhadores entre o sertão e a Amazônia no governo Vargas* (Fundação Perseu Abramo, 2007); *Fronteiras em movimento: Brasil e Argentina no século XIX. História comparada* (Eduff, 2011); *(Des)- medidos: A revolta dos quebra-quilos (1874-1876)* (Mauad, 2011); *Negros em Buenos Aires* (Mauad, 2013).

MARÍLIA B. A. ARIZA é doutora em História Social pela Universidade de São Paulo. Em suas pesquisas, dedica-se ao estudo das práticas de alforria e trabalho de homens e mulheres libertandos, do trabalho e dos desafios da emancipação de crianças e suas mães no século XIX. De sua autoria, a editora Alameda publicou, em 2014, o livro *O ofício da liberdade: Libertandos trabalhadores em São Paulo e Campinas, 1830-1888*.

MARTHA ABREU é professora do Programa de Pós-Graduação em História da UFF. Pesquisadora do CNPq, desenvolve trabalhos sobre história social da cultura, música negra, patrimônio cultural e história pública da escravidão. É autora dos livros *O Império do Divino: Festas religiosas e cultura popular no Rio de Janeiro, 1830-1900* (Nova Fronteira, 1999) e *Da senzala ao palco: Canções escravas e racismo nas Américas, 1870-1930* (Ed. da Unicamp, 2017). Ao lado de Hebe Mattos, dirigiu três filmes de pesquisa, entre 2005 e 2011: *Memórias do cativeiro*; *Jongos, calangos e folias*; e *Passados presentes*. É consultora do Pontão de Cultura do Jongo/Caxambu e do Museu Casa do Pontal (Arte Popular do Brasil).

PAULO ROBERTO STAUDT MOREIRA é professor adjunto na Universidade do Vale do Rio dos Sinos. Bolsista de Produtividade em Pesquisa do CNPq. Atual presidente do Núcleo RS da Associação Nacional de História (2016-18). Atuou como coordenador do PPGH-Unisinos entre 2010 e 2014. Possui doutorado em História pela Universidade Federal do Rio Grande do Sul (2001) e pós-doutorado pela Universidade Federal Fluminense.

PETRÔNIO DOMINGUES é doutor em História pela Universidade de São Paulo, com pós-doutorado pela Rugters — The State University of New Jersey (2012-13) e pela UFRJ (2016-17). Professor da graduação e do programa de Mestrado em História da Universidade Federal de Sergipe (UFS). Seu livro mais recente é *Estilo avatar: Nestor Macedo e o populismo no meio afro-brasileiro* (Alameda, 2017).

RAFAEL DE BIVAR MARQUESE é professor da Universidade de São Paulo, pesquisador do CNPq, autor de, entre outros, *Administração & escravidão* (Hucitec, 1999) e *Feitores do corpo, missionários da mente* (Companhia das Letras, 2004); em coautoria, escreveu *Slavery and Politics: Brazil and Cuba, 1790-1850* (University of New Mexico Press, 2016) e *Escravidão e capitalismo histórico no século XIX: Cuba, Brasil e Estados Unidos* (Civilização Brasileira, 2016).

RICARDO SALLES é professor associado de História Contemporânea da Universidade Federal do Estado do Rio de Janeiro (Unirio). Membro do Grupo de Pesquisas O Vale do Paraíba, o Império do Brasil e a Segunda Escravidão. Autor de *Nostalgia imperial: Escravidão e formação da identida-*

de nacional no Brasil do Segundo Reinado (2013) e de *E o Vale era o escravo. Vassouras, século XIX: Senhores e escravos no coração do Império* (2008). Organizador, com Rafael Marquese, de *Escravidão e capitalismo histórico no século XIX: Cuba, Brasil e Estados Unidos* (2016).

ROBÉRIO S. SOUZA é doutor em História Social pela Unicamp e professor titular da Universidade do Estado da Bahia (Uneb). É autor de *Tudo pelo trabalho livre!* (EDUFBA, 2011) e de *Trabalhadores dos trilhos: Imigrantes e nacionais livres, libertos e escravos na construção da primeira ferrovia baiana, 1858-1863* (Ed. da Unicamp, 2015). Integra o grupo de pesquisa Escravidão e Invenção da Liberdade, do PPGH-UFBa.

ROBERT W. SLENES (doutorado, Universidade Stanford, 1976) é professor colaborador na Unicamp e professor visitante sênior na Pós-Graduação em História da UFBa. Autor de *Na senzala, uma flor* (2. ed. Ed. da Unicamp, 2011), prepara um livro sobre cultura centro-africana e identidade escrava nas fazendas do Sudeste, 1811-88.

ROBSON LUÍS MACHADO MARTINS é autor do livro *Os caminhos da liberdade: Abolicionistas, escravos e senhores na província do Espírito Santo (1884-1888)* (Unicamp; CMU, 2005) e doutorando do Programa de Pós-Graduação em História Comparada do Instituto de História da UFRJ. Frequentou o curso de doutorado em História Social da Cultura na Unicamp (1998-2003); possui mestrado em História Social do Trabalho (1997), também pela Unicamp; e bacharelado e licenciatura em História pela Universidade Federal Fluminense (1994). Foi professor do curso de pós-graduação em História e Cultura Afro-Brasileira do Centro Universitário Salesiano de São Paulo (Unisal), Campus: São José, Campinas, SP, 2010-11; pesquisador do Laboratório de História Oral e Imagem da Universidade Federal Fluminense, no projeto Memórias do Cativeiro; e professor da Secretaria Municipal de Ensino de Campinas (SP). Publicou artigos em revistas especializadas na área de escravidão e relações raciais no Brasil, participou de seminários, simpósios e congressos sobre o tema.

ROQUINALDO FERREIRA é professor na Universidade Brown. Doutor pela Universidade da Califórnia (Los Angeles), é autor de *Cross-Cultural Exchange in the Atlantic World: Angola and Brazil during the Era of the Slave Trade* (2012), que será publicado no Brasil como *Encontros atlânticos* (Companhia das Letras, no prelo).

SIDNEY CHALHOUB é professor de História na Universidade Harvard e professor titular colaborador na Unicamp. Sobre o tema deste *Dicionário*, publicou *Visões da liberdade: Uma história das últimas décadas da escravidão na corte* (1990), *Machado de Assis, historiador* (2003) e *A força da escravidão: Ilegalidade e costume no Brasil oitocentista* (2012).

STUART B. SCHWARTZ é ph.D. pela Universidade Columbia e professor titular de História na Universidade Yale. Foi editor da *Cambridge History of Native People of Americas* e da *Hispanic American Historical Review*. Entre outros estudos, publicou *Burocracia e sociedade no Brasil colonial* (Perspectiva, 1978; Companhia das Letras, 2011), *Segredos internos: Escravos e engenhos na sociedade colonial* (Companhia das Letras, 1988), *Escravos, roceiros e rebeldes* (Edusc, 2001) e *Cada um na sua lei* (Edusc; Companhia das Letras, 2008).

TÂNIA SALGADO PIMENTA tem graduação (UFRJ), mestrado e doutorado (ambos pela Unicamp) em História. É pesquisadora da Casa de Oswaldo Cruz-Fiocruz e professora do Programa de Pós-Graduação em História das Ciências e da Saúde da mesma instituição. Suas áreas de pesquisa e ensino são escravidão e saúde, história da assistência à saúde e história das artes de curar.

WALTER FRAGA é professor adjunto da Universidade Federal do Recôncavo da Bahia (UFRB). Fez graduação e mestrado em História na Universidade Federal da Bahia (UFBa) e doutorado em História Social pela Universidade Estadual de Campinas (Unicamp). É autor dos livros *Mendigos, moleques e vadios na Bahia do século XIX* (Hucitec; EDUFBA, 1996) e *Encruzilhadas da liberdade: Histórias de escravos e libertos na Bahia, 1870-1910* (Unicamp, 2006). Em coautoria com Wlamyra Albuquerque, escreveu os livros paradidáticos *Uma história do negro no Brasil* (Fundação Palmares, 2006), *Uma história da cultura afro-brasileira* (Moderna, 2009) e *O que há de África em nós* (Moderna, 2013).

WLAMYRA ALBUQUERQUE é doutora em História pela Unicamp, professora associada de História do Brasil na Universidade Federal da Bahia (UFBa), bolsista do CNPq e autora de, entre outros, *O jogo da dissimulação: Abolição e cidadania negra no Brasil* (Companhia das Letras, 2009).

ACERVOS PESQUISADOS E SUAS ABREVIATURAS

AAMRE: Acervo Artístico do Ministério das Relações Exteriores — Palácio Itamaraty

ABKW: Akademie der Bildenden Künste — Viena

ACGPM: Acervo Cândido Guinle de Paula Machado

ACMRJ: Acervo da Câmara Municipal do Rio de Janeiro

AMP: Acervo Max Perlingeiro

AN: Arquivo Nacional — Rio de Janeiro

ANMIIP/UFRJ: Acervo do Núcleo de Memória Institucional do Instituto de Psiquiatria (Ipub)/Universidade Federal do Rio de Janeiro

AOESP: Arquivo O Estado de S. Paulo

APD: Acervo Petrônio Domingues

BALVF: Biblioteca Acadêmico Luiz Viana Filho — Brasília

BAS: Biblioteca Azeredo da Silveira do Ministério das Relações Exteriores — Brasília

BBGJM: Biblioteca Brasiliana Guita e José Mindlin — São Paulo

BJCB: Biblioteca John Carter Brown, Universidade Brown — Providence

BNA: Biblioteca Nacional da Austrália — Camberra

BNF: Biblioteca Nacional da França — Paris

BPNY: Biblioteca Pública de Nova York

CAS: Coleção Apparecido Salatini

CBI: Coleção Brasiliana Itaú — São Paulo
CEA: Coleção Emanoel Araújo — São Paulo
CGE: Coleção G. Ermakoff — Rio de Janeiro
CGF-IMS: Coleção Gilberto Ferrez — Instituto Moreira Salles
CLIL-IMS: Convênio Leibniz-Institut füer Läenderkunde — Leipzig
CPCL-AHRGS: Coleção Pedro Corrêa do Lago, Arquivo Histórico do Rio Grande do Sul — Porto Alegre
CPGESP: Coleção do Palácio do Governo do Estado de São Paulo
FA: Alamy/Fotoarena
FBN: Fundação Biblioteca Nacional — Rio de Janeiro
FGM: Fundação Gregório de Mattos — Salvador
FJN: Fundação Joaquim Nabuco — Recife
IEB-USP: Instituto de Estudos Brasileiros — São Paulo
IGHB: Instituto Geográfico e Histórico da Bahia — Salvador
IMS: Instituto Moreira Salles — Rio de Janeiro
MASP: Museu de Arte de São Paulo Assis Chateaubriand
MCM-Ibram/MinC: Museus Castro Maya — Rio de Janeiro

MHN-Ibram/MinC: Museu Histórico Nacional — Rio de Janeiro

MIP-Ibram/MinC: Museu Imperial de Petrópolis
MJC: Museu Julio de Castilhos — Porto Alegre
MP: Museu do Prado — Madri
MP-USP: Museu Paulista da Universidade de São Paulo
NLN: National Library of the Netherlands — Haia
NMM: National Maritime Museum — Londres
PESP: Pinacoteca do Estado de São Paulo
PMAE: The Peabody Museum of Archaeology and Ethnology, Universidade Harvard — Cambridge
RB: Repórter Brasil — São Paulo
SK: Staatliche Kunstsammlungen — Dresden
SMA: Société des Missions Africaines — Roma
WHM: Wilberforce House Museum — Hull

CRÉDITOS DAS IMAGENS

1. *Africae nova descriptio*, gravura em metal de Willem Janszoon Blaeu, 1648. 20,3 × 30 cm. IEB-USP
2. *Os mulatos de Esmeraldas*, óleo sobre tela de Andrés Sánchez Gallque, 1599. 92 × 175 cm. MP
3. *Traite d'esclaves dans la côte ouest de l'Afrique*, óleo sobre tela de François-Auguste Biard, *c.* 1833. 162,5 × 228,6 cm. WHM
4. *Transporte de escravos no continente africano*, século XIX. In: Wilhelm Redenbacher, *Lehrbuch der Weltgeschichte oder Die Geschichte der Menschheit*, 1890.
5. *Plano e seções de um navio negreiro*, gravura em metal de James Phillips, 1789. 83,8 × 61 cm. Coleção particular
6. *Sections of a Slave Ship*, litografia de T. Kelly, 1830. 9 × 17 cm. BAS
7. *Isles de Sa. Anna. Debarquement d'esclaves nègres*, nanquim, aquarela e guache sobre papel de Paul Harro-Harring, *c.* 1840. 21,3 × 31,8 cm. IMS
8. *Três homens retiram um escravo do porão do navio negreiro*, litografia a partir de desenho de Johann Moritz Rugendas, 1835. 15,3 × 25,3 cm. BALVF
9. *Hold of Brazilian Slave Ship*, aquarela de Francis Meynell, 1845. NMM
10. *Mercado de escravos*, litografia sobre papel de Johann Moritz Rugendas, 1835. 19 × 28 cm. BALVF

11. *Venda de escravos no Rio de Janeiro*, gravura de W. Read, século XIX. MHN-Ibram/MinC
12. *Escrava sendo vendida*, aquarela e lápis sobre papel de Thomas Ender, 1817-18. 15,5 × 16,8 cm. ABKW
13. *Mercado de escravos*, gravura em metal de Henry Chamberlain, 1822. 19,6 × 28,3 cm. PESP
14. *Escravos e compradores examinando as peças*, aguada e aquarela sobre papel de Joaquim Cândido Guillobel, 1814. ACGPM
15. *Mercado de escravos da rua do Valongo*, óleo sobre tela de Jean-Baptiste Debret, *c*. 1822. AMP
16. *Mercado da rua do Valongo*, litografia a partir de aquarela de Jean-Baptiste Debret, 1835. 17,5 × 25,5 cm. BPNY
17. *Engenho de Pernambuco*, óleo sobre tela de Frans Post, século XVII, posterior a 1637. 50 × 74,5 cm. AAMRE — Palácio Itamaraty
18. *Praefecturae Paranambucae pars borealis, una cum Praefectura de Itamaraca*, gravura em metal de Joan Blaeu e Gaspar Barleus, 1662. 42 × 54 cm. NLN

19. *Engenho manual que faz caldo de cana*, aquarela sobre papel de Jean-Baptiste Debret, 1822. 17,9 × 24,9 cm. BPNY
20. *Moagem da cana na Fazenda Cachoeira*, em Campinas, Benedito Calixto, s. d. 105 × 136 cm. MP-USP
21. *Charqueada do Brasil*, aquarela sobre papel de Jean-Baptiste Debret, 1827-29. 15,3 × 21,6 cm. MCM-Ibram/MinC
22. *Barcaça feita de couro de boi* [barcaça de madeira e couro puxada por nadadores escravizados], grafite sobre papel de Jean-Ferdinand Denis, final do século XIX. 13,2 × 21,3 cm. FBN
23. *Modo como se extrai o ouro no Rio das Velhas e nas mais partes dos Rios*, aquarela de autor desconhecido, *c*. 1780. 34,5 × 43,5 cm. IEB-USP
24. [Escravo examinado por dois feitores], aquarela sobre papel de Carlos Julião, *c*. 1770. 45,5 × 35 cm. FBN
25. [Serro Frio: trabalho de lavagem do cascalho, feito por escravos], aquarela sobre papel de Carlos Julião, último quarto do século XVIII. 45,5 × 35 cm. FBN
26. *Lavagem de ouro*, fotografia de Marc Ferrez, Minas Gerais, *c*. 1880. 14,7 × 22,1 cm. CGF-IMS
27. *Primeira foto do trabalho no interior de uma mina de ouro*, albúmen de Marc Ferrez, Minas Gerais, 1888. 24 × 18 cm. CGF-IMS

28. *Chefe bororo partindo para uma expedição guerreira*, litografia a partir de aquarela de Jean-Baptiste Debret, 1834. BPNY
29. Índios botocudos. Rancho indígena, gravura em metal de Paul Delamain, 1859. 24 × 16 cm. BPNY
30. *Retratos de homens e mulheres feitos em Manaus*, fotografias de Walter Hunnewell, 1865. PM 2004.24.7654| 7680 | 7637 | 7621 PMAE
31. [Negro vendedor de leite], aquarela de Carlos Julião, último quarto do século XVIII. 45,5 × 35 cm. FBN
32. [Oficiais do terço], aquarela de Carlos Julião, último quarto do século XVIII. 45,5 × 35 cm. FBN
33. *Pretos de ganho*, água-tinta e aquarela sobre papel de Henry Chamberlain, 1822. 20,5 × 29 cm. PESP
34. *Vendedores de capim e leite*, litografia a partir de aquarela de Jean-Baptiste Debret, 1835. BPNY
35. *Seis negros transportando um barril numa carreta* (Piolho), aguada e aquarela sobre papel de Joaquim Cândido Guillobel, 1814. ACGPM
36. *Quitandeiras da Lapa*, aquarela sobre papel de Henry Chamberlain, 1818. 20,6 × 28 cm. MASP
37. *Negra tatuada vendendo cajus*, aquarela sobre papel de Jean-Baptiste Debret, 1827. 15,7 × 21,6 cm. MCM-Ibram/MinC
38. *Escravos: vendedor de carvão e vendedoras de milho verde*, litografia a partir de aquarela de Jean-Baptiste Debret, 1835. BPNY
39. *Barbeiros ambulantes*, litografia a partir de aquarela de Jean-Baptiste Debret, c. 1830. 50,4 × 33,3 cm. BPNY
40. *Cirurgião escravo* [colocando ventosas], litografia a partir de aquarela de Jean-Baptiste Debret, 1835. BPNY
41. *Os refrescos no largo do Paço depois do almoço*, litografia a partir de Jean-Baptiste Debret, 1835. BPNY
42. [Tigreiros], litografia a partir de desenho de Henrique Fleiuss, 1861. FBN
43. *Venda em Recife*, litografia a partir de desenho de Johann Moritz Rugendas, c. 1830. 19,3 × 29,2 cm. BALVF
44. [Dois homens carregando outro numa rede], gravura em metal de autor desconhecido, 1718. 13,5 × 18,9 cm. BJCB, Universidade Brown
45. *Regresso a cidade de um proprietário de chácara*, litografia a partir de aquarela de Jean-Baptiste Debret, 1835. BPNY
46. *Senhora viajando de rede*, aguada e aquarela sobre papel de Joaquim Cândido Guillobel, 1814. ACGPM

47. [Dama em liteira, carregada por escravos, e suas acompanhantes], aquarela de Carlos Julião, último quarto do século XVIII. 35 × 45,5 cm. FBN
48. *Transporte de uma criança branca para ser batizada na igreja*, litografia a partir de aquarela de Jean-Baptiste Debret, 1839. BPNY
49. *Serpentina de luxo*, aguada e aquarela sobre papel de Joaquim Cândido Guillobel, 1814. ACGPM
50. *Mulher da família Costa Carvalho e escravos*, albúmen de autor desconhecido, *c.* 1860. 5,5 × 8,1 cm. IMS
51. *Escravos transportando homem numa liteira*, albúmen de Alberto Henschel, Bahia, 1869. 9,1 × 5,7 cm. CLIL-IMS
52. *Fiel retrato do interior de uma casa brasileira*, aguada e aquarela sobre papel de Joaquim Cândido Guillobel, 1814. ACGPM
53. *O filho do artista tomando banho na varanda da residência de seu avô*, óleo sobre tela de Grandjean de Montigny, Arnaud Julien Pallière, 1830. 97 × 77 cm. CBI
54. *Um jantar brasileiro*, aquarela sobre papel de Jean-Baptiste Debret, 1827. 15,9 × 21,9 cm. BPNY

55. *Uma senhora de algumas posses em sua casa*, aquarela sobre papel de Jean-Baptiste Debret, 1823. 16,2 × 23 cm. BPNY
56. *Café torrado*, aquarela sobre papel de Jean-Baptiste Debret, 1826. 15,4 × 19,6 cm. MCM-Ibram/MinC
57. *Comboio de café seguindo para a cidade*, aquarela sobre papel de Jean-Baptiste Debret, 1826. 15,9 × 21,9 cm. MCM-Ibram/MinC
58. *Fazenda de Quititi* [Secagem do café], albúmen de Georges Leuzinger, Jacarepaguá, Rio de Janeiro, *c.* 1865. 19 × 23,9 cm. CGF-IMS
59. *Partida para a colheita do café*, Vale do Paraíba, São Paulo, albúmen de Marc Ferrez, *c.* 1885. 14,5 × 19,5 cm. CGF-IMS
60. *A dança do calundu*, Pernambuco, aquarela sobre papel de Zacharias Wagener, *c.* 1640. SK, Dresden
61. [Coroação da Rainha Negra na Festa de Reis], aquarela sobre papel de Carlos Julião, 1776. 35 × 45,5 cm. FBN
62. *Negros dançando fandango (jongo) no Campo de Santana*, aquarela sobre papel de Augustus Earle, Rio de Janeiro, *c.* 1822. 21 × 34 cm. BNA
63. *Dança de negros*, aquarela de Hermann Rudolf Wendroth, Rio Grande do Sul, 1851-52. MJC
64. *Coleta de esmolas para a igreja do Rosário*, aquarela sobre papel de Jean-Baptiste Debret, Porto Alegre, 1828. 14,7 × 20 cm. BPNY

65. *Holiday dress*, Maria Graham. FBN

66. *Marimba. Passeio de domingo à tarde*, aquarela sobre papel de Jean-Baptiste Debret, 1826. 17,2 × 22,3 cm. MCM-Ibram/MinC

67. *Festa da rainha em Minas Gerais*, litografia a partir de desenho de Johann Baptist von Spix e Carl Friedrich von Martius, 1826-31 (detalhe de prancha com oito gravuras, 46 × 59 cm). FBN

68. *Capoeira*, aquarela de Augustus Earle, c. 1822. 16,5 × 25,1 cm. BNA

69. *Capoeira*, litografia a partir de desenho de Johann Moritz Rugendas, 1835. BALVF

70. *Cena de Carnaval*, litografia a partir de aquarela de Jean-Baptiste Debret, 1835. BPNY

71. *Casamento de escravos de uma casa rica*, aquarela sobre papel de Jean-Baptiste Debret, 1825. 15,7 × 21,6 cm. BPNY

72. [Congada], albúmen de Arsênio da Silva, *c.* 1860. 32 × 45 cm. FBN

73. *Funeral de um negro*, água-tinta e aquarela sobre papel de Henry Chamberlain, 1822. 26 × 36,5 cm. PESP

74. *Enterro d'anjinho*, litografia, aquarela e lápis de cor atribuído a Eduard Hildebrandt, 1846-49. 19,1 × 23,6 cm. Coleção Martha e Erico Stickel-IMS

75. *Enterro do filho de um rei negro*, aquarela sobre papel de Jean-Baptiste Debret, 1826. 14,7 × 21,2 cm. BPNY

76. *Modo de prender escravos dos mouros*, gravura de Jacques Grasset de Saint-Sauveur, 1796. BNF

77. *Máscara que se usa nos negros que têm o hábito de comer terra*, aquarela sobre papel de Jean-Baptiste Debret, *c.* 1825. 18,7 × 12,5 cm. MCM-Ibram/MinC

78. *Feitor castigando negro*, gravura a partir de aquarela de Jean-Baptiste Debret, 1835. BPNY

79. *Castigo público*, litografia a partir de desenho de Johann Moritz Rugendas, 1835. 22,7 × 31,1 cm. BALVF

80. *Escravos presos ao tronco*, litografia a partir de Jean-Baptiste Debret, 1835. 24,9 × 22,5 cm. BPNY

81. *Oficina de sapateiro*, litografia a partir de aquarela de Jean-Baptiste Debret, 1835. 19,7 × 23,6 cm. BPNY

82. *Criança negra castigada*, São Paulo, albúmen de autor desconhecido, s. d. CEA

83. *Interior de uma casa do baixo povo*, São Luís, aquarela Joaquim Cândido Guillobel, 1820. 15 × 22 cm. BBGJM

84. *Rancho na região da serra do Caraça*, Minas Gerais, litografia a partir de desenho de Johann Baptist von Spix e Carl Friedrich von Martius, 1823-31. FBN

85. *Negros novos*, litografia a partir de desenho de Johann Moritz Rugendas, 1835. 35,5 × 51,3 cm. BALVF

86. *Habitação de negros*, litografia a partir de desenho de Johann Moritz Rugendas, 1835. BALVF

87. *Senzala da Fazenda Fluminense*, litografia de Victor Frond, 1858. FBN

88. *Escravas de diferentes nações*, litografia a partir de aquarela de Jean-Baptiste Debret, 1835. 20,6 × 31,5 cm. BPNY

89. *Escravos provenientes de Cabinda, Quiloa, Robolo e Mina*, litografia a partir de desenho de Johann Moritz Rugendas, 1835. BALVF

90. *Retrato de homem*, albúmen de Augusto Stahl, *c.* 1865. 12,7 × 15,2 cm. PM 2004. 1. 436. 1.87 PMAE

91. *Escravo da mina aouni*, albúmen de Augusto Stahl, *c.* 1865. 12,7 × 15,2 cm. PM 2004. 1. 436. 1.74 PMAE

92. *Mina nagô*, albúmen de Augusto Stahl, *c.* 1865. 15,5 × 12 cm. PMAE

93. *Escrava envolta em panos*, albúmen de Augusto Stahl, *c.* 1865. 15,3 × 12 cm. PM 2004. 1. 436. 1.72 PMAE

94. *Conjunto representando negros de diferentes nações*, albúmen de Christiano Júnior, 1865. MHN-Ibram/MinC

95. *Crioulo fugido*, cartaz em impressão tipográfica pela Typographia Universal de Laemmert, 1854. 32,8 × 23,9 cm. FBN

96. Anúncio publicado em *O Leopoldinense*, 24 de abril de 1881. FBN

97. Anúncio publicado em *O Grito Nacional*, 7 de fevereiro de 1854. FBN

98. Anúncio publicado em *Correio Paulistano*, 5 de julho de 1862. FBN

99. Anúncio publicado em *Correio Paulistano*, 12 de setembro de 1857. FBN

100. Anúncio publicado em *A Provincia de São Paulo*, 17 de fevereiro de 1878. AOESP

101. Anúncio publicado em *Jornal do Aracaju*, 24 de agosto de 1873. FBN

102. Anúncio publicado em *A Provincia de São Paulo*, 8 de novembro de 1876. AOESP

103. Anúncio publicado em *O Despertador*, 26 de janeiro de 1864. FBN

104. Anúncio publicado em *Correio Paulistano*, 6 de maio de 1875. FBN

105. Anúncio publicado em *A Provincia de São Paulo*, 15 de abril de 1880. AOESP

106. Recibo de compra e venda de escravo, Rio de Janeiro, 1851. FBN

107. Recibo de venda de escrava, Rio de Janeiro, 1860. Reprodução de Diego Vara. CPCL-AHRGS
108. Recibo de venda de escravo, Rio de Janeiro, 15 de dezembro de 1858. FBN
109. Passaporte de escravo, Bahia, 18 de agosto de 1860. FBN
110. Carta de alforria da escrava Apolônia, São Carlos do Pinhal (SP), 1888. Coleção particular
111. *Uma família brasileira*, água-tinta de Henry Chamberlain, 1822. 20 × 28 cm. CBI
112. *Senhor e seus escravos*, São Paulo, albúmen de Militão Augusto de Azevedo, *c.* 1860. 6,3 × 8,3 cm. MP-USP
113. *Ana Maria de São José e Aragão, filha dos barões de Jaguaribe, no colo de uma escrava*, óleo sobre tela de autor desconhecido, s. d. 85 × 60 cm. Reprodução de Adenor Gondim. IGHB
114. *Nhozinho no colo da mucama*, óleo sobre tela de autor desconhecido, s. d. 55 × 44 cm. MIP-Ibram/MinC
115. *Augusto Gomes Leal com sua ama de leite Mônica*, albúmen (*carte de visite*) de João Ferreira Villela, 1860. 6,5 × 10 cm. FJN
116. *Isabel Adelaide Leal e a ama de leite Mônica*, albúmen (*carte de visite*) de Alberto Henschel, 1877-82. 6,5 × 10 cm. FJN
117. *Cenas da escravidão*, fotografia de Rodolpho Lindermann, 1885. CAS
118. *Maria Rita Meireles da Costa Pinto com a ama de leite Benvinda*, albúmen (*carte de visite*) de Antônio da Silva Lopes Cardoso, 1880. 11 × 16,5 cm. NA
119. Sem título, albúmen de Militão Augusto de Azevedo, 1883. MP-USP. Este conjunto de imagens (119 a 123) foi originalmente pesquisado. Interpretado e apresentado na dissertação de mestrado em ciência social (antropologia social) *A mãe-preta na literatura brasileira: a ambiguidade como construção social (1880-1950)*, de Rafaela Deiab, a quem os autores agradecem.
120. Sem título, albúmen de Militão Augusto de Azevedo, 1879. MP-USP
121. Sem título, albúmen de Militão Augusto de Azevedo, 1876. MP-USP
122. Sem título, albúmen de Militão Augusto de Azevedo, 1880. MP-USP
123. Sem título, albúmen de Militão Augusto de Azevedo, 1880. MP-USP
124. *Babá brincando com criança*, albúmen de Jorge Henrique Papf, *c.* 1899. CGE
125. *Olga e Stella fazendo pose com a babá*, fotografia de autor desconhecido, *c.* 1890. CGE
126. [Escravos] [Tipos de trajes usados por escravos e escravas], aquarela de Thomas Ender, 1817-18. 8,4 × 14,4 cm. FBN

127. *Negras do Rio de Janeiro*, litografia a partir de desenho de Johann Moritz Rugendas, 1835. BALVF

128. *Negra com seu filho*, Salvador, albúmen de Marc Ferrez, *c.* 1884. 12,4 × 8,8 cm. CGF-IMS

129. *Cartões-postais*, fotografia de Rodolpho Lindemann, s. d. FGM

130. *Retrato de jovem mulher com bebê nas costas e um tabuleiro de frutas em frente*, albúmen de Alberto Henschel, 1870. FA

131. *Mina tapa*, albúmen de Augusto Stahl, *c.* 1865. PM 2004.1.436.1.76 PMAE

132. À direita, segurando o fundo, Maria Josefina Alkmim (Miquita), esposa de Chichico [Retrato de família], Diamantina (MG), albúmen de Chichico Alkmim, *c.* 1910. IMS

133. *Retrato — Negro*, Pernambuco, albúmen de Alberto Henschel, *c.* 1869. 9 × 5,7 cm. FA

134. *Menino sorridente*, albúmen de Alberto Henschel, s. d. FA

135. *Orangotango abraçado a um cafre*, gravura de Ivan Kruzenshtern, 1831. BPNY

136. *Brasileira com pústulas na pele*, litografia a partir de desenho de Armand Julien Pallière, 1820. 21,3 × 17,5 cm. BJCB

137. *Estudo antropológico*, albúmen de Augusto Stahl, *c.* 1865. 21 × 28 cm. PM 2004.1.436.147 | 156 | 168 | 175 PMAE

138. Páginas do álbum *Galeria dos condenados*, Rio de Janeiro, século XIX. FBN

139. Ficha de internação de Afonso Henriques de Lima Barreto no Hospital Nacional de Alienados, 1914. Reprodução de Jaime Acioli. ANMIIP/UFRJ

140. *Aspecto atual da questão servil*, litografia a partir de desenho de Angelo Agostini, 1887. FBN

141. *Alegoria à Lei do Ventre Livre*, gesso policromado de A. D. Bressae, século XIX. 175 × 75 × 50 cm. Reprodução de Romulo Fialdini. MHN-Ibram/MinC

142. *A primeira emancipação municipal*, óleo sobre tela de Pedro Peres, 1885. Reprodução de Renan Olaz. ACMRJ

143. Lei n. 3353, de 13 de maio de 1888, a Lei Áurea. Assinam a princesa Isabel e Rodrigo Augusto da Silva, secretário de Estado dos Negócios da Agricultura, Comércio e Obras Públicas, autor da lei. AN

144. *Missa campal celebrada em ação de graças pela abolição da escravatura no Brasil*, albúmen de Antônio Luiz Ferreira, 17 de maio de 1888. 28,5 × 51,5 cm. IMS

145. *Estudo para libertação dos escravos*, óleo sobre tela de Pedro Américo,

1889. 138,5 × 199 cm. Reprodução de Wilfredo R. Rodríguez H. CPGESP, em comodato com a Pinacoteca do Estado de São Paulo

146. Primeira página da *Gazeta de Noticias*, 14 de maio de 1888. FBN

147. *Costureiras brasileiras em Abeokutá* (capital do estado de Ogun, na Nigéria), século XIX. SMA

148. Lista de famílias de escravos livres que voltaram a Uidá, no Benim, fotografia de Guilherme Canever, 2015. Coleção particular

149. *Professora com seus alunos, rio do Sono, Minas Gerais*, fotografia de Harry Johnston, 1910. Schomburg Center for Research in Black Culture, BPNY

150. *Crianças negras*, albúmen de Militão Augusto de Azevedo, 1891. MP-USP

151. Direção e participantes da Frente Negra Brasileira de Sorocaba. APD

152. Escola da Frente Negra com duas professoras ao fundo. APD

153. Quilombo Jamary dos Pretos, Maranhão, fotografia de Ricardo Teles, 1998. Coleção particular

154. Crianças quilombolas brincam, escrevendo seus nomes nas paredes da antiga casa-grande, na comunidade de Mata Virgem, Maranhão, fotografia de Lilo Clareto, 2016. RB

ÍNDICE REMISSIVO

A

B

C

D

E

F

G

H

I

J

K

L

M

N

O

P

Q

R

S

T

U

V

W

X

Y

Z

1ª EDIÇÃO [2018] 4 reimpressões

ESTA OBRA FOI COMPOSTA EM THE ANTIQUA PELA SPRESS E IMPRESSA
EM OFSETE PELA GEOGRÁFICA SOBRE PAPEL PÓLEN SOFT DA SUZANO S.A.
PARA A EDITORA SCHWARCZ EM NOVEMBRO DE 2023

FSC
www.fsc.org
MISTO
Papel | Apoiando o manejo florestal responsável
FSC® C019498

A marca FSC® é a garantia de que a madeira utilizada na fabricação do papel deste livro provém de florestas que foram gerenciadas de maneira ambientalmente correta, socialmente justa e economicamente viável, além de outras fontes de origem controlada.